# 젠더법학의 비전과 확산

양현아 엮음

박영사

# 여는 말

이 책은 한국의 젠더법학의 성장과 확산, 그 비전을 그려보는 가슴 벅찬 프로젝트입니다. 법학과 법학 너머에서 젠더법학이란 다소 생소한 분야이기에 더욱 그렇습니다. 젠더법학은 젠더의 시각에서 법현상을 바라보고 사회변화를 도모하는 분야로 입법, 사법, 행정의 모든 분야, 그러니까 법을 만들고 법원 등에서 법 해석을 하고 국가의 정책을 수립하는 데에서 활용해야 할 법학입니다. 현실을 살아가는 사람들의 바람과 고난에 귀 기울임으로써 '살아있는' 법학이 되고자 하는 분야지요. 젠더란 거대한 사회체계이며 동시에 개개인의 정체성으로서 우리가 사는 모든 곳에 존재합니다. 법학은 정의의 논리를 찾는 분야이기에 이 둘을 합치면 젠더관계에 정의를 불어넣고자 하는 분야입니다.

이 책에서는 많은 필자들이 자신의 생각을 펼치고 있습니다. 27인의 필자들은 한국의 사회와 역사 속의 가족과 가족법에 관하여(제1부), 일본군 성노예제 문제 등을 통해 본 피해자 회복과 한국 사회 포스트식민 상태에 관하여(제2부), 형법의 낙태죄의 실효와 함께 새로운 '재생산권리' 정책의 필요성과 내용에 관해서(제3부), 젠더폭력이라는 주로 여성에 대한 폭력과 여성의 기본권 문제에 관하여(제4부), 젠더간의 실질적 평등(substantive equality)을 어떻게 구성할 것인가에 관하여(제5부), 젠더법학의 교육과 확산 과제 등에 관하여(제6부) 다루고 있습니다. 정말 폭이 넓고 내용이 꽉 차 있습니다. 이 책의 필진들은 주로 저의 동료와 제자들인데 실은 상당히 좁은 범위의 필진들을 초대하였다고 말씀드리고 싶어요. 필진들의 소개는 이 책의 말미에 있는 소개글을 참고해 주세요. 그러니까 훨씬 더 많은 연구자들과 법실무가들이 젠더법학에 관심을 가지고 다양한 의제들에 관해 글을 쓰셨으나 지면의 한계 등으로 이 책에서는 그 일부만을 싣고 있습니다. 주로 그동안 제가 연구했던 젠더법학의 영역들과 방법론을 중심으로 주제를 잡고 관련 연구들을 모은 것입니다. 저의 관심 주제들을 더욱 발전시키고 심화시킨 연구들이라고 할 수 있지요.

앞에서 '살아있는' 법학 분야라고 하였는데, 젠더법학은 가족, 성폭력, 자녀 출산과  돌봄, 노동 등 다양한 문제들에 개입하여 보다 나은 해결책을 제시하고자 노력해 왔습니다. 그래서 호주제 폐지, 이혼시 재산분할과 기여도의 산정 등에 관한 소송과 판결에 깊이 참여해 왔지요. 물론 가족법 개정은 이태영 변호사를 위시하여 많은 선배 법조인들과 뜻있는 분들께서 초석을 놓으셨습니다. 나아가, 현재는 생활동반자법과 같은 대안적 파트너십 제도의 마련에도 깊은 관심을 갖고 있습니다. 다양한 양상의 성폭력· 가정폭력 피해자들을 대리했던 실무가들과 협력하여 '성인지 감수성'을 가진 논리를 만들기 위해 힘썼고 그 결과 성평등 판결들을 끌어냈습니다. 노동법상 '동일가치노동 동일임금' 실현을 위하여 여성들의 평가절하된 노동가치를 찾고 돌봄노동의 성질과 배분, 그 정책에 대해서도 큰 관심을 갖고 있습니다. 국내법뿐만 아니라 국제법을 찾아보고 외국법들을 참고하면서 젠더법학의 지평을 넓혀 왔지요. 예컨대 일본군 성노예 문제나 다른 '과거청산' 이슈에서 피해자의 권리 회복 등을 위하여 국제인권법을 참조하여 국내 상황에 맞는 논리를 구축하고 피해자의 '목소리'를 기록해 왔습니다. 물론 이러한 성취에는 단지 학자뿐 아니라 변호사, 판사, 검사 그리고 입법기관 연구자, 시민단체 활동가 등 광범위한 협업의 효과로 가능했던 것이었지요. 현재는 젠더와 법에 관한 연구 동아리는 법원과 변호사 등의 직역에서 생기면서 네트워킹을 계속하고 있습니다. 이 책에는 그러한 노력의 자취들이 담겨 있습니다. 개인들의 글이지만 거기에는 집합적이고 교차적인 활동이 바탕하고 있다는 것이지요. 관련해서 앞으로 젠더법학을 더욱 확산시키기 위해서 제안하고 싶은 점들을 말해 보도록 하겠습니다.

이제까지처럼 한국의 젠더법학은 사회역사의 맥락 속에서 젠더법학의 논리와 방법론을 찾아야 합니다. 외국의 법이론을 충실히 참고하면서도 한국 사회를 변혁하기 위하여 영혼 있는 연구를 해야 할 것이라고 생각해요. 특히 제사, 장례, 종중 등 죽음과 기억에 관한 법제들에 대한 젠더적 접근에서는 더더욱 조상 여성들의 입장과 지혜에 귀 기울여야 할 것 같습니다.

또한, 계급, 장애, 성성, 세대 등을 아우르고, 외국의 디아스포라까지를 염두에 둔 다양하고 교차적인 젠더법학 연구가 더욱 필요한 시대입니다. 나아가, 가족과 재생산, 노동뿐 아니라 정치경제(political economy) 시스템과 젠더라는 시스템간의 연결고리(nexus)를 찾아서 젠더정책의 의미와 실효성을 더욱 풍부하게 해야 할 것이에요. 예컨대, 여성과 남성의 직장내 평등한 업무 분장과 일가정 양립 지원의 정책의 보편화가 우리사회의 정치와 경제를 어떻게 더 성장시키고 균형 있게 만들 수 있는지 사례를 찾고 실증적으로 규명해야 합니다. 그저 '토큰'으로 여성들을 대기업의 이사에 앉힐 것이 아니라 실제로 '다른 논리'와 다른 비즈니스를 만드는 데에 한국의 고학력 여성들이 기여할 수 있도록 사회과 기업이 각성해야 합니다. 법률가 사회에서도 여성들의 증가를 성평등을 제고 현상으로만 바라볼 것이 아니라 다원적이고 공정한 판단을 이끄는 귀중한 자산이 된다는 점 등, 젠더와 비(非)젠더 현상 간의 연결고리를 만들고 찾아야 합니다.

이러한 발견과 변화를 위해서는 젠더법학은 혼자 고립되어 있어서는 결코 안됩니다. 오히려 타법학 분야 및 그 사람들과 활발히 소통과 협력해야 하지요. 이 책의 제목에 '확산'이라는 표현을 썼지만 그것은 액체의 '스며듬'처럼 시각을 공유하고 받아들이는 그런 성격으로 이루어졌으면 합니다. 이를 위해서는 법학 내의 실정법, 절차법, 국재법, 외국법 분야와의 교류도 중요하지만 사회과학, 자연과학, 공학 등 다른 분야와의 학제적 연구도 활발히 이루어져야 할 것입니다. 기후 위기를 맞이한 현재 상황에서 예컨대 농업과 기후에 대처하는 법적 노력이란 법학만 가지고는 전혀 가능하지 않은 일이 아닐까요. 다학문적 접근을 요하는 일이지요. 다른 한편으로는 사회과학이나 공학 등 타학문이 제공하는 조사연구방법도 적극 활용해야 합니다. 젠더법학이 좀더 현실에 다가가는 법학이 되려면 예컨대 재생산

정의가 일상에서 어떻게 이루어지고 있는지를 알기 위한 인터뷰 조사, 포커스 집단 관찰, 기존 통계의 활동 등 실증적 경험연구가 적극 활용되어야 할 것입니다. 앞으로의 젠더법학은 이러한 양상과 특성을 가지고 더욱 확산되고 현실에 스며들기를 소망합니다.

이 책의 마지막 장에는 교육에 관한 글들을 주로 실었습니다. 젠더법학 분야에서 제아무리 빛나는 연구성과가 나온다 해도 그것이 사람들에게 널리 알려지지 않는다면 무슨 소용이 있을까요. 젠더법학은 초중고 학교교육에서 인권과 성교육의 일환으로 필수불가결합니다. 성관계의 문화와 실천이 시시각각 변화하는 현실에서 성평등한 성성에 관한 교육, 임신과 출산 및 그 책임에 관한 교육 등은 입시보다 더 절실한 교육내용이 될 것입니다. 뿐만 아니라 대학과 대학원의 법교육에서, 광범위한 공무원 교육에서, 젠더법학이 필수적인 내용으로 통합돼야 합니다. 아니라면 ‘젠더의식’ 없는 법조인과 공무원들이 많은 영역에 대해 판단을 하게 되겠지요. 나아가, 법조인들과 기업을 이끄는 리더들의 성인지 젠더법학 교육 역시 결정적으로 중요합니다. 이분들이 해당 구성원들의 업무 분장과 평가 등을 하면서 조직내 민주주주의와 다양성 증진 등을 기하는 조타수 역할을 하실 것이니까요. 우리사회 리더들에게도 젠더법학은 필수이므로 이 책을 꼭 선물하시기 바랍니다!

마지막으로 이 책이 나오는데 도움을 주신 분들께 감사드리고 싶습니다. 누구보다, 이 책에 기꺼이 기고해 주신 모든 필자들께 깊이 감사드려요. 일일이 논문들을 소개하지 못하였지만, 소중한 분신과 같은 글을 내주어서 고맙습니다. 마지막 학기까지 책의 편집을 도운 최형준 석사에게도 고마움을 전합니다. 또한, 책의 표지에 쓰인 그림을 사용하도록 기꺼이 허락한 하인선 작가님에게도 깊이 감사드립니다. 나아가, 이 책의 필자들의 보금자리가 되어 준 서울대 법과대학 & 법학전문대학원, 한국젠더법학회에도 감사드립니다. 한국젠더법학회는 오랫동안 우리들의 ‘비빌 언덕’이 되어주었어요. 서울대 법학연구소 공익인권법센터는 이 책을 ‘공익과 인권’ 시리즈에 포함시켜 주셔서 출간이 순조롭게 되었습니다. 마지막으로, 출판사 박영사에도 감사드리며, 특히 김선민 이사님께 감사드립니다. 앞으로 젠더법학 전공자들이 더 많이 육성되고 시민교양으로서도 확산되기를 바라면서 여는 말을 마무리 합니다.

2025년 9월 무더위가 지나가고 시원한 바람이 불던 날

산지니 양현아 배

# 차례

## 제1부 한국가족의 사회·역사·젠더 법학



## 제2부 일본군 성노예제, 피해자 증언, 포스트식민주의 (Postcolonialism)

## 제3부 재생산권리와 돌봄정책



## 제4부 젠더폭력과 여성의 기본권

## 第5部 실질적 평등 논리의 구성



## 第6部 젠더법학 교육과 확산

# 제 1 부
# 한국가족의 사회·역사·젠더 법학

한국 가족법 개정운동의 모습 (1984. 8. 30. 한국가정법률상담소 제공)

# 1. 한국 가족법의 "관습" 문제 : 가장제도를 중심으로*

양 현 아 (서울대학교 명예교수)

이 글은 조선왕조시대의 가계계승자 지위와 식민지 시기 도입된 호주 지위가 과연 같은 것인가 하는 질문을 가지고 출발한다. 이를 위해 일제시기 작성된 문서들을 살펴볼 때, 당시의 당국에서 조선시대의 가부장제도를 일본의 가제도의 틀거리(framework)에서 해석하여 가제도의 일환인 호주제도를 시행한 결과, 이 글은 두 지위가 식민지 시기 동안 서로 결합하여 착종(錯綜)되었다는 테제를 제시하고 있다. 이 결과, 식민지 조선에서는 일본보다도 오히려 철저한 예외 없는 적장자 위주의 가계계승자가 호주의 지위를 가지게 되었고 그것이 탈식민 이후에도 조선의 '관습' 나아가 '전통'으로 재구성되었다고 해석한다.

이것은 현대 한국에서도 큰 함의를 가지게 되는데, 탈식민 이후 적어도 1980년대에 이르는 기간 동안 한국에서 모든 소규모 가족은 이어야 할 대를 가진 것처럼 되었고 아들의 필요성은 모든 가족의 초미의 관심사가 되었다. 이것은 여성에 대한 체계적인 차별이자 그녀들의 성성과 재생산권에도 심대한 억압이 되었다. 1950년대 초부터 가열차게 벌여온 한국의 호주제 폐지 여성주의 법개혁 운동은 이런 역사적 맥락 속에 놓여 있고 서구에서는 찾아보기 어려운 가족제도의 변혁에 대한 여성들의 열망을 보여주었다. 맺음말에서는 2005년 2월 헌법재판소에서 내려진 호주제 헌법불합치 결정에 관해 다루면서, 성차별제도로서의 호주제도는 본 결정에 의해서 분명하게 타파되었지만, 식민지적 관습 문제는 다루어지지 못하였다는 한계를 지적한다. 호주제도의 페미니즘은 한국에서 식민지적 전통과 관습에 개입하고 비판할 뿐 아니라 '새로운 전통'을 만들어서 보다 풍요로운 미래를 열 것을 제안하고 있다.

* 이 글은 졸저, 『한국가족법 읽기－전통, 식민지성, 젠더의 교차로에서』(창비, 2011)의 제4장 "식민지 시기 가족법의 '관습' 문제 Ⅱ"의 일부(159-176면)와 제8장 "호주제도 폐지, 그 산을 옮기다"의 일부(353-359면)를 수정·요약한 것이다.

## Ⅰ. 서론: 세 종류의 상속제도라는 틀

일반적으로 조선시대의 상속제도는 제사상속과 재산상속의 두 종류로 구성된 것으로 이해되지만 일제는 일본 구민법의 편별 양식에 따라 조선의 관습을 정리함으로써 『관습조사보고서』와 이후 상속 관습에 관한 문헌에서 조선의 상속제도를 '제사상속', '재산상속,' '호주상속'과 같이 세 종류로 구성된 것으로 파악하였다. 이러한 제도적 틀의 배경에는 1912년에 발효된 조선민사령 제11조에 따라 친족 상속의 법적 사안들이 '조선의 관습' 원칙 하에서 편입되면서도,[1] 기존의 민적법을 개정하여 일본과 동일한 호적제도. 나아가 일본의 구민법을 조선에 도입해야 하는 이중적인 지형에 놓여 있었다. 식민지시기 동안 점차적으로 제사상속과 호주상속이 일본식의 '가독상속(家督相續)'으로 통합되었는데 그 효과는 무엇이었을지 관심이 간다. 여기서, 가독상속이란 호주상속에 따라 호주가 가지게 되는 권리로서 그것은 조선사회의 가족의 대표라는 사회문화적 권위와는 다른 법률적 차원의 것이었다. 분가, 절가, 거가와 같은 용어가 보여주듯이, 호주의 지위는 호적 내지 호적법과 연동되어 있었고, 재산상속과도 불가분의 관계였다.[2] 게다가

---

1 朝鮮民事令 제11조 제1조의 법률 중 능력, 친족 급(及) 상속에 관한 규정은 조선에는 이것을 적용하지 않는다. 조선인에 대한 전항(前項)의 사항에 관해서는 관습에 의한다. 이후 민사령 제11조는 세 차례 개정되어 일본 구민법이 적용될 수 있는 범위를 확장해 갔다(자세한 설명은 정긍식, 『國譯 慣習調査報告書』, 개역판, 한국법제연구원, 2000, 18-23면을 볼 것).

2 일본 구민법상 호주의 권리는 '가독권'으로 관념되었던바 그것은 "가족에 대한 지배권·통제권"을 의미하는데 이 가독권의 구체적 내용은 다음과 같다. 호주는 가족에 대하여 부양의무가 있고, 이를 위해 가산(家産)은 호주의 전유(專有)이며, 가족의 특유재산을 인정한다 해도 가족은 그것을 처분할 경우에는 호주의 허가를 얻어야 하므로 실제로는 호주의 재산과 구별이 없다. 호주는 가족에 대하여 거소지정권이 있다. 호주는 가족의 혼인과 입양에 대하여 동의권이 있으며 가족에 대하여 교육권, 감호권, 징계권이 있다. 또한 가족의 직업 및 기타 행위에 대하여 동의권이 있다. 또한 가족의 사생자(私生者) 혹은 서자가 가에 입적할 경우에 호주의 동의를 요한다. 또한 친족입적에 관한 동의권, 가족의 분가, 절가재흥(絕家再興)에 대한 동의권을 가지며, 귀속 불분명 재산은 호주의 재산으로 추정한다. 가족의 타가상속(他家相續)을 위한 거가(去家)에 대한 동의권, 가족의 금치산 또는 준금치산의 선고청구권 및 선고취소청구권이 있고, 가족의 후견인이 될 자격을 가지며 친족회 소집권 및 친족회에서의 의견개진권 등을 가진다(박병호, "일제하의 가족정책과 관습법형성과정", 『법학』 제33권 제2호, 1992, 255면).

가족원을 손아래 어린이(실제로 호주는 가족원에 대해 '비유(卑幼)'라는 표현을 씀)로 간주함으로써 호주와 가족 간의 위계적 신분관계를 제도화하였다. 하지만 가독권의 어디에도 제사에 관한 권리·의무 규정은 없었다.

필자는 제사상속, 재산상속, 호주상속이라는 세 종류의 상속제도라는 분류체계를 '조선의 가족제도'의 틀거리로 구성한 다음,[3] 이 중 호주상속을 상속제도의 중심으로 해서 호주제도가 마치 보편적 가장제도인 것처럼 조선에 이식시킨 것은 한국 가족제도에 있어 매우 의미심장한 일이라고 해석한다.[4] 계속해서 1912년 출간된 『관습조사보고서』의 질문과 답변을 계속 살펴보기로 한다.

> **[관습조사보고서]** 문 제117, 법정추정가독상속인은 타가에 입적하거나 일가(一家)를 창립할 수 있는가.
>
> **(답)** "관습상 당연히 그 가의 상속인이어야 할 자를 봉사자(奉祀者)라고 한다. 즉 봉사자가 될 지위에 있는 자로서 적장자임을 원칙으로 한다. 그러므로 적장자 또는 승적(承嫡)한 서장자(庶長子)는 그 가를 상속해야 하는 자이므로 입양 기타의 사유로 타가에 입적할 수 없다. [중략] 또 봉사자는 어떠한 경우에도 일가를 창립할 수 없다."[5]

여기서 '법정추정가독상속인'이란 일본 구민법상의 지위로서 장자, 남자 등과 같이 법이 정하는 순서에 따라 호주상속을 하는 법정가독상속인을 일컫는다. 그럼에도 불구하고 위의 보고에서는 봉사자, 즉 제사상속자가 마치 법정가독상속인과 동일한 지위인 것처럼 전제하고 답하고 있다. 이는 일본의 가족제도, 즉 가독상속제도의 문법(文法)을 가지고 조선의 가계계승

---

3 여기서 '조선의 가족제도'란 조선왕조시대의 가족제도, 특히 17세기 이후 정립되고 주로 양반계층에 의해 실행된 유교적 가족제도를 의미하면서도 식민지 당시의 현실로서 조선(조센) 사람들의 가족을 동시에 의미하는 중의적(衆意的)인 표현이다. 이에 관해서는 본 고 후반부에 정리하고자 한다. 이 글에서는 조선왕조시대의 가족이란 양반의 가족제도를 이념형으로 하고, 그 변형에 관해서는 다른 지면(예컨대 『한국가족법 읽기』 제5장)에서 다루었다.

4 여기서 푸코가 말하는 사물의 분류와 호명을 통한 지식/권력 구성의 현상을 놓치기는 어렵다 [미셸 푸코(Michel Foucault), 『말과 사물: 인문과학의 고고학』, 이광래 역, 민음사, 1987].

5 정긍식, 앞의 책, 303면.

제도를 재단하는 논리를 보여준다 하겠다. 다음 문 제158에서는 조선과 일본의 상속제도의 차이를 어떻게 정리하고 있는지를 보여준다.

> **[관습조사보고서]** 문 제158, 가독상속의 개시(開始) 원인은 어떠한가.
>
> **(답)**(전략) 이상 기술한 바와 같이 조선에서의 상속은 호주상속과 재산상속 외에 따로 제사상속이라는 것이 있다. 게다가 제사상속은 상속 가운데에서 가장 중요한 지위를 차지하고, 제사상속을 하는 자는 동시에 호주이지만 호주가 되는 자는 반드시 제사승계자가 아니다. 일가(一家)의 계통(系統)은 제사상속자에 의하여 연속되고, 호주인 자라도 여자는 가계의 세대에 넣지 않는다. (중략) **그러므로 일본 법제에서의 가독상속과 유산상속의 구별은 조선에서의 상속을 설명함에 적절한 분류가 아니다. 그렇지만 우선 이 구별에 따라서 제사상속과 호주상속을 함께 가독상속의 범주로 설명하고 재산상속은 제사상속, 호주상속과 동시에 이루어지는지를 묻지 않고 모두 유산상속의 범주로 설명하고자 한다**(필자 강조, 이하 같다).[6]

이 보고서에서는 조선의 상속제도가 가지는 일본과의 차이를 인정하여 제사상속이 가장 중요한 지위를 가진다고 한다. 그러면서 세 종류의 상속을 열거하고 '우선' 이 분류에 따라 제사상속과 호주상속을 묶어서 가독상속의 범주로 설명하겠다는 자의적 결정을 내리고 있다. 즉 양 사회의 상속제도를 구별하면서도 일본을 중심으로 조선의 제도를 재편성하고 있다. 이러한 해석과 결정을 통해서 조선의 제사상속인이란 호주상속과 동시에 재산상속을 하는 지위로 일본의 가독상속인과 유사한 지위인 것처럼 '조선의 관습화'되었다. 다음 1930대에 작성된 중추원 조사국 자료에서는 앞서의 1910년대의 다소 유보적인 조선의 가계계승에 대한 설명이 가제도의 틀 속에서 점차 굳어지지 않았나 추정된다.

> 이조(李朝)의 상속제는 조상의 봉사자인 지위의 승계를 주목적으로 하고 가장권 내지 재산권의 승계를 종목적으로 하는 상속과 유산의 승계를 목적으로 하는 것의 **두 가지이다**. 그러나 이미 호적령도 시행되고 가족제도도 이제는 확립되어 그 기초가 견고하게 되어 호주의 지위를 점차 중요시하게 된 현

6 정긍식, 위의 책, 346-347면.

> 시에서는 **승중(承重)은 일본 민법의 가독상속인과 같이 호주권의 승계를 주목적으로 하고 제사권 내지 재산권의 승계는 종목적으로 하여 그중에 포함시켜야 할 것이다.**[7]

이렇게 조선에서 제사상속의 중심성을 인식하면서도 조선의 승중(제사상속인)을 호주권의 승계를 주목적으로 하고 제사권을 종목적으로 하는 지위라고 선언하고 있다. 이런 판단은 다분히 가제도와 호적제도가 이미 도입되어 확립되었다는 식민지 정부의 입장에 서 있다고 보인다. 제사권이 가독권에 비해 부수적인 것으로 취급하는 태도는 1933년 3월 3일 경성고등법원의 판결에서도 나타난다. 본 판결에서 "호주상속 및 재산상속제도가 확립된 오늘날 이것을 제외한 제사상속의 관념은 선대를 봉사(奉祀)하고 조상의 제사를 봉행(奉行)할 도의상의 지위를 승계하는 데 다름 아니다"라고 함으로써 조선의 제사상속은 법적 실체가 아닌 도의적 책임으로 변질되었다.[8] 제사상속을 통하여 조선시대의 가족의 구조적 계승이 이뤄져왔다고 할 때,[9] 제사상속을 법률 외적인 문제로 규정하고 호주에 제사상속인의 지위를 종목적으로 합병한 것은 '조선의 가족제도' 해석과 이후 한국 가족에 있어서 실로 중요한 일이 아닐 수 없다. 그렇다면, 조선에서 제사상속자의 지위란 무엇을 의미하며 가독상속자와는 어떻게 다른 지위인가. 호주 및 제사 계승자의 차이와 변형에 대한 논의가 그동안 역사학계나 사회사학계 등에서 활발하게 이뤄져왔는지는 의문이다. 아래에서는 두 지위의 차이에 대하여 간략하게 논의한다.

---

7 정광현, 『한국 친족상속법 연구』, 서울대학교 출판사, 1967, 235면. 『관습조사보고서』가 2012년 간행된 이래, 당국은 계속 조선의 관습을 조사하여 1933년 『민사관습회답휘집(民事慣習回答彙集)』을 간행하였는데, 정광현 교수는 이 『민사관습회답휘집』이 조선의 판례법 형성에 가장 기본적인 자료라고 한다(159면). 1933년부터 1945년 사이에 축적된 조선총독부 중추원 조사과의 조사내용을 정 교수께서 연구원으로 일할 때(1944-1946) 원본을 필사하여 국역한 자료 중 일부를 위 저서에 포함시켰다.

8 『경성고등법원판결록』 20권, 155면, 윤진수, "고씨 문중의 송사를 통해 본 전통 상속법의 변천", 『가족법연구』 제19권 2호, 2005에서 재인용.

9 박병호 앞의 글, 1992; 이상욱 "일제하 호주상속관습법의 정립", 『법사학연구』 제9호, 1988, 11면.

## Ⅱ. 제사계승자와 호주 지위는 마찬가지인가

### 1. 두 지위의 차이

앞서 본대로 일제시기 관습법의 원천이었던 각종 문서에서 조선의 가족제도상의 종자(宗子), 종손(宗孫), 승중(承重)[이하 승중 혹은 승중자로 표현함]을 호주 지위의 관점과 비교하고 해석하는 경향을 발견할 수 있다. 다음의 중추원 자료에서는 양 지위를 선명하게 동일시하는 담론마저 찾아볼 수 있다.

일본 민법에 규정된 가독상속에서는 법정가독상속인, 추정가독상속인, 선정가독상속인의 삼종이 있음은 이미 전술한 바이나 한국에서는 명칭은 다르지만 그 실질에서 관찰하면 다소 이와 유사한 것이 있다. 즉 후술하는 법정(法定)의 추정승중자 즉 적자는 일본 민법의 법정추정가독상속인과 유사하며 또 종자의 유언으로 인한 사후양자는 지정가독상속인과 유사하고 종자의 사망후의 유처(遺妻) 기타 친족이 선정하는 사후양자는 선정가독상속인과 유사하다.[10]

조선의 제사계승자가 지정되는 방식에 관심을 가진 이 담론에서는 제사계승자와 일본의 가독상속자는 '실질'에 있어서 유사하다고 본다.[11] 법정가독상속인, 추정가독상속인, 선정가독상속인과 같은 지위로 조선의 승중자 상속을 해석·재단하고 있다. 지위의 기능이나 이들이 대표하는 가족의 성격이 같지 않음에도 위의 담론은 그 차이를 무시하고 양자를 같게 만드는 효과를 낸다. 그렇다면, 현재까지 이어지는 호주와 조선시대 가족의 대표자를 동일시하여, 호주제도를 보편화시키는 논리는 과연 옳은 것인가. 여기서 하나씩 그 차이점에 대해 생각해본다.[12]

10 중추원 자료, 정광현, 앞의 책, 1976, 235면에서 재인용.

11 이상욱이 지적한 바와 같이, 조선의 종가, 지가 개념을 일본 민법상의 본가, 분가개념과 혼용하는 것 역시 상이한 두 가족제도를 일본식 가족제도의 관점에서 재단하는 사고방식을 나타낸다(이상욱, 앞의 글, 58면).

12 졸고, "한국의 호주제도, 식민지 유산 속에 숨 쉬는 가족제도", 『여성과 사회』 제10호, 1999 참조.

먼저, 양 지위의 구심점과 국가와의 관계가 다르다. 조선의 가족대표(승중)가 갖는 권위의 원천이 조상 내지 조상의 혈통에 대한 부계계승으로부터 유래하지만, 호주는 국가가 승인하는 서류상의 지위이고 국가가 인정하는 가부장권이며 궁극적으로 국가로부터 부여받은 지위라는 점에서 차이가 있다. 종자, 종손, 승중이 가지는 권위의 흐름은 조상으로부터 '하향하며' 이 가족대표는 조상들의 '후손'으로서 친척집단을 대표하게 된다. 반면, 호주는 호적상의 지위로서 동시대 가족의 '우두머리'로서 가를 대표하게 된다. 이렇게 조상을 바라보고 모시는 조선의 혈족집단은 기본적으로 효 공동체라 할 수 있는데, 천황을 중심으로 한 근대 제국주의 국가를 지향한 조선총독부로서는 이 조상지향성이야말로 용납키 어려웠을 것이다. 국가의 입장에서는 사람들이 가진 문중 의식을 약화시키고 그것을 국가의식으로 대체할 필요가 있었다. 환언하면, 사람들의 정체성을 '문중원'으로부터 '국민'으로 만들고자 한 것이다. 이렇게 양자의 지위는 국가와의 관계라는 측면에서 극명하게 갈린다.

둘째, 두 지위의 성격은 다른 가족과의 관계에서도 차이가 있다. 조선의 종가(宗家)라는 개념에는 위계질서가 내포되어 있어서, 종가를 정점으로 하여 지가(支家)들이 피라미드형 구조를 이루면서 혈족집단을 구성하면서 다른 가문에 대해서는 배타적 성격을 가지고 있었다. 여기서 가문간의 세력의 차이는 바로 그 가문에 속하는 개인들의 권한과도 함수관계를 가진다. 이에 비해 호주에 의해 대표되는 가족은 일가일적(一家一籍) 원칙에 의해 문중을 여러 개로 분해하는 효과를 지녔고, 가족원들은 이 가(또는 호적)를 통해서 국민임을 인정받는, 일종의 시민의 지위를 획득하였다.[13] 이렇게 가제도는 출신 문중과 같은 신분적 서열을 일정하게 타파하고, 모든 가에 있는 호주를 정점으로 가족원간의 신분을 재정비하는 효과를 수반했다. 하지만

13 "직업도 재산도 가 그 자체에 속하고, 개인은 가를 통해 국가를 구성하고, 가에 속하는 고로 각종의 권리를 향유한다"(野村調太郎, 1925를 홍양희, "식민지시기 호적제도와 가족제도의 변용", 『사학연구』, 2005, 185면에서 재인용). 홍양희는 계속해서 '가(家)가 국가조직이 되기 위하여 일정한 평준화와 질화가 필요하였으므로 국가 앞에서 가족들간의 '평등'이 이루어졌다'고 해석한다(홍양희, 위의 글, 191-192면).

승중의 지위는 자신의 동족의 신분적 특권을 유지하고자 하는 관념이 강하였기에, 종문간의 평등과는 거리가 멀었다.

셋째, 양 지위는 중심 역할에서 큰 차이가 있다. 종자, 종손, 승중의 역할은 무엇보다도 조상의 봉사에 있었다면, 호주 지위의 핵심적 역할은 제사가 아니라 경제적 측면, 즉 가족재산의 효율적 운용에 있었던 것으로 보인다. 앞서 언급한 일가일적의 기준이 '동일 생계'에 있었다고 할 때, 동일한 호적에 등재되었다는 것은 생계를 같이하는 사람들의 집단이라는 의미이다. 이 점에서 가제도상의 호(戶)란 하나의 경제단위이고 호주 역할의 중심에는 가족에 대한 부양의무가 있었다. 그러므로 재산상속에서 호주가 이전 호주의 재산을 전유 권리를 갖는 것은 타당한 일이었을 것이다. 호주 지위의 경제적 성격과 승중자가 가지는 조상 봉사라는 정신적이고 권위적인 역할 간에는 현격한 차이를 나타낸다. 넷째, 선정 방식과 논리에서도 차이가 있다. 승중자 선정에서는 조상의 피를 계승하는 혈통의 요소가 가장 핵심적인 요소라면 호주의 지위는 혈통으로부터 다소간 자유로울 수 있었다. 이 점은 대단히 중요한 차이라고 보인다.[14] 조선의 가족에서 한 가문의 대를 이을 승중의 자격은 개인이 가진 요소와는 거의 관계가 없다고 할 수 있다. 승중이란 종가(宗家)에서 본처에 의해 태어난 남자일 것, 형제순위상 가장 먼저일 것, 적장자가 없을 경우에는 촌수 및 세대를 고려하여 양자를 선정할 것 등과 같이 승중자란 일정하게 객관적 원리에 의해 결정되는 지위였고 그만큼 가족제도상의 규칙이 계승자의 개인적 성향을 훨씬 넘어서는 것이었다. 호주 역시 일정한 요건에 따라 계승순위가 정해지는 것이 사실이지만 양자제도와 후술할 폐제제도(廢除制度)와 같이 운용될 경우, 그 선정에 있어서 현호주의 재량이 상당히 있었다.

마지막으로, 그리고 무엇보다 중요한 차이는 규모 면에서 두 가족이 대단히 다르다는 점이다. 위에서 말한 엄격한 기준에 의해 선정되어야 할 종손, 종자 혹은 승중이라는 지위는 적어도 다섯 대 위의 조상인 고조부모

---

14 일본의 서양자제도가 이 측면을 이해하는 데 도움을 준다. 서양자제도에서는 양자로 입적된 아들이자 호주의 사위는 아들 동시에 사위로서 호주계승을 할 수 있다.

(高祖父母)로부터 이어진 문중(門中)이라는 혈족의 대표자이다. 따라서 형제간에도 분가가 허용되는 호주로 편제되는 가족보다 그 규모가 훨씬 크다. 이렇게 봉사자의 계승은 이념형적으로 다섯 대 이상을 포괄하는 혈족지도에서 본 종가(宗家)의 계승 문제인 것이다. 이런 맥락에서 문중체계의 대표자는 조선왕조시대를 통해 정립되고 또 변동되었던 가계계승원리에 의해 선정될 수밖에 없었다. 하지만 일본 민법상에서 호적에 의해 편철된 '모든' 가에서 적장자에 의한 법정 호주계승제도는 제도의 지속 가능성을 위해 여러 장치들을 마련하고 있었다. 법정상속자에 대한 폐제제도 및 포기제도를 두고 있었고, 여호주제도, 서양자제도, 입부혼제도 등과 같이 부계 계승주의의 예외가 존재하였는데 이에 대해서는 아래에서 살펴본다. 이렇게 상이한 두 지위가 일제시기 동안 호주권의 관점에서 재단되었던 것을 일본에서는 법적으로 인정되던 폐제제도(廢除制度)가 조선에서는 금지되던 것을 통해 살펴보기로 한다.

## 2. 폐제(廢除)의 논리와 두 지위의 '착종'

폐제란 일본 구민법 제970조에 규정되었던 법정추정가독상속인(호주계승자)에게 구민법 제975조에서 설정하는 사유, 즉 상속인의 무능력, 현호주(피상속인)에 대한 불손함 등이 나타날 때 현재 호주가 그 추정상속인의 호주계승을 금지하도록 청구할 수 있는 제도이다. 이 제도는 현호주에게 다음 호주에 대한 제한권을 줌으로써 현 호주의 권한을 강하게 만든 제도라고 할 수 있고 동시에 호주 선정에 있어서 융통성을 주는 제도라 하겠다. 일본에 거주하던 한 조선인 호주가 동경지방재판소에 소송을 제기함으로써 조선인간의 폐제 문제가 가시화되었는데, 일본대심원(日本大審院)에까지 상소된 이 소송에서 "조선에서는 법정추정상속인을 폐제하는 관습이 없으므로 조선인인 위 상속인에 대하여 호주로부터 그 폐제를 청구할 수 없다"는 판결이 1941년 내려졌다.[15] 재판은 판단의 중심 근거를 조선민사령 제11조의 '관습'에 두고 있었다.

15 정광현, 앞의 책, 1967, 311-316면.

실제로 조선에서는 이미 1914년 11월 정무총감의 회담에서 "조선의 관습에는 장남이 암우(暗愚)하여 가를 승계함이 부적합할 때라 할지라도 피상속인의 의사에 의하여 이를 상속인에게 폐제하고 차남 또는 삼남에게 상속케 할 수 없다," 즉 한국의 관습상 장남이 어리석다 해도 이를 폐제할 수 없다고 답하고 있고, 1915년 민적 사무 취급에 관한 관통첩(官通牒)에서 "실자인 상속인의 폐제 신고는 이를 수리할 수 없다"고 확정짓고 있다. 이후 같은 견해가 해당 관리들의 회답에서 거듭 확인되었다.[16] 이로써 조선에서는 적장자 및 이외 법률이 정하는 추정호주승계인 순위의 사람이 아닌 다른 방식의 호주승계는 호적 사무에서 접수되지 않게 되었으며 폐제라는 쟁점 자체가 등장하지 않았던 것이다. 이러한 현상은 사소한 것 같지만 실은 여러 의미를 지니고 있다. 여기서, '조선의 관습'이란 위에서 살펴본 가문의 계통을 잇는 장자, 장손 혹은 승중에 관한 관습을 뜻한다는 것에 유의해야 한다. 이것은 기본적으로는 조선의 '관습'원리에 따라 가족사항이 결정되었다는 것을 나타낸다. 이러한 '조선의 관습' 어법에서는 앞서 살펴본 대로 이에제도상의 호주 계승자(혹은 가의 승계)가 언제나 있어왔던(조선에서도 동일하게 있어왔던) 보편적인 것으로 의미가 부여되고 있다. 왜냐하면, 조선의 관습에서 법정호주계승자를 '폐제하는' 관습이 없는 것이 아니라, '법정호주계승자'와 같은 관습이 없다고 해야 하는 것이 옳기 때문이다. 따라서 호주계승자의 지정 문제는 조선의 부계계승주의 관습을 좇을 것이 아니라, 하고자 한다면 조선에서 새로 만들어져야 하는 관습이었다. 하지만, 이러한 담론에서 조선과 일본의 차이는 희석되고, 그 결과 식민지 조선에서는 자신의 '관습'의 이름으로 '일본적이고도 조선적인' 엄격한 부계계승제도가 정당화되었다.

요컨대 이러한 담론에서 우리가 발견하는 것은 흔히 생각하듯이 조선의 부계계승원리가 일본의 제도에 의해 왜곡되거나 사라진 것이 아니라 일본 정책자들은 자신들의 편의에 따라 두 제도를 모두 활용하였다는 점이다.

16 정광현, 위의 책, 251-253면; 이상욱, 앞의 글, 44-45면.

좀더 정확하게는, 이들은 가(家)제도의 틀 속에서 조선의 가족제도를 배치하고 사유했다. 이렇게 볼 때, 일제시기를 통해 정착한 한국의 호주제도란 이른바 조선의 가계계승원리의 왜곡이라기보다 조선의 가계계승제도와 이에의 호주제도간이 서로 밀착되고 결합된 '착종(錯綜)' 산물이라고 해석함이 보다 그 성질에 부합한다. 하지만 이 착종은 양자가 대등한 지위를 가지고 이루어진 통합과는 다른 것이다. 왜냐하면 식민지 지배의 맥락에서 조선 내지 '조센'과 일본 간의 공정한 '비교'란 이미 불가능한 것이다. 일제시기 조선의 관습의 담론에서, '조선의 가족'이란, 주로 조선왕조 후기의, 상당히 양반규범에 입각한 가족제도를 그 원형태(原形態)로 상정하고 자신들에 의해서 이미 종료된 왕조이다. 여기서 조선의 가족이란 기본적으로 조선왕조라는 과거에 근거를 둔 가족제도를 이념형으로 해서 사유되는 데 비해, 일본의 가족이란 당대의(modern), 메이지 유신 중에 정립된 일본식 가족제도를 일컫는다. 즉, 현재형의 일본과 과거형의 조선이라는 비교 아닌 비교가 '조선의 관습'의 사유 속에서 일어났다. 이미 식민화된 조선에서 조선왕조(혹은 '李朝')는 과거의 기표이자 타자의 기표이지만, 일본의 가제도는 현재의 법이며 호적 등과 유기적으로 결합된 살아있는 제도였다. 이에 따라 조선의 가계계승제도의 원리적 사유가 이에제도의 논리 속으로 훼손되고, 삽입되고, 합병되었다고 하는 것이 합당하다. 이 과정에서 조선의 가계계승제도가 일본의 눈을 통해서 특정한 역사적 시공간의 맥락에서 빠져나와 화석처럼 굳어진 '전통'이 되었다.

### 3. '식민지적으로 전통적인' 젠더질서의 재구성

일제가 자신의 시각에 서서 조선의 관습을 확정한 결과, 식민지 조선에서 법정 호주상속인의 포기, 선택이 모두 불가능하고 이로써 일본에서보다 조선에서 한층 철저하고 예외 없이 혈통을 기준으로 운영되었던 것으로 보인다. 이는 식민지 조선 여성들의 입장에서 그리고 한국의 젠더질서라는 견지에서 치명적인 일이었다. 앞서 『관습조사보고서』의 문항 제158의 답변에서 보듯이, "일가의 계통은 제사상속자에 의하여 연속되고, 호주인 자라도 여자는 가계의 세대에 넣지 않는다"는 것이어서 조선에서 여성에 의한 호주상속은 일본에 비해서 훨씬 제한되었다. 이로써 조선에서는 가를 상속할 남자가 없으면 절가(絕家)가 되는 것을 조선의 관습으로 인식하게 되었다. 가문을 잇기 위한 양자로 이성(異姓) 양자를 허용치 않는 조선의 관습상 서양자제도 역시 활성화되지 않았기에, 조선에서는 호주계승을 위해서는 친자로서의 남아의 생산이 필수불가결한 사안이 되었다. 주의할 것은 이때의 계승자란 승중자를 의미하는 것이 아니라 호의 계승을 위한 호주를 의미한다는 것이다. 일본의 법률가였던 아라카와 요시도(荒川義人)는, 1941년 조선인은 호주의 폐제를 청구할 수 없다고 선고된 위의 일본 대심원 판결에 대한 논평을 냈는데, 이 글은 조선의 호주계승의 이상함에 대하여 의문을 제기하고 있다.

> 도대체 [조선에서] 법정[호주]상속주의가 하등의 예외 없이 실시되고 적어도 이것이 금일까지 거의 문제되지 않았다는 것은 실로 기묘한 현상이라고 평하지 않을 수 없다. 법정상속주의는 **피상속인과 일정한 신분관계에 있는 자는 피상속인 사이에 법이 예상하는 일정한 협동관계에 있으며 따라서 상속인이 되는 데 적합함이 통상이라고 하는 원칙적인 경우를 예상함에 불과하므로 따라서 상속인 되는 데 적당하지 않는 자가 있는 것도 당연히 예상되는 바라고 하지 않을 수 없다. (…) [따라서] 본인은 상속결격 및 상속인폐제 내지 이와 유사한 제도가 법정상속주의의 필연적 결과이며, 이와 같은 제도의 존재를 부정할 특별한 사정이 입증되지 아니하는 한 일정한 요건하에서 상속인 폐제 내지 상속결격을 인정하여야 함은 조리가 당연히 요구하는 바라고 생각하지 않을 수 없다.**[17]

이 논평은 일본 민법이 예정하던 호주의 법정상속인은 그 적합함을 의미할 뿐 완벽한 것은 아니어서 상속결격이나 폐적제도와 함께 운용되어야 한다는 의견을 제시한다. 요컨대, 일본 구민법상 법정상속제도를 운용하려면 상당한 유연성과 재량이 필요하다는 것이다. 하지만, 앞서 논의한 것처럼, 종자 혹은 승중이라는 가계계승자의 필요는 주로 조선시대 후기에 확립된 부계계승적 친족에서 종가의 계승 문제로서, 호주가 대표하는 가족보다

17 정광현, 앞의 책, 1967, 320면에서 재인용.

그 규모가 훨씬 크다. 더구나 이러한 가계계승은 대개 조상 봉사의 물질적, 문화적 자원을 가진 양반계층의 관심사였다.

식민지 시기를 통해 이식된 호주 지위는 국가에 의한 법적, 행정적 제도이자, 분가(分家) 등에 의해 작게 분절된 사회 단위이며, 거의 모든 평민 남성들이 가질 수 있는 지위라는 점에서 이전의 가계계승과는 큰 차이가 있다.[18] 그런데 이러한 차이들을 두고 일본 보다 조선의 가부장제도가 훨씬 더 남성중심주의가 철저했다고 해석하는 것도 적절치 않다. 앞서 서술한대로 조선시대의 가부장적 가족제도 원리들은 당시의 사회적 맥락, 정치적 이해, 물적 토대, 신분구조, 통치이념과 세계관 등에서 구성된 것이었으며 그것은 조선시대의 맥락 속에서만 온전하게 의미를 가질 수 있다. 이런 시각을 갖지 못한다면 조선은 본질적으로 가부장적이고 정체된 사회가 되는 것인데 이야말로 식민지적으로 재구성된 '조선의 전통'이 아닐까 한다. 이상과 같이 식민지 경험을 거치면서 한국에 뿌리를 내리게 된 가족제도는 일본의 이에제도와도 일치하지 않으며 조선시대의 가부장제도와도 상이한 '제3의 가부장제'로 이해할 수 있다. 그것은 일본식의 이에제도의 일부를 떼어다 그 안에서 규모가 훨씬 큰 조선의 가족, 특히 문중이라는 동족 단위를 사고하는 제도로서 모순과 무리(無理)를 안고 있는 것이다. 규모의 문제와 함께 상이한 시공간에서 형성된 가족제도를 일본식의 제도 속에다 배치했다는 것은 현대 한국 가족제도의 시대착오성을 말한다. 해명되지 않은 이 시대착오성은 2025년 현재에도 한국가족의 제사, 장례, 혼인, 시가와 친가간의 불균형 관계 등 도처에 산재해 있는 것이 아닌가 진단한다. 그것은 여전히 충분히 해명되지 않았는데 여기에 젠더 분석을 도외시해 온 것이 중요하다.

## 4. '관습의 생산론'이 가지는 포스트식민의 함의

이제까지 살펴본 식민지적 가장제도, 즉 호주의 승중자와의 착종의 결과, 일제시기를 거친 한국의 가족에서 아들의 필요성은 전국민의, 모든 소

18 일본 민법상의 가제도 역시 남성중심적인 국가관과 가족관에 입각해 있었음은 말할 나위도 없다.

규모가족의 법적 필요로 변모하게 되었다. 적어도 1950대에서 1980년대 현대 한국에서 하나의 호적으로 편제된 모든 소규모 가족은 마치 계승되어야 할 하나의 계통을 가진 것처럼 되었고, 아들은 모든 소규모 가족의 필요성이 되었다. 즉 현대사회를 살아가는 모든 가정이 '대'를 이어야 한다는 당위를 짊어지게 되었고, 그것이 '근대법'과 동시에 한국 '전통'의 요구가 되어버렸다.[19] 외형상 핵가족처럼 보이는 모든 소규모 가족에서, 전인구에 걸쳐서 적어도 하나의 아들이 필요하다는 이 충족 불가능한 원칙이 그동안 한국사회에서 과연 어떻게 실현될 수 있었을까. 이러한 무리는 주로 여성들에게 부가되어 왔다고 할 때, 한국 여성들이 겪어온 남아 출산의 의무 혹은 남성의 '중혼(重婚)'관계에 대한 관용에 따른 여성들의 고통에는 식민지성과 가부장제가 서로 얽혀 있는 역사적 궤적이 고스란히 담겨 있다.

가부장제의 식민지적 재구성은 단지 여성에 대한 차별과 그녀들의 고통의 문제에만 그치지 않는다. 탈식민 이후 근대국가의 건설 이후에 여성과 남성은 국가와 마주하는 자유로운 시민이 아니라, 호주와 가족이라는 신분관계 속에서의 '국민'으로 존재하였고, 여성과 남성은 서로 만날 수 없도록 이분법적 영역에서 살아왔다. 한국 국민들은 시간성을 알 수도 없는 '전통'의 지배 하에서 자신의 정체성을 인식하면서 동시에 망각하였고, 여기서 남성중심 가부장제는 오롯이 젠더관계에서 '전통'을 이어주는 근거로 작용하였다. 한국에서 호주제도는 2007년 12월 31일까지 유효하였던바, 1950년대 초부터 시작한 호주제 폐지는 50년을 훌쩍 넘어서야 이루어졌다. 그만큼 호주제 폐지에 대한 국가와 사회의 저항은 강력한 것이었다. 한국인이라면 거부감을 가질 법한 일본의 가제도의 주요소를 '한국의 전통'이라고 믿게끔 만든 과연 이유는 무엇이었을까.

그동안 한국사회에서 식민지성의 극복은 진정한 전통을 복구하는 작업으로 귀착되곤 하였다. 이런 믿음은 문화적 순수성에 대한 믿음에 입각한

19 법정호주상속인의 포기를 인정하지 않는 '절대적 강제상속'은 한국의 민법에서 1989년 3차 가족법 개정까지 지속되었으며 차기 호주에 대한 폐제 제도는 존재하지 않았다(정광현, 앞의 책, 424-27면; 김주수, 『친족상속법』, 법문사, 1994, 398-99면).

민족주의 정서라고 할 수 있다. 이러한 담론에서는 일본의 가독상속과 조선의 제사상속 간의 차이가 크게 문제시되지 않았던 것 같다. 유교주의적 견지에 섰을 때에는 양 제도가 가지는 가부장제의 공통성과 연속성이 중요 관심사이지 그 차이가 그리 중요치 않았다고 해석한다. 이 글에서 호주와 승중자 선정 원리에서 보았듯이, 양 제도의 차이에도 불구하고 부계계승주의의 관습이 전통으로 잘 살아남았다. 이는 관습이 왜곡되었다고 해도 당대(식민지시기 혹은 식민 이후)의 지배 엘리트 남성의 이해관계에 부합하는 것이라면 전통으로 인정되었다는 것을 의미한다. 이와 같다면, 일제의 가족 관습의 조사와 확립은 일제가 조선 가족에 대한 지배체계의 구축일 뿐 아니라 조선의 엘리트가 조선의 기층민중에 대해서, 그리고 조선의 여성들에 대해서도 관습의 이름으로 가부장적 지배체계를 유지하는 효과를 발휘했을 것으로 해석한다. 이와 같이 식민지 시기 조선의 '관습론'을 분석하는 데에는 남성중심주의에 대한 관점을 가지는 것이 중요하다.

다른 한편, 이 글에서 살펴 본대로, 일제는 한국의 전통·관습을 그저 무시하고 왜곡한 것이 아니라 과거 조선의 전통과 현재 식민지 조센의 관습을 지속적으로 조사·연구하였다. 이런 점에서 관습의 '왜곡론'으로는 일제가 조선의 관습에 대해서 행했던 개입의 속살을 포착하는 데는 큰 한계가 있다. 식민지 정부는 별 어려움 없이 자신들의 가족제도를 조선에 이식할 수 있었다. 가제도에 포함된 호주와 가족관계, 결혼, 이혼, 재혼, 부모자녀관계, 재산상속 등 여러 가족관계의 법규도 함께 조선에 이식되었다. 이식된 일본의 가족제도는 씨제도나 서양자제도와 같이 명백한 강제가 아닌 많은 경우, 조선에 실행되는 관습으로, 또한 조선의 '현시의' 사회적 필요로 제시되었다. 이렇게 조선의 '관습'이 식민지 당대의 관습으로 확립되면서 이후 한국사회에 연속되었을 가능성이 매우 크다. 이상과 같이 볼 때, 일제가 탈식민 이후 한국의 가족 전통 해석과 입법론에 미친 영향은 조선의 관습에 대한 왜곡보다 훨씬 더 '생산적인' 것이었다고 진단한다.[20] 그것은 조

20 1950년대 탈식민 한국에서 친족·상속편의 입법 원리에 관해서는 졸저, 앞의 책, 제6장 "가족법 제정과 '전통'의 각인", 229-272면을 볼 것.

선의 가족제도를 일본식의 가제도로 분류하고, 항목화하고, 개념화하고, 호명하는 모든 곳에서 발생하였다. 그것은 왜곡보다도 더 심원한 한국문화에 대한 개입이다. 따라서 그것이 사실인가 아닌가를 다루는 '사실로서의 관습론'이 아니라, '생산으로서의 관습론'을 가지고 우리가 알고 있는 '관습 지식'을 비판적으로 고찰해야 한다.

## Ⅲ. 결론: 식민주의적 '전통'을 넘어서는 여성주의 법학

일제로부터 국가를 되찾은 이후 50여 년간 줄기차게 벌여 온 한국의 호주제 폐지 여성주의 운동은 큰 의미를 가진다.[21] 앞서 지적한 바와 같이 한국의 유림과 국가, 사학계에서 크게 문제 삼지 않은 호주제도라는 가부장제도가 식민지 가족정책의 핵심에 해당한다고 보이기 때문이다. 여성을 주축으로 하였던 한국의 호주제 폐지 운동은 2005년에 호주제 폐지라는 크나큰 산을 옮겨놓았다. 그것은 총체적이고 전반적인 사회변혁이었는데, 특히 호주제도 폐지의 논리가 집약된 헌법재판소의 결정문이 중요하다고 본다.[22] 해당 결정문에는 호주제도에 대한 법률적, 역사적, 사회학적 자료 등이 집대성되어 있다. 이에 본 논문에서 살펴보았던 식민지시기에 재구성된 '관습'과 '전통'에 관해 본 결정은 어떤 입장을 가졌는가의 견지에서 살펴보는 것으로 맺음말을 대신하고자 한다. 2005년의 결정은 현재 과거가 되었지만, 여전히 거기에는 현재와 미래의 한국가족과 가족정책에 주는 강력한 메시지들이 담겨 때문이다.[23]

먼저, 헌법재판소의 해당 판례는 호주제도의 성차별성을 정확하게 적

21 호주제 폐지 운동에 관해서는 이태영, 『한국가족법 개정운동 37년사』, 한국가정법률상담소, 1992, 졸저, 『한국가족법 읽기』, 제7장 "평등의 하늘, 역사의 땅"을 참고할 수 있다.

22 사건번호 2001헌가9·10 민법 제781조 제1항 본문 후단부분 위헌제청; 2001헌가11·12·13·14·15, 2004헌가5(병합) 민법 제778조 위헌제청. 제청법원 서울지방법원서부지원(2001헌가9); 서울지방법원북부지원(2001헌가10 내지 15); 대전지방법원(2004헌가5).

23 호주제도의 헌법불합치 결정에 관한 분석으로는, 졸고, "호주제도 헌법불합치 결정에 나타난 성차별 판단의 논증: '전통'과 식민지성의 관련성 속에서", 『경제와 사회』 제88호, 215-255면.

시하고 그 효과를 포괄적으로 포착하였다. 헌법 제11조와 제36조 1항에 터하여 호주제가 추구하는 목적에서 남녀차별을 정당화할 목적을 찾기 어렵다고 적시하였다. 즉, 호주제도가 가부장적 가족제도 또는 종법제를 계승하고자 하는 목적을 가지고 있다 하더라도 성차별은 헌법이념에 배치된다고 선언한 것이다. 호주제도에 의한 여성 차별은 어떤 성격의 것인가. 그것은 아들에 대해서 딸들, 아버지에 대해서 어머니를 차별할 뿐 아니라, 이혼한 혹은 재혼한 어머니와 사는 '자녀들'도 부모 혹은 이혼한 아버지와 사는 '자녀들'에 비해 차별한다. 즉 여성과 '관계된' 사람들에게까지 그 효과를 펼치는 정교한 차별 시스템이다.[24] 호주제도는 또한 여성간에도 차별하는 기제로 작동하는데, 기혼녀에 비해 이혼녀나 재혼녀, 미혼모 등을 차별하고 모든 여성들을 혼인관계에 부속되도록 훈육한다.[25]

둘째, 헌재의 심의 과정과 각종 의견서에서 볼 때, 본 사건에서는 호주제의 성차별성 자체보다는 '전통성'에 대해 치열한 공방이 이루어졌다는 것은 본 논문과 관련해서 중요한 지점이다.[26] 즉 호주제 폐지의 실질적 걸림돌은 성차별의 인정 여부가 아니라 그 전통성의 인정 여부였던 것으로 보인다. 그런데 호주제도의 정체성을 지나치게 부계계승적 가족 '문화' 내지 '관습적' 가족제도의 측면으로 조명한 결과, '법제도로서의' 호주제도라는 초점은 무디어졌던 것으로 분석한다. 이에 따라 역설적으로 헌재는 호주제도를 가부장적 전통 내지 부계계승적 문화로 대체하여 그 위헌성을 심의해야 하는 부담을 안게 되었다.

---

24 이는 호주제도에 국한하지 않는 부계중심 친족제도의 성격이다. 예컨대 동일한 부모 지위라도 '딸을 가진 부모'와 '아들을 가진 부모'의 차등성을 보라. 여기서 딸 가진 부모는 '여성'에 준한다. 여자형제 지위라도 오빠나 남동생을 매개로 할 때와 언니나 여동생을 매개로 할 때의 차등성을 보라.

25 체계적 차별이란 영미법에서 왕왕 간접차별로 포착되곤 하지만, 간접차별의 경우에는 그 기준이 중립적이되 그 결과로 미치는 차별효과를 포착하는 개념이다. 따라서 호주제도에서처럼 명시적인 성별구분과는 그 성격상 거리가 있다.

26 예컨대 최근덕, "민법 제781조 제1항 본문 후단 및 민법 제778조 위헌제청에 대한 성균관장의 의견서", 헌법재판소 제출자료, 2003. 11, 김상용, "호주제도에 대한 의견서－호주제도가 우리의 전통가족제도인지의 여부와 관련하여, 헌법재판소 제출자료, 2003. 3, 민주사회를 위한 변호사 모임, 『호주제 폐지를 위한 소송백서』 1·2, 2003).

이 글에서 살펴본 대로 호주제도는 식민지 조선과 이후 한국에서 국가정책이요 가족정책의 일환이었으며, 호적과 불가분의 관계를 가지고 있다. 식민지 조선에서 호적은 국민의 등록과 파악, 법률관계를 위해 필요했던 국민의 신분 공부(公簿)였다. 이 법이 기초해 있던 국가의 모델은 가족국가로서, 일본 국왕을 그 정점으로 하여 모든 국민들이 가를 통해 연결되었다는 점에서 명백한 국가정책이요 국민정책이다. 호적은 세금, 징병과 같은 국가 행정작용을 위한 기초 문서이기도 했다. 이렇게 볼 때, 헌재의 심의에서 국가정책으로서의 호주제도의 면면이 잘 분석되지 않은 것은 국가정책으로서의 침묵과 불가분의 관계라고 평가한다.

헌법재판소가 호주제도를 국가정책 내지 법제도라기보다 문화적 제도로 보는 호주제 존치측의 논리에 휘말린 것처럼 보이기도 한다. 헌재의 다수의견은 호주제 존치측처럼 가부장제를 역사의 변동과는 다소 떨어져 있는 '자연스런 제도'로 보는 남성중심적 가족제도에 대한 감각을 공유하지 않았나 생각한다. 요컨대 헌재가 포착한 호주제도의 성차별성은 훌륭하지만 그 한계를 지닌다. 헌재는 호주제도의 전통과 식민지성의 문제를 제외시키는 방식으로 성차별을 논증함으로써, 성차별성에 관한 단일 차원의 논증 방식을 취하게 되었다. 그 결과, 본 사건의 논증에서 여성주의는 성차별의 문제에만 복무할 뿐, 전통과 식민지성이라는 역사를 해석하는 시각으로 여겨지지는 않았다. 여성문제 내지 젠더문제는 역사적 사안들과 구분된 채 성차별의 문제로만 의미가 부여되었지 이를 통해 '다시 보는' 식민지 피지배와 전통문제에 관한 시각이나 방법론으로 이해되지 않았다. 이 점에서 헌재가 추구한 성차별의 논증과 전통 수호의 의무 간에 조화적 해석이 이루어진 것인지에 대해서는 의문이다.

국가정책으로서의 호주제도 폐지는 린 헌트가 프랑스혁명에 대하여 표현했던 것처럼 '왕의 목'을 벤 사건에 비견된다.[27] 호주제 폐지를 통해 한국 시민의 심층 심리에서 '호주의 목'을 베는 일이 일어났을까. 한국의 시

27 린 헌트, 『프랑스 혁명의 가족 로망스』, 조한욱 옮김, 새물결, 1999 (Lynn Hunt, *The Family Romance of the Frence Revolution*, Berkeley, University of California Press, 1985).

민은 이제 더 이상 호주와 호적을 매개하여 국가를 만나지 않아도 되는 자유로운 개인으로 재탄생하였는가. 현재는 그리고 한국의 시민사회는 호주제도 폐지에서 누구의 목을 베었던 것인가. 생각건대, 한국에서 호주제 폐지가 새로운 시민의 출현을 알리는 혁명이 되려면 성차별적 가족제도와 함께 '식민지적으로 구성된 전통'을 베었어야 했다. 호주제 폐지는 근대국가 안에서 역설적으로 가제도 속에 묶여 있던 여성시민들의 기이한 질곡을 드러냄으로써, 전 국민들과 가족들을 탈식민시키는 과제를 드러냈다. 이것이 호주제 폐지가 궁극적으로 한국의 젠더관계와 식민지성의 질곡으로부터 동시에 해방되는 포스트식민 페미니즘의 2중 혁명('두 마리 토끼 잡기')이 되어야 하는 이유이다.

이런 견지에서 한국에서 호주제도 폐지를 이끈 페미니즘은 어떤 페미니즘이었는가. 호주제도의 성차별성은 서구 페미니즘에서 말하는 공적 영역에서의 여성차별이나 개인주의적 평등론으로는 잘 포착되지 않는 고유한 한국 페미니즘의 문제영역을 보여준다. 2000년대에 들어서 한국 여성들은 이전 세대와는 다른 방식으로 호주제도의 폐해를 알리고 공유했다. 또한, 이혼과 재혼, 만혼, 비혼과 같은 현상의 증가로 더 이상 호주제도가 상정하는 가족이 지속가능하지 않게 되는 현실도 작용하였다. 이렇게 호주제 폐지에서 보이는 한국의 페미니즘은 여러 나이테를 가진 무지개 연대와 같다. 호주제 폐지운동은 인본주의와 민주주의를 외친 이태영 세대의 제1세대 페미니즘, 경제적 실익을 중심으로 양성평등을 생각한 1980년대 말 제2세대 페미니즘, 그리고 페미니즘의 역사성을 추구한 2000년대의 제3세대 페미니즘을 등장시켰다고 해석한다. 각 세대마다 중심적인 의제 자체가 변천한 서구의 페미니즘과 달리(투표권, 재산권, 성적 자율성 등으로), 한국에서는 호주제도 폐지라는 질기고 질긴 의제 하나에 각 시대마다 새로운 페미니즘의 세대와 담론들이 구성되었다는 특징이 나타났다. 이것만으로도 호주제 폐지운동이 한국의 페미니즘의 성장과 궤를 함께 한 역사적 운동이라는 것을 알 수 있다. 자신의 지역성과 역사성에 주의를 기울이는 포스트모던, 제3세계, 포스트식민 혹은 아시아의 페미니즘의 흐름을 찾아볼 수

있다.[28]

이렇게 볼 때, 호주제 폐지는 아직 다 쓰이지 않은 한국 여성주의의 '무엇'을 보여준다. 무엇은 '이미 왔으나' 아직 구현되고 표출되지 못은 상태가 아닌가 한다. 그것을 포스트식민적 역사구성이라고 부른다면, 이는 한국의 가부장제도에 대한 비판이자 동시에 식민지성의 극복을 위한 여성주의적 역사 개입이라 하겠다. 흥미롭게도, 호주제도의 식민지성에 대한 대중적 인식 확산은 민족주의가 아니라 여성주의에 의해 드러났다. 이와 같이 여성주의 사회비판은 식민주의에 대한 비판으로 연결되어 식민주의에 대한 새로운 이해를 불러들였고 식민지 역사와 식민법제사를 새로 쓰게 했다. 포스트식민 페미니즘의 문제의식은 전통, 한국, 역사와 같은 기표들을 새롭게 쓰면서 풍요로운 미래를 내다볼 수 있게 하는 '커다란 지혜'가 되었다.

그런데, 호주제도 폐지 이후 한국의 가족은 어떠한가. 성평등하고 다원적인 가족제도가 마련되었는가, (여성) 조상들을 다시 기억하는 새로운 전통이 만들어져 왔는가. 우리 헌법재판소가 그러하였듯이 여성 시민들도 역사를 몰각하고 있는 것은 아닌가. 호주제도 폐지의 페미니즘은 오래된 할머니와 어머니들과 접촉하면서도 현실의 가족들 속에서 성평등 전통을 새롭게 만들어야 하는 과제를 우리 앞에 제시하고 있다.

---

28 Chandra Monanty, Ann Russo and Loures Torres eds., *Third World Women and the Politics of Feminism*, Indianapolis, Indiana University Press, 1992; Tani Barlow, "Theorizing Women", Feminism and History, Joan Scott ed. Oxford, Oxford University Press, 2004, 김수진, 『신여성, 근대의 과잉－식민지 조선의 신여성 담론과 젠더정치』, 1920-1934, 소명출판, 2009 참조.

# 2. 식민지시기 가족 관습법과 젠더 질서 : 여성의 무능력제도, 친권 제한, 성 통제, 제한적 재산상속 문제를 중심으로*

홍 양 희 (한양대학교 비교역사문화연구소 학술연구교수)

이 논문은 식민지시기 가족 관습법을 통해 젠더 관계가 재구축되어 갔다는 점에 초점을 맞추어 연구를 진행하였다. 이를 통해 다음과 같은 논의를 도출하였다. 우선 유교의 젠더 규범은 일본 민법에 관통된 젠더 질서, 즉 차별적 법적 위치를 합리화하는 수단이었다. 유교는 일본 민법이 구현하고 있는 여성에 대한 법률행위 무능력, 친권의 제한, 성 통제 등을 뒷받침하는 근거였다. 부계 계승주의는 처와 딸의 재산권을 배제하는 수단이었다. 서구의 자유주의 사상이 아내에 대한 남편의 권위를 신에게 부여받은 자연적인 것으로 본질화하여 남편에 대한 아내의 법적 종속을 정당화하였다면, 식민지 사법관료들은 조선의 '유교적 전통' 혹은 '관습'에 기대어 여성의 종속을 법으로 제도화하였다. 요컨대 일본인 사법관료들은 조선 사회에 흩어져 있는 문화적 자원들을 선택적으로 이용하면서 일본 민법의 방향으로 조선의 관습을 재구성하였다. 그들에 의해 선언된 '관습', 거기에서 구축된 젠더 관계는 '유교'라는 프리즘을 통해 조선 사회 고유의 '관습' 혹은 '전통'으로 여겨질 수 있었다. 이것이 식민지 관습법을 단순한 '관습의 왜곡'이라 하기 어려운 이유이다. 결국 식민지 정치 현실에서 가족과 관련된 조선의 관행들이 법으로 제도화된다는 것은 젠더 질서가 재구성되는 과정이었다.

## Ⅰ. 서론

한국 병합 후 일본 제국주의는 점진적 통합을 목표로 동화주의 통치

* 이 글은 『한국여성학』 23권 4호(2007)에 실린 "식민지시기 가족 관습법과 젠더 질서"를 수정·보완한 것이다.

방침을 천명하였다. 이것은 한국 사회 전반에 대한 구조적 재편을 예고하는 것이었다. 조선인의 일상 또한 이에 벗어나지 않았다. 1912년 3월 8일 제령 제7호로 공포한 '조선민사령'은 민사 법규 또한 일본 법률을 적용하겠다는 선언이었다.[1] 다만 주목되는 예외 조항이 있었으니, 그것은 바로 조선민사령 제11조였다. "제1조의 법률 중 능력, 친족 및 상속에 관한 규정은 조선인에 이것을 적용하지 않는다. 조선인에 관한 전항의 사항에 대해서는 관습에 의한다." 행위능력 조항과 친족 및 상속, 즉 가족법에는 일본 민법이 아닌 조선인의 관습에 의한다는 것이다. 성문법 국가 일본이지만 식민지 조선의 가족법에는 '관습법'을 채택한다는 의미였다.

가족 성원들 사이의 분쟁에 관습법이 채택되자 조선인의 '관습'을 판단하는 것은 당연히 식민지 '법원'이었다. 조선총독부 법원의 재판부에 '관습'을 파악하고 선언해야 하는 의무이자 권한이 주어진 것이다. 그렇지만 그들이 조선의 관습을 그 '무엇'이라 단정하는 것은 그리 쉽지 않았다. 관습 자체가 대단히 불분명할 뿐만 아니라, 가족 관련 관행이 지역이나 집안에 따라 각기 다양한 실천력을 가지고 있었기에 상대적으로 통합력을 가지기 어렵기 때문이다. 더욱이 식민지 조선에서 법원이 대부분 일본인 판사로 채워져 있었다는 점 또한 조선인의 가족 관련 관습이 무엇인지를 판별하는 작업이 가진 어려움 중의 하나였다.

그렇다면 식민지 조선의 재판부는 조선인의 가족과 관련된 관습을 어떻게 이해하고 판단하였을까. 이에 주목되는 것이 바로 『관습조사보고서』이다.[2] 통감부 '법전조사국'에서 일본인 사법관료들에 의해 수행된 관습 조사 내용을 정리 간행한 이 보고서에 실린 내용이 곧바로 법적 효력을 가지는 것은 아니지만, 조선의 '관습'을 일차적으로 파악하는 중요 자료였기 때문이다. 그리고 일본의 조선 통치와 순기능, 즉 '법제일원화'의 방향으로 관

---

1 조선총독부, 『관보』 1912. 3. 8.

2 『慣習調査報告書』는 1910년판, 1912년 정정보충판, 재판인 1913년판으로 3차에 간행되었다. 이 조사보고서는 정긍식에 의해 1992년 『國譯 慣習調査報告書』로 번역된 후, 2000년 『改譯版 慣習調査報告書』로 재간행되었다. 이 논문에서는 후자의 것을 기본사료로 삼는다. 이하 『관습조사보고서』로 한다.

습법이 변경되거나, 마침내 '관습의 변화'를 이유로 점차 일본 민법 적용 범위를 확대하였다. 따라서 이들 과정에 대한 면밀한 검토는 일본인 사법관료들이 '조선의 관습'을 인식하고 생산하는 방식을 확인할 수 있게 해준다. 이 점에서 식민지 가족법은 '조선의 관습'이 발명되는 과정이었다고 할 수 있다.

나아가 식민지 관습법 체제에서 가족 구성원 사이 관계, 특히 젠더 관계는 어떻게 인식되고 구조화되었는가. 그동안 식민지시기 가족법 연구는 주로 '관습 왜곡론'에 초점이 맞추어 있었다. 젠더 관계와 관련해서도 이는 마찬가지여서, 여성의 법적 지위가 조선시대의 것보다 더욱 열악해졌다는 결론이다. 그러나 이러한 접근 방식은 조선시대의 다양한 관행들을 하나의 고정되고 전형적인 모습으로 일원화하여, 식민지시기 관습 내용과 이항 대립적인 관계로 보는 관점이 내재해 있다. 이것은 현재의 법률 지식으로 조선의 관행들을 파악한다는 점에서, 식민지 관습법 이해에 한계가 있다. 특히 구성주의 관점의 젠더사 연구는 식민지 '관습'이 해방 후 어떻게 '전통'으로 이해 존속되는지를 설명하기 어렵다는 점에서 '관습 왜곡론'을 근원적으로 문제화한다.[3]

이에 식민지 가족법에서 여성 젠더의 차별적 위치는 관습 왜곡보다는 '관습'을 이용한 젠더 질서의 재구성이라는 관점이 더욱 타당하다. 스콧도 지적했듯, "정치란 그 자체가 젠더에 바탕을 두고 있는 개념"이며, "여성이 역사의 주체로서 보이지 않는 존재가 되어버렸는가"를 알기 위해서는 "여성에 관한 법률과 국가 권력 사이에 어떠한 관계가 있는지"를 묻지 않을 수 없기 때문이다.[4] 즉 젠더의 작동을 역사적으로 추적하는 것은 남성과 여성이라는 범주가 미리 정해진 것이 아니라 특정한 역사적 국면 안에서 정치적으로 구성/재구성되는 것임을 알려준다. 본 연구가 식민지 조선의 젠더 질서의 구축이라는 점에 주목하여 가족과 관련된 관행들이 법으로 제도화

---

3 양현아, 『한국 가족법 읽기』, 창비, 2011; 홍양희, 『조선총독부의 가족정책』, 동북아역사재단, 2021.

4 Joan Scott, *Gender and the Politics of History*, New York: Columbia Univ. Press, 1988.

되어 가는 과정을 추적하는 이유도 여기에 있다.

먼저 제2장에서는 조선의 가족 관습 조사가 이루어지는 인식 체계에 초점을 둔다. 일본 근대법으로 훈련받은 사법관료들의 지식에 의해 조선의 관습이 재배치되고 재구성되었기 때문이다. 이어 제3장에서는 가족법이 관습의 이름으로 제도화되는 과정과 친족법 및 상속법에 내재한 젠더 관계를 분석한다. 이를 통해 친족 및 상속법이 제도화되는 과정은 젠더 질서가 재구축되는 과정이라는 점을 확인할 수 있을 것이다.

## Ⅱ. 조선통치와 가족 관습의 인식

통감부 법전조사국(1907. 12)에서 실시한 관습 조사는 일본인 법학자 우메 겐지로(梅謙次郎)에 의해 주도되었다.[5] 그가 작성한 조사 문항을 가지고 조사원들이 전국 각지에 가서 실지조사를 하였고, 동시에 전적조사(典籍調査)를 하였다. 일본 근대법의 개념과 체계에 맞추어 작성된 조사 문항에 조선의 관행들을 설명하는 방식이다.[6] 이런 점에서 당시의 관습 조사는 조선의 관행 그 자체를 조사하기보다는 일본 민법 체계에 맞추어 조선의 가족 관련 관행들이 분류 파악되는 방식이었던 셈이다. 당시 관습 조사를 '있는 그대로'의 조사라기보다, 일본 민법에 기초한 질문자의 지식에 근거한 것이었다고 평가하는 이유도 여기에 있다.[7]

이에 따라 가족과 관련된 조선 사회의 관행은 '친족'과 '상속'으로 조사 파악되었다. 당연히 질문 역시 일본의 친족법, 상속법을 구성하는 항목들로 채워졌다. 일본 민법의 친족 및 상속의 중심 개념으로 질문지가 작성되었고, 내용 역시 그 법제를 기준으로 조선의 관행 여부에 초점이 있었다.

5 조사원들 거의 대부분이 우메 겐지로의 사람들이었다(이영미, "朝鮮統監府における法務輔佐官制度と慣習調査事業-梅謙次郎と小田幹治郎を中心に(三)", 『法學志林』 99권 2호, 2002, 230면).

6 관습조사는 우메가 작성한 총 206개 항목에 맞추어 진행되었다(法典調査局, 『慣習調査問題』, 1908).

7 윤대성, "일제의 한국관습조사사업에 관한 연구", 『재산법연구』 9권 1호, 한국재산법학회, 1991, 37-72면.

즉 관습 조사는 조선 사회의 일상적 삶의 다양한 관행들이 친족과 상속이라는 제도 속으로 분류되고 체계화되는 과정이었다. 따라서 일본인 사법관료들이 주체가 되어 수행한 관습 조사 작업은 근대 일본의 가족법 체계가 조선에 이식되는 과정 그 자체였다.

이런 점에서 일본 민법은 조선의 관습을 구성하는데 제일의 스크리닝(screening)으로 작동하였다. 다음의 몇 가지 요인이 있었다. 첫째, 일본인 사법관료들이 식민지 조선의 관행을 파악하는데 작동한 근대법적 지식체계이다. 서양 제국이 자신의 기법을 이용하여 동양을 재구성하였듯, 그들 또한 자신의 법률 지식이란 '창'을 통해 조선의 관습을 재구성한 것이다. 어떠한 지식생산이든지 생산 주체의 인식론에 지배되는 것은 부정할 수 없기 때문이다. 예컨대 식민지 아프리카에서도 아프리카의 관습과 관련이 있다고 믿었던 관습법, 관습적인 통치구조들은 사실상 모두 식민지 법제화가 발명한 것이었다.[8]

둘째, 식민지 조선에서 일본 민법과의 '법제일원화'를 목표로 삼았다. 이것은 1910년 '조선민사령' 안이 만들어지던 당시 기록에서 확인된다. 관습법은 당분간 실시하는 것이고, "조선인의 친족 및 상속 관계에 대해서는 장래에는 내지와 동일 법규 아래 두어야만 한다."[9]는 것이다. 조선총독부 사법부 장관 코쿠분 산카이(國分三亥)가 조선의 관습을 "시세(時勢)의 추이에 따라 점차 그 일각(一角)으로부터 이를 붕괴시켜 일본의 관습으로 동화 일치시키기를 필요로 한다"고 한 것[10]도, 고등법원이 "조선인의 친족, 상속에 관한 사항에 대해 누누이 내지(內地) 민법에 준하여 판결을 내린" 것도 여기에서 기인한다.[11]

여기에는 원대한 목표가 담겨 있었다. 그것은 바로 조선인의 일본 '국민'으로 통합이다. "오랜 세월 동일한 법제 아래 생활하면 자연히 국민 상

---

8 Hobsbawm and Ranger(ed), The Invention of Tradition, Cambridge Univ. Press, 1985.

9 "朝鮮總督上奏犯罪即決例, 民事爭訟調停ニ關スル件及辯護士規則ノ件", 『公文類聚』 제34편 제21권(1910).

10 國分三亥, "總督施政方針ニ關スル意見書(1919)", 『齋藤實文書』.

11 조선총독부법무국, 『朝鮮の司法制度』, 1936, 30면.

호의 융합이 훈치(馴致)된다. 이는 일찍이 '티보'씨에 의해 창도되어 결국 독일 연방이 채용한 근본 방침이다. 우리 내선(內鮮) 사이의 융합 또한 동일한 법규 특히 관습에 관계되는 법규의 통일이 가장 긴요하다."는 고등법원의 판례 지침이 그 단적인 예이다.[12] 민법 통일을 통한 관습의 동화가 국민통합에 결정적 역할을 한다는 것이다. 분열된 국민 의식을 통합하기 위해 독일이 채택한 전략이 바로 민법전의 통일이었던 이유가 여기에 있다.[13]

일본인 사법관료들이 조선의 관습을 인식하는데 작동한 또 다른 지식은 다름 아닌 '유교'였다. 그들이 가진 조선 사회에 대한 사전 지식이 관습을 파악하는 중요한 '창'이었던 것이다. 식민지 초부터 실지조사를 보완하기 위한 전적조사(典籍調査)가 예서류(禮書類), 특히 유교적 예제를 기록한 문헌을 광범위하게 수집하고 재편찬하는데 집중된 것도 그 때문이었다. 1912년 참사관실의 관습 조사 방침은 이를 단적으로 보여준다. "조선에서 친족·상속 등에 관한 관습은, 유가(儒家)의 예(禮)를 기본으로 이루어진 것이 극히 많아, 이러한 것들의 관계를 밝히지 않으면, 관습의 진상을 살피기 어렵다"는 것이다.[14]

나아가 정책 당국자들은 유교가 식민 통치에 순기능이라고 이해하였다. 한국 병합에 중요 역할을 한 하야시 타다스(林董)가 "다행히도 조선은 유교의 나라이다. 그런데 일본은 유교의 정신에 서양 신문명의 의복을 입힌 나라이다. 그러므로 일본이 조선을 동화하는 것은 서양의 나라들이 이교(異敎)의 영토를 통치하고 동화하는 곤란에 비한다면 참으로 쉬운 일이라 하지 않을 수 없다."[15]고 한 것도 그러한 기대감의 표명이었다. 게다가 일본 민법 또한 상당 부분 유교의 실천 윤리와 친연성을 가졌다. 일본 또한 유교의 관념과 언어를 동원하여 일본 가족법의 원형을 구성하였기 때문이다.

---

12 위의 글.

13 1900년 민법 시행 전 독일은 분열을 지양하기 위해 민법 통일 운동을 전개하였다. 주도자 하이델베르크대학 교수 안톤 티보(Anton F. J. Thibaut)는 민족 감정으로 충만한 논문 『독일 통일의 민법의 필요성에 관하여』를 써서 민법 통일을 주창하였다(郭潤直, 『大陸法』, 박영사, 1972, 54-59면).

14 조선총독부중추원, 『朝鮮舊慣制度調査事業概要』, 1938, 38-39면.

15 강동진, 『日帝言論界의 韓國觀』, 一志社, 1982, 83면.

유교에 의한 가족 관습 이해는 젠더 인식에도 직접 영향을 미쳤다. 위계적이고 차별적인 젠더 질서가 조선의 '관습'으로 인식되었기 때문이다. 남편에 절대로 복종하는 처, 내실에 칩거하며 외부 일에 전혀 관여치 않는 모습, 이것이 조선 여성에 대한 이해였다. 유교 규범을 제시하는 내훈서의 내용이나, 여성과 남성 사이의 물리적 공간 분리 등이 그것이다. 물론 조선이 유교 도덕에 입각한 강력한 가부장권이 발휘되는 사회이기는 하였지만, 그럼에도 유교의 윤리 규범은 양반 여성에 한정된 것이었다. 더욱이 이것이 그토록 경직되게 운영되었는지도 의문이다.

여기에서 필자는 『관습조사보고서』와 식민지 가족 '관습법'에 주목한다. 전자에서 빈번히 묘사되는 조선 여성의 상(像)이 '내훈서'의 그것과 거의 일치하기 때문이다. 결국 일본 가족법과 유교에 관철되고 있던 젠더 관계는 일본인 사법관료가 조선의 관습을 인식하는 준거였다고 할 수 있다. 이를 구체적인 사례, 즉 친족법과 상속법이 제도화되는 과정을 통해 살펴보겠다.

## Ⅲ. 가족 관습과 젠더 관계

### 1. 친족 관습과 젠더 관계

식민지 가족법에 따라 여성은 호주와의 관계로, 즉 어머니, 처 또는 딸이라는 위치를 지닌다. 그리고 부녀(父女), 부처(夫妻) 혹은 친자(親子)라는 관계가 생성된다. 결혼 전에는 대개 호주권과 부권(父權)에 의해, 이후에는 호주권과 부권(夫權)이라는 중첩된 권력에 의해 규율되었다. 특히 기혼 여성에 대한 남편의 부권(夫權)은 상당했다. 처는 우선 독립적인 법률행위를 하지 못했다. 1921년 제령 제14호에 의해 '능력'에 일본 민법이 의용되면서 처가 미성년자, 금치산자, 준금치산자와 함께 4대 법률행위 무능력자가 되었지만, 그 이전부터 일본 민법에 준해 판결이 내려지고 있었기 때문이다. 『관습조사보고서』 단계에서부터 일본인 사법관료들은 처를 법률행위 무능력자로 인식하였다.

한국에서 처(妻)는 부(夫)에 대해 절대적으로 복종해야 한다. 그리고 처에 대한 부권(夫權)은 자못 강력하여 처의 행위능력은 극단적으로 제한되어, 거의 모든 일은 모두 부의 허가를 받지 않으면 안된다. (중략) 여자의 거실인 내방과 남자의 객실인 사랑은 엄격히 구별되어 여자는 가정 안의 일로 바깥에 간여하는 것은 가장 배척받았다.[16]

위의 내용은 조선시대 여성의 법률행위 관련 관행을 지나치게 경직되게 인식한 것이다. 당시 여성의 소송권은 모든 신분에 걸쳐 다양하게 행사되었기 때문이다. 규장각 소재 고문서에는 소송의 주체가 여성인 문건이 다수 발견된다. 식민지 직전까지도 여성이 독자적인 소송권을 행사하는데 제한이 없었다. 가부장 중심 사회라는 점에서 대개 남성들이 법적 행위 주체였지만, 그렇다고 조선 사회가 기혼 여성의 법률행위를 굳이 금지하는 사회는 아니었다.

또한 『관습조사보고서』는 "부(夫)는 처(妻)에 대하여 어떤 권리를 갖는가"를 질문, 남편의 아내에 대한 권한 정도를 조사하였다. 이에 "한국에서는 남편의 권력이 강대하므로 처의 행위능력은 현저한 제한을 받는다. 처가 법률행위를 하려면 반드시 남편의 허가를 받아야 한다." "남편의 처에 대한 권리는 남편이 호주인 경우와 가족인 경우 전혀 차이가 없다." 하여 처에 대한 부권(夫權)을 강조하였다.[17] 여기에는 부권의 정도만이 문제시되고, 그 반대인 부(夫)에 대한 처(妻)의 권리는 처음부터 조사 혹은 논의의 대상도 아니었다. 처권(妻權)은 용어의 성립조차 불가하였다.

다음으로, 이혼의 성립 요건에서도 그 관계는 차별적이었다. 일본인 사법관료들은 한국의 관습에는 '협의이혼'과 '재판상의 이혼'은 존재하지 않고, '처칠출삼불거(妻七出三不去)'와 국가가 혼인 당사자의 의사와 상관없이 강제 이혼시키는 '의절(義絕)'만이 존재한다고 인식하였다. 의절 사유는 강상(綱常)의 윤리 위반이었다. 여기에서 여성은 이혼을 요구할 권리가 존재하지 않았다. "한국의 습속에는 처가 남편에게 이혼을 요구하는 것은 도의

16 『관습조사보고서』, 101면.
17 『관습조사보고서』, 322면.

(道義)에 반하는 것이므로 비록 남편에 비행이 있어도 처는 이혼을 요구할 수 없다."고 하였다.[18] 이처럼 남성 일방의 결정이나 의절의 강제만이 혼인을 해제할 수 있다고 파악하였다.

그러나 이것은 조선 사회 예서류의 기록일 뿐, 이것이 곧 이혼으로 이어지지는 않았다. '불효'와 '간음'이 절대적 이혼 사유이기는 하지만, 무자(無子), 투기(妬忌), 악질(惡疾), 다언(多言), 절도(竊盜) 등은 사례가 거의 없다.[19] 더욱이 양자를 통한 입후(立後)가 널리 행해진 점에서 '무자(無子)'는 이혼 사유로 별로 기능하지 않았다.

그들이 파악한 이혼 관습도 사실 그 자체가 아니지만, 조선총독부는 그들의 관습 인식과 달리, 일본 민법상의 이혼을 제도화하였다. 식민지 초기부터 이혼을 '협의이혼'과 '재판상의 이혼'으로 분류 시행했기 때문이다.[20] 재판상의 이혼 사유 역시 1922년 민사령 개정 이전부터 일본 민법을 의용하였다. '구관조사위원회'의 심사서는 이를 보여준다.[21] 즉 "이혼을 해야만 하는 경우에는 민법 813조에 이것이 규정되어 (중략) 조선에는 이런 규정이 없기 때문에 (중략) 민법의 규정은 본디부터 이혼의 원인이라는 것을 막지 않아 재판소에서도 현재 이것을 인용해 왔다"[22]는 것이다.

특히 일본 민법 813조의 이혼 사유 중 배우자 사이의 성(sexuality)에 관한 사항은 젠더 차별이 첨예한 대목이다. 간통죄는 여성 일방, 즉 처에게만 적용되었기 때문이다. "유부(有夫)의 부(婦)가 간통하면 2년 이하의 징역에 처하고 그 상간자 역시 같다."는 형법 제183조가 그것이다. 기혼 여성의

---

18 『관습조사보고서』, 323-324면.

19 장병인, 『조선전기 혼인제와 성차별』, 일지사, 1997, 225-264면.

20 홍양희, 앞의 책, 145-147면.

21 민법 813조 부부 일방은 아래의 경우에 한해 이혼의 소를 제기할 수 있다. 1. 배우자가 중혼을 했을 때 2. 처가 간통을 했을 때 3. 부가 간음죄로 인해 형에 처해졌을 때 4. 배우자가 위조, 賄賂, 猥褻, 절도, 강도, (중략) 형에 처해졌을 때 5. 배우자로부터 동거를 감당하지 못할 학대 또는 중대한 모욕을 받았을 때 6. 배우자로부터 악의로서 유기 당하였을 때 7. 배우자의 직계존속으로부터 학대 또는 중대한 모욕을 받았을 때 8. 배우자가 자기의 직계존속에 대해 학대를 하고 또는 중대한 모욕을 가했을 때 9. 배우자의 생사가 3년이상 분명하지 않을 때 10. 서양자연조의 경우 이연 또는 양자가 가녀와 혼인을 했을 경우 연조의 취소가 있었을 때.

22 司法府法務課, "朝鮮人間の離婚訴訟", 『朝鮮彙報』 2월호(1918), 114면.

혼외 관계는 간통죄로 형사 처벌의 대상이자 동시에 이혼 사유였다. 이에 비해 남성의 경우에는 혼외 관계 그 자체는 처벌받지 않았다. 배우자 있는 여성과 상간한 경우에만 처벌받았기 때문이다. 간통죄는 부권(夫權) 침해에 대한 법적 제재였다. 남편 있는 여성의 성은 남편에 부속된 것으로, 배우자에 대한 '정조' 의무는 여성 일방에게만 있었다.

끝으로 미성년 자녀에 대한 '친권'에도 비대칭적인 젠더 관계가 관통되었다. 어린 자녀에 대한 권리 및 의무인 친권의 일차적 주체는 '아버지'였다. "친권은 부가 있으면 부가 행사하고 부가 없으면 모가 행사하는 것이 상례"라고 보아,[23] 어머니의 친권은 아버지의 부재 시에만 주어졌다. 더욱이 어머니의 친권 행사조차도 아버지의 것에 비해 제한적이었다. 그 이유의 하나는 '재혼'이 영원한 친권의 상실을 의미했기 때문이다. 친권 행사는 '동일 호적'에서만 가능했다. "부나 모가 친권을 행사함에는 재가(在家)하는 경우만으로써 비재가자(非在家者)는 친권을 행사할 수 없다."는 것이 그들이 파악한 관습이었다.[24] 더욱이 재혼으로 타가에 입적 후, 다시 전남편의 가(家)에 복적(復籍)하여 친자와 가적(家籍)을 같이 하여도 이는 마찬가지였다. 법원의 조회에 정무총감은 "재혼한 자는 관습상 어떤 경우도 전남편 자(子)의 친권자 또는 후견인이 될 수 없다."는 회답을 하고 있다.[25]

다른 하나는 과부(寡婦)인 어머니의 친권은 친족 협의로 제한되었다. 아버지의 경우에는 친권 남용이나 재산 탕진이 있어도 친자관계이기에 어쩔 수 없다고 한 것에 비해, 어머니의 친권에는 일정한 단서를 달았다. 이것은 "과부인 모가 현저한 불행적을 하고 그리하여 호주인 자의 재산을 위태롭게 할 때는 문회(門會)에서 그 관리를 제한하고 친족 중에서 관리자를 선정할 수 있는 것이 관례이다."는 정무총감의 회답에서 확인된다.[26]

---

23 『관습조사보고서』, 337면.

24 『관습조사보고서』, 337면.

25 '親權二關スル件' 대정8년 2월 26일 평양복심법원장 조회 동년 6월 3일 조추발 제148호 정무총감회답; '再嫁シタル者ノ親權行使二關スル件' 대정11년 5월 10일 대구복심법원형사 제1부조회 동년 6월 26일 조추발 제184호 정무총감회답.

26 '寡婦ノ再嫁及親權喪失二關スル件' 1917년 4월 23일 광주지방법원 장흥지청 조회 동년 5월 24일 조추발 제127호 정무총감 회답; '親權喪失二關スル件' 1917년 11월 13일 대구복

결국 식민지시기 친족 관습법은 가족 내에서 여성의 차별적 지위를 법제화하는 과정이었다. 이는 조선만의 특유사항은 아니었다. 처의 법률행위 무능력자, 남편에 대한 여성의 종속 등은 근대 민법전에 공통되기 때문이다. 유럽과 북아메리카의 법률에도 남편의 권위는 절대적이며, 아내는 법률의 주체가 아닌 남편에 종속된 관계로 묘사되었다. 프랑스에서도 남편은 법률상 가정의 대표였고, 남편 허락 없이 아내 자신의 재산 처분은 불법이다.[27] 일본 민법 역시 여성의 권리는 가장권에 흡수되어 여성은 법적 무능력자로 되었다.[28]

결국 일본 민법을 염두에 두면서, '유교'의 젠더 규범이 '조선 관습'의 이름으로 동원되어 식민지적 관습법을 구성하였다. 서구 근대법과 일본 민법이라는 지식체계에 의해 훈련받은 일본인 사법관료들의 눈을 통해 조선의 관행들이 재구성되어, 조선의 '관습'이 만들어지고 있었다. 식민지 친족법은 '관습'이라는 명목으로 젠더 불평등을 사회적으로 재생산하는 구조 그 자체였다.

## 2. 상속법과 젠더 관계

가족법의 다른 한 축인 상속법은 망자가 남긴 '유산' 분배에 관한 것이다. 대부분의 가족 분쟁이 이 때문에 일어난다는 점에서 가장 민감하고 중요한 사안이다. 이 문제를 일본인 사법관료들은 일본 민법의 용어인 '상속'이라는 용어로 정리하고 조선의 관행을 조사하였다. 이를 통해 조선의 "재산상속은 가족이 사망한 경우 이를 인정할 뿐만 아니라, 호주가 사망한 경우에도 이 또한 인정한다. (중략) 호주 사망 시 호주가 남자이면 그 유산은 제사상속인이 이를 승계하고 또 그 외에 제사자의 아우도 그 유산의 일부를 분배받는 것"으로 정리하였다.[29] 식민지 조선에서 유산상속은 '호주'와

---

심법원 민사제1부재판장 조회 동년 12월 7일 조추발 제281호 정무총감 회답.

27 Merry Wiesner-Hanks, *Gender in History*, Blackwell Publishing(2001), 노영순(역), 『젠더의 역사』, 역사비평사, 2006, 145-146면.

28 西川祐子, 『近代國家と家族モデル』, 吉川弘文館, 2000, 195면.

29 『관습조사보고서』, 354-355면.

'가족' 사망이라는 모든 경우에 개시되는 것이었다.

이 내용은 일본의 상속 방식과는 다소 차이를 가진다. 일본은 '호주' 사망 시 유산상속의 문제가 발생하지 않기 때문이다. 일본은 상속인이 피상속인의 호주 지위와 함께 전 재산을 상속받는 '가독상속'이었다.[30] 이에 비해 조선은 호주 사망 시에도 피상속인의 재산을 호주상속인과 그의 남자 형제들이 공동으로 상속받는 '분할상속'이 관습이라는 것이다. 호주 사망 시 재산상속은 '제사자' 즉 호주상속인과 그와 '가적'을 같이하는 남자 동생으로 정리되었다.

> 재산상속인인 자는 호주(여호주제외)가 사망한 경우에는 제사상속인 등 제사자 그리고 그 아우이며, 여자는 재산상속인이 아니다. 또 재산상속인은 재가자(在家者)에 한하고 타가(他家)에 있는 자는 재산상속인이 될 수 없다. 그리고 제사상속인 또는 제사자인 아우가 2인 이상이면 동시에 재산상속인으로 되고 연령의 장유를 묻지 않는다.[31]

이러한 인식은 다음 두 가지 점에서 특히 주목된다. 하나는 호주 사망 시에는 피상속인의 '아들들'만이 상속인이라는 점이다. '딸'뿐만 아니라, 남편의 재산 형성에 직접적 기여를 한 '처'조차도 상속인이 아니었다. 당시 조선의 관습은 조선총독부에 의해 제도화된 '가족'의 경계와 '젠더' 경계에 기반하여 구성되고 있었다. 식민지 내내 호주 사망의 경우 '여성'이란 성별 범주는 재산상속에서 완전히 배제되었다. 이것은 향후 재산분쟁의 불씨가 되기도 한다.

다른 하나는 공동상속도 거의 일본의 가독상속에 준하여 집행된다는 점이다. 사망 호주의 재산이 차남 이하에게 상속되기 위해서는 두 단계가 필요했기 때문이다.[32] 우선 호주상속인이 일단 피상속인의 전재산을 단독 상속하는 것이 첫째 단계이다. 그 후 차남 등이 결혼하여 분가할 시의 재산

---

30 우메는 민법의 가독상속에 비판적이었다. 1903년 4월 2일 강연에서 분할상속을 주장했다. 이 강연은 1903년 『법률경제』 22호에 "民法相續法に就きて"로 게재되었다(岡孝·江戸惠子, "梅謙次郎著書及び論文目錄-その書誌學的研究", 『法學志林』 제82권 34호, 1985, 187면).

31 『관습조사보고서』, 355면.

32 양현아, 앞의 책, 126-127면.

분배가 두 번째였다. 전자는 실질적으로 일본의 가독상속과 동일한 것이었다. 그리고 '분가'하지 않으면 상속이 집행되지 않았으며, 분가 시 상속을 강제할 수단도 부재했다.[33] 조선에서도 호주상속은 거의 가독상속과 동일한 효과를 가졌다 할 것이다.

'가족' 사망 시에도 여성은 일차 상속 대상이 아니다. 여기에는 너무 많은 경우의 수가 존재한다. 사망한 가족의 성별, 결혼 여부, 자녀 유무, 자녀의 성별 등에 따라 다양한 사례가 발생하기 때문이다. 이에 호주가 아닌 '부부'를 하나의 모델로, 그들 사망의 경우 발생하는 사례를 중심으로 재산의 상속 방식을 살펴보면, 먼저, 사망 가족이 기혼남인 경우이다. 이것도 사망자가 호주의 장남인지, 차남인지, 혹은 그에게 아들이 있는지 없는지에 따라 다르게 보았다.

> 가족 사망의 경우에는 그 가족이 기혼남이면 그의 장남이 제사자로 되는 동시에 유산을 승계하고, 또 차남 이하의 남자가 있으면 동순위자가 분배받는 것은 호주가 사망한 경우의 재산상속과 다른 점이 없다. 그렇지만 그 망가족에게 남자가 없는 경우에는 그 사망자가 장남이면 그 유산은 아버지가 이를 승계하고 차남 이하의 중자이면 그 처가 승계한다.[34]

이를 차례로 보면, 첫째, 아들이 있으면, 사망자가 호주의 장남이든 차남이든 상관없이, 아들들이 공동 상속한다. 호주 사망 시와 마찬가지로 즉 유처(遺妻)나 딸은 재산상속에서 배제되었다. 둘째, 아들이 없으면, 사망자가 장남인지 차남인지에 따라 상속인이 달랐다. 장남이면 아버지가 유산 상속인이 되고, 차남 이하이면 사망자의 처가 상속받았다. 장남의 처는 그의 남편이 호주가 아니라도 남편의 재산을 상속받지 못하였다. 처는 남편이 차남이고 아들이 없이 사망한 경우에만 한정하여 남편 유산의 상속인이 될 수 있었다. 이 경우도 딸은 상속인이 되지 못했다. 이들 내용은 관습법적 효력을 지녔고, 1924년 11월 23일 시점에도 사법협회는 동일 내용을 결의

---

33 홍양희, 앞의 책, 188-189면.

34 『관습조사보고서』, 355면.

로 채택하였다.[35]

그렇지만 이것이 항구적이지는 않았다. 사법협회 결의나 고등법원 판례를 통해 두 차례 '관습법' 변경이 있었기 때문이다. 첫 번째는 아들 없이 사망한 남성이 장남인지 차남인지 상관없이 일원화한 것이다. 1925년 평양지방법원 조회에 "가족 사망하고 처와 딸이 있을 시 그 유산은 처에 상속한다."는 회답 이후,[36] 고등법원은 다음과 같이 판결하였다. "조선에서 가족인 남편이 장자와 차자를 불문하고 아들 없이 사망하면 그 유산은 처가 상속해야 하는 것이 관습이다. 아버지가 처에 우선하여 상속해야 하는 것이 아니다."[37] "가족인 기혼남의 사망으로 유처가 유산상속 할 때는 사망 남성이 호주의 장남인지 아닌지 구애받지 않고 망남(亡男)의 유산을 승계한다."[38] 이것은 1933년 1월과[39] 5월의 사법협회의 회답에서도 확인된다.[40]

이 내용은 당시 일본인 법학 관료들에 논쟁의 대상이었다. 1933년 5월 사법협회는 "가족인 사망한 장남에게 상속인 아들 없이, 가에 아버지인 호주, 장남의 처와 딸 3명이 있으면, 세 '딸'이 공동 상속한다는 설과 장남의 '유처'가 상속한다는 설이 있다. 판례는 후설에 의한다."고 회답하였기 때문이다. 그렇지만 이들 이견은 1934년 이후 사법협회의 회답과 결의를 통해 또 한 번의 관습법 변경으로 정리되었다. 가족 사망 시 유산상속은 직계비속의 공동상속으로 최종 결론이 났다. 1934년 5월의 사법협회가 '가족인 차남 사망의 경우, 아들 1명 딸 2명, 유처 중 사자의 유산은 직계비속인 아들 딸 3인에게 공동 상속하는 관습이 있다.'고 회답하였고,[41] 1935년 11월 25일 사법협회는 가족인 장남의 유산과 관련한 다음의 결의를 하였다.

---

35 '朝鮮人ノ遺産相續ニ關スル件' 1924년 11월 22일 결의(사법협회, 『司法協會決議回答輯錄』, 1932, 307-308면).

36 '家族死亡ノ場合ニ於ケル遺産相續ニ關スル件', 조선총독부중추원, 『民事慣習回答彙集』, 1933, 242-243면).

37 1926년 10월 26일 고등법원 판결(사법협회, 『朝鮮高等法院判例要旨類集』, 1943, 379면).

38 1927년 10월 7일 고등법원 판결(위의 책, 379면).

39 '遺産相續ノ順位' 1933년 1월: 사법협회, 『司法協會續決議回答輯錄』, 1938, 232면.

40 '家族タル長男ノ死亡ト遺産相續인' 1933년 5월: 사법협회, 1938, 233면.

41 '家族タル次男死亡ノ場合ニ於ケル遺産相續인' 1934년 5월: 사법협회, 1938, 237면.

결의: 가족인 장남 사망의 경우에 유산상속은 직계비속인 자녀 공동상속에 의한다. 단 남녀를 불문하고 적서는 2와1의 비율에 의하는 상속분에 복(服)하는 것을 조선 현행의 관습으로 한다.[42]

이 결의로, '가족'인 장남과 차남의 유산은 1) 직계비속인 남녀의 공동상속 2) 상속분은 남녀 평등 3) 서자는 적자의 2분의 1이 '조선 관습'이 되었다. '가족'의 유산은 가산(家産)이 아니기 때문이었다. 이는 이듬해인 1936년 12월 "유산은 가에 있든지 없는지를 불문하고 망남의 직계비속인 남녀 공동 상속한다."는 사법협회의 회답으로 재차 확인되었다.[43] 이로써 아버지가 호주가 아닌 경우에는 미혼은 물론 기혼의 딸도 아버지의 유산을 받게 되었다. 반면 배우자인 '처'는 여기서도 배제되었다. 남편의 유산에 대한 처의 재산상 권리는 인정되지 않았다. 이것은 사실상 일본 민법의 가족 사망 시에 발생하는 유산상속의 순위와 일치하였다.[44]

다음으로 기혼 여성, 즉 '처'가 사망한 경우의 유산상속이다. 『관습조사보고서』는 이와 관련하여, "처의 유산은 남편이 이를 승계하고 과부(寡婦)의 유산은 아들이, 아들이 없으면 호주가 이를 승계한다."고 하여,[45] 처의 재산은 일차적으로 남편에게 귀속되는 것이 조선의 관습이었다. '처'가 사망한 남편 재산의 일차 상속인이 아니라는 점과 극명히 대조되는 지점이다.

이 내용도 앞의 사례와 같이, 두 차례 관습법을 변경한다. 1932년 사법협회는 "조선인 처 사망하고 가에 호주인 남편, 직계비속인 아들 딸 각 1인이 있는 경우 처의 유산은 직계비속인 아들이 이를 승계한다."고 결의하였다.[46] "현시의 일반 사회 관념은 처 사망의 경우에도 남편 사망의 경우와

42 '家族タル長男ノ遺産相續人' 1935년 11월 25일: 사법협회, 1938, 242-243면.
43 '長男, 次男以下ノ男子ノ遺産相續人' 1936년 12월: 사법협회, 1938, 248면.
44 일본 민법에 가족 사망 시 유산상속 제1순위는 장유, 남녀, 적서를 포괄하는 직계비속, 제2순위는 배우자, 제3순위는 직계존속이다. 상속분은 적자가 균등, 서자는 그의 2분의 1을 상속받는다.
45 『관습조사보고서』, 356면.
46 '朝鮮人妻ノ遺産相續' 1932년 1월 22일: 사법협회, 1938, 230면.

마찬가지로 아들은 배우자에 우선하여 상속인이 되어 유산을 승계하기에 이른 것이 현저하기 때문에 본건에 대한 현시의 관습은 아들이 남편 및 딸에 우선하여 어머니의 상속인이 되어 유산을 승계하는 것으로 해석하는 게 정당하다."는 것이다.

그러나 이러한 관습 인정은 바로 이듬해인 1933년 3월 22일 '가족인 처 사망의 경우에 장녀, 서자남의 상속분'에 대한 사법협회의 회답으로 정정되었다. 처가 사망한 경우에도 가족인 기혼남이 사망한 경우와 마찬가지로 직계비속인 남녀가 공동 상속하는 것이 관습법으로 정립되었기 때문이다.[47] 이러한 과정을 거쳐 가족 사망의 경우에는 일본 민법과 동일하게 일차적으로 직계비속의 남녀가 공동으로 상속하는 것이 관습법으로 인정되었다. 즉 가족인 기혼남의 경우에는 아들→유처→직계비속 남녀공동, 기혼녀의 경우에는 남편→아들→직계비속 남녀공동으로 유산상속의 1순위가 변경되었다. 모두 두 차례에 걸친 관습법 변경을 통해 일본 민법의 유산상속과 일치하는 방향으로 조선의 관습을 만들어 갔던 것이다.

이들 논의에서 특히 주목되는 것은 재산상속과 관련된 『관습조사보고서』의 젠더 인식이 실제 조선의 관행들이나 일본 민법의 내용보다도 저열하다는 점이다. 실제 가문이나 집안에 따라 자체적인 자율성을 가지고 실천되던 유산 관련 다양한 관행들은 사법관료들의 인식과 관습법을 통해 '관습'의 이름으로 정형화되었다. 재산상속이 법으로 제도화 과정에서 처와 딸로서 남편이나 아버지의 유산에 대한 여성의 상속권은 지극히 제한적이었다. 특히 결혼한 남성들이 분가를 통해 거의 예외 없이 '호주'가 되었다는 점에서, 처는 물론 딸이 아버지의 유산을 받을 확률은 거의 미미하였다. 여성의 '상속 배제'라는 새로운 젠더 질서가 구축되고 있었다.

---

47 '家族タル妻死亡ノ場合ニ於ケル長女, 庶子男ノ相續分' 1933년 3월22일: 사법협회, 1938, 233면.

## Ⅳ. 결론

이 논문은 식민지시기 가족 관습법을 통해 젠더 관계가 재구축되어 갔다는 점에 초점을 맞추어 연구를 진행하였다. 이를 통해 다음과 같은 논의를 도출하였다.

첫째, 일본의 '가족법'과 '유교'는 조선의 관습을 파악하는 주요한 '인식틀'이었다. 일본인 사법관료들은 자신들의 지식체계를 통해 조선 사회, 특히 가족 관습을 조사 파악하였기 때문이다. 일본 민법과 함께 조선은 '유교의 나라'라는 조선 사회에 대한 '지식' 역시 관습을 파악하는 또 하나의 '창'이었던 것이다. 조선총독부의 문헌 조사가 유교적 예제를 기록한 문헌 수집과 재편찬에 집중된 것이 이 때문이다. 일본 근대 민법과 유교가 『관습조사보고서』를 작성하는 주요한 지적 원리로 작용하였다. 특히, 가족 관습과 관련하여 '유교'는 젠더 관계를 구성하는 주요 원리였다. 보고서에 묘사된 여성은 유교의 '내훈서'의 내용과 거의 동일했다. 그들이 이해한 조선 사회는 유교의 젠더 질서에 의해 일률적으로 운영되는 경직된 사회였다.

둘째, 그러나 이와 같은 관습 내용이 '사실상의 관습' 그 자체는 아니었다. 양반 중심의 규율을 모든 민에게 일반화하긴 어렵기 때문이다. 기왕의 조선 사회는 신분이라는 씨줄과 성별이라는 날줄이 서로 엮이어 작동하던 사회이고, 사실상 성별보다는 신분이 우선이었다. 성별화된 여성 규범 또한 항상 양반 여성이 그 대상이었고, 나아가 『관습조사보고서』의 내용처럼 전형적이지도 않았다. 기혼 여성이 법률행위 무능력자가 아닌 점, 여성에게 이혼을 강제할 수 있는 처칠출(妻七出)도 즉각적이기보다는 유연성을 가지고 있던 점, 무엇보다도 처와 딸로서 여성이 남편이나 아버지의 유산에 재산상의 권리를 가진 점 등이 그것을 반증한다.

셋째, 그렇다고 유교의 질서가 그대로 관습법으로 인정된 것도 아니었다. 일본 제국주의 당국의 지배 정책에 순기능으로 작용하는 것, 일본 민법의 원리와 저촉되지 않는 것, 법적 안정성을 추구하는 방향의 것 등이 선별적으로 선택되었다. 이 과정에는 조선민사령 개정을 통한 일본 민법의 직접

적용 혹은 그 방향으로 관습법을 변경하는 방식이 이용되었다. 전자의 경우에는 능력, 재판상의 이혼과 같은 신분 변동과 관련된 조항들이 해당된다. 반면 재산상속법은 후자의 사례이다. 단지 호주사망 시의 재산상속은 관습법 변경이 없었는데, 이는 처음부터 거의 일본 민법의 가독상속과 흡사하게 운영되었기 때문이다. 이 경우에는 직계비속 남성만이 상속의 제1순위로서 처이든 딸이든 여성은 호주의 유산 상속권이 전혀 없었다.

여기서 무엇보다 중요한 것은 유교의 젠더 규범이 일본 민법에 관통된 젠더 질서, 즉 차별적 법적 위치를 합리화하는 수단이라는 점이다. 남편에 대한 절대적 복종, 외부 출입 및 활동의 제한 등의 규범은 일본 민법이 구현하고 있는 여성의 법률행위 무능력, 친권의 제한, 섹슈얼리티의 통제 등을 뒷받침하는 근거였다. 종법의 부계 계승주의는 처와 딸의 재산권을 배제하는 수단이었다. 서구의 자유주의 사상이 아내에 대한 남편의 권위를 신에게 부여받은 자연적인 것으로 본질화하여 남편에 대한 아내의 법적 종속을 정당화하였다면,[48] 식민지 사법관료들은 조선의 '유교적 전통' 혹은 '관습'에 기대어 여성의 종속을 법으로 제도화하였다. 여성의 행동이나 권리에 제한을 가하는 법제는 '관습'이라는 이름으로 정당화되었지만, 이들 '관습'은 사실상 식민지시기 일본인 사법관료들의 '눈'과 '손'에 의해 발명되고 재단된 것이었다.

요컨대 일본인 사법관료들은 조선 사회에 흩어져 있는 문화적 자원들을 선택적으로 이용하면서 일본 민법의 방향과 충돌하지 않는 선에서 조선의 관습을 재구성하였다. 그들에 의해 선언된 '관습', 거기에서 구축된 젠더 관계는 '유교'라는 프리즘을 통해 조선 사회 고유의 '관습' 혹은 '전통'으로 여겨질 수 있었다. 이것이 식민지 관습법을 단순한 '관습의 왜곡'이라 하기 어려운 이유이다. 결국 식민지 정치 현실에서 가족과 관련된 조선의 관행들이 법으로 제도화된다는 것은 젠더 질서가 재구축되는 과정 그 자체였다는 점을 확인할 수 있었다.

---

48 Mary Lyndon Shanley, Feminism, Marriage, and Law in Victorian England, 1850-1895, Princeton: Princeton Univ. Press, 1989.

# 3. 자녀에 대한 모계 성·본 부여의 제약요소와 그 극복방안: 온라인 여성 커뮤니티의 담론 분석을 중심으로*

채 혜 미 (헌법재판소 헌법연구관)

오늘날 우리 사회의 성평등 수준은 과거에 비해 상당 부분 개선되었다. 이와 동시에 가족법 역시 상당한 변화를 겪었고, 그 과정에서 지난 2008년부터는 민법 제781조 제1항에 따라 혼인신고시 부부의 협의가 있을 경우 자녀에게 어머니의 성·본을 부여할 수 있게 되는 등 획기적인 제도 변화가 이루어졌다. 그럼에도 불구하고 통계에 따르면, 전체 혼인신고 중 자녀에게 어머니의 성·본을 물려주겠다는 취지의 협의서를 제출한 비율은 극히 미미한 실정이다. 자녀에게 어머니의 성·본을 부여할 수 있는 법적, 제도적 기반이 마련되었음에도, 왜 많은 부부가 이를 활용하지 않는 것일까? 이 글은 이와 같은 의문에서 시작되었다.

이 질문에 대한 답을 얻기 위해 임신·출산과 관련하여 국내에서 가장 활발하게 활동이 이루어지고 있는 네이버 커뮤니티인 '맘스홀릭베이비'에 업로드된 게시글과 댓글을 분석하였다. 그 결과 어머니의 성·본 부여에 대한 제약요소를 확인할 수 있었고, 이러한 제약요소를 그 성격에 따라 규범적·가족문화적·사회문화적 제약요소로 구분할 수 있었다. 위와 같은 여러 제약요소 중 특히 규범적 제약요소를 제거하기 위하여, 자녀의 성·본 결정 시기를 늦추는 방안, 부성 우선의 원칙에서 부부 협의의 원칙으로 전환하는 방안, 형제·자매의 성·본을 통일시켜야 한다는 원칙을 허무는 방안 등을 고려해 볼 수 있다. 모계 성·본 사용에 대한 규범적 제약요소 제거를 통해 어머니의 성·본을 따르는 자녀들이 많아진다면, 가족문화적 또는 사회문화적 제약요소들은 자연스럽게 사라질 수 있을 것이다.

* 이 글은 채혜미, "자녀에 대한 모계 성·본 부여의 제약요소와 그 극복방안: 온라인 여성 커뮤니티의 담론 분석을 중심으로", 『법과 사회』 72호, 2023의 내용을 축약·수정한 것이다.

## Ⅰ. 문제의 제기 및 연구대상

2008년 개정 민법이 시행되면서, 자녀는 무조건 아버지의 성·본을 따라야 했던 과거와 달리 혼인신고시에 부부의 협의가 있다면 자에게 어머니의 성·본을 부여할 수 있게 되었다(제781조 제1항).[1] 또한, 자의 복리를 위하여 필요한 경우에는 법원의 허가를 받아 자녀의 성·본을 변경할 수 있게 되었다(같은 조 제6항). 한국이 오랫동안 고수해 왔던 부성주의 원칙, 그리고 성불변(姓不變)의 원칙에 중대한 변화가 발생한 것이다.

그런데도 통계에 따르면, 혼인신고시 자녀에게 어머니의 성·본을 물려주겠다는 취지의 협의서를 제출한 건수는 2021년을 기준으로 총 612건에 그쳤다. 이를 수치로 환산하면 전체 혼인신고 건수 중 자녀에게 어머니의 성·본을 부여하겠다고 협의한 비율은 0.2%에 불과하여 극히 미미한 수준이다.[2] 법적·제도적 장치가 마련되었음에도, 왜 많은 부부가 자녀에게 어머니의 성·본을 부여하기로 하는 협의를 하지 않는 것일까? 이러한 현상은 우리 사회 법규범의 성평등 수준이 과거에 비해 상당한 정도로 개선되었으나 문화적 규범이 이를 따라가지 못하는 문화 지체(cultural lag) 현상의 일종일까?[3] 아니면, 여성들이 자녀에게 그 성·본을 물려주고 싶어 하는 현실 세계의 욕망을 법이 충분히 반영하지 못하여 생기는 규범 지체(legislative lag)

---

1 한편, 구 민법(2005. 3. 31. 법률 제7427호로 개정되기 전의 것) 제781조 제1항은 "자는 부의 성과 본을 따르고 부가에 입적한다. 다만, 부가 외국인인 때에는 모의 성과 본을 따를 수 있고 모가에 입적한다."라고 규정하고 있었다. 헌법재판소는 2005. 12. 22. 위와 같은 구 민법 조항 본문 중 "자는 부의 성과 본을 따르고" 부분에 대하여 헌법불합치 결정을 하였다(헌재 2005. 12. 22. 2003헌가5등 참조). 그 결정 내용과 이에 대한 비판에 관한 상세한 내용은 채혜미, "자녀에 대한 모계 성·본 부여의 제약요소와 그 극복방안: 온라인 여성 커뮤니티의 담론 분석을 중심으로", 『법과 사회』 72호, 2023, 4-8면 참조.

2 "웬만하면 아빠 성 따르는 게 편해…여전히 장벽 높은 엄마 성 물려주기", 서울신문, 2022. 4. 19. <https://www.seoul.co.kr/news/newsView.php?id=20220419500175> (최종 방문 2023. 2. 23.)

3 문화 지체(cultural lag)란 사회학자인 오그번(Ogburn)이 물질문명의 변화 속도에 비하여 비물질적, 정신적인 차원의 문화적 규범의 변화 속도가 느린 것으로 인해 나타나는 혼란을 지칭하기 위하여 사용한 개념이다. William Fielding Ogburn, "Cultural Lag as Theory", *Sociology and Social Research*, vol. 41, 1957, pp. 167-174.

현상의 일종일까? 이 글은 이와 같은 의문에서 시작되었다.

이러한 문제의식에 기초하여, 이 글에서는 자녀가 어머니의 성·본을 따르는 것이 법적으로 가능해진 오늘날에도 여전히 절대 다수의 여성들이 자녀에게 아버지의 성·본을 부여하는 이유가 무엇인지 분석하고, 모계 성·본 부여 제도의 사문화를 막기 위해서는 어떠한 점이 개선되어야 하는지 살펴보고자 한다. 이를 위해 이 글은 임신·출산과 관련하여 국내에서 가장 활발하게 활동이 이루어지고 있는 네이버 커뮤니티인 '맘스홀릭베이비'[4]에 업로드된 게시글과 댓글을 분석대상으로 선정하였다.

## Ⅱ. '맘스홀릭베이비'의 게시글 및 댓글 분석 결과

'맘스홀릭베이비'의 게시글과 댓글을 통해 확인되는 자녀에 대한 어머니의 성·본 부여에 대한 제약요소는 크게 규범적 제약요소, 가족문화적 제약요소, 사회문화적 제약요소로 구분할 수 있다. 이하에서 어머니의 성·본 부여에 대한 제약요소를 순서대로 살펴본다.

### 1. 규범적 제약요소

#### (1) 미래에 태어날 자녀의 성·본을 혼인신고시에 결정할 것

민법 제781조 제1항에 따라 부부는 원칙적으로 '혼인신고시' 자녀의 성·본에 대한 협의를 한 경우에만 자녀에게 어머니의 성·본을 부여할 수 있다. 이에 따라 '맘스홀릭베이비'에는 혼인신고를 마치고 임신 중인 여성들이 자녀에게 부모 중 누구의 성·본을 부여할지 고민하는 글을 올렸다가, 댓글을 통하여 혼인 신고시에 이를 결정하게 되어 있고 자녀의 출생 신고시에 이를 수정할 수 없다는 사실을 뒤늦게 알게 되는 경우가 다수 확인된다.[5]

임신한 여성 회원들은 임신 과정에서 비로소 향후 태어날 아기가 남편

4 https://cafe.naver.com/imsanbu

5 https://cafe.naver.com/imsanbu/48551119 (작성일 2020. 2. 3.)

의 성·본을 따르게 된다는 사실에 감정적으로 '억울함'을 호소한다. 임신 6주 차라고 자신을 소개한 어느 여성은 다음와 같이 자녀의 성·본 결정에 관한 자신의 소회를 밝힌다. "헌법 교수님이 부성주의는 남녀 차별이 아니다. 그냥 [남자와 여자 성] 둘 중에 하나 붙여야 하는데 남자 성을 붙일 뿐이다. 이런 얘기하셨었거든요. 들을 때도 이해가 안 갔는데 임신을 하니까 더더더더 이해가 안 가요. (…) 임신, 출산, 수유는 결국 엄마가 해야 하잖아요? (…) 울렁울렁한 밤을 지나 울렁울렁한 낮이 오니까 새삼 쪼끔 억울해집니다."[6] 또 다른 여성 역시 "유치원 다닐 때 딸아이한테 엄마가 힘들게 [너를] 낳고 너를 더 많이 돌보는데 왜 아빠 성을 따라서 이○○일까 했더니, 어느 날 유치원에서 만들어 온 부채에 제 성을 따서 조○○ 이렇게 이름을 적었더라고요. 저도 가끔 억울하더라구요."라고 그 심경을 밝히고 있다.[7] 이들의 글에는 모두 '억울함'이라는 단어가 등장한다. 또 다른 여성 회원은 자신을 빼고 남편과 자식들이 모두 같은 성·본을 공유하는 상황에 대하여 "등본 뽑으면 그렇잖아요. 엄마 '성'만 다르고, 뭔가 이방인 마냥."[8]라고 말한다. "시가에서 '우리 새끼, 박씨 새끼' 이럴 때마다 기분이 나쁘다." 라고 토로하는 글도 확인된다.[9] 여성들은 임신과 출산, 양육이라는 수고는 주로 어머니인 자신들이 담당함에도, 자녀에게 남편의 성·본이 부여되는 현실에 억울함을 느끼고, 가족 내에서 아내이자 어머니인 자신만이 나머지 가족들과 다른 성·본을 사용하는 것에 대하여 스스로를 '가족 내부에 존재하는 이방인'(outsider within)이라고 느끼고 있었다.[10] 이처럼 부성주의는 여성들에게 억울함과 외로움이라는 감정을 불러일으키는 것으로 보인다. 그

---

6 https://cafe.naver.com/imsanbu/59359795 (작성일 2022. 2. 1.)

7 https://cafe.naver.com/imsanbu/62972293 중 댓글(작성일 2022. 10. 9.)

8 https://cafe.naver.com/imsanbu/46466751 (작성일 2019. 9. 19.)

9 https://cafe.naver.com/imsanbu/45077372 중 댓글 (작성일 2019. 6. 14.)

10 부성주의가 어머니와 자녀가 성·본을 통해 연결되는 것을 막고, 어머니를 제외한 다른 모든 가족이 부성을 공유하도록 하여 여성을 '가족 내의 이방인'(outsider within)으로 만든다는 점을 지적한 연구로는, Chao-ju Chen, "Becoming Outsiders Within: A Feminist Social-Legal Study of Surname Inequality as Sex, Race, and Marital Status Discrimination in Taiwan", *Journal of Korean Law*, vol. 18, no. 1, December 2018, p. 4.

러나 부성주의가 그저 감정의 문제에 그치는 것일까?

한 여성은 둘째 딸 출산 직후부터 신생아 육아로 고단한 일상을 보내던 중 단 하루 동안 남편에게 육아를 맡겼다가 남편으로부터 힘들고 피곤하다는 불평불만을 듣게 되자 이렇게 말한다. “여보 당신은 잠깐 그리 하루 봤지. 난 한 달 이상을 그렇게 둘째 딸을 돌봤어. 그것만 했냐. 청소며 빨래 밥까지 다하며 큰 애까지 봤어. 어찌 보면 애들 임신이며 출산, 육아까지 내가 중심인데 좀 억울하다. 내가 뼈 빠지게 키워도 결국은 니 성 따르고… 이참에 내 성으로 바꿔주라. 그래야 공평하지.”[11] 이 여성은 부성주의가 단순한 감정의 문제를 넘어서, 가족 내 성평등의 문제이자, 여성의 사회적 위치에 관한 문제인 것을 정확히 인식하고 있다.

### (2) 같은 부모를 둔 자녀들의 성·본을 원칙적으로 통일시킬 것

첫째에게 남편의 성·본을 부여하였다가, 이후 둘째를 임신하게 되자 둘째에게는 어머니인 자신의 성·본을 부여하는 것을 고민하는 게시글 역시 다수 확인된다. 한 여성은 “첫째 때 출산 전부터 남편과 생각해 놓은 이름이 있었는데, 시댁에서 자기네가 짓는 작명소에서 짓는다고 너무나도 당연하게 시아버님 뜻대로 이름을 지었죠. 정말이지 어찌나 황당한지. 옆에서 막지 못하는 남편도 어이없고. 그때 시아버님 돌아가시고 이제 둘째를 가졌는데 문득 그런 생각이 들더군요. 왜 꼭 아빠의 ‘성’을 따라야 하나. 호주제 폐지된 지가 언제인데. 그때 생각이 나서인지 남편이 둘째는 제 성을 따라도 되고 이름도 마음대로 지으라고 하네요.”라고 말한다.[12]

현행 민법 제781조 제1항은 부부가 여러 자녀에게 서로 다른 성·본을 부여하는 것을 금지하고 있지 않다. 그러나 ‘자녀의 성과 본에 관한 가족관계등록사무 처리지침’(가족관계등록예규 제518호, 이하 ‘예규’라 한다)에 따르면 혼인신고시 자녀의 성·본에 관한 협의는 그 협의 이후 협의당사자 사이에서 태어나는 모든 자녀에 대하여 효력이 있다(제3조 제2항). 또한, 위 예규는

---

11 https://cafe.naver.com/imsanbu/36344888 (작성일 2017. 9. 8.)

12 https://cafe.naver.com/imsanbu/46466751 (작성일 2019. 9. 19.)

‘혼인의 당사자가 혼인신고시 그들 사이의 여러 자녀의 성과 본에 대하여 각 자녀마다 따를 성과 본을 서로 달리 정한 협의서를 제출한 경우 그 협의서를 반려하여야 한다’라고 규정하고 있다(제4조 제4항). 그 결과 부모가 동일할 경우 그 사이에서 태어나는 자녀들은 특별한 사정이 있지 않는 한 동일한 성·본을 공유하게 된다. 이처럼 현재 가족관계등록사무의 실무는 동일한 부모에게서 태어난 자녀들에게 출생신고시 서로 다른 성·본을 부여하는 것을 원칙적으로 허용하고 있지 않다. 그런데 이러한 사실을 미처 모른 채 첫째 아이는 남편의 성·본을 따랐으니, 둘째 아이에게는 어머니인 자신의 성·본을 부여하고 싶다면서 이에 대한 의견을 구하는 게시글이 확인되는 것이다.

### (3) 부모 양계 성·본 부여는 허용되지 않음

‘맘스홀릭베이비’ 게시글 중에는 자녀에게 부모의 성·본을 모두 부여하고 싶다며, 이에 관한 의견을 묻는 게시글이 다수 확인된다.[13] 한 여성은 “10달 고생하고, 모진 진통 겪고, 힘든 육아에 망가지고 고생하는 건 다 여자인데, 아빠 성만 받아서 아이에게 이름을 주는 게 너무 불공평하다는 생각이 들어서” 자녀에게 부모의 성·본을 모두 부여하고 싶다고 밝히면서 그 방법을 모색한다.[14] 그러나 자녀에게 부모의 성·본을 모두 부여하는 것은 불가능하다는 댓글을 통해 현행법상의 제약을 깨닫게 된다. 이에 대한 대응으로, 많은 여성들은 자녀의 이름 중 한 글자에 자신의 성을 실제로 포함시키거나 향후 그와 같이 자녀의 이름을 짓는 것을 고려하는 등 충족되지 않은 여성의 성·본 부여에 대한 자신들의 욕망을 차선책을 통해서나마 도모하고 있다는 사실이 확인된다.[15]

---

13 https://cafe.naver.com/imsanbu/61227232 (작성일 2022. 6. 7.), https://cafe.naver.com/imsanbu/60110578 (작성일 2022. 3. 22.), https://cafe.naver.com/imsanbu/57719895 (작성일 2021. 10. 9.) 등 참조.

14 https://cafe.naver.com/imsanbu/27358666 (작성일 2015. 2. 3.)

15 https://cafe.naver.com/imsanbu/22642235 중 댓글(작성일 2013. 5. 28.), https://cafe.naver.com/imsanbu/22642235 중 댓글(작성일 2013. 5. 29.), https://cafe.naver.com/imsanbu/42469925 중 댓글(작성일 2018. 12. 9.), https://cafe.naver.com/imsanbu/48000775 중

### (4) 행정 실무상의 난관

자녀의 성·본 결정 관련 업무를 처리하는 관공서에서 실무를 처리하는 공무원들의 비공식적인 견해와 불확실한 정보 제공에 관한 불만을 토로하는 게시글 역시 확인된다. 한 게시글에서는 본인이 남편과 혼인신고시 자녀에게 어머니의 성·본을 부여하기로 협의를 마쳤음에도 불구하고, 이후 자녀에 대한 출생신고시 주민센터 공무원이 이를 간과한 채 행정처리를 하여 어려움을 겪었다는 사례가 확인된다. 이 글에서 이 여성은 해당 직원이 "법원이 행정처리상 반대"한다거나 "동사무소도 '엄마 성으로 출생신고가 가능해?'라며 저희를 두고도 신기해서 몰려오는 무개념"을 보여주었다고 토로하고 있다.[16] 또 다른 게시글에서 어느 회원은 자녀의 여권 발급 과정에 관여한 어느 영사관 직원이 민원인에게 '자녀가 어머니의 성·본을 따르면 향후 행정상 어려움을 겪게 될 수 있다'라는 취지로 겁을 주거나 '어머니의 성·본을 주는 것은 미혼모 가정에서나 하는 선택'이라며 사회적 편견을 드러내었다는 경험을 공유하고 있다.[17] 자녀에게 자신의 성·본을 부여하고자 하는 여성의 선택은 종종 관공서의 실무 처리 과정에서 난관을 겪기도 하는 것이다.

위에서 살펴본 사례에서 등장하는 관공서의 공무원들은 법률상 자녀의 성·본에 관한 부부(또는 여성)의 의사결정에 개입할 법률상 권한이 없는 자들이다. 그럼에도 불구하고 이들은 민원인에게 법 해석에 관한 불확실한 정보를 제공하거나 공무원 자신의 무지와 편견을 드러내어, 민원의 원만한 해결을 오히려 저해하고 있다. 이는 엄밀히 말하면 여성이 자녀에게 자신의 성·본을 물려주기로 결정하는 것을 막는 '규범적 제약요소'라기보다는 '행정 실무상의 난관'이라고 볼 수 있다. 그러나 자녀에게 어머니의 성·본을 부여하는 것이 일반적인 관행에 역행하는 선택인 상황에서, 해당 업무를 담당하는 공무원의 불확실한 법 해석과 사회적 편견에 기반한 정보 제공은

---

댓글(작성일 2019. 12. 29.) 등 참조.

16 https://cafe.naver.com/imsanbu/55115947 (작성일 2021. 4. 5.)

17 https://cafe.naver.com/imsanbu/45358449 (작성일 2019. 7. 3.)

실질적으로 담당 공무원에 의하여 이루어지는 규범의 비공식적 창설로서 이른바 '관공서 공무원의 법'(desk-clerk law)이라고 말할 수 있다.[18] 이와 같은 관공서 공무원의 법은 자녀에게 어머니의 성·본을 물려주고자 하는 부부들이나 여성들에게 그 권리행사의 규범적 제약요소로 작용할 수 있다.

### 2. 가족문화적 제약요소

자녀에게 자신의 성·본을 부여하고자 하는 여성들은 앞서 살펴본 규범적 난관을 모두 극복하였다고 하더라도, 남편과 시부모, 본가 가족들의 반대라는 또 다른 장애물과 마주하게 된다. 자녀에게 부모 중 누구의 성·본을 부여할지 고민하는 과정에서 실제로 가족의 반대가 없었음에도 반대가 있을 것을 미리 걱정하는 글들도 다수 확인된다.[19] 한 여성은 "저는 생색내면서 혼인 신고할 때 고마워하라고 하면서 아빠 성 따르기로 체크했네요. (…) 진심 제 성 따르고 싶었는데 시부모님뿐 아니라 친정 부모님도 난리칠까봐 (…) 남편은 상관없다고 자기성 따르게 하고 싶음 하라고 진심으로 얘기해줬는데 자기도 부모님들이 걸린다고 그러더라구요."라고 말하고 있다.[20]

자녀에 대한 어머니의 성·본 부여와 관련한 가족문화적 제약요소를 보여주는 사례들에서 특기할 만한 점은 아내가 남편의 반대나 남편과의 갈등을 우려하기보다는, 주로 시부모의 반대나 시부모와의 갈등을 언급하고

---

18 미국의 경우 혼인 후 아내가 남편의 성으로 변경하여 부부성(가족성)을 갖는 경우가 일반적이나 이는 관습에 따른 것일 뿐이고 미국 성명법이 이를 법적으로 강제하고 있는 것은 아니다. 그런데 미국 내에서 이와 같은 일반적인 선택을 하지 않고, 남편이 결혼 후 아내의 성으로 변경하는 등 비관행적인 선택을 하고자 하는 경우, 연방 정부나 주 정부의 담당 공무원이 이에 대하여 부정확하고, 불완전하며, 모순적인 대응을 하면서, 그 권한 밖에 있는 규범을 사실상 창조하는 경우가 있다는 점이 연구 결과 확인되었다. Elizabeth F. Emens는 이러한 현상에 주목하면서, 이를 '관공서 공무원의 법(desk-clerk law)'이라고 명명하였다. Elizabeth F. Emens, "Changing Name Changing: Framing Rules and the Future of Marital Names", *The University of Chicago Law Review* vol. 74, no. 3, 2007, pp. 823-827.

19 https://cafe.naver.com/imsanbu/60248065 (작성일 2022. 3. 31.), https://cafe.naver.com/imsanbu/52193789 (작성일 2020. 9. 22.)

20 https://cafe.naver.com/imsanbu/36344888 중 댓글(작성일 2017. 9. 8.)

있다는 것이다. 이는 자녀가 아버지의 성·본을 따르는 것과 관련하여, 사실 자녀가 따르는 성·본은 그 아버지의 성·본이기 이전에 할아버지의 성·본이라는 것을 보여준다. 부성주의로 인하여 남성은 그 성·본 상징체계를 후대에 계승시킬 수 있고, 그 결과 오직 남성만이 성·본의 '정당한 매개자'(legitimate carrier)로 자리매김할 수 있다.[21] 이처럼 부성주의는 남성 집단에게 다양한 혜택을 부여하는데, 이는 부성주의가 단순히 아버지의 특권이 아니라 부계의 특권이자 '가부장제의 배당금'(patriarchal dividend)의 일종이라는 것을 암시한다.[22] 이러한 상황에서 여성들은 배우자나 시부모와의 갈등을 피하고 가정의 평화를 유지하기 위하여 자녀에게 자신의 성·본을 부여하고 싶다는 욕망을 내려놓는 것으로 보인다.[23]

### 3. 사회문화적 제약요소

부성주의를 채택한 사회에서는 자녀가 부의 성·본을 따르는 경우가 압도적으로 많고, 그 결과 부와 다른 성·본을 가진 자녀는 사생아, 이혼가정의 자녀, 입양아라는 사회적 편견에서 자유로울 수 없다. 아버지의 성을 원칙으로 만들어 그것을 정상화하는 제도와 관행하에서, 자녀가 어머니의 성을 따른다는 것은 결국 아버지가 없는 가정의 자녀임을 나타내는 것과 크게 다르지 않기 때문이다.[24] 그 결과, 부성주의 제도하에서는 사회적으로

21 Colleen Nugent, "Children's Surname, Moral Dilemmas: Accounting for the Predominance of Fathers' Surnames for Children", *Gender and Society*, vol. 24, no. 4, August 2010, p. 500.

22 Raewyn Connell과 Rebecca Pearse는 가부장제(patriarchy)로 인하여 남성 전반이 하위에 종속된 여성들로부터 이득을 취한다는 점을 지적하며, 이를 '가부장제의 배당금'(patriarchal dividend)이라고 지칭하였다. Raewyn Connell & Rebecca Pearse, *Gender: In World Perspectives*(3rd ed.), Polity, 2015. p. 124.

23 부모(또는 예비 부모)가 자녀의 성(surname)을 결정함에 있어서 어떤 요소들을 실제로 고려했는지, 혹은 향후 어떤 요소들을 고려할 것인지에 관한 조사로는 Colleen Nugent, *op. cit.*, pp. 511-518. 이에 따르면, 서양에서도 이성애 커플의 경우 자녀에 대한 부계성본 부여에 대하여 시부모의 압력이 작용하고, 이러한 상황에서 커플들이 가족들과의 갈등을 피하고 관계를 평화롭게 유지하기 위하여 자녀에게 남성의 성을 부여하기도 한다(p. 518).

24 Priscilla Ruth MacDougall, "The Right of Women to Name Their Children", *Law and Inequality: A Journal of Theory and Practice*, vol. 3, no. 1, July 1985, p. 152. 한편, 미국에서는 레즈비언 커플의 자녀가 양쪽 어머니의 성을 하이픈(-)으로 결합시켜 따를 경

받아들여지는 자녀를 출산하기 위해서 자녀가 정당한 아버지를 필요로 하게 되고, 여성들은 동거, 결혼, 출산 등과 같은 가족구성에 있어서 적극적인 개시자가 되기 어렵다. 따라서 부성주의는 여성의 가족구성권, 혼인할 권리, 성적 자기결정권을 제한한다.[25]

부성주의로 인하여 여성의 가족구성권 등 구체적 권리·의무가 제한되는 사례는 '맘스홀릭베이비'의 게시글에서 어렵지 않게 확인된다. 혼전 임신을 하게 된 여성의 어머니가 딸과의 혼인신고를 망설이는 딸의 남자친구에게 "혼인신고 못하면 (아이) 출생신고도 못하는데, 니 마누라 미혼모 만들고 아이 사생아 만들거냐."라고 따지면서 혼인신고를 부탁했다는 게시글이나,[26] 스스로를 '(아빠가) 다른 아이를 둘 키우는 이혼녀'라고 소개하는 여성이 초등학교 입학을 앞둔 아이들의 성·본이 서로 달라 염려스럽다고 하면서 "이렇게 살려고 한 건 아닌데 어쩌다 우스운 꼴이 되어버렸다."라고 한탄하는 게시글[27]은 모두 자녀가 원칙적으로 아버지의 성·본을 따르게 되는 상황에서 자녀의 실제 양육자인 여성들이 가족 구성에 있어서 소극적인 태도를 취하게 되는 사회적 구조를 잘 드러낸다. 임신 후 예비남편에 대한 신뢰 부족으로 어려움을 겪고 있다는 한 여성은 "남편 성도 따르기도 싫고, 혼인신고도 싫고 … 미혼모로 등록하고 싶은데 제일 고민은 아기가 커 가면서 엄마 성씨인 게 말 나오고 문제가 될까봐 걱정"이라고 토로하고 있다.[28]

실제로 혼인신고시 부부의 협의만 있다면 자녀에게 어머니의 성·본을 부여하는 것이 가능해진 이후에도, 많은 부부들이 자녀가 사회적 편견으로 인하여 피해를 입을 것을 우려하여 이러한 선택을 하는 것을 주저하고 있

---

우(surnames double-barreled), 동성 부부의 자녀라는 사실이 밝혀져 주변의 이목을 끌 수 있다는 이유로, 이러한 성 부여가 드물다는 점을 지적하는 연구도 존재한다. 이에 관하여는 Kathryn Almack, "What's in a name? The Significance of the Choice of Surnames Given to Children Born within Lesbian-parent Families", *Sexualities*, vol. 8, no. 2, 2005, pp. 244-245; Colleen Nugent, *op. cit.*, p. 503 참조.

25 양현아, "최근 여성차별철폐협약(CEDAW)의 한국정부에 대한 권고사항: 유보조항 가족성(家族性) 규정을 중심으로", 『서울대학교 법학』 제54권 제3호, 2013, 235-237면 참조.

26 https://cafe.naver.com/imsanbu/2331847 (작성일 2006. 11. 17.)

27 https://cafe.naver.com/imsanbu/48151922 (작성일 2020. 1. 7.)

28 https://cafe.naver.com/imsanbu/60600843 (작성일 2022. 4. 24.)

다. 이에 따라 규범적 제약과 가족문화적 제약을 모두 극복한 여성들이라고 하더라도 이와 같은 사회적 편견에 대한 우려로 인하여 자녀에게 자신의 성·본을 부여하는 것을 포기하는 경우가 많았다.

## Ⅲ. 규범적 제약요소의 제거 방법

이상에서 살펴본 바와 같이 비록 현행 민법 제781조 제1항 단서는 부부가 혼인신고시 협의를 하였을 경우에는 자녀로 하여금 어머니의 성·본을 따를 수 있도록 허용하고는 있으나, 여성들의 이러한 선택을 가로막는 규범적, 가족문화적, 사회문화적 제약요소가 존재한다. 이 중에서도 가족문화적, 그리고 사회문화적 제약요소는 결국 어머니의 성·본을 따르는 자녀가 많지 않다는 사실과 관련되어 있다. 관행에 반하는 자녀의 성·본 선택에 대하여 가족 내부의 저항뿐만 아니라 사회적인 저항이 뒤따르는 것이다. 그렇기 때문에 이러한 제약요소를 극복하고 자녀의 성·본에 대한 부부의 자유로운 선택을 촉진하기 위해서는 여러 제약요소들 중 먼저 규범적 제약요소를 제거하는 방안이 선행될 필요가 있다. 이하에서는 규범적 제약요소의 제거 방법을 순서대로 살펴본다.

### 1. 자녀의 성·본 결정의 시기를 늦추는 방안

앞서 살펴본 것처럼 현행 민법은 미래에 태어날 자녀의 성·본을 혼인신고시에 결정할 것을 요구하고 있다. 그러나 혼인 후 첫 자녀 출산까지 소요되는 기간이 상당하고 그 기간이 점차 늘어나고 있는 점, 부모로서의 정체성은 자녀의 임신·출산 과정에서 비로소 형성된다고 볼 수 있는 점을 고려하면, 현행 민법이 자녀의 성·본 결정 시점을 혼인신고시로 정하고 있는 것은 지나친 측면이 있다. 막 결혼식을 마친 신랑, 신부로 하여금 혼인신고를 하면서 언제 태어날지도 모르는 아이, 혹은 낳을지 말지도 불확실한 미래의 자녀에게 부모 중 누구의 성·본을 부여할지를 미리 정하라고 하는 것은 지나치게 행정편의주의적인 방식이다. 따라서 지금 당장 부성주의 원칙을 폐기하지 못하더라도, 적어도 자녀의 성·본 결정에 관하여는 그 협의시점을 혼인신고시가 아니라 자녀의 출생신고시 등으로 미루는 방안을 적극적으로 검토할 필요가 있다.

### 2. 부성 우선의 원칙에서 부부 협의의 원칙으로의 전환

민법 제781조 제1항이 자녀의 성·본 결정에 있어서 취하고 있는 규율방식에도 변화가 필요하다. 현행 민법에 따를 경우 자녀의 성·본에 관한 부부의 협의가 이루어지지 않으면 자녀에게 아버지의 성·본이 부여된다. 그러나 이러한 규율 방식은 성평등한 방식으로 보기 어렵다. 자녀의 성·본에 관한 부부의 결정권을 성평등한 방식으로 규율하기 위해서는 현행 민법이 취하고 있는 '부성 우선의 원칙'을 '부부 협의의 원칙'으로 전환할 필요가 있다.[29] 부부가 협의하여 자녀의 성·본을 결정하되, 협의가 이루어지지 않을 경우 지금과 같이 자녀에게 부성이 부여되는 것이 아니라 법원의 결정 등 부부의 협의를 대체할 수 있는 다른 방안이 마련되어야 할 것이다.

### 3. 형제·자매의 성·본을 통일시켜야 한다는 원칙을 허무는 방안

앞서 본 것처럼 예규는 부모에게 여러 명의 자녀가 있을 경우 자녀들에게 서로 다른 성·본을 부여하는 것을 원칙적으로 허용하고 있지 않다. 그러나 이는 민법 제781조 제1항에 명시적으로 포함되어 있지 않은 내용으로서 위 조항을 경직적으로 해석하여 행정적 처리절차를 정한 것으로 그 유효성에 관한 의문이 있다.

한편, 민법 제781조 제6항에 따른 자녀의 성·본 변경의 경우, 부부에

---

29 지난 2020년 법무부 산하 '포용적 가족문화를 위한 법제개선위원회'도 민법 제781조의 부성우선주의를 폐지하고, 부모의 협의를 원칙으로 하는 등 민법 제781조의 전면 개정을 추진할 것을 권고하였다. <https://www.moj.go.kr/moj/221/subview.do?enc=Zm5jdDF8QEB8JTJGYmJzJTJGbW9qJTJGMTgyJTJGNTI0MDQzJTJGYXJ0Y2xWaWV3LmRvJTNG> (최종 방문 2023. 2. 20.). 여성가족부 역시 지난 2021년 현행 민법 제781조에 따른 자녀의 성 결정을 부성우선주의에서 '부모협의 원칙'으로 전환하는 것을 추진하겠다는 내용을 담은 '제4차 건강가정기본계획'을 마련한 바 있다. <http://www.mogef.go.kr/mp/pcd/mp_pcd_s001d.do?mid=plc503&bbtSn=704886>(최종 방문 2022. 8. 9.)

게 여러 명의 자녀가 있고 성·본 변경으로 인하여 결과적으로 자녀들 사이의 성·본이 서로 달라지더라도 그와 같은 성·본 변경 허가가 이루어진 사례가 다수 있다. 예를 들어, 2명의 자녀 중 한 명은 친생부가 양육하고 사건본인은 청구인인 어머니가 양육하고 있는 사건에서 사건본인의 성·본만 어머니의 성·본으로 변경하는 것을 허가한 사례, 여러 형제자매 중 어머니가 재혼시 데리고 간 사건본인만 계부의 성·본으로 변경된 사례 등이 그것이다.[30]

이와 같은 점을 종합하면, 부모의 협의로 여러 자녀들의 성·본을 서로 달리 정하는 것을 막고 있는 예규의 내용에 대한 수정을 검토할 필요가 있다. 형제, 자매들이 부모 중 어느 한 명의 성·본을 자유롭게 부여받을 수 있게 된다면, 재혼 가정이나 입양 가족 등 다양한 형태의 가족 내에서 일부 가족구성원의 성·본이 다르다는 이유로 받게 되는 사회문화적 차별도 점차 사라질 것이다.

## Ⅳ. 결론에 갈음하여

현행 민법은 자녀의 성·본에 관한 부부의 결정권을 보장하고 있으나, 그 결정의 시기(혼인신고시), 그 규율의 방식(부성 우선주의), 결정 가능한 내용(형제·자매의 성·본 통일) 등을 다양하게 제한하고 있다. 그러나 민법 제781조 제1항 단서가 자녀의 성·본에 관한 부모의 협의를 제한하는 것이 아니라 이를 보장하기 위해 마련된 조항이라면, 이와 같은 제한을 대폭 완화하여 자녀의 성·본에 관한 부부의 결정권을 실질적으로 보장할 필요가 있다. 이러한 규범적 제약요소를 제거하여 부부가 자녀에게 자유롭게 어머니의 성·본을 부여할 수 있도록 보장하고, 이를 통해 어머니의 성·본을 따르는 자녀들이 늘어난다면, 자녀가 어머니의 성·본을 따르는 것을 막는 가족문화적 또는 사회문화적 제약요소도 점차 사라질 것이다.

---

30 이현재, "자의 성과 본의 변경심판에 있어서 자의 복리", 『가족법연구』 제22권 제2호, 2008, 61면 참조.

현행 민법과 예규가 정하고 있는 자녀의 성·본 결정에 관한 다양한 규율내용을 살펴보면, 우리 법이 자녀에 대한 어머니의 성·본 부여를 허용하고 있으나 그와 같은 선택을 하는 부부들이 많지 않은 것은 결국 문화지체 현상이기 전에 규범지체 현상의 일종으로 볼 수 있다. 자녀의 성·본에 관한 부부의 결정권을 법이 대폭 제한하고 피상적으로만 보장하고 있어서 그러한 선택을 하는 부부들이 많지 않은 것이다. 그리고 이는 곧 어머니의 성·본을 따르는 자녀가 사생아이거나 이혼가정의 자녀라는 사회적 편견으로 이어질 수 있다. 따라서 자녀에 대한 어머니의 성·본 부여를 가로막는 여러 제약요소들의 극복을 위해서는 먼저 현존하는 규범적 제약요소들에 대한 극복이 선행되어야 할 것이다.

# 4. 호주제 폐지를 위한 위헌소송의 기록* **

이 유 정 (법무법인 원 변호사)

호주제는 1953년 제정된 대한민국 민법에 따라 도입된 가족법 제도로, 가족의 대표자인 호주를 중심으로 신분등록이 이루어지는 가부장적 제도였다. 이 제도는 여성의 법적 종속과 남성 중심의 가족 질서를 법제화하였으며, 자녀의 입적, 호주 승계, 재산 상속 등에 있어서 성별에 따른 차별을 구조화하였다. 특히 여성은 결혼을 통해 부친의 호적에서 남편의 호적으로 이동하고, '호주의 처'나 '며느리'로 신분이 규정되었으며, 여아 낙태나 남아선호 등 사회문화적 문제의 원인으로 작용하였다.

호주제 폐지를 위한 법개정 운동은 1970년대 이후 지속되었으며, 1990년 가족법 개정을 통해 일부 권한은 축소되었으나 제도 자체는 존속하였다. 이후 위헌소송 전략이 채택되어 시민단체, 법률가, 피해 당사자의 연대를 통해 헌법재판소에 위헌법률심판이 제청되었고, 이는 헌법상 평등권, 양성평등, 인간의 존엄성을 핵심 논거로 삼았다. 헌법재판소의 위헌 결정은 시민사회의 참여와 사법을 통한 사회개혁의 가능성을 보여주는 상징적 사건이었다.

호주제 폐지는 법적으로 가족관계를 호주 중심의 '가(家)'가 아닌 개인 중심의 가족관계등록부 체계로 전환시켰고, 가족 내 권리와 의무가 평등하게 구성될 수 있는 기반을 마련하였다. 이로써 여성의 법적 지위는 종속적 위치에서 벗어나 가족 구성의 주체로 인정받게 되었으며, 재혼가정, 한부모가정 등 다양한 가족형태의 제도적 수용도 가능해졌다. 자녀의 성본 변경, 친권 결정, 상속 등에서의 차별도 점차 해소되었고, 이는 여성과 아동의 권리 증진으로 이어졌

* 민주사회를 위한 변호사모임 여성복지위원회, 호주제폐지를 위한 소송백서, 2003.

** 민주사회를 위한 변호사모임 여성인권위원회, 호주제폐지를 위한 소송백서2, 2008.

다. 결론적으로, 호주제 폐지는 한국 사회에서 민주주의 원칙과 헌법상의 평등이 가족법 영역에서도 실현된 중대한 전환점이며, 가부장적 질서에 대한 법적 해체라는 점에서 법사회학적으로도 진보적 개혁으로 평가된다.

## Ⅰ. 서론

호주제 폐지운동은 대한민국 가족법 개성 운동의 핵심적 과세로, 민법 제정 이후 오랜 시간에 걸쳐 지속되어 온 대표적인 법사회적 쟁점이었다. 1953년 제정된 민법은 호주제를 명시적으로 도입하였으며, 이에 따라 모든 국민의 출생, 혼인, 이혼, 사망 등 신분 변동 사항은 국가에 등록되어 민법적 관계가 형성되었다. 이와 같은 신분등록은 '호적'이라는 가족단위의 등록부를 통해 이루어졌으며, 가족의 신분 변동 사항은 '가(家)' 단위를 중심으로, 그 주체인 '호주'를 기준으로 기록되었다. 이에 따라 가족 구성원은 호주와의 관계에 따라 입적, 제적, 분가 등의 방식으로 호적에 등재되었고, 여성은 결혼을 통해 부친의 호적에서 시아버지 또는 남편의 호적으로 이동되었으며, 신분 또한 '호주의 처' 또는 '호주의 며느리'로 등록되었다.

1958년 제정되어 1960년 1월 1일 시행된 민법은 일본 제국주의의 '이에(家) 제도'의 영향을 받아 남성 중심의 가부장적 가족 질서를 법제화한 것이다. 이 제도 하에서 호주는 가족의 대표로서 가족 구성원의 출생, 혼인, 사망 등 신분 변동을 기록하고 가족 계통을 계승하는 중심적 존재로 기능하였다. 민법은 호주의 승계 순위를 남성–연장자 우선으로 규정하였고, 호주에게는 가족 구성원의 거주지 지정권, 혼인·입양·분가 동의권 등 광범위한 권한이 부여되었다. 특히 여성의 호주 승계는 예외적·잠정적으로만 허용되었으며, 입부혼(入夫婚)의 형태로 여성이 남성 호적에 편입되는 구조를 취하였다. 비록 재산 상속과 호주 상속이 명목상 분리되어 있었지만, 실제로 장남이 호주가 될 경우 족보나 제구(祭具), 분묘(墳墓) 등을 포함한 특혜적 상속이 이루어졌고, 장남은 호주가 되기 위해 분가나 입양도 제한되었다.

이러한 구조는 여성에 대한 법적 차별뿐 아니라 사회문화적으로도 남아선호 사상, 여아 낙태, 성비 불균형 등의 문제를 야기하는 원인으로 지목되었다. 이에 따라 호주제 폐지를 요구하는 법개정 운동은 1970년대부터 지속적으로 전개되었으며, 1975년, 1986년, 1988년에는 호주제 폐지를 포함한 민법 개정안이 국회에 제출되었으나 모두 무산되었다. 1979년과 1989년의 가족법 개정 논의 과정에서도 호주제 존폐를 둘러싼 논쟁은 지속되었지만, 제도 자체는 유지되었다.

1990년 이뤄진 제3차 가족법 개정에서는 호주제의 일부 요소에 대해 실질적인 변화가 있었다. 대표적으로 장남의 강제 호주 승계가 폐지되었으며, 호주가 가족 거소를 지정하거나 성년 남성을 강제로 분가시키는 등의 권한은 약화되었다. 또한, 가족 내 재산의 소유권을 호주 개인이 아닌 가족 구성원의 공동소유로 규정하였고, 장남이 호주가 될 경우 아버지 재산 상속에서 받던 추가 상속분 특혜도 폐지되었다. 친족 범위 역시 부계·모계를 평등하게 규정하였고, 상속에 있어서도 성별, 출생순서, 기혼 여부에 따른 차별이 폐지되었다. 그럼에도 불구하고 호주제 자체는 유지되었으며, 호주 승계에 있어서의 남성 우선 원칙과 가부장적 구조는 본질적으로 변화되지 않았다.

## Ⅱ. 소송 준비 과정

호주제 폐지운동은 1997년 헌법재판소의 동성동본 금혼 규정에 대한 헌법불합치 결정[1] 이후 새로운 전기를 맞이하였다. 동성동본 금혼 규정에

1 헌법재판소 1997. 7. 16. 95헌가6 내지 13 병합: "자유와 평등을 근본이념으로 하고 남녀평등의 관념이 정착되었으며 경제적으로 고도로 발달한 산업사회인 현대의 자유민주주의 사회에서 동성동본금혼을 규정한 『민법』 제809조 제1항은 이제 사회적 타당성 내지 합리성을 상실하고 있음과 아울러 인간으로서의 존엄과 가치 및 행복추구권을 규정한 헌법이념 및 개인의 존엄과 양성의 평등에 기초한 혼인과 가족생활의 성립·유지라는 헌법규정에 정면으로 배치될 뿐 아니라 남계혈족에만 한정하여 성별에 의한 차별을 함으로써 헌법상의 평등의 원칙에도 위반되며, 또한 그 입법목적이 이제는 혼인에 관한 국민의 자유와 권리를 제한할 사회질서나 공공복리에 해당될 수 없다는 점에서 『헌법』 제37조 제2항에도 위반된다."

대한 헌법불합치 결정은 당시로서는 매우 파격적인 결정이었으며, 호주제 폐지 위헌소송의 가능성을 보여주었다.

2000년 6월경, 대한민국 가족법 체계의 근간을 이루는 호주제도의 위헌성을 법정에서 다투기 위한 소송이 본격적으로 기획되었다. 이 소송은 민주사회를 위한 변호사모임 여성위원회 소속의 변호사들과, 부산대학교에서 가족법을 강의하던 김상용 교수를 중심으로 결성된 '소송실무모임'[2]에 의해 주도되었다. 이들은 다수의 여성단체들과 긴밀한 협력 관계를 구축하며, 호주제의 문제점을 공론화하고 법적 쟁점으로 구체화하기 위한 준비 작업을 진행하였다.

그 결과, 같은 해 9월 22일에는 137개 여성 및 시민단체가 '호주제 폐지를 위한 시민연대'를 가 공식 발족되었다. 이 단체는 단순한 법률소송을 넘어서 사회운동으로서의 성격을 지니며, 호주제가 여성과 가족에게 미치는 구조적 차별을 사회 전반에 알리고자 하였다. 소송실무모임과 시민연대는 피해사례의 체계적 수집, 원고 모집, 언론 기고 및 토론회 개최, 시민대상 설문조사 등의 방식으로 사회적 여론을 환기하고 문제의식을 확산시키는 데 주력하였다.

특히 실질적인 피해사례를 수집하는 일이 매우 중요했다. 소송실무 모임에서는 대표적인 피해유형을 선정해서 위헌소송을 위한 원고들을 여성단체의 도움으로 모집하기로 했다. 접수된 사례 중에서 대중적으로 설득력을 가질 수 있는 대표적인 유형으로 먼저 두 가지를 선정했는데, 첫째는 혼인관계에 있는 부부가 함께, 남편이 호주로 기재된 호적을 '무호주'로 변경해 달라는 신고 사례이고, 둘째는 이혼 후 자녀를 양육하고 있는 어머니가 자녀를 자신의 호적으로 전적(轉籍)해 달라고 요청한 사례이다. 이 두 유형은 호주제가 여성의 법적 지위와 실질적 가족관계를 어떻게 왜곡하고 있는지를 잘 보여주는 상징적 사례로 간주되었다. 2000년 10월 관할 구청에 각각 '모가에의 입적신고' 및 '호주변경신고'를 제출하였다. 구청은 민법 조항을

2 강금실, 이석태, 진선미, 이정희 변호사, 조숙현, 김수정, 이지선 연수생 등으로 구성.

근거로 이를 모두 불수리 처분하였고, 원고들은 가정법원에 이의신청을 제기함과 동시에, 해당 민법 조항의 위헌법률심판 제청을 신청하게 되었다. 이 사건들은 이후 5년에 걸친 헌법재판소의 위헌심판 절차 및 민법 개정으로 이어지는 중요한 단초가 되었다.

## Ⅲ. 법원의 위헌제청결정

### 1. 신청인 의견서

신청인들의 대리인은 호주제의 쟁점을 총정리하여 '호주제 폐지론'이라는 제목의 서면을 만들어서, 이를 위헌제청신청 사건의 재판부와 헌법재판소에 일괄 제출하였다. 이 문서는 '호주제도의 내용과 폐해, 호주제도의 연혁과 민법 제정·개정 과정, 호주제의 위헌성, 호주제 폐지론에 대한 반박, 호주제 폐지 이후의 대안'의 순서로 구성되어 있으며, 호주제를 둘러싼 법적, 역사적, 사회적인 관점을 망라하고 있다. '호주제 폐지론' 중 호주제도의 현실적 폐해에 대해 서술한 부분을 그대로 인용하면 다음과 같다.[3]

> "첫째, 예외적으로 입부혼인의 경우를 제외하고 아내는 혼인과 동시에 남편의 가에 입적하여, 남편 또는 남편의 아버지를 호주로 하게 된다. 이로 인하여 아내는 친정을 떠나 시가의 일원이 되고 아내는 남편의 보호 아래 그 권위에 복종하여야 한다는 관념이 형성된다. 이 관념은 현실의 가족생활에도 영향을 미쳐, 공식적으로는 시가를 우선시하고 가족내에서 남성의 권위적 행동을 정당화시키는 역할을 한다.
>
> 둘째로는 이혼한 아내가 자녀를 자신의 호적에 입적시킬 수 없는 경우를 들 수 있다. 이혼한 아내는 친가에 복적하거나 일가를 창설하게 되는데, 아내가 자녀의 친권자와 양육자로 지정되어 이들만의 생활공동체를 형성하더라도, 그 자녀는 제781조에 의하여 남편의 호적에 남아야 한다. 이혼한 아내와 그 자녀로 구성되는 현실의 가족은 법적으로 일가로 인정받지 못하는 것이다. 설령 그 이혼 및 친권자 지정의 사유가 남편이 자녀를 학대하는 등 부로

3 진선미, "호주제 위헌소송", 『한국의 공익인권 소송』, 경인문화사(2010. 4. 9.), 652면 이하.

서의 역할을 전혀 이행하지 못하였기 때문이라 하여도, 호적기재문제는 이와는 무관하게 전혀 변동 불가능한 것으로 남는다.

셋째, 미혼모의 혼인외 자녀들은 부가 인지하지 않을 경우에만 모의 가에 입적하게 되어 있는데. 부가 인지하면 모의 의사에 상관없이 부의 호적에 입적된다. 모가 자녀의 생부와 혼인할 의사 또는 왕래할 의사조차도 없고, 부는 자녀를 전혀 양육하지 않는다 하더라도, 부 일방의 행위에 의하여 자녀는 부의 호적으로 입적되고 마는 것이다.

넷째, 제784조 1항은 '처가 부의 혈족 아닌 직계비속이 있는 때에는 부의 동의를 얻어 그 가에 입적하게 할 수 있다'. 제2항은 '전항의 경우에 그 직계비속이 타가의 가족인 때에는 그 호주의 동의를 얻어야 한다'고 규정하고 있다. 이에 따라 부는 처의 혈족 아닌 혼인외의 출생자(부인 아닌 다른 여자와 사이에서 아이를 낳은 경우)를 처의 의견조차 묻지 않고 자유로이 입적시킬 수 있어, 처가 전혀 모르는 사이에 부의 혼인외 자가 호적에 올라있는 일까지 발생하여, 처에게 심대한 고통을 감수하게끔 한다. 반면 처가 부의 혈족아닌 자기의 자녀, 즉 가봉자를 입적시키는 데는 부의 동의뿐만 아니라 그 자녀가 속한 가의 호주의 동의가 필요하여 입적 자체가 어렵다.

다섯째, 호주의 지위는 승계되고 그렇지 않으면 폐가하는 것으로 되어 있었으므로, 일반인들은 대부분 호주승계를 택하게 된다. 그런데 그 호주승계 순위는 호주의 아들－미혼인 딸－배우자－어머니－며느리의 순으로 되어 있고, 아들이 없고 딸만 있는 경우 입부혼인을 하여 다시 그 아들로 하여금 계통을 계승하게 하지 않으면 수대를 걸쳐 그 가의 계통이 계승될 수 없다. 이러한 남아우선의 가계 계승 관념은, 여성이 사회경제적으로 낮은 위치에 머무르는 것이 보통인 우리 사회의 현실과 맞물려 상승작용을 일으켜, 출산율이 저하된 1980년대부터는 남아를 선호하다 못해 태아의 성별을 감별하여 여아를 낙태시키는 현상으로 나타났다. 그 결과로 1993년에 여아 1백명당 남아 115.5.명으로 정상 성비인 106을 훨씬 초과하여 남아가 여아보다 월등하게 많은 심각한 불균형 현상이 초래되었다.

여섯째, 위의 호주승계 순위로 인하여 누나보다 남동생이 우선하고, 아들이 어머니보다 우선하고, 손자가 할머니보다 우선하여, 갓난아이라도 남자라는 이유만으로 호주지위를 승계하고 자신보다 윗서열이며 연장자인 할머니까지도 가족으로 하게 한다. 이는 연장자가 가족을 대표하고 통솔하여 온 우리의 가족질서에 어긋나는 것이다.

호주제도는 이처럼 법률상의 허구적인 개념에 불과한 것이 아니라 존재 그 자체로부터 현실적인 폐해를 발생시키는 것이다."

## 2. 법원의 위헌제청결정

법원의 위헌제청결정 신청을 한 사건들은 호주제 위헌소송을 제기하기 위해 모집한 피해사례 중에서 대중들에게 가장 설득력이 있는 사례들이다. 구체적인 내용을 소개하면 다음과 같다.

### (1) 자의 모가(母家) 입적 사건[4]

신청인은 A와 협의이혼 후, 자녀 B에 대한 친권을 단독으로 행사하며 아들과 함께 생활하고 있었다. 그러나 자녀 B는 여전히 전 남편 A의 호적에 남아 있었고, 이에 따라 신청인은 자신이 호주로 되어 있는 가(家)에 아들을 입적시키고자 하였다. 2000년 10월 26일, 은평구청에 입적신고를 하였으나, 구청은 민법 제781조 제1항의 '자는 부가에 입적한다'는 규정을 근거로 수리를 거부하였다. 이에 신청인은 불수리처분에 불복하고, 해당 법조항의 위헌성을 문제 삼아 위헌법률심판제청을 신청하였다.

### (2) 무호주 변경 사건[5]

혼인하여 동일한 가에 속한 신청인들은, 남편이 호주로 기재되어 있는 호적을 '무호주' 상태로 변경하고자 동대문구청에 신고를 하였다. 그러나 민법 제778조에 따라 호주가 반드시 존재해야 한다는 이유로 구청은 신고를 수리하지 않았고, 이에 신청인들은 위 조항이 위헌임을 주장하며 위헌법률심판제청을 신청하였다.

---

4 서울지방법원 서부지원 2001. 3. 27. 선고 2000호파1095 결정.
5 서울지방법원 북부지원 2001. 3. 29. 선고 2000호파1887 결정.

(3) 자의 성본 변경 사건[6]

신청인은 생부 A의 자녀로 그의 호적에 입적되었으나, A가 사망한 후 모친이 B와 재혼하여 B가 신청인을 입양하였다. 신청인은 현재 B의 호적에 입적되어 있으나, 법적으로 여전히 생부 A의 성과 본을 유지하고 있었다. 이에 따라 양부 B의 성과 본으로 변경해 줄 것을 신청하였으나 현행 민법은 자녀의 성과 본 변경에 극히 제한적이어서 이를 허용하지 않았다. 이에 신청인은 민법 제781조가 위헌이라고 주장하며 위헌법률심판제청을 신청했다.

위 세 사건은 모두 호주제를 구성하는 핵심 조항들에 대한 위헌심판제청으로, 각각 자녀의 모가 입적, 호주 없는 가의 구성, 성본 변경의 제한이라는 현실적인 가족생활 문제를 통해 호주제의 구조적 한계를 법적으로 드러냈다. 법원은 신청인들의 주장을 받아들여, 호주제도가 헌법 제11조 및 제36조의 양성평등원칙에 반하고, 헌법 제37조 제2항의 과잉금지원칙을 위반하여 기본권을 과도하게 제한한다고 보아 위헌제청결정을 하였다.

## Ⅳ. 헌법재판소 호주제 위헌소송

### 1. 헌법재판의 경과

호주제 위헌 심사 과정에서 헌법재판소는 2003년 11월 20일 1차 공개변론을 시작으로 2004년 3월 9일(2차), 6월 10일(3차), 11월 11일(4차), 12월 9일(5차)까지 총 5차례에 걸쳐 공개 변론을 진행하였다. 각 변론에서는 호주제 폐지 신청인 측 참고인으로 부산대학교 김상용 교수, 서울대학교 최재천 교수, 서울대학교 양현아 교수 등이 참여했고, 반대 측 참고인으로는 성균관장 김준원 교수, 정통가족제도수호범국민연합 구상진 변호사, 한국과학기술연구원 연구단장 신희섭 등이 참여했다. 이 과정에서 법무부, 여성부, 국가인권위원회 등 정부 부처가 의견서를 제출하였고, 가정법률상

6 서울지방법원 북부지원 2003. 2. 13. 선고 2002호파261 결정.

담소, 호주제폐지를 위한 시민연대, 한국여성단체연합, 호주제 폐지를 위한 천주교연대 등 시민단체와, 반대 측의 성균관가족법대책위원장, 정통가족제도수호범국민연합 등도 각각 의견서를 제출하였다. 호주제는 친족법의 근간을 이루는 제도로서 가족 구성원들과 사회, 문화에 미치는 영향이 매우 큰 문제였기 때문에 많은 국민의 관심을 받았으며, 헌법재판 과정에서 단순한 법률적 쟁점을 넘어 우리 사회의 가족제도에 대한 사회적, 역사적, 과학적 접근이 함께 병행되었다.

## 2. 법무부 의견서

### (1) 1차 의견서

법무부는 2001. 12. 5.에 호주제도가 위헌이 아니라고 주장하면서 다음과 같이 의견서를 제출하였다. 호주제가 불평등한 점은 인정하면서도, 전통적인 가족관념에 비추어 볼 때 위헌이라고 할 수 없다는 내용이다.

> 혼인·가족관계처럼 헌법외적 현상을 헌법이 그 인식의 영역으로 끌어들이려는 데 있어서는 반드시 혼인과 가족관계가 지녀온 전통적인 의미와 존재형식을 존중하여야 할 것입니다. 이러한 점에서 혼인과 가족관계에 관한 헌법규정을 해석하는데 있어서 어려움이 있고, 또 바로 이곳에 혼인과 가족관계에 미치는 헌법의 규범적 효력의 한계가 있습니다.(중략)
>
> 여러 차례의 민법 개정을 통하여 호주제가 사실상 형해화되었다고 볼 수 있으나, 현행 민법하에서도 직계비속 중 최근친, 그 중에서도 연장자를 호주승계 1순위자로 규정하고, 자는 부의 성과 본을 따르고 부가에 입적하도록 하는 등 남계혈통계승 내지 부계혈통주의를 중심으로 하고 있는 것이 사실입니다. 그러나 우리의 전통적인 가족관념과 남녀평등 원리의 조화로운 해석이라는 관점에서 볼 때, 현행 호주제에 대한 민법규정이 남녀를 비합리적이고 자의적으로 차별하고 있는 위헌적인 규정이라고 볼 수 없습니다.

### (2) 수정 의견서

2002년 대통령 선거에서 호주제 폐지를 공약으로 내세운 노무현 후보가 당선되었고, 법무부에서도 호주제폐지를 위한 민법 개정 작업을 추진하여 2003. 11. 6. 호주제 폐지를 내용으로 하는 민법 개정안을 국회에 제출한 후 헌법재판소에 수정 의견서를 제출했다.

> 국제적으로도 1999. 11. UN산하 인권이사회가 인권상황보고서에서 "한국의 호주제는 가부장제를 강화시키고 있다"는 지적을 하였고, 2001. 5. UN산하 경제·사회·문화적 권리위원회에서도 최종심사보고서에서 우리나라의 법에 호주제 등이 명시되어 있는 점에 관하여 시정을 권고하기도 하였으며, 국내의 여론을 살펴보아도 2003. 4.~5.경 실시된 가정법률상담소의 국민여론조사시 66.2%가 호주제 폐지에 찬성하였고, 2003. 8. 25.~31.실시된 연합뉴스의 네티즌 상대 여론조사에서도 50.9%가 호주제 폐지에 찬성하는 등 국내외적으로 호주제 폐지에 대한 요구가 있었습니다.
>
> 이러한 상황에서 법무부로서는 호주제의 존치여부에 대한 심도있는 검토를 하지 않을 수 없는 입장에 서게 되었고, 가족제도에 대한 심층적 연구와 국민전반의 여론을 수렴하여 호주제 폐지를 근간으로 하는 민법 개정작업에 착수하여 2003. 11. 6. 민법개정안을 국회에 제출하게 되었습니다.
>
> 현행 호주제도가 헌법 이념에 부합하는 것인지 또는 개인의 기본권을 침해하는 것인지 여부는 헌법의 기본가치와 이념, 헌법의 기본권 보장이념과 함께 국가의 가족제도, 전통적 가족관, 국민여론 등을 종합적으로 고려하여 결정되어야 할 것입니다.

### 3. 여성부 의견서

#### (1) 1차 의견서

여성부는 2003. 11. 12. 1차 의견서를 제출하여 처의 부가입적원리, 자의 부가 입적원리 및 남성중심의 호주승계주의를 근간으로 하는 호주제도는 정당성 없는 남녀차별을 초래하고 성별에 의한 차별을 금지한 헌법 제11조 제1항에 위반되고, 헌법 제36조 제1항으로부터 도출되는 개인이 평등한 혼인과 가족생활을 형성하고 유지할 권리를 침해하고 있다고 주장했다.

> 호주제가 우리 민족 고유의 가족제도라는 전제하에 헌법 제9조의 국가가 계승하도록 노력하여야하는 '전통'이고 '미풍양속'이라는 주장이 있으나, 이러한 '관습' 혹은 '전통'이라는 이유만으로는 가족구성원들간의 차별이 정당

화될 수 없다 할 것입니다. (중략) 더욱이 이미 많은 학자들의 연구에 의하여 밝혀진 바와 같이 호주제가 고유 관습이 아닌 일제 강점기에 들어와 급조된 제도라는 점을 전제로 하면 호주제가 가족구성원의 차별을 조장함에도 불구하고 보존하여야 할 가치있는 전통 혹은 미풍양속이라고 할 수는 없다 할 것입니다. 가사 호주제의 목적 가운데 일부가 그 정당성을 인정받는다 하더라도, 지금까지와 마찬가지로 관습, 도덕, 윤리의 영역에서 교육을 통하여 유지, 발전되어야 하지, 이를 법률로 강제하는 것은 적합하지 않습니다.

### (2) 2차 의견서

여성부는 2003. 11. 27. 2차 의견서를 제출했다. 의견서에서는 법적인 측면 이외에 호주제도가 미치는 사회적인 폐해, 가족 내의 차별이 경제적, 정치적 영역에서 성차별로 이어지는 사례들을 열거하고 있다.

가족내 가부장제는 아내와 자녀에 대한 폭력으로도 나타나고 있습니다. 남편이자 아버지가 가정의 주인이고 다스리는 자로서 아내와 자식에 대하여 마음대로 할 수 있다는 생각이 우리 사회에 만연한 가정폭력의 근간이 되는 것입니다.

불평등한 관계로 이루어진 호주제는 가족생활에서뿐만이 아니라 우리의 정치, 경제, 사회, 문화 등 모든 영역에서 성차별적 기제로 작용하고 있습니다. 어릴 때부터 가족 내에서 차별을 경험하고 자란 사람들은 성장한 후에도 사회생활 속의 각종 차별을 당연한 것으로 생각합니다.

즉 가족내의 종속적 관계는 여성들이 주체적으로 경제활동 하는 것에 제약을 주며 남녀간의 임금격차도 당연한 것으로 받아들이게 합니다.

이제는 호주인 남편에게도 처와 자녀를 혼자 부양하는 굴레를 벗겨주어야 합니다. 그 동안 남성은 너무 과중한 부담을 져왔다고 하겠습니다. 40대 남성의 사망률이 세계 1위라는 현실을 바로 볼 때가 되었습니다.

우리나라 여성의 경제활동 참가율이 매우 낮으며 특히 대졸여성의 경제활동참가는 OECD회원국 중 최하위를 차지하고 있습니다.

직장내 남녀차별과 성희롱이 빈번하게 발생하고 있으며 이처럼 여성을 대등한 동료로서 대하지 못하고 희롱이나 비하의 대상으로 보게 되는 의식과 행태도 남성중심적 가부장제에서 크게 기인한다고 하겠습니다.

여성이 혼인하면 남편의 가에 입적하는 종속적 관계로 규정하는 호주제는 여성이 정치분야에 진출하는 것을 가로막는 장애가 되고 있습니다. 남성에게 귀속된 존재로 각인된 여성이 남성과 함께 정치에 참여하는 것을 사회가 긍정적으로 받아들이지 않고 있습니다.

또한 남성위주의 호주승계는 '대를 잇기 위해서는 아들이 꼭 있어야 한다'는 남아선호사상을 부추기고 있습니다. 지난해 여성의 출산율은 1.17명으로 대부분의 가정이 1~2명의 자녀만 갖고 있으며 특히 딸하고만 사는 가구수는 우리나라 전체 가구수의 약 16%인 225만 가구에 이르고 있는 상황에서 각 가정마다 아들이 꼭 있어야 한다는 생각은 이들과 우리 모두에게 큰 고통을 주고 있습니다. 남아 선호사상은 태아 성감별에 의한 여아낙태와 출생 성비 불균형을 초래합니다. 지난해 출생성비는 여아 100명당 남아 110명으로 정상적인 출생성비인 남아 105명을 크게 초과하며, 특히 셋째아이의 경우 남아 140명이 넘고 있어 이로 인하여 남자아이들이 장차 신부감을 얻기 어려운 문제가 발생하는 등 사회문제가 심각한 실정입니다.

## 4. 위헌론 참고인 의견서

헌법재판에서 호주제가 위헌이라는 주장을 뒷받침하기 위해 참고인들을 신문했다. 참고인들은 가족법, 생물학, 법사회학적 관점에서 설득력있고 흥미있는 논거를 들어 호주제도가 위헌임을 주장했다.

### (1) 최재천 교수 의견서

핵이 융합하는 과정에서는 당연히 암수의 유전자가 공평하게 절반씩 결합하지만 핵을 제외한 세포질은 암컷이 홀로 제공하는 것이기 때문에 미토콘드리아의 DNA는 온전히 암컷으로부터 옵니다. 바로 이런 이유 때문에 생물의 계통을 밝히는 연구에서는 미토콘드리아의 DNA를 비교 분석합니다. 철저하게 암컷의 계보를 거슬러 올라가는 것입니다. 전통적으로 남자만 이름을 올릴 수 있는 우리 족보와는 달리 생물학적인 족보는 암컷 즉 여성의 혈통만을 기록합니다. 부계혈통주의는 생물계 그 어디에도 존재하지도 않을뿐더러 존재할 수도 없습니다.(중략)

세계보건기구(WHO) 홈페이지에는 세계 여러 국가들의 연령별 남녀사망률을 한데 모아놓은 그래프가 있습니다. 그런데 그 그래프에서 유일하게 40, 50대로 들어서며 남성의 사망률이 하늘 높은 줄 모르고 치솟는 나라가 딱 하나 있습니다. 바로 우리들의 나라, 대한민국입니다.

우리나라 남성들은 가부장의 멍에를 어쩌지 못해 그 무거운 짐을 혼자 짊어지려 합니다. 실질적인 이득도 별로 없는 허울뿐인 가부장 계급장을 떼내면 정말 편해지는 것은 남성들입니다. 우선 사망률부터 정상으로 회복될 것입니다. 여성의 세기가 오면 여성만 해방되는 것이 아닙니다. 남성도 함께 해방될 것입니다. 저는 자연계 그 어디에도 존재하지 않으며 이제는 인류집단 그 어디에서도 유래를 찾기 어려운 호주제도가 유독 이 한반도에서만큼은 살아남아야 한다고 주장하는 논리에는 아무런 과학적 증거를 제시할 수 없음을 강조하고 싶을 따름입니다.

(2) 김상용 교수 의견서

이상에서 살펴본 바와 같이 가제도는 우리민족의 전통적 가족제도가 아니며, 일제가 강제로 이식한 식민잔재에 지나지 않는다. 그렇다면 일제는 왜 가제도와 호주상속제도를 식민지 조선에 강제로 이식하려 했던 것일까? 그 이유는 다음과 같이 설명될 수 있다. “가제도야말로 가에 천황제 체제 아래의 국민통합의 최말단과의 단위로서의 위치, 역할을 부여함으로써 만세일계(萬世一系)의 천황가, 국민의 ‘종가’로서의 천황가를 정점으로 하는 통합의 원리를 실현하고자 하는 것이었다. 일제는 국가를 하나의 가로 보고 천황을 국가라는 가의 가장으로 상정하였으며, 대중에 대해서는 일가의 우두머리인 가장(호주)에 대해서 절대적으로 복종하듯이, 천황에 대해서도 이와 똑같이 복종해야 한다는 생각을 심어주려고 했던 것이다. 일제는 강점기 내내 호주제를 통하여 천황이데올로기를 한국인에게 강제했다. 일제가 조선에 가제도와 호주상속제도를 강제로 이식한 이유는 일제의 동화정책 추진과 식민지 통치를 위한 효과적인 수단을 확보하는데 있었던 것이다”.

호주제존치론의 기초는 호주제가 우리 민족의 전통가족제도라는 것이다. 혼주제존치론자들은 호주제가 전통가족제도이므로, 전통문화의 계승이라는 차원에서 헌법상으로 수긍될 수 있다고 주장해왔다. 이 논리에 의하면 호주제가 전통가족제도라는 전제가 무너질 경우 헌법상으로도 호주제가 인정될 수 있는 근거가 상실된다. 위에서 살펴본 바와 같이 호주제를 구성하는 호주승계제도와 가제도는 우리민족 고유의 가족제도와 무관하다. 종법제가 강화된 조선후기에 들어와서 장남에 의한 제사의 독점과 제사를 통한 가계계승의 관행이 성립되었다고는 하지만, 당시의 가계계승관행은 제사를 매개로 하여 이루어졌을 뿐이며, 호주승계(상속)라는 제도는 존재하지 않았다. 제사의 승계와 호주승계는 명확히 구분되어야 하며, 양자를 혼동하여 호주승계의 역사를 조선후기까지 소급하는 것은 조선후기의 관습과 일제의 잔재를 구별하지 못하는 태도에서 비롯된다고 볼 수 있다. 호주승계제도가 일제 강점기에 강제로 이식된 제도라는 사실이 분명하게 된 이상, 전통문화의 계승을 명분으로 하는 호주제 합헌론은 더 이상 아무런 설득력도 가질 수 없을 것이다.

(3) 양현아 교수 의견서

이상과 같이 한국가족에서 일어난 거대한 변동의 특징은 다음과 같다. 출산력 저하, 평균가구원수 감소, 핵가족화, 결혼의 연기 혹은 회피, 이혼 및 재혼의 증가, 1인 가구 및 비친족가구, 여성가구주 증가 등이 그것이다. 여기에서 초혼관계가 평생 동안 유지되고 아버지의 호주권 아래 자녀가 양육되고, 남성이 가족의 주 부영자라는 호주제도가 그려내는 '정상적인' 가족 모형이 보편적인 규범으로 받아들여지기 어려운 사회상황이 되었다는 것을 알 수 있다. 따라서 현재 증가하는 다양한 가족형태를 단순히 '가족해체' 또는 병리적인 현상이라고 일반화해서는 안된다. 이제 가의 관점이 아니라 가족원의 복리적 관점에서 해체를 운위해야 할 것이며, 각 개인과 가족의 상황에 따라 다양한 가족형태가 출현하고 있다는 것을 인정해야 한다. 호주제도상의 법조문에 대한 위헌성 여부는 특정 가족을 위한 사익에 국한되지 않는다. 호주제로 인해 피해를 겪는 양적 인구의 숫자 이외에도 이러한 피해가 가지는 의미를 사회적 맥락에서 검토할 때, 그 피해는 결코 인구의 몇 퍼센트가 겪는 양적 차원에 머물지 않는다는 것을 알 수 있다. 호주제도는 현실의 가족생활과 구조적으로 괴리되고, 그 생활상을 제대로 담아내지 못한다. 그러면서도 그 원리를 강행해 온 호주제도의 사회적 효과는 피해라기보다는 '무리(無理)'라는 개념으로 표현하는 것이 더 적합하다.

호주제도의 무리는 먼저 가족의 소규모화에 따라 호적상의 가가 '무후가'가 되는 현상이 증가할 것이라는 데서 찾아진다. 또한 규모가 작아진 가족에게 노인 및 어린이, 병자 등 가족부양의 책임을 모두 맡기는 것은 사회적·문화적으로도 무리가 된다. 또한 남아를 통한 호주계승은 심한 성별 불균형을 가져왔다. 이것은 여성의 몸과 여아에 대한 피해로 나타나고, 사회적으로는 머지않은 장래에 인구불균형 및 미래세대의 배우자 찾기의 어려움 등에 대면할 것이다. 이외에도 여아낙태 등 여아생명 경시는 도덕적 불감증과 연관된다. 이혼 및 재혼에서 오는 여성과 자녀의 피해는 이혼 및 재혼가족에 대한 사회적 차별, 이혼 및 재혼 가족의 자녀의 정체성 혼란 등 방치상태를 특징으로 한다.

## 5. 헌법재판소 헌법 불합치결정[7]

헌법재판소는 2005. 2. 3. 호주제도가 호주승계순위, 혼인시 신분관계 형성 등에 있어 정당한 이유 없이 남녀를 차별하는 제도이고, 남계혈통 중심의 가의 유지와 계승이라는 관념에 뿌리박은 특정한 가족관계의 형태를 일방적으로 규정·강요하는 제도로서 혼인·가족생활에 있어 양성평등의 원칙을 규정한 헌법 제36조 제1항에 위반되며, 가족의 형태가 다양해지고 여성의 경제력 향상, 이혼율 증가 등으로 여성이 가구주로서 가장의 역할을 맡는 비율이 증가하는 등 변화하는 사회환경과 가족관계를 반영하지 못하는 제도로서 헌법에 위반된다고 판단했다.

헌법재판소의 결정은 변화하는 시대상과 가족관계를 고려하였으며, 가

7 헌법재판소 2005. 2. 3. 선고 2001헌가9·10·11·12·13·14·15·2004헌가5(병합) 결정.

족생활에서 '개인의 존엄성'과 '성평등'이 지켜져야 하고, 평등의 가치가 전통이나 관습, 이념에 의해서 침해되어서는 안되는 것임을 명확히 하였다는 점에서 의미가 있다. 특히 호주제 존치를 주장하는 측에서 가장 강력한 논거로 주장했던 '전통적 가족제도의 존중'이라는 쟁점에 대해서 '전통'의 이름으로 남녀를 차별하는 것이 부득이한 일이라는 판단을 배격하고, 부계혈통주의에 입각한 가족제도의 위헌성을 묵인해서는 안된다는 점을 명확히 했다.[8]

## V. 결론

호주제 폐지를 위한 위헌소송은 민법이 제정된 후 40년간 여성계는 물론 시민사회의 숙원사업이었던 호주제폐지 운동을 위헌소송이라는 새로운 방식으로 접근하여 성과를 이루었다는 점에서 대단히 의미가 있다. 소송을 기획하고 진행하는 과정에서도 시민사회의 참여, 법률가들의 전략적 기획, 그리고 피해 당사자의 목소리가 긴밀히 결합된 상징적 사법운동이었다는 점에서, 단순한 법률적 분쟁을 넘어 헌법적 가치를 실현하려는 시민권 운동의 한 형태로 평가될 수 있다.

호주제도의 폐지는 한국 사회의 법적·사회적 가족 구조에 중대한 전환점을 가져왔다. 첫째, 법제도 측면에서 가족 구성의 단위를 '호주 중심의 가(家)'에서 '개인 중심의 가족관계등록부'로 전환함으로써, 법적으로도 개인의 독립성과 평등권이 제도적으로 보장되기 시작하였다. 둘째, 사회문화적으로는 남성 중심의 가부장적 가치관이 법적 강제력을 상실하면서, 양성평등에 대한 인식 확산과 성별 고정역할의 완화에 기여하였다. 특히 여성의 법적 지위가 호주제 하에서의 종속적 지위에서 벗어나 자율적 가족 구성의 주체로 전환된 점은 의미가 크다. 셋째, 재혼가정이나 다양한 가족 형태에 대한 제도적 수용 가능성이 확대되어, 현실 가족구성의 다양성을 반영하는

---

8 조숙현, "호주제에 대한 헌법불합치 결정과 새로운 신분등록 체계에 관한 검토", 『사법정의와 여성』, 민주사회를 위한 변호사모임(2006), 183면.

방향으로 가족법이 변화하였다. 넷째, 자녀의 성과 본, 친권, 상속 등 실질적 법적 권리에서도 성차별이 완화되었으며, 이는 여성과 아동의 권리 증진으로 이어졌다.

호주제 위헌판결은 헌법의 민주주의 원칙이 가족관계에서도 실현되어야 한다는 원칙을 확인한 것으로서, 가족법 분야에서 가장 중요한 판결로 볼 수 있다. 이 판결로 인해 부계혈통 중심의 가족제도와 사회·문화 각 분야에 깊숙이 뿌리박혀 있던 남존여비의 사상이 급속히 완화되었다. 그런 점에서 호주제 폐지는 민주적 가족질서 확립과 헌법상 평등 원칙 실현이라는 측면에서 법사회학적으로 매우 진보적인 개혁으로 평가할 수 있다.

## [헌법재판소 호주제 헌법불합치 결정 발췌문]

### 민법 제781조 제1항 본문 후단부분 위헌제청 등

(2005. 2. 3. 2001헌가9·10·11·12·13·14·15, 2004헌가5(병합) 전원재판부)

【결정요지】

1. 처의 부가(夫家)입적을 규정한 민법 제826조 제3항 후단은 무호주로의 변경을 구하면서 호주제의 위헌성을 다투는 위헌제청신청의 취지와 무관하지 않을 뿐 아니라, 법원이 위헌제청한 민법 제778조, 제781조 제1항 본문 후단과 결합하여 호주제의 골격을 이루고 있으므로 호주제의 위헌 여부라는 중요한 헌법문제의 보다 완전한 해명을 위하여 그 조항의 위헌 여부도 심판의 대상으로 삼아 한꺼번에 심리·판단하는 것이 헌법재판의 객관적 기능에 비추어 상당하다.

2. 가. 헌법은 국가사회의 최고규범이므로 가족제도가 비록 역사적·사회적 산물이라는 특성을 지니고 있다 하더라도 헌법의 우위로부터 벗어날 수 없으며, 가족법이 헌법이념의 실현에 장애를 초래하고, 헌법규범과 현실과의 괴리를 고착시키는데 일조하고 있다면 그러한 가족법은 수정되어야 한다.

나. 우리 헌법은 제정 당시부터 특별히 혼인의 남녀동권을 헌법적 혼인질서의 기초로 선언함으로써 우리 사회 전래의 가부장적인 봉건적 혼인질서를 더 이상 용인하지 않겠다는 헌법적 결단을 표현하였으며, 현행 헌법에 이르러 양성평등과 개인의 존엄은 혼인과 가족제도에 관한 최고의 가치규범으로 확고히 자리잡았다. 한편, 헌법 전문과 헌법 제9조에서 말하는 "전통", "전통문화"란 역사성과 시대성을 띤 개념으로서 헌법의 가치질서, 인류의 보편가치, 정의와 인도정신 등을 고려하여 오늘날의 의미로 포착하여야 하며, 가족제도에 관한 전통·전통문화란 적어도 그것이 가족제도에 관한 헌법이념인 개인의 존엄과 양성의 평등에 반하는 것이어서는 안 된다

는 한계가 도출되므로, 전래의 어떤 가족제도가 헌법 제36조 제1항이 요구하는 개인의 존엄과 양성평등에 반한다면 헌법 제9조를 근거로 그 헌법적 정당성을 주장할 수는 없다.

3. 가. 심판대상조항인 민법 제778조, 제781조 제1항 본문 후단, 제826조 제3항 본문이 그 근거와 골격을 이루고 있는 호주제는 "호주를 정점으로 가(家)라는 관념적 집합체를 구성하고, 이러한 가를 직계비속남자를 통하여 승계시키는 제도", 달리 말하면 남계혈통을 중심으로 가족집단을 구성하고 이를 대대로 영속시키는데 필요한 여러 법적 장치로서, 단순히 집안의 대표자를 정하여 이를 호주라는 명칭으로 부르고 호주를 기준으로 호적을 편제하는 제도는 아니다.

나. 호주제는 성역할에 관한 고정관념에 기초한 차별로서, 호주승계순위, 혼인 시 신분관계 형성, 자녀의 신분관계 형성에 있어서 정당한 이유 없이 남녀를 차별하는 제도이고, 이로 인하여 많은 가족들이 현실적 가족생활과 가족의 복리에 맞는 법률적 가족관계를 형성하지 못하여 여러모로 불편과 고통을 겪고 있다. 숭조(崇祖)사상, 경로효친, 가족화합과 같은 전통상이나 미풍양속은 문화와 윤리의 측면에서 얼마든지 계승, 발전시킬 수 있으므로 이를 근거로 호주제의 명백한 남녀차별성을 정당화하기 어렵다.

다. 호주제는 당사자의 의사나 복리와 무관하게 남계혈통 중심의 가의 유지와 계승이라는 관념에 뿌리박은 특정한 가족관계의 형태를 일방적으로 규정·강요함으로써 개인을 가족 내에서 존엄한 인격체로 존중하는 것이 아니라 가의 유지와 계승을 위한 도구적 존재로 취급하고 있는데, 이는 혼인·가족생활을 어떻게 꾸려나갈 것인지에 관한 개인과 가족의 자율적 결정권을 존중하라는 헌법 제36조 제1항에 부합하지 않는다.

라. 오늘날 가족관계는 한 사람의 가장(호주)과 그에 복속하는 가속(家屬)으로 분리되는 권위주의적인 관계가 아니라, 가족원 모두가 인격을 가진 개인으로서 성별을 떠나 평등하게 존중되는 민주적인 관계로 변화하고 있고, 사회의 분화에 따라 가족의 형태도 모와 자녀로 구성되는 가족, 재혼부부와 그들의 전혼소생자녀로 구성되는 가족 등으로 매우 다변화되었으며,

여성의 경제력 향상, 이혼율 증가 등으로 여성이 가구주로서 가장의 역할을 맡는 비율이 점증하고 있다. 호주제가 설사 부계혈통주의에 입각한 전래의 가족제도와 일정한 연관성을 지닌다고 가정하더라도, 이와 같이 그 존립의 기반이 붕괴되어 더 이상 변화된 사회환경 및 가족관계와 조화되기 어렵고 오히려 현실적 가족공동체를 질곡하기도 하는 호주제를 존치할 이유를 찾아보기 어렵다.

4. 호주제의 골격을 이루는 심판대상조항들이 위헌으로 되면 호주제는 존속하기 어렵고, 그 결과 호주를 기준으로 가별로 편제토록 되어 있는 현행 호적법이 그대로 시행되기 어려워 신분관계를 공시·증명하는 공적 기록에 중대한 공백이 발생하게 되므로, 호주제를 전제하지 않는 새로운 호적체계로 호적법을 개정할 때까지 심판대상조항들을 잠정적으로 계속 적용케 하기 위하여 헌법불합치결정을 선고한다.

재판관 김영일, 재판관 권 성의 반대의견

현행법상의 호주제는 고대 이래 조선 중기까지 이어져온 우리 고유의 합리적 부계혈통주의의 전통을 이어받아 부계혈통주의의 존립을 위한 극히 기본적인 요소만을 담고 있는 것으로서, 일제 잔재로서의 색채를 불식하고 우리 고유의 관습으로 복귀한 것으로 평가할 수 있으며, 혼인과 가족관계를 규율하는 가족법은 전통성·보수성·윤리성을 강하게 가질 수밖에 없어서 혼인과 가족관계에 관한 헌법규정을 해석함에 있어서는 가족법의 전통적 성격을 고려하지 않을 수 없고, 특히 가족법의 영역에서 도식적인 평등의 잣대로 우리의 전통문화를 함부로 재단함으로써 전통가족문화가 송두리째 부정되고 해체되는 결과를 초래하여서는 아니되는바, 현행법상의 호주제는 전통 가족제도의 핵심인 부계혈통주의에 입각한 가의 구성 및 가통의 계승을 위한 제도로서 이를 위하여 마련된 처의 부가입적 원칙, 자의 부가입적 원칙 및 호주승계제도는 우리 사회의 오랜 전통과 현실에 기초한 것일 뿐만 아니라 여성에 대한 실질적 차별을 내용으로 하고 있는 것으로 보기 어렵다는 점에서 평등원칙에 위반되지 아니하며, 호주제가 신분관계를 일방적으로 형성되는 측면이 있다고 하더라도 이는 가족제도를 법제화하는 과정에서 부득이한 것일 뿐만 아니라 임의분가, 호주승계권의 포기 등 이를 완화하는 제도를 두고 있으므로 개인의 존엄을 존중하지 않는 것이라 보기도 어려우므로 결국 헌법 제36조 제1항에 위반되지 아니한다.

재판관 김영일의 위 반대의견에 대한 별개의견

민법 제781조 제1항 본문 후단이 규정하고 있는 자의 부가입적 원칙이 그 자체로서 위헌은 아니나, 그 원칙에 대한 예외의 설정이 너무 좁게 한정되어 있어서 다수의견이 지적하는 바와 같이 현실에 맞지 않고 불합리하게 자의 의사를 지나치게 제한하고 모를 실질적으로 차별하므로 개인의 존엄 및 평등의 원칙에 반한다고 하지 않을 수 없어, 결론적으로 민법 제778조, 제826조 제3항 본문은 헌법에 위반되지 아니하나, 민법 제781조 제1항 본문 후단은 헌법에 위반된다.

재판관 김효종의 반대의견

민법이 가제도(家制度)를 두고 있는 것은 헌법 제36조 제1항이 제도보장의 하나로 규정한 가족제도를 형성하고 유지하는 데 기여한다 할 것이고, 각개의 가(家)에 호주를 두고 있는 것은 우리의 전통문화에 터 잡은 것으로 봄이 상당하므로, 민법 제778조가 법적 개념으로서 가(家)의 존재를 인정하고 여기에 호주의 관념을 도입하였다 하여 헌법 제36조 제1항을 비롯한 헌법에 위배된다고 볼 수 없으며, 호주제의 양성차별적 요소는 민법 제984조 등 위헌성이 있는 관련 개별규정의 효력을 상실시키거나 입법적 개선이 이루어지면 해소될 수 있는 문제여서 그러한 위헌적 요소가 가제도의 기본조항인 민법 제778조에 본질적으로 내재된 문제라고 볼 수 없다. 따라서 민법 제781조 제1항 본문 후단, 제826조 제3항 본문에 관하여는 위헌이라는 다수의견과 견해를 같이 하지만 민법 제778조는 가족제도의 보장을 위한 입법재량의 범위 내에서 이루어진 입법적 조치로서 헌법에 위반된다고 볼 수 없다.

【심판대상조문】

민법(2005. 3. 31. 법률 제7427호로 개정되기 전의 것) 제778조(호주의 정의) 일가의 계통을 계승한 자, 분가한 자 또는 기타 사유로 인하여 일가를 창립하거나 부흥한 자는 호주가 된다.

민법(2005. 3. 31. 법률 제7427호로 개정되기 전의 것) 제781조(자의 입적, 성과 본) ① 자는 부의 성과 본을 따르고 부가에 입적한다. 다만, 부가 외국인인 때에는 모의 성과 본을 따를 수 있고 모가에 입적한다.

②, ③ 생략

민법(2005. 3. 31. 법률 제7427호로 개정되기 전의 것) 제826조(부부간의 의무) ①, ② 생략

③ 처는 부의 가에 입적한다. 그러나 처가 친가의 호주 또는 호주승계인인 때에는 부가 처의 가에 입적 할 수 있다.

④ 생략

【주 문】

1. 민법 제778조, 제781조 제1항 본문 후단, 제826조 제3항 본문은 헌법에 합치되지 아니한다.

2. 위 법률조항들은 입법자가 호적법을 개정할 때까지 계속 적용된다.

### 3. 판 단

#### 가. 호주제의 개관

##### (1) 민법 제778조 등과 호주제의 관계

헌법재판소는 심판대상이 된 법률조항의 위헌 여부만을 판단한다. 그런데 어떤 법률조항은 법률 내에서 고립하여 존재하는 것이 아니라, 다른 법률조항들을 전제로 하거나 조건으로 하기도 하고, 다른 법률조항들과 결부하여 하나의 법률효과를 지향하기도 한다. 그러한 법률조항의 의미와 기능은 체계적 관련성 속에서만 올바로 이해될 수 있다. 특히 민법 제778조와 같이 어떤 법제도의 근거조항인 경우 더욱 그러하다. 호주제는 민법 제4편

제2장 '호주와 가족'을 중심으로 한 여러 법률조항들이 그물망처럼 서로 연결되어 구성된 제도이다. 민법 제778조는 그러한 호주제의 근거조항으로서 핵심적 위상을 차지하고 있는 조항이다. 따라서 민법 제778조는 호주제와의 관련성을 떠나서는 고립적으로 그 위헌 여부를 제대로 판단할 수 없다.

한편 민법 제781조 제1항 본문 후단 및 제826조 제3항 본문 또한 호주제의 골격을 구성하는 주요 법률조항들이고 민법 제778조와도 불가분의 밀접한 관계에 있다. 그렇다면 이 사건 심판대상조항들의 위헌 여부는 결국 호주제라는 제도 자체의 위헌 여부로 귀착된다고 할 것이므로, 이 사건에서는 호주제 전반의 내용, 위헌 여부를 살펴보고 이와 결부시켜서 심판대상조항들의 위헌 여부를 판단함이 상당하다.

(2) 호주제의 개념

호주제의 개념을 정의한 법률조항은 따로 없다. 호주제란 민법 제4편 제2장 '호주와 가족', 동편 제8장 '호주승계'를 중심으로 일정한 법률조항들을 묶어, 이러한 법률조항들의 연결망이 형성하는 법적 상태를 지칭하는 말이나, 민법의 개별조항들이 담고 있는 내용들을 종합하여 보면 결국 '호주제'란 '호주를 정점으로 가(家)라는 관념적 집합체를 구성·유지하고, 이러한 가를 원칙적으로 직계비속남자에게 승계시키는 제도'라고 집약하여 정리할 수 있고, 이를 달리 말하여 보면 남계혈통을 중심으로 가족집단을 구성하고 이를 대대로 영속시키는데 필요한 여러 법적 장치라고도 할 수 있다. 호주제가 단순히 집안의 대표자를 정하여 이를 호주라는 명칭으로 부르고 호주를 기준으로 호적을 편제하는 제도는 아니다.

(3) 호주제의 구성요소

호주제를 위와 같이 정리한다면 결국 호주제의 핵심적인 구성요소는 '가(家)의 구성'과 '호주승계'라고 할 수 있다.

[중략] 1990년의 민법 개정으로 호주의 권한은 매우 빈약하게 되었고, 호주의 의무는 전혀 없게 되었다. 여기서 호주의 가부장적 권한이 거의 삭제되었으므로 호주제는 실질적으로 형해화된 것이고, 상징적인 의미만 있는 것이 아니냐는 의문이 있을 수 있다. 그러나 아직도 거가동의권, 직계혈

족 입적권과 같은 권리가 유보되어 있다는 점은 차치하더라도, 강제적 가의 구성과 이에 수반되는 가족관계의 강제형성, 가의 승계라는 호주제의 요소는 엄존하고 있고, 이는 상징적인 의미만 지니는 것이 아니라 민사실체법적 효과를 지니고 있다. 가장 대표적인 사례만 보더라도, 여자가 혼인하면 친가의 가족에서 시가 또는 부가(夫家)의 가족으로 신분이 전환되고, 자녀가 이혼한 모를 따라 재혼가정에서 가족공동체를 꾸리고 있더라도 재혼 부가(夫家)의 가족이 될 수 없으며, 호주의 장남자가 사망하고 그 처와 자녀들이 시가와는 별도로 완전히 독립된 생활공동체로 살아가더라도 그 처를 중심으로 한 독립적인 가족관계를 따로 형성하지 못하고 여전히 그 처의 시아버지이자 그 자녀들의 할아버지인 호주와의 가족관계에 얽매이게 된다. 신분관계를 이와 같이 강제로 변화시키기도 하고 변화를 방해하기도 하는 것은 엄연한 법적 효과이다.

(다) 호주의 승계(가의 영속성)

민법 제980조는 호주가 사망한 때 등의 경우에 호주승계가 되도록 규정하고 있으며, 민법 제778조는 일가의 계통을 계승한 자는 호주가 된다고 규정하고 있다. 여기서 일가의 계통의 계승이란 곧 호주승계에 다름 아니다.

그런데 민법 제984조는 호주승계의 순위를, ① 직계비속남자 ② 가족인 직계비속여자 ③ 처 ④ 가족인 직계존속여자 ⑤ 가족인 직계비속의 처로 정하고 있다. 즉, 사망한 전 호주의 아들, 손자, 미혼의 딸, 처, 어머니, 며느리 순으로 되어 있어 철저히 남성우월적 서열을 매기고 있음을 알 수 있다. 이와 같은 호주승계제도를 통하여 가는 그 구성원의 사망, 혼인, 분가 등에도 불구하고 부단히 후세에 이어지게 되어 그 영속성이 보장되는바, 그 기초에는 남계혈통은 계승되어야 한다는 관념이 놓여 있다.

[중략]

### 나. 헌법과 전통

[중략] 헌법 전문과 헌법 제9조에서 말하는 '전통', '전통문화'란 역사성과 시대성을 띤 개념으로 이해하여야 한다. 과거의 어느 일정 시점에서 역사적으로 존재하였다는 사실만으로 모두 헌법의 보호를 받는 전통이 되

는 것은 아니다. 전통이란 과거와 현재를 다 포함하고 있는 문화적 개념이다. 만약 전통의 근거를 과거에만 두는 복고주의적 전통개념을 취한다면 시대적으로 특수한 정치적·사회적 이해관계를 전통이라는 이름 하에 보편적인 문화양식으로 은폐·강요하는 부작용을 낳기 쉬우며, 현재의 사회구조에 걸맞은 규범 정립이나 미래지향적 사회발전을 가로막는 장애요소로 기능하기 쉽다. 헌법재판소는 이미 "헌법 제9조의 정신에 따라 우리가 진정으로 계승·발전시켜야 할 전통문화는 이 시대의 제반 사회·경제적 환경에 맞고 또 오늘날에 있어서도 보편타당한 전통윤리 내지 도덕관념이라 할 것이다."(헌재 1997. 7. 16. 95헌가6등, 판례집 9-2, 1, 19)고 하여 전통의 이러한 역사성과 시대성을 확인한바 있다.

따라서 우리 헌법에서 말하는 '전통' '전통문화'란 오늘날의 의미로 재해석된 것이 되지 않으면 안 된다. 그리고 오늘날의 의미를 포착함에 있어서는 헌법이념과 헌법의 가치질서가 가장 중요한 척도의 하나가 되어야 할 것임은 두 말할 나위가 없고 여기에 인류의 보편가치, 정의와 인도의 정신 같은 것이 아울러 고려되어야 할 것이다. 따라서 가족제도에 관한 전통·전통문화란 적어도 그것이 가족제도에 관한 헌법이념인 개인의 존엄과 양성의 평등에 반하는 것이어서는 안 된다는 자명한 한계가 도출된다. 역사적 전승으로서 오늘의 헌법이념에 반하는 것은 헌법 전문에서 타파의 대상으로 선언한 '사회적 폐습'이 될 수 있을지언정 헌법 제9조가 '계승·발전'시키라고 한 전통문화에는 해당하지 않는다고 보는 것이 우리 헌법의 자유민주주의원리, 전문, 제9조, 제36조 제1항을 아우르는 조화적 헌법해석이라 할 것이다. 결론적으로 전래의 어떤 가족제도가 헌법 제36조 제1항이 요구하는 개인의 존엄과 양성평등에 반한다면 헌법 제9조를 근거로 그 헌법적 정당성을 주장할 수는 없다.

다. 호주제의 위헌성

(1) 양성평등원칙 위반

(가) 성역할에 관한 고정관념에 기초한 차별

(나) 호주승계 순위의 차별

(다) 혼인 시 신분관계 형성의 차별

(라) 자녀의 신분관계 형성의 차별

1) 부가입적(父家入籍)원칙의 문제

2) 부모가 이혼한 경우의 문제

3) 인수입적(引收入籍)의 문제

4) 미혼모의 경우의 문제

(2) 개인의 존엄 위반

(3) 변화된 사회환경과 가족상(家族像)

### 4. 결 론

이상과 같은 이유로 주문과 같이 결정한다.

# 제 2 부
# 일본군 성노예제, 피해자 증언, 포스트식민주의(Postcolonialism)

'2000년 일본군 성노예제 전범 여성국제법정' 예비판결 후 환호하는 모습
(2000. 12. 12.)

# 5. 역사의 재발견 : 여성 빨치산들의 삶과 투쟁*

최 기 자 (젠더교육연구소 이제IGE 소장, 서울대 여성연구소 객원연구원)

이 글은 한국전쟁 시기 여성 빨치산들의 구술생애사를 통해 여성의 주체적 행위성(agency)을 드러내고, 여성 경험을 역사화함으로써 여성주의 역사쓰기를 시도하는 작업이다. 국가 중심의 역사 서술에서 배제되거나 침묵 당해 온 여성 빨치산들의 경험과 기억은 단순한 개인 회고를 넘어, 다중적 주체로서의 경험과 실천을 드러내며 그들을 역사의 주체로 재위치시키는 정치적 실천으로서의 의미를 갖는다.

해방 직후 한국 사회는 민중들의 혁명에 대한 의지가 고조 되었고 이러한 분위기는 여성들의 권리 찾기에 대한 욕망과 융합되어 여성들을 정치영역으로 진출시켰다. 여성빨치산들은 여맹 활동과 조직 경험을 통해 성별, 계급, 민족 문제가 얽힌 구조적 현실을 인식했고, 모성을 정치화하는 등 남성들보다는 현실적인 이해관계가 정치 실천의 중요한 동기가 되었다. 산속에서의 집단생활과 조직 경험은 여성에게 해방적 측면과 동시에 가부장적 조직문화와의 갈등을 안겨주었으며, 생존과 전투의 긴장 속에서 여성들은 무월경증과 같은 신체적 변화도 새로운 활동 조건으로 받아들이며 주체적으로 대응했다. 본 논문은 여성빨치산을 단일하거나 박제화된 정체성이 아닌, 다층적이고 역동적인 역사적 주체로 복원하고자 하였다. 이를 통해 한국 현대사에 대한 이해를 확장하고, 여성주의적 관점에서 구술사의 가능성과 한계를 성찰하며, 국가 중심의 기억 정치에서 벗어난 새로운 역사 서술의 방법론을 모색하고자 한다.

* 이 글은 필자의 석사학위 논문인 "여성주의 역사 쓰기를 위한 여성 '빨치산' 구술생애사 연구"(2001) 중 3장과 4장을 요약하여 2002년 『여성과 사회』 14호에 "역사의 재발견: 여성 빨치산들의 삶과 투쟁"이라는 표제로 발표된 바 있으며, 이를 수정·보완한 것이다.

## Ⅰ. 서론

“우리보다 한 세기 먼저 살아간 여성들은 어떤 경험을 하였으며, 역사 형성 과정에서 어떻게 적응하고 또 어떠한 방식으로 저항하였을까?”

여성운동이 활발히 전개되면서 여성주의자들은 여성 불평등의 원인을 찾아 과거로 눈을 돌리게 되었고 자연스럽게 위와 같은 질문들과 만나게 되었다. 그리고 이러한 질문은 지금까지의 역사서술이 사회를 구성하는 다양한 주체들의 경험을 배제한 채, 남성 지배층의 시각을 중심으로 구성되어 왔다는 점을 분명히 드러낸다.

역사적으로 여성은 인류의 한쪽 수레바퀴로서 공동체의 유지와 변화를 이끌어왔음에도 불구하고, 여성들의 경험은 공식적인 역사서술에서 철저히 배제되어 왔다. 우리는 오랜 시간 동안 남성 중심의 관점으로 기술된 불완전한 역사서술을 ‘진실’이라고 믿어왔고, 그 결과 여성은 역사의 주변부 혹은 타자로 위치 지워졌다. 이러한 불완전한 역사서술은 여성들의 다양한 삶의 경험을 한두 가지의 고정된 정체성으로 환원시켰고, 그 결과 ‘박제된 여성상’을 끊임없이 재생산해 왔다.

이러한 문제의식에서 여성주의 연구자들은 기존의 역사 서술을 비판적으로 해체하고, 여성의 경험을 역사화하려는 다양한 연구 방법들을 시도하고 있다. 특히 문자, 문헌을 사용하는 것에서 소외 되어왔던 여성들의 경험을 역사화하기 위해 행위 주체의 목소리에 귀 기울이는 구술사 연구방법은 주목받는 연구방법론으로 떠오르고 있다. 나의 여성 빨치산 연구는 이러한 여성주의 연구자들의 문제의식과 연구 방법의 계보 위에서 출발하였다.

내가 처음 여성 빨치산에 대해 관심을 갖기 시작한 것은 2000년 6월, 남북공동선언을 기점으로 남북관계에 새로운 전환이 일어났을 때였다. 당시 이산가족 상봉이 성사되었고, 오랜 시간 옥고를 치른 비전향 장기수들이 그들의 사상적 고향인 북으로 귀환[1]하였다. 하지만 이산가족 상봉에서 언론

---

1 비전향 장기수들의 귀환을 언론에서는 ‘송환이라고 하였다. 하지만 ‘송환’이라는 어휘에서 다소 강제적인 느낌이 들고 그동안 귀환 투쟁을 해 왔던 비전향 장기수들의 주체성이 드러

은 주로 '50년 동안 떠난 남편을 기다렸던 한 여성의 수절', '다른 남성과 결혼을 했기 때문에 전남편을 만나는 자리에 나가지 못하겠다는 여성'들의 모습에 집중했다. 그러나 나는 오히려 이 여성들이 한국 사회에서 수십 년 동안 '가장'으로 살아오면서 감내해야 했을 고통과, 분단이 여성의 삶에 남긴 흔적들이 더 궁금해졌다. 또한 비전향 장기수 귀환 과정에서 여성 장기수들이 배제된 사실은 분단 극복 과정에서 여성들의 위치가 여전히 비가시적인 경계 너머에 머물러 있음을 상기시켜 주었다. 누구도 분단의 가장 큰 피해자인 여성 이산가족, 여성 장기수들이 경험한 피해는 무엇이고 또 그 무수한 억압을 뚫고 현재까지 이르게 한 의지는 어디서 나왔는지 말하려 하지 않았다. 나는 나와 현재를 함께하고 있는 여성들조차 기존 역사서술에서와 마찬가지로 역사의 타자로 내몰리고 있는 현실에 항의하고 싶었고, 그래서 그녀들을 만나기 시작했다.

그렇다면 사람들의 뇌리에 여성 빨치산들은 어떤 모습으로 박제되어 있을까? 어떤 사람은 마지막 빨치산 정순덕을 생각하며 '무섭고 억척스러운 인물'로, 또 어떤 사람은 '이데올로기의 매력에 현혹된 고등교육을 받은 사회주의자'로, 혹은 '조국해방전선에 나선 전사'로 기억할지도 모른다. 그러나 대다수는 "여성 빨치산도 있었어?"라며 오히려 반문할 가능성이 크다. 여성 빨치산들의 경험은 그들과 우리가 반세기가 넘도록 같은 땅에서 숨쉬어 왔음에도 불구하고 단 한번도 우리에게 이야기되지 않았기 때문에 사람들의 기억 속에는 백지처럼 하얗게 지워진 공백일 것이다.

이 글은 그 공백을 채우고자 하는 시도이다. 한번도 제대로 언어화되지 못했던 여성 빨치산들의 목소리에 귀 기울이고, 박제된 이미지 속에 갇혀 있던 그들에게 생명력을 불어넣는 작업이다. 이는 곧 여성 빨치산을 한두 가지의 단일하고 고정된 이미지로 재현하는 것이 아닌, 다중적 주체로서의 경험과 실천을 드러내며 그들을 역사의 주체로 재위치시키는 과정이기도 하다.

---

나지 않기 때문에 본 연구에서는 '귀환'이라는 용어를 사용하겠다.

## Ⅱ. 여성 빨치산을 찾아서

여성 빨치산[2]들을 만나는 것은 결코 쉬운 일이 아니었다. 무엇보다도 반공을 국시로 해왔던 지난 50여 년 동안 그녀들은 침묵을 강요당했을 뿐 아니라, 출소 이후 최근까지도 보안관찰에 의해 늘 누군가에게 감시당해 왔기 때문에 피해의식이 너무나 컸다. 이 때문에 낯선 사람에 대한 경계도 심했다. 수십만 명에 이르는 빨치산들의 삶이 지금까지 가려져 온 이유도 아마도 이런 연유 때문일 것이다.

내가 여성 빨치산들을 찾아다닌 것은 2000년 9월부터이다. 처음에는 어디에서, 누구를 통해 만나야 할지 몰라 여러 인맥을 동원해 수소문해야 했다. 그러다가 명동성당에서 진행되고 있는 국가보안법 철폐를 위한 농성장에 여성 장기수들이 자주 온다는 이야기를 듣고 명동성당을 찾아갔다. 농성장에 두세 번쯤 갔을 때 다행히 여성 장기수 두 분을 만날 수 있었고 그 분들을 통해 여성 빨치산 몇 분의 연락처를 받을 수 있었다. 하지만 연락처를 안다고 해서 금세 여성 빨치산을 만날 수 있는 것은 아니었다. 가족이 전화를 받는 경우, 팔순이 다 된 노인한테 무슨 얘기를 듣겠다는 거냐며 전화를 끊어버리기도 했고, 집까지 찾아갔다가 아무런 이야기도 듣지 못하고 돌아오기도 했으며, 4개월을 쫓아다닌 끝에 겨우 인터뷰 승낙을 받기도 했다. 그리하여 1년여 동안 9명의 여성 빨치산들을 만났고 그 중 공식 인터뷰가 진행된 경우는 5명이었다. 이 5명의 여성 빨치산, 즉 연구참여자들[3]의

2 '빨치산'은 주전선의 배후나 측면에서 그때그때의 형편에 따라 아군을 도와 적군을 교란시킬 목적으로 활동하는, 민간인으로 조직된 유격대를 뜻하는 러시아어 partizan(파르티잔)에서 유래했다. 월남전에서는 베트남의 유격대를 '베트콩'이라 불렀고 우리나라에서는 미군정 시기 남북 분단을 확정짓는 단독정부 수립을 반대하며 일어난 민중들이 지리산을 비롯한 태백산·한라산 등의 산악지대에서 무장투쟁을 전개하였다. 이들을 '구빨치'라 부르며, 한국전쟁 시기 지리산·태백산·회문산·백아산 등을 중심으로 활동한 유격대를 '신빨치'라 부른다. 그러나 일반적으로 '빨치산'이라 하면 '신빨치'를 지칭하는 경우가 많다. '빨치산'은 partizan이라는 외국어가 변형되어 사용된 것이므로 원칙적으로 따옴표를 붙여 사용하는 것이 맞지만, 50년의 시간이 흐르면서 '빨치산'이라는 용어는 이미 우리 사회에 정착되었기 때문에, 이 글에서는 따옴표를 사용하지 않겠다.

3 질적 연구방법에서 구술자는 정보 제공자, 연구 대상자, 해석자 등 다양한 용어로 불린다.

일반적인 특성은 다음 표와 같다.[4]

[표] 연구참여자의 일반적 특성

| | 출생 지역 | 출신 계층 | 입산 전 활동 | 입산 | 체포 | 출소 | 결혼 상태 | 자녀 | 현재 활동 | 현 거주지 |
|---|---|---|---|---|---|---|---|---|---|---|
| 박선애 (75세) | 전북 임실 | 빈농 | 임실군 여맹 | 회문산 | '52년 1월 | '65년 | 출소 후 동지 결혼 | 1녀 | 범민련 | 서울 |
| 박순애 (72세) | 전북 임실 | 빈농 | 임실군 청웅면 여맹 | 회문산 | '52년 1월 | '60년 | 출소 후 동지 결혼 | 무 | 무 | 서울 |
| 박순자 (71세) | 경남 하동 | 부농 | 하동군 여맹 | 지리산 | '54년 1월 | '65년 | 출소 후 동지 결혼 | 2녀 | 범민련 | 부산 |
| 변숙현 (78세) | 전남 장성 | 빈농 | 순창군 동계면 여맹 | 회문산 | '52년 2월 | '60년 | 입산 전 결혼 | 1남 | 통일 광장 | 성남 |
| 이복순 (72세) | 전남 보성j | 알수 없음 | 전남도당 당중과 | 백아산 | '52년 2월 | '58년 | 출소 후 일반 결혼 | 2녀 2남 | 범민련 | 광주 |

* 연구 참여자들의 나이는 2001년 기준임.

## Ⅲ. 여성 빨치산들은 어떻게, 왜 정치활동에 나섰을까?

여성 빨치산들은 빨치산이 되기 전에 이미 정치활동에 참여하고 있었다. 그렇다면 그녀들은 어떻게, 그리고 무엇 때문에 정치활동에 나서게 되었을까? 봉건적인 사회 분위기 속에서 여성들이 가정 밖으로 나와 정치활

하지만 여성주의 연구자들은 구술자에게서 단지 몇 가지 정보를 얻는 데 그쳐서는 안 되며, 끊임없는 상호작용을 통해 그들이 연구의 또 다른 주체가 되어야 한다고 주장해 왔다. 이 글 또한 이러한 문제의식에서 출발하여, 구술자인 여성 빨치산들을 '연구 참여자'라고 부른다.

4 인터뷰 내용은 모두 녹음되었고, 이를 문자화하여 원녹취록을 작성하였다. 원녹취문은 구술 상황에 충실하여, 생략된 말이나 말의 장단과 운율 등을 다양한 기호를 통해 표현하였다. 또한 사투리나 불필요하다고 여겨지는 간투사까지도 가능한 한 훼손하지 않음으로써, 구어의 느낌을 최대한 보존하고자 하였다. 그러나 본 연구에 인용된 구술은 연구 참여자의 말투는 그대로 살리되, 불필요한 간투사는 삭제하고 의미 이해를 돕기 위해 잇고 붙이는 편집 작업을 가하였다. 본 연구에서 사용된 구술 기호와 편집 기호는 한국정신대문제대책협의회, 2000년 일본군 성노예 전범 여성국제법정 한국위원회 증언팀의 『강제로 끌려간 조선인 군위안부들 4: 기억으로 다시 쓰는 역사』(풀빛, 2001)의 표기법을 참고하였다.

동을 하게 된 데에는, 대부분 사회주의 운동이나 인민위원회 활동에 참여하고 있던 남성 가족 구성원의 직접적인 영향이 컸다. 특히 교육 기회가 거의 없었던 농촌 여성들의 경우, 가족의 영향력이 더욱 클 수밖에 없었다.

박선애와 박순애, 이복순의 경우 사회주의자였던 친오빠의 영향을, 받았다.

> 나무가 거름이 없으면 거목이 될 수가 없습니다. 거름이 있어야 합니다. 그 민족에서는 민족의 거목을 가지려면 청년이 나서야 하고 그럼 거름이 있어야 합니다. 우리는 거름이 되겠습니다. 다음 대엔 식민지가 되선 안됩니다. 이렇게 미제가 쳐들어오는데 그럼 가만히 있습니까? [오빠가] 우리가 뭘 안다고 그렇게 얘기를 했는가 … 달밤에 기타를 치면서 말이야. 애국적인 사람들 얘기를 하고 말이야. 아마 우리 오빠를 통해서 의식이 깨었던 거지. (박선애)

> 우리 오빠 영향을 받았어. 오빠가 배일사상이 그렇게 가득했어. 일제시대, 우리 어렸을 때는 우리나라 역사가 있는지 어짠지 부모들이 안 갈 쳐주면 모르잖애. 나는 우리 오빠가 다－ 그렇게, 누구한테 절대 말하지 말라고 하면서 그렇게 갈쳐줘. (이복순)

가족 중 사회주의 활동을 하는 남성에게서 직접적인 영향을 받은 경우도 있지만, 결혼한 남편의 사회주의 활동으로 인해 간접적인 영향을 받은 경우도 있다. 이러한 경우에는 대부분 남편의 직접적인 권유보다는, 그의 활동으로 인해 가해지는 경찰의 탄압에 저항하는 과정에서 스스로 의식화되어 인민위원회나 여맹 등의 조직 활동에 참여하게 된다.

> 경찰이 탄압이 심허니까 시어머니도 딴 아들한테 가셔뿌러. 그러니 뭐 이제 갓난이허고 나하고만 살게 됐잖아요. 노상 이제 불려 다니지. 남편 찾아내라, 남편 찾아내라. 그나저나 그때 그렇고 순하고 막 그랬어도 잘 싸왔어요, 내가. [경찰이] 오면은 뭐 막－ 해댔어. 막－ 싸우고 나면은 저녁에는 딱 저그서 와, 기관에서 내려와갖고 아－ 잘 싸웠다고 칭찬을 해주니까 점점 더 용기가 나드라고. (변숙현)

그러나 이들 여성이 단지 주변 남성들의 영향만으로 정치 영역에 진입한 것은 아니었다. 개화기 이후 여성 교육이 본격화되면서, 봉건적 억압에 시달리던 여성들은 점차 자신의 권리 회복을 위한 주체로서 공적 영역에 진출하기 시작하였다. 이러한 급진적 여성들의 실천은 동시대 다른 여성들에게도 적지 않은 영향을 미쳤다. 따라서 직접적으로 공적 활동에 참여하지는 못했을지라도, 다수의 여성들은 스스로의 권리 회복에 대한 열망을 내면에 품고 있었을 가능성이 크다. 진보적 남성들의 영향은 오히려 이와 같은 내적 열망에 불을 지피는 도화선 역할을 하였다고 해석할 수 있다.

> 나는 빈농에서 봉건사상 농후헌 가정, 그래서 그야말로 학교는 생각도 못하고 국문만 겨우 배워가지고…. 그런디 그 봉건사상 농후헌 가정에서 일고 여덟살 되니까 문밖 출입을 안 시켰어요. 그랬는디 뛰고 싶었어요 그때부터 "내가 여기서 도망을 갈까, 도망가서 어디가 공부헐 데가 없나." (변숙현)

하지만 이 여성들의 전망이 남성 활동가들의 전망과 결코 같은 것은 아니었다. 사회현실에 눈을 뜨면서 여성들은 스스로의 처지를 인식하게 되고 자연스럽게 여성해방으로 눈을 돌리게 되었다.

> 여성들이 탄압받고 사람 노릇 못허고, 시집살이하고, 그― 고생하고 있는 여자들, 그 어디 가서 떳떳히 말도 못허는 그 여성들, 우리는 여자와 남자가 이렇게 차별받는 것은 있을 수 없다. (박선애)

남성 활동가의 영향을 받아 정치활동에 참여하게 된 여성들은 교육과 의식화를 통해 자신들이 처한 현실, 즉 성차별적인 봉건 질서를 인식하게 되었고, 궁극적으로 여성 해방을 목표로 활동하였다. 그러나 이들은 여성문제를 독립적인 억압 구조로 보지 않고, 민족 문제와 결부된 것으로 이해하였다. 이는 여성 억압의 기제가 특정한 역사적 맥락 속에서 다양한 권력 구조와 맞물려 형성되어 왔다는 점에서, 여성들의 저항 또한 단일한 가부장제에 대한 저항으로만 나타나지 않음을 보여준다.

해방 직후 조선 사회는 지주·소작 관계에 기반한 계급 모순, 친일파 청산 문제, 미군정에 대한 반발이라는 민족 모순이 교차하는 상황에 놓여 있었다. 따라서 정치활동에 참여한 여성들의 인식 속에는 성, 계급, 민족적 이해가 복합적으로 얽힐 수밖에 없었다. 이러한 복합적 이해는 당대 좌익 세력이 내세운 운동 목표와도 깊이 연결되어 있었기 때문에 여성들은 남로당 산하 민주여성동맹(이하 '여맹')에 자연스럽게 가입하여 활동 영역을 확대해 나갔다.

## Ⅳ. 민족과 계급으로 환원될 수 없는 '여성문제'

여맹 활동에서 중요한 교양 사업의 핵심은 여성 대중에게 민족 문제에 대한 올바른 인식을 심어주고, 여성 해방의 당위성과 필요성을 자각하게 하는 것이었다. 이는 여성을 단순히 혁명의 수혜자로 보는 것이 아니라, 민족 해방과 사회변혁의 적극적인 주체로 자리매김하려는 좌익 운동의 이념적 기조와도 깊은 연관이 있다.

이를 실천하기 위한 가장 기본적이면서도 시급한 과제로 여맹이 추진한 것은 문맹 퇴치 운동이었다. 해방 직후 조선 사회 대다수의 여성은 정규 교육을 받지 못한 상태였으며, 문자 해독 능력의 결여는 여성들의 정치적, 사회적 의식화에 있어 심각한 장애 요인이었다. 여맹은 문자교육과 함께 시사 교육, 역사 교육, 계급 의식 고양 등을 병행함으로써 단순한 식자 교육을 넘어서 여성 대중의 사상적 전환을 도모하고자 하였다.

> 여성도 모든 것을 알아야죠. 내 권리를 찾어야 하고 내 의무가 뭣인가, 권리가 뭣인가 알아야 하고. 알아야 되는데 문맹자가 너무 많대요, 문맹자가 고렇고롬 많아요. 그때 문맹퇴치운동이 선천적이었어요, 아조. (변숙현)

> 여성들을 만나면 오늘날까지 봉건사회였던 거 이런 걸 [선전하고], 여성을 해방하기 위해서 우리 여성들도 뭔가 안일하게 있어서[는 안된다]. 뭐든지 우리가 참 자기가 알면서 배우면서 여성이 해방을 해야 된다[라고 선전선동을 했지]. (박순자)

그러나 여맹 활동이 모든 여성들로부터 일관된 지지와 참여를 이끌어 낸 것은 아니었다. 특히 다수의 기혼 여성들은 정치활동을 남성의 전유물로 인식하였으며, 여성은 집안일에 전념해야 한다는 봉건적 이데올로기에서 자유롭지 못했다.

> 각- 마을 가서 선전 선동하면서, 조직 사업하는 거지 뭐, 교양 사업하고. 가서 하나하나 사람들 만나갖고 설득 시키지 않으면 어떻게 해야 할지를 모르거든. 그러면 "왜 우리가 여성으로서 무엇 때문에 정치사업에 들어야 하냐, 여성이 무어를 안다고 정치를 하느냐" 이러고 막 반박을 하는 거야. 아줌마들은 안 할라고 그래요. 남자들이나 하지 무엇 때문에 우리가 여맹에 들어가서 무어를 할 거냐, 여자가 뭘 안다고 허냐, 난 안 한다고, 살림하기도 바빠 죽겠는데…. (박순애)

한편, 여성 대중을 조직화하고 정치적으로 참여시키기 위해서는 여성들만을 대상으로 한 교양 사업뿐만 아니라, 남성 동지들에 대한 의식화 작업 또한 병행될 필요가 있었다. 비록 이들 남성은 사회주의 혁명 세력의 일원으로서 이미 조직적인 정치 활동에 참여하고 있었지만, 여전히 봉건적 가부장제 이데올로기에서 완전히 자유롭지 못하였기 때문에 자신의 어머니나 아내가 가정에 머무르기를 바라는 태도를 보이기도 했다.

> 또 남성들한테도 가야 돼, 여성사업이 여성하고만 해서는 안되는 거예요. "당신네들 어머니나 부인은 어째서 당신네들이 교양 못 주는가, 왜 안 나오는가. 지금 나와서 일을 허게 해라. 딴사람들은 다- 와서 이렇게 땀흘리고 [있는데] 당신네 부인은 집에서 밥이나 해먹고, 되겠냐?" 당회의도 가갖고 야단쳐야 돼, 그러고 민청에도 가고, 어디도 가고 해갖고 그 사람하고도 협조를 해야 돼. 여성 사업이라는 거는 여성만 가지고는 절대 안돼. (박순애)

이처럼 정치활동에 나선 여성들은 해방 직후 우리 사회의 역사적 맥락 속에서 계급과 민족으로부터 분리되지 않고 남로당과 함께 목소리를 내었다. 그러나 그러한 공동의 실천 속에서도 여성들은 점차 내부로부터 '여성' 고유의 독자적인 목소리를 요구하기 시작하였다. 여성운동이 사회주의 담론의 테두리 안에서 전개되었다는 점은 부정할 수 없지만, 그 내부에는 사회주의 이념과 여성 해방 담론 간의 긴장과 갈등이 존재하였다. 이 갈등은 추상적 이론의 충돌이라기보다, 사회주의 운동에 참여한 여성들이 경험한 구체적 현실에서 비롯된 것이었다.

여성 활동가들은 계급 해방과 민족 해방이라는 대의 속에 포함되지 않는, 여성 고유의 억압 경험을 통해 '여성문제'에 대한 자각을 심화시켜 나갔다. 이러한 경험은 단순히 계급이나 민족의 문제로 환원될 수 없는, 젠더 권력 구조의 문제를 조명하게 했으며, 이는 남성 활동가들과는 구별되는 또 다른 정치적 주장을 형성하게 하는 배경이 되었다.

## Ⅴ. '피도 눈물도 없는' 어머니

기혼 여성들의 경우 남성들과는 달리 가족 내에서 특히 자녀 양육이라는 일상적 돌봄의 책임을 짊어지고 있었기에 정치 활동에 적극적으로 참여하기에는 현실적인 제약이 따랐다. 여성에게 부과된 모성의 역할은 정치 참여 과정에서 하나의 구조적인 장애 요인으로 작용했으며, 이는 여성 내부에서 지속적인 심리적·도덕적 갈등을 유발하였다.

그러나 동시에 모성은 여성의 정치화를 가능하게 하는 또 하나의 잠재적 동력이기도 하였다. 여성들은 자녀의 현재를 돌보는 책임에서 한 걸음 더 나아가, 자녀가 살아갈 미래 사회에 대한 기대와 희망을 통해 정치 참여의 동기를 부여받았다. 특히 해방 직후 사회적 혼란과 계급·민족 문제로 인한 불안정한 현실 속에서, 자녀가 보다 정의롭고 안정된 사회에서 살아가기를 바라는 열망은 여성들이 정치 영역으로 진입하게 만드는 중요한 실천적 계기가 되었다.

즉, 모성은 단순히 여성들을 사적 영역에 묶어두는 억압적 장치로만 기능한 것이 아니라, 오히려 정치적 의식화를 촉진하는 이중적 의미를 갖는 사회적 경험이었다. 이는 여성의 정치 참여가 단지 계급·민족 해방이라는 거시적 이념에 의해 촉발된 것이 아니라, 일상적 삶의 경험과 밀접하게 연결되어 있었다는 점을 보여준다. 즉, 모성의 경험은 개인적이면서도 동시에 정치적인 것이었다.

애기가 생겨나니까 '그래 이 계급은 타파해야 돼. 이 후손을 위해서 나도 나가야 돼' 간난이[가] 젖을 먹고, 어디다 맽길 데가 없응께 그래서 못 나가고 '그래 니가 젖 안 먹고 클 수만 있어라.' 그때만 기달린 거야. 그래서 사실은 우리 아들한테 내가 너무 잘못 했어요. 애기 때부터 정을 안 줬어요, 엄마 정을 느껴갖고 내가 떼어놓[으려]면 감당하기 힘드니까 아예 내가 정을 안 줄란다. 한번 애기 이렇게 쳐다보며 얼리고 웃고 이래 보덜 안했어요 그저 젖만 주고. 그때도 제가 맘이 있으니까 나는 떠난다는 거, 내가 떠나서 계급 투쟁을 해야지만 앞으로 이 계급이 없어지고 동동헌 삶이 있을 것 아니냐, 상하가 있어선 안된다. (…) "아가 나 물 떠갖고 오께" 그러고는 이제 동지들 만나러 가는 거지. 가다 들응께 [애기가] 막– 울어. 울음소리가 그냥 막 들려. 그냥 갔어. [시부모님께] 애는 좀 키워달라고, 저하고 애비하고는 살아온다는 것은 믿을 수가 없으니까 애 하나만 잘 키우라고, 그러고는 기양 [산으로] 올라왔어요. (변숙현)

변숙현의 증언에서 드러나듯, 그녀는 모성을 단순히 생물학적 기능에 한정짓지 않고 정치적 동력으로 전환시켰다. 그녀는 결혼 후 시집살이 속에서 가난과 굴욕을 직접 겪으며, 계급 구조가 개인의 삶에 미치는 억압적 현실을 체감하였다. 이 경험은 자신의 자식에게 동일한 억압을 물려주지 않겠다는 강렬한 의지를 낳았고, 이는 그녀가 정치활동에 나서게 된 중요한 계기로 작용하였다. 즉, 그녀는 어머니와 자식이라는 사적 관계를 넘어서, 사회 전체를 포괄하는 '확장된 모성'을 실천의 기반으로 삼았던 것이다.

이처럼 여성들에게 모성이란 단순히 아이를 낳고, 양육하고, 일상적 요구에 즉각적으로 반응하는 돌봄의 기능에 머무르지 않았다. 여성 빨치산에게 있어 모성은 자식의 현재뿐 아니라 미래의 삶까지도 염려하는 정치적 실천의 영역이었다. 이는 다수의 남성 활동가들이 사회주의 이론을 교육을 통해 이념적으로 내면화한 뒤 정치적 실천에 참여한 것과는 구별되는 여성 정치화의 또 다른 경로를 보여준다. 여성들에게 정치 참여는 추상적 이론이나 이념보다는, 구체적인 일상적 경험과 현실적 이해관계에서 비롯된 것이며, 특히 모성이라는 감정과 실천을 통해 그 당위성이 구성되었다.

결과적으로, 모성은 여성의 정치화를 제약하는 동시에 가능하게 하는 이중적 경험이었으며, 여성 정치주체 형성에 있어 중요한 매개로 작용하였다. 이는 여성 해방의 동력이 단지 외부에서 주어지는 이념적 계몽이 아니라, 억압의 경험 속에서 스스로 감각하고 구성해 낸 정치적 감수성과 실천의 결과임을 보여준다.

## Ⅵ. 빨치산이 되다: 여성들의 해방구

'해방정국'은 오래 지속되지 못했다. 전세가 역전되어 인민군이 후퇴하게 되자, 1950년 9월 28일을 기점으로 대부분의 조직들은 각기 도(道) 단위의 산악지대로의 이동을 결정하였다. 그러나 연구 참여자들이 기억하는 그 '후퇴'의 순간은, 일반적으로 상상되는 절박하거나 비극적인 상황과는 다소 결이 다르다. 연구 참여자들은 공통적으로 당시를 '치열한 탈출'로 보다는, 오히려 한동안 지속된 '해방의 시간'이 끝나는 아쉬움으로 기억하고 있었다.

이는 단독정부 수립 이후 겪었던 좌익 세력에 대한 극심한 탄압과 동지들의 구속, 도피 생활 및 지하 활동에서의 생존 경험과 깊은 관련이 있다. 깊은 관련이 있다. 그녀들은 1950년 여름, 비록 3개월이라는 짧은 기간이었지만 해방된 공간에서 자유롭게 정치활동을 펼칠 수 있었으며, 이 시기의 경험은 '혁명에 대한 신심'을 고양시키는 계기가 되었다. 따라서 후퇴의 현실은 당시 스무 살 무렵이던 그녀들의 감수성 안에서 단순한 패배로 각인되지 않았다.

> [산에] 단풍이 지고 그랬는데 너－무 아름답고 절경이고 말이야, 너무 좋아. 또 폭포수도 있고 그냥 무슨 여행, 수힉여행 온 것 같애. 하하하하. 그거이 겁도 안 나고 슬프지도 않고 그랬다고, 첨에 시작헐 때는. (박선애)

> 나는 후퇴는 총사령부로 했거든. 구이팔 저녁에 증심사에서 다— 모였어. 증심사에 모여서 각－ 당은 당으로, 사령부 일꾼은 사령부로. 이렇게 전—부 인사행적이 다 짜졌어. 그날 저녁에 증심사를 떠나서 중봉으로 해서 장불재로 간 거여. 중봉부터서 갈대가 피어갖고 있는디 너－무 갈대가 너무 좋더라.

달은 굉－장히 밝고. (이복순)

여성 빨치산들에게 있어 산에서의 생활은 단순한 생존의 공간을 넘어선 의미를 지녔다. 그것은 곧 '해방'의 경험이었다. 이들은 더 이상 '누구의 아내', '누구의 딸'로 규정되는 가족적 관계의 굴레 안에 머무르지 않고, 남성 동지들과 대등한 위치에서 조직 활동에 참여하였다. 산에서의 생활은 여성들이 기존의 성별 위계로부터 탈주하여 정치적 주체로 자리매김하는 공간이자, 자신을 새롭게 구성해 나갈 수 있는 전환의 계기였다.

특히 철저한 조직 생활과 함께 도당학교 등에서 이루어진 학습은, 그들에게 오랫동안 갈망해 온 교육의 기회를 제공하였으며, 이는 곧 여성 빨치산들이 더욱 강인한 혁명가로 성장할 수 있는 기반이 되었다. 이처럼 산에서의 생활은 여성들이 억압적 구조를 벗어나 정치적·사회적 주체로 거듭나는 데 중요한 전환점이었음을 보여준다.

> 나는 내 생애에서 젤－로 보람 있게 산 것은 저기서 산 거야, 산에서. 보람 있게 살았어요, 그때가 참－ 보람 있었어요. 참 보람 있는 생활을 그때 좀 한 것 같어. 아조－ 큰 포부는 그대로 갖고 그냥 내가 하고 싶은 대로 허고 다녔으니까, 물불을 가리지 않고 그냥. (…) 우리는 [차별이]  없었어요. 그것이 좋았다고. 그러고 좋으니까 나같이 봉건사상에 찌들은 사람이 다－ 벗어버리고 이렇고 하지. 또 클 때부터 쪼금 뛰어났어요, 내가. 그것이, 봉건사상 싫었거든 그냥. 어디  도망이라도 가고 싶었어. 그래서 여성 차별? 안되지. (변숙현)

> 여자기 때문에 힘들다는 것은 없었어요. 왜냐면 너－무 우리가 억압 당하고 살았잖아. 긍께 이제야말로 우리가 말할 수 있고, 맘대로 우리가 하고 싶은 일 할 수 있다. 우리도 여성이지만은 인간으로 살 수 있다. 긍께 얼－마나 긍지 높으냐. (박선애)

빨치산 활동을 했던 여성들 중에는 직접 총을 들고 전투에 참여한 이들도 다수 존재하였다. 본 연구참여자들은 모두 당을 중심으로 한 기관에서 간부로 활동하였으나, 당시의 상황을 회고할 때 기관 소속 여성들보다 전투부대에 소속된 여성들이 더 많았다고 한다. 그러나 전투부대에서 활동했던 여성 빨치산들은 전투 현장에서 직접적으로 죽음에 노출되는 경우가 많았기 때문에, 오늘날까지 생존해 있는 이들은 상대적으로 적은 실정이다. 이 때문에 현재 남아 있는 여성 빨치산들의 기억은 기관 중심 활동에 치우쳐 있으며, 전투부대에 속해 있던 여성들의 경험은 충분히 수집되지 못한 채 역사의 공백으로 남아 있을 가능성이 크다.

> 정순덕이 같은 사람은 부대에서 생활했잖아, 총 메고 남부군이 나왔는데, 보니까 여성들이 많대, 총 들고 싸우는데 여성들이 많더라고 그러고 경남부대가 있는데 그것도 보니까 여성들이 더러 있더라고. 그러니까는 부대에 오히려 여성들이 더 많아요, 우리 기관에 있는 사람보다 많더라고. (박순자)

빨치산들은 기본적으로 사회주의 사회를 지향하였기 때문에 남녀평등을 추구했고 산에서의 규율 또한 형식적으로는 평등했다고 한다. 이들은 남성과 여성이라는 성별 구분을 넘어, 동등한 '혁명가'로서의 정체성을 공유하고자 하였다. 그러나 이와 같은 이념적 지향과 달리, 실제 생활에서는 봉건적 잔재가 완전히 극복되지 못한 채 잔존하고 있었다. 특히 일상적 관계 속에서 드러나는 남성 빨치산들의 가부장적인 태도는 여성 빨치산들의 주체성과 자율성을 제약하는 요인으로 작용하였다. 여성 빨치산들은 이러한 내면화된 성차별적 구조에 대해 단순히 순응하지 않고, 오히려 강한 문제의식과 저항을 드러냈다.

> 빨치산에 가서도 대부분 식사하고 그런 거 하는 걸 여자들이 허는 걸로 으레히 알아. 여자들도 으레히 헐 줄 알고 그렇게 생각해. 나는 "절대로 안 된다" 그래. 왜냐믄 그러믄 우리는 공부를 못 허잖애. 자기네들 학습 시간인데도 아 우리는 그걸 식사 준비해야 하고 말이야. 그래서 나는 남자고 여자고 [조를] 짜자고. [원래는] 거기서 대부분 [조를] 짜재. 그러지만은 여자가 많이 허재. 허지만은 그런 식으로 허는 것이 있을 때, 나는 그런 거 막- 싸웠단 말야. 많이 싸웠어. 물론 나한테 손해재, 허 허. 사람들한테 좋지 못헌다고, 저 여자 억세빠졌다고, 허허, 그런 소릴 듣고 그러재. (박선애)

1951년 겨울 1차 총공세, 1952년 봄 2차 총공세로 인해 남한 지역 무장투쟁은 전환점을 맞이했다. 두 차례의 대규모 토벌 작전으로 대부분의 조직은 와해되었고, 수없이 많은 동지들을 잃게 되었다. 그러나 이러한 극단적인 탄압 속에서도 생존한 빨치산들은 밤이면 일정한 장소에 모여 반드시 총화와 학습을 지속하였다. 총화와 학습은 단순한 교육이나 평가의 자리가 아니었다. 토벌대에 의한 무자비한 '빨갱이 사냥(Red Hunt)' 속에서 '빨치산'으로서의 자기 정체성을 재확인하고, 무력한 상태에서조차 이념적 결속을 유지하기 위한 투쟁의 일환이었다. 당초 단풍 구경에 나서듯 가벼운 소녀 감성으로 시작했던 빨치산 활동은, 전방위적인 무장탄압과 끊임없는 죽음의 위협 앞에서 점차 각오와 결단의 영역으로 전환되었다. 빨치산들은 스스로를 "총에 맞아 죽을 각오, 얼어 죽을 각오, 굶어 죽을 각오"의 세 가지 죽음에 직면한 존재로 인식하였고, 이 각오는 단순한 생존 전략을 넘어선 이념적 실천의 다짐이기도 했다. 결국 전투 중심의 조직적 투쟁이 불가능해진 상황에서 빨치산들의 중심 투쟁은 생존 그 자체가 되었으며, 그 생존은 곧 저항의 연장이었다.

> 옷 입은 채로 섬진강 막, 겨울에 뛰어들어가. 그러면 옷이 싹 얼면은 싸-악 부서진다. 물에서 나올 때는 괜찮은데 한참 가면 그게 옷이 싹 얼어버려. 그러면은 옷이 딱딱딱딱 다 갈라져. 그면 그게 갈라진께 그냥 유리같이 돼버려. 그래갖고 이 살이 다- 피가 찍찍찍찍 나. 얼-마나 그때 아픈지 몰라, 얼은 옷 입고 뛴다는 게. 그거 뛰지 않으면 얼어죽어. (박순애)

> 보급로라든지 우리 댕기는 길에 저것들이 지뢰도 갖다 묻어놓고 또 수류탄이라고 있어. 다- 고리 빼가지고 우리 댕기는 [길에 묻어놔]. 한 번은 하계투쟁인가 뭐 투쟁을 나가는데 어디 능선을 쭉 타고 가니까 팡-하더니 터지는거라. 그런께 우리는 교육을 받아. 그런 게 터지면 항상 엎져라. 서 있으면 다 맞아 죽는기라. 그랬는데 이게 가까이서 터져놓은께 어깨도 백히고 허리에도 백히고 서너 군데 백히거든. 그거 자잘-한께 빼내지도 못하고, 총탄은 크니까 수술해서 빼내는데. 내 몸에 수류탄 파편이 있으니까 계-속 쑤시고 아프고. 항상 지금도 그러거든. 어깨, 전신이, 다리고 발이고 발고락이고 푹푹 쑤시거든. 이게 수류탄 파편이 돌아댕기는 모양이라. 그러고 어디 한의

원 가서 부황해보면 살이 떠올라, 새-카마이, 전부 죽은 피라. (박순자)

이렇게 사선을 넘나드는 하루하루의 투쟁은 빨치산들의 몸에 깊은 흔적을 남겼다. 총상, 동상, 화상 등 다양한 상처는 지금까지도 그들의 몸에 남아 고통을 주지만 오히려 정신적으로는 더욱 단단해지고 견고해졌다. 이러한 정신적 강인함은 단순히 이념적 신념에서 비롯된 것이 아니라, 함께 싸웠던 수많은 동지들이 이름 없이 죽어가며 남긴 마지막 부탁과 염원을 외면하지 않으려는 책임감에서 비롯된 것이었다.

죽은 동지에 대한 이 같은 의리는 생존자들에게 일종의 윤리적 명령이 되었고, 그것은 이후 감옥에서의 전향 요구를 끝내 거부하게 만들었으며, 석방 이후에도 국가의 감시와 탄압 속에서 통일운동을 지속하게 만든 강력한 원동력으로 작용하였다. 빨치산들에게 있어 살아 있다는 것은 곧 죽어간 동지들의 뜻을 잇는다는 의미였고, 따라서 '살아남은 자의 투쟁'은 개인의 생존을 넘어서는 집단적 기억과 책임, 그리고 죽은 동지들과 함께 꿈꾸었던 세상을 향한 끈질긴 실천이었다.

청년이, 열 아홉살이나 스무살이나 먹었는데, 출정을 갈라고 허는데 노래를 말이야 신나게 불러. 그것은 오십 일년도 신년에 나온 노래였었어. 음정도 틀리고 박자도 틀리고 해도 사람들이 따라서 막- 신나게 허는 거야. '눈보라 치는 산사에서' 알아? 누~운보라 치는 사~안사에서 승리의 새~해를 맞아 원수와 싸운 전사 힘~있게 싸워~라. (…) [청년이] 그렇게 신나게 해서 아-신난다 하고 나도 그냥 틀리든 말든 부르고 했는데 전선에 갔던 그 청년이 돌아오지 않았어. 죽었어, 전사했어. 그 청년 이름도 몰르고 어디서 왔는지도 모르고… 그런 사람들이 많-이 죽어서 그 사람들의 피로 물들었는데. 그 사람들이 우리에게 부탁했는데, 통일을 이루어야 한다고. 그래서 가사를 안 잊어불고 내가 독방에 혼자 있을 때도 이 노래를 열심히 부르고 그 청년을 알지도 모르지만 그 청년이 부탁헌 걸 나는 해야 헌다. 그런 생각을 많이 했어. (박선애)

## Ⅶ. "여자는 여잔데… 나보고 중성이라고"

여성의 신체적 조건을 고려해 볼 때 여성 빨치산들은 어떻게 몇 년씩이나 산속에서 생활할 수 있었을까? 여성 빨치산을 떠올릴 때 가장 먼저 떠오르는 의문이다. 특히 생리와 같은 생물학적 조건은 험난한 빨치산 생활에서 감당하기 쉽지 않았을 것이다. 실제로 공세가 시작되기 전에는, 조직 내부에서 생리 중인 여성은 전투에 참여하지 않도록 조치했다고 한다.

> 우리 의사가 있었거든. 여성들은 그런 거 생리 있으면 활동 되게 한다든지 되게 쫓기든지 하면 큰 병 난다고, 생리적으로. 그래서 우리는 철저히 조직적으로 '여성들은 생리 있을 때는 마 투쟁을 가지 마라' 그게 돼갖고 내가 책임져서 누가 생리 있나 없나 그걸 조사 해갖고 몬 가게 하는데…. (박순자)

그러나 공세가 시작되자 곧 생리가 멈추었다. 이는 다섯 명의 연구참여자들에게서 공통적으로 나타난 현상이었고, 다른 여성 빨치산들 역시 대부분 생리가 멈췄다고 증언한다. 이러한 현상은 당시 산에서의 생활이 얼마나 극도의 긴장 상태에서 이루어졌는지를 보여준다. 흥미로운 점은, 이후 포로수용소나 감옥에 수감된 뒤에는 다시 생리가 시작되었다는 것이다. 연구 참여자들에 따르면 수용소나 감옥의 식사나 생활 여건이 산속 생활보다 결코 나았다고 할 수 없음에도 불구하고 생리가 다시 시작되었다는 사실은, 산에서의 삶이 얼마나 심리적·정신적으로 극한의 긴장을 동반했는지를 짐작하게 한다.

> 갈 때 생리는 있[었]어요. 근디 난중에는 없어집디다, 나를 보면 그래, 딴 사람은 모르것소만은. 그것도 다 틀릴 거요, 체격이 틀려서. 근디 나는 몇달은 쪼금 있습디다. 근디 나중에는 완-전히 없어부러요. 스물 일곱에 들어갔으니까 젊죠, 뭐 이십대니까. 그런디도 그래 없어져요. (변숙현)

> [초경을] 열 여섯 살인가 그때 했었거든. 갈 때는 정상적으로 있다가, 오십년도 그때부터 딱 맨스가 [없어진 거야]. 신경 쓸 필요가 없어. 아 그러는데 형무소를 가가지고 오십삼년에 딱- 맨스가 나와. 그런께 '아이고 나는 그런

다' 하니까 그런 예가 많다는 거야. 그렇게 대부분이 그것이 정상으로 안 나왔대. (박선애)

너-무 인제 못 먹고, 공세 기간에 쫓겨댕기고 그런께 월경이 형무소 와서도 맺-개월 후에 있었어. 일 년 넘어서 있었는가. 산에서 없어부렀어. 없어져부렀어. 다른 사람도 거의 다 그랬어. (이복순)

난중에는 생리가 없어지더라고, 활동 되게 하니까. 내 생각에 한 일 년 있다가 생리가 없어지더라고. 없어지더니 감옥에서 생리가 나오기 시작하면서 배가 아파가 나는 생리통 죽도록 앓았거든(그전에는 생리통이 없었는데요?) 응 없었는데. 근데 새로 시작하면서 그래 그렇게 아퍼, 양도 작고. 나는 돌돌돌 구른다 아이가. (박순자)

여성 빨치산들에게 공통적으로 나타나는 무월경증은 남성 빨치산과 구별되는 신체적 제약을 자연스럽게 해소해 주었고, 이로 인해 남녀 빨치산의 경계는 점차 모호해졌다. 여성 빨치산들은 이러한 변화를 자신들의 적극적인 활동 조건으로 활용하였다.

나는 어-찌 편하고 좋더라. 허허, 그거 안 나오니까. 그런 디서 그거 해봐라, [얼마나 불편해]. (박순애)

우리 동지 하나가 내보고 중성[이라고 해]. 내 뭐 성격도 그렇고 또 여자다운 것도 없고 어디든 활동을 막 하고 [그러니까]. 여자는 여잔데 하하 꼭 하는 게 나보고 중성이라고. (박순자)

여성 억압의 본질은 여성의 신체적 조건이 아니라 가부장적 사회구조와 그를 내면화한 사회 구성원의 의식에 있다. 따라서 여성의 신체가 남성과 같아진다고 해도 여성 해방이 자동적으로 실현되지는 않는다. 그러나 빨치산 투쟁은 가부장적 봉건 질서의 해체를 혁명 과제로 삼았고, 이러한 맥락에서 여성 빨치산의 무월경증은 여성의 혁명 참여와 주체성 형성에 유리한 조건으로 작용하였다.

## Ⅷ. 아직 남아 있는 이야기들

여성 빨치산들의 삶은 한국 현대사만큼이나 격동적이다. 이 글에서 다룬 빨치산 활동 시기는 사실 그들 삶의 일부분에 지나지 않는다. 나는 여성 빨치산들로부터 빨치산 활동보다도, 여성 장기수로서, 그리고 '빨갱이'로서 살아야 했던 훨씬 더 많은 이야기를 들었다. 어쩌면 그 못다 한 이야기들 속에야말로 삶에 대한 불굴의 의지, 한국 사회의 권력 구조, 그리고 그 권력 구조에 맞선 민중들의 억세고 질긴 생명력이 더욱 진하게 담겨 있을지도 모른다. 그러나 지면의 제약으로 그 모든 이야기를 전하지 못하는 점은 못내 안타깝다.

또 한편으로는, 이 짧은 글이 그들을 다시금 '빨치산'이라는 일면적인 정체성으로 고정시키는 데 일조하게 되지 않을까 하는 우려도 있다. 여성 빨치산들의 정체성은 '빨치산', '장기수', '빨갱이', 그리고 '여성'이라는 단일한 범주로는 결코 환원될 수 없으며, 한두 가지 사건만으로 그들의 삶을 설명하려는 시도 역시 위험하다. 이는 또 다른 '박제된 여성상'을 만들어내는 것이며, 결국 그들을 다시금 역사의 타자로 내모는 일이 될 것이다.

지난 50여 년 동안 분단국가 체제를 유지해 온 이 사회에서 빨치산들은 반공 이데올로기의 가장 깊은 그늘에 있었고, 오랜 시간 금기의 영역, 잊힌 지대에서 살아온 사람들이다. 특히 여성 빨치산들의 삶은 더욱 그러하다. 그만큼 이들을 둘러싼 고정관념의 벽은 무척 두텁다. 대부분의 사람들 기억 속에서 그들은 도태되어 존재조차 사라졌거나, 설령 역사의 무대에 등장하더라도 사람들의 입장에 따라—반공 이데올로기에 갇힌 시선에서는 '빨갱이'로, 운동 진영에서는 '영웅'으로—그들의 삶의 역동성은 지워지고, 한두 가지의 정체성과 사건으로 축소될 가능성이 크다.

그렇다면 이들을 역사의 정면으로 끌어내고, 그들의 삶에 생명을 불어넣어 진정한 역사 주체로 기록하는 일은 어떻게 가능할까? 나는 그 방법으로 여성 빨치산들의 목소리에 귀 기울였고, 그 목소리에 나의 목소리를 보태어 독자들에게 전하고자 했다. 나와 그들의 목소리가 독자들에게 잘 전달되어, 지금껏 그들을 이해할 수도, 이해할 필요도 없었던 우리 사회의 닫힌 문을 여는 데 조금이나마 도움이 되기를 바란다. 그리고 무엇보다 그들의 삶이 오랫동안 기억되기를 진심으로 바란다.

# 6. 미군 기지촌 여성 구술집 : 관계 속에서, 의견으로 듣기*

이 은 진 (UCLA, Gender Studies 박사과정)

이 글은 『IMO: 평택 기지촌 여성 재현』이라는 구술집이 만들어지기까지의 과정과 그 배경, 그리고 저자들의 제작 및 편집 의도를 다룬다. 이경빈, 이은진, 전민주는 2016년부터 2년간 평택의 전직 미군 기지촌 여성들과 정기적으로 만나며 구술작업을 진행했다. 이 작업은 기지촌 여성들의 국가배상소송 및 입법운동이 한창이던 시기에 수행되었으며, 저자 중 한 명인 이은진은 법적 쟁점에 국한되지 않는 이들의 생생한 말들 듣고자 참여를 결정했다. 막상 평택을 방문하며 대화를 나누게 되자, 예상치 못했던 다양한 면들에 노출되며 이 구술집 출간에 이르게 됐다. "IMO"라는 제목은 저자들이 기지촌 여성들을 부르는 관계적 명칭인 "이모"이자, 그들의 말에 "In My Opinion"을 붙여 의견으로 듣자는 제안이다.

2016년부터 2년 동안 한 달에 한두 번 꼴로 평택을 오갔다. 나와 이경빈, 전민주 이렇게 셋이서 팀을 이뤄서 말이다. 전직 미군 기지촌 여성들인 영미, 지니(가명), 윤선(가명)이 우리가 평택을 방문하는 이유였다. 우리는 이 여성들을 "이모"라고 불렀다. 우리는 이모들을 평택에 위치한 사회복지 단체인 '햇살사회복지회'를 통해서 알게 되었지만, 2017년 4월부터 2018년 7월까지 본격적인 구술 작업이 진행되는 동안에는 이모들의 집으로 찾아갔

* 이 글은 내가 작성했던 『IMO: 평택 기지촌 여성 재현』(2018)의 서문을 바탕으로 해서, 허락된 지면상의 분량과 현재 시점에 맞게 수정한 것이다. 부분적으로는 이후 서해문집에서 정식으로 출간된 『영미, 지니, 윤선: 양공주, 민족의 딸, 국가폭력 피해자를 넘어서』(2020)의 서문에서 내용을 가져왔다.

다. 지니가 고스톱을 치러 간 이웃집에서 한 번 인터뷰한 것을 제외하고 모든 대화는 각 이모의 방에서 이뤄졌다. 질문지를 미리 준비했지만 대부분 대화의 흐름에 따랐다.

2018년에 이 구술집을 독립 출판할 때, 책의 제목은『IMO: 평택 기지촌 여성 재현』으로 했다. IMO는 두 가지 의미를 담고 있었다. 첫째, 우리가 이모들을 부르는 호칭, "이모"의 발음을 영어 철자로 적은 것이다. 이 책에는 저자들과의 관계 속에서 이모로 호명되는 영미, 지니, 윤선이 담겨 있으니, 관계적으로 들어달라는 뜻이었다. 둘째, 이모들의 말을 의견으로 듣기를 제안하고자 함이었다. 영미, 지니, 윤선의 말들 앞에 "In My Opinion(내 생각에는)"을 붙여 들어보자는 것이었다. 그러면 이모들의 말은 '기지촌 여성' 전체를 대변하지 않고도, 피해자답거나 정의롭지 않고도 들릴 수 있을 거라 생각했다.

## Ⅰ. 맥락과 배경

전직 미군 기지촌 여성들의 말을 기록하는 일을 하고 있노라고 말하면, 내 주변인들의 반응은 대략 두 가지 중 하나로 나누어 떨어졌다. 기지촌 여성들이 누구인지를 되묻거나, 기지촌 여성들의 목소리를 담은 첫 증언집이 나오는 것이냐며 (잘못) 반가워하거나. 유유상종이라고 주변인들도 나와 비슷하게 국가폭력, 인권, 페미니즘, 법적·사회적 정의 따위의 언저리를 부유하는 자들임을 고려하면, 이와 같은 반응은 기지촌 여성에 대한 진전된 논의와 학술적 발견들이 사회적으로 널리 공유되지 못했음을 의미했다.

아예 해당 이슈에 대해 무지하지는 않은 이들도, 인식이 1992년의 '윤금이씨 사건'에 정박되어 있는 듯 했다. 이는 1992. 10. 28. 동두천에서 미군 기지촌의 성판매여성 윤금이씨가 참혹한 시체로 발견된 것을 기점으로 촉발되어 전국적인 사회운동이 전개되었던 사건으로, 그동안 타락한 여성이자 민족의 수치라며 백안시됐던 기지촌 여성의 죽음에 최초로 진지한 사회적 관심이 기울여진 것이었다. 그러나 민족주의 정서와 반미운동의 상징적 동력으로만 활용되었을 뿐 기지촌 여성들이 목소리 내는 주체로 등장하지 못했다는 한계를 품고 있다.

이 구술 작업은 그 이후에도 이어졌던 연구와 운동의 흐름 위에서, 혹은 비껴선 옆에서, 미군 기지촌 여성들의 삶이 가지는 현재적 의미를 고민하면서 이루어졌다. 그 중 중요한 한 가지 맥락은, 2014년 6월 전직 기지촌 여성 122명이 한국정부를 대상으로 손해배상의 소를 제기했다는 점이다. 국가배상소송 형태의 사법운동과 더불어, '기지촌여성 지원 등에 관한 특별법' 제정을 목표로 하는 입법운동도 진행 중인 와중에 우리 팀은 평택의 이모들과 대화를 나눴다. SBS <그것이 알고싶다>가 기지촌 여성들을 강제수용·강제치료했던 성병검진 낙검자 수용소의 폭력적인 실태에 대해 보도하고, 한겨레, 오마이뉴스 등에서 수차례 기획기사를 내면서 기지촌 여성 이슈가 점차 가시화되던 시기였다.

그러나 높아진 가시성과 함께, 이모들을 무엇이라고 부를 것인지 명칭의 문제가 여러 논란을 불러오기도 했다. 사실 "미군 기지촌 여성"이라는 단어는 모호한 용어다. 미군 기지촌 근처에 큰 규모로 형성되었던 상업 생태계를 고려했을 때, 그곳에 거주하는 여성이 이모들만은 아니었고 지금도 아니기 때문이다. 국가배상소송을 지원하는 연구자와 활동가들은 기지촌 성매매 구조의 역사적 연속성에 대한 연구 결과들을 바탕으로, 기지촌 여성들을 "미군 '위안부'"라고 부르길 원했다. 이는 신문 기사, 정부 통계는 물론이고 법령에도 미군 기지촌 여성이 '위안부'라고 기재된 바 있다는 사실에 근거한 분석적 견해이기도 하지만, 동시에 일본군 '위안부' 운동과의 유사성을 강조함으로써 기지촌 여성들을 구조적 폭력의 피해자로 위치시키고자 하는 것이었다. "양공주"와 같은 비하적 표현은 물론이고 "성매매 여성"이라는 명명도, 구조적 피해를 강조하기에는 부족하다고 여긴 것이다.

해당 명칭에 이의를 제기한 건 피고 대한민국뿐만이 아니었다. 일부 시민사회와 대중들은 기지촌 여성들의 피해를 일본군 '위안부' 여성들의 피해와 등치시키는 것에 반발했다. 일본군 '위안부' 운동 또한 아직 미해결의 상태임을 강조하면서 '위안부' 명칭의 확장이 일본군 '위안부'가 자발적 창녀일 뿐이라는 일본 극우의 목소리에 힘을 실어줄 것을 우려하기도 했다. 또 다른 연구자 그룹은 '위안부' 명칭의 사용이 대중들로 하여금 기지촌 여성에게도 일본군 '위안부'와 동등한 수준의 강제성을 기대하게 만듦으로써 피해자다움의 굴레가 더욱 무거워질 것이라 비판했다. 미군 기지촌에서 지금까지도 지속되어 오고 있는 다양한 형태의 성 산업, 예를 들어 "쥬시 걸"이라 불리는 이주 여성들과는 연대를 끊게 되는 게 아니냐는 우려도 있었다.

이것이 『IMO』가 놓인 위치였다. 이런 상황에서 우리는 평택에 갔고 이모들의 말을 들었다. 우리는 피해자성만이 부각되는 언론 보도의 방향성에 문제의식을 강하게 느꼈고, 그게 사법운동의 한계이기도 하다는 걸 알기에 운동에도 비판적 각을 세웠지만, 사법운동이 나쁜 성과를 얻기를 바라는 건 아니었다. 우리가 만난 이모들은 폭력의 피해자에게 사회가 기대하는 피해자다움이 얼마나 얄팍한 것인지를, 생생한 표현으로 우리에게 알렸다. 한국 남자가 무섭다고, 여자 패면 "미국 식으로" 잡아넣어버려야 한다는 영미 이모의 말은 '미군폭력의 피해자'라는 우리의 평면적 상상과 얼마나 멀었는지. 그러한 지점들을 적극적으로 담아내고 싶은 욕구가 컸으나, 사회적 기대를 배반하는 재현이 이들을 피해자로 인정해서는 안 된다는 공격에 빌미를 제공하게 될지 모른다는 걱정이 끈덕지게 따라붙곤 했다. 『IMO』를 만드는 과정은 이 간극 사이에서 균형점을 찾으려는 끊임없는 고민의 연속이었다.

## Ⅱ. 강제성, 피해자성, 사회적 인정

국가배상소송에서 원고 측의 논변은 한국 사회에서 성매매가 법적으로는 금지되었음에도 불구하고 미군 상대 성매매 산업이 이루어지고 있는 기지촌 내부에서는 정부가 이를 용인하고 있었음에 집중되었다. 변호인단은 기지촌 여성에 대한 성병검진에 주력하는 등 금지정책과 관리정책이 동시에 시행되고 있었던 국가의 모순적 태도를 불법행위로 구성하였고, 이를 통해 국가의 보호의무 위반에 따른 책임을 제기했다.

2017년 1월 선고된 1심 판결에서 법원은 국가가 일부 원고들에 대하여 조직적·폭력적 성병관리 및 강제 격리수용치료로 인하여 입은 손해를 배상할 의무가 있다고 판단하였으나, 원고들의 기지촌 조성 및 관리·운영 주장, 성매매 단속 면제 및 불법행위 방치 주장, 성매매 정당화·조장 주장 등은 배척했다. 외형적인 이유는 증거불충분이었지만, 시·군의 장이나 보건소 직원들이 기지촌 여성들을 외화벌이의 애국자로 치켜세우며 더 많은 외화를 위해서 성병 예방법을 가르친 것을 두고 "원고들의 건강·보건에도 직결되는 내용이고, [...] 공익성도 인정되며, 그 자체로 원고들의 기본적 인권을 중대하게 침해하는 불법행위로 보기는 어렵"다고 설시하는 등 구조맹적인 면모가 드러났다. 뿐만 아니라 조직적·폭력적 성병관리에 대해서도, 기지촌 여성들을 격리수용할 수 있다고 규정한 '전염병예방법 시행규칙'이 마련된 1977.8.19.을 기준으로 삼아 그 이전에 낙검자 수용소에 수용되었음이 명확한 원고들에 한해서만 인용 판결을 내렸다. '토벌'과 '컨택'이 흔하게 자행되었다는 사정에도 불구하고 1977.8.19. 이후 격리수용치료에 대해서는 실제로 적법한 절차에 맞게 행사된 것인지 여부도 살피지 않은 판결문이었다.

다행히 2018년 2월 선고된 2심 판결은 조직적·폭력적 성병관리에 대한 1심 판결의 오류를 바로잡고, 원고의 기지촌 조성 및 관리·운영 주장, 성매매 정당화·조장 주장도 받아들였다. 성매매 단속 면제 및 불법행위 방치 주장에 대해 증거 불충분을 이유로 배척하긴 했지만, 판결이 내려진 날 열린 원고 측의 기자회견에서 "검찰은 상고해서 계속 피해자들을 괴롭히는 일이 없어야 할 것"이라는 발언이 있었을 만큼 당일의 현장은 승리의 분위기가 충만했다. (그리고 2022년 9월, 대법원이 원심을 확정하는 판결을 내렸다.)

그렇다면 팀원들이 나에게 기지촌 증언집 작업을 함께 해보지 않겠냐고 처음 제안받았을 당시의 내 생각, 법적 쟁점에 국한되지 않는 이모들의 말하기를 기록해보자는 정도의 결심에 비추어보면, 우리 팀이 만나고 있는 세 명의 이모들도 승소의 기쁨을 누리고 있어야 했다. 법적 해결과정에서 유형력 위주의 강제성 증명에 치중하게 된다거나, 손해배상금이 300~700만원에 그쳤다는 등의 한계는 있지만, 국가를 상대로 승소했다는 것은 기지촌 여성들의 고통이 사회적으로 승인받았다는 상징적 의미가 있을 테니 말이다. 그러니 이 좋은 소식에도 불구하고 아직 남겨진 지점들에 대한 이야기를 마저 들으면 되겠지.

그러나 이모들의 반응은 구술증언의 기록이 법적 쟁점과 '초점만 다르게' 하면 되겠거니 했던 당초의 계획이 절반짜리였음을 깨닫게 해주었다. 이모들의 말하기와 사법 운동 사이에는 훨씬 더 큰 간극이, 보다 적극적인 충돌과 비껴감의 지점들이 존재했다. 소송의 핵심쟁점에 대한 서술에 있어서, 당사자가 자기 이익에 반하여 틀린 사실을 이야기하기도 한다. 영미이모는 법정 진술서에 낙검자 수용소에 들어갔던 적이 없다고 했기 때문에, 1심에서는 손해배상을 못 받았고 2심에서도 다른 두 이모보다 적은 금액만을 인정받았다. 하지만 우리와의 대화에서 영미이모는 낙검자 수용소에 한 번 갔던 적이 있다고, 클럽에서 놀다가 잡혔는데 주민등록증이 없어서 수용소에서 삼일을 있었다고 말한다. 성병관리대책 문건에 드러난 국가의 촘촘한 통제에 비추어보았을 때 의아할 정도로, 이모는 낙검자 수용소에 대해 이야기할 때 태연하고 소송에 대해 시큰둥하다. 이모의 관심사는 복돌이와 누렁이, 온동네의 길고양이들, 옆집의 시발년, 뉴스에 나오는 빨갱이놈들뿐이다.

당사자가 자신의 피해를 인정받는 것과 정면 충돌하는 해석을 내놓기도 한다. 지니이모는 적극적으로 자신의 자발성을 주장하면서, 소송이 대화 주제로 나올 때마다 일본군 '위안부'와 미군 기지촌 여성의 차이점에 대해 설파한다. 아이러니하게도, 지니이모는 우리가 만난 세 이모들 중 가장 폭력적인 기지촌 생활을 했던 사람이다. 법정 진술서에는 지니이모가 경험했던 감금, 구타, 경제적 착취, 강제치료 등이 실려 있다. 우리가 만난 이모는 진술서에 실린 사실관계에 대해서는 인정하면서도, 자신의 기지촌 유입 경로가 '자발적'이었다는 이유로 강제성을 부정하는 의견을 고수한다.

법적 해결의 한계 지점이 드러나기도 했다. 윤선이모는 처음에는 기대를 하지 않다가 2심 판결 이후에는 일본군 '위안부'처럼 우리도 보상받아야 한다, 법원이 3심에서 "세 번째로 오케이"해야 한다고 말한다. 하지만 입장 변화에도 불구하고 여전히 "아가씨 생활"했던 시절은 남부끄럽고 말하기 꺼려하는 이야기로 남아있다.

해당 소송이 제기되었을 당시부터, 언론과 학계, 운동 진영은 그동안 사회적으로 침묵당하고 있었던 서브알턴(subaltern)들이 최초로 목소리를 낸 사건으로서 주목하였다. 서브알턴은 구조적 모순의 투명한 담지자로서 목소리 낸다고 여겨지는 맑시즘에서의 프롤레타리아 내지 민중과는 달리, 그 사회가 그들의 말하기를 재현할 방법을 구비하지 못하고 있기 때문에 말할 수 없는 이들, 말해도 들릴 수 없는 이들을 뜻한다. 사회의 입맛대로 "양갈보"에서 "민족의 딸"을 오갔던 기지촌 여성들이 서브알턴이라는 것, 사법 운동이 그들의 피해구제를 위한 목적에서 전개되었음은 분명하나, 『IMO』는 사법 운동의 과정에서 정말로 서브알턴들의 주체적 말하기가 있었다고 이상화하는 것은 경계해야 한다는 메시지를 전달하고자 했다.

당사자들이 투명하고 완결된 인식으로서 말한다고 상정되면, 그들의 말하기를 전부 다 수용하면 된다는 식의 게으름을 낳을 우려가 있다. 하지만 피해자의 증언이 그 자체로 '진실'이라는 주장은 그들의 진술 신뢰성을 의심하며 '거짓'으로 치부하려는 태도의 거울쌍과 같다. 증언에는 사실(fact) 정보의 측면뿐 아니라 기억의 구성성, 주관적 인지의 측면이 필수불가결하게 결합되어 있는 것임에도 이를 도외시하고 있기 때문이다.

반대로, 우리의 기대와 다른 당사자들의 말하기를 무지의 소산으로, 고쳐져야 할 인식으로만 치부하는 것도 게으르기는 마찬가지이다. 이모들의 '의견'은 그 나름의 맥락과 합리성을 지니고 있는 것으로서 귀 기울여져야 하기 때문이다. 듣는 자에게 요구되는 태도란, 간극 그 자체를 새로운 사유를 열어제끼는 시발점으로 삼는 것이 아닐까. 법정과 우리 사회가 서브알턴의 말하기를 들을 귀가 있었는지, 당사자도 연구자도 함께 얽혀 들어가 있는 재현의 장을 굴절시키는 힘은 무엇인지를 되묻는 것이다.

이는 보다 근본적인 차원에서 이런 종류의 경험에 대해 과연 법적 판결과 경제적 배상만으로 피해가 '회복'될 수 있는가 묻는 것과도 연결된다. 윤리적 차원의 호명과 인정이 반드시 필요하다면, 법적 판결은 어떠해야 하는 것이며, 사회 운동은 법과 어떤 관계를 맺어야 할까. 특히 지니이모의 경우, 친구의 꾐에 넘어가 가출했던 것을 후회하고 미군클럽의 화려함에 홀려 아버지의 말을 듣지 않았던 것에 대해 죄책감을 품고 있었다. 그런 이모에게 일본군 '위안부' 피해자와 등치되면서 받게 된 사회적 인정이 어떻게 다가왔을지 상상해볼 필요가 있다. 정확하지 않은 인정이 과연 이모에게는 인정이었을까. 이렇듯 『IMO』는 사법 운동이 전진하는 길 옆자리에 남겨진 공백의 지점들에 시선을 던지고자 했다.

## Ⅲ. 이모들 사이의 간극들

'평택 기지촌 여성'이라는 타이틀 아래에 묶여있기는 하지만, 우리가 햇살사회복지회에서 만난 이모들은 제각각 아주 다른 사람들이었다. 영미이모는 고아가 되어 남의 집을 전전하다가 생계유지를 위해, 지니이모는 미국 문화에 대한 동경을 가지고 가출하게 되면서, 윤선이모는 계모의 학대로부터 도망쳐 나오기 위해서 기지촌에 들어오게 되었다. 영미이모는 포주집에 들어가서 생활한 적이 없기 때문에 자신의 매출실적을 가지고서 클럽주인과 다소의 협상력을 발휘할 수 있었다고 말하고, 지니이모는 폭력적이고 엄한 포주집에서 대부분의 시간을 약에 취한 채 지냈다고, 윤선이모는 포주를 잘 만나서 고생을 덜했다고 기억한다. 영미이모는 11년 동안 한국에서 미군과 동거했던 경험이 있고, 지니이모는 국제결혼해서 미국에 들어갔다가 나왔으며, 윤선이모는 "아가씨 생활"하던 시절에 대해서는 침묵한다. 아이가 있는 것은 지니이모뿐이지만, 임신이나 임신중지 경험은 영미이모와 윤선이모에게서도 뿌옇게 읽힌다.

영미이모는 보조금에만 의존해서 불편한 몸으로 두 마리의 개를 키우며 살고 있고, 지니이모는 동거하는 애인과 원가족의 도움으로 지내며, 윤선이모는 얼마 전까지도 미군클럽에 서빙 일을 나가면서 생계를 유지했다.

일가 친척이 전무한 영미이모만이 얼굴 및 실명 공개에 개의치 않았다. 연령대의 다양성을 포괄하지 못했다는 아쉬움은 남지만, 이렇게 『IMO』는 가능한 한 기지촌 여성 내부에 존재하는 편차를 드러낼 수 있는 세 명을 만나려고 했고, 세 명 안에서도 존재하는 간극들을 드러내는 데에 노력을 기울였다.

이모들의 서로 다른 성격과 말하기 방식에 있어서의 차이를 드러내는 것에도 관심을 기울였다. 영미이모의 말하기는 거침없는 욕설과 정치적 이슈에 대한 혐오발언이 특징적이다. 가장 여러 차례의 만남을 진행하고 가장 오랫동안 만났던 이모인 만큼 편집에서 덜어내는 작업에 힘이 들었다. 결과적으로는 책 작업을 시작하기로 한 첫 만남과, 박근혜 전 대통령 탄핵과 장미대선이라는 현대사적 역동이 드러나는 만남들 위주로 뽑아 이 책에 싣게 되었다. TV소리와 두 마리 개라는 대화장소의 특징이 어떻게 대화 분위기뿐 아니라 대화의 소재와 내용에 영향을 주는지를 표현하는 데에도 초점을 두었다.

지니이모는 달변가로, 재미있고 맛깔나게 이야기를 이끌어나가곤 했다. 기억력이 좋아서 이따금씩 아주 세세한 디테일까지 살려서 부연설명 해주기도 했다. 이런 말하기 방식은 이모와의 대화를 롱테이크처럼 길게 삽입한 뒤, 미주를 통해 이모가 스스로 덧붙였던 부연설명을 삽입하는 방식으로 구현해보았다. 각주나 미주에는 권위 있는 참고문헌이나 저자의 정제된 말이 실릴 것이라 기대되곤 한다. 하지만 지니이모의 삶에 대한 가장 전문가는 지니이모 자신일 것이다.

윤선이모의 말하기에서 돋보였던 것은 원치 않는 질문에 대한 회피와 계속해서 반복되는 답변의 패턴이었다. 이 부분에 주목해서, 시간 순서대로 혹은 대화 소재별로 엮어내는 기존 증언집들의 문법과는 달리 '자꾸만 말하는 것'과 '말하기 싫은 것'이라는 소제목을 달았다. 윤선이모 특유의 인간관계에 대한 조심스러움과 반복적이고 폐쇄적인 일상은 '도움 받기'와 '문이 세 개'라는 소제목으로 표현했다. 그럼에도 불구하고 영미, 지니, 윤선이모가 기지촌 여성 전체를 대변할 수 없음은 물론이다. 이들 간의 간극을 통해, 여기 실리지 못한 이들 사이에 존재할 수많은 차이들을 헤아려볼 수 있길 바란다.

## Ⅳ. 이모들과 우리 사이의 간극들

고백하건대, 『IMO』를 만들어나가는 동안은 이모들을 대면하고 있지 않은 순간에도 이모들의 이야기에 풍덩 빠져 지낸 시간이었다. 삼각지역의 카페에 모여 회의를 할 때마다, 삼각지의 타이프 학원에 다닌다고 아버지에게 거짓말 해놓고 미군 클럽으로 발길을 옮겼던 십대후반 지니이모를 생각했다. 자취방 보일러가 동파되어 손끝이 아플 정도로 찬 물만 나오던 날에는 계모 때문에 한겨울에 월경혈 묻은 팬티를 빨아야 했던 열한 살짜리 윤선이모가 되기도 했다. 길냥이가 웬일로 경계심을 누그러뜨리고 가까이에 가만히 앉아있는 때면, 언젠가 갈 사람들 곁에서 쌓여만 가는 외로움을 온동네 개와 고양이를 돌보며 달래고자 했을 영미이모의 마음에 가만히 들어가 보게 되었다. 경빈과의 대화는 시시콜콜한 일상적인 것까지 거의 다 이모들의 언어로 이루어지기 시작했다. 오늘은 배고프니까 "남의 살(고기－영미이모)" 먹으러 가자, 대학원생한테는 왜 나라에서 "도움 주는 거(지원－윤선이모)" 없냐, 이러니저러니 고생해도 "윤향기 말마따나 난 행복해(지니이모)."

하지만 마치 내가 이모들을 전부 이해할 수 있을 것처럼 여겨졌던 몇몇 순간들에도 불구하고, 우리와 이모들 사이에도 부정할 수 없는 간극이 자리하고 있다. 나는 이모들의 경험을 듣는다고 모두 알지 못하고, 이모들은 우리에게 모든 것을 이야기하지 않는/못한다. 이 간극을 은폐하는 것이 자칫 기만적인 행위일 수 있음을 안다. '서울대생'이라는 경빈과 나에게 "너네는 일 안 할 거고"하는 영미이모의 말은 이모가 우리에 대해 가지고 있는 어떤 상을 보여준다고 할 수 있다. 지니이모의 "옛날" 미국 섹시 배우는 마릴린 먼로와 원더우먼이지만, 내가 떠올린 것은 비욘세였을 만큼의 시간 격차 또한 존재한다. 우리가 던진 질문이 실패하는 지점이나, '아가씨 생활' 때의 일을 자꾸만 질문하자 윤선이모가 버럭 화를 내는 상황들도 그대로 실었다. 이모들에게 이 책을 만들기 위한 인터뷰를 제안하고 참여해주기를 설득하는 과정도 책 안에 담았다. 한계 지점에 대한 정직한 드러냄을 통해, 『IMO』의 독자들이 우리라서 들을 수 있었던 이야기와 우리라서 들을 수 없었던 이야기를 스스로 헤아리며 읽어나갈 수 있기를 바랐다.

## Ⅴ. 재현의 방법론

우리는 이모들의 말을 가필하지 않고 소리나는 대로 모두 옮기고자 부단히 애를 썼다. 이모들 말소리의 특징이라고 할 수 있는 독특한 영어발음들은 한글로 좀처럼 적혀지지 않아서 고생했다. 말늘임 표시를 –으로 통일할 것인지 ~와 혼용할 것인지를 두고 경빈과 삼일 동안 싸웠던 것을 기억한다. 하지만 '있는 그대로'를 살리려던 노력들에도 불구하고 『IMO』는 우리 팀의 편집과 주관이 개입된 결과물이고, 이모들의 의견에 대한 우리의 해석이다. 항상 흘러나오던 영미이모네 TV소리를 언제 기록하고 기록하지 않을지, 모든 것이 유기적으로 연결되어 있는 지니이모의 이야기를 어디서 자르고 붙일지, 윤선이모의 말하기를 어떻게 패턴화해서 각각의 소제목 아래에 배치할지는 모두 경빈과 내가 결정한 것이기 때문이다.

더 나아가, 다단 형식과 기호, 폰트, 때로는 배경색과 글씨의 색을 반전시키는 실험적인 방식은 모두 적극적 재현의 결과물들이다. 이 구술 작업은 연구자와 예술가의 협업으로 이루어지는 작업이라는 점에서, 방법론의 측면에서도 어느 정도의 변화가 필수적이었다. 텍스트를 경빈과 내가 담당하고 사진과 영상을 민주가 담당한다는 단순한 역할분담이 아니라 유기적으로 상호작용하는 팀 작업이었던 만큼, 그 과정에서 텍스트의 재현 방식 또한 예술적인 재현에 다가설 필요가 있었던 것이다. 가독성과 전달력에 대한 고민이, 예술적 재현의 실패가 가져올 여파에 대한 걱정과 맞물려 마음을 괴롭히기도 했다.

얼굴 공개에 동의하지 않는 이모도 있다는 점에서, 사진과 영상은 애초부터 '있는 그대로'의 기록에 머물 수 없는 조건이기도 했다. 이모 별 챕

터마다 존재하는 QR코드를 통해서 각 이모에 대한 영상을 시청할 수 있다. 영상은 대화 상황을 이해하도록 돕는 보조 장치도, 이모들에 대한 사실적 재현도 아니고, 민주가 적극적으로 재구성하고 창작해낸 별도의 작품이다. 민주의 작업은 영미, 지니, 윤선을 한정 짓지 않으려는 시도로서, 텍스트를 통해 알 수 있는 이모들과 또 다른 이모들을 보여준다.

우리의 해석에 대한 평가는 독자들의 몫으로 남아있다. 하지만『IMO』를 집어든 당신이 우리의 해석에 동의하기보다는 우리의 고민을 함께 하며 읽어나가기를, 우리는 바란다.

# 7. "2000년 일본군 성노예제 여성국제전범법정"과 남북코리아 검사단의 공동기소 : 그 의의와 '법정' 이후의 일본*

김 부 자 (金富子, 도쿄외국어대학교[東京外國語大學] 명예교수)

2000년 12월 8~10일, 12일의 4일간에 일본군 '위안부' 제도, 즉 일본군 성노예제에 대한 쇼와 천황을 포함한 일본군 책임자들을 젠더의 시각을 넣어 당시의 국제법으로 심판하기 위해, 도쿄에서 '여성국제전범법정'(이하, '법정')이 열렸다. '법정'은 가해국 일본과 피해국들, 글로벌 시민들의 협동으로 열린 '민중법정'으로, 피해 8개국에서 생존자 64명이 참여했다. 해외에서 400명, 일본 국내는 600명, 일본 해외언론은 300명이 참가했으며, 연일 수 천명이 방청한 최대 규모의 민중법정이었다. 그 준비 과정에서 역사적인 남북정상회담(2000년 6월)에 따라 남북 코리아 검사단이 결성된 것은 획기적이었다.

이 글은 재일동포2세 여성이자 바우넷 재팬의 남북 코리아 조사팀으로서 '법정'에 참가한 입장에서, 먼저 남북 코리아 검사단이 결성된 경위, '법정' 당일의 심의 전개와 '위안부' 생존자들의 모습, 그 공동기소의 성과와 의의, 문제점, 또한 북한의 생존자 박영심 씨라는 '기적' 등에 대해 언급한 뒤, '법정' 이후 일본사회에서 노골화된 '위안부' 백래시, 그에 대항하는 일본시민운동이나 국제사회의 움직임에 대해 알아본다.

## Ⅰ. 서론

1998년 3월 어느 추운 아침에 니시노 루미코[西野瑠美子] 씨가 한껏 들뜬 어조로 전화를 주었다. 바우넷 재팬[1](VAWW-NET Japan, 현 VAWW RAC[2])

---

* 이 글은 "남북 코리아 공동기소의 의의와 '법정' 이후의 일본", 강혜정 역, 양현아·김수아 편, 일본군 '위안부'연구회 기획 『2000년 여성국제법정－전쟁의 아시아를 여성과 식민주의의 시각에서 불러 내다』, 경인문회사, 2001년에 실렸던 것으로, 이번에 조금만 가필했다.

이 정식으로 결성되기 전의 일이다. “마쓰이[松井] 씨가 엄청난 일을 생각해 냈어!”라 알리는 내용이었다.

요는 단순한 국제공청회가 아닌 책임자처벌=심판의 장으로서 ‘피해여성을 비롯한 여성들이 주역이 되는 국제법정’(이하, ‘법정’)을 가해국여성의 책임으로 개최하고 싶은데, 그 명칭은 바로 ‘일본군 성노예제를 심판하는 여성국제전범법정’(이하 ‘법정’)이라 했다. 우리는 이 작명 센스에 감탄했다. 왜냐하면 문제의 본질을 간파하여 일본군 ‘위안부’가 아닌 ‘일본군 성노예제’라 한 것도 물론이거니와 ‘국제’보다도 ‘여성’을 제일 앞에 가져온 데에서 마쓰이 야요리[松井やより] 씨의 비범한 운동감각이 느껴졌기 때문이다. 무엇보다도 가해국 여성의 책임 아래 법정을 개최한다는 것이 가장 큰 포인트였다. 개최 일정도 ‘전쟁의 세기’였던 20세기 마지막 해의 마지막 달(즉 2000년12월)로 정해졌다.

그 해 1998년 4월 마쓰이 대표가 제네바에서 유엔 인권위원회 회기 중에 열린 NGO의 ‘무력분쟁과 여성’ 회의에서 ‘법정’ 구상을 밝히고 지지를 얻어냈다. 이어서 같은 달 서울에서 열린 제5차 아시아연대회의에서 ‘법정’을 제창하자 한국 정신대문제 대책협의회(정대협, 현 정의기억연대) 등 피해국 지원 단체들도 이에 찬동했다.[3] 특히 윤정옥 정대협 공동대표가 제안을 반겼다고 한다.[4] 바우넷 재팬도 같은 해 6월 정식으로 결성되었다(대표: 마쓰이 야요리, 부대표: 니시노 루미코, 나카하라 미치코[中原道子]). 이렇게 해서 ‘법정’ 개최까지 2년 반에 걸친 긴 여정이 시작되었다.

필자는 가해국 여성으로서 책임을 다하겠다는 마쓰이 대표의 제안에

1 역자 주: ‘전쟁과 여성에 대한 폭력’ 일본네트워크(Violence Against Women in War Network Japan). 통칭 VAWW-NET Japan(바우넷 재팬).

2 역자 주: ‘전쟁과 여성에 대한 폭력’ 리서치액션센터(Violence Against Women in War Research Action Center), 통칭 VAWW RAC(바우락). 현재 (2025년) 활동을 정지하고 있다.

3 마쓰이 야요리[松井やより], “제7장 전쟁과 여성에 대한 폭력[戦争と女性への暴力]”, 『사랑과 분노 싸우는 용기 [愛と怒り 闘う勇気]』, 이와나미쇼텐[岩波書店], 2003년.

4 그 배경으로 1994년 정대협(윤정옥 공동대표)과 피해자들(강덕경 씨 등)이 일본군‘위안부’ 제도의 책임자를 고소·고발했으나 도쿄지방검찰청에 기각된 일이 있었다. 또한 당시 일본의 전후보상운동은 이러한 움직임이 운동을 분열시킬 것이라 보고 회의적으로 대응했었다.

마음이 움직여 바우넷 재팬의 초대사무국장을 지낸 후, 각국에서 열린 국제실행위원회에 참가하면서, '법정'의 기소장을 작성하기 위해 피해 증언에 대응하는 가해 자료를 수집·정리하는 조사팀에서 니시노 루미코 씨, 이케다 에리코[池田恵理子] 씨와 함께 책임자 역할을 맡았다(이케다 씨의 위급한 발병 이후에는 니시노 씨와 필자 2명이 담당. 영상도 겸임한 이케다 씨는 그 후 회복함). 또한 남북 코리아는 남측을 필자, 북측을 김영[金栄] 씨가 담당하기로 역할을 분담했다. 이러한 경험과 '법정' 당시의 기록 및 최종판결문을 바탕으로, 남북 공동기소의 의의와 법정 이후의 일본에 관하여 보고하고자 한다.

## Ⅱ. 남북 공동기소에 이르는 경과

'법정' 이후 필자는 남북 코리아 조사팀을 돌아보며 다음과 같은 글을 남겼다.

> 남북분단, 코리아 담당의 조사가 어려움을 겪은 이유는 여기로 집약된다. 남북분단은 한반도를 넘어 재외동포 사이에도 있었다. 예기치 않게 '법정'은 분단극복의 어려움과 가능성 양쪽을 체험하는 장이 되었다.[5]

이 같은 상황은 남북 코리아 검사단의 결성에서도 마찬가지였다. 그 경위를 되돌아보자.

1998년 4월에 '법정' 개최가 결정된 후, 이듬해 1999년 2월 서울에서 국제실행위원회가 발족했다(공동대표: 마쓰이 야요리, 윤정옥, 인다이 사홀[Indai Sajor]). 같은 해 6월 서울 회의에서 각국 검사단을 결성하기로 결정되었다. 여기에 조선민주주의인민공화국 대표단('종군위안부'·태평양전쟁 보상 대책위원회, 이하 종대위)이 처음 참가한 것은 2000년 3월 말 중국 상하이에서 열린 국제검사단회의·국제실행위원회 때였다. 종대위는 당초부터 '법정' 참가 의향을 표명하였지만, 일본과 국교가 없고 한국 측과도 직접 연락을 취할

5 김부자, "보고: 한국-남북분단 극복을 향한 투쟁", VAWW-NET Japan 편, 『여성국제전범법정의 전기록[全記録] Ⅰ』, 료쿠후출판[緑風出版](이하, VAWW-NET Japan 편Ⅰ), 2002, 257면.

수 없었기 때문에 바우넷 재팬이 중개역을 맡아 평양의 종대위와 팩스 연락을 교환할 수밖에 없었다. 그 결과 종대위가 상하이 회의에 참석했던 것이고 5월에 바우넷 재팬 대표단이 평양을 방문해 종대위와 협의하였다(이때 박영심 씨가 증언함. 후술).

각국의 기소장 문안을 검토하는 국제검사단회의·국제실행위원회가 마닐라(2000년 7월)와 타이베이(같은 해 9월)에서 열렸다. 특히 마닐라 회의는 '법정'과 남북 코리아에 중요한 단계로 작용했다. 처음으로 모든 피해국(한국, 북한, 타이완, 중국, 필리핀, 인도네시아)이 모인데다 수석검사 2명(우스티나 돌고폴[Ustinia Dolgopol], 패트리샤 셀러스[Patricia Sellers])도 처음으로 참석했고, 마침내 '법정헌장' 등에 대한 합의와 채택이 이루어졌을 뿐 아니라, 남측이 북측에 대하여 남북 공동기소장 작성을 제안했기 때문이다.

남북 공동기소장 제안 배경에는 물론 한반도의 남북화해를 지향하는 획기적 움직임, 즉 앞서 같은 해 6월 역사상 첫 남북정상회담 개최와 남북 공동선언 발표 사실이 있었다(김대중 대통령－김정일 국방위원장). 남북화해의 기운 속에 열린 타이베이 회의에서는 남북 코리아 검사단 결성과 남북 공동기소장 작성이 정식으로 발표됐다. 이 '기적'에 가슴 벅차했던 기억이 난다. 남북검사들이 점차 친근해지는 가운데 남측이 형사책임(개별 사례), 북측이 국가책임을 맡기로 분담했다. 북측의 제안에 따라 기소장에서 '식민지 지배'가 아닌 '군사적 강점'이라는 용어를 쓴다는 결정도 이루어졌다. 하지만 남북이 연락을 주고받기는 쉽지 않았기 때문에 바우넷 재팬이 남북 기소장 작성을 위한 연락책을 맡았다. 또한 이 회의에 동티모르 여성 법률가 3명이 참석하여 '법정'에도 참가하기로 했다.

그런데 10월에 헤이그에서 열린 검사단·판사단 회의에 제출된 남북 공동기소장에는 개별 사례가 전혀 기재돼 있지 않았다. 실은 그 사이 일본측 조사결과가 남북 코리아 기소장에 반영되기까지 우여곡절이 있었다. 1999년 11월 한국 정대협의 의뢰를 받고 하상숙(중국 우한[武漢] 거주), 김윤심(한국 거주)의 사례를 조사했으나 한국 측에서 이를 취소하였다. 이후 2000년 1월에 다시 김복동과 김군자(한국 거주) 사례의 조사를 의뢰해왔고 이 두 사례는 자료가 많고 비교적 입증이 쉬워 한국 측에 조사 결과를 보냈다.

한편, 일본 측에서는 취소된 하상숙의 사례를 자체 조사한 결과, 마찬가지로 우한 소재 위안소에 있던 송신도(일본 거주)의 사례와 함께 책임자를 피고인으로 지목하기로 했다. 특히 같은 해 4월 상하이 회의 당시 바우넷 재팬 남북코리아 조사팀(영상촬영, 중국어 통역을 포함)이 우한을 방문하여 하상숙 인터뷰를 진행하고, 그가 지내야 했던 구 한커우[漢口] 지칭리[積慶里] 위안소의 삼성루[三成楼] 주변을 조사한 것은 잊을 수 없는 추억이다.[6] 송신도의 사례는 일본정부를 상대로 한 재판에 제출한 자료가 있어 도움이 되었다.

마닐라 회의(6월)에서 남북기소장 작성이 결정되자, 태세를 바꿔 하상숙과 송신도 사례도 남북기소장 안에 포함시키게 되었다. 그런데 앞서 언급한 것처럼 헤이그 회의(10월)에서는 이러한 개별 사례가 박영심의 사례까지 모두 제외된 것이다. 그 배경에는 일본 측과 한국 측 사이에 '법정'에 대한 생각 차이가 존재했던 것 같다.[7] 일본 측은 있는 힘을 다해 남북 기소장에 개별 사례를 포함시키도록 한국 측을 설득했다. 한국 측도 이를 받아들여 '법정'에서 개별 사례를 다루기로 했다.[8] 중국 우한에 있던 하상숙씨의 일본 방문도 성사가 우려되는 상황이었지만 쇼지 루쓰코[東海林路得子] 사무국장의 분투로 막판에 방일이 결정되었다.

6 김부자, "하상숙[河床淑]씨의 케이스로 보는 한커우[漢口]위안소", VAWW-NET Japan 편, 『위안부·전시 성폭력의 실태 I [「慰安婦」·戦時性暴力の実態 I ](일본·타이완·조선편)』, 료쿠후출판, 2000.

7 '법정' 이후 강정숙 검사는 "법정에 대한 이해와 구상도 할머니의 문제를 세계에 널리 정확하게 알린다는 식으로 간단하게 생각했다.… 법정 논고에 대해서도 연구발표와 같이 생각했다"라고 성찰적으로 되돌아보았다(『정신대연구소 소식』 29호, 2000. 12). '법정'의 준비 과정에서 논의를 거듭해, 일본측이 주장한 형사재판 방식으로 행하게 되었다. 그러기 위해서 피해여성의 증언에 근거해 연행된 부대나 그 책임자를 밝혀내 증언이나 증거를 모아 기소장을 작성할 필요가 있었다. 김부자, 앞의 글(2002)도 참조.

8 김부자, 위의 글(2002).

## Ⅲ. '법정'의 남북공동기소 전개

남북 코리아 검사단장은 박원순 변호사가 맡았다. 박원순 변호사는 일찍이 책임자 처벌을 제창하고 1994년 피해자들 27명의 고소, 정대협의 고발장을 집필하는 등 '법정'의 사상적 계보에 깊이 관여되어 있었다. 남측의 조시현(국제법), 북측의 정남용(국제법)을 중심으로 결성된 남북 코리아 검사단의 구성원은 다음과 같다.[9]

> 박원순[朴元淳], 조시현[趙時顕], 강정숙[姜貞淑], 하종문[河棕文], 양현아[梁鉉娥], 김창록[金昌禄], 장완익[張完翼], 김명기[金明基] (이상 남측), 정남용[鄭南用], 홍선옥[洪善玉], 황호남[黃虎男], 김은영[金恩英] (이상 북측)

법정은 2000년 12월 8-10일에 열렸고 12일에 '판결의 개요'가 선고되었다. 첫날인 8일 국제실행위원회 대표 3명의 개정 인사말, 개정 선언, 수석검사의 모두 진술, 불참한 일본 정부의 주장을 아미쿠스 쿠리에(법정조언자[amicus curiae])가 대변한 후 각국 검사단의 심리가 시작됐다. 남북 코리아 검사단이 그 선두로 나서 오전(Ⅰ)과 오후(Ⅱ)에 걸쳐 심리를 진행했다. 그 개요는 다음과 같다.[10]

먼저 박원순 검사단장은 남북 검사들이 함께 '법정'에 섰음을 선언하고, '법정'을 '연기된 정의' '지연된 정의'를 실현하는 장이자, 민중법정(People's Tribunal), 여성법정(Women's Tribunal)이라 자리매김하면서 차례로 피고인들의 이름을 지목했다. 그중에는 쇼와[昭和] 천황의 이름도 있었다. 이어 홍선옥 검사가 위안소제도의 배경에 대하여 19세기 후반부터 일본의 조선 침략까지 거슬러 올라가 상세히 진술했다.[11]

하종문 검사 순서부터는 개별 사례의 심리에 들어갔다. 하종문 검사는

9 VAWW-NET Japan 편Ⅰ, 앞의 책(2002), 12면.

10 VAWW-NET Japan 편Ⅰ, 위의 책(2002). 이 책에 '법정' 심리의 전과정을 문자화한 전기록이 담겨 있다.

11 이 부분만 VAWW-NET Japan 편, 『여성국제전범법정의 전기록全記録Ⅱ』, 료쿠후출판(이하, VAWW-NET Japan 편Ⅱ), 2002.

'사기, 납치, 인신매매'라는 강제연행의 세 형태가 있었다고 지적하면서 중국 광둥[広東]의 위안소로 끌려간 김복동[金福童] 증인, '만주' 훈춘[琿春]의 위안소로 끌려간 김군자[金君子] 증인의 증언을 토대로 가해 증거를 제시하고 각각 피고인을 특정했다. 황호남 검사는 북측에 거주하는 피해자 5명의 비디오 증언을 제시한 후 박영심[朴永心] 증인의 증언을 토대로 문서 등을 통해 상세한 증거를 제시하며 피고인을 특정했다. 박영심 증인은 '법정'에 참가했으나 건강이 좋지 않아 비디오로 증언했다. 그래도 회장 안에 있던 박영심 증인은 황호남 검사가 소개하자 자리에서 일어나 방청객의 우레와 같은 박수를 받았다. 그야말로 남북 코리아 검사단이 진행한 심리의 하이라이트였다.

오후부터 남북 코리아Ⅱ가 시작되었다. 다시 황호남 검사가 심리에 나서서 박영심 본인에게 증언 인정 여부를 확인한 후, 중국 최대의 한커우[漢口] 위안소로 끌려간 하상숙 증인의 심리로 넘어갔다. 하상숙 증인이 "하루에 열 명 스무 명씩 받아야 했다. 죽을 때는 고향에 돌아가고 싶다"고 증언하자 황호남 검사는 송신도씨 사례를 포함해 증거를 제시하고 피고인을 특정했다. 이어 황호남 검사는 12세 때 선양[瀋陽](옛 펑톈[奉天])의 위안소로 간 김영숙[金英淑] 증인을 심문했고 김영숙 증인은 군인의 칼에 베인 아랫배 상처 등에 대해 증언했다.

다음은 강정숙 검사가 15세에 '만주' 위안소로 간 문필기 증인을 심문했다. 문 증인은 "군인들에게 얻어맞고 걷어차였다. 도망칠 도리가 없었다"고 증언했다. 이어 김복동 증인의 비디오 증언을 공개한 후 강정숙 검사는 피해자들이 성노예 상태에 놓였음을 논증했다. 양현아 검사는 17세에 싱가포르 위안소로 끌려간 안법순[安法順] 증인을 심문했다. 패전 후 일본군에게 방치당한 안법순 증인은 그 상황에 대해 증언했다. 이에 양현아 검사는 패전 당시 피해자의 상황에는 사망·살해·방치, 강제 해외잔류, 고국 귀환의 세 가지 사례가 있었음을 지적하고 피해자의 육체적 고통과 상흔이 전후에도 지속되었음을 강조했다.

김은영 검사는 다시 박영심, 김영숙, 비디오 피해 증언을 언급하며 북

'2000년 여성국제법정'에서 남북한 공동기소단의 기소 장면 (김부자 제공)

측 증인들에 관한 내용을 정리했다. 맥도널드 판사가 남북 생존자 수를 질문했고, 김은영 검사가 북측 218명, 양현아 검사가 198명이라고 응답했다. 양현아 검사는 남측 생존자의 사회적 피해와 정신적 피해(PTSD) 조사 결과에 대해 비디오 증언과 함께 진술했다.

마지막으로 남북 검사가 국제법에 기초해 법적 평가를 피력했다. 우선 피고인 개인의 책임에 대해 조시현 검사가 이상의 피해 증언과 증거에 따라 오카무라 야스지[岡村寧次], 우메즈 요시지로[梅津美治郎], 안도 리키치[安藤利吉], 마쓰야마 유조[松山祐三], 미나미 지로[南次郎], 이타가키 세이시로[板垣征四郎]를 차례로 지목하고, 국제법에 따라 조직적·체계적 강간, 노예 범죄를 구성한다고 하였다. 다음으로 국가책임과 관련해, 정남용 검사가 헤이그조약(1907년) 위반, 부녀매매금지조약 위반, 도쿄재판조례 저촉, 노예제도 및 무역을 금지하는 국제관습법 저촉, ILO협약 저촉을 근거로 일본 정부의 국가책임을 추궁하고, 진상규명, 법적 책임, 피해자에 대한 폭언 근절, 책임자 처벌, 역사 교육을 요구하며 심리를 마무리했다.

## Ⅳ. 남북공동기소의 의의

남북 코리아 공동기소의 의미를 짚어보고자 한다. 첫째, 역사적인 남북정상회담 열기를 배경으로 남북분단을 극복하여 남북 코리아 검사단을 구성함으로써 민족 전체 차원에서 일본군 성노예제의 책임자를 공동으로 기소할 수 있었다. 여성들이 '위안부'를 강요당했을 때 한반도는 식민지였으되 하나였다. 심리가 종료한 후 맥도날드 판사가 "매우 훌륭하고 체계적인 프레젠테이션이었다. 감사드린다"고 높이 평가했듯이 심리는 남북이 각기 지닌 특색이 잘 융합되어 원활하게 진행됨으로써 커다란 감동을 안겨준 대성공이었다.

덧붙이자면 우리 재일동포의 조사가 다소나마 공헌했다는 것이 자랑스러웠다. 심리 후에 남북 코리아 검사단과 운동 측 멤버들이 우리에게 위로와 감사의 말을 건넨 것도 뜻밖의 기쁨이었다. 기소장과 '법정'을 둘러싸고 직전까지도 남·북·재일 사이에 여러 갈등과 오해, 착각이 있었으면서도 그러한 분단을 극복하는 과정을 함께 걸으며 당일 심리에서 그때까지의 성과를 훌륭하게 열매 맺을 수 있었다.

둘째로, 개별 사례의 기소에서 한반도 남북은 물론 전후의 국외 잔류 같은 국외 거주(중국 · 일본) '위안부' 생존자를 포함한 풍부한 증언과 증거를 제시하였고, 전후 생존자의 육체적, 사회적, 정신적 고통을 다각적으로 밝힘으로써 한민족에게 '위안부'제도로 인한 피해가 공간적 확장과 시간적 길이를 지닌 심대한 피해였음을 설득력 있게 체계적으로 제시하였다. 이는 남·북·해외의 조선인 '위안부' 생존자들의 증언과, 그 증언을 청취해온 운동과 연구자들의 노력과 축적이 있었기에 가능한 것이었다. 이에 다시 한 번 감사와 경의를 표하고 싶다.

그러나 다음과 같은 문제도 있었다.[12] 즉 '법정'의 평가와 관계된 '민족차별(식민지성)'에 대해서인데, 이는 사실 남북 코리아의 기소장에서 사용된 용어와 깊은 관련이 있다.

'법정' 후에 김윤옥(당시 정대협 상임대표) 씨는 한국위원회에서 이뤄진 '법정'의 평가를 일본에 소개하면서 이렇게 말했다. "정대협이 주장해온 일본군 '위안부' 문제의 특성, 즉 민족 차별(식민지성) 문제를 취급함에 있어 각국의 역사적 사회적 상황에 따라 피해의 성격이 다른데도 이 차이를 젠더 문제 즉 여성에 대한 폭력이라는 틀로 희석해버린 점이 한국에서는 강

12 이 외에 공창제를 역사적으로 어떻게 평가하고 또한 공창 출신의 '위안부'를 어떻게 생각할 것인가 하는 문제도 있지만 지면 관계상 생략했다. 이하를 참조 바란다. 김부자, "여성국제전범법정이 뛰어넘은 것과 뛰어넘지 못한 것[女性国際戦犯法廷が乗り越えたものと乗り越えなかったもの]", VAWW-NET재팬 편, 『심판 받은 전시성폭력[裁かれた戦時性暴力]』, 하쿠타쿠샤[白澤社]/겐다이쇼칸[現代書館], 2001.

하게 지적되었다", "우리는 식민주의 범죄라는 것이 최종판결에서 지적되도록 요구한다."[13]

그러나 '법정'에 대한 이러한 평가에는 오해가 좀 있는 것이 아닐까 생각한다. 왜냐하면 타이베이 회의(2000년 9월)에서 남북 기소장에서는 '식민지 지배'가 아닌 '군사적 점령'을 사용하기로 제안과 양해가 이루어졌고, 그 때문에 실제로 '법정'에 제출된 역사적 배경에 관한 기소장(북측이 집필)에는 '무력 통치', '일본에 의한 무력 점령', '일본의 지배'라는 말은 있어도 '식민지 지배'는 사용되지 않았기 때문이다. 확실히 '법정' 당일의 심리에서 박원순 검사단장과 조시현 검사는 '식민지 지배'라는 용어를 쓰기는 했어도 기소장에는 쓰이지 않았다. 이는 타이완의 기소장에 '식민지 지배'라는 용어가 사용된 것과 대조를 보인다. 이 때문에 최종 판결문도 타이완에 대해서는 '식민지 지배'라 했지만(판결문 121), 남북 코리아에는 '조선에 대한 통치', '조선에서의 일본의 지배'(판결문 123, 124)라고 되어 있다. 남북의 기소장에 '식민지 지배'가 없었기 때문에 판결문에도 쓰이지 않았다. 그래서 중국 등 점령지에 대한 일본 지배와 구별되지 않게 되었던 것이 아닐까.

그럼에도 돌고폴 수석검사가 모두 진술에서 "일본이 식민지로 간주한 지역"에서 총독의 관여와 책임을 지적한 후, 젠더 차별만이 아니라 인종적 편견(민족차별)을 강조하고 양자의 복합성을 파악한 최신 법이론인 '비판적 인종 이론'에 기초한 모두 진술과 최종논고를 펼친 결과 이것이 실질적으로 최종판결문에도 반영된[14] 점은 더 높이 평가[15]되어도 좋지 않을까 생각한다.

---

13 김윤옥[金允玉](야마시타 영애[山下英愛] 역), 2001, "여성국제전범법정의 성과와 남겨진 과제", VAWW-NET재팬 편, 위의 책(2001).

14 VAWW-NET Japan 편Ⅱ, 앞의 책(2002). 이 책에는 공통기소장, 각국기소장, 그리고 판결문 전체를 일본어로 번역되어 있다.

15 미국 거주 페미니스트 연구자인 요네야마 리사[米山リサ]는 이 시각에서 '법정'을 높이 평가했다. 요네야마 리사, "비판적 페미니즘의 계보와 여성국제전범법정[批判的フェミニズムの系譜と女性戦犯国際法廷]", 『폭력·전쟁·리드레스[redress] [暴力·戦争·リドレス]』, 이와나미쇼텐, 2003.

## V. 박영심 씨라는 '기적'

'법정'이 낳은 또 하나의 기적이 있다. 1990년대부터 '만삭의 위안부' 사진은 유명했다. 그러나 그 '위안부'가 북한에 거주하는 박영심 씨라는 사실이 발굴된 것은 '법정'의 준비 과정에서였다. 전술했듯이 2000년 3월 말 상하이 회의에 종대위가 처음 참가했고, 같은 해 5월에 마쓰이, 니시노등 바우넷 재팬 대표단이 종대위와의 협의 및 피해자 증언 청취를 위해 평양으로 날아갔다. 남북분단으로 인해 한국 측은 물론 재일동포에게도 허가가 떨어지지 않아 평양으로 가지 못해 억울한 심정이었다(조선적 김영 씨는 더욱 그러했을 것이다). 그때 니시노 씨 등이 인터뷰한 이들 중 하나가 다름 아닌 박영심 씨였다.

일본으로 돌아온 니시노 씨의 보고와 자료제공을 받고 북측 증언을 담당하고 있던 김영 씨가 박영심 씨에 대한 조사를 진행했다. 그리고 김영 씨는 니시노 루미코 저 『종군위안부와 15년 전쟁』(1993년)을 통해 이 임신 여성이 박영심 씨임을 밝혀냈다. 거기에 니시노 씨가 헌책방에서 『라멍[拉孟]』이라는 책을 발견하면서 결정타를 날렸다. 책에는 "조선인 위안부 중 '와카하루[若春]'라는 22살 처녀는 본명을 박영심이라 하고"라고 분명히 쓰여 있었다. 이토록 확실한 증거는 없었다. 8월에 니시노 씨가 다시 평양으로 날아가 박 씨 본인에게 확인함으로써 확정을 보았다. 그야말로 '법정'이 낳은 특종으로 8월 말 아사히[朝日]신문에 크게 게재되었다.

12월에 들어 법정에 참석하기 위해 북한 검사단과 박영심, 김영숙 씨가 일본을 찾았다. 일본과 국교가 없는 탓에 입국 가능 여부가 미지수였지만 다행히도 실현되었다. 남북 코리아 검사단의 심리 당시 박영심 씨의 모습은 전술한 대로다. '판결의 개요'(12월 12일)에서 '천황의 유죄' 판결을 들은 날, 박영심 씨는 김영 씨와 필자에게 "속이 후련하다"고 했다. 남-북-재일, 그리고 가해국 일본이 서로 연계한 '법정'이 있었기에 박영심 씨라는 '기적'을 불러일으킬 수 있었다.[16]

그로부터 20년이 흐른 2020년. 또다시 '기적'이 일어났다. 5월에 박영심 씨 등의 컬러 동영상이 처음으로 공개된 것이다. KBS가 한국전쟁을 조사하던 중 미국 국립문서기록관리 보관소(NARA)에서 복사한 약 1,500시간 분량의 영상에서 우연히 발견했다고 한다. KBS에 따르면 "영상이 촬영된 것은 1944년 9월 7일로 추정된다. 미중 연합군과 일본군이 중국 윈난[雲南]성 쑹산[松山]에서 100일간의 전투 끝에 일본군 진지가 함락된 날"이라는 설명이었다. 당시 진지에 남은 일본군 대부분은 자결했고, 그 후 위안소에 남아 있던 조선인 '위안부'들이 탈출해서 연합군에 발견되고 구출되었다 ("KBS 발굴 '만삭의 위안부', 구출 당시 영상 첫 공개").

전투 직후의 생생함이 담겨있는 '위안부' 영상은 처음이 아닐까 싶다. 무음이지만, 박영심 씨는 해보라는 재촉에 '만세'를 부르는 것처럼 보이기도 하고 구출된 사실을 비로소 알아차린 것처럼 보이기도 한다. 다른 피해자들의 영상도 귀중하다. 얼굴의 심한 부상으로 안쓰러운 모습도 보였다. 이들 모습은 최전방까지 '위안부'를 끌고 가서 쓰다가 버린 일본군의 잔혹성을 드러낸다.

## Ⅵ. '법정' 이후의 일본

'법정' 이후 2000년대에 접어들자 일본과 한국[17]에서는 '위안부' 문제와 정대협에 대한 백래시[backlash]가 노골적으로 전개되었다. 이 글은 일본의 경우에 한정하지만, 식민주의적이고 가부장적인 내셔널리즘을 배경으로

---

16 김영, "조선·박영심씨의 경우[朝鮮·朴永心さんの場合]", VAWW-NET Japan, 앞의 책, 2000; 김영, "보고: 조선민주주의인민공화국-박 할머니는 '와카하루[若春]'였다", VAWW-NET Japan 편Ⅰ, 앞의 책(2002); 니시노 루미코, 『전장의 '위안부'-라멍[拉孟]전멸전을 살아남은 박영심의 궤적[戦場の「慰安婦」-拉孟全滅戦を生き延びた朴永心の軌跡]』, 아카시쇼텐[明石書店], 2003.

17 한국에서도 2000년대 중반에 식민지 지배를 긍정적으로 평가하는 뉴라이트가 대두하여 노무현 정권 하에서 진척된 과거사 청산, 여러 위원회 활동은 이명박 정권하에서 후퇴했다. 정대협이 서울 서대문형무소공원에 건설을 계획한 '전쟁과 여성인권 박물관'은 한국 내 독립운동단체의 건설반대운동으로 좌절되었다. 김부자, "여성국제전범법정 후의 한국여성운동과 일본[女性国際戦犯法廷後の韓国女性運動と日本]", 오코시 아이코[大越愛子]/이게타 미도리[井桁碧] 편저, 『현대 페미니즘의 에식스』, 세이도샤[青弓社], 2010 참조.

정치권력의 개입이 있었던 점이 특징이다.[18]

먼저 교육부터 살펴보자. 일본에서는 1994년도부터 고등학교 역사교과서, 1997년도부터 중학교 역사교과서에 '위안부' 기술이 등장했다.[19] 겨우 몇 줄에 불과한 교과서 기술이기는 해도 획기적인 일이었다. '위안부' 문제가 일본 사회의 공적 기억이 된다는 것을 의미했기 때문이다. 그러나 주지하다시피 이에 위기감을 느낀 일본 우파들은 1990년대 후반부터 중학교 역사교과서에서 '위안부' 기술 삭제를 요구하는 '새로운 역사교과서를 만드는 모임'(1997년 창립)을 결성하더니 일본의 정재계를 업고 맹렬하게 비난 운동을 개시했다.

2000년대에는 같은 사상을 지닌 보수 정치인이 정부 고위직을 차지함으로써 정부 문부성과 자민당 정치인이 교과서 회사에 압력을 가했고[20] 교과서에서 '위안부' 기술이 감소하여 2006년도 판에서는 본문 중 기술이 제로가 되고(8개 출판사 중 2개에서 각주에 서술), 2012년도 판에서는 거의 소멸했다. 그야말로 기억의 말살이다.[21]

다음으로 언론 또한 정치권력의 표적이 되었다. '법정'을 다룬 NHK 프로그램 <전시 성폭력을 묻다>(2001년 1월 30일 방송)가 내용을 조작당했다.[22] 프로그램에 대한 정치 개입이 의심되어 같은 해 7월에 바우넷 재팬과 마쓰이 대표는 NHK 등을 상대로 소송을 제기했다. 2005년에 해당 프로그

---

18 이하, 김부자, "일본의 시민사회와 '위안부'문제해결운동[日本の市民社会と「慰安婦」問題解決運動]", 『역사평론[歴史評論]』, 2013년 9월호, 2013 참조.

19 그 배경에는 김학순 씨의 고백과 제소, 요시미 요시아키[吉見義明] 교수의 군 관여 자료의 발굴, '위안부' 제도에 대한 군 관여와 강제성을 인정하고 역사 교육의 필요를 표명한 '고노[河野]담화'(1993)가 있다(타와라 2013). 또한 일본의 '식민지 지배와 침략'에 대한 반성과 사죄를 표명한 '무라야마[村山]담화'(1995)도 관계했을 것이다.

20 타와라 요시후미[俵義文], "교과서문제와 우익의 동향", VAWW RAC 편, 『'위안부'때리기를 넘어 [「慰安婦」バッシングを越えて]』, 오쓰키쇼텐[大月書店], 2013.

21 단 2016년도부터 신규 참여한 '마나비샤[学び舎]'판 중학교 역사교과서에서 '위안부' 기술이 부활했다.

22 이 프로그램은 '법정'의 내용을 전하지 않았을 뿐 아니라 생존자(중국의 완아이화[万愛花], 동티모르의 마르타[Marta Abu Bere])의 피해 증언과 구 일본군병사의 가해증언을 삭제하고 '법정'을 높이 평가한 코멘테이터(요네야마 리사[米山リサ]의 발언을 왜곡하고 피해 여성을 모독하는 역사수정주의자(하타 이쿠히코[秦郁彦]의 발언을 삽입하는 등 정상을 벗어난 것이었다.

램의 데스크가 내부고발을 함으로써 재판에서는 정치 개입에 따른 조작이 있었음이 밝혀졌다(고등재판소에서는 원고가 실질적으로 승소했으나 최고재판소에서는 패소). 정치 개입을 주도한 정부 고위직·정치인은 아베 신조(당시 관방부장관, 후에 총리) 등이었다. 하지만 그들에 대한 정치적 책임 추궁은 흐지부지하게 그쳤을 뿐만 아니라, 오히려 권력에 대한 언론과 연구의 위축과 자율적 규제가 진행되어 '위안부' 문제는 물론 가해 책임을 추궁하는 것조차 금기가 돼버리는 커다란 전환점이 되었다.[23]

비슷한 시기에 마쓰이씨 개인에 대한 공격, 젠더프리 때리기, 북한 때리기가 일어나고, 조선에 대한 식민지지배를 정당화하는 『만화 혐한류(嫌韓流)』(2005년)가 60만부나 팔린 현상 등이 보여주듯이 일본정부와 사회 안에서 식민주의적이고 여성혐오적인 내셔널리즘이 고조되었다. 한편 '위안부'에 대한 "쓰구나이[償い; 보상, 속죄 라는 뜻][24]" 사업을 내건 '여성을 위한 아시아평화국민기금'(국민기금)의 이사 및 국민기금 지지자들은 국민기금의 해산(2007년 3월 말)을 전후한 시기부터 일본과 한국에서 정대협을 "반일 내셔널리즘"(오누마 야스아키 [大沼保昭]), "'정의'의 폭력"(박유하) 등으로 단정하고 '위안부' 문제를 해결하지 못하는 책임을 정대협에 전가했다. 이처럼 '위안부' 문제와 정대협에 대한 공격은 더욱 거세졌지만 일본 국내와 국제사회에서 다음과 같은 기억의 계승과 해결을 위한 활동이 활발해진 것은 간과할 수 없다.

일본에서는 '법정'을 제창한 고 마쓰이 씨의 유지를 이어받은 여성들이 중심이 되어 2005년 8월, 일본에서 유일하게 '위안부' 문제를 상설 전시하는 '여성들의 전쟁과 평화자료관'(wam)이 도쿄 와세다[早稲田] 지역에 개관했다. 왐(wam)은 관련 문헌과 자료를 수집하고 '위안소 맵' 최신판과 영상자료를 작성하는 등 진상규명의 성과를 일반시민에게 확산시키는 패널 전시나 세미나 등 활동을 펼치고 있다. 또한 2004년경부터 일본의 젊은 세

---

23 VAWW-NET 재팬 편, 『폭로된 진실 NHK프로그램 개찬 사건[暴かれた真実 NHK番組改ざん事件]』, 겐다이쇼칸[現代書館], 2010.

24 다만 일본정부는 '한일조약(1965년)으로 해결됐다'는 자세였기 때문에, '쓰구나이' 사업의 내실은 많은 피해자가 요구한 법적책임=개인보상(국가배상)이 아니었다는 문제가 있었다.

대가 주체가 되어 아시아 각국의 피해자를 초청해 증언을 듣는 집회('지울 수 없는 기억' 전국동시 증언집회 등)가 도쿄, 나고야, 오사카, 교토, 히로시마, 고치, 오키나와 등에서 열린 바 있다.

국제사회로 시선을 돌리면, 일본에서 교과서의 '위안부' 기술이 말살된 직후 시점인 2007년, 일본 정부에 대하여 '위안부' 문제 해결을 촉구하는 결의가 미국 하원 본회의에서 채택되었다. 이어서 네덜란드 하원 본회의, 캐나다 하원, 유럽의회 본회의에서도 채택되었고, 이듬해 2008년에 한국 국회 본회의, 타이완 입법원(국회에 상당)에서도 채택되었다. 이 흐름은 2010년까지 계속되어 한국과 일본 각지의 시의회에서 의견서나 결의가 잇달아 채택되었다.

이처럼 일본과 한국에서 '위안부' 문제나 정대협이 어려운 국면에 처하면서도, 그러기에 더욱 문제 해결의 물결이 국제적으로 확산하고 오히려 세계적 기억이 된 역설(paradox)은 '법정' 이후 2000년대 운동에서 특징적인 일이었다.

# 8. 일본군 위안부 피해자의 배상청구권 : '2015년 한일합의'와 국가면제의 측면에서*

이 은 경 (진실화해위원회, 법학박사)

2015년 한일합의는 위안부 피해자 문제에 관하여 '최종적이고 불가역적 해결'을 선언했으나, 피해자들이 요구한 일본 정부의 법적 책임 인정, 진정한 배상이 포함되지 않아 국내외에서 비판을 받았다. 이는 유엔 총회 결의 [A/RES/60/147]에서 규정한 '완전하고 효과적인 배상'의 기준을 충족하지 못하며, 국제인권법의 중대한 위반 피해자인 위안부 피해자들의 권리를 실질적으로 보장하지 못한 '합의'로 평가된다.

2015년 한일합의는 법적 구속력 없는 정치적 합의로 평가되므로, 위안부 피해자의 개별 청구권을 제한할 수 없다. 4월 판결은 한일합의가 정치적 합의에 불과하다고 보면서도, 일부 피해자에게 급부가 이행된 사실을 들어 그 합의가 대체적 권리구제 수단으로 유효하다고 판단하였다. 그러나 급부를 받지 못한 피해자들에게까지 합의의 효력이 미치기 위해서는, 2015년 한일합의가 정치적 합의가 아닌, 법적 구속력을 지녀야 한다. 따라서 4월 판결은 정치적 합의에 사실상 법적 효력을 부여함으로써 논리적 모순을 드러내고 있다.

'위안부' 피해자들의 손해배상청구권이 국가면제(State Immunity)에 의해 제한될 수 있는지에 대하여 4월 판결은 2012년 ICJ 판결을 토대로 국가면제를 인정하여 청구를 각하하였다. 2012년 ICJ의 Germany v. Italy 판결은 전쟁 범죄와 같은 강행규범 위반에도 불구하고 국가면제를 인정하였다. 그러나 강행규범(jus cogens)의 위반에 대해서는 국가면제를 인정해서는 안 된다는 2012

* 이 글은 이은경, 『소멸시효에 관한 외국판례연구』, 박영사, 2023의 제8장 「위안부 피해자의 손해배상청구권이 2015년 한일합의 또는 국가면제에 의해 제한되는가?」의 내용을 기반으로, 이후 국내외 판례 및 국제 논의를 반영하여 보완·업데이트한 것이다.

년 ICJ의 소수의견이 2014년 이탈리아 헌법재판소의 위헌 결정을 통해 실제 사법 판단에 반영되기 시작하였으며 현재 세계 각국 사법부는 국가 면제를 인정하지 않는 판결을 내놓고 있다.

일본군 '위안부' 피해 사건은 한국 영토 내에서 일본 군대와 협력 기관이 강제 동원, 유인, 납치 등의 행위를 저질렀다는 점에서, 유엔 국가면제협약 제12조의 국가면제의 예외 사유에 해당할 수 있다. 나아가 일본군의 조직적이고 계획적으로 위안부 피해자를 강제 동원하여 성노예를 강요하는 등의 행위는 중대한 인권침해 및 반인도적 범죄로 강행규범(jus cogens)의 위반이며, 따라서 피해자의 실체적 권리인 손해배상청구권은 국가면제의 대상에서 제외되어야 한다.

## Ⅰ. 서론

위안부 피해자에 대한 만행은 일본이 한반도 지배로 남긴 가장 눈에 띄는 잔재이다.[1] 1991년 김학순 피해자의 증언을 통해 드러난 일제 강점기 일본군의 성노예 강요 행위는 조직적이고 반인도적인 범죄의 상징으로, 한국 사회와 국제사회에서 해결되지 않은 과제로 남아 있다. 특히 2015년 한일 양국이 체결한 '한일합의'는 피해자들의 배상청구권과 국가면제에 관하여 논쟁을 불러일으켰다. 2021년 1월 판결은 강행규범 위반을 이유로 국가면제를 인정하지 않은 반면, 4월 판결은 ICJ의 입장을 원용하여 국가면제를 인정하였다.

이 논문은 첫째 2015년 한일합의의 위안부 피해자의 배상청구권에 대한 효력 여부를 검토한다. 둘째 국가면제 적용에 대하여 ICJ의 Germany v. Italy 판결을 살펴본다. 마지막으로 현재 세계 각국의 사법 동향을 통해 위안부 피해자의 실질적 권리 실현 가능성을 검토한다.

1 존 M. 반 다이크(Jon M. Van Dyke), "한국과 일본의 화해", 5 CHINESE J. INT'L L. 215, 234(2006).

## Ⅱ 2015년 한일합의

### 1. 헌법재판소 결정(2006헌마788)

2011년 헌법재판소는 "일본국에 의하여 광범위하게 자행된 반인도적 범죄행위에 대하여 일본군위안부 피해자들이 일본에 대하여 가지는 배상청구권은 헌법상 보장되는 재산권일 뿐 아니라, 그 배상청구권의 실현은 인간으로서의 존엄과 가치 및 신체의 자유를 사후적으로 회복한다는 의미를 가지는 것이므로, 그 배상청구권의 실현을 가로막는 것은 헌법상 재산권 문제에 국한되지 않고 근원적인 인간으로서의 존엄과 가치의 침해와 직접 관련이 있다."면서 일본과 한국간의 배상청구권의 존재를 두고 '협정 제3조가 정한 절차에 따라 해결하지 아니하고 있는 피청구인의 부작위'에 관하여 위헌 결정을 하였다.[2]

### 2. 2015년 한일합의 발표[3]

#### (1) 일본 정부의 발표

1. '위안부' 문제는 당시 군에 복무하던 많은 여성들의 명예와 존엄을 크게 훼손한 사안입니다. 이런 관점에서 일본 정부에 큰 책임이 있습니다. 아베 총리는 일본 총리로서 '위안부'로 고통 받고 상처받은 분들께 깊은 사과의 뜻을 전합니다.

2. 일본 정부는 지금까지 이 문제에 대해 진지하게 임해 왔으며, 이를

---

2 헌법재판소는 "일본은 1965년 한일협정으로 인해 일본군 '위안부' 피해자들이 일본에 대한 배상청구권을 소멸시켰다는 입장이다. 반면 일본군 '위안부' 피해자에 대한 배상청구권은 1965년 한일청구권협정에 의해 해결된 청구권에 포함되지 않았다는 것이 한국 정부의 입장이다. 결국 이 사건 협정 제3조에 의한 분쟁해결절차로 나아가는 것만이 국가기관의 기본권 기속성에 합당한 재량권 행사"라고 판단하였다. 헌법재판소 2011. 8. 30. 2006헌마788 결정.

3 2015년 12월 양국 정부는 사무총장급 회담을 포함해 양국 간 다양한 채널을 통한 논의 결과를 토대로 양국이 수용 가능한 내용에 대한 합의에 도달했다고 발표했다. 2015년 12월 28일 연합뉴스.

바탕으로 일본 정부의 예산으로 모든 '위안부'의 명예와 존엄을 회복하고 상처를 치유하기 위한 사업을 진행하기로 결정했습니다.

3. 일본 정부가 한국 정부와 함께 상기 조치를 착실히 이행할 것을 전제로, 본 발표를 통해 본 문제가 최종적으로 불가역적으로 해결되었음을 확인합니다. 일본 정부는 앞으로 유엔을 비롯한 국제사회에서 이 문제에 대한 상호 비판을 자제해나가겠습니다.

(2) 대한민국 정부의 발표

1. 한국 정부는 일본 정부의 선언과 이 발표에 이르기까지의 조치를 평가하고, 일본 정부가 앞서 표명한 조치를 성실히 이행할 것을 전제로 합니다. 이번 발표를 통해 우리는 일본 정부와 함께 이 문제가 최종적이고 불가역적으로 해결될 것임을 확인합니다. 한국 정부는 일본 정부의 조치에 협조할 것입니다.

2. 일본 정부도 주한 일본대사관 앞 소녀상에 대해 공관의 평화와 존엄 유지의 관점에서 우려하고 있음을 인식하고, 관계기관 등과의 협의를 통해 가능한 대책을 인지하고 있으며, 적절한 해결을 위해 노력하고 있습니다.

3. 한국 정부는 일본 정부와 함께 일본 정부가 표명한 조치들이 성실히 이행될 것이라는 전제하에 앞으로 유엔을 비롯한 국제사회에서 이 문제에 대한 상호 비판을 삼가하겠습니다.[4]

## 3. 2015년 한일합의에 대한 비판

### (1) 일본군 위안부 피해 당사자

1991년 피해자 김학순의 공개 증언을 계기로, 일본군에 의해 강제로 동원되어 성노예 생활을 강요당한 '위안부' 피해자들의 실상이 국내외에 알려지게 되었다. 이후 피해자들은 일본 정부의 법적 책임 인정, 공식 사과, 그리고 진정한 배상을 지속적으로 요구해 왔다. 피해자들은 2015년 한일합

4 http://www.archive814.or.kr/Archives_Type/list/5?CF_ID=1

의가 23년간 매주 수요일 집회를 통하여 요구한 피해자의 주장이 포함되지 않았고, 오히려 '소녀상 설치 자제'와 '최종적이고 불가역적 해결'을 합의 내용에 담아 피해자들의 정당한 권리를 차단하였다며 반대 의사를 분명히 하였다.[5]

### (2) 여성차별철폐위원회(CEDAW)의 비판

여성차별철폐위원회는 2016년 일본의 제7차, 제8차 국가보고서에 대한 최종견해에서 2015년 한일합의가 피해자 중심의 접근을 채택하지 않은 것에 대해 유감을 표명하였다. 또한 여성차별철폐위원회는 이전의 권고(CEDAW/C/JPN/CO/6, paras. 37, 38)와 같이 위안부 피해자의 구제받을 권리를 인정하고, 이에 따라 보상(compensation), 만족(satisfaction), 공식 사과(official apologies) 및 재활 서비스를 포함한 완전하게 효과적인 배상(reparation)과 구제(redress)를 재차 권고하였다.[6]

---

5 Shannon Tiezzi, DIPLOMAT(2015.12.30).
South Korea's 'Comfort Women' Reject Deal With Japan Critics reject the landmark deal as political expediency that does not adequately address the victims'concerns. https://thediplomat.com/2015/12/south-koreas-comfort-women-reject-deal-with-japan/

6 위원회는 (일본)당사국에게 다음과 같이 할 것을 요청한다. (a) 당사국의 지도자들과 공무원들이 피해자들에게 트라우마를 안겨주는 효과가 있는 책임에 관한 폄하적인 발언을 하지 않도록 보장한다. (b) 피해자의 구제받을 권리를 인정하고, 그에 따라 보상, 만족, 공식 사과 및 재활 서비스를 포함한 완전하고 효과적인 배상과 구제를 제공한다. (c) 당사국이 2015년 12월 한국과 공동으로 발표한 양자간 합의의 이행에 있어서 피해자/생존자들의 견해를 충분히 고려하고 진실, 정의 및 배상에 대한 그들의 권리를 보장하도록 보장한다. (d) 교과서에 '위안부' 문제를 적절히 포함시키고, 역사적 사실이 학생과 일반 대중에게 객관적으로 제시되도록 한다. (e) 진실, 정의 및 배상에 대한 피해자/생존자의 권리를 보장하기 위해 취해진 협의 및 기타 조치의 범위에 대한 정보를 차기 정기 보고서에 제공한다. 위원회는 이전의 최종 의견(CEDAW/C/JPN/CO/6, 37항 및 38항)을 상기하고, 또한 인종차별철폐위원회(CERD/C/JPN/CO/7-9), 인권위원회(CCPR/C/JPN/CO/6)와 같은 다른 유엔 인권 기구들이 제시한 해결되지 않은 "위안부" 문제에 대한 수많은 권고를 언급한다. 고문방지위원회(CAT/C/JPN/CO/2), 경제적, 사회적, 문화적 권리에 관한 위원회(E/C.12/JPN/CO/3), 인권이사회 및 보편적 정례검토(A/HRC/22/14/Add.1, para. 147, 145 이하 참조) UN Committee on the Elimination of Discrimination against Women, *Concluding Observations on the Seventh and Eighth Periodic Reports of Japan*, CED AW/C/JPN/Q/7-8 (Mar. 7, 2016).

### (3) 고문방지위원회(CAT)의 비판

2017년 고문방지위원회는 대한민국 제3-5차 보고서에 대한 최종견해(CAT/C/KOR/CO/3-5)에서, 2015년 한일합의가 협약 제14조(구제 및 배상)의 기준을 충분히 충족하지 못했다고 지적하였다.[7] 특히 성노예 피해자에 대한 보상(compensation) and 재활(habilitation)을 포함한 배상과, 진실에 대한 권리, 재활, 재발 방지 등을 보장하기 위해 2015년 한일합의의 개정을 권고하였다.[8]

## 4. 2015년 한일합의에 관한 조사보고서

2006년 유엔 총회는 [A/RES/60/147] 결의로 채택한 '국제인권법의 중대한 위반 및 국제인도법의 심각한 위반 피해자에 대한 구제 및 배상에 관한 기본 원칙 및 지침'에서, 피해자들이 침해의 중대성과 각 사건의 상황에 적절하고 비례하여 "완전하고 효과적인 배상"을 받을 권리를 명시하였다.[9] 일

---

7 일반논평 제3호(2012) 당사국에 의한 제14조의 이행

1. 당사국에게 고문 및 기타 잔혹한, 비인도적 또는 굴욕적인 대우 또는 처벌에 관한 협약 제14조에 따른 의무의 내용과 범위를 설명하고 명확히 한다. 각 당사국은 "고문 행위의 피해자가 구제를 받고 가능한 한 완전한 재활을 위한 수단을 포함하여 공정하고 적절한 보상을 받을 수 있는 집행 가능한 권리를 갖도록 법체계 내에서 보장"해야 한다.
2. 위원회는 제14조의 "구제(redress)"라는 용어가 "효과적인 구제(effective remedy)"와 "배상(reparation)"의 개념을 포괄한다고 본다. 따라서 포괄적 배상의 개념은 회복(restitution), 보상(compensation), 재활(rehabilitation), 만족(satisfaction) 및 재발 방지 보장(guarantees of non-repetition)을 포함하며, 고문 및 기타 잔혹한, 비인도적 또는 굴욕적인 대우 또는 처벌에 관한 협약(Convention.CAT/C/GC/3 Convention against Torture and Other Cruel, Inhuman or Degrading Treatment or Punishment Distr: General 13 December 2012)에 따른 위반을 시정하는 데 필요한 조치의 전체 범위를 의미한다.

8 당사국은 다음과 같은 조치를 취해야 한다: (d) 2015년 12월 28일 일본과 대한민국 사이에 체결된 합의를 개정하여, 제2차 세계대전 중 성노예 피해 생존자들이 보상 및 재활의 권리를 포함한 배상을 받을 수 있도록 하고, 이들에게 진실에 대한 권리, 배상(reparation) 및 재발 방지 보장에 대한 권리가 협약 제14조에 따라 보장되도록 해야 한다.

Committee Against Torture, *General Comment No. 3: Implementation of Article 14 by States Parties*, U.N. Doc. CAT/C/GC/3 (13 December 2012).

9 이에는 원상회복(restitution), 보상(compensation), 재활(rehabilitation), 만족(satisfation) 및 재발 방지 보장이 포함된다(제19-23항). UN General Assembly, *Basic Principles and Guidelines on the Right to a Remedy and Reparation for Victims of Gross Violations of International Human Rights Law and Serious Violations of Inter-*

본군 위안부' 피해자들은 유엔 총회 결의[A/RES/60/147]가 정의하는 "국제인권법의 중대한 위반 및 국제인도법의 심각한 위반"의 피해자에 해당한다.[10] 따라서 피해자들은 원상회복, 보상, 재활, 만족, 재발 방지 보장을 포함하는 '완전하고 효과적인 배상'을 받을 권리를 가진다. 국제인권조약 당사국은 인권침해 피해자가 효과적인 구제를 받을 권리를 보장할 의무가 있으며,[11] 특히 피해자가 법정에 접근할 수 있도록 보장해야 하는데 단순한 외교적 보호나 비사법적 구제 수단은 이러한 요건을 충족시키지 못한다.[12]

따라서 2015년 한일합의는 다음과 같은 한계를 드러낸다. 일본 정부는 10억 엔의 출연과 재단을 통한 금전적 보상(compensation)을 제공했지만, 피해자들이 요구한 바와 같은 법적 책임 인정 및 이에 따른 완전한 배상(reparation)은 합의 내용에 포함되지 않았다. 또한 피해 이전의 상태로 회복되기 위한 명예 회복 조치(원상회복), 의료·심리적 지원과 법률·사회 서비스(재활), 진실 규명과 공식 사과(만족), 그리고 재발 방지를 위한 제도적 조치 등도 없었다. 오히려 해당 합의는 피해자의 법적 권리 행사 자체를 "최종적·불가역적으로" 차단하려 하였기에 위헌·위법적이라는 비판을 받는다.

2017년 12월 27일, 문재인 정부는 2015년 한일합의에 대한 조사 결과를 발표하였는데 외국에서의 위안부 소녀상 설치 금지, '성노예' 표현의 자제 등 비공개 합의 내용이 있었음이 드러났다.[13] 또한 합의 과정에서 피해자 중심의 접근이 이루어지지 않았기 때문에 피해자들이 수용하지 않는 한 이 문제는 해결될 수 없다고 발표하였다. 문재인 정부는 "일본은 보편적인 국제기준에 따라 피해자의 명예와 존엄을 회복하고 마음의 상처를 치유하기 위한 노력"할 것을 촉구하였다.[14]

---

*national Humanitarian Law*, U.N. Doc. A/RES/60/147, paras. 19-23 (Mar. 21, 2006).

10 UN General Assembly, *supra* note 9, para. 8 & para. 11 (Mar. 21, 2006).

11 유엔 총회, 「국제인권법의 중대한 위반 및 국제인도법의 심각한 위반 피해자에 대한 구제 및 배상에 관한 기본 원칙 및 지침」, 유엔문서 A/RES/60/147 (2006. 3. 21).

12 Vessela Terzieva, 국가면제와 피해자의 법정 접근권, 배상, 진실, 국제형법연구 22 800 (2022).

13 '위안부' 피해자 문제에 관한 한일합의 검토 태스크포스, '위안부' 피해자 문제에 관한 2015년 12월 28일 한일합의 검토 결과보고서 2017. 12. 27.

14 2018. 1. 9. 대한민국 정책브리핑(www.korea.kr).

## Ⅲ. 2015년 한일합의의 법적 성격

### 1. 2015년 한일합의로 인한 피해자의 권리 침해

#### (1) 2015년 한일합의로 인한 피해자의 기본권 침해 여부

'위안부' 피해자들은 2015년 한일합의로 인하여 피해자의 인간으로서 존엄과 가치가 침해되었다면서 헌법소원을 제기했다. 이에 헌법재판소는 '한일합의가 법적 구속력 있는 조약에 해당하지 않아 피해자의 권리 의무에 영향이 없다'며 원고의 청구를 각하하였다.[15] 이 같은 헌법재판소의 결정은 2015년 한일합의가 위안부 피해자의 손해배상청구권 등 권리 행사의 영향을 받지 않는다는 취지를 담고 있다. 즉, 2015년 한일합의에 따라 일본군 위안부 피해자의 법적 지위에는 변화가 없으며, 따라서 배상청구권 등 기본권이 침해될 우려가 없다는 판단이었다.

#### (2) 2015년 한일합의로 인한 피해자의 정신적 손해배상청구권 존부

일부 피해자들은 2016년 8월, "2015년 한일합의로 인하여 피해자들이 일본에 대한 배상청구 등 권리행사에 어려움이 발생하였다."면서 피고 국가를 상대로 손해배상을 청구하였다.[16] 항소심 재판부는 "대한민국은 2015년 12월 28일 한일합의가 국제 사회의 보편적인 원칙에 위배하고 피해자 중심주의 원칙에 반한 것으로 원고들이 고통을 겪었다는 점을 인정한다. 2015년 한일합의가 진정한 해결이 될 수 없음을 분명히 한다. 향후 피해자의 존엄과 명예를 회복하기 위한 대내외적 노력을 계속할 것"이라고 조정을 갈음한 결정을 하였고 피고 대한민국은 법원의 조정결정을 받아들였

---

15 "합의는 헌법이 규정한 조약체결 절차를 거치지 않았다. 또한 합의 내용상 합의의 효력에 관한 양 당사자의 의사가 표시되어 있지 않을 뿐만 아니라, 구체적인 법적 권리 · 의무를 창설하는 내용을 포함하고 있지도 않다." 헌법재판소 2019. 12. 27. 2016헌마253 결정.

16 1심 재판부는 "일본에 대한 배상청구는 한일합의에 '최종적이고 불가역적으로 해결되었다'는 표현 때문에 더욱 악화되었다. 그러나 이러한 사정만으로 피고인이 이 사건 '위안부' 협정을 체결한 행위는 위법한 행위로 볼 수 없다"며 청구를 기각하였다. 서울중앙지방법원 2018. 6. 15. 선고 2016가합552135 판결.

다.[17] 이는 피고 대한민국 정부가 2015년 한일합의가 국제사회의 보편적 원칙에 위배되고 피해자 중심에도 반한다는 점뿐만 아니라, 합의로 인해 피해자들이 겪은 고통을 인정하고 해당 합의가 진정한 해결책이 될 수 없음을 받아들인 것으로 볼 수 있다.

### 2. 2015년 한일합의로 인한 피해자의 일본에 대한 손해배상청구권 제한 여부

2016년 위안부 피해자들은 피고 일본을 상대로 자신들을 기망, 납치, 유괴하여 성노예 생활을 강요한 행위에 대해 국내 법원에 손해배상을 청구하였다. 국내 법원은 2021년 1월과 4월에 서로 다른 판결을 내놓았다. 차례로 살펴본다.

#### (1) 2016가합505092 판결(이하 '1월 판결')

위 합의는 '위안부' 피해자들의 민사상 손해배상청구권의 행사 여부를 대한민국 정부에 위탁한 바 없는 상태에서 이루어진 것으로서, 별도의 위임이나 법령의 규정 없이 개인의 권리를 국가가 처분할 수 없으므로 위 합의에 의하여 원고들의 손해배상청구권이 최종적, 불가역적 해결을 맞았다고 단정할 수 없다.[18]

#### (2) 2016가합580239 판결(이하 '4월 판결')

2015 한일 합의는 그 효력이 부정된다고 보기 어렵고, 위 합의에 따른 급부가 생존 위안부 피해자들 중 상당수에게 현실적으로 이루어진 이상 위 합의의 '정치적 합의'로서의 한계에도 불구하고, 위 합의와 이에 따른 후속조치에 의하여 이 사건 피해자들을 포함한 위안부 피해자들을 위한 대체적인 권리구제수단이 마련되었다는 것 자체를 부정하기는 어렵다.[19]

---

17 서울고등법원, 2019. 12. 26. 2018나2036050 조정을 갈음하는 결정.

18 재판부는 일본국이 일본제국의 불법행위로 원고에게 정신적 고통을 배상할 의무가 있다고 판결하였다. 서울중앙지방법원 2021. 1. 8. 선고 2016가합505092 판결.

19 서울중앙지방법원 2021. 4. 21. 선고 2016가합580239 판결.

1월 판결은 2015년 한일합의에 의해 위안부 피해자들의 개별 배상청구권이 제한되지 않는다고 보았으나 4월 판결은 2015년 한일합의가 "'정치적 합의'로서 실체법적인 효과가 발생하였다고 볼 수는 없다."면서도 합의에 따른 급부가 현실적으로 이루어졌기에 '2015년 한일합의가 위안부 피해자의 개별 손해배상청구권의 대체적 권리수단으로 유효하다'고 판단하였다. 그러나 급부를 받지 못한 피해자들에게까지 그 합의의 효력이 미치기 위해서는, 2015년 한일합의가 정치적 합의가 아닌, 법적 구속력을 지닌 조약이어야 한다는 전제가 필요하다. 따라서 4월 판결은 2015년 한일합의가 정치적 합의라고 규정하면서도, 일부 피해자에 대한 급부 이행 사실을 근거로 모든 피해자에게 법적 구속력이 미치는 것처럼 판단함으로써, 정치적 합의에 사실상의 법적 효력을 부여하는 논리적 모순을 낳고 있다.

4월 판결과 같이 각국 법원이 인권 규범을 집행하기 위해 제기된 정당한 청구를 받아들이지 않거나 집행을 거부한다면, 조약과 국제관습법의 의무를 위반할 위험이 있다. 국제사법재판소(이하 ICJ)의 독일 대 이탈리아 사건(Germany v. Italy: Greece intervening, 2012년 판결)에서 Trindade 판사는 다음과 같이 말한다.

> 국가는 원한다면 자신의 권리에 대한 청구권을 포기할 수 있다. 그러나 인간에게 본질적으로 속하는 권리, 즉 자신들의 것이 아닌 중대한 권리 침해에 대한 배상 청구권을 포기할 수 없다. 이러한 포기 시도는 국제 공공질서(international ordre public)에 위배되며, 강행규범(jus cogens)을 위반하는 것이다.[20]

위의 Trindade 판사의 말처럼 국가는 자신의 고유권리인 외교권에 대

20 "이는 국제법의 '건국자들'(the founding fathers of the law of nations, 즉 droit des gens, jus gentium)의 시각과 부합하며, 현대 국제법 사상의 흐름과도 일치한다. 인간의 고통 위에, 망각 속으로 사라지도록 내몰린 무고한 이들의 침묵 위에, 국제법 질서를 유지하려 해서는 안 된다." Judge Cançado Trindade, *Dissenting Opinion, Jurisdictional Immunities of the State* (*Germany v. Italy: Greece Intervening*), ICJ Reports 2012, para. 72

하여는 포기할 수 있으나 자신의 권리가 아닌 위안부 피해자의 청구권을 대신 포기할 수도, 포기할 권리를 가지지도 못한다. 결국 인권 규범이 효력이 있으려면, 피해자의 배상청구권을 인정하여야 한다.[21]

## Ⅳ. 위안부 피해자의 배상청구권과 국가 면제

국가 면제는 한 국가가 다른 국가의 재판 관할권으로부터 면제되는 원칙으로, 오늘날 국제법의 논쟁적인 주제 중 하나이다.[22] 19세기 초 모든 국가 행위에 대해 면제가 인정되는 절대적 국가 면제로 이해되었으나 국가 공권력 행위(acta jure imperii)에 대해서만 국가 면제가 적용되고 사적 또는 상업적 활동에서 국가 행위(jure gestionis)에 대해서는 타국가의 재판 관할권이 인정되는 상대적 국가 면제로 발전해왔다.[23] 오늘날에는 학살, 고문 등 비인도적 범죄를 금지하는 강행규범의 위반에 대하여도 국가 면제를 적용할 것인가가 쟁점으로 떠올랐다.

### 1. 국가 면제에 의해 위안부 피해자의 배상청구권을 배척할 수 있는지 여부

#### (1) 1월 판결

이 사건 행위는 일본제국이 국제규범을 위반하여 저지른 계획적이고 조직적이며 광범위한 반인도적 범죄로서 당시 일본제국이 불법적으로 점유하고 있던 한반도에서 조선인 원고를 상대로 저질러진 것이므로, 이 사건 행위가 국가의 주권적 행위라 할지라도 국가면제는 적용될 수 없으며, 대한

---

21 "국제인권법은 공정과 정의에 대한 우리 공동체의 근간이 되는 핵심 규범을 규정하고 있다." Beth Van Schaack, "In Defense of Civil Redress: The Domestic Enforcement of Human Rights Norms in the Context of the Proposed Hague Judgments Convention," *Harvard International Law Journal*, Vol. 42, No. 1 (Winter 2001), at 199-200.

22 Marco Longobardo, "State Immunity and Judicial Countermeasures", 32 *Eur. J. Int'l L.* 458 (2021).

23 Vessela Terzieva, 국가면제와 피해자의 법정 접근권, 배상, 진실, 『국제형법연구』 22 800 (2022), 782-783면.

민국 법원이 피고인에 대한 재판을 할 관할권을 가진다고 결론짓는 것이 합리적이다.

(2) 4월 판결

'법정지국 영토 내 불법행위' 또는 '강행법규 위반 행위'에 해당하는 그러한 행위가 주권적 행위라 하더라도 국가 면제가 인정될 수 없다는 것이 일반적인 관행에 이를 정도로 각국의 입법 또는 판결 등 개별 국가들의 실행에 의하여 뒷받침된다고 보기 어려우므로, 현 시점에서 국가 면제에 관한 국제 관습법은 여전히 97다39216 전원합의체 판결에서 선언한 바와 같이 국가의 주권적 행위는 다른 국가의 재판권으로부터 면제된다.

위와 같이 1월 판결은 주권행위에 해당하더라도 반인도적 범죄에 대해서는 국가면제를 적용할 수 없다는 판단인 반면, 4월 판결은 주권행위로 현재 국제관습법에 따라 국가면제를 적용하여 원고의 청구를 각하하였다.

## 2. 무력 충돌을 수행하는 과정에서 외국 군대가 점령 국가의 영토에서 저지른 행위인가?

(1) 1월 판결

국가면제 이론에서는 '무력분쟁(전쟁) 수행 중'에는 예측 불가능한 손해 발생이 예정되어 있으므로 이때에 행하여진 행위에 대하여는 재판권이 면제되어야 한다고 보고 있으나, 태평양전쟁의 전선은 중국, 동남아시아, 남양군도 등이었고 당시 한반도는 전쟁의 장소가 아니었다. 따라서 일본제국이 '위안부' 동원을 위하여 원고 등을 기망, 납치, 유괴한 행위는 '무력분쟁 수행과정 중'에 발생한 것이라고 보기도 어렵다.

(2) 4월 판결

이 사건은 현행 국제관습법에 관한 ICJ의 명시적인 판단을 담고 있으며, 이 사건 ICJ 판결의 다수의견은 '무력충돌 중 점령 국가의 영토 내에서의 불법행위'의 요건을 충족하므로 피고에 대한  국가 면제가 인정된다. 이

행위의 시기와 목적에 비추어 볼 때, 위 법리에서 제시하는 '무력충돌 과정에서 행해진 행위'에 해당한다.

일본제국이 '위안부' 동원을 위하여 원고 등을 기망, 납치, 유괴한 행위를 1월 판결은 당시 한국은 일본의 식민지이어서 '무력분쟁 중'에 행위로 보지 않은 반면, 4월 판결은 '무력충돌 중'에 발생하여 국가 면제가 된다고 판단하였다.

### 3. ICJ의 Germany v. Italy 판결과의 비교

4월 판결은 국제사법재판소(ICJ)의 2012년 Germany v. Italy 판결을 따르고 있으므로, 해당 판결의 내용을 검토할 필요가 있다. ICJ는 국가면제를 인정하면서, 이탈리아 법원이 독일에 대해 재판 관할권을 행사한 것은 국제법 위반이라고 판단하였다.[24] 2004년에 채택된 '국가 및 그 재산의 관할권 면제에 관한 국제연합협약(유엔 국가면제협약)' 제12조는, 다른 국가의 영토 내에서 생명·신체 또는 재산에 손해를 발생시킨 행위에 대해 국가면제 적용을 제한하는 조항이 있다.[25] ICJ는 독일과 이탈리아가 모두 협약의 당사국이 아니므로 제12조를 적용할 수 없으며, 나아가 해당 조항은 국제관습법으로도 확립되지 않았다고 판단하였다. 또한 제12조는 평시에 발생한 민사상 불법행위에 국한되며, 제2차 세계대전과 같은 '무력충돌 중 발생한 행위는 국가의 공권력 행위(acta jure imperii)'로 보아 국가면제가 적용된다고 판시하였다.[26]

Germany v. Italy에 나타난 Ferrini 사건을 살펴본다. 피해자 Ferrini가 체포된 후 독일의 통제 하에 군수공장에서 강제노역을 한 경우로서, 가해행위가 피소국 이탈리아에서 이루어지지 않았기 때문에, 제12조 국가면제

---

24 Ben Love, "International Court of Justice: Jurisdictional Immunities of the State (Germany v. Italy: Greece Intervening)", *International Legal Materials*, Vol. 51, No. 3 (June 2012), pp. 566-569, Cambridge University Press, published January 20, 2017.

25 유엔 국가면제협약(United Nations Convention on Jurisdictional Immunities of States and Their Property) 제12조.

26 ICJ, Germany v. Italy, Judgment, 2012 I.C.J. 99, para. 27.

의 예외 규정을 충족하지 못한다. 그러나 일본군의 '위안부' 피해자 사건의 경우, 일본은 현재 가입국이고 기망, 유인, 납치, 유괴 등의 가해행위가 한국 영토 내에서 이루어졌고, 가해자인 일본군 및 관련자가 당시 한국에 주둔해 있었다는 점에서, 제12조의 적용 가능성이 있다.

또한 '무력충돌 중 행위인지'에 관하여, ICJ 사건은 제2차 세계대전 말기(1944-1945년)에 발생하여 무력분쟁 중으로 보는 데 무리가 없으나, 위안부 피해자 사건의 경우, 한국은 당시 일본의 식민지였고 국제적으로 교전 당사국이 아니어서, '무력충돌 중 불법행위'로 보는 데에 한계가 있다. 무력충돌 중 국가 면제의 인정 취지는 예측할 수 없는 전시 상황 속에서 발생하는 손해에 대해 국가의 공권력 행위로 인정하기 위함이다. 그러나 '조선의 어린 여성을 성노예로 강제한 일본의 행위'는 조직적이고 계획적 범죄로 무력분쟁 중 발생한 예측 불가능한 피해로 보기 어렵다.

## 4. 국가면제에 관한 세계 각국 사법부의 동향

앞서 본대로 2012년 ICJ는 전쟁 범죄에 대한 배상 청구를 판결하기 위해 국가 면제에서 제외할 수 있다는 이탈리아의 주장을 기각하였다. 그러나 2014년 이탈리아 헌법재판소는 전쟁 범죄 및 반인륜 범죄와 관련하여 국가 면제에 관한 국제관습법이 이탈리아 법질서에 적용될 수 없다고 선언하면서 전쟁범죄 및 중대한 인권을 침해하는 반인도적 범죄에 대해 재판 관할권을 인정하지 않는 것은 위헌이라고 판단하였다.[27]

전쟁 범죄 및 반인도적 범죄에 관하여 국가면제를 적용할 것인지는 2001년 유럽인권재판소(ECHR)의 Al-Adsani v. United Kingdom 사건에서부터 본격적으로 공론화되기 시작하였다.[28] 유럽인권재판소는 고문 금지가

27 2014년 10월 22일, 이탈리아 헌법재판소는 1957년 유엔 헌장 비준법에 대해 위헌을 선언했다. 재판소는 국제사법재판소(ICJ)가 2012년에 내린 판결 중, 전쟁범죄 및 반인도적 범죄에 대한 외국 국가의 재판 관할권을 포기하도록 요구하는 부분이 불가침의 인권을 침해한다고 보았다. 헌법재판소는 이러한 규칙이 국제법에는 존재하지만, 이탈리아 법질서의 근본 원칙에 반하므로 헌법에 따라 국내법으로 수용할 수 없다고 설시하였다. Italian Constitutional Court, Judgment No. 238/2014, 22 October 2014.

28 영국과 쿠웨이트 이중국적자인 술라이만 알-아드사니(Sulaiman Al-Adsani)는 1991년 쿠

국제법상 강행규범이라고 보면서도, "민사소송에서 국가면제를 적용하지 말라는 국제법상 규칙은 찾아볼 수 없다"면서 유럽인권협약 제6조(공정한 재판을 받을 권리) 위반이 아니라고 판단하였다. 그러나 강행규범 위반에 대해 국가면제를 인정하는 것은 인권 보호의 근본 취지를 훼손한다며 다음과 같이 반대 의견이 제기되었다.

> 고문 금지의 법리는 고문 금지를 위반한 것으로 의심되는 국가가 그 행위의 불법성의 결과를 피하기 위해 위계적으로 더 낮은 규칙(이 경우 국가 면제에 관한 규칙)을 발동할 수 없다는 것을 수반한다. 고문금지에 관한 법(jus cogens rule)과 국가 면제 규칙(state immunity rule)의 상호 작용으로 인해, 국가 면제의 절차적 기준은 자동으로 해제되는데, 이는 이러한 규칙들이 위계적으로 더 높은 규칙과 충돌하기 때문에 어떠한 법적 효력도 발생하지 않기 때문이다.[29]

또 다른 반대 의견으로 "고문금지 원칙은 강행규범으로(jus cogens)이며, 고문은 국제법상 범죄임을 선언하였다. 모든 국가는 고문의 처벌에 기여할 의무를 지니며, 형식주의적인 논리 뒤에 숨어서 판단을 회피해서는 안 된다."는 주장이 제기되었다. 또한 "민사책임에 관하여 예외를 허용하는 것은 법을 희화화하는 것"이라는 비판이 이어졌다.[30]

학살, 고문 등 중대한 인권유린행위를 금지하는 강행규범(jus cogens)에 대해 국가면제를 적용할 수 있는지에 대한 논쟁은 2012년 ICJ의 Germany v. Italy 사건에서 다시 첨예화되었다. Cançado Trindade 판사는 심각한 인권

---

웨이트에서 심한 고문을 당했다. 그는 영국 법원이 쿠웨이트 정부에 국가 면제를 부여한 것은 고문 금지 강행규범을 위반한 것이라고 주장하며 유럽 인권 재판소에 소송을 제기했다(Al-Adsani 대 영국. no. 35763/97, ECHR 2001).

29 European Court of Human Rights (ECHR), Al-Adsani v. the United Kingdom, Application No. 35763/97, Dissenting Opinion of Judges Rozakis and Caflisch (joined by Judges Wildhaber, Costa, Cabral Barreto, and Vajić), Judgment of 21 November 2001, para. 3.

30 Dissenting Opinion of Judge Ferrari Bravo, 루케이데스 판사 역시 "고문 금지의 절대적 성격에 비추어 볼 때, 고문 피해자의 배상 청구에 대해 국가 면제의 개념에 성공적으로 의존할 수 있도록 허용함으로써 민사 책임에 관한 예외를 허용하는 것은 법을 희화화하는 것"이라고 밝혔다. Dissenting Opinion of Judge Loucaides.

침해와 국제범죄에 국가면제가 적용될 수 없다며 다음과 같이 비판하였다.

> 국제법 질서를 위태롭게 하거나 불안정하게 만드는 것은 피해자들의 정의 추구를 위한 개별 보상 청구가 아니라, 바로 국제범죄 그 자체이다. 국제범죄를 은폐하고 그 가해자에게 면책을 주는 것이야말로 국제법 질서를 혼란에 빠뜨리는 행위이다. **한 국가가 자국민 및 타국 국민의 일부분을 조직적으로 학살하는 범죄적 정책을 추진한 후, 이후에 국가면제라는 방패 뒤에 숨을 수는 없다.** 국가면제는 본래 그런 목적으로 설계된 것이 아니기 때문이다. 인권과 국제인도법에 대한 중대한 침해, 즉 국제범죄는 결코 공권력 행위(jure imperii)가 아니며, 이는 법에 반하는 행위(anti-juridical acts)이며, 강행규범(jus cogens)의 위반이다.[31]

위와 같이 강행규범(jus cogens)의 중대한 위반에 대해서는 국가면제를 인정해서는 안 된다는 2012년 ICJ의 소수 의견(반대의견)은, 2014년 이탈리아 헌법재판소의 위헌 결정에서 현실적으로 반영되기 시작하였다. 이어 2021년 8월 23일 브라질 연방대법원은 Changri-lá 사건에서, "외국이 자국 영토 내에서 인권을 침해하는 불법행위를 저지른 경우에는 국가면제를 인정할 수 없다"고 판결하였는데 한 나라의 최고 법원이 2012년 ICJ 다수 의견과 반대되는 판결을 한 첫 사례로 꼽힌다.[32]

현재 세계 각국 사법부는 국가 면제를 인정하지 않는 판결을 내놓고 있다.[33] 이는 "국가면제를 이유로 피해자의 정의 실현을 차단할 수 없다"는

---

31 "이러한 행위를 단순히 국가면제를 이유로 지우거나 망각 속에 묻어둘 수는 없다. 그렇게 되면 정의에 대한 접근이 차단되고, 면책이 유지된다. 오히려 반대의 결과가 발생해야 한다. 즉, 강행규범(jus cogens) 위반은 국가면제의 적용을 제거하는 결과를 초래해야 하며, 이를 통해 정의가 실현될 수 있어야 한다." Judge Cançado Trindade, *Dissenting Opinion, Jurisdictional Immunities of the State (Germany v. Italy: Greece Intervening)*, ICJ Reports 2012, para. 129.

32 이 사건은 1943년 7월, 독일군 U-199 잠수함이 브라질 리우데자네이루 인근 해상에서 브라질 어선 Changri-lá 침몰시켜 어부 10명 사망하였다. 브라질 피해자 유족들이 브라질 법원에 독일을 상대로 손해배상을 청구하였다. Julian arato, "International Decisions", *The American journal of international law* vol 117, No 2 309(2023)

33 Changri-lá 사건 외에도 2022년 4월 14일 민사상고법정(CCC)의 판결(사건번호 308/97 08/19)에서, 우크라이나 최고법원은 2014년 러시아-우크라이나 전쟁 발발 이후, 자국 우크라이나 법원이 러시아 연방의 무력 침공으로 인해 발생한 피해에 대한 손해배상소송을

국제법의 흐름을 반영하며,[34] 2012년 ICJ 판결 이후 실질적인 국제 사법의 진화를 나타내는 신호로 볼 수 있다. 우리 대법원도 "절차법의 미비로 인해 실체법상의 권리나 질서가 훼손되거나 왜곡되어서는 안 된다."고 판시한 바 있다.[35]

## Ⅴ. 결론

1991년, 피해자 김학순 증언을 통하여 위안부 피해 사실이 수면 위로 떠오른 지 34년이 지났다. 문재인 정부는 2015년 한일합의가 정치적 합의라며 문제 해결을 위해 노력하겠다고 밝혔다. 그러나 윤석열 정부는 2015년 한일합의를 인정하였다. 한 법원은 국가면제의 예외로 보아 일본이 손해배상책임을 진다고 판결했고, 다른 법원은 국가면제에 해당하므로 재판 관할권이 없다고 판결했다.

국가가 자행한 살인, 강간, 고문 등 중대한 인권유린행위에 대해 국가면제가 부여되면 국제사회의 공동이익이 위협받고 국가간 우호관계가 훼손될 수 있다. 만약 어떤 국가가 강행규범(jus cogens)을 위반한다면, 그 국가는 국제사회가 스스로 정한 경계선 밖에 있는 것이므로 국가면제의 예외에 해당한다.

---

심리할 권한이 있다고 판단하였다. Collection of Scientific Materials of the XC International Scientific and Practical Internet Conferences, *Development of Science in the Conditions of Martial Law*, May 20, 2022, p. 170; 영국 고등법원 또한 사우디 정부가 영국 내에서 피해자에게 저지른 감시 및 암살 시도는 국가면제를 적용할 수 없다고 보았다. Masarir v. KSA Judgement (2022) EWHC 2199 (QB).

34 로렐 E. 플레처(Laurel E. Fletcher)는 "과도기적 정의가 잘못을 저지른 국가를 찾아내지 못함으로써 해악을 끼친다. 그것은 대중의 고통을 주권(sovereignty)이라는 거짓 베일로 덮는다."며 국제 범죄의 책임 있는 국가들이 국가면제를 사유로 책임을 회피하려는 데에 문제를 제기한다. Laurel E. Fletcher, "A Wolf in Sheep's Clothing? Transitional Justice and the Effacement of State Accountability for International Crimes", 39 *FORDHAM INT'l L.J.* 529-531(2016).

35 "절차법은 실체법상의 권리와 상태를 가장 잘 구현하도록 구축되고 해석되어야 한다. 절차법은 실체법질서를 구현하는 수단으로서 의미를 갖기 때문이다." 대법원 2018. 10. 18. 선고 2015다232316 판결 참조.

2015년 한일합의는 구속력이 없는 정치적 합의였기 때문에 위안부 피해자의 배상청구권을 제한할 수 없다. 위안부 피해자를 강제 동원하여 성노예를 강요하는 등의 행위는 중대한 인권침해 및 반인도적 범죄로 강행규범 위반에 해당하여 국가면제를 적용할 수 없다.

권리의 침해에 관하여 회복이 허용되지 않는다면, 그 침해는 처벌받지 않고 반복될 것이며, 잘못된 것은 옳은 것으로 간주될 것이다. 그것을 직면하고 다루지 않는다면, 그릇된 것은 옳은 것과 같은 위치에 서게 될 것이다.[36]

2018년, 논문 '위안부피해자 손해배상청구소송에서의 법적 쟁점논의'를 게재할 때 위안부 피해자 중 생존자는 28명이었다. 현 2025년, 생존자는 6명이다.[37]

---

36 Beth Van Schaack, *supra* note 21, at 141.

37 양현아 교수님 없이는 젠더법학의 시작도, 현재도 설명할 수 없습니다. 앞서 시대를 읽고, 학문으로 실천하신 교수님께 존경을 보냅니다.

# 9. 일본군'위안부' 피해자 소송을 통해 본 국제인권법과 피해자 권리 : 국가면제 법리의 한계를 넘어선 법정 투쟁의 발자취

이 상 희 (법무법인 지향 변호사 ·
민주사회를 위한 변호사 모임의 일본군 '위안부' 문제 TF 단장)

## Ⅰ. 서론

한국 사회 과거사청산 운동의 중심에는 일본군 '위안부' 피해자들의 끈질긴 투쟁이 자리하고 있다. 이들의 노력은 단순히 과거의 아픔을 치유하는 것을 넘어, 국제인권법의 발전에 기여하고 피해자 권리의 새로운 지평을 여는 중요한 계기가 되었다. 특히 일본군 '위안부' 피해자들이 일본국을 상대로 제기한 손해배상 소송은 국제법상 '국가면제'(State Immunity) 법리의 한계에 도전하여 피해자들의 인권 보장을 최우선으로 하는 진일보한 판결을 이끌어 냈다는 점에서 한국 인권운동의 가장 선도적인 사례로 평가할 수 있다.

이 글은 일본군 '위안부' 피해자들의 인권 회복을 위한 여정을 국내외 법정 투쟁의 관점에서 조명하고, 피해자 권리의 실현을 가로막았던 국가면제 법리가 일본국을 상대로 한 소송에서 어떻게 극복되었는지를 분석하고자 한다. 이를 통해 '피해자 인권'이라는 넓은 주제 아래 국가면제 논리가 인권 중심의 가치와 조화를 이루며 실질적 정의 실현을 어떻게 가능케 하는지를 살펴볼 것이다.

## Ⅱ. 일본군 '위안부' 문제 해결을 위한 국제적 노력과 국내 소송의 배경

### 1. 일본군 '위안부' 피해와 국제인권: 정의와 인간으로서의 존엄을 회복하기 위한 투쟁의 시작

일본군 '위안부' 문제는 일제강점기 일본군에 의해 자행된 반인도적 범죄이자 조직적인 성노예제이다. 당시 조선을 비롯한 아시아 각국의 수많은 여성들은 강제로 동원되어 성폭력과 착취에 시달렸으며, 이로 인해 신체적·정신적으로 회복 불가능한 상처를 입고 인간으로서의 존엄성을 심각하게 침해당했다. 이들의 피해는 단순한 개인의 고통을 넘어, 전시 성폭력이라는 인류 보편의 인권 문제이자 국제형사범죄에 해당한다.

해방 이후 수십 년간 침묵 속에서 고통 받던 피해자들은 1990년대 초부터 용기를 내어 세상 밖으로 나와 자신들의 경험을 증언하기 시작했다. 1991년 고(故) 김학순 할머니의 공개 증언을 시작으로 다른 피해자들도 차례로 용기를 내어 '위안부' 문제의 실상을 알렸다. 이는 한국 사회는 물론 국제사회에 큰 충격을 주었으며 그동안 묻혀 있던 역사를 수면 위로 끌어올리는 중요한 계기가 되었다. '정신대문제대책협의회'(현 일본군성노예제 문제해결을 위한 정의기억연대)와 같은 시민사회단체들은 피해자들의 목소리를 모으고 수요시위와 같은 상징적인 행동을 통해 문제 해결을 위한 국내외 연대 활동을 펼쳤다.

이들의 투쟁은 단순히 개인적인 피해 구제를 넘어, 전쟁 범죄와 반인도적인 범죄에 대하여 '사죄란 무엇인가'라는 근본적인 질문을 던지며 가해국의 책임을 묻는 인권 운동으로 발전했다. 피해자들은 지난 30년 이상 일본 정부에 사실 인정, 진상 규명, 공식 사죄, 법적 배상, 역사 교육, 추모비 및 사료관 건립, 책임자 처벌 등을 지속해서 요구해왔다. 이러한 요구사항들은 2005년 12월 16일 유엔 총회에서 결의된 '국제인권법의 중대한 위반 행위와 국제인도법의 심각한 위반 행위의 피해자들을 위한 구제 및 배상의 권리에 관한 기본원칙과 가이드라인'(이하 '피해자 권리 기본원칙'이라 한다)[1]에서 정한 실효적인 권리 구제의 내용과 일치하는 것이었다.

## 2. 유엔을 중심으로 한 국제사회의 노력

피해자들의 외침은 개인의 피해를 넘어선 인류 보편의 인권 문제로 국제사회에 인식되기 시작했다. 유엔 인권조약 기구와 국제노동기구(ILO) 등 국제기구들은 일본군 '위안부' 문제를 인권 침해로 규정하고 일본 정부에 책임 있는 조치를 촉구했다.

1992년 4월 개최된 제44차 유엔인권소위원회 산하 '현대형 노예제 실무회의'에서 일본군 '위안부' 문제가 처음으로 공식 제기되었다. 1996년 1월 개최된 제52차 유엔인권위원회에 라디카 쿠마라스와미(Radhika Coomaraswamy) 여성폭력문제 특별보고관의 보고서(전시의 군사적 성노예 문제에 관한 조선민주주의 인민공화국, 대한민국 및 일본 파견 조사 보고서 E/CN.4/1996/53/Add.1)가 제출되어 일본군 '위안부' 문제의 심각성을 국제사회에 알렸다. 1998년 8월 개최된 유엔 인권소위원회에서 특별보고관 게이 맥두갈(Gay J. Macdougal)이 '전시 하의 체계적인 강간과 성노예, 성노예 유사 관행에 관한 최종보고서(E/CN.4/SuB.2/1998/13)'를 제출하여 일본군 '위안부' 문제가 전시 성노예제임을 분명히 했다.

유엔 여성차별철폐위원회도 1994년 1월 제13차 회의에서 일본 정부의 보고서를 심의한 결과 '위안부' 생존 피해자들에게 배상할 책임이 일본 정부에 있다고 지적하였으며, 이후 여러 차례에 걸쳐 일본 정부에 책임 이행을 지속해서 촉구해 왔다.

유엔을 무대로 한 이러한 활동은 일본군 '위안부' 문제가 단순한 과거의 역사가 아니라, 현재에도 유효한 국제인권 문제임을 분명히 하는 데 결정적인 역할을 했다.

1 Basic Principles and Guidelines on the Right to a Remedy and Reparation for Victims of Gross Violations of International Human Rights Law and Serious Violations of International Humanitarian Law.

### 3. 국내 소송의 배경

일본 정부는 법적 책임을 외면하며 피해자들의 요구를 지속해서 묵살했다. 1965년 한일 청구권협정을 통해 모든 배상 문제가 해결되었다고 주장하며 피해자 개개인의 배상청구권 존재 자체를 부인했다.

일본군 '위안부' 피해자들은 일본에서 4차례 손해배상청구 소송을 제기하였으나 모두 패소하였다. 일본 법원은 '국가무답책임의 법리' 또는 제척기간 경과 등을 이유로 피해자들의 청구를 최종적으로 기각하였다. 그 후 일본 최고재판소는 니시마쓰 건설 중국인 강제동원 피해자가 제기한 손해배상청구 소송에서 청구권협정 등 샌프란시스코 평화조약의 후속 조치로서 체결된 평화조약 또는 배상협정에 명시된 '청구권의 포기'는 실체적 권리의 소멸이 아니라 소구권, 즉 소송을 제기할 수 있는 권리의 포기를 의미한다고 판시하였다(최고재판소 2007. 4. 27. 선고 2004년 (受)). 위 최고재판소의 판결은 이후 한국인 피해자들이 제기한 소송에서도 같은 기준으로 원용되었다. 예컨대 나고야 미쓰비시 중공업의 근로정신대 피해자들이 제기한 소송의 항소심(나고야고등재판소 2007. 5. 31. 선고)과 후지코시 근로정신대 피해자들이 제기한 1심 소송(도야마지방법원 2007. 9. 19. 선고)에서, 피해자들은 소구권이 소멸하였다는 이유로 패소하였다. 일본 최고재판소의 판결은 실질적 인권 침해에 대한 사법적 구제를 봉쇄하는 결과를 초래하였다. 그 결과 일본군 '위안부' 피해자들 또한 일본 내에서 법적 구제를 받을 수 없게 되었다.

한편, 피해자들은 한국정부에 일본군 '위안부' 문제의 해결을 촉구하였다. 헌법재판소도 2011년 8월 30일 외교부가 일본국에 의해 자행된 조직적이고 지속적인 불법행위에 의하여 인간의 존엄과 가치를 심각하게 훼손당한 자국민들의 배상청구권이 실현되도록 협력하고 보호할 의무가 있다고 보고 '대한민국과 일본국 간의 재산 및 청구권에 관한 문제의 해결과 경제협력에 관한 협정' 제3조에 따라 분쟁해결의 절차로 나아갈 의무가 있다고 판단하였다(헌법재판소 2011. 8. 30.자 2006헌마788 결정). 그러나 한국정부는 2025년 12월 28일 피해자들의 의견도 수렴하지 않고 한일 외교장관 기자회견을 통해 일본 정부의 법적 책임도 묻지 않은 채 일본군 '위안부' 문제에 대하여 타결을 선언하였다.

이에 피해자들은 절박한 심정으로 한국 사법부의 문을 두드려 법적 책임을 묻는 소송을 제기하게 되었다. 이 소송은 고령의 피해자들에게는 법정에서 일본국의 책임을 묻는 처음이자 마지막 기회였으며, 단순히 금전적 배상을 넘어 자신들의 존엄을 회복하고 역사적 정의를 바로 세우고자 하는 피해자들의 간절한 염원이 담겨 있었다.

일본 정부는 소송절차에서도 피해자들을 철저히 외면하였는데 소송 서류의 송달을 의도적으로 회피하며 재판 절차를 방해했을 뿐 아니라 소송에 직접 대응하기보다는 주권면제 원칙을 내세워 한국 정부를 상대로 소송 각하를 주장하였다.

## Ⅲ. 소송 경위와 법원 판결의 의미

### 1. '피해자 인권'의 관점에서 바라본 국가면제 법리의 발전

일본군 '위안부' 피해자들이 한국 법원에 제기한 소송은 총 3건이다. ▲ 1차 소송은 나눔의 집에 거주하시던 피해자들이 제기한 것이다. 피해자들은 2013년 8월 13일 서울중앙지방법원에 조정신청을 하였는데 법원이 2015 한일 외교장관 기자회견 이후 조정 절차 없이 소송에 회부하였다. 피해자들은 2021년 1월 8일 승소하였다(서울중앙지방법원 2016가합505092 판결). ▲ 2차 소송은 1차 소송에 참여하지 않은 피해자들이 2015년 한일합의 이후인 2016년 12월 28일 서울중앙지방법원에 제기한 것으로, 1심에서는 패소하였으나(서울중앙지방법원 2016가합580239 판결) 항소심에서 승소하였다(서울고등법원 선고 2021나2017165 판결). ▲ 3차 소송은 피해자 유족 한 명이 2024년 1월 27일 청주지방법원에 제기한 사건으로 2025년 4월 25일 승소하였다(청주지방법원 2024가단52192 판결).

이들 소송은 단순한 민사적 배상을 넘어서, 일본군 '위안부' 피해자들이 일본국을 상대로 직접 책임을 묻고 정의를 구하기 위한 역사적·법적 투쟁이었다. 그러나 이 과정에서 피해자들이 직면한 가장 큰 장벽 중 하나가 바로 '국가면제'(State Immunity)라는 법리였다.

국가면제 법리는 전통적으로 국가 주권의 평등 원칙에 기반하여 절대적인 것으로 인식되었다. 하나의 주권국가는 다른 주권국가의 사법권에 복종하지 않는다는 의미의 '동등자는 동등자에 대해 재판권을 가지지 못한다'(Par in parem non habet imperium)는 격언에 따라 하나의 주권국가는 다른 주권국가의 사법권에 복종하지 않는다는 원칙에 기초한다. 따라서 외국 국가는 자국 법원의 관할권 밖에 있으며 외국 법원이 그에 대해 재판권을 행사할 수 없다는 논리가 전통적으로 받아들여져 왔다.

그러나 20세기 후반부터는 국가의 역할이 다양해지고 국제 교류가 증대하면서 국가의 '주권적 행위'(acta jure imperii)와 '상업적 행위'(acta jure gestionis)를 구별하여 상업적 행위에 대해서는 면제를 제한하는 '상대적 국가면제' 이론이 발전해왔다. 이는 국가가 더는 순수한 주권적 행위만을 하지 않게 되면서 나타난 자연스러운 흐름이었다.

국제인도법 또는 국제인권법 침해에 대한 손해배상 청구에 대해 국가면제를 부정하는 것은 여전히 많은 논의가 필요했다. 국가면제의 전통적 범위가 국가의 고유한 주권적 활동에 적용되는 것이었기 때문에, 인권 침해를 주권적 활동으로 볼 것인가에 대한 논란이 있었다.

그러나 다수의 국가들은 이미 국제조약 체결 및 국내 입법을 통해, 불법행위에 대한 손해배상청구의 경우 일정한 요건 아래에 국가면제의 적용을 제한하고 자국 법원이 관할권을 행사할 수 있도록 하는 예외를 인정하고 있다. 예를 들어, 유럽 국가면제협약(ECSI, 1972)은 '법정지국에서 발생한 불법행위(신체 또는 재산 침해)'에 대한 소송을 국가면제의 예외 사유로 규정하고 있으며(제11조), 유엔 국가면제협약(UNCSI, 2004) 또한 아직 발효되지는 않았지만[2] '불법행위의 전부 또는 일부가 법정지국에서 발생한 경우' 등을 예외로 명시하고 있다(제12조). 미국의 Foreign Sovereign Immunities Act

2 협약이 발효되려면 최소 30개국의 비준이 필요한데 아직 그 기준을 충족하지 못했기 때문에 아직 발효되지 않았다.

(1976), 영국의 State Immunity Act(1978), 싱가포르의 State Immunities Act 1979, 캐나다의 State Immunity Act 1982, 말레이시아와 말라위의 Immunities and Privileges Act 1984, 일본의 외국 등에 대한 민사재판권에 관한 법률 2009, 오스트레일리아의 Foreign State Immunities Act 1985 등에서도 상대적 면제이론을 입법화하면서 자국 내에서 발생한 사망이나 상해 등 불법행위에 대해서는 국가면제를 인정하지 않는 방향으로 규정하고 있다. 이처럼 국제적 입법의 흐름은 불법행위에 대한 국가면제의 예외를 점차 확대하고 있다. 이러한 입법이 없는 경우에 대해서까지 국제관습법으로 국가면제의 예외를 인정할 것인지에 대하여 법적·학문적 논의가 계속되고 있는데, 각국의 실행은 자국 내에서 발생한 사망이나 상해 등 중대한 인권침해에 대하여 국가면제의 예외를 인정하는 판결이 선고되고 있다.

국제사법재판소(ICJ)의 2012년 독일－이탈리아 사건 판결은 무력 분쟁 상황에서 발생한 인권 침해에 대해 국가면제를 인정하였는데 이는 국내 법원의 국가면제 예외 인정에 대한 국제법적 근거를 둘러싼 논쟁을 심화시켰다. 제2차 세계대전 중 독일 나치 정권에 의해 저질러진 전쟁 범죄와 인권침해로 피해를 입은 이탈리아인 Luigi Ferrini가 이탈리아 법원에 독일을 상대로 손해배상 소송을 제기하였는데, 1심과 2심은 국가면제 법리를 이유로 각하하였으나 이탈리아 최고재판소는 독일의 행위가 국제법상 강행규범(Jus Cogens)을 위반한 것이므로 이러한 중대한 위반에 대해서는 국가면제가 적용되지 않는다고 판결하였다.[3] 독일은 이탈리아가 국제법상 국가면제 원칙을 위반했다며 2008년 이탈리아를 국제사법재판소에 제소했다. 국제사법재판소는 2012년 2월 3일 다수결(찬성 12, 반대 3)로 독일의 손을 들어주며 이탈리아가 국제법상 국가면제 원칙을 위반했다고 판결했다. 국제사법재판소는 무력분쟁 상황에서 발생한 국가의 주권적 행위에 대해서는 일반적으로 국가면제가 적용되어야 하며 국제 강행규범 위반이라고 할지라도 국가면제 원칙에 예외를 인정할 정도의 국제관습법이 아직 확립되지 않았다고 판단

---

3 Ferrini v. Fderal Republic of Germany, Decision of Italian Court of Cassation, Judgement No. 5044, 11 March 2004, para 9.

했다.[4]

그러나 위 국제사법재판소 판결 이후 오히려 여러 국가에서 국제인권법 또는 국제인도법의 심각한 위반행위에 대하여 주권면제가 제한되어야 한다는 판결이 선고되거나 법률이 제정되었다. 후술하는 바와 같이 브라질 최고재판소는 2021년 8월 23일 독일국의 전쟁범죄 책임에 대하여 국가면제 법리를 인정하지 않았고,[5] 우크라이나 대법원도 우크라이나를 침공한 러시아 군과 전투 중 사망한 피해자의 유족이 우크라이나 법원에 제기한 손해배상청구소송에서 2022년 4월 14일 국가면제법리에 따라 재판관할권이 없다는 원심 판결을 취소하고 러시아 정부의 손해배상책임을 인정하였다.[6] 이탈리아 역시 1990년대 유고슬라비아 전쟁 동안 인도주의적 임무를 수행하던 군용 헬리콥터가 구 유고슬라비아(현 세르비아 공화국) 공군에게 격추된 희생자의 상속인이 제기한 손해배상청구 사건에서 2015년 10월 29일 국가면제 법리를 배척하고 구 유고슬라비아의 후계 국가인 세르비아 공화국의 손해배상책임을 인정했다.[7] 영국 웨일즈 고등법원도 사우디아라비아 요원에 의해 스파이웨어가 무단으로 설치되고 상해를 당한 인권운동가 Al Masarir가 사우디아라비아 국가를 상대로 제기한 손해배상청구 사건에서

---

4 그 외에도 이탈리아는 자국 영토 내에서 발생한 독일의 불법행위에 대해 국가면제를 인정할 수 없다는 '영토적 불법행위 예외'를 주장했으나, 국제사법재판소는 위 예외가 국가의 일반적인 불법행위에 적용될 수 있지만 무력 분쟁 상황에서 군대의 주권적 활동으로 발생한 피해에는 적용될 수 없다고 판단했다. 그리고 이탈리아는 피해자들이 독일 국내에서나 국제적으로 효과적인 구제 수단을 찾지 못했으므로 이탈리아 법원에서라도 재판을 받을 권리가 보장되어야 한다고 주장했으나, 국제사법재판소는 이탈리아와 독일 사이에 배상 문제에 대한 다양한 협상과 합의가 있었고 특정 피해자 그룹에 대한 배상이 이루어진 점을 고려할 때 피해자들이 완전히 구제받지 못했다 할지라도 '재판청구권이 부정되었다'고 보기는 어렵다는 입장을 취했다. https://www.icj-cij.org/node/103207.

5 브라질 영해 내에서 독일 잠수함의 공격을 받고 침몰한 어선의 피해 유족들이 독일 정부를 상대로 제기한 손해배상청구 소송에서, 브라질 최고재판소는 사법에의 접근(또는 재판청구권)과 국가면제를 비교형량한 뒤 강행규범(또는 법정지국 영역 내에서 인권을 침해하여 이루어진 불법행위)의 경우에 국가면제를 제한해야 한다고 판단하였다. EXTRAORDINARY APPEAL WITH INTERLOCUTORY APPEAL 954.858 RIO(항고부대 특별상고 954.858 리오데자네이루).

6 우크라이나 대법원 사건번호 308/9708/19.

7 Court of Cassation, Criminal Proceedings against Opacic Dobrivoje, Judgement No 43696 of 29 October 2015.

'국가면제법(State Immunity Act 1978) 5조(s 5)[8]는 주권행위와 사적행위(비주권행위)를 구별하여 규정하지 않는다'는 전제하에 사우디아라비아의 불법행위 책임을 인정하였다.[9]

이러한 흐름은 피해자들의 '재판청구권' 또는 '사법접근권'을 보장하고자 하는 국제적인 인권의 흐름과 궤를 같이한다. 일본 최고재판소가 일본군 '위안부' 피해자들의 제소 가능성을 전면 차단한 사례에서 알 수 있듯이 인권 침해 피해자들이 가해국에서 사법적 구제를 받기란 현실적으로 매우 어렵다. 이러한 상황에서 피해자들이 다른 실효적인 구제 수단이 없는 경우 '최후의 수단'으로 외국 사법부에 의존하게 되는 것이며, 이때 법원은 피해자들의 기본권을 보호할 책임이 있다는 인식이 국제사회에서 점차 확산되고 있다.

## 2. 판결의 내용

### (1) 1차 소송과 '피해자 인권'의 획기적 승리

이러한 맥락에서 2021년 1월 18일 서울중앙지방법원의 일본군 '위안부' 피해자 승소 판결은 획기적인 의미가 있다. 서울중앙지방법원은 일본군 '위안부' 피해자 12명이 일본국을 상대로 제기한 1차 손해배상 청구 소송에서 피고 일본국의 불법행위 책임을 인정하고 피해자 1인당 1억 원의 지급을 명하는 획기적인 판결을 내렸다. 이 판결의 가장 중요한 의의는 국제 강행규범(Jus Cogens)을 위반하여 다른 나라의 개인에게 심각한 손해를 입힌 국가가 국가면제 이론에 근거하여 배상을 회피할 수 없다고 판단한 점이다.

---

8 영국 국가면제법 제5조(a.5)는 A State is not immune as respects proceedings in respect of– (a)death or personal injury; or (b)damage to or loss of tangible property, caused by an act or omission in the United Kingdom(외국은 영국 내에서의 작위 또는 부작위로 (a)사망 또는 상해, (b)유체재산에 대한 손해 또는 멸실에 관한 어떤 소송 절차에서 법원의 재판권에서 면제되지 않는다.)고 규정하고 있는데, 법원은 위 규정이 주권행위와 비주권행위를 구별하지 않으므로 주권행위에 의한 불법행위에 대해서도 국가면제의 예외가 인정되며, 불법행위가 모두 영국에서 발생하는 것을 요구하지 않으며 상해의 원인이 영국에서 발생하였으면 그 부분만으로도 외국 국가의 면제를 제한할 수 있다고 판단하였다.

9 Al-Masarir v Kingdom of Saudi Arabia [2022] EWHC 2199 (QB) (19 August 2022), http://www.bailii.org/ew/cases/EWHC/QB/2022/2199.html 참조.

법원은 국제 강행규범 위반에 대해서는 국가면제가 제한되어야 한다는 인권 친화적인 입장을 취함으로써 인권 침해의 중대성을 고려하여 국가면제 법리를 새롭게 해석하였다.

법원은 일본군 '위안부' 동원이 국제 강행규범인 고문금지, 노예금지 등의 원칙을 위반하는 반인도적 행위임을 명확히 인정했다.[10] 이러한 범죄에 대해 국가면제를 인정하는 것은 인류 보편의 가치를 침해하는 결과를 초래하므로 정의와 인권의 실현을 위해 국가면제의 예외를 적용해야 한다는 결론에 도달했다. 법원은 "국가면제 이론은 주권국가를 존중하고 함부로 타국의 재판권에 복종하지 않도록 하는 의미를 가지는 것이지, 절대규범(국제 강행규범)을 위반하여 타국의 개인에게 큰 손해를 입힌 국가가 국가면제 이론 뒤에 숨어 배상과 보상을 회피할 수 있도록 기회를 주기 위하여 형성된 것은 아니다"라고 판시하였다.

### (2) 2차 소송과 국가면제 법리의 예외에 관한 법리 확립

2차 소송의 1심 법원인 서울중앙지방법원 제15민사부(재판장 민성철)는 2021년 4월 21일 국가면제 법리를 적용하여 원고들의 청구를 각하하는 판결을 내렸다. 이는 1차 소송과는 상반되는 결과였다. 1심 재판부는 2012년 ICJ의 독일–이탈리아 사건 판결을 주요 근거로 삼아 국제관습법상 국가면제 예외가 인정되지 않는다고 판단했다. 특히 1심 판결은 2015년 한일합의를 '대체적 권리구제 수단'으로 보아 피해자의 실질적 권리구제를 차단했고, 국제인권조약에 대한 판단도 회피했다. 이는 국가 간 외교 질서를 우선시하며 보편적 인권 보장의 원칙을 심각하게 훼손한 판결이라는 비판을 받고 있다.

그러나 2차 소송의 항소심을 담당한 서울고등법원 제33민사부(재판장 구회근)는 1심 판결을 뒤집고 일본군 '위안부' 피해에 대한 일본국의 불법행

---

10 법원은 구체적으로 헤이그육전협약 제3조, 부속서 제46조, 백인노예매매의 억제를 위한 국제조약, 여성과 아동의 인신매매금지 조약, 국제연맹의 노예협약상 노예해방규정, ILO의 강제노동에 관한 협약, 그리고 일본 구 형법 제226조를 위반하였다고 판단하였다.

위 책임을 인정하며 원고 승소 판결을 내렸다. 2차 소송의 항소심 재판부는 앞서 살펴본 바와 같이 국가면제의 범위에 관하여 현재 실행중인 국제협약과 다수 국가의 입법례, 각 국가의 실행(영국 웨일즈 고등법원 판결, 브라질 최고 재판소 판결, 우크라이나 대법원 판결 등)을 확인한 뒤, 법정지국 영토 내에서 그 법정지국 국민에 대하여 발생한 불법행위에 대하여는 그 행위가 주권적 행위인지의 여부를 묻지 않고 국가면제를 인정하지 않는 내용의 국제관습법이 존재한다고 판단하였다.

항소심에서 원고들은 2012년 국제사법재판소 판결을 무비판적으로 수용할 것이 아니라 국제관습법의 동태적 특성을 고려하여 판단할 필요가 있다고 주장했다. 서울고등법원은 이러한 원고들의 주장을 받아들여, 2012년 국제사법재판소 판결 이후 각국 법원의 국가면제 법리의 실행과 학설의 변화를 면밀히 검토했다. 특히 브라질 최고재판소의 판결과 같이 국가 실행들이 다수 확인되고 있다는 점을 중요하게 고려했다. 즉, 국제관습법이 단순히 고정된 불변의 원칙이 아니라, 인류 보편의 가치와 정의 실현을 위한 시대적 요구에 따라 끊임없이 진화하고 있음을 인정한 것이다.

참고로, 국제사법재판소는 2012년 판결에서 전쟁 피해자가 독일을 상대로 제기한 소송에서 국가면제의 예외가 국제관습법으로 성립되었다고 볼 수 없다고 판단하면서 그 근거로 총 8개 국가의 판결(프랑스, 슬로베니아, 폴란드, 벨기에(1심), 브라질(1심), 세르비아(1심), 이탈리아, 그리스 판결) 중 이탈리아와 그리스만이 국가면제를 부정했고, 나머지 6개국은 국가면제를 인정했다는 점을 들고 있다. 그런데 위 결정에서 인용된 브라질 판결의 경우, 당해 사건의 상고심에서 브라질 최고재판소는 2021년과 2022년 "외국국가가 인권을 침해하여 행한 불법행위는 국가면제를 누리지 않는다"고 판단하여 기존의 하급심 판결을 취소하고 국가면제의 적용을 부정하였다.[11] 우크라이나 대법원도 2014년 우크라이나를 침공한 러시아 군과 전투 중 사망한 피해자의 유족이 우크라이나 법원에 제기한 손해배상청구 소송에서 국가면

---

11 EXTRAORDINARY APPEAL WITH INTERLOCUTORY APPEAL 954,858 RIO(항고부대 특별상고 954,858 리오데자네이루).

제 법리에 따라 재판관할권이 없다는 원심판결을 취소하고 러시아 정부의 손해배상책임을 인정하였다. 이러한 이유로 2012년에는 국가면제를 적용한 나라와 적용하지 않은 나라의 비율이 6:2였다면, 그 이후 5:3으로 변경되었고, 우크라이나 판결까지 고려하면 5:4로 바뀌게 된 것이다.

나아가 한국에서 일본의 국가면제를 인정하지 않은 1차소송의 판결이 일본의 항소 포기로 확정되었고(서울중앙지방법원 2016가합505092 판결), 이탈리아의 헌법재판소도 2014년 국가면제를 적용하는 것이 이탈리아의 헌법질서에 위반된다는 이유로 독일에 대한 국가면제의 적용을 부정하였다.[12] 이러한 각국의 실행을 고려하면, 국가면제에 관한 각국의 실행사례가 점차 (불법행위의 예외 또는 인권의 예외 등을 이유로) 국가면제를 부정하는 쪽으로 나아가고 있음을 알 수 있다.

12 앞서 살펴본 바와 같이 국가면제 법리를 배척한 이탈리아 최고재판소 판결에 대하여 국제사법재판소가 국가면제 법리를 위반하였다고 판단한 뒤, 이탈리아 국회는 국제사법재판소의 판결을 국내법으로 수용하기 위해 동종 사건이 계류하는 법원에 직권으로 관할권 배제를 선언할 것을 의무화하고 확정 판결의 재심사유에 관할권 배제를 추가하는 법률[2013. 1. 14. 제정한 법률 제5호(UN국가면제협약 가입 및 종전 국 내 법률을 수정하는 규정) 제3조]을 제정하였다. 이탈리아 국내법원에서 제2차 세계대전 중 독일제국에 의한 강제억류자 및 그 상속인들의 기본권 침해에 관한 소송은 더 이상 심리할 수 없게 되었다. 그런데 이탈리아 헌법재판소는 위 법률에 대하여, 국가면제의 국제관습법은 인간의 존엄과 가치 및 사법에의 접근권을 근간으로 하는 이탈리아 헌법 질서의 기본적 가치를 침해하는 것으로서 국내법 질서에 수용될 수 없다는 취지의 위헌 판단을 하였다(이탈리아 헌법재판소 No. 238/2014). 이탈리아 헌법재판소는 '국가면제에 관한 국제적 규범의 적합성(compatibility)은 헌법 질서의 기본원칙, 즉 재판에 대한 권리(the right to a judge, 제24조) 및 기본적 인권에 대한 보호의 원칙(제2조 )과 함께 검토하여야 한다. 헌법 제2조는 헌법의 기본원칙으로서 기본적 인권의 불가침성을 보호하는 실체적 조항이고 인간의 존엄성(human dignity)이 중요하다. 헌법 제24조는 인간의 존엄성의 보호장치이고, 개인이 불가침의 권리를 주장하기 위한 사법에 대한 접근권(the right of access to justice)을 보호한다'고 하면서, '헌법재판소는 국가면제의 국제법이 국제법과 기본적 인권을 침해하는 주권적 행위로 간주되는 행위들을 포함하고 있는 한, 국제법이 이러한 중대한 위반행위에 의한 손해배상 청구소송에 대하여 국가면제를 확대하는 한, 헌법 제10조 제1항은 작동하지 않는다고 선언한다.'고 판결하였다.

### 3. 판결의 의미

#### (1) 국가면제 법리의 한계 극복과 인권 중심 접근의 확립

일본국에 대하여 일본군 '위안부' 피해자들에 대한 법적책임을 인정한 판결은 국가면제 법리의 전통적인 해석에서 벗어나 인권 중심적인 시각을 반영했다는 점에서 매우 진일보한 판결로 평가된다. 2012년 국제사법재판소 판결 이후 국제사회에서는 개인의 인권을 보장하는 각 국가의 실행이 늘어나는 추세이다. 서울중앙지방법원과 서울고등법원의 판결은 이러한 국제법의 흐름에 적극적으로 동참하여 인권 예외를 포섭하는 국가면제의 발전 과정에 중요하게 이바지했다. 이는 반인도적 범죄나 중대한 인권침해 사건에서 '국익'이라는 명분으로 인권이 희생되어서는 안 된다는 선언이기도 하다.

특히 2차 항소심 판결에서 주목할 점은 브라질 최고재판소의 판결을 인용하였다는 것이다. 이 판결은 한국의 일본군 '위안부' 피해자 소송이 국제적인 인권 담론과 사법적 실행에 미친 영향을 보여주는 중요한 연결고리가 된다. 브라질 최고재판소는 국제사법재판소의 2012년 판결을 인지하고 있었지만 해당 판결이 유일하거나 최종적인 국제관습법의 해석이 아니라는 태도를 취했다. 브라질 최고재판소는 국제사법재판소 판결 이후 국제사회에서 중대한 인권 침해에 대한 국가면제 예외를 인정하는 새로운 국가 관행과 법적 확신이 형성되고 있음을 강조했는데 그러한 관행 중 하나로 서울중앙지법원의 1차 소송 판결을 들었다. 그리고 대한민국의 2차 항소심 판결은 국가면제의 예외를 인정하는 새로운 국가 관행으로 브라질 최고재판소의 판결을 들었다. 이는 일본군 '위안부' 피해자들의 소송이 특정 국가의 사법적 판단을 넘어 인권 침해에 대한 국가의 책임을 국제적으로 확산시키는 데 이바지했음을 의미한다. 이러한 상호작용은 국가면제 법리가 단순히 고정된 국제관습법이 아니라 각국의 사법적 실행과 국제법의 동태적 특성을 반영하여 끊임없이 진화하고 있음을 시사한다. 이 사건 소송에서 국가면제를 제한하는 것은 강행규범의 우월적 효력을 존중하고 국제사회 공동체 모두에게 타당한 국제공공질서의 보루로서 국제법상 강행규범이 실현하고자 하는 가치를 구현하는 중요한 과정으로 볼 수 있다

(2) 피해자들의 온전한 시민권 취득

법원이 가해국인 일본국의 책임을 명확히 인정함으로써 피해자들은 비로소 자신들이 겪은 고통이 개인적인 불운이 아닌 국가에 의한 중대한 인권 침해였음을 공적으로 확인받고 국가 폭력의 피해자로서 그들의 존엄성을 회복하는 계기를 마련했다. 이 판결은 그동안 주변화되고 목소리를 내기 어려웠던 피해자들이 국가에 의해 구체적인 기본권(재판청구권, 배상청구권 등)을 보장받았다는 점에서, 이들이 사회의 온전한 구성원으로서 마땅히 누려야 할 시민권을 비로소 온전히 취득하고 실현하게 된 중요한 상징적 의미가 있다. 즉, 법적 구제를 통해 피해자들은 자신의 피해가 명백히 '국가적 범죄'였음을 입증하고 국가로부터 보호받아야 할 기본권의 주체임을 공인받음으로써 헌법이 보장하는 시민의 지위와 권리를 온전히 되찾은 것이다.

(3) 피해자 중심주의 확립과 인권의 보편성 재확인

이 판결은 과거사 청산 과정에서 피해자들의 목소리와 권리를 최우선으로 존중해야 함을 다시 한번 확인시켜 주었다. 2015년 한일합의와 같이 피해자의 의사가 충분히 반영되지 않은 합의는 그 정당성을 확보하기 어렵다는 점을 명확히 보여준다. 진정한 사죄는 '피해자 인권'의 관점에서 온전한지를 평가해야 하며 인간의 존엄성에 기초해야 한다는 메시지를 던진다. 이는 유엔 '피해자 권리 기본원칙'의 정신을 충실히 따른 것이다. 피해자들은 과거 식민지 체제에서 '위안부'로 심각한 인권침해를 당했으며, 인권을 회복하는 과정에서도 '한일관계' 또는 '한미일' 관계라는 명분 때문에 인권을 무시당했다. 이번 판결은 피해자들의 주체성과 존엄을 회복시키는 중요한 계기가 되었다.

### (4) 국제인권법과 국내 사법 시스템의 유기적 역할 증대

이 판결은 국제인권법과 국제인도법이 과거사 문제 해결에 있어 강력한 도구가 될 수 있음을 입증했다. 특히, 국가면제와 같은 전통적인 국제법 원칙도 보편적 인권의 가치 앞에서는 그 한계가 인정될 수 있음을 보여주며 국제법 발전의 선도적인 역할을 수행했다. 나아가 이 판결은 국내 법원이 국제인권법의 원칙과 강행규범을 적극적으로 해석하고 적용함으로써, 국제 인권 기준이 국내 사법 시스템에 더욱 깊이 뿌리내릴 수 있음을 보여주었다.

### (5) 지속적인 국제적 시민 사회 연대의 중요성

피해자들의 사법적 승리는, 30여 년에 걸쳐 이어진 피해자들의 용기 있는 증언과 더불어, 일본과 한국을 비교하여 전 세계의 수많은 변호사, 활동가, 지식인들의 헌신적인 연대와 끊임없는 노력이 축적된 결실이기도 하다. 일본군 '위안부' 피해자들은 한국 사법부에 소송을 제기하기에 앞서 수십 년에 걸쳐 가해국인 일본의 법원에서 사법적 구제를 시도하며 일본 정부에 진정한 사죄와 법적 배상을 요구해왔다. 이들의 소송은 일본군 '위안부' 문제의 실체와 일본 정부의 책임을 법정의 영역으로 끌어들였다는 점에서 중대한 의미가 있다.[13] 전 세계 그의 연구자들은 일본군 '위안부' 문제를 전시 성폭력, 성노예제, 반인도적 범죄로 규정하며 학문적으로 입증했다. 활동가들과 시민사회단체들은 국제 연대를 통해 이 문제를 국제 인권 의제로 부각시키는 데 결정적인 역할을 했다. 한국의 수요시위는 세계 각지로 확산되며 국제 연대 운동의 상징이 되었다. 이번 판결은 이와 같이 피해자들의 용기에 응답한 세계 시민의 연대가 이룬 성과로서, 국제 사법 정의의 진전을 보여주는 역사적 이정표이자 인권 수호를 위한 인류 공동의 노력으로 자리매김해야 한다.

---

13 일본의 야마모토 세이타 변호사와 도츠카 에츠로 변호사는 오랜 기간 일본군 '위안부' 및 강제동원 피해자의 인권을 위해 활동해왔으며, 이번 소송에서도 의견서를 제출했고, 야마모토 변호사는 2차 항소심에서 증인으로 출석해 증언했다.

## Ⅳ. 결론

한국 법원의 일본군 '위안부' 판결은 국제인권법에 근거하여 국가면제 법리의 한계를 극복하고 인권의 기본 정신에 걸맞은 판결을 끌어냈다는 점에서 상당히 의미가 있다. 이 판결은 반인도적인 범죄에 대하여 그 누구도 법적 책임에서 자유로울 수 없다는 점을 국제법적으로 확인하였고, 피해자들이 법의 보호를 받음으로써 온전한 시민권을 취득하였다는 점에서 상당한 의미가 있다.

이번 판결은 일본군 '위안부' 문제에 국한되는 것이 아니라, 보편적 인권에 관한 문제이며 인권과 평화를 지향하는 인류가 끈질긴 투쟁을 통해 이룬 성과라고 할 수 있다. 전통적인 국제법 질서에서는 '국익'이라는 명분 앞에서 보편적 인권의 가치가 뒤로 밀려났지만, 이 판결은 더는 반인도적 범죄나 중대한 인권침해 사건에서 국익을 이유로 인권을 희생시키지 않겠다는 강력한 선언이다. 나아가 2001년 남아프리카공화국 더반에서 노예제 및 식민지배 범죄에 대한 법적 책임 문제가 '더반선언'으로 발표되고 20여 년이 지나 대한민국 법원에서 공식적으로 이러한 인권적 정의가 이번 판결을 통해 선언되었다는 점에서 그 의미가 매우 크다고 할 것이다.

앞으로도 한국 사회는 이 판결의 의미를 되새기며, 일본군 '위안부' 문제의 정의로운 해결을 위해 지속해서 노력해야 할 것이다. 이는 식민주의와 반인도적인 범죄에 대한 법적 책임의 실현과 재발 방지를 위해 우리 모두가 끊임없이 노력해야 한다는 것을 의미하며 국제질서라는 명분 때문에 배제당하고 소외되어 온 피해자들의 존엄과 가치를 보호하고 피해자들의 주체성을 인정하는 과정이기도 하다. 마침내 이 판결은 인권과 평화를 향한 인류의 끊임없는 투쟁의 여정에서 피해자들이 내디딘 획기적인 한 걸음으로 역사는 기록할 것이다.

# 제 3 부
# 재생산권리와 돌봄정책

"무제", 김수영 작 (집필자)

# 10. 낙태죄 헌법불합치 결정을 딛고, 어디로 가야 하나?*

오 승 이 (대구지방법원 김천지원 부장판사)

낙태죄 조항에 대한 헌법불합치 결정은 임신 여성의 자기결정권 내용을 구체적으로 묘사하며 전인적 결정임을 지적함으로써, 여성의 전체적 생애기획과 관련된 성과 재생산 권리에 포섭되는 기본권으로서 임신중단권을 바라볼 수 있는 기틀을 마련하였다. 성과 재생산 건강권 개념의 효용성은, 당사자의 육체적 관련성에서 비롯하는 신체적 통합성 및 자기결정의 요구와, 선택의 자유를 막는 사회경제적 장벽에 대항하는 사회적 요구라는 두 가지 관점을 결합시킬 수 있는 상호연관적 권리 담론이란 점에 있다.

헌법불합치 결정은 태아의 생명권 주체성을 인정하면서 단계적 접근법을 취하는데, 이는 논리적 정합성에 문제가 있고, 여성과 태아의 신체적·사회적 상호의존성을 제대로 담아내지 못한다. 태아에게 생명권 주체성을 인정하는 데에는 과장이 있고, 생명권의 상대화를 불러일으킬 위험이 크다. 생명권 시작 시점이 언제인지를 정하는 단계에서부터 여성-태아 간의 상호연관적이고 의존적인 관계를 반영하는 논리를 구성하여야 태아 보호에도 실효적일 수 있다. 생명의 잠재력은 DNA뿐 아니라 태내양육을 수행하는 모성의 헌신에도 있으며, 이를 고려할 때 온전한 생명권의 시작 시점은 태아가 고유한 신체영역을 지니고 임신 여성 1인에 대한 전적인 의존으로부터 다수가 분담 가능한 의존으로 바뀌는 출생 시점보다 앞설 수는 없다.

성과 재생산 권리에 포괄되는 임신중단권을 기초로 재생산 관련 입법의 방향을 모색할 때, 적어도 임신 여성 자신이 임신중단으로 인하여 형사처벌되

* 이 글은 오승이, "낙태죄 헌법불합치 결정을 딛고, 어디로 가야 하는가? – 성과 재생산 권리에 기반한 임신중단 권리 보장 입법의 기초", 『서울대학교 법학』 제64권 제2호, 2023을 요약해 싣는다.

게 하는 것은 자기결정권의 기본 사상에 들어맞지 않으므로 임신 주수를 불문하고 헌법적으로 정당화되기 어렵다.

## Ⅰ. 2021. 1. 1. 이후의 생소한 세계

헌법재판소는 2019. 4. 11. 형법 제269조 제1항 자기낙태죄와 제270조 제1항 중 의사낙태죄가 과잉금지원칙을 위반하여 임신 여성의 자기결정권을 침해하여 위헌이라며 헌법불합치 결정('헌법불합치 결정')[1]을 하였다. 이 결정으로 헌법재판소는 2012. 8. 23. 합헌 결정('기존 결정')[2]을 변경하였다. 그리고 회가 헌법재판소가 정한 2020. 12. 31.까지 관련 법률 제·개정을 하지 못하면서, 위 형법조항들은 2021. 1. 1. 효력을 상실하였다. 이로써 한국 사회는 임신중단이 더 이상 죄가 아닌 새로운 세상에 접어들었다.

낙태죄가 존재할 때 한국 사회에서 임신중단은 형사사법체계의 사실상 외면 하에 음성적으로 광범위하게 퍼져 있는 사회적 현실이었다. 2021. 1. 1. 이후 한국에서 임신중단은 더 이상 범죄가 아니지만, 의료체계나 복지체계 내로 포섭되고 지원을 받는 정상적인 법 실천으로도 인정받지 못한 채 여전히 음지에서 개인의 책임 하에 행해지고 있다. 어느 경우나 국가가 개인에게 의사결정 및 실행, 결과 감당의 책임을 오롯이 떠넘기는 태도는 동일하되, 단지 형사처벌의 위협을 가하는가 아닌가의 차이가 있을 따름이다. 그동안 한국 사회가 임신중단 문제를 대하는 태도는 불꽃 튀는 대치라기보다는 이율배반적인 침묵이었다.[3] 헌법불합치 결정 이후 재생산 관련 규

1 헌재 2019. 4. 11. 2017헌바127, 판례집 31-1, pp. 404-453.

2 헌재 2012. 8. 23. 2010헌바402, 2010헌사1123, 판례집 24-2상, pp. 471-489.

3 헌법불합치 결정 전 한국 사회는 엄격한 낙태금지 원칙을 천명하는 형법을 가지고 있었으며, 대법원 역시 낙태 허용 범위를 대단히 협소하게 인정하였다. 대법원 1985. 6. 11. 선고 84도1958 판결, 대법원 1965. 11. 23. 선고 65도876 판결, 대법원 2005. 4. 15. 선고 2003도2780 판결 등 참조. 그러나 생활세계에서는 이러한 엄격한 규범적 태도와 모순되게도 낙태가 광범위한 규모로 행해졌고, 검찰 및 하급심 법원에서는 이를 방치 또는 불처벌하는 관행이 존재하였다. 이에 관해서는 오승이, "법여성주의를 통해 본 낙태죄의 비판적 고찰 −여성의 낙태권과 태아의 생명권을 중심으로−", 석사학위논문, 서울대학교(2007. 2.) 제2장 참조.

범이 나아가야 할 방향을 가늠하기 위해서는 다시금 헌법불합치 결정을 출발점으로 삼아야 한다.

## Ⅱ. 기본권으로서 임신중단권[4]

### 1. 자기결정권

기존 결정은 낙태의 자유가 헌법상 기본권임을 최초로 인정하였다. 헌법 제10조가 보장하는 개인의 인격권·행복추구권에는 개인의 자기운명결정권이 전제되어 있고, 자기운명결정권에는 임신과 출산의 과정에 내재하는 특별한 희생을 강요당하지 않을 자유가 포함되어 있다면서, 자기낙태죄 조항이 임부의 자기결정권을 제한한다는 것이다. 그러나 기존 결정은 임신 출산 과정에 내재하는 '특별한 희생'이 무엇인지 규명하는 노력은 소홀히 한 채, 곧바로 태아의 생명권과 비교하여 "임부의 자기결정권이 태아의 생명권 보호라는 공익에 비하여 결코 중하다고 볼 수 없다"면서 합헌 결정으로 나아갔다. 태아에게 "기본권 중의 기본권"인 생명권 주체성을 쥐어준 이상, 이보다 열등한 낙태의 자유에 관하여 어떠한 구체적인 전개가 필요하겠냐는 태도가 그 이면에 읽힌다.

이에 비해 헌법불합치 결정은 임신·출산·육아가 여성의 전 생애에 미치는 영향을 두루 묘사하면서, 임신지속 여부에 관한 결정이 근본적인 자기통제에 관한 문제라는 통찰로 나아갔다. "신체적 부담, 심리적 불안감, 출산과정의 고통 및 나아가 사망에 이를 수도 있는 위험을 여성 자신의 신체로써 직접 감당해야 한다. …(중략)… 출산은 모자관계의 형성으로 이어져 출산한 여성은 생모로서 아이에 대한 양육책임을 지게 된다. 여성에게 있어서 자녀의 양육은 20년 가까운 기간 동안 끊임없는 신체적·정신적·정서적 노력을 요구하고, 여성이 처한 다양하고 광범위한 사회적·경제적 상황에

4 '낙태'라는 용어는 임신 및 출산과의 연속성을 포착하지 못하고 오로지 임신종결의 찰나에만 초점을 맞추고, 임신 여성의 의사가 중요하게 개입함을 드러내지 못하고 있어 권리명으로 부적합하다. 대안으로 임신중단, 임신통제, 임신중지, 임신중절, 임신종결 등을 생각해 볼 수 있다. 이 글에서는 '임신중단권'을 사용한다.

따라 적지 않은 경제적 부담과 직장 등 사회생활에서의 어려움, 학업 계속의 곤란 등을 초래할 수 있다. 이러한 부담과 어려움은 성차별적인 관습, 가부장적 문화, 열악한 보육여건 등의 사회적 문제가 가세할 경우 더욱 가중된다. 우리 사회에서 여성들은 여전히 임신·출산으로 인해 사회적·경제적 생활에서 많은 불이익을 겪고 있으며, 육아에 있어서 남성에 비하여 더 큰 부담을 지는 경우가 많아서, 여성들이 일과 육아를 병행하는 데 큰 어려움을 겪는 경우를 흔히 볼 수 있다. 이러한 어려움은 임신·출산·육아로 인한 여성의 퇴직으로 이어져 사회적·경제적 삶의 단절까지 초래할 수 있다. …(중략)… 임신한 여성이 자신의 임신을 유지 또는 종결할 것인지 여부를 결정하는 것은 스스로 선택한 인생관·사회관을 바탕으로 자신이 처한 신체적·심리적·사회적·경제적 상황에 대한 깊은 고민을 한 결과를 반영하는 전인적(全人的) 결정이다."

여성이 기본권 주체로서 자신의 삶을 좌우할 수 있는 결정을 내리는 국면에 대한 이와 같은 사회학적 관찰과 기술은 기본권 논증에서 핵심적이다. 이는 기본권이 현실 세계에서 작동하는 실질적 내용을 구성할 뿐더러, 때로는 기본권 지위 부여 여부에까지 지대한 영향력을 행사하기 때문이다.[5] 자기결정의 순간은 비록 찰나일지언정, 그 결정은 실존적 처지에 놓인 개인이 자신이 처한 신체적·심리적·사회적·경제적 상황을 반영하여 현실적 제약을 고려하고 미래를 전망하며 내리는 것이므로 삶의 연속성 내에서만 온전히 이해될 수 있다. 삶의 연속성에 대한 이해를 바탕으로 임신중단 문제를 바라본다면, 우리는 구체적 개인의 삶이 처한 딜레마와 장애물을 인지하는 데 이르게 된다. 기존 결정에 비해 헌법불합치 결정은 낙태죄를 국가 대 여성의 문제로, 임신종결 순간만이 아닌 임신지속을 선택할 경우 여성이 감내하게 될 '특별한 희생'의 책임 분담 문제까지 고려하며 더 멀리 조망하였

5 2인의 합헌의견은 태아를 죽일 권리는 자기결정권의 내용이 될 수 없다고 하여 기본권의 보호영역 자체에서 배제하고 있다. 그러나 어떤 행위가 기본권의 보호영역에 포함되는지 여부는 다른 사람의 권리나 법익 침해 여부와는 무관하게 오로지 특정 기본권에 의한 논리적 포섭가능성만으로 판단하는 것이 타당하다. 헌법재판소도 이와 같은 입장을 취해 왔다(헌재 2009. 5. 28. 선고 2006헌바109; 헌재 2016. 3. 31. 선고 2013헌가2 참조). 전상현, "낙태와 헌법해석", 『법과사회』 63호(2020. 1), p. 194.

다고 평가할 수 있다.

헌법불합치 결정이 임신 유지와 출산 여부에 관한 전인적 결정과 실행에 있어 충분한 시간이 확보되어야 한다고 강조한 것도 의미가 크다. 임신은 여성의 몸에서 점진적으로 진행되는 비가역적인 동시에 종기가 명백한 현상이다. 이 임신·출산에 관한 자기결정권을 행사하는 데에는 뚜렷한 시간적 한계가 존재한다. 우리는 여성이 임신사실을 안 후 임신종결 여부를 결정하여 그 실행에 이르기까지 충분한 시간을 보장함과 동시에, 결정에서 실행에 이르는 시간을 부당하게 지연시키는 방해요소를 제거해야 한다. 권리행사에 있어 시간의 한계와 중요성을 언급함으로써 헌법재판소는 여성의 임신·출산에 관한 자기결정의 실질적인 실행을 모색하는 태도를 보여주었고, 시간의 흐름에 따라 기본권 행사 반경이 변화할 수 있는 단계적 접근법의 가능성을 열었다.

헌법불합치 결정이 태아와 임신한 여성 사이의 특별한 신체적·사회적 유대관계에 주목한 것도 특기할 만하다. "태아는 엄연히 모와는 별개의 생명체이지만, 모의 신체와 밀접하게 결합되어 특별한 유대관계를 맺으면서 생명의 유지와 성장을 전적으로 모에게 의존하고 있다. 임신한 여성과 태아는 서로 독립적이면서도 의존적인 매우 독특한 관계를 형성하고 있다. …(중략)…특별한 예외적 사정이 없는 한, 임신한 여성의 안위(安危)가 곧 태아의 안위이며, 이들의 이해관계는 그 방향을 달리하지 않고 일치한다.…(중략)… 태아의 생명을 보호한다는 언명은 임신한 여성의 신체적·사회적 보호를 포함할 때 실질적인 의미를 가질 수 있다. 원치 않은 임신을 예방하고 낙태를 감소시킬 수 있는 사회적·제도적 여건을 마련하는 등 사전적·사후적 조치를 종합적으로 투입하는 것이 태아의 생명 보호를 위한 실효성 있는 수단이 될 수 있다. 또한 임신한 여성이 결정가능기간 중에 낙태갈등 상황에 처했을 때 전문가로부터 정신적 지지와 충분한 정보를 제공받으면서 충분히 숙고한 후 임신 유지 여부에 대한 결정을 할 수 있도록 함과 아울러 임신·출산·육아에 장애가 되는 사회적·경제적 조건을 적극적으로 개선하는 노력을 기울인다면 태아의 생명 보호에 실질적인 도움이 될 것이다."

이는 임신 종결에 관한 자기결정권 행사에 있어 또 하나의 중요한 요소인 '육체성'과 그 사회적 의미에도 주의를 기울이는 태도이다. 임신은 여성의 신체 '내부'에서 일어나는 생리적 현상이며, 여성의 몸을 배제하고서는 태아의 존재 자체를 이야기하기 어렵다. 헌법불합치 결정이 이른바 '독자 생존 가능 시기'라고 부른 임신 22주 이후에도, 조산의 경우가 아닌 한 태아의 임신 여성에 대한 전적인 의존이 조금이라도 약화되는 것은 아니다.

### 2. 성과 재생산 권리

(여성의) 성과 재생산은 곧 여성의 몸과 생애에 대한 통제권의 문제라는 점에서 여성의 권리 주체성 그 자체와 긴밀하게 맞물려 있다. 여성의 몸은 여성이 향유하는 모든 기본권의 토대이다. 임신은 여성의 몸 내부에서 일어나기 때문에, 지속적인 "원치 않는" 임신의 가능성은 여성에게 – 잠재적인 출산 담당자로서만이 아니라 스스로 성욕을 즐기고 건강을 유지하는 능력에 있어서도 – 매우 구체적인 영향을 미친다. 또 여성의 생애기획이라는 관점에서 바라보면, 여성이 임신 유지 여부를 선택할 권리는 여성의 일, 정치적·사회적 참여, 생활방식, 가족구성, 장래희망 등과 떼어 놓고 볼 수 없으며, "가히 그녀가 존재할 권리와 결합(nearly allied to her right to be)"되어 있다.[6] 안전하고 효과적인 출산조절기술에의 접근가능성은 여성들이 자연적·사회적 속박에서 벗어나 자기 삶의 주인이 될 수 있기 위한 기초적인 필요조건이자 삶의 예측가능성의 전제조건[7]이며, 임신·출산이 여성에게 장기간에 걸친 삶의 재구조화를 요구하는[8] 생애기획 프로젝트인 만큼, 다층적 권리담론의 구사는 그 자체로 이점이 있다.[9]

---

6 Judge Dooling, *McRae v. Califano*, 491 F. Supp. 630(1980), p. 742, Rosalind Petchesky, *Abortion and Woman's Choice: The State, Sexuality, and Reproductive Freedom*, Northeastern University Press, 1990, p. 5에서 재인용.

7 배은경, "한국사회 출산조절의 역사적 과정과 젠더: 1970년대까지의 경험을 중심으로", 서울대학교 사회학과 박사학위 청구논문, 2004, p. 3.

8 김정혜, "낙태죄 '폐지'를 말하는 이유 – 임신중단권 보장의 법적 쟁점과 방향", 『페미니즘 연구』 제19권 제1호, 2019, p. 8.

9 Reva Siegel, "Abortion as a Sex Equality Right: its basis in feminist theory" *Mothers in Law–feminist theory and the legal regulation of motherhood*, Martha Fineman & Isabel

성과 재생산 건강 및 권리(sexual and reproductive health and rights (SRHR))는 출산에만 초점을 맞추지 않고 섹슈얼리티까지 포괄하면서, 성과 재생산/건강과 권리를 서로 구분되는 동시에 상호 깊은 연관성을 가지는 개념으로 함께 사용하는 접근이다. 성 건강은 "섹슈얼리티와 관련되는 육체적, 정서적, 정신적, 사회적 안녕 상태"이다.[10] 2019년 ICPD 나이로비 정상회의에서는 특히, "안전한 낙태에 대한 접근, 안전하지 않은 낙태 예방 및 방지 조치"의 필요성을 유보 없이 선언하였다.[11] 성과 재생산 권리 개념의 가장 큰 효용성은, 성과 재생산에 얽힌 당사자의 육체적 관련성에서 비롯하는 신체적 통합성 및 자기결정의 요구와, 자유로운 선택을 막는 사회경제적 장벽에 대항하는 사회적 요구라는 두 가지 여성주의적 관점을 결합시킬 수 있는 가능성을 지닌 상호연관적 권리 담론이라는 점에 있다.[12] 이로써 우리는 성관계·피임·임신·임신중단·출산·육아 등을 각각 분절된 장면처럼 인식하는 데에서 벗어나 개인 생애사의 큰 흐름 속에서 파악할 수 있게 된다.

SRHR은 자유와 권리의 집합을 포함한다. 여기에는 폭력·강요·차별로부터 벗어나 자유롭고 책임 있는 선택을 할 권리라는 자유권 측면과, 성과 재생산 건강권을 온전히 누릴 수 있도록 보건 시설, 재화, 서비스, 정보에 접근할 권리라는 사회권 측면이 병존한다.[13] 여성의 자유로운 재생산 선택을 가로막는 사회경제적 장벽의 제거를 위한 노력이 전제되지 않는 한 여성에게 선택의 여지는 존재하지 않는다. 다시 말해 여성에게 사회경제적 장애물을 제거할 실질적 권력이 없을 때 임신중단 선택의 자유란 거의 의미가 없다.[14] 임신중단권이 실질적인 의미를 갖기 위해서는 아이를 낳고 싶은

---

Kaplan eds, 1995, p. 69.

10 WHO, *Sexual Health, Human Rights and the Law*, 2015, working definition on sexual health, sect. 1.1.

11 공두현, "『재생산권의 개념과 성격』 토론문", 서울대학교 공익인권법센터 제1회 목요공익세미나 토론문, 2022. 5. 12, p. 1.

12 오승이, *supra* note 4, p. 60.

13 Committee on Economic, Social and Cultural Rights. *General Comment no. 22 on the right to sexual and reproductive health(article 12 of the International Covenant on Economic, Social and Cultural Rights)*, 4 March 2016, E/C, 12/GC/22, chap. Ⅱ. 5.

14 Rosalind Petchesky, *supra* note 7, p. 11.

데도 낳을 수 없는 상황과 조건에 대한 개선을 요구할 권리가 여성에게 있어야 한다.[15] UN 사회권위원회의 성과 재생산 건강권에 관한 일반논평에서, 성과 재생산 건강권의 네 가지 필수 요소로 이용가능성(Availability), 접근가능성(Accessibility),[16] 수용가능성(Acceptability), 품질(Quality)을 들고 있는 것[17]도 이러한 복합적 층위의 의미를 권리론에 구현시키고자 하는 맥락으로 이해할 수 있다.

기존의 모성 개념을 새롭게 재해석하여 헌법 제36조 제2, 3항을 성과 재생산 권리 인정의 근거로 삼는 것을 검토해야 한다. 경제적·사회적 및 문화적 권리에 관한 국제규약 제12조 제1항("당사국은 모든 사람이 도달 가능한 최고 수준의 신체적·정신적 건강을 향유할 권리를 가지는 것을 인정한다.", 제2조 제1항은 "각 당사국은 특히 입법조치의 채택을 포함한 모든 적절한 수단에 의하여 이 규약에서 인정된 권리의 완전한 실현을 점진적으로 달성하기 위하여, 개별적으로 또한 특히 경제적, 기술적인 국제지원과 국제협력을 통하여, 자국의 가용자원이 허용하는 최대한도까지 조치를 취할 것을 약속한다.")도 성과 재생산 권리의 법적 근거가 될 수 있다. 독일 기본법 제6조 제4항이 "어머니는 누구든지 공동체의 보호와 부조를 청구할 권리를 가진다."고 적극적으로 규정한 것이 시사하는 바가 크다. 임신중단권에 국한되지 않는 포괄적인 성과 재생산 권리 개념을 도입함으로써, 우리는 국가의 의무를 낙태 규제에서 재생산활동 지원으로 바꾸는 인식의 전환을 꾀할 수 있다.

## Ⅲ. 여성-태아 관계를 반영하는 태아의 법적 지위

### 1. 태아는 생명권의 담지자인가

미국 연방대법원의 Roe v. Wade 판결[18]은 태아에게 기본권 주체성을 부여하지 않고 '잠재적인 생명을 보호할 주(州)의 이익'이라는 우회로를 통

15 오승이, *supra* note 4, p. 61.
16 물리적 거리, 가격 접근성, 정보 접근성을 포괄한다.
17 Committee on Economic, Social and Cultural Rights, *supra* note 14, chap. Ⅲ.A.
18 410 U. S. 113(1973).

하여 태아 보호 문제에 접근하므로, 주의 이익, 즉 공익과 여성의 자유를 이익형량하는 데 논리 모순은 없다. 독일 연방헌법재판소 판결[19]은 태아 생명을 인간 존엄과 연결지으면서 태아 생명 보호를 임신 여성의 자기결정권보다 우위에 둠으로써, 역시 그 논리 안에서 모순이 발생하지는 않는다. 그런데 헌법불합치 결정은, 태아가 생명권 주체가 된다고 하면서 동시에 태아의 생명 보호를 "공익"으로 포섭하고 이러한 공익과 임신 여성의 자기결정권이라는 사익 사이에 실제적 조화와 균형을 이루기 위해 과잉금지원칙을 도입하여 심사에 임하고 있다. 이 논리 구성은 실질적으로는 Roe 판결과 유사해 보이는데, 여기서 태아는 권리를 향유하는 능동적 권리주체가 아닌, 객관적 가치질서의 호위를 받는 수동적 보호대상에 가깝다. 이러한 판시에서 태아에게 생명권 주체성을 부여하는 것에 어떤 실질적인 의미가 있는지 알아내기는 어렵다.[20]

생명권주체성을 확대하는 방식으로 문제를 해결하려는 접근법은 생명권 논의에 혼란을 야기[21]하고, 헌법적 문제들을 해결하는 데 실질적인 도움을 주지 못하고 오히려 생명권을 상대화시킬 위험을 증가시킬 뿐[22]이다. 인간의 생명은 헌법질서 내에서 더 이상 정당화가 필요 없는 최고 가치의 지위를 차지하며, 기본권체계는 생명권을 정점으로 삼고 있다. 그런데 태아에게 생명권 주체성을 인정하면서 발달단계에 따른 차등 보호가 가능하다고 보는 헌법불합치 결정은, 태아가 완전한 생명권의 주체가 아니라 단지 독자적인 법익이거나 인간의 생명권과는 다른 특수한 생명권을 갖고 있다는 전제 하에서만 설명 가능하다. 그렇지 않고서는 단계적 접근법은 개별 법률에 의한 생명권의 상대화를 정당화시키는 처사라는 비판에 직면할 것이다. 태

19 BVerfGE 39, 1; BVerfGE 88, 203. 이석배, "생명윤리에 대한 형법적 보호의 범위와 한계", 『동아법학』 42호, 2008, p. 154(각주 41)에서 재인용.

20 같은 취지로, 김문현, "임산부의 낙태의 권리 – 헌재 2019. 4. 11. 2017헌바127 결정과 관련하여 –, 『인권법평론』 제24호, 전남대학교 공익인권법센터, 2020, pp. 3–45 참조.

21 황성기, "생명권의 현재 그리고 미래", 이인영 외, 『생명과학기술사회에서의 인권패러다임의 변화와 생명인권보호를 위한 법정책』, 삼우사, 2004, p. 60, 74.

22 강태수, "객관적 가치로서의 생명과 개인의 자기결정에 대한 연구", 『공법연구』 27권 2호, 1999, p. 262.

아에게 생명권을 부여하는 한, 생명권이 가장 우월한 기본권이라는 법언은 필연적으로 자가당착에 빠진다. 결국 태아에게 인간의 존엄이나 생명권의 주체성을 인정하지 않고서도 그 보호필요성과 보호의 법적 근거를 충분히 논증할 수 있는데, 굳이 논리적 어려움을 감수하면서까지 태아의 기본권 주체성을 인정할 필요가 있을지 의문이라는 비판이 나온다.[23]

헌법불합치 결정의 단순위헌의견은, "태아가 생명권에 대한 기본권 주체가 되는가에 관계없이, …(중략)… 국가는 태아의 생명 보호라는 중대한 공익을 추구하여야 한다는 점은 자명하다."라면서 태아의 생명권 주체성에 대한 확언을 피한다. 이러한 태도는 미국의 Dobbs 판결 내지 독일 판결, 유럽인권재판소 결정[24]과 유사하다. 태아처럼 권리 주체인지 객체인지 모호한 대상에 대해 세계 각국의 법원은 그 법적 지위를 명확히 선언하기를 주저하면서 대체로 권리 주체 지위를 인정하지 않음으로써 우회적으로 그 객체적 성격을 드러내고 있다.[25]

### 3. 순서 바꾸기: 여성-태아 관계를 반영한 태아의 법적 지위 설계

태아를 독자적으로 실재하고 발달하는 자율적인 존재로 상상하는 유추는 태아가 생존을 위해 전적으로 의지하고 있는 여성의 소거에 기초한다.[26] 태아는 어머니라는 인격적 주체에 참여하는 존재로서[27] 임신 여성과 태아는 일종의 공동체 관계를 형성한다. 이러한 견지에서 볼 때, 먼저 태아의 생명권을 정의내리고 그 대립주체로서 여성의 권리를 탐구하는 순서는 맞지 않다. 생명권 시작 시점을 정할 때부터 양자의 신체적이고 사회적인

23 이석배, "낙태죄 헌법재판소 헌법불합치 결정의 취지와 법률개정 방향", 『의료법학』 제20권 2호, 2019, pp. 23-24.

24 VO v. FRANCE, (Application no.53924/00), 08/07/2004, pp. 84-85는 태아도 사람에 포함되는지에 관해 분명한 입장을 밝히지 않은 채, 낙태를 허용하는 것이 모든 사람의 생명권을 보장하는 유럽인권협약 제2조 위반은 아니라고 판단하였다. 전상현, *supra* note 6, p. 201에서 재인용.

25 박은정, 『생명 공학 시대의 법과 윤리』, 이화여자대학교 출판부, 2000, p. 410.

26 Drucilla Cornell, *The Imaginary Domain*, Routledge, 1995, p. 42.

27 박은정, *supra* note 26, p. 423.

관계를 고려해야 한다.

헌법불합치 결정은 임신 22주를 태아가 모체를 떠난 상태에서도 독자적으로 생존할 수 있는 시점으로 보고, 국가가 그 이후의 낙태를 원칙적으로 제한할 수 있다고 판시하였다. 태아라는 존재의 가장 큰 특징은 임신 기간 동안 모체 내에서 점진적으로 성장한다는 점이다. 태아는 임신 초기에는 세포 묶음에 가깝고, 후반부로 갈수록 아기에 가까워진다.[28] 이 특징에 대한 고찰은 대개 태아의 성장과 유사하게 그 존재의 도덕적 무게가 증가한다는 결론으로 귀착되었다.[29] 이러한 발상 덕에 임신기간의 진행에 따라 태아의 보호정도를 강화하자는 기한규제 방식의 입법이 시민사회에서 폭넓은 공감을 얻을 수 있고, 이 공감대를 지지대 삼아 헌법재판소가 단계적 접근법을 경유하여 낙태죄가 헌법에 불합치한다는 결론에 이를 수 있었을 것이다.

그러나 '독자 생존 가능 시점'이라는 개념이 우리의 인식을 오도하지 않도록 경계해야 한다. 독자적 생존 가능 시점은 어디까지나 상상적인 경계에 관한 가설이다. 임신상태가 지속되는 한 임신 21주와 22주 사이 여성과 태아의 관계에 어떠한 본질적인 변화도 일어나지 않는다. 정말로 독자적으로 생존할 수 있는 태아란 없다.[30] 이는 조산된 태아를 살리기 위해 요구되는 기술적·사회적 자원에 접근할 수 있는 계층이 극소수에 불과하다는 점에서도 형이상학적 가설에 불과하다. 더구나 미 연방대법원이 Roe 판결의 3분기 이론을 Casey 판결에서 파기하고, Dobbs 판결에서 신랄하게 비판한 점에서도 알 수 있듯이, 그 시기는 기술 발달과 개개의 사안에 따라 달라지는, 확정 불가능한 문제다. 즉 애초에 태아가 모체 내에 있는 상태에서 독자적인 생존능력이 있는가를 정확히 판단하는 것 자체가 불가능하다.[31]

---

28 Catharine MacKinnon, "Reflections on Sex Equality Under the Law", *100 Yale L.J.* 1991, reprinted in *Women's Lives, Men's Laws*, 2005, p. 140.

29 Mary Anne Warren, "낙태", Peter Singer, Helga Kuhse eds., 변순용 등 옮김, 『생명윤리학 I』, 인간사랑, 2005, pp. 287-288.

30 Rosalind Petchesky, *supra* note 7, p. xv.

31 전지연, "낙태의 해석론과 입법론", 김일수교수 화갑기념논문집 간행위원회 편, 『한국형법학의 새로운 지평』, 박영사, 2006, p. 383.

여성－태아 관계의 맥락에서 생각할 때, 우리는 태아가 참여한 도덕적 주체로서 임신 여성 역시 임신 기간의 경과에 따라 도덕적으로 성장한다는 사실을 깨닫게 된다. 태아는 여성에 대해 어떤 의무도 부담하지 않는 반면 여성은 태아의 존재를 지키기 위해 신체적으로나 사회적으로나 많은 부담을 안고 종종 가혹한 대가를 치러야 한다.[32] 태아는 무고하고 무해하며 정적인 부산물이 아니라 임신 여성이 그 엄청난 영향력에 동의하지 않을 경우에는 여성에게 심각한 해를 끼치는 존재이다.[33] 태아 생존을 위한 조건은 오직 단 한 여성에 의해서만 제공될 수 있기 때문에, 태아의 생존에 대한 이익은 성인의 그것과 중요한 차이점을 가진다.[34] 다시 말해 어떤 사회적 도움도 태아의 여성에 대한 절대적인 의존도를 낮추지 못한다.[35] 그렇다면 임신 기간이 길어질수록, 여성이 태아의 존재를 지탱하고 그 존재에 공헌한 정도, 신체적 공동체를 이룬 태아와의 결합 정도나 애착도도 함께 증가한다고 봄이 온당한 평가다. 임신기간이 진행되어 그 잠재력이 실현되어 나아갈수록 태아 존재의 도덕적 무게가 더해지는 것과 나란히, 수개월간 임신이라는 '대형 프로젝트'를 이끌어 온 여성이 행사하는 임신중단권의 도덕적 무게도 필연적으로 증가하는 것이다.[36]

그렇다면 헌법재판소가 설정한 독자적 생존 가능 시점 이후라 하더라도 태아의 생명권을 자연인의 그것과 동일시하는 사고는 합리적이라고 할 수 없다. 헌법상의 모든 기본권은 그 주체인 인간이 사회 속에서 일정한 신체적 영토를 차지하고 있을 것을 전제로 하고 있다. 고유한 신체영역은 최소한의 신체적 통합성과 자율성을 누리기 위한 자아의 경계이자, 사회에 참

---

32 이런 점에서 태아는 임신 여성과 기생 관계와 유사한 관계를 맺고 있다고 평가된다. Catharine MacKinnon, *supra* note 29, p. 139.

33 Eileen L. McDonagh, "My Body, My Consent: Securing the Constitutional Right to Abortion Funding", *62 Alb. L. Rev.* 1999, p. 1072.

34 Janet F. Smith, "권리의 갈등, 임신과 인공유산", Carol C. Gould 엮음, 한국여성개발원 옮김, 『지배로부터의 자유 : 여성 철학의 새로운 시각』, 한국여성개발원, 1987, pp. 268-269.

35 Sylvia Law, "Rethinking Sex and the Constitution", *132 U. Pa. L. Rev.* 955, 1984, pp. 1023-1024.

36 오승이, *supra* note 4, p. 104.

여하기 위한 성원권으로서 가치를 가진다. 고유의 신체영역을 가지지 못한 채 여성의 신체적 내부자에 머무는 태아에게 예외적으로 권리 주체성이 인정된다 할지라도, 그에게 허락되는 권리는 극히 희박한 밀도의 것일 수밖에 없다. 결국 태아와 임신 여성의 신체적 관계와 그로부터 비롯하는 모든 사회적 관계까지 고려할 때, 온전한 생명권의 시작 시점은 출생 시점보다 앞설 수는 없다.

## Ⅳ. 성과 재생산 권리에 기반한 임신중단 입법의 방향

법무부의 2020. 10. 7.자 형법 개정안[37]을 참조하여 성과 재생산 권리에 기반한 임신중단 관련 입법의 대략적인 방향성을 모색해 본다. 우선 임신 여성의 임신중단 결정권 행사를 임신 기간 전체에 걸쳐 일단 구성요건 해당성 있는 행위로 본 이후에 처벌이 면제되는 '예외'에 해당하는지를 검토하는 구조를 취한 것에 동의하기 어렵다. 또한 임신 제1삼분기가 넘어가면 임신 여성 자신의 생명이나 건강 위험이 증가함을 위험에 처한 당사자를 처벌할 수 있는 근거로 삼을 수 있는지 의문이다. 이는 여성에게 자신의 건강을 지킬 의무를 부과하는 것으로 자유가 의무로 뒤바뀌는 모순이고, 후

---

**37** 정부의 형법 개정법률안 제270조의2(낙태의 허용요건) ① 제269조 제1항, 제2항 또는 제270조 제1항의 행위가 임신 14주 이내에 의사에 의하여 의학적으로 인정된 방법으로 이루어진 때에는 처벌하지 아니한다.

② 제269조 제1항, 제2항 또는 제270조 제1항의 행위가 임신 24주 이내에 의사에 의하여 의학적으로 인정된 방법으로 이루어지고 다음 각 호의 어느 하나에 해당하는 때에는 처벌하지 아니한다. 다만 제3호에 해당하는 경우에는 임신한 여성이 모자보건법에서 정한 상담을 받고, 그 때부터 24시간이 경과하여야 한다.

1. 강간 또는 준강간(準强姦) 등 범죄행위로 인하여 임신된 경우
2. 법률상 혼인할 수 없는 혈족 또는 인척 간에 임신된 경우
3. 임신의 지속이 사회적 또는 경제적 이유로 임신한 여성을 심각한 곤경에 처하게 하거나 처하게 할 우려가 있는 경우
4. 임신의 지속이 보건의학적 이유로 임신한 여성의 건강을 심각하게 해치고 있거나 해칠 우려가 있는 경우

③ 임신한 여성이 모자보건법에서 정한 상담 절차에 따라 임신의 지속, 출산 및 양육에 관한 충분한 정보를 제공받고 숙고 끝에 임신을 지속할 수 없다는 자기 결정에 이른 경우에는 제2항 제3호의 사유가 있는 것으로 추정한다.

견주의적 관점으로 자유적 법치국가에서 받아들이기 어려운 것이다.[38] 더구나 임신 제2삼분기 이상의 주수라 해도 임신중단의 위험이 출산으로 인한 위험보다 크지는 않다.[39] 가능한 빨리, 가능한 제약 없이 임신중단 서비스를 받을 수 있는 조건은 국가가 정책적으로 만들어야 할 몫이지 개인에게 책임을 지울 영역이 아니다.[40]

임신중단이 허용되는 예외적 사유를 설정하는 사유규제 방식은 사회경제적 사유를 포괄하여 규정한다 하더라도 자기결정의 기본 사상과 불협화음을 일으킨다. 그럼에도 불구하고 사유규제 방식 도입이 불가피하다면, 이때 그 사유 판단주체는 이탈리아나 핀란드의 입법례[41]처럼 여성 자신이 되어야 한다. 그렇지 않으면 제3자에게 판단의 책임과 부담이 전가되는 결과를 초래하고, 성과 재생산 건강권을 통해 실현하고자 하는 여성의 자기결정 권한과 전면 배치된다.[42]

개정안 제270조의2 제3항은 사회경제적 사유에 대한 판단이 여성의 자기결정 사항임을 존중하는 방식으로 설계되었다는 의의가 있다. 그러나 위 규정에도 여전히 문제가 있다. 여성이 상담 절차에서 제공받을 수 있는 정보가 '임신의 지속, 출산 및 양육'에 관한 것으로 한정되어 있고, 간주 규정이 아니라 추정 규정을 택하여 상담을 거친 여성의 임신종결 결정을 최종적인 것으로 존중하는 데 미흡하기 때문이다.

보다 근본적인 차원에서는, 임신중단이 가지는 자해적인 성격에, 출생 때까지 태아가 누릴 수 있는 권리의 토대가 되는 기본 사실관계－임신 여

---

38 이석배, *supra* note 24, p. 26.

39 최예훈, "임신중지 관련 건강권 보장을 위한 정책 방향", 처벌에서 권리 보장으로－낙태죄 헌법불합치 결정의 의의와 정책과제, 2019. 5. 9. 한국여성정책연구원 주최 토론회 자료집, p. 53.

40 김민문정, "성과 재생산 건강 및 권리 보장의 출발은 '낙태죄'의 완전한 비범죄화", 낙태죄 폐지 이후 성평등 재생산권 실현을 위한 법정책의 설계, 2019. 6. 22. 서울대학교 법학연구소, 서울대학교 여성연구소, 서울대학교 공익인권법센터 주최 2019년 재생산권 국제공동학술행사 자료집, p. 119.

41 장다혜, "해외 임신중단 관련 법률을 통해 본 성과 재생산 건강 정책의 쟁점", 낙태죄 폐지 이후 성평등 재생산권 실현을 위한 법정책의 설계, *supra* note 41, pp. 60-61.

42 *ibid*, p. 86.

성에 대한 절대적이고 일방적인 의존관계—가 결정적으로 변화한다고 보기 어렵고, '독자생존 가능 시기'를 권리 제한의 확고한 기준선으로 취급하는 것은 곤란하다는 점, 임신 24주가 경과한 후라도 강간 또는 준강간으로 인한 임신(개정안 제270조의2 제2항 제1호), 법률상 혼인할 수 없는 혈족 또는 인척 간 임신(제2호), 임신의 지속이 사회적, 경제적으로 여성을 심각한 곤경에 처하게 할 우려가 있는 경우(제3호), 임신 여성의 건강을 심각하게 해칠 우려가 있는 경우(제4호)에 과연 사회가 여성에게 임신을 지속하도록 강제할 수 있는지, 여성의 임신 지속이 기대 가능한 것인지 의문이라는 점을 고려할 때, 적어도 임신 여성 자신이 임신중단으로 인하여 형사처벌을 받게끔 하는 입법은 임신 주수를 불문하고 헌법적으로 정당화되기 어렵다고 생각한다.

# 11. 초저출생 사회, 여성은 왜 비혼과 비출산을 선택하는가? 돌봄 재분배를 위한 법의 역할 : 통계청 생활시간조사로 본 구조적 불평등을 중심으로*

김 수 영 (공인노무사 · 법학박사)

만약 현대 여성이 혼인과 출산이라는 보편적 인생 경로에 편입되지 않기로 결정한다면, 그 결정은 얼마나 개인적인 것인가. 출신배경, 적성, 직업군이 다른 여성들이 유사한 선택을 하고 있다면 그 결정은 개인적인 맥락이 아닌 사회적인 맥락에서 이해되어야 할 것이다. 세계에서 가장 낮은 출생률을 기록하고 있는 한국에서 정부가 혼인율 제고를 통해 출생률을 높이고자 한다면, 재생산의 주체인 여성이 혼인과 출산을 기피하는 이유에 대한 이해에서부터 정책 기획이 시작되어야 할 것이다. 돌봄경제학 논의에 따르면, 가정 내 무급돌봄은 사회 전체의 이익을 창출하는 공공재(public goods)로서의 성격을 가지므로, 그 비용은 개별 가족이 아닌 사회 공동체가 분담해야 하는 것이다. 실제로는 누가 그 비용을 부담하고 있는가. 통계청의 「생활시간조사」 자료에 따르면, 맞벌이, 남편 외벌이, 아내 외벌이 가구를 막론하고, 돌봄의 비용을 부담하는 것은 모두 여성이었다. 특히 남성과 여성이 각각 외벌이인 가구(유형 2, 3)를 비교해 보면 서로 전혀 다른 역할 동학이 작동하고 있음을 알 수 있었다. 유형 2 가구에서 외벌이 남편과 함께 사는 무벌이 아내는 가사와 돌봄을 전담하고 있었으나, 유형 3 가구에서 무벌이 남편과 함께 사는 외벌이 아내는 하루 평균 80분을 가족의 식사 준비에 소요하는 한편 무벌이 남성의 음식준비 시간은 33분에 그쳤다. 장기돌봄이 필요한 성인을 돌보는 시간도 외벌이 아내가 무벌이 남편보다 5배 이상 많은 가운데, 외벌이 아내와 함께 사는 무벌이 남편의 미디어 여가 시간은 하루 평균 4시간 38분에 달했다. 합리적 경제주체

* 김수영, “초저출생 사회, 여성은 왜 비혼과 비출산을 선택하는가－돌봄 재분배를 위한 법의 역할: 통계청 생활시간조사로 본 구조적 불평등을 중심으로”, 『젠더법학』 제16권 제1호(통권 제30호), 2024. 7.

라고 가정되는 남성과 여성이 부부로 구성된 동일한 외벌이 가구 내에서, 누가 무급돌봄을 담당하게 될 것인가에 대한 결과는 단지 소득구조만으로는 설명되지 않았다. 가사·돌봄을 누가 수행할지 역할기대는 성별에 따라 크게 달랐으며, 성별에 따라 현저히 다르게 작동하는 역할 동학(dynamic)은 국민 평균 생활시간 통계에 적나라하게 포착되고 있었다. 극도로 젠더화된 돌봄의 불평등 분배 현상을 어떻게 설명할 수 있을까. 고용노동부의 통계, 정책 보고서, 시민 인터뷰 자료를 종합적으로 분석해 보았다. 배우근로자들은 법적 권리를 행사하기 어려운 직장문화 속에 살며, 돌봄의 비용은 수많은 기회비용을 내포한다는 돌봄 불이익(care penalties)을 여러 차례 언급하였다. 육아휴직 권리를 가진 정규직 남녀들은 돌봄지원제도를 '잘' 활용하면, 직장에서 승진 및 평가 결과가 달라지고 인사발령 등 경력경로가 달라진다는 '불가피성'을 인식하고 있었다. 한편, 프리랜서 노동자들은 유급휴직이나 근로시간 단축과 같은 제도적 접근성을 확보하지 못한 채, 출산을 무기한 연기하는 '선택'을 '자발적으로' 하고 있었다. 본 연구는 "여성의 경력단절을 막기 위해 어떤 일-가정 양립 정책이 필요한가"라는 질문을 뛰어넘어, "남성이 가사와 돌봄을 주도하려면 법과 정책은 어떤 환경을 조성해야 하는가"로 관점을 전환해야 할 당위성과 필요성을 제기한다.

## Ⅰ. 서론: 여성은 왜 비혼과 비출산을 선택하는가

만약 현대 사회를 살아가는 여성이 혼인과 출산이라는 '보편적' 인생 경로에 편입되지 않겠다고 결정한다면 그 결정은 얼마나 개인적인 것인가. 현대 사회에서 개인은 노동시장에서 한 직장의 구성원 역할을 하지만 퇴근 후에는 1인 가정 혹은 다인 가정 속에서 가족 구성원 역할을 한다. 그 역할들은 동전의 양면처럼 연결되어 있다. 개인 시간의 흐름 속에서 시장임금노동과 가정무급돌봄은 유기적으로 연결되어 서로 긴밀한 영향을 주고 받는다. 그렇다면 유급시장 노동자인 여성과 남성에게 요구되는 가정과 사회에서의 역할은 어떻게 같고 어떻게 다를까. 본 연구는 초저출생 사회에서 여성이 비혼과 비출산이라는 의사결정을 내리게 되는 맥락을 고찰하고 법제도 개선 방향을 모색하는 것을 목적으로 한다. 출신배경, 직업, 각자 처한 환경 등에 따라 이질적인 여성 개인들이 유사한 의사결정을 내리고 있다면 여성이 겪는 문제가 개인적 맥락을 넘어 사회적 맥락에서 설명될 수 있을 것이다.

## Ⅱ. 본론: 누가 돌봄의 비용을 부담하는가

### 1. 이론적 배경: 돌봄의 경제학

돌봄노동은 자녀 양육, 노부모 부양, 환자 간병과 같은 대면적 보살핌 행위뿐 아니라 음식 준비, 청소, 세탁 등 가사노동을 포괄하는 개념이다. 표면적으로는 단순하고 반복적인 기술적 업무, 즉 "아무나 할 수 있는" 일로 인식되기 쉽다. 그러나 개별 행위에 수반되는 인지적 · 정서적 조율 과정을 면밀히 살펴보면, 돌봄을 저숙련 노동으로 단순 환원하기 어려움이 드러난다. 예컨대 아기나 노부모에게 음식을 먹이는 행위는 단순히 상대의 입 위치를 파악하고 수저를 가져다 대는 물리적 과업에 그치지 않는다. 상대방이 음식물을 삼키는 속도와 호흡 리듬, 언어로 표현되지 않는 허기나 포만감, 음식에 대한 기호, 그리고 다양한 신체적 · 정서적 불편감 등을 예민하게 감지하고 이에 즉각적 · 섬세하게 반응해야 한다. 고도의 감지력과 돌발 상황에 대한 판단력 · 대처 능력을 요하는 정서지능의 요청은, 돌봄이 기계적으로 분절된 과업의 집합이 아니라, 신체적 행위와 감정적 헌신이 긴밀히 얽힌 육체 · 정서노동의 복합체로서 상대의 생존과 안녕을 지속적으로 유지·증진하려는 실천임을 보여준다.

이러한 돌봄의 정서성은 돌봄을 특수한 노동으로 만든다. 일반적 성과 보상 논리—높은 성과↔높은 보상—가 곧바로 적용되기 어렵다. 높은 연봉이 이타적 사랑을 보장하지도, 기술적 숙련만으로 돌봄 수요가 자연히 발생한다고 단정할 수도 없다. 실제로, 돌봄의 질은 임금·효율 논리보다 애정·의무·호혜 같은 비경제적 가치에 좌우되는 경향이 있다.[1] 설령 완벽한 기술

1 낸시 폴브레(Nancy Folbre), 「보이지 않는 가슴: 돌봄 경제학」, 윤자영 옮김, 서울: 또하나의문화, 2007년, 90면.

로 사람을 안아 재울 수 있는 로봇이 존재하더라도, 많은 사람들은 사랑하는 이의 품에서 느껴지는 정서적 유대를 선호할 것이다. 돌봄 제공자 역시 내재적 만족감과 자기효능감을 얻으며, 이는 노동의 고됨과 스트레스를 완화한다. 그래서 돌봄은 흔히 '사랑의 노동(labor of love)'이라 불린다.

그러나 누군가를 사랑하고 돌본다는 것은 관계의 불확실성을 감수하는 일이다. 감정적 유대 형성에는 항상 위험이 수반되며, 가격이 명시될 수 없는 인간관계에 들어선다는 것은 표준화되지 않은 비가시적 정서 곡선에 관한 암묵적 계약을 수락하는 것이다. 애정이 상호적이라 하더라도, 어머니의 헌신이 자녀로부터 동일한 방식으로 되돌아올 것이라는 보장은 없다. 사랑과 돌봄은 상대를 있는 그대로 감내하는 불확실성을 끌어안는 전인격적 실천에 가깝다.

이러한 특성으로 인해 돌봄은 모순적 위치에 선다. 역사적으로 가정 내 돌봄은 여성의 '자연스러운 역할'로 간주되어 왔으며, 그 결과 사회적·경제적 보상의 영역에서 배제되었다. '모성애적 본능'이나 '고결한 사랑을 금전으로 환산하면 품위가 훼손된다'는 통념은 돌봄노동의 임금화·제도화를 가로막는 인식적 장벽으로 작동했다. 여기에 돌봄의 비표준성까지 더해져, 제공자가 지출하는 직접·간접·기회비용은 구조적으로 은폐되기 쉽다. 돌봄의 비용은 단기적으로 가시화되는 것보다 훨씬 막대할 가능성이 높다. 돌봄을 위해 노동시간을 줄이는 것은 잠재소득을 포기하는 것이며, 육아휴직이나 가족돌봄휴가·근로시간 단축제도 이용은 '눈치' 문화 속에서 성과평가 하락, 경력개발 기회 상실, 미래소득 감소로 이어지기 쉽다. 이처럼 돌봄은 감정적 호의를 넘어서는 지속적 책임과 경제적 비용을 수반하지만, 제공자에게 돌아오는 보상은 종종 상징적 수준에 머문다. '사랑의 노동'이라는 서사는 이 부족한 보상과 인정의 결핍을 제공자 스스로 자기합리화하도록 만들고, 감사와 상호보답이 반복적으로 결여될 경우 정서적 고립감과 좌절감은 돌봄의 자발성과 선의를 마모시킨다. 돌봄자 역할에 일방적으로 고립된 개인은 비애와 분노를 경험하며, 내재적 만족감은 소진된다.

현대사회는 돌봄에서 정서적 요소를 배제하고, 육체적 수발 중심의 기술적 행위를 규격화·외주화하는 경향을 보인다. 그러나 정서적 상호작용을 최소화한 가사노동조차도 구매버튼 클릭 한 번으로 완결되기 어려운 복합적 과정을 포함한다. 예컨대 청소·정리정돈 서비스를 외주화한다 해도, 결국 공간 소유자의 정리·가구 재배치 후 결과 설계, 전반적 일정 계획, 역할 분담과 조율이라는 '돌봄의 기획'이 필요하기 때문이다. 돌봄이 인간 보살핌 영역으로 확장될수록 변수는 더욱 복잡해진다. 직장에 있는 동안 노부모·어린 자녀·반려동물을 유급돌봄과 연결하려면, 맡김과 이동, 인수인계, 회수의 전 과정 속에서 역할 조율·의사결정·책임 분배라는 관리 시스템이 작동해야 한다. 이러한 '돌봄의 기획' 과정은 개별 서비스를 대체하거나 외주화하는 것만으로는 충족될 수 없으며, 서비스 표준화와 가격 책정을 더욱 어렵게 만든다. 결과적으로 돌봄의 고유한 성격을 고려할 때, '표준적' 경제가치 산정은 사실상 불가능하다.

그렇다면 누가 돌봄의 비용을 부담해야 하는가. 돌봄은 공공재(public good/s)적 성격을 갖는다. 물·공기·도로처럼 비용을 지불하지 않은 사람도 편익을 누리며, 그 파급 효과의 정확한 측정은 어렵다. 돌봄 제공자는 공공재를 생산하는 셈이며, 수혜자는 가족뿐 아니라 그들과 접촉하는 친구·동료·직장·지역사회, 더 나아가 사회 전체이다. 가정 내부 의사결정과 무관하게 발생하는 긍정적 외부효과는 행위자의 인식 범위를 넘어 확산되며, 그 편익을 가장 크게 회수하는 주체는 공동체다. 따라서 돌봄은 공적 자원이자, 돌봄노동은 사회 전체가 분담해야 할 권리이자 책임이다. 결국 "누가 돌봄의 비용을 부담해야 하는가?"라는 질문의 답은 '공동체'로 귀결된다.

### 2. 양적 분석: 통계청 생활시간조사로 본 기혼가정 유형별 일상

한국 사회 여성과 남성은 모두 경제 불안정성과 사회구조 변동이라는 미래에 대한 불확실성에 노출된 취약한 집단이라는 공통점이 있다. 남성도, 여성도 취업가능성, 임금수준, 종합적 소득 수준을 전망하여 경제적 합리성에 근거해 혼인 시기와 출산 자녀 수를 결정하는 합리적 경제 주체다. 그렇다면 직장과 가정에서 이들에게 요구되는 역할은 얼마나 유사할까. 통계청

2019년 『국민 생활시간 조사 결과보고서』는 전국 12,435 표본가구 내에 상주하는 만 10세 이상 가구원을 대상으로 조사되었고, 유효응답 수는 12,388가구 내 26,091명이었다.[2] 본 통계에서는 삶을 필수시간, 의무시간, 여가시간 총 3가지로 나누었는데 첫째 필수시간은 잠, 식사 등 개인 유지와 생존을 위해 필수적인 시간, 둘째 의무시간은 일, 학습, 가사, 돌봄시간, 셋째 여가시간은 인간이 자유로이 문화생활이나 사회적 교제 등으로 이용하는 시간이다. 아래에서는 맞벌이, 남편 외벌이, 아내 외벌이라는 3가지 기혼가구 유형에서 가사관리와 가족돌봄 시간이 어떻게 배분되는지 분석한다.

[그림 1] Type 1 맞벌이 가구: 가사관리 및 가족돌봄 투입시간 (단위: 분)

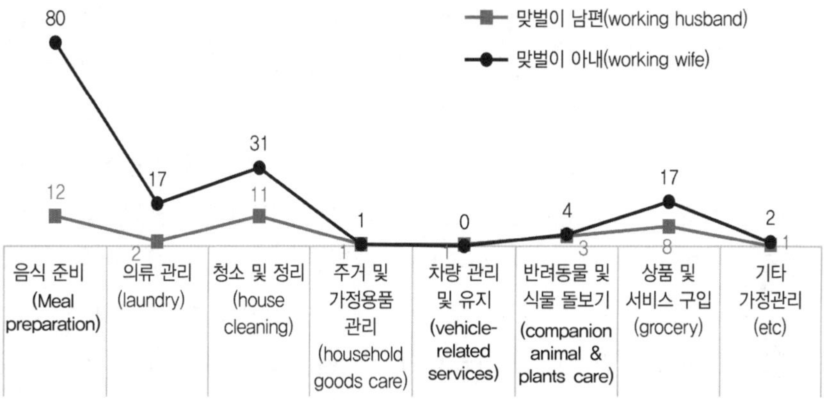


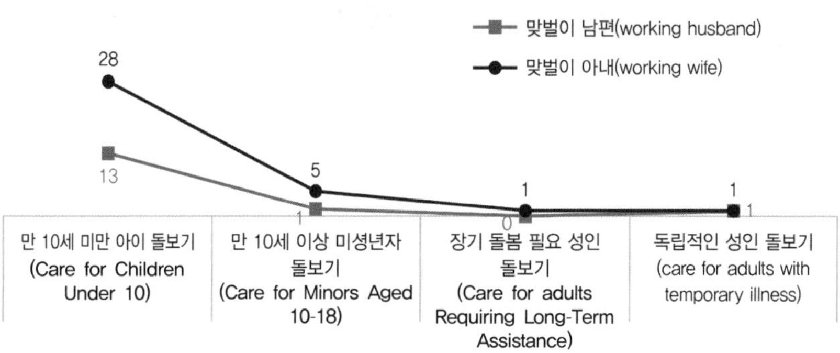


2 통계청, 『2019년 생활시간조사 결과』, 2020-07-30.

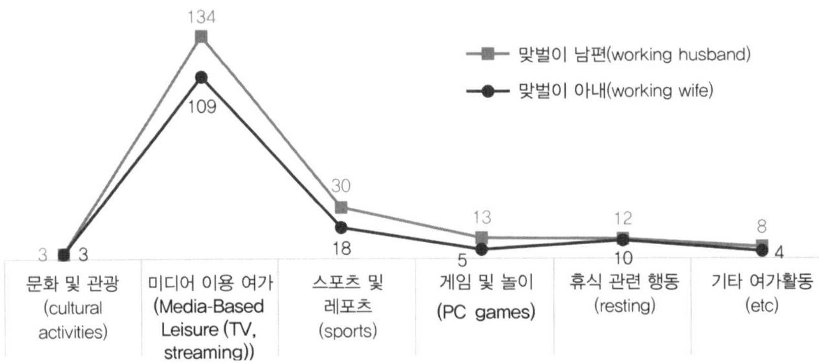


출처: 통계청. 『2019년 생활시간조사 결과』, 2020-07-30. 88면 필자 재구성.

첫 번째 유형은 맞벌이 가구다. 가사관리 영역에 하루의 시간이 어떻게 배분되는지 보면 음식준비, 의류관리, 청소 및 정리, 주거 및 가정용품관리, 차량 관리 및 유지, 반려동물 및 식물 돌보기, 상품 및 서비스 구입, 기타 가정관리에 아내 평균 151분, 남편 평균 39분을 소요한다. 가사 및 돌봄에 직장인 아내가 직장인 남편보다 4배의 시간을, 가족돌봄 영역에서도 맞벌이 아내가 맞벌이 남편보다 가족돌봄에 2배 이상 시간을 쓴다 ([그림1] 참조). '문화 및 관광, 미디어 이용 여가, 스포츠 및 레포츠, 게임 및 놀이, 휴식 관련 행동, 기타 여가활동'에 소요하는 시간은 남편 평균 199분, 아내 평균 149분이다. 직장인 아내가 돌봄에 소요하는 시간이 직장인 남편의 2배 이상인데, 남편의 휴게시간이 50분 더 길다는 불균형이 존재한다.

두 번째 유형은 남편 외벌이 가구다. 무벌이 아내의 가사 및 돌봄 시간은 245분, 외벌이 남편의 가사 및 돌봄은 33분이다. ([그림2] 참조)

[그림 2] Type 2 남편 외벌이 가구: 가사관리 및 가족돌봄 투입시간 (단위: 분)

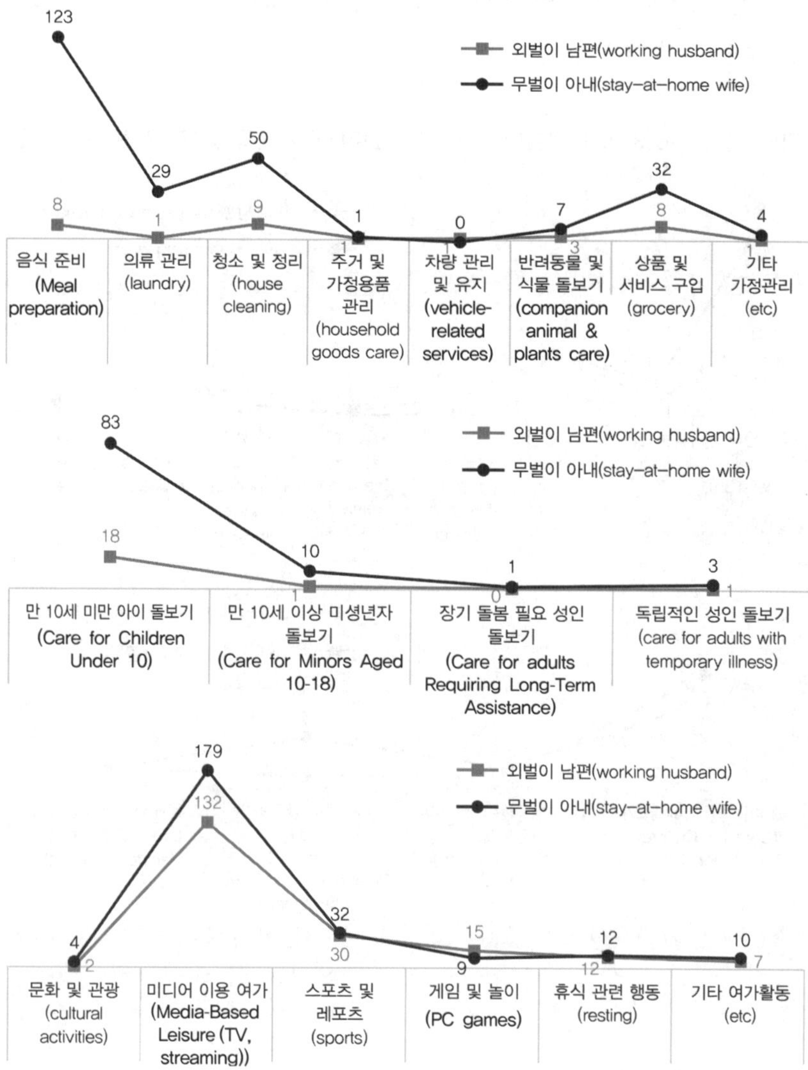


출처: 통계청, 『2019년 생활시간조사 결과』, 2020-07-30, 89면 필자 재구성.

유형2가구의 자료를 보면 외벌이 아닌 이가 가사를 전담한다는 가설을 세워볼 수도 있을 것이다. 그러면 이러한 역할분담은 유형3가구인 아내 외벌이 가정에서도 유사할까.

통계청 데이터를 통해 나타난 가장 흥미로운 사실은 유형2가구의 외벌이 남편-무벌이 아내 역할분담과, 유형3가구의 외벌이 아내-무벌이 남편 역할분담 간의 극명한 차이다.

[그림 3] Type 3 아내 외벌이 가구: 가사관리 및 가족돌봄 투입시간 (단위: 분)

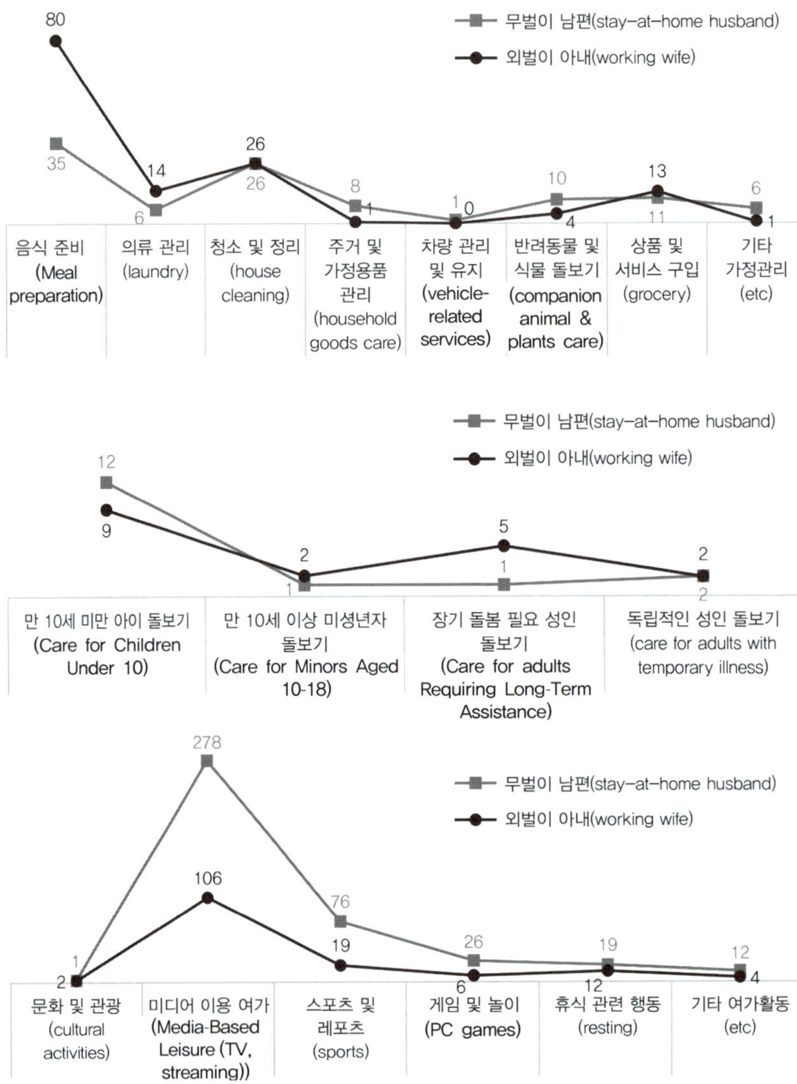


출처: 통계청, 『2019년 생활시간조사 결과』, 2020-07-30, 90면 필자 재구성.

외벌이 가구끼리 비교해 본다. 유형2의 무벌이 아내는 음식준비에 123분, 외벌이 남편은 8분만 소요한다([그림2]). 유형2 내 역할 분담 상 외벌이 남편이 시장노동만 전담한다고 보면 일견 납득이 가는 업무분담이다. 그런데 유형2와 유형3를 함께 볼 때 흥미로운 차이가 발견된다. 유형3 외벌이 아내는 유형2의 비교대상인 외벌이 남편보다 10배 많은 80분을 음식준비에 소요하고([그림3]) 반면 그녀의 무벌이 남편은 음식준비에 33분만을 소요한다. '장기돌봄 필요 성인 돌보기'를 보면 무벌이 남편보다 외벌이 아내의 돌봄시간이 5배다([그림3]). 그 와중에 무벌이 남편의 TV시청 등 여가는 하루 278분에 달한다는 점이 놀랍다([그림3] 참조). 유형2와 유형3을 함께 보면, 유형2에서 외벌이 남편을 둔 무벌이 아내는 무급돌봄을 전적으로 책임지는 반면, 유형3에서 외벌이 아내를 둔 무벌이 남편은 전혀 다른 행동 양상을 보여준다. 양쪽 외벌이 가구에서는 전혀 다른 역할 동학(dynamic)이 작동 중이다.

일반적으로 뒷바라지의 '부유함' 혹은 '빈곤함'은 가시화되지 않는다. 누군가 직장에서 퇴근할 때 동료들은 그 사람이 식사준비를 하러 가는지 차려진 밥을 먹기 위해 가는지 알 수 없다. 여성이 조용히 집안일을 해결하고 있어도 뒷바라지의 불공평함은 대부분 사람들의 시야에서 차단되어 있다. 근대적 노동 주체란, 직장에서 요구하는 출퇴근 시간 및 사용자의 필요에 따른 야근 등 해당 직장 문화에 맞는 시간 규범을 엄수할 수 있는 사람, 회사를 위해 24시간을 대기상태에 놓을 수 있는 자를 표준으로 한다. 근대사회에서 이는 곧 보살핌 노동에서 면제된 남성 노동자를 의미 해 왔다.[3] 많은 여성들은 남성의 생애주기에 맞게 설계된 노동 시장의 시간표, 보육시설, 학교 제도 등의 시간표와의 시간 불일치에서 갈등을 경험한다. 돌봄의 의무가 없는 것으로 상정되는 표준 노동자의 생애주기에 맞추면서도 돌봄을 책임져야 하기 때문이다. 자녀를 키우는 여성들은 압축된 시간 경험 속에서 갈등을 해결하고 더 잘 돌보기 위하여 다른 세대 여성들의 도움을 요

3 양현아, 김현미, 김영옥, 김성례, 김혜순, 우미성, 최윤 공저, 『근대 여성이 가지 않은 길』, 김영옥 엮음, 또하나의문화, 2001, 45면; 조주은, 『기획된 가족』, 서해문집, 2013년, 113면.

청한다. 이는 노동의 젠더화를 한층 더 강화하는 요인으로 기능한다. 친정어머니나 시어머니가 돌봄에 적극 가담하고, 보살핌을 둘러싼 돌봄 기획과 잔무들을 두 세대 여성이 함께 수행한다. 대부분의 대한민국 남편들은 양육 공동체를 '주도'하지는 않는다. 과거 대비 돌봄 역할이 늘어났다고 하지만, 아직 대부분의 남편들은 (자기 책임이 아닌) 돌봄을 '도와주는' 소극적 지원 역할에 그친다. 가계 내 책무구조도에 있어, 돌봄을 기획하고 매니징하며 마지막까지 책임지는 역할은 대를 이어 여성화 된다. 이때 친정어머니 또는 시어머니의 지원을 받았던 여성은 훗날 노모를 곁에서 돌보며 관리하는 노동을 수행한다. 현대의 맞벌이 가정은 어머니이자 노동자인 여성의 압축적 시간경험에 의해 기획되고 유지 되므로, 대부분의 경우 여성과 남성이 하는 경험의 성격에 질적 차이가 크다. 통계청 생활시간조사에 관한 분석은 양적으로도 돌봄이 불평등하게 배분되고 있는 현상을 적나라하게 보여준다. 데이터를 보면, 가계소득 창출자의 성별에 따라 가정 내 역할분담이 명확히 달라, 한국의 기혼여성들은 직장 일도, 집안일도 모두 해내야 하는 슈퍼우먼(super women)같은 삶을 산다. 이른바 히어로(hero) 세계관 밖의 현실이지만, 현대적 기혼여성은 초인적 힘을 발휘해 시장노동과 무급돌봄을 병행하는 이중노동 부담을 지고 살 수밖에 없는 것일까. 설령 돌봄의 상품화를 통해 누군가의 도움을 받는다 해도 외부화가 불가능한 돌봄의 영역은 존재하며, 가정 내 누군가는 반드시 수행해야 하는데, 많은 여성들에게는 시장노동과 가사노동을 감당하는 슈퍼우먼으로서의 삶이 일상화 되어 있는 듯하다. 이 지점에서 "여성은 왜 비혼과 비출산을 선택하는가"라는 연구질문을 떠올려 본다. 기혼여성에게 주어지는 것이 이런 옵션뿐이라면, 합리적 미혼여성이 비혼과 비출산의 삶을 선택한다 해도 결코 이상하지 않다.

### 3. 시사점: 시장노동 퇴근 후 가정돌봄 출근한 여성의 삶

대한민국은 어쩌다 '초저출생 사회'가 된 것일까. 미래가 불확실하므로 출산 시기를 늦추거나 적은 수의 자녀만 낳거나 아예 낳지 않는다는 저출산의 덫(low fertility trap) 가설이 있다. 요즘 젊은 세대가 아무리 노력해도 부모 세대보다 가난하게 살아야 한다는 분석 등과 함께 보면, 혼인율 하락 현상이 이상하지 않다. 다만 "부모로서 자녀에게 제공 가능한 사회경제적 자원에 따라 혼인과 출산 이행 여부에 차이가 생긴다"는 식의 설명만으로는 불충분한 현상이 관찰된다. 남성과 달리 여성이라면, 특히 고학력 전문직 남성과 달리 고학력 전문직 여성일수록 비혼과 비출산을 선택할 확률이 높다는 주장을 뒷받침하는 다양한 연구 결과들이 그것이다. 이는 앞서 통계청 시간조사 결과로 입증된 '가정 내 돌봄의 불평등한 배분'은 가정 내에서만 나타나는 것이 아니라 직장 내에서도 나타나기 때문이라고 추정해볼 수 있다. 가정에서 노동시간 배분이 불평등했다면, 직장에서는 임금 배분이 불평등하다고 볼 수 있다. 직장에서 남성과 유사직무를 수행해도 여성에게는 임금을 더 낮게 지급했다는 연구들은 다수 존재한다. 규범적으로 남성에게 더 핵심 직무를 부여해 온 차별적 관행 누적 속, 남성보다 여성이 출산에 이어 육아휴직 후 돌봄의 주 책임자가 되는 것이 합리적이란 해석은, 애초에 여성과 남성에게 동등하지 않았던 기회구조의 설정이 합리적이었는지 문제를 제기하지 않고서는 논리적으로 납득하기 어렵다. 여성들이 돌봄 불이익(care penalty)을 감당해야 하는 현실은 아직 공고하게 존재하는 구조적-체계적 불평등에 기인한다.

물론 가정 내 불평등에서 무엇이 선택을 제한하는 핵심요소인지 판단은 매우 까다롭다. 다만 가정 내 불명확한 돌봄 역할을 누군가는 맡아야 한다고 할 때, 현재 세대가 성장하면서 목격해 온 어머니 세대의 역할규범, 남편과 아내 중 누가 육아의 주된 책임을 맡을지 정할 때 가정 내의 감정적 역학관계, 모성 신화가 요청하는 자녀교육에 있어 전문화된 엄마 역할, 소위 "좋은 어머니" 되기 담론과 성별(sex) 내지 젠더(gender) 역할에 관한 통제적-암묵적 규범들을 생각해볼 수 있다. 설령 여성과 남성이 동등한 수준의 역량을 보유하고 있어도 그들이 자발적으로 서로 다른 길을 선택하도록 유도하며, 결과적 불평등을 야기한다. 여성들이 내가 '이기적으로' 커리어를 쌓다가 가족을 제대로 돌보지 못했다는 죄책감을 남성들보다 더 느끼고 있다면, 과연 성별 때문에 발생하는 구조적 불평등이 없다고 단언할 수 있을까. 여성과 남성이 동등한 수준의 고등교육을 받고, 직장에 입사 지원할 기회를 동등하게 제공 받았으니, 정의가 실현되었다고 수긍해야 하는 것일까. 관련하여 남성이 가사와 돌봄을 충분히 분담하게 하는 것이 젠더혁명의 열쇠임을 지적하는 연구도 존재한다. 법과 정책은 이러한 현실에 어떻게 화답해야 할까.

고용노동부 2020년 일가정 양립 실태조사에 따르면 '일-가정 양립을 위해 필요한 정책' 1순위 과제로 사회인식 및 기업문화 개선 캠페인이 42.7%로 가장 많았다. 가정에서의 여성과 남성 간 역학관계는 직장에서의 그것과 긴밀히 연결되어 있다. 고용노동부 조사에 따르면 아직도 입사, 승진 등 모든 인사영역에서 여성이 남성 대비 차별을 받는 한편 가정 내 남성들은 아직도 돌봄에 있어 보조적 역할인 경우가 많다. 과거 대비 참여도가 높아졌다 해도 돌봄을 '주도'하기보다 "아내가 시키는 건 다 한다, 시켜만 달라"는 식의 수동적 역할에 그친다면, 여성보다 직장생활에 집중 가능한 환경이 조성된다. 직장 내에서 오너십(ownership)을 갖고 일하는 자세와 태도를 강조하는 까닭은, 업무량을 구성원들이 똑같이 분담한다 해도 누가 매니저인지, 누가 업무를 주도하는지, 누가 책무구조도에 따라 최종 책임을 지는지에 따라 역할의 무게감과 업무 몰입도가 달라지기 때문이다. 가정 내에서 업무분담을 양적으로 동일하게 한다 해도, 그 분담을 구상하는 입장의 여성이 돌봄을 기획하고 주도하다 보면, 직장에서 때로 당연한 듯 승진에서 밀려난다. 여성이 겪는 돌봄 페널티는 "업무 몰입이 덜했다"는 이유로 합리화되며, 직장에서 남성보다 낮은 성과평가 결과는 여성이 이중노동을 감당하게 한 사회구조 탓이 아니라, 여성 개인의 업무역량 부족처럼 평가된다. 물론 가구별로 구체적 사정은 개별적 차이가 크기에, 돌봄을 주도하며 책임지는 남성이 일부 존재하는 것이 사실이나, 지역사회 내 남성 돌봄을 염두에 둔 시설 인프라가 부족한 현실을 고려할 때[4] 일부의 주도적 남성들도 아

4 민찬기, "'육아휴직 한 아빠, 아이 데리고 외출하기 겁난다-아이들 기저귀 가는 데 진땀, 남녀 평등하게 시설조성 필요-"아이 데리고 다니기 눈치 보일 정도네요"", 전남매일신문, 2022-11-21. 기사 출처 URL: http://www.jndn.com/article.php?aid=166902489034921 0005

직까지는 제반시설 및 문화요인 등 환경적 제약과 외로운 싸움을 해야 하는 것처럼 보인다.

결국 남성이 사회적 지위나 존경을 상실하지 않고서도 돌봄 전담자가 될 수 있는지, 돌봄의 평등 배분에 과연 남성이 효과적으로 관여하는 것이 용이한지 물었을 때, 부정적 답변이 나온다면 여성과 남성의 사회적 위치가 같다고 보기 어렵다. 이러한 현실 앞에서 법과 정책은 어떠한 역할을 수행해야 할까. 위 분석을 통하여, "여성이 돌봄을 선택하지 않으려면 어떤 조건이 마련되어야 하는가" 질문에서 한 발 더 나아가, "남성이 돌봄을 선택하려면 어떤 조건이 마련되어야 하는가"로 질문을 바꾸어야 할 필요성을 도출할 수 있다.

## Ⅲ. 결론: 어떻게 해야 여성이 출산을 선택할 수 있을까 – 유형 1, 2, 3을 넘어서

개인은 하나 혹은 여러 직장에서 일하는 노동자이기도 하고, 누군가의 딸이기도 하고, 누군가의 어머니인 경우도 있고, 누군가의 배우자인 경우도 있다. 시간의 흐름 속에서 시장임금노동과 가정돌봄노동은 유기적으로 연결되어 있다. 우리는 친족을 포함하여 타인을 어느 정도 돌보아야 할까. 인간 천성이 이기적이라 생각한다면 서로 이타적이 되도록 끊임없이 장려하는 것은 어리석은 짓일 것이나 특정 상황에서 부분적으로 이기적인 행태를 보이는 것이라면, 사회가 이기적 행동에 어떤 식의 보상을 하고 있는지 주의를 더 깊이 기울여야 한다. 돌봄의 불평등 배분을 야기하는 사회규범을 변화시키기 위해 법과 정책은 보다 적극적 역할을 수행해야 한다.

본 연구에서는 통계 데이터를 살펴보며, 비혼과 비출산이라는 여성의 선택이 그저 현대 여성의 이기심이라 단순히 뭉뚱그려질 만한 것이 아니라는 점을 밝혔다. 그 선택은 여성이 슈퍼 우먼이 되기를 요구하는 암묵적 사회규범이 지배하는 현실세계를 인식하고, 관찰하며, 이에 대응하는 과정에서 형성된 합리적인 '데이터 기반 의사결정'이다. 현실세계 데이터에 기반한 합리적 논리적 의사결정 능력은 오늘날 직장에서 성과창출을 위해 필수적으로 요구하는 역량이다. 나이가 차면 결혼해 아이를 낳아야 한다는 고정관념을 그저 수용하기 이전에 “왜”를 질문하고, 그 행위가 본인 삶에 어떤 파급력을 갖는지 해석해 삶의 방향을 결정하며 합리적 사고력, 결단력, 집행력을 발휘하는 비혼 여성들은 직장에서도 더욱 가치 있는 인적 자원으로서 수익을 창출할 수 있는 잠재력을 보여준다. 만약 정책이 혼인율 상승을 통해 출생률 상승을 꾀하고자 한다면 그 내용에는 혼인관계 내의 불평등한 배치를 극복하기 위한 방법의 일환으로서 남성 돌봄의 의무화가 반드시 포함되어야 할 것이다. 이는 가정에서는 시간 배분의 불평등, 직장에서는 임금 배분의 불평등 이슈와 연결되며 이는 여성적인 것으로 코드화된 행위들을 불합리하게 평가절하하는 직장 문화 개선 필요성과도 연결된다. 사용자는 남녀가 동등하게 존중 받는 직장문화를 조성하기 위하여 노력하여야 한다는 내용이 남녀고용평등법 제5조에 명시되어 있기도 하다.

나아가 기혼부부 중심적 사고의 틀을 깨고, 혼인 여부와 상관없이 평등한 가족구성권을 전제한 정책 수립과 함께, 비혼 출산과 양육에 관한 차별을 없애기 위한 사회적 노력이 필요하다. 앞서 분석을 통해 ‘혼인율 상승을 통해 출생률 상승을 목표’해야 할 당위성에 대해 의문을 제기한 바 있다. 현재 기혼가정의 모습은 유형1, 2, 3으로 요약되지만, 이 유형들에서만 자녀를 출산해야 할 타당성은 부족하다. 통계청 자료 상 아내 외벌이 가구처럼 무벌이 남편과 사는 여성이 시장노동과 무급돌봄을 모두 책임지는 상황을 생각해 보면, 여성이 출산을 결정할 때 혼인이라는 약정이 반드시 선행되어야 할 당위성은 희미하다. 양육을 함께 감당하기에 적합한 파트너로서의 성숙성을 갖춘 이를 찾아내 결혼하지 않더라도, 맞벌이든 외벌이든 한 명의 개인이 초인적 힘을 발휘해 초현실적 히어로가 되지 않고서도, 여성이 홀로 출산 및 양육을 할 수 있는 사회적 환경, 나아가 남성마저도 홀로 양육 가능한 환경을 조성할 필요가 있다. 현재 노동시장 환경은 재생산과 노동을 병행하는 여성에게 우호적이지 않고, 여성이 슈퍼우먼이 될 것만 요구하고 있음을 앞서의 논의를 통해 밝힌 바 있다. 설령 혼인이라는 민법 상계약에 함의된 약속이 지니는 가치가 폄하될 필요는 없어도, 대한민국의 심각한 저출생 현상을 반드시 혼인율 상승으로 해결할 문제로 볼 타당성도 없다. 결혼하지 않고 출산과 양육을 하는 사람, "미혼모"라 호명되어 온 이들에 대한 편견을 가지거나 차별을 할 필요도 없다. 사회적 낙인으로 인해 존재를 드러내기조차 꺼려하는 경향으로 모수 파악이 어렵다고 지적되는 이른바 "미혼모" 내지 비혼모들의 노동시장 진입, 직업역량 개발, 직장생활의 지속가능성 등 그들이 사회와 어떻게 접점을 만들어가고 있는지 관련 조사들을 축적하고, 혼인규범 내로 편입된 가족과 비교할 때 비혼 출산 및 양육이 차별 받지 않도록 사회 규범을 변화시켜 나가야 한다. 법과 정책은 개인들이 근대적 질서에서 벗어나 젠더평등한 노동중심적 생애전망을 실현할 수 있도록, 제도적 토대를 구축하고 문화적 개선을 견인할 임무를 안고 있다.

# 12. 조명되지 않은 영역, 남성의 재생산권*

신 필 식 (입양연대회의 사무국장)

재생산 영역은 여전히 젠더 정치의 주요 의제로 충분히 다루어지지 못하고, 사적이거나 여성의 영역으로 한정되어 인식되어 왔다. 이는 재생산 권리의 주체로서 남성의 자기 인식 부재와 제도적 소외와 연결되며, 재생산권 논의에서 남성의 공백을 초래한다. 이러한 공백은 가부장적 남성성의 지속 속에서도 발생하며, 남성 중심성은 침묵과 비가시화를 통해 재생산 영역에서도 영향력을 행사한다. 동시에 여성은 모성 책임과 이데올로기를 지속적으로 강요받으며, 젠더화된 이중 부담을 감당하게 된다. 재생산권의 보편화를 위해서는 남성 역시 재생산 주체로서 인식되고 참여해야 하며, 이 과정은 남성성의 재구성 가능성과도 연결된다. 남성의 재생산권 인식은 단지 권리 회복에 그치지 않고, 재생산권에 대한 사회적 인식, 정책적 책임, 제도적 재구조화에 기여할 수 있다. 특히 젠더화된 재생산 피해 구조를 재편하기 위해서는 재생산 지식과 담론, 제도 간 연계가 필요하며, 젠더 관점에서의 남성 참여 확대가 핵심적이다. 남성의 재생산권 개입은 그동안 지체되어 온 성평등한 재생산권 보장의 전환점이 될 수 있다. '돌보는 남성성'은 성평등한 재생산의 실현을 위한 전략적 접근으로서 의미가 있으며, 이는 여성주의 운동의 방향성 재정립에도 기여할 수 있다. 재생산권 담론에서 소외되었던 남성성의 위치를 재조명하고 재구성하는 작업은 성평등한 재생산권의 확장을 위한 실질적 기초가 될 것이다.

* 이 글은 필자의 "남성의 재생산권, 조명되지 않은 영역", 『재생산권리 3－성·재생산권 실현을 위한 법정책의 제안』, 서울대 법학연구소 공익인권법센터, 경인문화사, 2024, 1140-166면에 수록된 글을 수정·보완한 것이다.

## Ⅰ. 남성, 평등 그리고 보편적 재생산권

2024년 우리나라의 출생아 수는 전년보다 8,300명 늘어난 23만 8,300명, 합계출산율은 0.03명 증가한 0.75명으로 9년 만에 반등하였다[1]. 2000년대 초반 이후 저출생·저출산 관련 정책은 확대되어 왔지만, 국내 출생아 수나 합계출산율의 장기적인 전망은 여전히 불투명하다. 이러한 상황에서 '성·재생산권'이라는 의제의 중요성은 더욱 부각되고 있으나, 이에 대한 정부의 인식과 정책적 대응은 여전히 부족한 실정이다.

이러한 상황에서 2020년 당시 대통령직속 저출산고령사회위원회는 성·재생산 건강 및 권리[2]에 대해 "임신, 출산, 양육 등 성·재생산 전반에 있어 질병, 기능 저하, 장애로 인한 고통이 없는 상태로, 신체적·정서적·정신적·사회적으로 안녕(well-being)한 상태를 말하며, 재생산권이란 자녀 수와 자녀를 가질 시기에 대해 자유롭고 책임 있게 결정할 권리, 그리고 필요한 정보를 제공받아 최고 수준의 재생산 건강을 향유할 권리"로 정의하였다. '성·재생산권'이라는 용어는 2020년 12월 발표된 『제4차 저출산·고령사회 기본계획』에서 처음 정책 용어로 도입[3]되었으며, 기존의 임신·출산 지원 중심에서 "포괄적인 성·재생산권을 보장하고, 생애 주기에 따른 임신·출산에 대한 의료지원 강화"라는 방향으로 패러다임 전환이 시도되었다. 아직까지는 기존 사업들이 큰 변화 없이 유지되고 있지만, '성·재생산권'이라는 개념과 명칭의 도입은 모자보건사업과 임신·출산 관련 정책을 성·재생산권 보장을 위한 정책으로 전환할 가능성을 제시한 중요한 변화이다. 성·재생산권의 관점에서 성관계, 임신, 출산, 양육에 이르는 재생산 활동은 개인의 선택이자 책임의 문제이며, 동시에 국가와 사회공동체는

---

1 대한민국 정책브리핑, "9년 만에 합계출산율 반등!"(2025. 2. 28.), https://www.korea.kr/news/po licyNewsView.do?newsId=148940079, 2025. 6. 1. 방문.

2 대통령직속 저출산고령사회위원회 홈페이지, "모두를 위한 성·재생산권 이야기" (2020. 11. 25.), https://betterfuture.go.kr/front/committeeActivity/conferenceDetail.do?articleId=101, 2025. 6. 1. 방문.

3 저출산고령사회위원회, 제4차 저출산·고령사회 기본계획 (대통령직속 저출산고령사회위원회, 2020), 38면.

소극적 보호를 넘어 의료, 정보, 교육, 양육 지원 등을 통해 적극적으로 지원할 책임이 있다.

기존 국내 재생산권 논의는 국가 주도의 인구정책을 비판하는 페미니스트 연구자들에 의해 주도되었으며, 주로 여성 인권과 페미니즘의 이슈로 다루어져 왔다. 이들은 인구조절, 모성 통제, 장애여성의 재생산권 배제 등의 문제를 지적하며, 재생산권을 보편적 인권의 관점에서 접근하고자 하였다. 재생산권은 임신과 출산에서 여성에게 중요한 권리이지만, 남성에게도 반드시 보장되어야 할 권리이며, 여기에서 여성과 남성은 반드시 기혼자가 아닌 비혼자(미혼, 이혼, 사별 등)를 포함해야 한다. 즉, 재생산권은 성별과 결혼 여부를 불문하고 모든 시민에게 보장되어야 할 보편적 권리이다.

의료인류학자 인혼(Inhorn) 등은, 기존 사회에서 여성은 '제2의 성'으로 여겨져 왔지만, 재생산의 영역에서는 오히려 남성이 주변화되며 '제2의 성'이 된다고 지적한다.[4] 즉, 재생산의 영역은 남성과 태아, 여성과 태아, 그리고 부모로서 남성과 여성의 관계가 개인과 사회에서 어떻게 설정되고 작동하는지를 파악하기에 적절한 분석 지점이다. 특히 남성이 주도하지 않는 이 영역에서는 젠더 권력관계가 달리 작동하며, 모성 이데올로기와 젠더 불평등 구조가 여전히 강하게 내재되어 있다. 이러한 문제의식을 통해 우리는 재생산권 논의에서 남성의 비가시성, 요구 부재, 권리 주체로서의 위치 미정립 등의 문제를 질문할 수 있으며, 남성과 여성 모두에게 성평등하고 보편적인 재생산권이 보장될 수 있는 방향을 탐색해야 한다.[5]

---

4 M. C. Inhorn, M. la Cour Mosegaard, T. Tjørnhøj-Thomsen, H. Goldberg (eds.), *Reconceiving the second sex: Men, masculinity, and reproduction* (Berghahn Books, 2009).

5 저출산고령사회위원회, 제4차 저출산·고령사회 기본계획 (대통령직속 저출산고령사회위원회, 2020), 38면.

## Ⅱ. 보편적 인권으로서 재생산권 전환과 남성

### 1. 재생산권 논의의 확장 속 남성

재생산의 범주는 초기에는 '여성의 임신과 출산 과정, 이와 관련된 행위'로 이해되었고, '생식' 또는 '출산'이라는 용어로도 사용되었다. 그러나 재생산을 임신과 출산만으로 한정하여 사고하는 것은 재생산 이슈를 여성만의 문제로 축소시킬 수 있으며, 여성의 신체와 섹슈얼리티를 통제하려는 의도를 내포할 수 있다는 점에서 비판받아 왔다. 이에 따라 재생산의 개념은 점차 확장되어, 임신과 출산뿐 아니라 성관계, 피임, 낙태, 양육 등 재생산 전반을 아우르는 포괄적 개념으로 발전해 왔다.[6]

1994년 국제인구개발회의(ICPD, International Conference on Population and Develop ment)에서 채택된 카이로 행동강령은 재생산권의 개념을 처음 도입하며, 인구문제를 인권 문제로 전환할 필요성을 분명히 밝혔다. 이어 1995년 제4차 세계여성대회에서 채택된 북경행동강령은 강제와 차별, 폭력으로부터의 자유를 핵심으로 하는 성과 재생산 건강 및 권리(Sexual and Reproductive Health and Rights) 개념을 명시하였다. 이처럼 1990년대 중반의 두 국제회의를 계기로 재생산권 보장이 인구정책의 목표이자 인권보장, 성평등 제고, 삶의 질 향상의 수단이 되어야 한다는 국제적 합의가 형성되었다. 이후 재생산권은 특히 제3세계 국가들의 인구정책 및 보건의료 정책에서 '여성 개인이 보호받을 권리'로 시작되어, 점차 누구나 접근 가능한 보편적 권리로서 공공 영역에서 보장할 국가의 책임이라는 방향으로 발전해 왔다. 우리나라에서도 『제4차 저출산·고령사회 기본계획』에서 최초로 성과 재생산권 보장이 공식 정책 목표로 포함되었으나, 이를 실현하기 위한 제도적 기반은 아직 부족한 상태다.[7]

---

6 김영미, "저출산· 고령사회 기본계획에 대한 젠더 분석: 저출산 담론의 재구성을 위하여", 『비판사회정책』 제59호(비판과 대안을 위한 사회복지학회, 2018), 103-152.

7 김새롬, "성·재생산 건강과 권리에 대한 국제적 정책 추세와 한국에 주는 함의", 『국제사회보장리뷰』 제18호(한국보건사회연구원, 2021), 16-26면.

한국의 재생산 정책은 오랫동안 여성의 몸을 인구 조절의 수단으로 대상화하고, 임신과 출산 이슈를 주로 결혼한 기혼여성의 모성 건강 문제로 한정해 왔다. 한국은 여전히 국가 중심의 인구 통제적 관점을 벗어나지 못하고 있다. 이제는 보편적 인권으로서의 성과 재생산 건강 및 권리를 기반으로 한 정책 전환이 시급하다. 재생산권은 혼인 여부, 성별, 나이, 건강 상태, 장애 유무, 인종, 성적지향 등과 무관하게 모든 개인과 커플에게 평등하게 보장되어야 한다. 이는 여성에게만 국한된 권리가 아니라, 남성에게도 보장되어야 할 시민의 기본권이다. 그러나 우리나라의 저출산·저출생 대책과 재생산 관련 주요 논의는 여전히 재생산을 여성만의 일로 간주하며, 남성은 비가시적 존재 혹은 예외적 대상으로 취급되어 왔다. 따라서 재생산권 논의는 남성 재생산권의 부재와 남성의 비가시화 문제를 비판적으로 검토하며, 재생산권을 보편적 인권 의제로 전환하고 성평등한 재생산권이란 무엇이며 어떻게 실현 가능한가에 대해 본격적으로 탐색할 필요가 있다.

## 2. 지연된 남성 재생산권 논의

대표적 재생산 행위인 임신과 분만의 과정은 여성의 몸을 통해 이루어지기 때문에, 임산부에 대한 의료적·사회적 고려가 보다 많이 이루어져야 한다는 점은 분명하다. 그러나 임신과 출산을 포함한 재생산의 영역이 여성만의 책임과 노력으로 이루어질 수 없는 것 또한 자명하다. 성과 재생산 건강과 권리를 인권으로 규정한 1994년 국제인구개발회의(ICPD)의 카이로 행동강령에서는 재생산권이 남성과 여성 모두의 기본적인 권리임을 명시하고 있다. 이 강령은 재생산 건강과 관련된 의료 서비스, 정보, 교육에 대한 접근권이 남성에게도 동등하게 보장되어야 함을 강조하며, 특히 교육에서는 남성의 참여와 책임분담을 핵심 원칙으로 제시하고 있다. 구체적으로 카이로 행동강령은 남성도 가족계획과 가사·양육 책임을 여성과 평등하게 공유할 수 있도록 교육하고, 성병 예방과 피임에 대한 책임감 있는 참여를 유도할 상담 및 수단 제공의 필요성을 명확히 강조한다. 그러나 이러한 국제적 합의와 실천 지향과 달리, 남성의 재생산 영역 내 권리와 책임 인식은 우리

나라의 재생산권 관련 법률과 정책에 실질적으로 반영되지 못하고 있다.

재생산권 개념은 성별화된 세계에서 젠더 정치의 역사를 내포하고 있다. 이 개념은 형성 초기부터 여성의 삶 속에서 재생산을 둘러싼 기본적 인권 침해 문제와 연결되어 왔다. 따라서 재생산과 관련된 의제는 여성의 몸과 인권을 결정짓는 사안이며, 여성 스스로 판단하고 결정할 권리를 보장해야 한다는 요구는 재생산권 도입의 주요한 취지였다. 그러나 재생산권 개념이 세계적으로 확대되는 과정에서, 제3세계 국가들에 여전히 남아 있는 가부장제, 정부 주도적 인구통제 정책과의 충돌로 인해 재생산권 논의는 지체될 수밖에 없었다. 그 결과, 여성 내부적으로도 재생산권의 전면적 확대를 달성하지 못하였을 뿐 아니라, 남성의 재생산권에 대한 이해 제고와 주체화 역시 오랜 과제로 남아 있다.

아직 충분하진 않지만, 국내에서도 재생산권과 남성의 연결, 그리고 남성을 재생산의 주체로 참여시켜야 한다는 문제의식은 꾸준히 제기되어 왔다.[8]

지금은 성평등한 재생산권 보장이 어떤 방향성을 지향해야 하는지, 그리고 그 과정에서 남성이 어떻게 자신을 재생산권의 주체로 인식하게 되는지를 적극적으로 모색할 시점이다. 이어지는 논의에서는 재생산권 담론에서 분리된 존재로 전제되는 남성인 부(父)가 어떻게 비가시화되고 주변화되는지, 그리고 그러한 상황 속에서도 자신의 남성성을 어떻게 유지하고 확인하는지에 주목하고자 한다. 동시에 여성인 모(母)는 비가시화된 남성의 공백을 대신하여 이중적 책임을 강요받는 재생산 구조 속에서, 또 다른 남성 중심의 젠더화된 권력 구조에 노출되어 있는지 살펴보고자 한다.

8 채수홍, "비아그라와 남성중심의 성 관념의 재생산에 대한 우려", 『열린전북』 제69호(열린전북, 2005), 111-115면; 지은숙, "부모를 돌보는 비혼 남성의 남성성", 『한국여성학』 제30권 제4호(한국여성학회, 2014), 77-117면; 김선혜, "재생산의료 영역에서의 남성: 한국의 보조생식기술과 난임 남성의 비가시화", 『경제와 사회』 제124호(비판사회학회, 2019), 12-43면.

## Ⅲ. 재생산권 내 남성중심성과 젠더 이데올로기

### 1. 난임 관련 제도에서 남성의 비가시화

의학적으로 난임(infertility)은 일반적으로 1년간 피임 없이 정기적으로 성관계를 가졌음에도 임신이 되지 않는 상태를 의미한다. 35세 이상의 여성의 경우, 피임 없이 6개월간 임신되지 않는 경우에도 난임으로 진단되기도 한다.[9] 난임은 의료화와 국가 정책화가 동시에 이루어진 대표적인 재생산권 의제이며, 남성과 여성 모두 관련된 담론과 지식이 축적되어 온 분야로, 남성 재생산권 논의를 위한 중요한 출발점이 된다.

난임의 원인은 여성 요인, 남성 요인, 복합 요인, 원인불명 등으로 구분된다. 실제로 남성에게서도 상당한 원인이 발견되며, 남성의 신체 또한 난임 치료의 주요 대상이 되어야 한다. 그러나 임신과 출산이 여성의 역할로 여겨져 온 사회문화적 인식 속에서, 난임은 주로 여성의 문제로 간주되어 왔고, 남성은 제도와 치료 과정에서 부차적인 존재로 자리매김했다.[10]

정부의 난임부부 지원사업에서도 남성의 역할은 뚜렷이 비가시화된다. 난임의 원인이 남성과 여성 모두에게 있음에도, 정책상의 대상은 '난임 환자 및 임산부'로 규정되며, 실질적으로 여성 중심의 정책이 운영되고 있다. 이는 난임 치료에서의 권리와 책임이 성별에 관계없이 분담되는 것이 아니라, 여성에게 집중되고 있음을 보여준다. 2019년 이전 정부의 난임 시술비 지원 정책은 '법적 혼인부부' 및 '만 44세 이하 여성'으로 대상이 제한[11]되

---

9 U.S. Department of Health & Human Services, CDC(Centers for Disease Control and Prevention), "Infertility FAQs", https://www.cdc.gov/reproductivehealth/infertility-faq/, 2025. 6. 1. 방문.

10 E. Vayena, P. J. Rowe, P. D. Griffin, *Current practices and controversies in assisted reproduction: report of a meeting on medical, ethical and social aspects of assisted reproduction* (World Health Organization, 2002); A. L. Greil / K. Slauson-Blevins / J. McQuillan, "The experience of infertility: a review of recent literature", *Sociology of health & illness*, Vol. 32, No. 1 (2010), pp. 140-162; 김선혜, 앞의 글, 12-43면.

11 보건복지부에서 발표한 "난임부부 시술비 지원 연령제한은 폐지되고, 지원 횟수는 확대된다"라는 제목의 보도자료에 따르면 난임치료시술에 대한 건강보험 적용기준이 확대되어

었으며, 남성의 연령 기준은 존재하지 않았다.[12][13] 이는 여성의 연령 증가에 따른 가임력 저하에 과학적 근거가 있는 것은 사실이나, 파트너인 남성의 연령이 미치는 영향에 대한 연구[14]는 상대적으로 드물고, 제도에는 반영되지 않았다.

이처럼 여성에게만 연령 기준이 적용되고, 남성은 정책 설계에서 배제된 점은 남성의 재생산 책임을 비가시화하는 구조적 문제다. 또한, 난임을 분류하는 한국표준질병사인분류(KCD)에서도 이러한 경향은 드러난다.[15] 남성 난임(N46)은 '무정자증', '정자부족증' 두 항목으로 간단히 구분[16]되지만, 여성 난임(N97)의 경우 '무배란과 관련된 여성 난임' N97.0, '난관에서 기원한 여성 난임' N97.1, '자궁에서 기원한 여성 난임'은 N97.2, '자궁경부에서 기원한 여성 난임'은 N97.3, 등 일곱 가지의 세부 항목으로 분류되어 있다. 특히, 여성 난임 세부 항목 가운데 '남성 요인과 관련된 여성 난임'인 N97.4와 '기타 요인에서 기원한 여성 난임'인 N97.8, '상세불명의 여성 난

---

기존의 '난임부부 시술비 지원사업'에 대해서 연령 기준을 폐지하고, 지원 횟수를 최대 17회까지 확대한다고 발표했다. "난임부부 시술비 지원 연령제한은 폐지되고, 지원 횟수는 확대된다"(2019. 7. 4.) https://korea.kr/briefi ng/pressReleaseView.do?news Id=156339718, 2025. 6. 1. 방문.

12 여성이 나이가 증가함에 따라 가임력이 감소한다는 여러 연구 결과는 이제까지 많이 제시됐지만, 그들의 파트너인 남성들의 나이가 어떠한 영향을 끼치는지에 대한 연구는 드물다. R. Slama, J. Bouyer, G. Wadham, L. Fenster, A. Werwatz, SH. Swan, "Influence of paternal age on the risk of spontaneous abortion", *American Journal of Epidemiology*, Vol. 161, No. 9 (2005), pp. 816-823; 김선혜, 앞의 글, 27면 참조.

13 보건복지부에서 발표한 "난임부부 시술비 지원 연령제한은 폐지되고, 지원 횟수는 확대된다"라는 제목의 보도자료에 따르면 난임치료시술에 대한 건강보험 적용기준이 확대되어 기존의 '난임부부 시술비 지원사업'에 대해서 연령 기준을 폐지하고, 지원 횟수를 최대 17회까지 확대한다고 발표했다. "난임부부 시술비 지원 연령제한은 폐지되고, 지원 횟수는 확대된다" (2019. 7. 4.) https://korea.kr/briefi ng/pressReleaseView.do?news Id=156339718, 2025. 6. 1. 방문.

14 I. Harris, C. Fronczak, L. Roth, R. Meacham, "Fertility and the aging male", *Reviews in Urology*, Vol. 13, No. 4 (2011), pp. 184-190.

15 제8차 한국표준질병사인분류(KCD)에서 남성난임과 여성난임은 여전히 남성불임, 여성불임이란 용어가 사용되고 있다. 그러나 연구에서는 불임이라는 용어를 난임으로 대체하여 사용할 것이다. KOICD(한국표준질병사인분류) 질병분류 정보센터 https://www.koicd.kr, 2025. 6. 1. 방문.

16 제8차 한국표준질병사인분류에서 남성난임(남성불임) 관련 자료 참조, KOICD(한국표준질병사인분류) 질병분류 정보센터 https://www.koicd.kr/kcd/kcd.do#, 2025. 6. 1. 방문.

임'인 N97.9과 같이 상세불명의 여성 난임, 기타 요인에 의한 여성 난임으로까지 여성 난임은 범주가 광범위하고 그 경계가 불명확하다. 그 결과 남성의 생식능력에 문제가 있는 무정자증과 정자부족증 이외의 경우, '남성 난임'(N46)과 '남성 요인과 관련된 여성 난임'(N97.4)이 별도로 존재하는 상황에서 여성 난임으로 재분류될 수 있음에 주목할 필요가 있다[17]. 그 밖에도 요인을 특정하기 어려운 여러 난임의 경우에 대부분 여성 난임 분류 항목으로 포함될 가능성이 크다.

이처럼 남성 난임의 직접적 진단 가능성이 낮아지는 구조가 형성되어 있다.

이러한 분류체계는 정자와 남성 자체를 독립적인 난임 원인으로 인정하지 않고, 보조적 존재로 설정하는 젠더화된 인식의 결과다. 결국 난임 시술 과정에서 정자와 남성, 부성(父性)은 독립적이지 않은, 분리된 존재로 취급되며, 남성은 자신의 난임 여부와 무관하게 여성 파트너의 연령 기준에 의해 치료 자격 여부가 결정되는 위치에 놓인다. 또한, 태아에게 위험을 가하는 존재로 어머니만 인식되는 반면, 남성의 정자가 유전적 위해 요인이 될 수 있다는 인식은 매우 미약하다. 일부 의학 연구에서는 남성 건강이 태아 건강에 영향을 줄 수 있다고 지적하지만, 제도적·사회적 인식은 여전히 남성을 재생산의 주체로 인정하지 않고 있다. 이로 인해 난임에 대한 책임과 위해 가능성은 여성에게 집중되며, 남성의 위해성은 '남성 요인 여성 난임'이라는 간접적 구조 속에 흡수되거나 은폐된다.

이는 남성이 재생산의 주체로 자리 잡지 못하게 하며, 모든 위험과 보호의 책임이 여성에게 집중되는 젠더 불균형 구조를 고착화한다. 이어지는 논의에서는 이러한 남성의 비가시화가 사회적으로 어떻게 수용되는지, 이에 대한 주체적 대응 또는 침묵의 양상, 그리고 침묵을 선택하게 만드는 사회문화적·젠더적 요인에 대해 살펴보고자 한다.

---

17 제8차 한국표준질병사인분류에서 여성난임(여성불임) 관련 자료 참조, KOICD(한국표준질병사인분류) 질병분류 정보센터 https://www.koicd.kr/kcd/kcd.do#, 2025. 6. 1. 방문.

## 2. 부재(不在)를 통해 보호되는 재생산 위기 남성의 남성성

국내 재생산 관련 논의에서 남성의 비가시화가 지속되는 가운데, 전반적인 남성의 재생산 건강 상태 역시 건강하다고 보기 어렵다. 그럼에도 한국 사회의 개별 남성들은 재생산권 의제에 큰 관심을 보이지 않는다. 재생산 상황에서의 어려움을 말하거나 치료를 받는 것, 스스로를 재생산 권리의 주체로 호명하며 목소리를 내는 일, 혹은 재생산 건강의 위험을 개선하기 위한 요구조차 드물며, 이를 조직화하려는 움직임도 거의 존재하지 않는다. 이러한 집단적 침묵은 단순히 개인의 선호나 결정으로 설명하기 어렵다. 남성들이 재생산 건강 문제나 위기를 인식하고도 개선에 나서지 않는 배경에는 남성성과 관련된 사회문화적 요인이 작동하고 있다.

'남성성(masculinity)'이란 단순히 생물학적 남성의 보편적 행태나 성역할 규범을 의미하는 것이 아니라, 구체적인 삶의 조건과 타인과의 상호작용 속에서 남성으로서의 의미를 획득하는 실천을 지칭하는 개념이다. 예컨대, 여성에 대한 폭력을 남성성이 손상되었음을 증명하고 회복하려는 수단으로 해석하는 페미니스트 범죄학자들의 관점은 젠더 폭력을 넘어 다양한 범죄 행위를 남성성 수행의 일환으로 확장해 설명해왔으며,[18] 국내에서도 남성의 돌봄 수행과 남성성의 변화를 살피는 연구가 이어져 왔다.[19]

특히 추지현[20]은 아동학대 부모에 대한 젠더 분석을 통해, 남성인 부(父)가 가족 내 지배적 지위를 획득하지 못할 경우, 그 상실을 보상하려는

---

18 J. Miller, "2. Doing Crime as Doing gender? Masculinities, Femininities, and Crime", in G. Rosemary and B. McCarthy (eds.), *The Oxford Handbook of Gender, Sex, and Crime* (Oxford University Press, 2014); J. W. Messerschmidt, T. Stephen, "Masculinities and crime", in W. DeKeseredy and M. Dragiewicz (eds.) *Routledge Handbook of Critical Criminology* (Routledge, 2018); 추지현, "아동학대에 대한 젠더 분석: 남성성, 돌봄, 재생산권", 『형사정책연구』, 제128권(한국형사법무정책연구원, 2021), pp. 33-61.

19 나성은, "부성 실천을 통해 본 '돌보는 남성성'의 가능성: 중간 계층 아버지들의 경험을 중심으로", 『한국문화연구』 제28호(이화여자대학교 한국문화연구원, 2015), 173-212면; 문현아, "돌보는 남성성의 가능성 모색: 남성의 가족돌봄 사례를 중심으로", 『한국여성학』 제37권 제3호(한국여성학회, 2021), 33-63면; 추지현, 앞의 글 22, pp. 31-61.

20 위의 글.

방식으로 통제나 폭력을 행사하는 경향을 지적하였다. 이처럼 남성성은 상실과 보상의 구조 속에서 수행되며, 상황에 따라 강화되거나 약화될 수 있는 젠더 수행적 성격을 지닌다.

남성에게 있어 재생산 능력과 성적 능력은 경제적 부양자 정체성과 밀접히 연결되어 있다. 선행 연구들은 여성화된 재생산 영역 속에서 남성이 재생산 경험, 특히 위기 상황에서 어떻게 남성성을 재구성하는지에 주목해 왔다.

예컨대 미국의 난임 남성을 연구한 벨[21]은 난임 남성들이 정자 활동성과 성적 능력을 분리함으로써, 난임을 남성성의 손상과 연결하지 않으려 하며, 스스로를 여성의 임신을 돕는 '조력자'로 위치시킴으로써 주도적 남성성(hegemonic masculinity)을 유지하고자 한다고 분석하였다. 영국의 난임 남성을 연구한 돌란[22]도, 난임 진단을 받은 남성들이 자신이 '죽은 정자'를 생산하고 있다는 사실을 자기 통제력 상실 및 남성성의 위기로 경험하며, 이에 침묵으로 대응함으로써 남성성을 유지하려는 태도를 보였다고 지적하였다.

한국의 경우, 김정수·박은아[23]는 난임 부부의 보조생식술 실패 경험을 분석하며, 이들이 신체적·정서적 고통과 관계 파괴를 겪으며, 정보·재정·정서적 지지의 필요성을 절실히 인식하고 있다고 지적하였다. 한편 김선혜[24]는, 2000년대 초반 난임에 대한 사회적 낙인이 훨씬 강했던 시기에도 여성들은 온라인 공간에서 활발하게 경험과 감정을 공유해 온 반면, 2020년대에 이르기까지도 남성의 난임 관련 목소리는 찾아보기 어렵다는 점을 지적하며, 성별에 따른 대응 방식의 격차가 공적 영역에서도 뚜렷이 나타난

---

21 A. V. Bell, "I don't consider a cup performance; I consider it a test: masculinity and the medicalisation of infertility", *Sociology of Health & Illness*, Vol. 38, No. 5 (2016), pp. 706-720.

22 A. Dolan, T. Lomas, T. Ghobara, G. Hartshorne, "It's like taking a bit of masculinity away from you: towards a theoretical understanding of men's experiences of infertility", *Sociology of Health & Illness*, Vol. 39, No. 6 (2017), pp. 878-892.

23 김정수·박은아, "고난의 여정: 난임 부부의 보조생식술 실패 경험에 대한 질적 메타합성", 『수산해양교육연구』 제34권 제5호(한국수산해양교육학회, 2022), 814-829면.

24 김선혜, 앞의 글, 16면.

다고 보았다. 남성의 경우 성적 능력과 재생산 능력이 곧 남성성의 상징으로 간주되기 때문에, 재생산 건강의 위기를 남성성 상실로 받아들이는 경향이 있어 이를 비가시화하거나 회피하려는 태도가 형성될 뿐 아니라 상담이나 의료 서비스에의 접근을 꺼리는 현상이 나타난다.[25]

남성은 재생산과 남성성을 전략적으로 분리하고, 선택적 통제권을 확보하는 방식으로 남성성을 유지하려 하며, 이러한 구조적 분리는 남성들이 재생산 의제에 무관심하거나 공적 목소리를 내지 않는 배경이 된다. 그러나 남성들이 재생산 위기를 남성성 상실과 동일시하고 침묵으로 대응하는 방식은 오히려 재생산 건강 악화를 초래할 수 있다. 남성성 상실에 대한 막연한 두려움으로 재생산 문제에 대한 인식을 차단하는 태도는 남성 개인뿐 아니라 남성 집단 전체의 건강과 권리에도 부정적인 결과를 가져온다. 남성이 재생산 권리의 주체로 자리 잡지 못하는 구조는 남성의 책임지지 않은 위험을 여성에게 전가하게 된다. 그 결과 여성인 모(母)는 태아를 위해·피해로부터 보호할 전적인 책임을 부담하게 되며, 이는 결국 젠더화된 모성 이데올로기의 강화로 이어진다.

## Ⅳ. 여성의 책임으로 전환되는 남성의 공백

난임 치료 과정에서 남성은 부차적이고 보조적인 역할로 간주되며, 난임 시술은 여성에게서 시작해 여성으로 끝나는 시술로 귀결된다. 이 과정에서 남성 난임은 사라지고 '남성 요인 여성 난임'만이 남게 되며, 부재한 남성의 책임 공백은 여성에게 전가된다. 주목해야 할 점은 재생산 영역에서 남성의 비가시화와 부재가 단지 남성의 문제가 아니라 여성에게도 전이된다는 사실이다. 김선혜[26]는 재생산 영역에서 남성의 부재가 여성의 추가 노동으로 채워지며, 남성이 제2의 성으로 여겨지는 현실은 동시에 재생산

25 A. M. Starrs, A. C. Ezeh, G. Barker, A. Basu, J. T. Bertrand, R. Blum et al. (2018) *Accelerate progress-sexual and reproductive health and rights for all: report of the Guttmacher-Lancet Commission*, Vol. 391 (Guttmacher Institute, 2018), pp. 2642-2692.

26 김선혜, 앞의 글, 15면.

외의 모든 영역에서 여성을 제2의 성으로 머물게 만든다고 지적한다.

한국 사회에서 난임은 개인의 재생산 건강이나 권리의 문제가 아닌, 출산율 증가를 위한 국가적 수단으로 다뤄져 왔다. 이는 모자보건법의 제정과 개정 과정을 통해 확인할 수 있다. 1973년 출산율 억제를 위해 제정된 이 법은 2009년, 출산율 감소가 사회적 문제로 떠오르자 난임 부부 지원사업의 법적 근거를 마련하는 방향으로 개정되었다.[27] 현행 모자보건법은 난임을 "부부가 피임을 하지 않고 정상적인 성생활을 했음에도 1년 이상 임신이 되지 않는 상태"로 정의한다.[28] 여기서 주목할 점은 난임의 진단 단위가 '개인'이 아닌 '부부'라는 것이다. 이는 난임이 생식능력 문제라는 개인의 재생산 건강 이슈임에도 불구하고, 임신하지 못하는 '부부'의 문제로 규정됨으로써 남성의 책임이 여성에게 전가될 수 있는 구조를 형성한다.

모자보건법의 부부 단위 난임 정의를 통해 난임 주체로서 남성과 여성의 혼합은 결국 남성인 부(父)의 책임을 여성인 모(母)로 전가할 수 있는 가능성을 열어준다. 남성 난임이 독립적인 난임 환자로 존재하지 않기 위해서는, 난임의 원인을 여성에게 전가하고 자신을 보조적·부가적 존재로 위치시키는 일련의 과정이 필요하다.

모자보건법의 부부 단위 난임 규정은, 난임 여성에게 재생산 관련 모든 원인과 책임, 그리고 치료의 의무까지 일방적으로 부여하고 있으며, 이러한 상황을 '자연'스러운 것으로 여겨지게 한다. 결국, 남성 난임이 '남성요인 여성 난임'으로 쉽게 전환되고 사실상 그렇게 분류되는 상황 속에서, 여성인 모(母)는 남성인 부(父)와 태어나려는 아이 사이에서 신체적·감정적으로 이중 삼중의 고통을 감내해야 한다. 그런 어머니, 아내, 난임 여성이라는 복합적 책임을 감당하는 것을 전제로 난임 여성의 모성은 보호되는 것이다. 이는 난임 여성에게 또 다른 형태의 모성 이데올로기를 강요하는 구조이기도 하다.

---

27 장민선, 건강한 임신·출산 지원을 위한 모자보건법 개정 방향 연구 (한국법제연구원. 2015). 김선혜, 앞의 글, 24면.

28 모자보건법[시행 2022.6.22.] [법률 제18612호, 2021.12.21., 일부개정].

정자 주입술(intracytoplasmic sperm injection, ICSI)은 남성의 정자 수나 형태 이상으로 일반적인 체외수정이 어려운 경우에 시행되는 시술이다. 그러나 이 기술은 남성의 생식건강을 치료하기보다는 여성에게 시술의 부담을 전가하며, 경우에 따라 여성까지 난임 환자로 만들 수 있는 역설적 상황을 낳는다.[29] 실제로 난자나 자궁 내막에 대한 연구는 활발하지만, 남성 생식건강에 관한 연구는 줄어들고 있으며, 이는 정자 주입술의 성공률을 높이기 위한 연구가 여성의 신체를 중심으로 이루어지고 있기 때문이다. 이처럼 기술의 발전은 남성 난임의 원인을 해결하기보다 여성의 책임과 부담을 강화하는 방향으로 작용하고 있으며, 남성은 재생산에서 부차적 존재로 계속 위치 지워진다. 우리나라에서 남성 요인에 의한 난임 비율은 여성과 유사하거나 최근 급증하고 있음에도 불구하고, 그 현실은 의료와 제도에서 반영되지 않고 있다. 여성에게 모든 보호책임이 요구되는 이면에는, 남성이 태아와 독립된 존재이며 위해 가능성이 없다는 암묵적 전제가 존재한다. 그러나 이 전제가 만들어 낸 공백은 여성에게 책임으로 전가된다. 결과적으로 여성은 외부 위해로부터 태아를 '전적으로', '혼자' 보호할 책임을 지게 된다.

비슷한 맥락에서, 임신중지[30] 결정에서 사회경제적 이유를 인정하지 않는 현재의 정책 구조 역시 남성 부재에 따른 책임 전가의 또 다른 양상이다. 임신중지 결정에서 사회경제적 위해를 인정하지 않는 것은, 국가와 제도, 남성 등 외부 요인을 부정하고 모든 위해성으로부터 여성이 책임지도록 하는 구조를 강화한다. 이에 따라 여성이 선택할 수 없는 사회적 위해에도

---

29 C. L. Barratt, , C. J. De Jonge, R. M. Sharpe, "'Man Up': the importance and strategy for placing male reproductive health centre stage in the political and research agenda", *Human Reproduction*, Vol. 33, No. 4 (2018), pp. 541-545.

30 임신의 지속 상태를 중단시키는 행위에 대해 낙태(abortion)라는 명명 속에는 그에 대한 종교적, 윤리적 평가가 반영되어 있다. 성과 재생산 권리 차원에서 접근하는 본 논의에서는 낙태라는 용어를 지양하고 성과 재생산 권리의 영역으로 이와 관련된 성행위와 피임의 선택, 임신 유지 및 출산, 임신중지의 선택은 스스로의 삶에 대한 자유로운 결정에 의해 이루어져야 한다는 규범적 의미를 포함한다. 그런 점에서 본 연구에서는 임신의 유지 또는 중지에서 개인의 결정이라는 점에서 임신중지라는 표현을 사용하고자 한다. 장다혜, "임신중지 상담체계 구축의 방향-성과 재생산 건강권의 관점에서", 『서울대학교 법학』 제64권 제3호(서울대학교 아시아태평양법연구소, 2023), 392-393면 참조.

책임을 지며, 위해가 발생할 경우 그 책임은 모두 여성에게 귀속된다. 남성, 부(父), 정자 역시 여성, 모(母), 난자와 마찬가지로 태아와 모체의 건강에 위해를 미칠 수 있으며 이에 대한 책임을 져야 한다. 그러나 태아가 여성의 몸을 통해 생존한다는 조건 때문에, 남성의 위해 가능성은 인식되기 어렵고, 그 책임을 입증하는 것도 매우 어렵다. 실제로 '위해'와 '위해로부터 보호의 실패'는 구분되어야 함에도, 현재 임신중지나 재생산 위해성 판단에서는 혼동되고 있다. 이는 여성의 신체성과 그 외 존재들 간의 근본적 '차이'를 충분히 고려하지 못한 책임 분배 구조와 밀접히 연관되어 있다.

## Ⅴ. 재생산권 보편화를 향해: 과제이자 동력으로서 남성의 재생산 주체화

앞선 논의를 통해, 재생산 영역 내 난임 부부 치료에서 남성·부성·정자의 비가시화에도 불구하고, 또 다른 방식의 침묵과 부재를 통해 남성성이 획득되고 유지되며, 난임 남성으로서의 남성성이 보호되고 있음을 살펴보았다. 이러한 비가시화에는 젠더화된 태아(자녀)와의 연결성 및 위해 가능성 분배가 자리 잡고 있다. 재생산 영역에서 남성 주체가 비가시화된 만큼, 여성이 태아(자녀)를 보호해야 할 여성·모성·난자로서의 책임을 전적으로 떠맡게 되는 구조가 형성되고 있다. 여성은 이처럼 재생산 영역에서도 다른 사회 영역과 마찬가지로, 여성성과 모성에 대한 이중·삼중의 책임과 부담을 지게 되는 가부장적 모순 속에 놓이게 된다.

보편적이고 성평등한 재생산권의 실현을 위해, 남성이 재생산의 주체로 자리 잡는 것이 무엇보다 중요하다. 남성 또한 재생산하는 몸을 지닌 존재이며, 인간 재생산의 주체라는 점은 부정할 수 없다. 남성의 재생산 권리가 확보될 때, 누구보다 남성 자신이 그동안 비가시화되고 주변화된 상황 속에서 방치됐던 재생산 건강을 회복하고 유지하는 혜택을 얻게 될 것이다. 아울러 남성의 주체화는 재생산권에 대한 사회적 인식과 공적 책임, 보편성에 대한 새로운 이해를 이끌 수 있으며, 이는 남성뿐 아니라 여성, 다양한 소수자 집단의 재생산 건강과 권리 향상에도 전환점이 될 수 있다.

한국 사회에는 비혼자, 빈곤층, 청소년, 이주민, 장애인, 성소수자, 비정규직, 남성 등 자녀 출산과 양육의 재생산 활동에 대해 사회적 인정과 정당성이 부여되지 않으며, 공적 지지 또한 부족한 다수의 집단이 존재한다. 이들 집단 내 남성의 교차적 재생산 건강 위기와 권리 향상을 위해서는 젠더 관점에서 복합적 현실을 정밀하게 파악할 필요가 있다. 젠더화되고 교차적인 소수자 집단 내 남성의 재생산 양상을 드러내고 개선하는 과정은 실질적 재생산권 보장으로 이어질 수 있으며, 이는 다양한 집단 내 남성과 여성의 재생산권 개선에도 긍정적 영향을 줄 것이다.[31]

접근권이 개인마다 다르게 주어진다면 이는 명백한 재생산 불평등으로 이어진다. 성별, 나이, 계층, 장애 여부, 혼인 상태, 성적 지향, 성별 정체성 등에 따른 차별 없이 재생산 서비스에 접근할 수 있도록 하는 정교한 사회적 지원 체계가 필수적이다. 현행 모자보건법은 임산부, 영유아, 미숙아의 건강 관리, 난임 지원, 산후조리업 규율에 집중되어 있어 재생산권 보장에는 한계가 있다. 이제는 모성보호 중심의 법률을 넘어, 성·재생산 권리를 포괄적으로 다루는 기본법 제정이 필요하다. 아울러 난임 지원 예산 확대뿐 아니라, 안전한 임신과 출산을 위한 의료기관 접근성 강화, 공공의료체계 확충, 전문인력 확보, 유해 환경 제거 및 역학조사에 기반한 제도 마련 등도 함께 추진되어야 한다.

재생산 영역은 젠더 정치의 주요 의제로 충분히 다뤄지지 못한 채, 오랫동안 사적 영역 또는 여성의 영역으로 인식되어 왔다. 이는 재생산 권리의 주체인 남성이 자신의 입장과 인식, 제도적 방향성에 대해 지지와 이해, 확신을 갖지 못한 현실과 밀접히 연결되어 있다. 이제는 단순히 남성의 재생산 권리를 인식하는 수준을 넘어, 재생산 권리를 통해 남성성 재구성의 가능성을 모색해야 한다. 생산 영역에 집중되어 온 가부장적 남성 중심 시각은 가족, 모성, 아동, 돌봄, 일·가족 양립 등 재생산 영역에서도 여전히

31 김영미, 앞의 글, 137면 참조.

재생산되고 있다. 변화된 남성을 기다리기보다는, 재생산 영역에서의 남성성 변화를 통해 새로운 남성성을 실천적으로 구축해 나가야 할 시점이다.

재생산권이 아직 보편적 권리로 자리 잡지 못한 현재, 젠더화된 남성과 여성 각각의 상이한 양상을 확인할 수 있다. 따라서 재생산권의 보편화 과정에서도 젠더화된 특성을 고려하는 접근이 필수적이다. 특히 남성성과 여성성이 재생산 피해와 연결되는 방식이 성별화되어 지속된다는 점에서, 재생산권 재구성은 성별 정체성과 재생산 지식, 담론, 제도의 유기적 연계를 통해 추진되어야 한다. 인권으로서 누구에게나 보장되어야 할 재생산 권리를 실현하기 위해서는 지금의 상황을 진단하고 개선하는 데 여전히 젠더적 시각이 필요하며, 그 확산을 위해서는 더 많은 남성의 변화와 참여가 요청된다.

주목할 점은, 가부장적 남성 중심성은 재생산 주체로서 남성이 부재한 상황 속에서도 여전히 작동한다는 것이다. 남성의 공백, 침묵, 비가시화 속에서도 남성성은 구조적으로 중심적 영향력을 행사하고 있으며, 동시에 모성 책임과 이데올로기는 여성에게 지속적으로 강제되고 있다. 이는 여성성과 남성성, 주체성, 남성 중심성, 가부장성, 억압과 전환에 대해 다양한 질문과 과제를 던져준다.

이러한 현실에서 남성의 주체성과 책임, 참여의 공백을 확인하고, 그 원인을 분석하며, 그럼에도 불구하고 남성이 재생산 주체로서 적극 개입해야 한다는 점은 재생산권 논의에서 빠질 수 없는 과제이다. 오늘날 '돌보는 남성성'은 성평등한 재생산권 실현을 위한 전략적 가능성이자 핵심 요건으로 주목되어야 한다. 남성의 개입은 지체된 재생산권 보편화뿐 아니라, 여성주의 운동의 방향을 재정립하는 데에도 기여할 수 있다. 젠더 분석에서 간과되었던 남성성의 위치를 재조명하고 재구성하는 과정은, 재생산권 논의의 지평을 넓히고 성평등한 재생산의 방향을 새롭게 정립하는 전환점이자 동력이 될 수 있을 것이다.

# 13. 재생산 정의 : 장애인과 성소수자 재생산권을 중심으로*

나 영 정 (성적권리와 재생산정의를 위한 센터 셰어SHARE)**

재생산의 주체로 여겨지지 않은 장애인과 성소수자의 재생산권리를 옹호하기 위해 성·재생산 영역을 보편적인 인권의 문제로 정초하는 과정은, 그동안 성재생산 영역이 국가의 인구통치를 위한 도구로 왜곡되어 왔던 과정을 바로잡는 과정과 나란히 간다. 생산성과 정상성이라는 기조에 따라 인구정책을 추진해왔기 때문에 우생학적 유산과 성소수자에 대한 낙인은 인구정책의 핵심에 자리해왔다. 따라서 장애인과 성소수자의 재생산권 논의는 기존에 담론과 정책에서 빠진 부분을 채워넣는 과정이 아니라 기존의 인식의 틀과 법제도의 기조를 급진적으로 바꾸어낼 필요를 제기하며, 그것이 모두의 성·재생산 권리를 기본권으로서 옹호하는 과정임을 깨닫게 된다. 누구의 희생과 은폐로서만 가능한 권리는 인권의 원칙에 부합할 수 없으며, 경쟁을 통해서 자격을 획득해야만 누릴 수 있는 서비스 또한 권리라고 부를 수 없기 때문이다.

이 글은 장애인과 성소수자의 재생산권을 옹호하고 증진하기 위해서 기존의 모성권 개념을 확장하거나 동성간의 파트너십을 제도적으로 인정함으로써 해나가자고 제안하지 않는다. 모성권 개념 자체가 인구 관리 프레임을 위해서 동원된 측면이 크기 때문에 기본권을 보장하기 위한 프레임으로서 한계가 명확하며, 성재생산 건강과 권리는 혼인여부나 가족상황에 종속된 권리가 아니

* 이 글은 필자의 "성소수자, 장애인의 재생산권 논의의 흐름과 쟁점", 양현아 편, 『재생산권리 3－성·재생산권 실현을 위한 법정책의 제안』, 경인문화사, 2024, 167-209면에 수록된 글을 수정·보완하였음을 밝힌다.

** 성적권리와 재생산정의를 위한 센터 셰어SHARE에서 에브리바디 플레저랩팀장을 맡고 있다. 가족구성권연구소, 연구모임POP의 구성원이며, 퀴어팔레스타인연대QK48, 이주구금대응네트워크, 소수자난민인권네트워크 등에 참여하고 있다. [가족신분사회], [수용, 격리, 박탈], [시설사회], [Crip Geneologies] 등을 공저했다.

기 때문이다.

나아가 기존의 권리 개념이나 권리를 보장하는 법정책이 장애인과 성소수자를 비롯한 소수자의 경험을 제대로 담아낼 수 없는 것은 지배질서가 소수자들을 기존의 질서를 위협하는 위험한 존재로 여기며 이들의 권리를 박탈해왔던 권력의 작동을 문제삼지 않기 때문이라고 주장한다. 재생산 정의 프레임은 복합적으로 작동하는 권력을 문제삼고, 소수자에 대한 차별과 낙인을 생산하는 구조적 부정의를 변혁하려고 애쓴다.

## Ⅰ. 서론

미래를 기대받지 않는 사람들의 죽은 모양을 살피며 재생산 정의를 질문한다. 몇 해 전 장례식 없이 세상을 떠난 장애여성의 소식을 들었다. 원가족과 함께 살고 있었고, 장애인 단체와 연이 닿아있었다. 장애여성공감 교육 활동에 강사로 참여한 적이 있는 그였지만 한동안 소식이 뜸했는데 다른 장애인단체의 부고를 통해서 갑작스럽게 떠난 사실을 알게 되었다. 왜 그 가족들은 장례를 치르지 않고, 유골을 화장터에서 다른 유골과 합사하여 처리하기로 결정했는지 알려지지 않았다. 그가 질병으로 인해 고통 받았을 시간에 충분히 치료와 돌봄을 받았는지도 알 수 없다. 이 소식을 통과하면서 출생과 사망이라는 인간 재생산의 과정이 여전히 차별적이고 무참하다는 것을 실감한다. 장애여성으로서 사회적인 활동에 참여하고 자신의 목소리를 드러낸 사람조차 죽음의 순간에 원가족의 결정에 따라 존재의 방식이 정해지고, 사회적인 위치가 사라진다. 장애여성이 겪는 죽음의 모양새는 출생의 모양새와 닮아있다. 또한 생애 과정에서 부딪히는 차별의 모양새와 연결된다. 이는 장애여성이 재생산의 주체가 될 수 있는가, 장애인의 생명은 존중받고 있는가의 문제와도 직결된다.

성소수자의 삶은 어떠한가. 성소수자가 보편적 인권을 가진 인간으로, 동등한 시민으로 자리잡기 위해서 성적지향과 성별정체성을 인간성을 구성하는 요소로 자리잡게 하려는 다양한 차원의 노력이 지속되어 왔다. 하지만 여전히 성소수자에 대한 혐오와 차별을 양산하는 구조가 유지되고 있고, 그 핵심에는 '비정상적인, 비생산적인 성행동'이라는 낙인이 자리하고 있다. 성소수자는 국가와 인구의 미래를 망치고 '에이즈'로 대표되는 성적 위험으로 공중보건을 위협하는 나쁜 존재로 규정되었다. 가족 안에서는, 아들과 딸, 아내와 남편으로서의 역할을 저버린 잘못된 구성원으로 평가된다. 또한 이른 죽음을 맞이했을 때 원가족의 결정에 의해서 장례가 치러지지 않거나 고인에게 중요한 파트너나 지인 관계가 완전히 배제되며 자신답게 기억될 수 없는 등의 고통을 겪어왔다.[1] 한국사회에서 주로 이런 담론을 만들고 유포하는 것은 온라인을 중심으로 한 대중이라고만 지목할 수 없다. 성소수자에 대한 시민권을 인정하지 않고, 성소수자가 경험하는 차별과 폭력에 대한 책임을 부정하며 성소수자의 삶을 바람직하지 않은 삶이라고 규정하는 정부와 지자체, 전문가집단이 핵심적인 역할을 하며, 이로 인해서 제도화된 차별이 단단한 차별의 구조를 형성한다.

어떤 사람도 재생산의 영역은 임신 출산이라는 특정한 단절적인 사건으로 한정될 수 없다. 오히려 '좋은 삶'이 아니라고 여겨지는, 생명의 위계 속에서 차별받는 소수자의 삶 전체가 재생산권의 영역이라는 점을 특별히 강조할 필요가 있다. 이는 정상적인 시민으로 기대 받는 비장애인, 비성소수자들이 재생산권을 임신과 출산이라는 사건으로 한정해서 생각하도록 여기는 국가의 관점이 협소하다는 것을 넘어서 그 외의 시민들을 좋지 않은 삶, 가치 없는 삶이라고 평가하는 체계와 연결되고, 사회에서 의도적으로 배제하는 장치의 효과를 지니기 때문이다.

이 글은 재생산권을 국가의 인구관리를 위한 통치정책에서 인권의 영역으로 가져오려는 계속되는 투쟁 속에서 장애인과 성소수자의 경험을 주목할 것을 제안한다. 국가로부터 재생산의 주체임을 부정당했던 장애인과 성소수자 집단의 구성원이 구조적인 차별에 도전하며 권리를 주장해나갈 때 어떠한 논리와 형식으로 요구해나갈 것인가를 질문하는 것도 매우 중요

1 이와 관련된 내용은 다음을 참조. 김순남, 김현경, 나영정, 이유나, 『퀴어한 애도와 장례 – 왜 어떤 죽음은 애도가 불가능한가』(산지니, 2025).

하다. 이들은 기존의 질서로부터 배제되어 왔고, 쉽게 동화되지 못한다는 이유로 차별받아왔으므로 배제된 이들의 권리를 주장하기 위해서는 기존의 틀을 바꾸려는 기획 또한 함께 가야 한다. 이 글은 그러한 변화의 방향이 보편적인 인권의 원칙을 적용하고 확장하며, 사회정의를 실현해나가는 과정과 나란히 놓일 수 있도록 하는 것이 지금 필요한 논의임을 제안하는데 목표가 있다.

## Ⅱ. 장애인 재생산권 – 인구통치에 바탕한 모성권에서 재생산권으로

'여성'으로 지정된 '국민'은 정상적이고 생산적인 생식활동을 해야 한다는 국가주도의 인구계획의 기조아래에서 장애여성은 부적절하고 부족한 모성으로 인식되었다. 여성정책이 수립되어 시행되고, 장애여성과 관련된 내용이 포함되어야 한다는 압박 속에서 "여성장애인 모성 지원"의 형태로 그 자리를 채웠다. 하지만 성·재생산 과정에 개인의 결정을 존중하고, 그것을 지원하는 권리를 실현시킬 국가의 역할은 희미했고, 개인과 가족의 책임하에 단순히 보조하고 지원하는 잔여적 방식에 머물렀다.

장애여성의 권리를 주장하기 위해서 제기된 모성권 논의는 모성권 개념을 확대함으로써 장애여성의 경험을 포섭하고, 모성권을 해석할 때 장애여성의 차이를 적극적으로 제기하자는 흥미로운 주장이었다. 하지만 장애여성이 수행하는 임신, 출산, 육아를 집중적으로 지원하는 정책을 '자연적 권리성'이라고 규정하고, 모성 기능 수행 보조가 '근로'나 '가족유지'를 위한 것일 때 이른 '사회적 권리성'이라고 구별하는 것은 부적절하다. 왜냐하면 임신, 출산, 육아의 과정을 자연 vs 일터와 가족 생활의 문제를 사회로 이분화하는 결과를 낳기 때문이다. 또한 임신, 출산, 육아에 있어서 장애여성이 어려움을 겪는 것을 '자연적 권리성'이라고 규정하게 되면 이러한 과정에서 장애여성이 겪는 차별과 고통을 장애로 인한 생물학적인 조건이라고 보는 결과를 낳을 위험이 있다. 앞서 오혜경, 백은령이 지적한 것처럼 모성권에서 육아와 관련된 내용이 떨어져 나오게 된 맥락은 장애여성과 비

장애여성의 생물학적 차이가 아니라 국가적인 인구정책에 따라 비장애여성의 노동력이 필요해졌기 때문이다.[2]

어머니임, 어머니됨이라는 뜻의 모성이라는 개념은 인권에 기초한 권리개념으로 나아가기에 상당한 한계가 있다. 모성을 법에서 명시하는 방식은 『모자보건법』의 제1조(목적)에서 확인할 수 있는데, 이 법의 목적을 "모성 및 영유아의 생명과 건강을 보호하고 건전한 자녀의 출산과 양육을 도모함으로써 국민보건 향상에 이바지함을 목적으로 한다"고 제시한다. 어머니라는 것은 이 사회에서 국민보건 향상에 이바지하기 위해서 보호되어야 하고, 건전한 것이어야 한다는 규범과 의무에 가깝다. 특히나 모자보건법이 인구관리를 위해서 제정되고 바뀌어온 흐름을 볼 때 어머니됨을 법으로 규정하는 목적은 국가의 인구통치을 위한 도구화에 가깝다.[3] 이러한 한국의 역사 위에서 모성권은 애초에 불건전하다고 배치된 장애여성을 비롯한 비정상인구, 소수자의 모성권을 배제함으로써만 가능했다.

더구나 어머니임/됨이라는 개념은 임신, 출산, 양육을 수행하는 사람과 동일한 의미가 아니다. 남성이 여기에 참여해야 한다거나 보조생식기술의 이슈 때문만도 아니다. 그럼에도 어머니임/됨이라는 말은 이미 질서와 규범을 내포하고 있어서 생식력을 가진 몸은 어머니가 되어야 한다는 압력을 행사한다. 지금까지의 모성권에 대한 법적 규정이나 논의가 특정한 비장애-이성애 중심의 관계와 생물학적 신체 조건을 바탕으로 국가의 목적에 이바지하기 위하여 임신 출산 양육을 보호한다는 개념에 한정되어 있어 그 자체로 협소하고, 따라서 어머니임/됨에 자격과 의무를 부여하는 방식이라 사실상 권리를 다루기에 적합하지 않다. "임신에서 출산으로, 육아로 이어지는, '어머니 되기'에만 집중하는 정책은 사람들이 생애 동안 직면하는 수많은 필요와 욕구를 놓치고", 심지어 "법률혼 관계의, 이성애 부모 아래에서 태어난 자녀라야 행복하다는 '정상가족'의 지향 속에서 장애인, 이주민,

---

2 오혜경·백은령, "재가여성장애인의 모성 관련 실태 및 출산력에 영향을 미치는 요인", 『상황과 복지』, 제16호(2003).

3 이에 관한 자세한 논의는 다음을 참조. 김선혜, "모성의 의무에서 재생산 권리로", 『이화젠더법학』, 제12권 제2호(2020).

성소수자, 비혼인, 저소득층, 비정규직 등등 어떤 집단의 임신, 출산은 애초에 선택불가능한 일이거나, 환영받지 못하거나, 없는 듯 외면당한다. 보호되는 모성은 따로 있다."[4] 권리의 기반을 모성권에서 재생산권으로 전환하는 것은 소수자들의 권리를 제도화하고 실질화하기 위해서 반드시 필요하다. 그런 점에서 여전히 법제도적 기반, 권리의 기초로서 모성 개념에 대한 비판적인 논의가 전면화될 필요가 있다.

또한 재생산권 논의를 실질화하기 위해서는 성적 권리와의 통합적인 인식이 필수적이다. 임신과 출산으로부터 시작하는 논의는 이미 임신에 이르는 다양한 조건과 불평등, 차이와 위계에 대한 논의를 불가능하게 하며, 그 효과는 고스란히 규범을 강화하는데 기여한다. 법률혼 내에서 일어나는 임신과 출산과 그 밖에서 다양한 관계 속에서 일어나는 임신, 임신중지, 출산, 양육은 전혀 다른 위상을 지닌다. 낙태죄가 폐기되기 전까지 낙태죄는 법률혼 밖의 성관계로 인한 '자율적이고 문란한 결과'를 처벌하는 조항으로 기능해왔다. 성적 권리를 재생산권과 연속선으로 인식하고 권리화한다는 것은 형법의 성풍속 위반죄와 강간과 추행의 죄를 낙태죄와 함께 사유하는 것이다. 음행의 상습없는 부녀와 정조를 보호하기 위한 목적으로 규정된 형법상의 섹슈얼리티 관리와 통제는 결국 그러한 보호대상이 바로 모성을 가진 주체로 인정받아온 것과 이어진다. 가부장적 가족질서 바깥에서 존재해왔던 장애여성을 비롯한 미혼모, 성소수자, 이주민 등 소수자들이 차별과 낙인을 받으며 시설에 수용되거나 추방되는 과정 또한 인구정책과 생명통치의 논리 속에 있다.[5]

이러한 문제의식은 장애여성 관점에서 성적 권리를 실질화하려는 노력과 연결되어 제도에서 상정하는 장애인, 장애여성에 대한 통제와 보호주의를 넘어 운동의 터전을 일구는 현장으로서 성적 권리 운동을 제안한다.

---

4 김정혜, "모성보호를 거부한다", 성적권리와 재생산정의를 위한 센터 셰어SHARE 이슈페이퍼 https://srhr.kr/issuepapers/?idx=6142949&bmode=view (2023년 12월 10일 최종 검색).

5 형법 상 강간과 추행의 죄, 성풍속에 관한 죄, 낙태에 관한 죄 등의 조항에 흐르는 섹슈얼리티 규범에 대한 논의는 다음을 참조. 나영정, "낙태죄 폐지 투쟁의 의미를 갱신하기", 『배틀그라운드-낙태죄를 둘러싼 성과 재생산의 정치』(후마니타스, 2018).

"불구의 존재들은 사회적으로 경험과 목소리를 가시화하는 과정에서부터 도전받지만, 결국 체제를 흔드는 일탈적 존재로 연결되어 있다. 이러한 깨달음에서 운동을 시작하면서 제도의 진입이 아닌, 제도를 밟고 더 일탈 할 수 있는 방법을 고민중이다. 성적으로 일탈되었다는 낙인, 미성숙함과 의존적 존재라는 규정, 사회복지 제도에 진입하기 위해 감수해야 하는 모욕 등이 섞인 질문엔 언제나 불구의 존재들의 얼굴과 이름이 있다. 사회가 규정한 정체성을 호명하는 대신 서로의 억압을 부를 수 있는 질문과 이름은 무엇일까?"[6] 이처럼 제도가 규정한 '장애인'의 범주를 넘어서 사회가 성적으로 낙인찍은 불구의 존재들과 함께 성적 권리를 실현시켜나갈 수 있는 방안을 고민하는 이유는 성적 억압이 정체성에 따라 단순히 할당되는 것이 아니기 때문이다. 차별의 원인이 정체성에 귀속된 것이 아니라는 점, 장애를 가진 이들의 능력부족이 아니라 이들이 자신의 몸을 탐색하고, 타인과 관계 맺을 수 있는 기회를 박탈당하는 구조 속에서 살아왔기 때문이라는 점을 명확하게 지적한다.

성적 권리가 인권이라면 국가는 어떤 책임과 의무를 이행해야 하는가? 장애여성공감이 2022년 스위스, 덴마크, 영국, 독일 등에 방문해 관련 활동가와 상담가를 만나 나눈 정보와 고민들을 전했다. 덴마크는 1950년대 장애인시설에서 발달장애여성에 대한 강제불임시술이 시행되었고, 이후 시설폐쇄를 위한 운동과 정부의 정책이 마련되었지만 현재 진행형이라고 했다. 덴마크 정부에서 장애인 섹슈얼리티 가이드라인이 나온 배경에는 바로 시설의 역사를 집단적으로 재평가하는 노력 위에서 시설종사자 교육과 성상담가를 양성하면서 계속해서 권리로 만들어나가려는 운동의 노력이 지속되고 있다는 것을 확인할 수 있었다.[7] 성적 권리가 인권이라면 정부와 지자체

6 이진희, "장애여성의 자기결정권과 성적권리 보장을 위한 방향 모색", 한국여성학회 추계 학술대회 발표문(2022, 미간행).

7 진은선, "안전과 동의를 함께 말할 수 있는 관계, 성적 권리를 실천하려면", 『마침』 25호 장애여성공감(2022). 장애여성공감은 덴마크 정부가 1989년에 마련한 『장애에 구애되지 않는 섹슈얼리티 가이드라인』을 소개하였는데 "지방자치단체는 사회서비스법에 근거한 개인의 욕구에 대한 평가를 토대로 장애인의 섹슈얼리티를 보조하고 지원해야 한다"고 명시되어 있다. 이는 정부와 지자체가 장애인 개인의 성적 권리를 증진하기 위한 구체적인 방

는 성적 권리를 보장받지 못하는 이들을 위한 노력을 기울이고, 성적 권리가 침해되는 관행을 바로잡으며 피해자를 보호해야 한다. 또한 성적 권리를 실질적으로 실현시키기 위해서 예산을 배정하고 관련된 통계 등 근거를 만들어내야 한다. 장애인의 성과 재생산 권리를 논의하기 위해서는 구조적으로 그 권리를 박탈해온 시설수용의 문제를 다루어야만 하고 국가의 권리 실현 의무에 대해서 새롭게 써나가야 한다는 점을 다시금 확인한다.

결국 성·재생산권을 새롭게 논의한다는 것은 국가와 개인의 관계를 다시 설정하는 것에 핵심이 있다. 선택권과 생명권의 이분법은 태아와 산모 간의 대립이 아니라 국가의 생명통치와 개인의 기본권 간의 대립이었다. 인구관리를 위해서 임신과 출산에 대한 결정을 개인의 기본권으로 보지 않으려고 했던 의지가 만든 구도였고 국가가 태아를 내세우면서 국가폭력을 은폐하는 수단으로 삼았기 때문이다.[8] 이렇게 보편적 인권과 개인의 권리가 무시되거나 정당하지 않은 이유로 한없이 지연되는 방식은 어떤 권리가 타인의 권리나 사회의 이익과 경쟁하거나 갈등하는 것처럼 만들어진다. 장애인의 재생산권을 논의하는 것이 정치적인 이유는 국가가 만드는 생명의 위계와 권리의 침해를 명징하게 드러내 주기 때문이다. 인간의 출생과 사망에 이르는 생물학적인 사건과 사회의 문화와 제도, 가치를 이어나가는 넓은 의미의 재생산은 인간의 삶 전체를 아우르며 모든 권리와 긴밀하게 엮여있다. 재생산 영역을 소수자의 생애 전반에 걸쳐서 드러나는 차별 해소와 연결하고, 여타의 사회정의와 함께 엮어내는 것이 절실한 이유이다.

따라서 장애여성이 성재생산 영역에서 자신의 결정권을 발휘할 수 없는 여러 사회구조적인 차별과 불평등을 해소하기 위해서 탈시설의 권리, 이동할 권리 등 다른 권리들과의 연관된 고민이 필요하며, 이러한 비전을 제시하는 재생산 정의 프레임을 보다 적극적으로 사고할 필요가 있다.

---

안을 제시한다는 점에서 의미가 있다.

8 이은진은 법학을 비롯해 인구정책에 대한 더 비판적인 논의의 필요성을 지적하였다. 이은진, “낳아라, 우리가 원할 때 : 인구정책과 낙태죄의 창조”, 『웹진 세미나』 4호(2020), http:// www.zineseminar.com/wp/issue04/04-abortion/ (최종검색일: 2023. 12. 10.).

## Ⅲ. 성소수자 재생산권 – 성적 낙인을 넘어 진정한 평등으로

'국민'은 정상적이고 생산적인 생식활동을 해야 한다는 국가주도의 인구계획의 기조아래에서 성소수자 또한 부적절하고 문제 있는 신체와 관계를 가진 이들로 인식이 되어왔다. 국가가 공식적인 통계를 통해서 성소수자 인구의 규모를 조사하지 않은 상황에서 성소수자의 권리와 사회적 욕구는 국제인권규범 차원에서 논의되는 바를 준거틀로 삼아 시민사회나 학계를 통해서 실태와 욕구가 제한적으로나마 조사되어 왔다. 성·재생산 관련 영역에 대한 조사는 독자적으로 이루어진바 없고 혼인제도나 파트너십 제도에 대한 욕구와의 연관 속에서 입양을 포함한 자녀계획에 대한 욕구를 질문해왔다. 참고로 국가차원에서는 HIV/AIDS 관리와 예방을 목적으로 질병청에서 발주하는 MSM 성행태조사가 정기적으로 이루어지고 있을 뿐인데, HIV/ AIDS는 남성과 섹스하는 남성(MSM)이 긴밀하게 연결된 이슈이긴 하지만 특정한 질병과 성행태에 관련된 조사이기 때문에 성소수자 조사라고 할 수는 없다.

이처럼 국가의 책임방기과 존재의 은폐 속에서 성소수자가 재생산권의 주체가 되기 어려운 조건은 구조적이다. 성과 재생산의 영역이 정조와 모성이라는 규범으로 가부장적 가족제도 안에 종속된 의무인 사회구조 속에서 성소수자의 자리는 심각하게 불안정할 수밖에 없었다. 국가는 동성간의 성행위, 이분법적 젠더질서에서 이탈하는 행위를 비정상적이고 비생산적인 것으로 규정하고 병리화하고 범죄화하였다. 성적자기결정권, 신체의 자유, 표현의 자유, 행복추구권 등 여러 가지 헌법적 가치를 부정당하며 성소수자의 인권은 국가에 의해서 사회적 합의를 운운하는 논란거리로 남겨져있다. 군형법상 추행죄는 "'군 내부의 건전한 공적 생활을 영위하기 위한, 이른바 군대가정의 성적 건강을 유지하기 위한 것"[9]으로 판단되고 있고

9 대법원 1973. 9. 25. 선고 73도1915 판결. 하지만 2022년에는 군형법상 추행죄로 기소된 사건에 대하여 유죄로 인정한 원심을 파기하고, 무죄 취지로 파기 환송한 것이다(대법원 2022. 4. 21. 선고 2019도3047 전원합의체 판결). 헌법재판소에서 2002년, 2011년, 2016년, 2023년 등 4번의 위헌 심판이 있었지만 여전히 합헌 의견을 유지하고 있다.

여전히 존속 중이다. 에이즈예방법상 전파매개행위금지조항은 에이즈라는 질병이 동성애를 병리화하고 통제해야 하는 상징으로 여전히 강력한 혐오의 힘을 형성하고 있는 와중에 동성간 성행위를 범죄시하고 HIV감염인의 성적 권리를 침해하는 효과를 발휘하고 있다. 혼인중이 아닐 것, 미성년자녀가 없을 것[10]을 요구하는 트랜스젠더 성별 정정 요건은 트랜스젠더의 성과 재생산권리를 직접적으로 침해한다. 성소수자에 대한 이러한 억압은 국가의 통치 기조 속에서 만들어지고 유지되고 있고, 유엔차원에서 권고하는 포괄적 차별금지법 제정이나 성소수자 인권증진을 위한 구체적인 근거를 불수용하는 형태로 확인되고 있다.

이렇듯 성적 낙인을 받는 성소수자의 경우 성적 권리를 부정당하고, 성적 낙인으로 인해서 전반적인 삶에서 차별과 배제를 경험하고 있는 상황에서 재생산권과 관련된 분리된 논의를 하는 것은 불가능에 가깝다. 한편 성·재생산 영역에 포함되며, 다른 영역과도 긴밀하게 연관되는 여러 가지 권리를 실현하는 방법은 다양하고 복잡하다. 따라서 성소수자 집단을 단일한 욕구나 이해관계를 가진 집단으로 상정하지 않고, 내부의 사회경제적 차이를 비롯해 복합적인 요인을 고려하는 것이 중요하다. 임신과 출산을 기본적인 권리로 자리잡게 한다는 것은 혼인여부, 가족상황, 사회경제적 조건, 인종, 국적, 장애, 성적지향과 성별정체성 등의 요소들이 차별적으로 작동하지 않도록 한다는 것을 의미한다. 그동안 한국사회에서 임신과 출산, 양육이 가족제도에 종속되어 있었다는 것은 개인의 권리가 아니라 인종과 장애에 대한 차별을 기반으로 한 인구정책을 추진하기 위한 도구였다는 것을 의미한다. 가족지위는 계급지위와 긴밀하게 작동하기 때문에 가족 밖의 출산과 양육은 특히 빈곤한 사람들, 자원이 부족한 사람들에게 큰 위기로 작동해왔다. 양극화가 심화된 사회에서 비성소수자와 마찬가지로 성소수자의 삶이 결혼을 선택할 수 있다고 해서 양육의 사회경제적 조건이 자동적으로

---

10 대법원 전원합의체는 2022년 11월 24일 미성년 자녀가 있는 경우 트랜스젠더의 성별정정을 허용하지 않는 것은 위법하다고 판단했다(2020스616). 하지만 성별정정 요건에서 미성년 자녀 기준 자체를 완전히 폐기하지 않고 사안별로 판단하도록 하였다.

마련되는 것이 아닐 뿐더러, 결혼이나 파트너십을 선택하는 이유 또한 결혼 비용, 주거의 마련, 양쪽 가족과 맺는 관계와 인정에 따라 매우 복잡한 선택이며 사회경제적 불평등이 개입되는 장이라는 점을 고려하며 논의를 진행해나가야 한다.

그동안 법적 혼인이나 파트너십 인정을 중심으로 성소수자의 성·재생산권이 논의되어 왔고[11] 앞으로도 보다 실질적인 경험에 기반한 연구와 권리보장을 위한 다각도의 모색이 진행되어야 한다. 동시에 법제도적 관계 인정은 성적 행동과 쾌락, 임신, 출산, 입양, 양육 등의 행위와 사건 속에서 발생하는 욕구와 고통을 해결하는 단일한, 충분한 방법은 아니다. 따라서 성과 재생산 권리를 평등하게 실현할 수 있는 다양한 영역의 사회적 변화를 추동하면서 선택의 자유로 권리가 협소화되거나 인구정책에 동원되는 한계에 갇히지 않도록 지향을 세우는 것이 중요할 때다. 성소수자가 단일한 집단이 아니며, 젠더정체성과 사회경제적 지위에 따라 차별의 양상과 효과도 천차만별이라는 점도 복합적인 해결방법을 요구한다. 한국사회에서 관계성을 인정하는 것과 자녀계획을 갖는 것은 점차 더 분리되는 추세라는 점에서 한국사회를 살아가는 성소수자가 이와 관련해 어떤 욕구와 계획을 가지고 실현시켜나갈 것인가는 복합적인 차원에서 논의해나갈 필요가 있다.

언제나 권리는 특정한 제도로 수렴되지 않기에 법제도의 개선을 가능하게 하기 위한 조건을 형성하기 위해서라도 국가의 인구통치의 기조 속에서 성소수자가 어떻게 놓여있었는지에 대한 평가가 면밀하게 필요하다. 또한 전세계적으로 혼인과 재생산 행위는 점차 분리되는 흐름 속에 있으며 자녀 출산과 양육은 훨씬 더 경제적이고 계급적인 이슈가 되고 있다. 이미

11 성소수자 단체나 국가인권위원회 등에서 실시한 성소수자 실태조사에서 성소수자들이 가진 출산과 양육에 대한 욕구나 계획을 살펴볼 수 있다. 나영정 외, 『LGBTI 커뮤니티 사회적 욕구조사 주요결과보고서』, 한국게이인권운동단체 친구사이(2014); 홍성수 외, 『트랜스젠더 혐오차별 실태조사』, 국가인권위원회(2020); 이호림, "한국 성소수자의 동성혼/파트너십 욕구와 동거 동성커플의 삶", 한국여성학회 추계학술대회 발표문(2020, 미간행); 정성조 외, 『2021 청년 성소수자 사회적 욕구 및 실태 조사 결과보고서』, 다양성을 향한 지속가능한 움직임 '다움'(2022).

성소수자들도 가족 안에서 태어나 가족과 관계를 맺고 끊으며 살아오면서 이러한 조건들을 체득하고 있고 생애 기획과 계획에 영향을 준다. 가족제도 안에 있지만 가족으로 인정받지 못했던 경험, 가족 밖에 있지만 가족 실천을 수행하면서 자신만의 가족을 구성해온 경험을 모두 주목하면서 어떠한 형식의 권리를 요구할 것인가를 고민해나갈 필요가 있다.[12] 특히나 현재 성소수자, 특히 트랜스젠더의 빈곤율이나 자살률[13]을 짐작해볼 때 역사적으로 오랫동안 누적되어온 차별의 효과를 개선하기 위해서는 이러한 법제도적 대안들이 어떻게 개인의 선택권을 확장하는 것을 넘어서 불평등한 조건 자체를 변화시키는 다각도의 노력에 기여할 수 있는가를 심문하는 것이 필요하다. 성·재생산권리를 중심으로 파트너십, 임신과 출산, 자녀계획과 양육에 대한 논의를 한다면 혼인제도와 파트너십 제도를 고정된 형태로 두거나 위계적인 관계로 설정하지 않고 권리화하는 방식을 고민해볼 수도 있다. 보조생식기술에 접근할 권리 또한 성소수자에게 중요한 만큼 이와 관련된 논의에 어떻게 개입하고 재생산 정의와 연결해나갈 것인가에 대해서도 집단적인 논의를 해나갈 필요가 있다.[14] 성적 정체성이나 파트너십의 형태를 떠나 누구나 임신과 출산을 결정하고, 양육에 관한 권리와 책임을 지니며

12 김수영은 가족의 안전성과 세대 간 계급을 재생산하기 위해서 자녀에게 필요한 비용을 투자하고 그 투자에는 자녀가 이성애가족이 재생산하고자 하는 규범 혹은 가치에 동의하고 그 연속선상에서 자신의 생애를 기획할 것이라는 기대가 전제되어 있는데, 트랜스젠더 정체성의 커밍아웃은 그러한 전제에 반할 뿐만 아니라 정상적인 가족관계를 위협하는 행위로 여겨지고 지원과 투자를 철회하는 이유가 된다는 점을 지적한다. 김수영, “트랜스여성의 노동과 복합적인 젠더 실천”, 연세대학교 문화학과 석사학위 논문(2018), 52-53면. 이러한 논의는 트랜스젠더 성별정정 기준을 바꾸고 의료적 조치에 대한 비용을 보험화하는 논의뿐만 아니라 계급재생산으로서의 가족제도가 젠더규범을 어떻게 생산하고 있는가와 관련된 고민이 보다 풍부하게 진행되어야 할 필요성을 확인할 수 있다.

13 성소수자 집단 중에서도 트랜스젠더의 정신건강이 열악하다는 조사결과가 다수 존재한다. “트랜스젠더 10명 중 6명가량(57.1%· 인권위 조사)이 지난해 우울증 진단을 받거나 치료를 받았다. 공황장애라는 응답도 24.4%에 달했다. 국내 트랜스젠더 278명을 대상으로 2018년 이뤄진 조사(김승섭 고려대 보건과학대 교수, 트랜스젠더 건강연구) 결과 극단적 선택 시도율은 40%였다. 같은 해 기준 전체 성인(0.5%)이나 청소년(3.1%)의 자살 시도율과는 비교가 되지 않는 수치다.”, “트랜스젠더 의료는 없다”, 한국일보(2021. 3. 28).

14 김선혜; Dounia Kourdi, “프랑스 생명윤리법 개정과 가족 규범의 재구성: 싱글 여성과 레즈비언 커플의 보조생식기술 사용을 둘러싼 쟁점과 시사점”, 『생명, 윤리와 정책』, Vol. 8 No. 2, 2024, 1-26면 참조.

국가가 이를 보호, 존중하고 권리를 실현시킬 수 있는 구체적인 역할을 해 나가도록 하는 방향의 논의가 필요하다.

## Ⅳ. 재생산 정의 운동은 어떤 지향으로 나아가는가

재생산 정의 운동은 권리 프레임이 소수자들에게 제대로 작동하지 않는 점을 고민하면서 발현되었다. "1990년대 후반부터 미국의 흑인 여성과 라틴 아메리카계 이주 여성, 아시아 여성들은 이러한 불평등의 상황에 주목하고 재생산 정의(reproductive justice) 운동을 시작했다. 임신중지 뿐만 아니라 출산도, 양육도 자기결정권이나 프라이버시권이라는 개념만으로는 해결될 수 있는 문제가 아니었기 때문이다."[15] 재생산정의 운동은 '사회적으로 취약한 존재'에 대한 관용을 요구하는 것이 아니라, 그 관점을 전환하여 재생산 권리를 누구나 확보할 수 있도록 하기 위한 책임과 역할을 사회로 돌리는 것이다."[16]

따라서 재생산 정의 운동은 한 개인이 성행위, 임신, 출산, 임신출산을 결정하는 과정에서 영향을 미치는 사회경제적인 조건과 구조가 각자의 출생과 사망에 이르는 전 과정과 연결되어 있다는 점을 환기한다. 삶의 재생산은 생물학적으로 대를 잇는 것뿐만 아니라 삶을 유지하는 것, 그것을 위해서 사회와 생태를 지속가능하게 하는 것과도 연결된다. 장애인과 성소수자가 차별과 낙인으로 인해서 생존하기 어려운 조건에 처하는 것 자체가 재생산 부정의이며, 이는 서두에서 밝힌 바와 같이 죽음의 모양새를 만들어낸다. 그렇다면 재생산 정의를 위한 운동은 어디서부터 변화를 만들어낼 것인가? 이 글에서는 변화를 시작하는 중대한 장소로서 시설을 지목하며 시설화라는 억압적인 메커니즘에 주목할 것을 제안한다.

한국사회에서 시설수용의 대상은 가족에서 보호를 받을 수 없다고 여

15 나영, '"나의 몸, 나의 선택"을 넘어', 『웹진 세미나』 4호, 2020, http://www.zineseminar.com/ wp/issue04/04-body/

16 나영, "불평등과 성적권리로 관점을 전환하는 여성주의적 재생산 정의운동", 장애/여성 재생산권 새로운 패러다임 만들기 종합토론 자료집(2015).

겨지는 이들이었다. 장애나 질병으로 인해서 빈곤한 가족에게 부담이 되거나 성적 규범을 어겼다는 이유로 수치로 여겨지거나, 가족 내 폭력이나 불화를 감내하지 않았다는 이유로 내쳐진 이들이다. 하지만 이들은 국가에게 보호받을 대상으로 여겨지는 한편 사회적 질서를 문란하게 할 우려가 있는 우범자로 인식되었기 때문에 이들이 시설수용의 대상이 되었던 것이다. 이러한 기조하에서 가족으로부터 보호받지 못하는 비규범적 신체들, 비생산적 몸들은 시설에 수용되거나 가족과 사회 가장자리로 밀려나게 되었다는 것이다. 이러한 처지에 놓인 여성들은 '윤락의 위험자'로 식별되었고 이들은 단속되었다.[17]

이러한 한국에서 성소수자로 살아간다는 것은 차별과 배제의 구조 속에서 시설화의 위험을 함께 겪는 것이다. 성소수자 존재가 비가시화되고, 성소수자로서 추구하는 삶의 방식과 관계의 양태, 욕구와 실천이 은폐된 채로 살아간다는 것은 생존을 비롯해 먹고사는 문제에서도 위기를 겪을 가능성이 급격하게 증가한다. 특히 여성성소수자와 트랜스젠더들은 자발적으로, 강제적으로 가족 밖에서 살아간 '미혼 여성'들의 처지와 유사하거나 더 열악한 조건 속에서 안정적인 삶을 꾸릴 수 있는 자원을 확보하지 못한 채 국가와 자본의 필요에 따라 특정한 산업에 배치되어 위험한 노동, 성노동 등에 종사하며 생존했다.[18] 더구나 이 과정에서 성소수자라는 정체성, 비규범적 성적 실천과 관계가 적발되거나 폭로될 경우 사회적인, 형사적인 처벌을 감내해야 한다는 점에서 더욱 시설화된 삶을 강요당하는 조건 속에 놓인다.[19]

이러한 맥락위에서 기존의 혈연과 혼인 중심의 형태와 가족에게 모든 생존을 위임하며 국가의 인구통치의 도구가 되는 가족제도를 넘어서는 것

---

17 황지성, "장애여성의 시설화 과정에 관한 연구", 서울대학교 여성학협동과정 박사학위 논문(2023).

18 프롤레타리아 몸 자체가 소모품으로 환원되는 상황을 죽음정치적 노동으로 개념화한 논의를 참조. 이진경, 『서비스 이코노미–한국의 군사주의. 성 노동. 이주 노동』, 나병철 옮김(소명출판, 2015).

19 시설사회에서 살아가는 다양한 소수자의 모습을 포착한 논의는 다음을 참고. 나영정 외, 『시설사회–시설화된 장소, 저항하는 몸들』(와온, 2020).

은 성소수자를 비롯한 모든 사람이 성적인 자율성을 갖고, 스스로의 즐거움을 위한 성적 권리를 향유하며, 임신과 출산, 양육을 비롯해 사회의 문화와 가치를 재생산하는데 참여하는 동등한 사람이 된다는 성재생산 권리와 긴밀하게 연결된다.[20] 또한 가족의 보호가 철회된 이들에게 강제했던 시설화의 억압 속에서 물리적인 시설에 갇히지 않더라도 보이지 않는 존재로 살기를 강요당하며 권리를 누리지 못했던 시설화의 억압을 규명하는 것이다. 이를 위해서 불구의 인식론을 공유하는 것이 필요하다. "강제적 비장애신체성/강제적 비장애정신성과 강제적 이성애 정상성에 봉사하는 과정에서 서로 어떻게 얽히는지 추적하는 것. '결함있는', '일탈적인', '아픈' 등의 용어가 어떻게 암묵적 규범을 정당화하고 다른 몸, 마음, 욕구, 행동 습관을 가진 사람들에 대한 차별을 정당화하는데 활용되어 왔는지 조사하는 것. 젠더화된 행동규범(적절한 남성성 및 여성성)이 어떻게 비장애인의 신체에 기반을 두고 있는지 헤아리는 것. 마지막으로 퀴어 (및) 장애 활동가 사이의 잠재적 연결 지점과 이탈 지점을 드러내는 것."[21] 이러한 작업을 통해서 비정상으로 규정되어온 몸과 행위들이 처한 차별과 낙인의 구조와 원인을 제대로 지목하고 변화를 꾀할 수 있다. 이를 통해서 성소수자, 장애인이 겪었던 억압의 원인이 각 개인의 정체성이나 장애로 환원되지 않을 수 있고 오히려 정체성과 장애를 교정이 필요한 것으로 보는 억압에 대항하는 방향을 세울 수 있다. 그렇다면 문제를 해결하는 과정 또한 성정체성과 장애를 문제삼았던 억압적인 논리에 천착할 필요가 있다. 그것을 단순히 뛰어넘어 정상화된 시민으로서의 권리를 주장하는 것, 선택권 담론에 귀의하는 것은 국가의 책임을 기초로 하는 인권으로서의 성재생산 권리로 이어나가기 어렵기 때문이다.

---

**20** 김대현은 '윤락여성' 단속이 대대적으로 이루어지던 60년대 "창녀"로 오인받아 단속된 여성의 경우 사실혼 배우자가 석방을 요구했으나 법적인 부부가 아니라면서 거부한 사례를 지적하며 "요보호여성"이 성도덕에 기반해 구성되는 범주이며 문제있는 몸을 시설수용하는 맥락 속에서 생산되어 왔음을 밝힌다. "1950~60년대 '요보호'의 재구성과 '윤락여성선도사업'의 전개", 『사회와 역사』, 제129집(2021).

**21** 앨리슨 케이퍼, 『페미니스트, 퀴어, 불구』, 이명훈 옮김(오월의봄, 2023), 61-62면.

"불구의 존재들을 선별해온 국가는 정상적인 국민과 비정상적인 국민을 구분하며 불평등을 유지했다. 장애등급제와 부양의무제, 장애인과 이주민에 대한 최저임금 적용 제외, 군형법의 추행죄, 낙태죄와 모자보건법의 우생학 등 법과 제도로 장애와 몸, 빈곤, 성별정체성과 성적지향 등을 기반으로 한 차별을 양산하고 국민과 비국민에 대한 불평등과 억압을 조장해왔다. 사회와 국가는 온전하지 못한 기능이나 스스로 구할 수 없는 능력을 가진 사람을 차별하고 배제하지만, 바로 거기에서 불구의 정치가 피어난다."[22] 장애여성공감이 밝힌 불구의 정치는 정상성과 생산성을 지향하는 국가의 제도에 맞지 않는 존재들의 권리를 주장하기 위해서 그러한 제도와 불화한다는 점을 숨기지 않고, 그 제도 자체를 변혁하려는 정치적 지향을 가리킨다.

그렇기 때문에 장애인의 성과 재생산 권리의 주체가 되기 위해서는 모성권에 대한 전면적인 비판을 통해서 우생학과 억압적인 인구정책을 위해 기능해온 모자보건법을 폐지하고 재생산권리에 기반한 새로운 법제도를 만들어나가야 한다. 또한 성소수자의 성과 재생산권은 혼인제도를 비롯한 파트너십 인정 제도에 종속된 것이 아니라 오히려 더 우선적이고 넓은 지평으로 논의함으로써 성소수자가 가족제도로부터 배제당해왔던 '비정상', '비생산'적 낙인에 대항하고 권리의 기초를 새롭게 만들어나가야 한다. 나아가 장애인과 성소수자의 재생산권에 관한 논의는 가족제도 밖으로 밀려난 모든 '비정상', '비생산' 불구의 존재들의 목소리와 맞닿을 수밖에 없다. 역사적으로 경험해왔던 차별과 폭력을 제대로 규명하고 성과 재생산 권리를 실현해나가기 위해서 제도가 규정하는 정체성의 구획에 미리 갇히지 않는 것도 중요하다. 국가의 책임을 중심에 놓고 요구하고, 넓어진 지평 속에서 욕구를 개발해나가면서 권리를 발명해나가는 것이 우리 앞에 놓인 과제이다. 그 과정은 국가와 개인의 관계를 계속 질문하고, 국가의 생명보호의 범위와

22 장애여성공감 20주년 기념 선언문: 시대와 불화하는 불구의 정치 https://wde.or.kr/20%EC%A3%BC%EB%85%84-%EC%84%A0%EC%96%B8%EB%AC%B8/ (최종검색일: 2023. 12. 10.).

논리, 가치있는 생명을 둘러싼 위계와 차별, 사회적 불평등을 해소하기 위해서 자원을 어떻게 배분할 것인가를 둘러싼 투쟁을 포함하며 인권의 문법을 새로 써나가는 급진적인 시도와 함께 진행되어야만 할 것이다.

## Ⅴ. 재생산 정의를 만들기 위한 책임과 역할

사회정의로서 재생산 영역을 가꾸고 재생산의 이슈들을 사회정의 관점에서 재해석하며, 사회정의를 실현하는 과정에서 재생산 영역이 핵심적인 위치에 자리하도록 애쓰고자 하는 노력은 인권 증진의 역사가 증명하듯 인권 운동의 과정에 다름 아니다. 이 과정에서 당사자와 현장의 목소리는 국가의 책임과 역할을 요구하고 강제하며, 시민들의 역량이 확장되면서 사람간의 관계를 차별과 위계적인 권력관계로부터 평등한 동료의 관계로 전환해나갈 수 있는데 이 과정은 권리를 확장해나가는데 매우 필수적이다. 재생산 정의 운동 또한 몸, 친밀한 영역, 공동체의 영역, 개인과 제도, 개인과 국가와의 관계를 평등하게 변화시켜나가는 과정에서 필수적인 자원을 재분배하고, 젠더, 장애, 나이, 인종 등을 둘러싼 지배적 질서를 변화시켜나가는 과정과 궤를 같이 했다.

우선 재생산권을 국가가 해야 할 권리보장의 책무를 올바른 관점에서 실행해나갈 수 있도록 계속해서 요구하고 비판적으로 개입하는 것이 필요하다. 국가는 그동안 성재생산 영역을 개인의 인권이 아니라 국가의 인구관리를 위한 것으로 설정하고, 관련된 법제도와 정책을 설계하고 실행해왔다. 국가 기조의 필요에 따라 인구를 조절하고 설계하기 위해서 '가임력'을 중심으로 성별과 나이, 장애, 인종 등을 구별해왔다. 이러한 국가의 행위는 임신중지를 범죄화하는 형법상 낙태죄, 우생학적 모자보건법, 문제적인 아동을 해외로 강제이주시키는 입양 정책, 문제있는 아동과 성인을 은폐하는 시설수용 정책, 문제있는 출산을 은폐하는 보호출산제 등으로 나타났다. 인구관리를 경제 성장을 위한 것으로, 그것을 위해서 인간 생활을 유지하기 위한 활동을 가족제도에 일임하고, 재생산 노동을 자연적인 것으로 만들어 노동을 무가치화, 무급화해왔다. 이러한 구조 속에서 장애인과 성소수자는 이러한 기조에 불화하는 존재로, 도구로 동화되지 못하는 쓸모없는 존재로, 질서를 위협하는 위험한 존재로 자리매김되었다. 성재생산 영역을 인권의 영역으로 가져오기 위해서 국가가 해왔던 우생학적 관점과 도구화된 실행에 대한 올바른 평가를 통해서 국가가 해야 할 기본적 권리 보장을 위한 방향을 세워야 한다.[23]

성적권리와 재생산정의를 위한 센터 셰어SHARE는 성·재생산권리보장 기본법안을 제시했다.[24] 낙태죄 폐지 이후 낙태죄 상에서 가족계획을 실행하기 위해서 만든 모자보건법이 제대로 된 법정책 기능을 할 수 없기 때문에 새로운 법안을 기본법의 형식으로 제안한 것이다. 이를 통해서 성·재생산 권리의 세부 내용은 무엇이며 어떠한 원칙에 따라 보장하여야 하는지를 명확히 규정하고, 이 원칙이 모든 생활 영역의 개별 법률과 정책에 반영되도록 촉구하기에 가장 적합한 입법 형식이 '기본법'이다. 또한 이 법은 성적 권리와 재생산 권리는 스스로의 성과 재생산에 대해 '결정할 권리'일 뿐 아니라 '행사할 권리'까지도 포함한다는 것을 분명히 하고, 이는 자신의 결정을 실현할 수 있는 실질적 조건을 모든 사람이 보장받아야 함을 의미한다.

성소수자와 장애인에게 이러한 기본법의 의미는 각별하다. 모든 사람의 기본권으로서 성·재생산권리의 보장의 원칙과 내용이 규정되지 않으면, 인구정책을 비롯해 저출산해결 정책, 모성보호 정책 등에서 성소수자와 장애인이 배제되기 십상이기 때문이다. 현재 난임지원이나 보조생식기술이 혼인을 전제로 한 커플에게만 지원되는 상황에서 동성커플이나 비혼상황에 처한 사람은 차별을 받는다. 성소수자와 장애인이 처한 다양한 상황이 성교

---

23 유엔 사회권위원회 일반논평 제22호(2016) "성과 재생산 건강 권리"에서 국가의 책임을 구체적으로 확인할 수 있다. 번역본 확인하기. https://srhr.kr/issuepapers/?idx=6243402&bmode=view

24 『성·재생산권리보장 기본법안과 해설집』(성적권리와 재생산정의를 위한 센터 셰어 SHARE, 2020)은 여기에서 볼 수 있다. https://srhr.kr/policy/?bmode=view&idx=6142616&t=board (최종검색일: 2023. 12. 10.).

육에서 전혀 다루어지지 않거나 접근성이 확보되지 않고 있다. 또한 성별확정 및 성별정정과 같은 문제가 성소수자의 특수한 인권분야로 분리되었을 때 트랜스젠더가 성별확정 및 성별정정 과정에서 겪을 수 있는 성·재생산 건강은 권리로 다루어지지 않는다. 통역 등 지원인력을 법으로 규정하지 않았을 때 통역이나 조력이 필요한 장애인의 경우 접근성이 확보될 때까지 성·재생산 권리가 침해되는 것을 감내할 수밖에 없다. 또한 보호·복지시설 등에서의 성·재생산권리의 보장을 규정해놓지 않으면 탈시설을 할 때까지 권리의 박탈이 벌어지며, 이러한 조건에서는 탈시설을 하더라도 성·재생산권리를 어떻게 실현해나갈 수 있는 방안이 구체적으로 마련되기 어렵다. 이를 위해서 법안에서는 국가와 지자체를 비롯한 각 영역의 담당자의 책임과 의무를 규정했다. 또한 임신중지와 피임 등을 위한 비용 등에 건강보험을 적용하는 것은 이를 필수적인 의료로 인식하는 것이고 의료에 대한 이용가능성과 접근성을 확보하기 위한 방안으로 포함하는 것이기 때문에 매우 중요하다.

이렇듯 국가가 어떠한 관점으로 개인들의 성과 재생산 권리를 보장할 것인가를 규정하느냐는 구체적인 의료현장에서 보건의료, 상담, 사회복지 영역 전문가들이 환자와의 관계를 다르게 만들 수 있다. 장애인과 성소수자, HIV 감염인이 의료현장에서 차별받지 않기 위해서 무엇이 필요한가를 이들이 제시할 수 있고, 의료현장의 구성원들과 함께 논의하는 주체가 될 수 있다. 공공의료에서부터 의료인과 환자의 관계를 서로의 권리를 옹호하는 동료시민으로 관계 맺기 할 때 의료현장은 차별과 낙인의 현장에서 환자의 건강이 존엄성과 연결되는 현장으로 바뀔 수 있다.[25]

---

25 성적권리와 재생산정의를 위한 센터 셰어SHARE는 임신중지의 권리를 옹호할 수 있는 상담 의료 현장을 만들기 위해서 상담자와 의료인을 위한 임신중지 가이드북 『곁에, 함께』(2020)를 발간했다. 상담가이드에서는 상담의 원칙을 제시하고 임신중지, 출산, 양육과 입양에 관한 상담의 가이드를 제시하며 별도의 지원과 고려가 필요한 경우의 상담을 예시한다. 상담자가 알아야 할 의료정보와 참고자료도 담았다. 의료가이드에서는 충분한 정보에 기반한 동의 제공을 어떻게 할 수 있는지, 임신중지 이전과 임신중지, 임신중지 이후에 필요한 사항을 담았고, 팬데믹 상황에서의 안전한 임신중지와 참고자료도 포함했다. 상담자와 의료인을 위한 임신중지 가이드북 『곁에, 함께』의 전문은 아래에서 볼 수 있다. https://

또한 성건강을 증진하기 위한 목표가 단지 질병이 없는 상태를 넘어서 정신적, 신체적 만족감을 느낄 수 있는 것으로 확대되어야 하고, 생식을 위한 성관계를 넘어서 즐거움을 찾아갈 수 있는 성적 활동을 지지하고 여기에서 소외되는 사람들을 줄이기 위한 방안이 포괄적 성교육으로 제공되어야 한다.

셰어는 『에브리바디 플레져북』이라는 성교육 교재와 『섹스 빙고』라는 교구를 개발하여 편견과 두려움 없이 성적 건강, 권리를 이해하고 즐거움을 찾아나갈 수 있는 교육을 성소수자, 장애인을 비롯해 다양한 소수자 그룹과 진행하고 있다. 교재에는 '플레져미터'[26]라는 프로그램이 포함되어 있는데 이는 성교육과 성상담의 현장에서 위험요소를 파악하고 해결하는데 그치는 것이 아니라 위험요소와 즐거움의 복합적인 관계를 이해하는 것이 중요하다. 사람들은 위험요소에 대한 우려나 예상되는 손해 때문에 즐거움을 포기하거나 행동을 조절하기도 하지만, 때로는 즐거움을 위해서 위험요소를 감수하기도 하기 때문이다. 또한 같은 행동이라도 파트너와의 관계 양상, 사회경제적 상황, 주변 환경 등의 요소를 통해서 다른 의미와 영향을 받기도 하기 때문에 성적 실천을 둘러싼 복합적인 요소와 행위의 맥락을 낙인없이 드러내고 다양한 상황에서 자신이 원하는 것을 발휘할 수 있는 역량을 기르는 성교육이 제공되어야 한다.

성적 즐거움과 성건강, 성적 권리를 통합적으로 확보하기 위해서 국가의 책임을 규정하는 것은 성을 인권의 영역으로 다루기 위해서 필수적인 과정이다. 이를 통해서 성적 권리와 재생산 정의와의 관계를 더욱 단단히 하고 성교육의 현장을 일방적으로 위험 예방을 위한 지식을 전달하는 시공간이 아니라 각자의 성적 즐거움을 탐색하고 소수자들에게 부당하게 가해

---

srhr.kr/materials/?q=YToyOntzOjEyOiJrZXl3b3JkX3R5cGUiO3M6MzoiYWxsIjtzOjQ6InBhZ2UiO2k6Mjt9&bmode=view&idx=6142620&t=board (최종검색일: 2023. 12. 10.).

26 Global Advisory Board (GAB) for Sexual Health and Wellbeing이라는 기관에서 만든 「성적 즐거움: 성과 재생산 건강과 권리에서 잊혀진 링크 SEXUAL PLEASURE : The forgotten link in sexual and reproductive health and rights」라는 제목의 훈련도구 세트 Training Toolkit은 여기에서 볼 수 있다. https://www.gab-shw.org/resources/training-toolkit/

지는 성적 낙인과 억압에 맞서기 위한 논리를 함께 개발하고 연대할 수 있는 역량을 기르는 저항의 장소가 되어야 한다. 다양한 성적 경험과 고민을 가진 이들은 성건강을 증진하는데 기여하는 중요한 당사자이자 새로운 지식을 구성하도록 추동하는 귀중한 존재이다.

# 14. 보살핌의 윤리로 바라본 베이비박스와 보호출산*

이 현 아 (서울대학교 법학전문대학원, 현 법무법인(유)지평 소속 변호사)

2019년 헌법재판소의 낙태죄 헌법불합치 결정 이후, 그에 대한 입법 공백은 지금까지도 계속되고 있다. 그러나 2023년 6월, 이른바 '출생신고 없는 아동들'이 2,236명이 발견된 사건을 계기로 '아동보호'라는 대의(大義) 아래 출생통보제·보호출산제 등 재생산권을 규율하는 제도에 대한 사회적 관심이 급부상하였다. 이들에 관한 기존의 논의는 여성(주로 '어머니')과 아동의 권리가 서로 양립할 수 없는 것임을 전제로, '어느 권리를 얼마나 제한할지'에 초점이 맞추어져 왔다.

그러나 여성의 권리와 아동의 권리라는 두 권리가 재생산의 연속된 과정에서 '정말로' 이분법적으로 대립하고 충돌하는 권리인지 돌아보고자 한다. 이를 위하여 먼저 재생산권에 대한 개념을 살핌으로써, 낙태부터 아동학대, 보호출산제와 베이비박스에 이르는 모든 담론은 임신에서부터 양육으로 이어지는 연속된 과정이라는 관점에서 논의되어야 함을 보인다. 아울러 본고는 여성과 아동 간 권리를 대립하는 관계로 이해하는 여러 국면 중, 최근의 입법적 논의에서 제외된 '베이비박스'와 그 연속선상에 있는 '보호출산제'에 주목하고자 한다. 과거에는 베이비박스를 비롯해 베이비박스를 통한 영아유기의 대안으로서 보호출산제가 논의되기도 하였으나, 정작 국회에서 보호출산제를 입법한 현재 베이비박스에 대한 논의는 오히려 전혀 나타나지 않으므로 지금 다시 주목할 필요가 있다. 마지막으로, 본고는 베이비박스를 둘러싼 여성과 아동의 관계를 이해하기 위하여 캐롤 길리건의 '보살핌의 윤리(ethics of care)'의 틀을 이용하

---

* 이현아, "보살핌의 윤리로 바라본 베이비박스와 보호출산", 『기초법학연구』 (3), 2024, 171-223면.

고자 한다. 궁극적으로 보아야 할 것은, 여성과 아동의 권리에 양자택일을 전제하는 이분법적 관점은 결코 여성과 아동을 위한 진정한 해결책을 제시할 수 없다는 것이기 때문이다. 그리하여 본고는 위기임신을 경험하는 여성부터 제도권 바깥의 아동에 대한 통합적인 사회적 보호체계를 구축함에 있어 현실의 이들이 경험하는 '관계'에 주목하여야 함을 강조하는 것을 목적으로 한다.

## Ⅰ. 서론

### 1. 연구 배경

2019년 4월, 헌법재판소는 임신한 여성의 자기낙태를 처벌하는 자기낙태죄 조항(형법 제269조 제1항)[1]과 의사가 임신한 여성의 촉탁·승낙을 받아 낙태하게 한 경우를 처벌하는 의사낙태죄 조항(형법 제 270조 제1항)[2]은 임신한 여성의 자기결정권을 침해하는 위헌적인 규정이라고 판단하였다.[3] 헌법재판소는 2020. 12. 31.을 시한으로 입법자에게 관련 법률의 제·개정 의무를 부과하였으나, 국회는 위 시한까지 관련 법률의 제·개정에 이르지 못했고, 그 결과 위 조항들은 2021. 1. 1.부터 그 효력을 상실하였다.

2021. 1. 1. 이후 2025년 현재에 이르기까지 여전히 헌법재판소의 낙태죄 헌법불합치 결정의 취지에 맞는 입법은 전혀 이루어지지 않았다. 그리하여 임신중절은 더 이상 형사처벌의 대상은 아니지만, 여전히 임신중절을 위한 책임과 부담은 온전히 여성들의 몫이다. 이러한 입법의 해태는, 낙태죄 비범죄화 후에도 원치 않는 임신을 한 여성들이 여전히 안전한 임신중절을 위한 의료체계에 접근하지 못하고 아이를 출산하는 상황을 초래했다. 특히 산부인과 의료 접근이 어려운 미성년자, 장애인, 빈곤층, 불법체류자 등 의료 사각지대의 여성들은 의료 서비스에의 접근이 자유롭지 못해 불가

1 형법 제269조 (낙태) ① 부녀가 약물 기타 방법으로 낙태한 때에는 1년 이하의 징역 또는 200만 원 이하의 벌금에 처한다.

2 형법 제270조 (의사 등의 낙태, 부동의낙태) ① 의사, 한의사, 조산사, 약제사 또는 약종상이 부녀의 촉탁 또는 승낙을 받아 낙태하게 한 때에는 2년 이하의 징역에 처한다.

3 헌법재판소 2019. 4. 11. 2017헌바127 전원재판부 결정.

피하게 아이를 출산하는 경우가 발생하고 있다. 그렇다면 이렇게 취약한 환경에서 출생한 아이들은 어떻게 되었는가?

## 2. '출생신고 없는 아동들'과 이를 둘러싼 최근의 법적 지형

의료기관에서 출생한 신생아의 경우, 출생신고 전이라도 예방접종을 위하여 7자리의 '임시신생아번호'가 부여된다. 이후 출생신고를 하지 않을 경우, 그 아동은 출생신고가 되지 않은 채 '임시신생아번호'로만 존재하게 된다. 그렇게 출생신고 없이 의료기관에서 발급한 '임시신생아번호'로만 존재하는 아동이 2,236명(2015년생~2022년생)이다. 확인된 2,236명의 아동 중 23명의 아동을 선정하여 살핀 결과 대부분의 아동이 제도권 밖에서 무적자(無籍者)로 양육되며 베이비박스에 유기되는 등 생존 여부조차 제대로 확인되고 있지 않았다.[4] 위 조사 결과는 우리 법제가 모든 아동이 아닌, 출생등록을 통해 국민으로 인정된 아동들에게만 한정적으로 국가의 보호를 제공해 왔음을 알게 했다. 더불어 이처럼 아동들이 출생등록마저 어려울 정도로 원가정에서 제대로 보호받을 수 없는 상황일 때, 국가 역시도 그 보호영역에서 이들을 배제함에 따라 이들은 국가의 손이 닿지 않는 원가정에서 소외, 방임, 학대를 경험하거나 혹은 베이비박스에 맡겨져 왔다는 사실 역시 드러났다.

아동학대에 대한 사회적 관심이 급부상함에 따라, 기존 미등록 아동에 대한 영아살해, 영아 유기 등에 대한 대안으로 제시된 '출생통보제'를 골자로 하는 '가족관계등록 등에 관한 법률' 개정안, 보호출산을 그 내용으로 하는『위기 임신 및 보호출산 지원과 아동보호에 대한 특별법(이하 '위기임신보호출산법'이라 한다.)』 제정안이 차례로 국회 본회의를 통과하였다. 여전히 안전한 임신중지를 위한 법률은 마련되지 않은 채, 출생통보제와 보호출산제를 담고 있는 두 법률은 2024년 7월 19일부터 시행되고 있다.[5] 한편으로

4 감사원, "(20230622)보도자료(복지부정기감사 관련)", 감사원 보도자료, 2면.

5 '가족관계의 등록 등에 관한 법률'(법률 제19547호, 2023. 7. 18. 일부개정), '위기 임신 및 보호출산 지원과 아동보호에 관한 특별법'(법률 제19816호, 2023. 10. 31. 제정).

‘수원 냉장고 영아 시신 사건’으로 대표되는 아동학대의 자극적인 이미지는 아동학대에 대한 사회적 공분을 불러일으켜, 형법상 영아살해죄·영아유기죄 폐지를 담은 형법 개정안 역시 순식간에 국회를 통과해 2024년 2월 9일부터 그 개정안이 시행되었다.[6]

이러한 흐름은 낙태죄 폐지 이후의 입법 의무의 해태가 태어난 아동들에 대한 방치로 이어지는 지금, 그 아동들에 대한 책임을 오로지 여성 개인들에게만 돌리고 있다는 점에서 여성의 몸에 대한 젠더화된 통제 기제가 ‘아동보호’를 매개로 재편됨을 보여준다.[7] 또, 최근의 아동학대 및 보호출산 관련 논의에 ‘베이비박스’[8]는 전혀 등장하지 않았다는 점에 주목해야 한다. 국가가 베이비박스에 맡겨지는 아이들의 존재를 인식하였음에도, 미허가시설인 베이비박스에 아동이 유기되는 것은 여전히 눈감아주겠다는 것과 다름이 없기 때문이다.

낙태부터 영아살해 및 유기에 관한 최근의 담론들, 그리고 베이비박스 논의에 이르기까지, 이 모든 담론에는 ‘정상가족 외부에서 임신과 출산을 경험하는 여성들’이 전제된다. 그런데 여성이 정상가족 외부에서 임신과 출산을 경험하는 경우, 대개 그 자체로 여성과 아동은 서로 ‘대립’하는 관계에 놓인다. 이에 따라 낙태죄 폐지에 대해 ‘태아의 생명권’과 ‘여성의 자기결정권’의 충돌이라는 이분법적 관점의 담론이 전개되었던 것과 같이, 아동학대를 둘러싼 지금의 논의들도 ‘가해자인 모(母)’와 ‘피해자인 아동’의 이분법적 구도에서 논의가 전개된다. 한편으로 낙태죄 폐지 이후의 아동학대에 관한 현재의 담론은 여성의 성관계, 임신, 임신중절, 출산, 양육에까지 이르는 일련의 연속된 재생산 과정을 ‘분리’하여 이해한다. 이는 통합된 과정으로서의 재생산 과정이 법과 정책에 반영되지 못하게 하며, 결국 임신중절의 국면에서는 낙태죄를 폐지하여 비범죄화하였음에도, 양육 과정에서

---

6 ‘형법’(법률 제19582호, 2023. 8. 8., 일부개정).

7 추지현, “아동학대에 대한 젠더 분석: 남성성, 돌봄, 재생산권”, 『형사정책연구』 제32권 제4호(2021), 52면.

8 베이비박스는 원치 않은 임신과 출산을 경험한 여성이, 살해나 유기 대신 택할 수 있는 하나의 수단이지만, 미인가 시설로서 일종의 탈법적 대안에 해당한다.

아동학대의 가해자로 지목된 여성은 엄벌주의로 통제하는 모순을 낳았다.

이처럼 여성의 재생산권에 관한 분절적 이해는, 여성과 아동의 관계에 대한 이분법적 견해와 맞물려 '악역인' 여성의 몸에 대한 다각적인 통제로 이어져 왔다. 이에 본 연구는 현재의 입법적 흐름이 여성과 아동을 '분리된 개인들'로 보는 관점에서 베이비박스 문제에 접근하고 보호출산제를 신설한 것에 문제를 제기하고자 한다.

## Ⅱ. 재생산권의 통합적 이해와 보살핌의 윤리

### 1. 재생산권 관점에서의 통합적 접근

재생산권이란 '성과 재생산 건강 및 권리(Sexual and Reproductive Health and Rights, SRHR)'를 의미하며, 여성의 피임, 임신, 출산에 관한 선택권 및 성관계, 피임, 임신, 임신중절, 출산, 양육 전반에 관한 결정권 등 여성의 삶의 맥락에서 성과 재생산에 관한 종합적인 건강권리로서 파악되는 것을 말한다.[9] 이는 '개인의 혼인상태, 연령, 계급 등과 상관없이 성관계, 피임, 임신, 출산, 임신 종결을 비롯한 재생산활동에 대한 자유권적 권리이자 출산 이후 건전한 양육을 위한 사회적 국가적 책임까지를 포괄하는 사회권적 권리'이다.[10]

아울러 재생산권은 여성의 섹슈얼리티의 특성인 통합성을 온전히 수용하고 있기에 특히 여성에게 더 중요하다. 이에 따라 재생산권은 남녀 모두에게 평등한 권리이기는 하나, 출산부터 돌봄에 이르는 재생산 과정에서의 여성의 인권 보호를 위해 특히 강조될 필요가 있다.[11]

그러나 남성중심적 시각에서 세워진 법과 제도는 섹슈얼리티와 임신

9 전윤정, "성 · 재생산권으로써 낙태권리를 위하여 – 낙태제도 변동의 쟁점과 방향", 『페미니즘연구』 제20권 제1호(2020), 11면.

10 양현아, "낙태에 관한 다초점 정책의 요청: 생명권 대(對) 자기결정권의 대립을 넘어", 『한국여성학』 제26권 제4호(2010), 68면.

11 양현아, "한국의 재생산정책 수립에서 미혼모/미혼여성의 재생산권리의 중요성", 『법과사회』 제74호(2023. 10), 69면.

출산을 분리하여 논해왔다. 여성과 달리, 남성에게는 성교부터 임신, 출산과 같은 과정들이 연쇄적인 과정이 아니라 분절적이고 단계적인 것으로 이해되기 때문이다. 결국 남성의 몸과 섹슈얼리티에 입각한 법과 정책은, 외면은 중립적이라도 그 실질은 여성의 신체 통합성을 무시하여 여성을 체계적으로 차별하는 효과를 가져온다. 일례로 낙태죄의 후속 입법 없이 형법상 영아살해죄·영아유기죄를 삭제한 지금, 개정형법은 성중립적으로 규정된 것처럼 보일지라도 후술하는 바와 같이 '낙태에 접근하지 못한 취약한 여성들이 영아살해·영아유기의 가해자가 된다'는 점에서 강한 차별적 효과를 낳는다. 이러한 맥락에서 가장 바람직한 재생산 정책은, 여성의 성, 낙태, 출산이 각기 분리되지 않고 통합적으로 연결되어 있음을 전제로, 여성의 재생산권을 실현하는 방식으로 접근할 때 비로소 달성될 수 있다.

## 2. 낙태죄 폐지 이후 현재의 아동학대 담론

앞선 논의에서 살핀 바와 같이 여성의 임신, 출산과 양육은 분절된 단계가 아니라 이미 하나의 통합적인 관계로서, 상호 분리될 수 없다. 그렇기에 임신 출산의 국면에서 다뤄지는 낙태죄의 논의와 양육의 국면에서 논해지는 아동학대 논의는 필연적으로 닮아있고, 연결되어 있다. 따라서 재생산권의 관점에서 낙태죄를 논해야 하는 것과 마찬가지로, 아동학대 역시 여성의 성과 재생산권리의 관점에서 논해져야 한다.

여성에게 부과되는 부양책임이 여성의 출산 선택에 영향을 미치는 것과 같이, 다수의 연구는 여성이 처한 사회적 여건과 권리 의무 상황은 아동의 돌봄에도 영향을 미친다고 말한다. 추지현(2021)은 모성을 자연화하고 돌봄에 대한 1차적 책임을 묻는 모성 이데올로기가 형벌 혹은 복지라는 이름의 제재를 통해 재생산되는 상황이 신자유주의 질서하에서 더욱 심화되고 있음에 주목한다.[12] 또한 이재임(2022)은 낙태죄의 폐지와 영아살해죄 폐지 논의를 연결하여, 영아살해 범죄는 하나의 젠더화된 실천이며 이때 '젠

12 추지현(주 7), 36면.

더'는 범죄 기회를 형성하는 사회적 삶의 기본적인 조직 원리로서 기능한다고 말한다.[13] 그는 아동학대를 다룬 시각적 자료 및 매체들이 불러일으킨 공분과 함께 영아살해 담론이 점차 낙태 담론과 분기되었음을 보이며, '포스트 낙태죄 시대'의 영아살해 가해자는 '더 촘촘하고 폭넓은 복지정책의 도움을 받아야 할 무능력한 청소년 미혼모라기보다는 형사처벌을 받아야 하는 비도덕적이고 무책임한 어머니'가 되었음을 지적한다.[14] 또한 낙태죄 헌법불합치 결정 이후 재생산권을 위한 어떤 정책적 준비도 되지 않은 상황에서 영아살해 처벌은 사실상 후기 임신중단의 처벌로서, 낙태죄의 기능을 일부 대리하고 있음을 분석한다.[15]

이처럼 낙태죄 헌법불합치 결정 이후 뚜렷한 후속 입법 없이 영아살해·영아유기를 포함한 아동학대 문제에 대한 처벌 강화는 여성의 재생산 활동을 통제하는 젠더화된 메커니즘의 한 축으로 재배치되고, 아동학대에 대한 엄벌주의는 결국 모성책임을 다하지 못한 '비도덕적이고 무책임한 어머니'에 대한 사회 통제의 일환이 된다. 여성의 성과 재생산권리의 실현이 충분히 보장되지 않은 현 상황에서 후기 임신중단 과정에서 일어나는 영아살해에 대한 처벌은 이미 폐지된 낙태죄의 자리를 대신하여 여성의 몸을 통제하고, 그 과정에서 '가해자'인 여성의 재생산권을 비롯한 젠더화된 맥락은 비가시화된다. 거칠게 말하면, 현 상황에서의 아동학대에 대한 엄벌주의 기조는 낙태죄 폐지 이전으로 퇴보한 재생산 정책과 다름없다.

### 3. 캐롤 길리건의 '보살핌의 윤리'

미국의 사회심리학자 캐롤 길리건(Carol Gilligan)은 자신의 저서인 『다른 목소리로(In a Different Voice)』[16]에서 여성의 발달과 도덕성을 주제로 하여, 대체로 남성에 의해 구성된 기존 도덕발달심리학의 이론들이 여성의 도

13 이재임, "낙태와 아동학대 사이에서: 영아살해 처벌의 의미 변화에 대한 역사적 분석, 2010-2022년", 『젠더와 문화』 제15권 제2호(2022), 280면.

14 이재임(주 13), 274면.

15 이재임(주 13), 282면.

16 현재는 '침묵에서 말하기로'라는 제목으로 번역되었다.

덕성 발달보다는 남성의 도덕성 발달에 우월성을 부여하고 있다고 보았다.

길리건에 의하면 남성적 도덕이란 곧 권리와 정의의 원리를 강조하는 기존의 정의 중심적 도덕을 의미하며, 규칙, 평등, 자율성, 독립성 등의 가치로 대표된다. 기존 철학사에서의 윤리학은 이러한 남성적 도덕에 기초하여 형성되어 왔으며, 보살핌이나 관계 등은 기존 윤리학의 관심사에서 배제되어 있다. 반면, 여성의 도덕은 관계와 배려, 보살핌, 책임 등이 핵심적인 위치를 차지하고, 길리건은 이를 기초로 '보살핌의 윤리(Ethics of Care)'[17]를 전개한다.

보살핌의 윤리에서 이상적인 '보살핌'은 관계를 맺는 행위이며, 타인의 필요를 파악하고 응답하여 누구도 외롭지 않도록 연결을 유지하고 세상을 돌보는 것이다.[18] 길리건은 이러한 여성적인 보살핌의 가치가 권리나 정의 등 남성적 가치보다 더 우월하거나 열등한 것이 아닌, 그저 '다른 목소리(a different voice)'로서 정의의 윤리와 함께 공존함을 강조한다.

길리건의 보살핌의 윤리는 다음과 같은 세 가지의 특징을 가지고 있다. 첫째, 보살핌의 윤리에서 도덕적 주체는 독립된 존재가 아니라, 타인과 연결되어 타인을 고려하는 '관계적 자아'이다. 주체는 타자와의 상호작용을 통해 주체성을 형성하며, '타자'와 '주체'는 상호연결되어 있고 상호의존적이다. 길리건의 개념구도에 있어 도덕적 문제는 권리의 상충보다는 관계로부터 비롯된 책임감의 상충으로부터 발생하며, 그 해결책으로써 형식적이거나 추상적인 사고가 아니라 맥락적 사고를 요구한다.[19]

둘째, 도덕적 주체이자 관계적 자아가 경험하는 역동적인 관계성은 종종 남성중심적 사회와의 부정합성을 겪는다. 길리건은 여성들의 다른 목소리에 귀를 기울임으로써, 남성 목소리 중심의 문화와 남성이 지배하는 사회 속에서 유지됐던 도덕관념이 여성들을 '관계의 곤경'에 빠뜨린다는 것을 발

---

17 'Ethics of Care'에 대하여 '보살핌의 윤리'를 비롯해 '돌봄의 윤리', '배려윤리' 등 다양한 번역어가 존재하나, 본고에서는 '보살핌'의 의미를 강조하기 위해 '보살핌의 윤리'를 채택한다.

18 캐롤 길리건(이경미 역), 침묵에서 말하기로(심심, 2020), 176면.

19 최용성, "보살핌의 여성주의 윤리와 자아의 위치", 『철학논총』 제35집(2004), 349면.

견한다. 『담대한 목소리(Joining the Resistance)』에 등장하는 여자아이들은 어른이 되어가면서 제도화된 사회 규범과 문화적 가치의 영향력을 인식하게 됨에 따라, 사회가 요구하는 '여성다움'의 관념과 '인간다움'의 관념이 서로 충돌한다.[20]

셋째, 그렇기에 길리건은 감정과 사고의 내적 정신세계를, 자신과 타인이 들을 수 있는 관계의 열린 공간으로 불러내는 '목소리'에 집중한다. 목소리에 집중할 때, 우리는 단순히 '무엇이 옳은가?'의 질문에 머물지 않고 '누가 이야기하고 있는가?', '누구의 입장에 대한 이야기인가?'와 같은 질문을 마주한다. 관계와 책임에 주목하는 이 '다른 목소리'는 객관적이고 현실과 분리되어 구성된 남성중심적 사회적 규범과 문화적 틀을 변화시킬 수 있는 열쇠가 된다.[21]

## Ⅲ. 낙태죄 헌법불합치 결정의 의미

### 1. 보살핌의 윤리와 관계적 자아: 임신중절을 경험하는 여성들의 이야기

길리건은 『다른 목소리로』에서 임신중절 딜레마를 통하여 여성들이 자기 삶의 딜레마에 대해 생각하는 고유한 방식을 탐색한다. 임신중절 상황은 서로 대립하는 두 가치가 첨예하게 대립하는 상황이자 한 개인에 있어서는 극한의 상실을 경험하는 상황이다. 그러나 여성들은 이를 양자택일의 상황으로 인식하는 대신, 관계적 자아로서 어떻게 나 자신과 아이가 연결되어 있으며 그 연결을 어떻게 보살필 것인지 고려하여 상황에 접근한다. 그리고 여성들은 그 과정을 통해 스스로 도덕적 성숙을 이뤄낸다. 이는 기존 콜버그의 도덕적 딜레마 상황에서는 전제되지 않은 형태의 접근방식이다.

반면 정의의 윤리에 기반한 현재의 남성중심적 사회는 여전히 정의·권리 등에 더욱 높은 가치를 부여하고 있으며, 임신중절의 문제에 대하여도

20 최용성(주 19), 69면.
21 최용성(주 19), 83면.

여전히 '임신한 여성'과 '태아'라는 서로 독립한 두 개인 간의 권리의 충돌로 인식한다. 이처럼 현 사회의 지배적 구조와 관계적 자아의 경험이 일치하지 않는 경우, 관계적 자아는 자신의 목소리와 사회 사이의 불협화음을 경험하게 된다.

말하자면, 권리 중심의 윤리로 구성된 사회는 임신중절의 상황을 둘러싼 관계의 맥락을 제거한 채, 단순히 '임신중절은 도덕적으로 정당한가?'라는 질문을 던진다. 질문이 이러하니, 그에 대한 답은 '태아에게는 생명권이 있으니 임신중절은 허용될 수 없다.' 또는 '태아에게는 권리가 없으니 임신중절은 문제가 되지 않는다.'라는 답이 나오기 마련이다. 전자의 경우, 그렇다면 임신중절에 찬성하거나 임신중절을 한 여성들은 태아의 생명을 무시한 살인자가 된다. 후자의 입장이라면, 태아는 권리가 없고 낙태에는 도덕적 문제가 없으니 여성들은 그저 아무것도 아닌 것에 관하여 이야기하고 있는 것이 된다.

이는 단편적인 딜레마를 넘어, 현실의 여성들이 처해 있는 상황과도 괴리되어 있다. 여성에게 임신이란 연속되고 통합된 과정의 한 부분이기 때문이다. 따라서 여성들에게 임신중절이란 두 주체 간의 갈등이나 긴장이 아니라 자신이 맺어온 소중한 관계의 상실이기도 하다. 그러나 정의의 윤리는 개인의 권리에 주목함으로써, 복잡한 관계의 맥락 속에 형성되는 선택의 과정 대신 오로지 선택의 결과, 즉 '누구의 권리인가?'만을 남긴다. 그 결과 여성들에게는 무엇을 선택하든 간에, 그리고 이들이 그 과정을 통하여 어떤 도덕적 성숙을 경험하였든 간에 '살인자' 또는 '아무것도 아닌데 법석 떠는 사람'이라는 평면적인 평가만이 남는다.

그러나 관계를 벗어나 분리되고 독립된 개인이 과연 존재할 수 있는가? 비록 관계 중심적 사고가 개념적으로는 권리 중심적 사고와는 구분될지라도, 현실을 살아가는 개인들이 관계로부터 진정으로 자유로운가? 아니다. 우리는 모두 태어나기도 전부터 죽을 때까지 누군가와 관계를 맺으며 살아간다. 따라서 실제적인 도덕적 문제상황에서는 정의의 윤리뿐 아니라 보살핌의 윤리의 관점 역시 요구된다. 길리건도 정의의 윤리 관점을 버리고 보살핌의 윤리 관점을 채택할 것을 주장하는 것이 아닌, 보살핌의 윤리 관점이 '다른 목소리'로서 받아들여져야 함을, 그리고 그럴 때 비로소 인간 경험에 대한 훨씬 더 정교한 이해에 도달할 수 있음을 강조한다.[22]

## 2. '보살핌의 윤리' 관점에서 낙태죄 헌법불합치 결정의 검토

임신중절을 경험하는 여성들에 대한 캐롤 길리건의 논의는, 낙태죄에 대한 법적 논의가 단순히 기본권의 충돌을 넘어 관계와 책임 중심의 권리론으로도 접근되어야 함을 시사한다. 즉, 여성의 '다른 목소리'에 기반하여 기본권이라는 권리의 틀을 새로이 바꾸어야 한다. 헌법재판소의 낙태죄 헌법불합치 결정문에는 이미 이에 대한 고려가 드러나 있다.

### (1) 권리론의 재구성: 관계와 책임 중심의 권리론

개인 간의 관계를 권리와 의무의 관계로 읽어내는 근대법의 언어는 임신중절을 둘러싼 여성들의 딜레마를 온전히 포착할 수 없다. 그 결과 임신중절을 선택할 '권리'에 대한 이야기는 임신중절 결정의 복합적인 판단 과정은 뒤로 한 채, 임신중절은 가장 무책임한 여성의 '편의적' 결정에 기반한 것으로 평가되고, 이 맥락에서 여성은 '모성을 저버린 무책임한 엄마'가 된다.

그러나 임신중절의 국면에서 대개의 임신중절 결정은 여성의 도덕적 책임에 충실한 결정이다. 태아의 복지를 가장 소중하게 여기고 숙고하는 사람은 그 누구도 아닌 임신한 여성 자기 자신이다. 오늘날 아이를 양육하기에 어려운 환경에 놓인 여성들이 아이가 더 나은 곳에서 양육될 것이라는 기대로 베이비박스를 찾는 것처럼, 임신중절은 그 전(前) 단계, 곧 임신의 단계에서 태아에 대한 사랑을 실천하는 절박한 모성의 결과다.

이러한 맥락에서 임신중절 상황을 단순히 임신한 여성의 자기결정권과 태아의 생명권이 충돌하는 양자대립의 관계로 고찰하는 것은 산모와 태

22 캐롤 길리건(주 18), 404-405면.

아 사이의 공동체적 관계를 간과한다. 임신중절에 대한 논의는 여성과 자기결정권과 태아의 생명권이라는 기본권 간의 충돌 문제로만 바라보아서는 안되며, 이들이 가진 기본권의 성격 자체에 대하여 새롭게 조망할 필요가 있다. 아울러 이러한 '관계'는 여성의 삶 전반을 아우르는 재생산권의 모든 과정에서 고려될 수 있음을 넘어서 '고려되어야 한다'. 다시금 강조컨대 관계에 주목하는 것은 '권리'를 부정하자는 것이 아니다. 오히려 이러한 새로운 권리론 하에서 여성과 아이는 모두 온전하게 고려(care)의 대상이 된다. 우리 헌법재판소는 관계와 권리를 조화롭게 고려할 방안의 힌트를 이미 제시한 바 있다.

### (2) '보살핌의 윤리' 관점에서 재구성되는 '자기결정권'과 '생명권'

헌법재판소 2019. 4. 11. 2017헌바127 전원재판부 결정(이하 '헌법불합치 결정'이라 한다)은 임신, 출산, 육아가 여성의 생애 전체에 영향을 미치는 요인임을 고려할 뿐 아니라, 여성을 둘러싼 사회적 구조에 대한 통찰에 나아가 임신 지속 여부에 관한 여성의 자기결정권은 곧 여성의 인생 전반을 아우르는 결정임을 인식하고 있다. 이 부분 판시는 지금까지의 재생산권 논의와 캐롤 길리건을 통한 논의에서 살펴온 여성을 둘러싼 '관계'들, 그리고 그 관계에서의 책임과 돌봄에 대하여 논하며 여성의 자기결정권에 대한 새로운 이해를 보인다.

여성에게 있어서 자녀의 양육은 20년 가까운 기간 동안 끊임없는 신체적·정신적·정서적 노력을 요구하고, 여성이 처한 다양하고 광범위한 사회적·경제적 상황에 따라 적지 않은 경제적 부담과 직장 등 사회생활에서의 어려움, 학업 계속의 곤란 등을 초래할 수 있다. 이러한 부담과 어려움은 성차별적인 관습, 가부장적 문화, 열악한 보육여건 등의 사회적 문제가 가세할 경우 더욱 가중된다. (중략)

그렇기 때문에 임신한 여성이 자신의 임신을 유지 또는 종결할 것인지 여부를 결정하는 것은 스스로 선택한 인생관·사회관을 바탕으로 자신이 처한 신체적·심리적·사회적·경제적 상황에 대한 깊은 고민을 한 결과를 반영하는 전인적(全人的) 결정이다.

자기결정의 순간은 비록 찰나이지만, 그 결정은 실존적 위기 앞에 선 개인이 자신이 처한 신체적, 심리적, 사회적, 경제적 상황을 반영하여 현실적 제약을 고려하고 미래를 전망하여 내리는 것이므로 삶의 연속성 내에서만 온전히 이해될 수 있다. 헌법불합치 결정은 임신중절을 국가 대 여성의 문제로, 임신을 중단하는 순간만이 아닌 임신지속을 선택하게 될 경우 여성이 감내하게 될 '특별한 희생'의 문제까지 고려하였다고 평가된다.[23]

임신한 여성의 자기결정권이 보장되려면 임신 유지와 출산 여부에 관하여 전인적인 결정을 한다는 것을 명백히 보여주는 이 판시 속에서, 여성의 자기결정권은 단순히 임신 중단의 국면에서 태아와 대립하거나 태아를 해하는 권리가 아니게 된다. 이는 여성과 태아의 관계를 설시한 부분과 함께 살필 때 더욱 통합적 관점에서 이해된다.

그런데, 임신한 여성과 태아 사이의 특별한 관계로 인하여 그 대립관계는 단순하지 않다. 태아는 엄연히 모와는 별개의 생명체이지만, 모의 신체와 밀접하게 결합되어 특별한 유대관계를 맺으면서 생명의 유지와 성장을 전적으로 모에게 의존하고 있다. 임신한 여성과 태아는 서로 독립적이면서도 의존적인 매우 독특한 관계를 형성하고 있다. 임신한 여성은 자녀가 출생하면 입양 등의 특별한 사정이 없는 한 어머니로서 출생한 자녀에 대한 양육책임을 부담한다. 특별한 예외적 사정이 없는 한, 임신한 여성의 안위(安危)가 곧 태아의 안위이며, 이들의 이해관계는 그 방향을 달리하지 않고 일치한다.

이처럼 헌법불합치 결정은 태아와 임신한 여성 사이의 특별한 신체적·사회적 유대관계에 주목한다. 이는 캐롤 길리건이 관계적 자아로서의 여성을 인식하는 방식과 유사하다.

'몸'에 대하여 주목하는 것도 특기할 만하다. 여성과 태아의 대립 구도를 전제한 기존의 논의는, 서로 신체적으로 결합되어 있는 여성과 태아의

23 오승이, "낙태죄 헌법불합치 결정을 딛고, 어디로 가야 하는가?", 『서울대학교 법학』 제64권 제2호(2023), 7면.

공동체적 관계를 법익 설정 단계에서부터 고려에서 배제하였다. 그러나 2019년의 헌법재판소는 여성의 자기결정권을 다룸에 있어 여성과 태아의 '서로 독립적이면서도 의존적인 매우 독특한 관계'를 인식하고 있으며, 그 결과 여성의 이해관계와 태아의 이해관계가 그 방향을 달리하지 않고 일치한다는 결론에 이른다.

여기서 낙태죄를 여성의 자기결정권 대(對) 태아의 생명권으로 보는 논의는 완전히 뒤집힌다. '자기결정권'이라는 기본권의 보호법익과, '생명권'이라는 기본권의 보호법익은 사실 여성과 태아라는 특별한 관계 속에서 일치하는 것임을, 그렇기에 이는 결코 대립하거나 양자택일의 구도에서 논해질 수 없음을 헌법재판소가 천명하는 것이기 때문이다.

헌법재판소는 단순히 이들의 권리가 충돌하지 않음을 보이는 데 그치지 않고 이 둘의 일치하는 법익을 국가는 어떻게 대해야 하는 지까지 나아가고 있다.

임신한 여성의 안위가 태아의 안위와 깊은 관계가 있고, 태아의 생명 보호를 위해 임신한 여성의 협력이 필요하다는 점을 고려하면, 태아의 생명을 보호한다는 언명은 임신한 여성의 신체적·사회적 보호를 포함할 때 실질적인 의미를 가질 수 있다. 원치 않은 임신을 예방하고 낙태를 감소시킬 수 있는 사회적·제도적 여건을 마련하는 등 사전적·사후적 조치를 종합적으로 투입하는 것이 태아의 생명 보호를 위한 실효성 있는 수단이 될 수 있다(헌재 2012. 8. 23. 2010헌바402 결정의 반대의견 참조).

위 판시에 따르면, '여성'의 재생산권의 실질적 보장을 위한 사회적·제도적 여건 마련은 '태아'의 생명 보호를 위한 실효성 있는 수단이 된다. 이는 태아는 무엇보다도 여성과의 관련성에 의해 그 기본권의 보장이 논해질 수 있다는 것이다. 이를 위해서는 근본적인 권리이자 여성의 삶을 관통하는 권리인 재생산권리 보장을 위한 국가의 적극적인 실천이 필요하다고 이해된다. 그렇다면 여기서 베이비박스와 보호출산제의 논의로 이어갈 필요가 있겠다. 헌법재판소의 '태아의 생명권 보호를 위해서는 여성의 재생산권에 대한 보장이 필요하다.'라는 언명은, 여성의 신체적·사회적 보호를 포함한 정책이 실제로 입법되고 시행될 때에야 비로소 실질적인 의미를 가질 수 있기 때문이다.

이에 이하에서는 베이비박스 및 보호출산제에 대한 간략한 소개와 더불어, 그 문제점을 지적함으로써 지금의 논의가 여성과 아동 각 개인의 권리에만 주목해 왔음을 밝히고, 나아가 기존의 권리 중심적·분절적 시각을 벗어나 통합적 관점에서 '관계'를 고려하는 제도의 필요성을 논하고자 한다.

## Ⅳ. 베이비박스와 보호출산제: 현황 및 문제점

### 1. 베이비박스의 개념 및 현황

'베이비박스'는 영아를 양육할 수 없는 사람들이 영아를 유기하지 않고 양육할 수 있는 환경에 맡길 수 있도록 고안한 장치로서, 유기 아동의 생명을 보호하기 위한 대안으로 등장하였다.[24] 국내에는 서울 관악구와 경기 군포에 각 1개의 베이비박스가 운영되고 있다.

베이비박스에 맡겨지는 아동들의 수는 2012년 8월 입양특례법이 시행된 이후 급속히 늘어났다. 이는 아래 연도별 베이비박스에 맡겨진 아동 수의 변화 추이를 나타낸 [그림]에서도 잘 드러난다.

[그림] 연도별 베이비박스 현황(단위: 명)

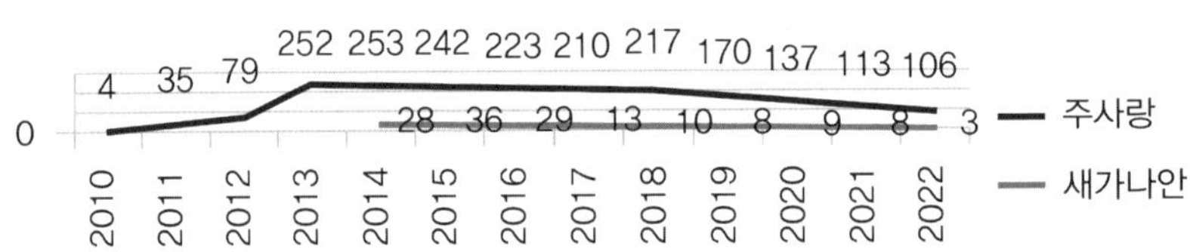


이에 대하여 주사랑공동체는 입양특례법 시행 이후 입양의 절차가 '친부모의 아동 출생신고' 및 가정법원의 입양허가 심판을 받는 입양허가제로

---

24 엄주희, "영아의 생명권을 위한 규범적 고찰–베이비박스에 관한 영아유기 문제를 중심으로–", 『서울법학』, 제23권 제3호(2016), 92면.

변경됨에 따라 출생신고를 꺼리는 생부모가 입양 대신 베이비박스를 선택하였기 때문이라 설명한다.

## 2. 베이비박스를 통한 영아유기 처벌례

이처럼 매해 100명이 넘는 이들이 베이비박스를 '선택'하고 있음에도, 엄밀한 의미에서 베이비박스에 아이를 맡기는 것은 영아유기에 해당한다. 베이비박스는 법적 근거가 없는 미인가 시설이기 때문이다.

우리 법은 아동에 대한 유기를 형법, 아동복지법, 아동학대범죄처벌등에 관한 특별법 등을 통하여 촘촘히 규제하고 있으며, 베이비박스에 아동을 맡기는 행위에도 이러한 규제들이 작동한다. 이에 베이비박스에 아동을 유기한 이들에 대하여는 형법 및 아동복지법 등을 적용하여 처벌하고 있다.[25] 베이비박스를 통한 영아유기에 관한 최근의 판례들을 살피면, 서울지방법원은 부(父)가 베이비박스에 아이를 맡긴 사례,[26] 혼외자인 아이를 베이비박스에 맡긴 사례,[27] 이혼을 준비하던 상태에서 혼외임신을 하여 전남편의 아이로 출생신고를 해야 하는 상황에서 아이를 베이비박스에 맡긴 사례[28]에 대하여 각각 아동복지법 위반으로 처벌한 사례가 있다. 또한 남자친구와 헤어진 상태에서 출산한 아이를 다른 가정에 입양하고자 하였으나 출산 후 일정 기간을 돌봐야 입양 절차를 진행할 수 있는 사실을 알게 되자 베이비박스에 아동을 맡긴 사례,[29] 사실혼 관계에 있던 부부간 불화 및 경제적 형편으로 아이를 양육하기 어려운 상황에서 입양 절차가 복잡하고 시일이 걸린다는 이유로 아이를 베이비박스에 맡긴 사례[30] 등에서도 아동복지법 위반을 이유로 처벌하고 있다. 한편, 발달장애가 있는 아이에 대하여 경제적

25 이에 대하여 베이비박스에 영아를 두고 가는 행위는 영아유기의 고의가 있다고 볼 수 없어 위법성이 조각된다는 의견도 있다. 최행식. "베이비박스와 비밀출산에 관한 소고", 『의생명과학과 법』 제22권(2019), 410면.

26 서울중앙지방법원 2020. 10. 20. 선고 2020고단5189 판결.

27 서울중앙지방법원 2018. 11. 16. 선고 2018고단5435 판결.

28 서울중앙지방법원 2022. 4. 15. 선고 2022고단85 판결.

29 수원지방법원 안양지원 2022. 6. 15. 선고 2022고단199 판결.

30 인천지방법원 2021. 5. 26. 선고 2021고단754 판결.

사정상 치료비를 감당할 수 없는 상황에서 아이를 베이비박스에 맡긴 사례[31]에 대하여는 형법 제272조를 적용한 예가 있으며, 예외적인 사례로 모(母)가 아이를 베이비박스에 놓아두고 장소를 이탈한 것이 아니라 담당자와 상담을 거쳐 아이들을 베이비박스에 맡긴 사실이 인정된 경우에 영아유기에 대하여 무죄를 선고한 사례[32]도 존재한다.

### 3. 베이비박스를 통한 영아유기 처벌례의 시사점

베이비박스를 수단으로 한 영아유기에 관한 이들 하급심 판례는 다음과 같은 점을 시사한다. 첫 번째는, 영아유기 관련 규정은 성중립적인 것처럼 규정되어 있으나, 여전히 법의 해석과 적용은 여성에게 차별적으로 작동한다는 점이다. 공개된 판례 중에서도 단 한 건을 제외하고 피고인은 모두 모(母)인 여성이다. 그 배경에는 주양육자의 91.3%가 여성이라는 사실이 있다.[33] 아동 돌봄에 일차적 책임을 지고 있는 여성은 양육과정에서 많은 어려움을 맞닥뜨리게 되는데, 다수의 연구는 어머니의 과도한 양육 스트레스는 자녀에 대한 부적절한 양육 행동으로 이어지고, 적대적이고 통제적인 방식의 부적절한 양육 행동은 아동학대의 발생 가능성을 높일 수 있다고 밝히고 있다.[34] 그런데 여성 양육자가 겪는 어려움은 단순히 개인의 문제가 아니라, 양육자가 처한 사회·경제적 상황과 양육을 둘러싼 제반 조건 및 행위자들과의 관계를 통해 구성된다.[35] 그러나 법원은 영아유기 사안을 판단함에 있어 여성이 일련의 재생산 과정에서 경험한 사회적 어려움을 개인의 문제로 환원하여 해석하고, 이는 결과적으로 여성에 대한 법의 차별적 적용으로 이어진다.

또 한편으로, 베이비박스를 찾는 원인이 된 관계는 혼외관계, 사실혼

---

31 수원지방법원 성남지원 2017. 8. 31. 선고 2017고단1553 판결.

32 서울중앙지방법원 2022. 7. 13. 선고 2021고단4008 판결.

33 보건복지부, "아동종합실태조사"(2018), 121면.

34 곽정원, 아동학대 양형에 대한 젠더분석: 어머니의 자녀돌봄 상황에 대한 법원의 판단을 중심으로, 석사학위논문, 서울대학교(2023. 8), 4면.

35 추지현(주 7), 52면.

관계 등 다양한 모습으로 나타난다. 당사자들은 대부분 계획되지 않은 임신과 출산으로 인해 아이를 키우기 어렵다고 여겨지는 상황에서 아이를 '살릴' 수 있는 대안이라고 생각하고 베이비박스를 찾는 모습을 보이며, 이러한 사정은 양형 과정에 상당한 정도로 참작되고 있다.[36] 이는 법원이 베이비박스에 유기하는 행위에 대하여 형법 제272조 영아유기죄의 구성요건 해당성은 인정하면서도, 그 위법성을 법원의 재량에 따라 상당 부분 조각하는 것으로 보인다.

### 4. 베이비박스의 문제점

베이비박스가 과연 '영아살해·영아유기로부터 아이를 보호하는 최후의 보루'로서 기능하는가? 첫째, 2010년부터 2014년까지 5년간 베이비박스에 유기된 아동들의 사례를 분석한 '베이비박스 프로젝트 보고서'[37]는 베이비박스에 아이를 두기 위해 제주도에서 16시간이나 배를 타고 와서 베이비박스로 온 사례 등을 소개하며, 베이비박스에 아이를 두는 이들은 '많은 옵션에 대해 알아보고, 최후의 선택으로 베이비박스를 선택'한다고 말한다.

둘째, 베이비박스는 미신고시설이라는 점에서 그 자체로 많은 문제를 안고 있다. 주사랑교회 베이비박스에 맡겨진 아동들이 서초구 생명의샘 교회 아동복지시설로 연계되어 신체적, 정서적, 성적 학대 및 방임에 노출된 사건은,[38] 이들이 모두 법적 근거 없이 설치·운영된 미신고시설이었기에 국가 차원의 관리·감독이 닿지 않아 발생한 일이었다.

셋째, 베이비박스는, 아동학대로 이어질 우려가 클 뿐 아니라 아동과 부모의 관계를 단절시켜 아동의 친부모를 알 권리를 침해한다는 이유로 아동 권리의 측면에서 많은 비판을 받아왔다. 또한, 서론에 언급한 '출생등록

---

36 예컨대 다수의 판례에서 '유기 장소는 피해아동이 비교적 보호받을 수 있는 곳', '다행히 아이를 도움의 손길이 닿는 곳에 유기한 점' 등의 판시가 양형에서 드러나고 있다.

37 사단법인 비투비, "베이비박스 프로젝트 보고서", 사단법인 비투비, https://btob.or.kr/26/?q=YToxOntzOjEyOiJrZXl3b3JkX3R5cGUiO3M6MzoiYWxsIjt9&bmode=view&idx=9395090&t=board (2023. 5. 30. 확인)

38 정성조, "서초구 생명의샘교회, 영유아 불법 양육에 폭행", 연합뉴스, https://www.yna.co.kr/view/AKR20210512085800004 (2023. 6. 25. 확인)

안 된 아동들' 중 약 1,418명은 베이비박스에 남겨졌다는 사실에서 알 수 있듯,[39] 베이비박스는 출생등록 되지 않은 아동들의 임시 피난처는 될 수 있을지언정 출생등록과 관련된 문제를 근본적으로 해결할 수 없다.

### 5. 보호출산제는 대안이 되는가?

'보호출산제' 또는 '익명출산제'는 베이비박스를 통한 영아유기에 대한 대안으로 제시되어 왔다. 이러한 맥락에서, 위기임신보호출산법은 '경제적 · 심리적 · 신체적 사유 등으로 인하여 출산 및 양육에 어려움을 겪고 있는 임산부의 안전한 출산을 지원하고, 그 태아 및 자녀인 아동의 안전한 양육환경을 보장함으로써 생모 및 생부와 그 자녀의 복리 증진에 이바지함'을 그 제정 이유로 하고 있다. 이는 얼핏 좋은 말들로 가득하지만, 위기임신보호출산법의 규정들은 여성을 '비식별화(위기임신보호출산법 제9조, 제14조)'함으로써 여성과 아동을 어떻게 '분리'할 것인지에 대하여 집중하고 있다. 즉 여성의 출산은 감춰야 할 것으로, 여성과 아동은 분리되어야 할 관계로 전제하여 혼외 자녀의 임신과 출산은 제거되고 은폐되어야 한다는 사회적 규범을 강화하거나 확산시킴으로써 여성의 재생산권을 침해할 소지를 내포한다. 이는 베이비박스와 보호출산제를 둘러싼 여성과 아동의 권리가 충돌하고 대립하는 것이며, 따라서 공존할 수는 없다는 관점에 기초한다.

아울러 현재 우리나라에는 임신중절을 선택할 실질적 권리의 보장이나 미혼 한부모의 양육에 관한 충분한 지원 정책이 마련되지 않았지만, 마치 출생통보제와 보호출산제만 시행하면 영아살해 · 영아유기에 관한 모든 문제가 해결될 것처럼 논의된다. 그러나 누차 강조하였듯 여성의 재생산 과정은 연속된 것이기에, 단순히 출산의 국면에서 신원을 노출하지 않는 출산방식에 대해 한정하여 논의하는 것은 무의미하다. 베이비박스와 보호출산제에 관한 논의는 궁극적으로 사회적 곤경에 처한 여성들의 재생산권을 어떻게 안전하고 건강하게 보장할 것인지에 대한 논의로 이어져야 하며, 이것

---

39 정혜인, "베이비박스에 남겨진 아이들 …8년간 1,418명", MBC뉴스, https://imnews.imbc.com/replay/2023/nwdesk/article/6496590_36199.ht ml (2023. 6. 25. 확인)

이 곧 아동보호의 요청에 응답하는 길이 된다.

## Ⅴ. 베이비박스와 보호출산제: 관계적 시각을 반영한 정책의 필요성

### 1. 베이비박스와 보호출산제 논의의 한계: 정의의 윤리 접근이 낳은 '단절'

기존의 권리 중심의 논의, 즉 정의의 윤리 관점의 접근은 결국 베이비박스와 보호출산을 둘러싼 다양한 주체들의 관계에 관한 이야기를 담지 못한다. 그 결과 베이비박스에 아이를 맡기는 순간, 친생부모의 자기결정권은 보호되지만 아이는 그 부모와 영영 분리됨으로써, 친생부모를 알 권리와 친생부모로부터 양육될 권리를 잃게 된다. 일방의 권리를 선택하는 순간 다른 일방의 권리를 영영 포기하는 방식이다.

게다가 베이비박스에 관한 다수의 논의에서 '여성'은 흔히 '미혼모'로 전제된다. 이때 '미혼모'는 베이비박스를 찾는 현실의 다양한 이들의 특성을 가장 추상화한 존재다. 예컨대 '어리고, 무직이고, 소득이 낮고. 제도적 혼인에서 벗어나 있음' 등의 특성을 상징하는 존재로서 '미혼모'의 상이 제시되는 것이다. 그리고 이러한 상은 '미혼모는 아이를 키울 수 없다.'라는, 마찬가지로 현실에 존재하는 관계적 맥락은 제거되어 추상화된 명제와 함께한다. 이러한 관점에서 여성은 일방적으로 '부도덕한 범죄자'가 되기에, 너무나도 쉽게 '아이를 키우기에 적절하지 않은 엄마'가 된다. 이는 베이비박스를 찾는 부모와 자녀 간의 관계가 단절되는 것을 정당화 하고, 이것이 베이비박스 관련 논의의 대전제를 구성하도록 한다.[40]

이처럼 정의의 윤리 관점을 채택하고, 독립되고 추상적인 개인에 주목하여 보호출산과 베이비박스 문제에 접근하는 한 베이비박스는 베이비박스를 찾는 부모와 자녀 간의 영원한 '분리(separation)'를 예정할 수밖에 없다.

---

40 예컨대, '아이를 키울 형편이 안 되어 베이비박스에 아이를 맡긴 후 성인이 되어 다시 찾는다.'는 식의 이야기는 베이비박스를 둘러싼 권리에 대한 논의에서 고려되지 않는다. 애초에 충돌하는 두 권리의 양자택일이라는 방식으로 논의가 구성된 것 자체가 영구적인 단절을 전제한 것이라 볼 수도 있을 것이다.

위기임신보호출산법 역시 구체적인 내용을 들여다보면 임산부의 안전한 출산과 아동의 안전한 양육이 서로 별개의 국면인 것처럼 논하고, 여성과 아동이 '분리된 상태에서' 각자를 보호함을 전제한다.

2019년 헌법재판소가 임신한 여성과 아이의 이해관계는 서로 그 방향이 일치한다고 하였음에도, 2023년 제시된 위기임신보호출산법에서 '일치하는 이해관계'에 대한 고려는 찾아볼 수 없다. 이는 여성과 아이를 단절시킨다는 점에서 기존의 베이비박스를 둘러싼 논의를 답습하는 것이며, 오히려 헌법재판소 결정 이전으로 후퇴한 것이다.

또, 베이비박스와 보호출산제는 미성년자의 임신·출산 등 혼인 외 자녀의 임신과 출산을 비가시화하여 정상가족에서의 '정상적인' 출산만을 정당화하는 사회적 규범을 강화한다. 이러한 사회적 규범이 강화될수록, 정상가족 바깥에서 임신·출산하는 여성들은 임신 사실을 숨기는 데 더 큰 압박을 느껴 안전한 임신중절에서 멀어지고, 아이가 태어날 때쯤에는 보호출산에 대한 압박을 받게 된다. 이 같은 압박은 여성의 자기결정권에 대한 침해로 이어져, 결과적으로 여성과 아이 그 누구의 권리도 온전히 보장받지 못한 채 서로 단절되는 결과를 강요받는다.

## 2. 재생산 정책이 나아가야 할 방향

베이비박스와 보호출산제에 관한 논의는 적어도 10년이 넘는 기간 동안 이어져 왔고, 2019년 헌법재판소에서도 여성과 아이의 이해관계가 다르지 않음을 분명히 밝혀왔다. 그러나 왜 지금의 베이비박스 및 보호출산제를 비롯한 재생산 정책은 여전히 '단절'만을 전제하는가?

가장 큰 이유는 당사자들의 목소리가 충분히 반영되지 않았기 때문이다. 자기 스스로 관계의 일부로서 아이와 그 주변의 사회적 상호작용을 경험하고 있는 이들의 목소리가 반영되지 않은 논의는, 결국 분리되고 독립된 '추상적 개인의 권리'에 관한 논의에 머물고, 이것이 실제 베이비박스의 운영이나 보호출산제에서도 부모와 자녀의 영구적 분리로 이어진다. 베이비박스든 보호출산제든, 재생산 정책에 대하여 피상적인 권리에 대한 논의에서 벗어나 당사자들의 삶에 실질적으로 다가가기 위해서는, 다양한 관계망 속에서 살아가는 당사자들의 목소리를 듣는 것이 무엇보다도 중요하다.

『담대한 목소리』에서 길리건은 도덕적 저항의 원천으로, 목소리와 관계에 기반을 둔 보살핌의 윤리에 다시금 주목한다. 이 윤리는 불의와 자기 침묵에 저항하는 윤리다. 이제 남은 것은 당사자들의 목소리가 발화될 수 있도록 하는 사회적 환경을 조성하는 것과, 그 '담대한 목소리'를 듣는 일이다. 다시 말해 여성들의 '담대한 목소리'를 통해, 여성의 재생산 권리와 '보살핌의 윤리'의 공통된 맥락에서 상호연관적이고 의존적인 여성과 태아의 관계성을 법과 정책 안에 반영하는 것으로 이어져야 한다.

2019년, 헌법재판소는 이미 여성과 아동의 관계는 특별한 것이라는 전제 하에, 여성과 아동의 기본권은 충돌하는 것이 아니며, 태아의 기본권을 보장하기 위하여 '임신·출산·육아에 장애가 되는 사회적·경제적 조건을 적극적으로 개선'하고 '사전적·사후적 조치를 종합적으로 투입'해야 한다는 재생산 정책의 단초를 제시한 바 있다. 이처럼 우리는 여성의 전 재생산 과정을 망라하여 여성에게 선택권을 보장하고, 여성이 자신과 아이를 조화롭게 고려하여 선택할 수 있도록 하는 공적인 체계와 문화를 만들어야 한다. 사전적 조치로서 여성이 원치 않는 임신을 한 경우 안전하고 건강하게 임신중절할 수 있는 환경을 보장하고, 양육을 선택할 경우에는 사후적 조치로서 실효성 있는 양육지원제도를 제공해야 한다. 여성과 아이의 관계를 단절하고, 이들을 보이지 않는 곳에 내버려 두는 베이비박스와 보호출산제는 예외적으로 최후의 수단으로 고려되어야 한다. 그리고 재생산의 전 과정을 포괄하여 여성의 재생산권을 실질적으로 보장할 수 있는 재생산 정책이 시행된다면, 베이비박스와 보호출산제는 더 이상 필요치 않을지도 모른다.

## Ⅵ. 결론

다시금 강조건대, 우리 사회를 구성하는 다양한 진실을 마주하기 위하여는 정의의 윤리와 보살핌의 윤리 모두가 반드시 필요하다. 그렇기에 우리는 관계적 자아에 대한 인식 없이, 추상적이고 분리된 개인들의 권리에만 지나치게 집중하지 않았는지 반성하고 돌이켜 볼 필요가 있다.

특히 여성과 아동이라는 특수한 관계(헌법재판소의 표현을 빌리자면 '특별한 관계')에 주목할 필요가 있는 베이비박스 및 보호출산제의 사안에 대하여도 정의의 윤리만이 적용되어, 이를 단순한 개인적 권리들의 충돌로 바라보고 있는 것이 현실이다. 이처럼 우리 사회가 정의와 권리의 이야기로만 점철되어 있기에 보살핌의 윤리와 관계의 이야기가 우리 사회에서 '다른 목소리'가 되어왔다. 이제는 이러한 다른 목소리가 가지는 강력한 정치적, 사회적 힘에 주목하여, 베이비박스 등을 둘러싼 문제에 접근함에 있어 앞으로 더욱 다양하고 담대한 목소리가 반영되고, 궁극적으로는 여성과 아이의 일치하는 이해관계가 보장되길 바란다.

## [헌법재판소 낙태죄 헌법불합치 결정 발췌문]

### 형법 제269조 제1항 등 위헌소원

(2017헌바127 형법 제269조 제1항 등 위헌소원 전원재판부)

청구인

정○원

대리인 [생략]

당해사건

광주지방법원 2016고단3266 의료법위반 등

선고일

2019. 4. 11.

주문

형법(1995. 12. 29. 법률 제5057호로 개정된 것) 제269조 제1항, 제270조 제1항 중 '의사'에 관한 부분은 모두 헌법에 합치되지 아니한다. 위 조항들은 2020. 12. 31.을 시한으로 입법자가 개정할 때까지 계속 적용된다.

이유

1. 사건개요

청구인은 1994. 3. 31. 산부인과 의사면허를 취득한 사람으로, 2013. 11. 1.경부터 2015. 7. 3.경까지 69회에 걸쳐 부녀의 촉탁 또는 승낙을 받아 낙태하게 하였다는 공소사실(업무상승낙낙태) 등으로 기소되었다(광주지방법원

2016고단3266). 청구인은 제1심 재판 계속 중, 주위적으로 형법 제269조 제1항, 제270조 제1항이 헌법에 위반되고, 예비적으로 위 조항들의 낙태 객체를 임신 3개월 이내의 태아까지 포함하여 해석하는 것은 헌법에 위반된다는 취지로 2017. 2. 8. 헌법소원심판을 청구하였다.

## 2. 심판대상

이 사건 심판대상은 형법(1995. 12. 29. 법률 제5057호로 개정된 것) 제269조 제1항(이하 '자기낙태죄 조항'이라 한다), 제270조 제1항 중 '의사'에 관한 부분(이하 '의사낙태죄 조항'이라 한다)이 헌법에 위반되는지 여부이다.

[심판대상조항]

형법(1995. 12. 29. 법률 제5057호로 개정된 것)

제269조(낙태) ① 부녀가 약물 기타 방법으로 낙태한 때에는 1년 이하의 징역 또는 200만 원 이하의 벌금에 처한다.

제270조(의사 등의 낙태, 부동의낙태) ① 의사, 한의사, 조산사, 약제사 또는 약종상이 부녀의 촉탁 또는 승낙을 받어 낙태하게 한 때에는 2년 이하의 징역에 처한다.

[관련조항]

모자보건법(2009. 1. 7. 법률 제9333호로 개정된 것)

제14조(인공임신중절수술의 허용한계) ① 의사는 다음 각 호의 어느 하나에 해당되는 경우에만 본인과 배우자(사실상의 혼인관계에 있는 사람을 포함한다. 이하 같다)의 동의를 받아 인공임신중절수술을 할 수 있다.

1. 본인이나 배우자가 대통령령으로 정하는 우생학적 또는 유전학적 정신장애나 신체질환이 있는 경우

2. 본인이나 배우자가 대통령령으로 정하는 전염성 질환이 있는 경우

3. 강간 또는 준강간에 의하여 임신된 경우

4. 법률상 혼인할 수 없는 혈족 또는 인척 간에 임신된 경우

5. 임신의 지속이 보건의학적 이유로 모체의 건강을 심각하게 해치고 있거나 해칠 우려가 있는 경우

제28조(『형법』의 적용 배제) 이 법에 따른 인공임신중절수술을 받은 자와 수술을 한 자는 『형법』 제269조 제1항 · 제2항 및 제270조 제1항에도 불구하고 처벌하지 아니한다.

모자보건법 시행령(2009. 7. 7. 대통령령 제21618호로 개정된 것)

제15조(인공임신중절수술의 허용한계) ① 법 제14조에 따른 인공임신중절수술은 임신 24주일 이내인 사람만 할 수 있다.

## 3. 청구인의 주장, 법원의 위헌법률심판제청신청 기각이유(생략)

## 4. 판단

### 가. 낙태죄에 관한 일반론(생략)

### 나. 선례(생략)

### 다. 재판관 유남석, 재판관 서기석, 재판관 이선애, 재판관 이영진의 헌법불합치의견

#### (1) 자기낙태죄 조항에 대한 판단

##### (가) 제한되는 기본권

헌법 제10조 제1문이 보호하는 인간의 존엄성으로부터 개인의 일반적 인격권이 보장된다(헌재 1991. 4. 1. 89헌마160; 헌재 2003. 6. 26. 2002헌가14 참조)]. 개인의 자기결정권은 일반적 인격권에서 파생된다(헌재 2015. 2. 26. 2009헌바17등; 헌재 2012. 8. 23. 2010헌바402; 헌재 2015. 11. 26. 2012헌마940 참조). 이러한 자기결정권과 '인간과 국가의 관계'가 여성에게도 동일하게 적용되어야 함은 자명하다. 특히 여성은 남성과 달리 임신, 출산을 할 수 있는데 이에 관한 결정은 여성의 삶에 중대한 영향을 미친다. 따라서 자기결정권에는 임신한 여성이 자신의 신체를 임신상태로 유지하여 출산할 것인지 여부에 대하여 결정할 수 있는 권리가 포함되어 있다(헌재 2012. 8. 23.

2010헌바402 참조). 자기낙태죄 조항은 모자보건법이 정한 일정한 예외를 제외하고는 태아의 발달단계 혹은 독자적 생존능력과 무관하게 임신기간 전체를 통틀어 모든 낙태를 전면적·일률적으로 금지하고, 이를 위반할 경우 형벌을 부과하여 임신한 여성에게 임신의 유지·출산을 강제하고 있으므로, 임신한 여성의 자기결정권을 제한하고 있다.

(나) 임신한 여성의 자기결정권 침해 여부

낙태 허용 여부에 관한 논쟁은 윤리적, 종교적, 과학적, 의학적, 사회학적 관점 등을 포함한 다양한 관점에서 논의가 이루어지고 있다. 이 사건에서 헌법재판소는 '자기낙태죄 조항이 임신한 여성의 자기결정권을 침해하여 위헌인지 여부'만을 심사할 뿐이다.

1) 판단의 전제

가) 태아의 생명권과 국가의 생명보호의무

모든 인간은 헌법상 생명권의 주체가 되며, 형성 중의 생명인 태아에게도 생명에 대한 권리가 인정되어야 한다. 태아가 비록 그 생명의 유지를 위하여 모(母)에게 의존해야 하지만, 그 자체로 모(母)와 별개의 생명체이고, 특별한 사정이 없는 한, 인간으로 성장할 가능성이 크기 때문이다. 따라서 태아도 헌법상 생명권의 주체가 되며, 국가는 헌법 제10조 제2문에 따라 태아의 생명을 보호할 의무가 있다(헌재 2008. 7. 31. 2004헌바81; 헌재 2008. 7. 31. 2004헌마1010등; 헌재 2010. 5. 27. 2005헌마346; 헌재 2012. 8. 23. 2010헌바402 참조).

나) 외국의 입법례(생략)

2) 심사기준

이 사안은 국가가 태아의 생명 보호를 위해 확정적으로 만들어 놓은 자기낙태죄 조항이 임신한 여성의 자기결정권을 제한하고 있는 것이 과잉금지원칙에 위배되어 위헌인지 여부에 대한 것이다. 자기낙태죄 조항의 존재와 역할을 간과한 채 임신한 여성의 자기결정권과 태아의 생명권의 직접적인 충돌을 해결해야 하는 사안으로 보는 것은 적절하지 않다.

3) 입법목적의 정당성 및 수단의 적합성

자기낙태죄 조항은 태아의 생명을 보호하기 위한 것으로서 그 입법목적이 정당하고, 낙태를 방지하기 위하여 임신한 여성의 낙태를 형사처벌하는 것은 이러한 입법목적을 달성하는 데 적합한 수단이다.

4) 침해의 최소성 및 법익의 균형성

가) 임신기간 전체의 모든 낙태에 대한 전면적·일률적 금지

태아의 생명을 보호하고자 하는 공익은 중대하다. 국가는 자기낙태죄 조항을 태아의 생명 보호를 위한 수단으로 선택하고 있다. 자기낙태죄 조항은 모자보건법이 정한 일정한 예외에 해당하지 않는 한 태아의 발달단계 혹은 독자적 생존능력과 무관하게 임신기간 전체의 모든 낙태를 전면적·일률적으로 금지함으로써 임신한 여성에게 임신의 유지·출산을 강제하고, 이를 위반한 경우 형사처벌하고 있다.

나) 임신한 여성의 자기결정권에 기한 임신종결 여부 결정의 특성

여성은 임신을 하게 되면 약 10개월의 기간 동안 급격한 신체적·심리적 변화를 겪게 되며, 출산 과정에서는 극도의 고통과 심하면 사망에까지 이를 수 있는 위험을 경험하게 되는데, 임신을 유지하는 한 그와 같은 위험을 여성 자신의 신체로써 직접 감당해야 한다. 여성에게 있어서 자녀의 양육은 20년 가까운 기간 동안 끊임없는 신체적·정신적·정서적 노력을 요구하고, 여성이 처한 다양하고 광범위한 사회적·경제적 상황에 따라 적지 않은 경제적 부담과 직장 등 사회생활에서의 어려움, 학업 계속의 곤란 등을 초래할 수 있다. 이러한 부담과 어려움은 성차별적인 관습, 가부장적 문화, 열악한 보육여건 등의 사회적 문제가 가세할 경우 더욱 가중된다. 이처럼 임신·출산·육아는 여성의 삶에 근본적이고 결정적인 영향을 미칠 수 있는 중요한 문제이므로, 임신한 여성이 자신의 임신을 유지 또는 종결할 것인지 여부를 결정하는 것은 스스로 선택한 인생관·사회관을 바탕으로 자신이 처한 신체적·심리적·사회적·경제적 상황에 대한 깊은 고민을 한 결과를 반영하는 전인적(全人的) 결정이다.

### 다) 생명의 발달단계와 자기결정권의 행사를 고려한 법적 보호 수단 및 정도

국가에게 태아의 생명을 보호할 의무가 있다고 하더라도 국가가 생명을 보호하는 입법적 조치를 취함에 있어 인간생명의 발달단계에 따라 그 보호정도나 보호수단을 달리하는 것은 불가능하지 않다(헌재 2008. 7. 31. 2004헌바81; 헌재 2012. 8. 23. 2010헌바402 결정의 반대의견 참조). 태아는 일정 시기 이후가 되면 모체를 떠난 상태에서 독자적으로 생존할 수 있는데, 세계보건기구(WHO)와 산부인과 학계는 이를 임신 22주라고 하고 있다. 한편 임신한 여성의 자기결정권의 중요성 및 특성에 비추어 볼 때, 이러한 자기결정권이 보장되려면 임신한 여성이 임신 유지와 출산 여부에 관하여 전인적 결정을 하고 그 결정을 실행함에 있어서 충분한 시간이 확보되어야 한다. 이를 고려한다면, 태아가 모체를 떠난 상태에서 독자적으로 생존할 수 있는 시점인 임신 22주 내외에 도달하기 전이면서 동시에 임신 유지와 출산 여부에 관한 자기결정권을 행사하기에 충분한 시간이 보장되는 시기까지의 낙태에 대해서는 국가가 생명보호의 수단 및 정도를 달리 정할 수 있다고 봄이 타당하다.

### 라) 임신한 여성과 태아의 특별한 관계를 고려할 때의 생명보호수단

국가의 입법조치를 매개로 하여 태아의 생명권과 임신한 여성의 자기결정권은 일응 대립관계에 있다고 볼 수 있다. 그런데, 임신한 여성과 태아 사이의 특별한 관계로 인하여 그 대립관계는 단순하지 않다. 태아는 엄연히 모와는 별개의 생명체이지만, 모의 신체와 밀접하게 결합되어 특별한 유대관계를 맺으면서 생명의 유지와 성장을 전적으로 모에게 의존하고 있다. 특별한 예외적 사정이 없는 한, 임신한 여성의 안위(安危)가 곧 태아의 안위이며, 이들의 이해관계는 그 방향을 달리하지 않고 일치한다. 이와 같은 특성은 낙태갈등 상황에서조차도 종종 발현된다. 이는 '가해자 대 피해자'의 관계로 임신한 여성과 태아의 관계를 고정시켜서는 태아의 생명 보호를 위한 바람직한 해법을 찾기 어렵다는 것을 시사해 준다. 이러한 특성은 추상적인 형량에 의하여 양자택일 방식으로 선택된 어느 하나의 법익을 위해 다른 법익을 희생할 것이 아니라, 실제적 조화의 원칙에 따라 양 기본권의 실현을 최적화할 수 있는 해법을 모색하고 마련할 것을 국가에 요청하고 있다.

마) 자기낙태죄 조항의 실효성

임신한 여성이 고심 끝에 내린 임신종결 결정은 이미 태아의 생명 박탈에 대한 윤리적 문제와 함께 출산 후 양육을 부담해야 할 사회적·경제적 상황 및 자신의 신체적·심리적·윤리적 부담을 포함하여 태어날 자녀의 미래의 삶까지 고려한 것이기에 자기낙태죄 조항이 임신의 유지 및 출산을 강제하는 데 제한적 효과를 가지는 것으로 보인다. 낙태죄와 관련한 수사현실 역시 자기낙태죄 조항의 실효성에 의문을 제기하게 한다. 보건복지부에서 2011년 연세대학교에 의뢰하여 전국 만 15-44세 가임기 여성 4,000명을 표본 추출하여 조사한 '전국 인공임신중절 변동 실태조사'에 의하면, 2010년 기준으로 연간 약 17만 건의 낙태가 이루어지는 것으로 추정되었다. 한편, 대검찰청에 따르면, 2006년부터 2013년까지 여성이 낙태 범죄로 기소된 경우는 연간 10건 이하에 불과했다.

바) 형법적 제재 및 이에 따른 형벌의 위하의 한계와 문제점

낙태갈등 상황에 처한 여성은 형벌의 위하로 말미암아 임신의 유지 여부와 관련하여 필요한 사회적 논의 내지 소통을 하지 못하고, 정신적 지지와 충분한 정보를 제공받지 못한 상태에서 안전하지 않은 방법으로 낙태를 실행하게 되는 측면이 있다. 모자보건법이 정한 일정한 예외에 해당하지 않으면 모든 낙태가 전면적·일률적으로 범죄행위로 규율됨으로 인하여 적절한 시기에 낙태에 관한 상담이나 교육이 불가능하고, 낙태에 대한 정보가 충분히 제공될 수 없다. 자기낙태죄 조항은 태아의 생명 보호를 위한다는 본래의 목적과 무관하게 헤어진 상대 남성의 복수나 괴롭힘의 수단, 가사·민사 분쟁의 압박수단 등으로 악용되기도 한다.

사) 사회적·경제적 사유로 인한 낙태갈등 상황의 중대성

모자보건법에서 정한 자기낙태의 위법성을 조각하는 정당화사유는 매우 제한적이며, '임신 유지 및 출산을 힘들게 하는 다양하고 광범위한 사회적·경제적 사유에 의한 낙태갈등 상황'이 전혀 포섭되지 않는다. 이로 인

해, 임신한 여성은 임신 유지로 인한 신체적·심리적 부담, 출산과정에 수반되는 신체적 고통·위험을 감내하도록 강제당하는 것뿐만 아니라 임신·출산·육아 과정에서 발생하는 경제적 부담, 직장 등 사회생활에서의 어려움, 학업 계속의 곤란, 경력단절 등을 포함한 각종 고통까지 겪을 것을 강제당하는 결과에 이르게 된다.

아) 소결

자기낙태죄 조항이 모자보건법에서 정한 사유에 해당하지 않는다면 결정가능기간 중에 다양하고 광범위한 사회적·경제적 사유로 인하여 낙태갈등 상황을 겪고 있는 경우까지도 예외 없이 전면적·일률적으로 임신한 여성에게 임신의 유지 및 출산을 강제하고, 이를 위반하여 낙태한 경우 형사처벌하고 있는 것은 그 입법목적을 달성하기 위하여 필요한 최소한의 정도를 넘어 임신한 여성의 자기결정권을 제한하는 것이므로, 입법목적의 달성을 위한 최소한의 불가피한 수단이라고 볼 수 없다. 자기낙태죄 조항이 달성하고자 하는 태아의 생명 보호라는 공익은 중요한 공익이나, 결정가능기간 중 다양하고 광범위한 사회적·경제적 사유를 이유로 낙태갈등 상황을 겪고 있는 경우까지도 낙태를 금지하고 형사처벌하는 것이 태아의 생명 보호라는 공익에 기여하는 실효성 내지 정도가 그다지 크다고 볼 수 없다. 결국, 입법자는 자기낙태죄 조항을 형성함에 있어 태아의 생명 보호라는 공익에 대하여만 일방적이고 절대적인 우위를 부여함으로써 공익과 사익간의 적정한 균형관계를 달성하지 못하였다.

5) 결론

따라서, 자기낙태죄 조항은 입법목적을 달성하기 위하여 필요한 최소한의 정도를 넘어 임신한 여성의 자기결정권을 제한하고 있어 침해의 최소성을 갖추지 못하고 있으며, 법익균형성의 원칙도 위반하였다고 할 것이므로, 과잉금지원칙을 위반하여 임신한 여성의 자기결정권을 침해하는 위헌적인 규정이다.

(2) 의사낙태죄 조항에 대한 판단

업무상동의낙태죄와 자기낙태죄는 대향범이므로, 임신한 여성의 자기낙태를 처벌하는 것이 위헌이라고 판단되는 경우에는 의사낙태죄 조항도 당연히 위헌이 되는 관계에 있다. 자기낙태죄 조항은 위헌이므로, 의사낙태죄 조항도 같은 이유에서 위헌이라고 보아야 한다.

(3) 헌법불합치결정의 필요성과 잠정적용의 필요성

태아의 생명을 보호하기 위하여 낙태를 금지하고 형사처벌하는 것 자체가 모든 경우에 헌법에 위반된다고 볼 수는 없다. 그런데 자기낙태죄 조항과 의사낙태죄 조항에 대하여 각각 단순위헌결정을 할 경우 임신기간 전체에 걸쳐 행해진 모든 낙태를 처벌할 수 없게 됨으로써 용인하기 어려운 법적 공백이 생기게 된다. 더욱이 입법자는 위 조항들의 위헌적 상태를 제거하기 위해 낙태의 형사처벌에 대한 규율을 형성함에 있어서 앞서 우리 재판소가 설시한 한계 내에서 입법재량을 가진다. 따라서 자기낙태죄 조항과 의사낙태죄 조항에 대하여 단순위헌결정을 하는 대신 각각 헌법불합치결정을 선고하되, 다만 입법자의 개선입법이 이루어질 때까지 계속적용을 명하는 것이 타당하다. 입법자는 가능한 한 빠른 시일 내에 개선입법을 해야 할 의무가 있으므로, 늦어도 2020. 12. 31.까지는 개선입법을 이행하여야 하고, 그때까지 개선입법이 이루어지지 않으면 위 조항들은 2021. 1. 1.부터 효력을 상실한다.

## [문재인 전 대통령 개헌안의 재생산권리 관련 조문]*

[표] 문재인 전대통령 헌법개정안

| 문재인 개헌안 | 현행 헌법의 대응 조문 |
|---|---|
| 第33조 ⑤ "**모든 국민은** 고용·임금 및 그 밖의 노동조건에서 **임신·출산·육아등으로** 부당하게 차별을 받지 않으며, 국가는 이를 위해 여성의 노동을 보호하는 정책을 시행해야 한다." | 第32조 ④**여자의 근로는 특별한 보호를 받으며,** 고용·임금 및 근로조건에 있어서 부당한 차별을 받지 아니한다. |
| 第33조 ⑧ 국가는 모든 국민이 일과 생활을 균형 있게 할 수 있도록 정책을 시행해야 한다 | 없음 |
| 第35조 ③ **모든 국민은 임신·출산·양육과 관련하여 국가의 지원을 받을 권리**를 가진다 | 第36조 ② 국가는 **모성의 보호를** 위하여 노력하여야 한다 |

[해설][1] 현행 헌법 제32조에서 '여자의 근로'는 특별한 보호를 받는다고 규정하는 데 비해서 개헌안 제33조 제5항에서는 '모든 국민이', '임신·출산·양육 등'으로 인해 차별받지 않는 권리의 주체로 규정하고 있다. 즉 임신 출산 양육 등 재생산 활동을 여성의 일이 아니라 모든 근로자 나아가 모든 국민의 활동임을 천명하여 재생산 활동의 권한과 책임을 국민 모두가 갖도록 하는 헌법적 근거를 마련하였다.[2]

---

* 본 10차 개헌안은 2018년 3월26일 국회에 발의되었으나 동년 5월 24일 의결정족수 미달(114/192)로 폐기되었다.

1 재생산권리와 관련된 본 개헌조문들은 당시 젠더법학연구자, 법실무가, 여성시민단체 활동가 등으로 구성된 공동연구팀의 제안에 기반하고 이후 국민헌법자문특별위원회에서 다듬어진 것이다. 해설은, 졸고 "한국의 재생산정책 수립에서 무엇이 중요한가: 경험조사연구를 중심으로", 양현아·장다혜 편, 『재생산권리 Ⅱ－정책과 현실진단』, 경인문화사, 2024, 78-79면을 요약함.

2 위 개헌안에는 국민 대다수에게 생소할 수 있는 재생산권리 개념을 피하고 "임신·출산·양육 등"과 관련한 권리로 풀어쓴 것으로 사료된다. 하지만, 재생산권리가 임신·출산·양육과 같은 활동 관련 권리 목록으로 제한되지 않는다.

둘째, 개헌안은 '모든 국민'의 재생산권리를 규정함으로써 여성과 재생산권리의 관계를 재정의하였다.[3] 현행 헌법 제32조에서 규정한 여자의 근로의 보호 이유가 단지 모성에 있다고 단정할 수는 없더라도 제36조에서 모성 보호를 강조하고, 근로기준법 등에서 여성 근로자의 보호 이유를 주로 모성에 두고 있어서 제32조의 여자는 자녀를 임신하고 출산하는 근로자를 의미한다고 해석해도 큰 무리는 없을 것이다. 현재의 의료과학에서 임신과 출산은 여성만이 할 수 있고 여성들에게 양육과 돌봄 역할이 당연한 성역할처럼 기대되어 왔던 바 본 조문은 여성의 성역할이 아니라 보편적 권리로서 재생산권리를 자리매김하고 있다.

셋째, 제35조 제3항에서 개헌안은 국민들이 재생산 활동에 대해서 국가로부터 지원을 받을 권리를 규정함으로써 재생산 활동과 관련하여 국민과 국가의 관계를 "보호"에서 "지원"으로 바꾸어놓았다. 이렇게 개헌안은 인간의 재생산과 관련된 선택과 활동을 개인의 권리로 규정하고 국가는 이것을 지원해야 할 주체로 자리매김하였다는 점에서 기존의 정책 패러다임을 전환하였다.

---

3 개정안 제33조 제5항에서 밑줄을 친 부분은 국민헌법자문특별위원회가 축조했던 원개정안에 포함되어 있지 않던 문구가 이후 과정에서 부가되었다고 한다.

# 제 4 부
# 젠더폭력과 여성의 기본권

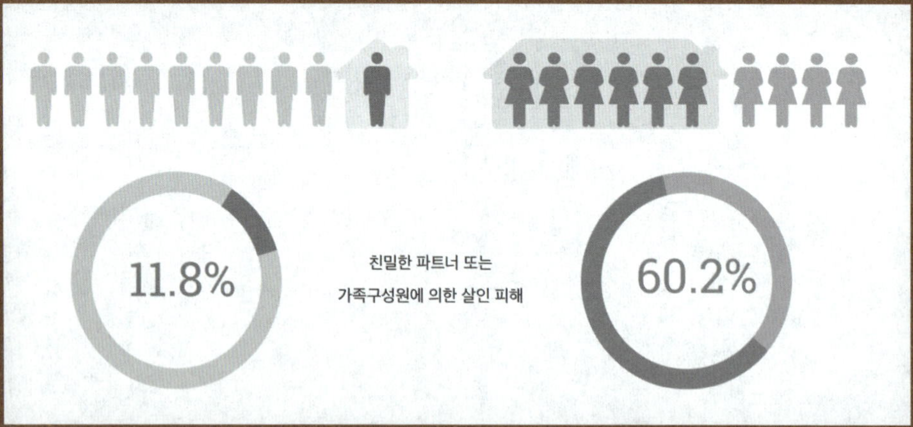


젠더폭력 관련 도표 (United Nations Office on Drugs and Crime, 2024)

# 15. 차별로서의 젠더폭력, 평등권으로서의 '젠더폭력으로부터 자유로울 권리'*

김 정 혜 (한국여성정책연구원 부연구위원, 법학박사)

젠더폭력에 대하여 다른 폭력과 구분되는 국가의 조치를 요구하는 이유는, 젠더폭력이 성차별과 깊이 연관되어 있는 폭력이기 때문이다. '젠더폭력으로부터 자유로울 권리'는 헌법상 신체를 훼손당하지 않을 권리 등을 통하여 보호되는 것으로 볼 수 있지만 신체를 훼손당하지 않을 권리는 젠더폭력의 속성을 반영하기에 부족하다. '젠더폭력으로부터 자유로울 권리'를 기본권으로서 논할 때에는 그 속성상 평등권으로서의 성격이 강조되어야 한다. 이 글은 국제인권규범에서 정의하는 여성폭력 및 젠더폭력 개념과 국가의 의무를 살펴보고, 우리 헌법에서 '젠더폭력으로부터 자유로울 권리'를 도출할 가능성과 한계를 분석한 다음, '젠더폭력으로부터 자유로울 권리'의 기본권화 방향을 모색하였다. 향후 개헌에서 '젠더폭력으로부터 자유로울 권리'는 기본권성을 명확히 하고, 평등권의 일환으로 자리매김할 것이 요청된다.

## Ⅰ. 서론

2016년 '강남역 살인 사건' 이후, "나는 우연히 살아남았다"는 여성들의 메시지가 강남역 앞 포스트잇의 물결로, SNS 해시태그로 퍼져나갔다. 집단으로서의 '여성'을 범행 대상으로 삼아 불특정 여성을 살해하기에 이르렀던 이 사건을, 여성들은 여성혐오에 의한 여성살해(femicide)로 규정하였

* 이 글은 다음 논문을 발췌, 수정한 것이다. 김정혜, "평등권으로서 젠더폭력으로부터 자유로울 권리", 『이화젠더법학』 제12권 1호, 2020, 147-178면.

지만, 경찰은 이내 "정신질환자의 묻지마 범죄"로 결론지었다.[1] 가해자의 망상이 범죄의 원인으로 지목되었고, 정책적 논의는 '정신장애인의 범죄에 어떻게 대응할 것인가'로 이어졌다. 가해자가 왜 유독 여성에게만 분노했는지, 왜 주변 여성 개인으로부터의 경험을 집단으로서의 여성을 대상으로 해소하고자 하였는지, 여성을 공격하겠다는 인식을 가능하게 한 배경이 무엇이었는지는 질문되지 않았다.

'강남역 살인사건'에 대한 분석처럼 젠더폭력(gender-based violence)이 일탈적 개인의 문제로 축소되고 '사이코패스', '정신질환자', '소아성애', '변태', '분노조절장애' 등등 '장애'와 '비정상'의 언어로 치환되며 또 다른 혐오와 결합하는 방식은 오랫동안 반복되어왔다. '구조적 성차별은 없다'며 여성가족부 폐지를 공약으로 내건 후보가 대통령으로 선출되고, 그 대통령이 임명한 여성가족부 장관은, 2022년 '인하대 성폭력 사건', '신당역 스토킹 살인 사건'에서 잇달아 '여성혐오범죄가 아니'라고 발언하며[2] 성별과 무관한 폭력 범죄임을 강조하고자 했다. 수많은 유료 '회원'들의 협력과 방조와 교사로 유지되고 확대되어온 '텔레그램 n번방 사건'에서조차 운영자들의 얼굴과 신상 공개가 문제의 해결책인 양 강조되었다. '우리'와 구별되는 '괴물'의 악행이 우리 사회를 휩쓸고 지나갈 때마다 젠더폭력 대응 정책은 확대되었지만 각 범죄들이 비정상적 개인에 의해 발생하는 특정한 '사건'으로 이해됨에 따라 젠더폭력에 대한 대응 또한 심각한 사건에 대한 더 강력한 처벌, 가해자의 격리 또는 치료, 취약한 피해자의 선별과 보호가 중심이 되어왔고, 비정상적 범죄자로부터의 공격을 방지하는 개인적인 안전 확보 전략이 젠더폭력 예방책으로 강조되었다. 특정 가해자에 대한 강력 처벌을 요구하는 분노한 여론의 이면에는 낡은 피해자 유발론과 '평범한 남성들'인 가담자들에 대한 동정론[3]이 자리했다.

---

1 연합뉴스, "강남 묻지마 살인, 정신질환자 전형적 범죄…'女가 괴롭혀' 망상(종합2보)", 2016.5.22., https://www.yna.co.kr/view/AKR20160522012652004(검색일 2025.5.27.)

2 플랫, "김현숙 여가부 장관 "신당역 사건은 여성혐오 범죄 아니다"", 2022.10.19., https://www.khan.co.kr/article/202209161520001(검색일 2025.5.27.)

3 한겨레, ""n번방 방지법은 남성억압법"? 대학생 최대 커뮤니티서 2차가해", 2020.4.8.,

법은 젠더폭력 대응의 이와 같은 흐름을 반영하고, 또 이끌어왔다. 1990년대 이후 젠더폭력 관련 특별법들이 제정되어 처벌의 강화와 제재의 다양화, 피해자 보호 제도 확대 등으로 이어졌다. 이 과정에서, 서로 중첩되어 발생하는 젠더폭력은 성폭력, 아동·청소년 성폭력, 가정폭력, 성매매, 직장 내 성희롱, 스토킹과 같이 행위의 유형, 당사자 간 관계, 피해자의 나이 등에 따라 분절되어 여러 개의 법으로 흩어졌다. 젠더폭력을 국가적 차원에서 대응해야 하는 이유, 특별형법을 통해 강화된 제재를 하고 젠더폭력 피해자를 다른 범죄 피해자와 다르게 보호, 지원해야 할 필요성은, 그저 '피해의 심각성' 문제로만 설명되었고 이는 다시 피해자의 취약성 논의로 귀결되었다.

젠더폭력 관련 법률들이 폭력 유형에 따라 분리되면서 젠더폭력으로서의 성격은 희미해지고 이미 존재하던 범죄들을 모아 나열하는 방식에 그치며 새로운 유형의 폭력을 규율하기는 어려워졌다는 등의 비판에 따라 2018년 말 『여성폭력방지기본법』이 제정되었다. 이 법은 "여성폭력"을 "성별에 기반한 여성에 대한 폭력으로 신체적·정신적 안녕과 안전할 수 있는 권리 등을 침해하는 행위로서 관계 법률에서 정하는 바에 따른 가정폭력, 성폭력, 성매매, 성희롱, 지속적 괴롭힘 행위와 그 밖에 친밀한 관계에 의한 폭력, 정보통신망을 이용한 폭력 등"(제3조 1호)으로 정의하여, 여성폭력이 성별에 기반한 폭력이라는 점을 명확히 하고 여러 법에 흩어져있는 젠더폭력을 아우르는 기본법을 만들고자 하였다. 그러나 이 법에서도 기본 이념으로 '여성폭력으로부터의 안전, 폭력 없는 사회'를 제시하였을 뿐 젠더폭력과 성차별, 평등과의 연관성은 명확히 언급하지 않았다. "여성폭력"의 정의에 '성별에 기반한 폭력'을 포함하기는 했지만, 실제 법 적용에서는 "관계 법률에서 정하는 바에 따른" 이하에 나열된 폭력 유형들이 여성폭력으로 이해되었다. 그로 인해 여성혐오폭력이나 여성살해, 데이트폭력 등 개별법

---

http://www.hani.co.kr/arti/society/society_general/935992.html(검색일 2025.5.27.); 교육언론[창], "딥페이크 범죄 기사가…"공부 잘한 모범생이 위기에 몰렸다"?", 2024.9.2., https://www.educhang.co.kr/news/articleView.html?idxno=4615(검색일 2025.5.27.)

이 채 입법되지 못한 젠더폭력 유형은 기본법의 정의 속에도 포괄되기가 쉽지 않다.

헌법적 차원에서도 젠더폭력 대응의 원칙과 이념을 발견하기는 어렵다. 기본권 조항들의 해석을 통하여 '젠더폭력으로부터 자유로울 권리'를 도출할 수는 있지만, 헌법 해석론에서도 기본권으로서 '젠더폭력으로부터 자유로울 권리'는 거의 논의되지 않아 그 내용이 명확하지 못하다. 젠더폭력의 본질을 반영하지 않는 헌법 해석은 젠더폭력을 '국가가 아닌 사인(私人)에 의한 폭력'으로 단순화할 위험도 있다.

이 글은 헌법과 법률이 젠더폭력 금지의 방향성을 제시하지 못하는 현실에서, '젠더폭력으로부터 자유로울 권리'를 우리 헌법에서 어떻게 자리매김할 것인지를 모색해보려는 시도이다. 현행 헌법상 '젠더폭력으로부터 자유로울 권리'는 어떤 위치에 있는지, 헌법적 차원에서 '젠더폭력으로부터 자유로울 권리'를 어떻게 규정할 수 있을지를 탐색해보고자 한다. 먼저 국제인권규범에서 젠더폭력의 정의와 젠더폭력의 근절을 위해 국가에 요구되는 의무를 살펴보고, 우리 헌법에서 '젠더폭력으로부터 자유로울 권리'를 도출할 수 있는지 그 가능성과 한계를 검토한 뒤, 향후 헌법에서 '젠더폭력으로부터 자유로울 권리'를 기본권화할 방향성을 제시하였다.

## Ⅱ. 국제인권규범에서 '젠더폭력으로부터 자유로울 권리'와 국가의 의무

1975년 멕시코시티에서 열린 제1차 유엔세계여성회의 보고서에서는 "여성이든 남성이든 인간의 몸은 불가침이고 인간의 몸에 대한 존중은 인간 존엄과 자유의 기본적 요소"[4]라고 하면서 "신체적 통합성(physical integrity)과 인간 삶에서 그 적절한 위치에 대한 존중을 가르치는 것"[5]을 사회

4 United Nations, *Report of the World Conference of the International Women's Year*, E/CONF.66/34, 1976, 5면.

5 위의 책, 7면.

교육의 주요 목표 중 하나로 보았다. 또한 강간, 성매매, 신체적 폭력, 정신적 학대 등을 여성에 대한 인권 침해로 예시함으로써[6] 여성에 대한 신체적, 정신적 폭력을 인권의 문제로 다루었다. 그러나 성차별에 대한 국제인권규범으로서 처음으로 법적 구속력을 갖게 된『여성에 대한 모든 형태의 차별철폐에 관한 협약(Convention on the Elimination of All Forms of Discrimination against Women, 이하 '여성차별철폐협약')』[7]에서 젠더폭력은 본격적으로 다루어지지 않았을 뿐더러 젠더폭력이라는 개념이 언급되지도 않았다. 협약 초안 과정에서 젠더폭력을 포함하고자 하는 시도가 있었지만, 젠더폭력 문제를 직접적으로 다루기에는 시대적 한계가 있었던 것으로 평가된다.[8]『여성차별철폐협약』보다 10년도 더 전에 채택된『인종차별철폐협약』이 피부색, 인종 등에 기한 폭력을 범죄화할 것을 뚜렷하게 당사국의 의무로 하였던 것과 비교하면,『여성차별철폐협약』에서 젠더폭력이 구체화되지 못한 것은 여성에 대한 폭력이 국제사회에서 차별로 '합의'되는 것이 어려운 문제였음을 단적으로 보여준다.

다만 차별의 해석을 통해『여성차별철폐협약』에도 젠더폭력이 포함되는 것으로 볼 가능성은 있었다. 협약은 정치, 경제, 사회, 문화, 시민적 분야 또는 기타 분야에서 성별에 근거한 모든 구별, 배제 제한이 '여성에 대한 차별'에 해당된다고 하였고(제1조), 모든 개인에 의한 여성차별의 철폐를 위한 조치를 취할 것을 요구하였으며(제2조 e항) 혼인에서 남녀의 동등한 권리를 규정하였다(제16조). 이는 젠더폭력이 발생하는 주요한 영역이지만 공적 개입의 자제가 요청되었던 사적 영역을 포함하여 모든 영역에서의 인권침해를 금지하고,[9] 국가에 의한 인권 침해만이 아니라 사인(私人)에 의한 차

6 위의 책, 7면.

7 채택일 1979.12.18. 발효일 1981.9.3. 대한민국 발효일 1985.1.26. 다자조약 제855호.

8 Freeman, Marsha & Christine Chinkin & Beate Rudolf, *The UN Convention on the Elimination of All Forms of Discrimination Against Women: A Commentary*, Oxford University Press, 2012, 444면.

9 Dubravka Šimonović, "Global and Regional Standards on Violence Against Women: The Evolution and Synergy of the CEDAW and Istanbul Conventions", *Human Rights Quarterly* 36(3), 2014, 599면.

별에도 당사국이 적절한 조치를 취하도록 요구함으로써[10] 모든 영역에서 모든 사람에 의한 젠더폭력에 대한 조치 의무를 부과한 것으로 해석할 수 있다.

이후 여성차별철폐위원회는 일반권고 제12호(1989) 및 제19호(1992)를 통해 젠더폭력을 여성에 대한 차별로 규정하는 태도를 확실히 하게 된다. 일반권고 제12호는 성폭력, 가정폭력, 직장에서의 성적 괴롭힘 등 '일상에서의 모든 형태의 폭력'으로부터 여성을 보호하기 위한 입법 및 기타 조치들을 국가보고서에 포함할 것을 당사국에 권장하였다.[11] 그리고 3년 뒤 "일반권고 제19호: 여성에 대한 폭력"을 통하여 '젠더에 기반한 폭력'의 해석을 내놓았다. 이는 협약 당사국들이 국가의 의무 이행에서 젠더폭력을 여성에 대한 차별이자 인권 침해로서 반영하지 못하고 있다는 결론에 따른 것이었다.[12] 위원회는 일반권고 제19호를 통해 '여성이라는 이유로 여성에게 행해지는 폭력, 여성에게 불균형한 영향을 끼치는 폭력'인 젠더폭력이 협약이 금지하는 '여성에 대한 차별' 개념에 포함됨을 명확히 하고, 당사국들이 협약의 완전한 이행을 위하여 '여성폭력(violence against women)'을 근절하기 위한 적극적인 조치를 취할 것, 협약 이행 정기 보고서에 젠더폭력을 포함할 것을 요구하게 된다.

여성폭력에 대한 일반권고 제12호 및 제19호의 취지를 반영하여 1993년 채택된 『여성폭력철폐선언(Declaration on the Elimination of Violence against Women)』[13]은 여성폭력을 "공사 모든 영역에서 젠더에 기반한 폭력 행위 및 그러한 행위를 하겠다는 협박, 강제, 임의적인 자유의 박탈로서, 여성에게 신체적, 성적, 정신적 해악이나 고통을 주거나 줄 수 있는 행위"로 정의하여, 여성폭력이 '젠더에 기반한 것'임을 재차 확인하였다. 『여성폭력철폐선

10 위의 글, 600면.

11 United Nations Committee on the Elimination of Discrimination against Women, "General recommendation No. 12: Violence against women", 1989.

12 United Nations Committee on the Elimination of Discrimination against Women, "General recommendation No. 19: Violence against women", 1992, para. 4.

13 United Nations General Assembly, "Declaration on the Elimination of Violence against Women", A/RES/48/104, 1994.

언』은 여성폭력의 범주를 가정폭력, 사회폭력, 국가폭력으로 구분한다. 첫째, 가정폭력은 가족 내에서 발생하는 신체적, 성적, 심리적 폭력으로 폭행, 여아의 성적 학대, 지참금 관련 폭력, 배우자 강간(marital rape), 여성 할례 및 여성에게 해로운 기타 전통적 관행, 비배우자 폭력 및 착취 관련 폭력이며, 둘째, 사회폭력은 일반 사회에서 발생하는 신체적, 성적, 심리적 폭력으로 직장, 교육기관 및 기타 장소에서 발생하는 강간, 성적 학대, 성적 괴롭힘 및 위협, 여성 인신매매 및 강요된 성매매 등이다. 셋째, 국가폭력은 어디에서 발생하든 간에, 국가가 자행하거나 묵인하는 신체적, 성적, 심리적 폭력을 의미한다.(제2조) 국가에 의한 폭력은 경찰, 군인, 교도관 등 국가의 행위자가 행하는 폭력뿐 아니라 특정 집단에 대한 강제 불임 정책처럼 국가 정책이 곧 여성에 대한 폭력을 구성하는 경우도 포함될 수 있다.

나이로비 미래전략의 이행상황을 점검하고 평가하기 위하여 1995년 북경에서 열린 제4차 세계여성회의(Fourth World Conference on Women)에서는 『북경 선언 및 행동강령(Beijing Declaration and Platform for Action)』[14]을 채택, 『여성폭력철폐선언』을 재확인하고 여성폭력의 범주를 확대하였다. 북경 제4차 세계여성회의는 여성폭력을 주요관심분야 12가지 중 하나에 포함하고, 국제사회 및 시민사회에서 전략적 행동을 취할 것을 요청하였다. 『북경 선언 및 행동강령』에서는 여성폭력이 역사적으로 남성과 여성 간의 불평등한 권력 관계를 반영한 것이고, 남성에 의한 여성 지배와 차별을 초래했고, 여성의 완전한 지위 향상을 방해했다고 하여,[15] 여성폭력을 성차별의 결과이자 원인으로 분석하였다. 『북경 선언 및 행동강령』은 『여성폭력철폐선언』의 여성폭력 정의에 살인, 조직적 강간, 성노예화, 강제임신 등 무력분쟁상황에서의 인권침해,[16] 강제불임 및 강제낙태, 강제피임, 여아살해, 태아성감별[17] 등을 포함시켰다. 또한 여성폭력 관련 전략목표로서, 여성폭력의 예방 및 근절을 위한 통합적 대책 마련, 여성폭력의 원인, 결과 및 효과

14 Fourth World Conference on Women, “Platform for action”, 1995.
15 위의 문서, para. 118.
16 위의 문서, para. 114.
17 위의 문서, para. 115.

적 예방법의 연구, 여성 인신매매 철폐 및 성매매, 인신매매로 인한 폭력 피해자 지원의 3가지 목표를 제시하였다.

여성차별철폐위원회의 문서에서, '여성폭력'과 '젠더폭력'이라는 용어는 엄밀한 구분 없이 상호교환적으로 사용되는 편이다. 여성차별철폐위원회의 1992년 일반권고 제19호에서도 이미 두 용어가 동시에 사용되었다. '여성에 대한 폭력'은 여성폭력의 피해자가 주로 여성임을 강조하는 의미가 있지만, 모든 폭력 중에서 여성이 피해자인 폭력 또는 여성에게 가해지는 모든 종류의 폭력을 통칭하는 개념으로만 이해하는 것은 적절하지 않다. 여성폭력이 의미화되어온 역사를 보면, 여성폭력에 국가와 국제사회의 대응이 요구된 것은 젠더에 기반한 폭력이라는 본질 때문이었다. '젠더에 기반한' 폭력이라는 개념은 사회적으로 주어지는 성별에 대한 기대와 가치, 성역할 규범 등이 폭력을 정당화한다는 의미를 내포한다.[18] 폭력의 성질이나 정도가 아니라 특정 사회와 문화에서 당사자의 성별과 성별에 따른 맥락이 폭력을 가능하게 하고, 나아가 폭력을 촉진하고, 때로는 폭력을 성애화하며, 폭력이 인권 침해가 아니라고 생각하도록 만든다. 특정한 폭력 행위의 영향 또한 특정한 사회와 문화 속에서 성별에 따라 달라지며, 성별에 따라 다른 영향이 어떤 행위를 비로소 폭력으로 성립시키거나, 그와 같은 폭력을 조장하기도 한다.

일반권고 제19호 채택 25주년을 맞아 당사국에 추가 안내를 제공하기 위해 만들어진 일반권고 제35호(2017)[19]에서는 '여성에 대한 젠더에 기반한 폭력(gender-based violence against women)'이라는 용어를 사용한다. 일반권고 제35호는 '여성에 대한 젠더에 기반한 폭력'이라는 용어가 "폭력의 성별화된 원인과 영향을 분명히 해주고 폭력이 개인적 문제라기보다는 사회적 문제로서 특정 사건, 가해자 및 피해자/생존자 개인에 대한 대응을 넘어서

---

18 Nancy F. Russo & Angela Pirlott, "Gender-Based Violence: Concepts, Methods, and Findings", *Annals of the new york academy of sciences* 1087(1), 2006, 181면.

19 United Nations Committee on the Elimination of Discrimination against Women, "General recommendation No. 35 on gender-based violence against women, updating general recommendation No. 19", CEDAW/C/GC/35, 2017.

포괄적 대응을 요구하는 것”임을 강조하기에 적합한 개념이라고 함으로써, 『여성차별철폐협약』이 금지하고자 하는 젠더폭력이 성별화된 폭력이고 성별화된 폭력의 주된 피해자가 여성임을 더욱 명확히 하였다. 더불어 일반권고 제35호는 젠더폭력이 기술 매개 환경을 포함한 공사 모든 영역에서 발생한다는 점을 지적하였으며, 여성에 대한 차별은 “여성의 민족과 인종, 토착민 또는 소수집단, 피부색, 사회경제적 지위 및 계층, 언어, 종교 또는 신념, 정치적 견해, 출신국, 혼인 상태, 임신, 출산, 부모로서의 지위, 나이, 도시 또는 지방 거주, 건강 상태, 장애, 재산 소유, 레즈비언, 양성애자, 트랜스젠더, 인터섹스, 문해력, 난민신청자 신분, 난민, 국내 실향민 또는 무국적자, 과부, 이주 지위, 가족 책임, HIV/AIDS, 자유 박탈 상태, 성매매 종사 또는 여성 인신매매, 무력 분쟁 상황, 지리적 고립, 인권 옹호자를 포함하여 여성의 권리를 위하여 투쟁하는 여성에 대한 낙인” 등과 불가분으로서,[20] 국가의 젠더폭력 대응에 있어서 다양하고 교차적인 형태의 차별이라는 특수한 상황에 부합하는 대응을 할 것을 요청하였다.

여성폭력을 정의한 『여성폭력철폐선언』은 선언의 형태여서 법적 구속력이 없고, 젠더폭력이라는 용어를 사용하지 못한 『여성차별철폐협약』은 일반권고를 보완함으로써 해석을 통해서 젠더폭력 개념과 당사국의 의무를 보강해나가고 있는 반면에, 지역적 차원에서는 법적 구속력 있는 협약들이 여성폭력의 젠더폭력으로서의 본질을 명확히 하고 있다. 유럽의 『이스탄불협약(Council of Europe Convention on preventing and combating violence against women and domestic violence, Istanbul Convention)』, 미주의 『벨렘 두 파라 협약(Inter-American Convention on the Prevention, Punishment and Eradication of Violence against Women, Convention of Belém do Pará)』은 여성폭력의 정의에서 ‘젠더에 기반한’을 공통적으로 포함하며, 아프리카 인권헌장에 부속하는 『마푸토 의정서(Protocol to the African Charter on Human and Peoples’ Rights on the Rights of Women in Africa, Maputo Protocol)』는 여성

20 위의 문서, para. 12.

폭력의 정의에 ‘젠더에 기반한’이라는 표현을 담지는 않았지만 의정서 서문에서 기존의 여성 인권에 대한 행동강령들이 “모든 형태의 차별과 여성에 대한 젠더 기반 폭력의 근절을 위한 구체적인 조치를 취할 것을 촉구”한다는 점을 명시했다.

국제인권규범은 국가가 젠더폭력을 근절하도록 조치를 취할 것을 요구한다. 『여성폭력철폐선언』은 국가가 젠더폭력의 예방, 처벌, 피해구제, 성차별적 문화의 개선 등을 위한 포괄적인 조치를 취할 것을 요청한다. 선언은 여성폭력이 국가에 의한 것이든 개인에 의한 것이든 상관없이 여성폭력을 예방, 조사하고, 국가법에 따라서 이를 처벌하기 위해 상당한 주의(due diligence)를 기울일 것, 여성폭력의 처벌 및 규제를 위해 형사, 민사, 노동, 행정적 제재를 개발하고 여성들이 구제조치를 이용할 수 있도록 하고 여성들에게 피해 구제에 대한 권리를 알릴 것, 모든 형태의 폭력으로부터 여성 보호를 촉진하는 법적, 정치적, 행정적, 문화적인 모든 조치 및 예방법을 개발하고, 젠더의 고려나 집행상의 관행, 기타 개입에 민감하지 못한 법으로 인해 여성이 재피해를 입지 않도록 보장할 것, 여성폭력을 예방, 조사 및 처벌하는 정책을 시행하는 법 집행관 및 공무원이 여성의 요구에 민감해지도록 하는 훈련을 보장하는 조치를 취할 것, 특히 교육 분야에서, 남성과 여성의 사회적, 문화적 행동 양식을 개선하기 위한, 그리고 남성과 여성의 성역할 고정관념 및 성별 우열 관념에 따른 편견, 관습, 기타 모든 관행들을 제거하기 위한 모든 적절한 조치를 취할 것, 특별히 폭력에 취약한 여성에 대한 폭력의 근절을 위한 조치를 취할 것 등을 규정한다(제4조). 전 분야에 걸친 국가의 조치 의무들은 국가가 젠더폭력에 체계적으로 대응할 책무를 가짐을 분명히 하려는 것이다.

## Ⅲ. 우리 헌법에서 ‘젠더폭력으로부터 자유로울 권리’ 도출의 가능성과 한계

헌법에서 폭력으로부터 자유로울 권리는 무엇보다도 신체를 훼손당하지 않을 권리 또는 신체적 통합성의 권리로 설명할 수 있다. 신체를 훼손당하지 않을 권리는 신체적·정신적 통합성, 건강성을 침해당하지 않을 권리[21]를 의미한다. '신체'를 훼손당하지 않을 권리라는 표현을 사용하기는 하지만 보호영역으로서의 신체는 물리적 신체만을 의미하는 것은 아니며 정신적 건강의 침해도 포함한다.[22] 정신적 건강을 포함하는 것은 신체를 훼손당하지 않을 권리가 인간의 존엄성 보호와 관련하여 인정되는 것이기 때문이다.[23]

신체를 훼손당하지 않을 권리는 국가에 의한 신체 침해에 대해 중지를 요구할 수 있는 방어권, 사인의 신체 침해로부터 보호 입법을 요구할 수 있는 보호권, 국가에 대하여 절차를 보장하는 입법을 요구할 수 있는 절차권을 의미한다.[24] 이에 따라 국가는 신체의 통합성 보호를 위한 입법과 절차를 마련할 의무를 지게 된다.[25] 주로 형법상 상해죄, 폭행죄가 사인의 신체 침해로부터의 보호 입법으로 예시되며,[26] 젠더폭력과 관련하여서는 형법상 강간죄, 강제추행죄 등 성폭력범죄나 『성폭력범죄의 처벌 등에 관한 특례법』과 같은 특별형법도 신체적 통합성을 보호하기 위한 입법으로 볼 수 있다.

폭력으로부터 자유로울 권리를 신체를 훼손당하지 않을 권리에서 도출할 수 있으나, 신체를 훼손당하지 않을 권리 또한 헌법에 명시적 규정이 없어서 근거 규정을 무엇으로 볼 것인지는 학설이 갈린다. 헌법재판소는 헌법 제12조 1항 신체의 자유가 "신체의 안정성이 외부로부터의 물리적인 힘이나 정신적인 위험으로부터 침해당하지 아니할 자유와 신체활동을 임의적

21 이준일, 『헌법학강의』 제8판, 홍문사, 2023, 447면.

22 계희열, 『헌법학(중)』 신정2판, 박영사, 2007, 286면; 정종섭, 『헌법학원론』 제13판, 박영사, 2022, 515-516면; 이준일, 앞의 책, 447면.

23 계희열(2007)에서는 신체를 훼손당하지 않을 권리가 나치 시대에 자행된 심리적 테러나 정신적 고문에 대한 반성으로부터 규정된 것이라고 한다. 계희열, 앞의 책, 285-286면.

24 이준일, 앞의 책, 448면.

25 이준일, 앞의 책, 448면.

26 김하열, 『헌법강의』, 제6판, 박영사, 2024, 370면; 정종섭, 앞의 책, 516면; 이준일, 앞의 책, 448면.

이고 자율적으로 할 수 있는 자유"[27]를 의미하는 것이라고 하여, 신체의 자유 조항으로부터 신체를 훼손당하지 않을 권리를 도출한다.[28] 그렇지만 헌법 제12조는 죄형법정주의, 고문 금지, 형사상 불리한 진술 강요 금지, 영장제도, 체포·구속 이유 및 변호인의 조력을 받을 권리 고지, 체포·구속적부심사제도, 자백의 증거능력 제한 등 국가에 의한 인신 침해로부터의 보호를 위한 형사절차 마련을 중심으로 구성되어 있으며[29] 신체의 통합성이라는 상태보다는 신체의 거동의 자유를 보호하는 규정[30]이므로, 제12조에서 신체를 훼손당하지 않을 권리를 직접 도출하기는 어려워 보인다. 신체의 자유 조항 외의 근거 규정으로는 인간의 존엄과 가치(헌법 제10조 1문 전단), 행복추구권(제10조 1문 후단), 열거되지 않은 기본권(제37조 1항)[31] 등이 언급된다.[32]

신체를 훼손당하지 않을 권리는 생명권과 더불어 '명문의 규정은 없지만 당연히 보장되는 기본권'으로 이해된다.[33] 명문의 규정이 없음에도 불구하고, '기본권의 출발점이자 목표' 또는 포괄적 기본권으로서의 인간의 존엄성 및 행복추구권,[34] 혹은 열거되지 않은 기본권 등에서 근거를 찾아 보호하고자 하는 해석론이 일반적이다. 하지만 국제인권규범에서 일반적 폭력이나 다른 유형의 차별적 폭력보다도 젠더폭력에 대한 문제의식이 더 늦

---

27 헌법재판소 1992. 12. 24. 92헌가8 결정.

28 김학성·최희수(2025)에서도 헌법재판소와 같이 신체의 자유 조항을 신체를 훼손당하지 않을 권리의 근거 규정으로 본다. 김학성·최희수, 『헌법학원론』 전정9판[2025년판], 피앤씨미디어, 2025, 458면.

29 장영수, 『헌법학』 제15판, 홍문사, 2024, 607면.

30 김하열, 앞의 책, 373면; 이준일, 앞의 책, 452면; 장영수, 앞의 책, 609면.

31 이준일, 앞의 책, 446-447면; 장영수, 앞의 책, 607면. 이준일(2023)에서는 제10조 행복추구권 및 인간의 존엄과 가치도 신체를 훼손당하지 않을 권리의 간접적 근거가 된다고 한다.

32 계희열(2007), 김하열(2024)에서는 제10조와 제37조 1항을 근거 규정으로 보고, 정종섭(2022)에서는 제10조와 제37조 1항이 직접적 근거이고 제12조 1항이 간접적 근거라고 본다. 또한 성낙인(2023)에서는 제10조 인간의 존엄 및 가치와 제12조를 근거 규정으로 본다. 계희열, 앞의 책, 286면; 김하열, 앞의 책, 369면; 성낙인, 『헌법학』 제23판, 법문사, 2023, 1185면; 정종섭, 앞의 책, 514면.

33 계희열, 앞의 책, 285면; 김하열, 앞의 책, 369면; 정종섭, 앞의 책, 514면; 김학성·최희수, 앞의 책, 458면.

34 성낙인, 앞의 책, 1128면.

게서야 '합의'되었던 데에서도 보듯, 젠더폭력으로부터 자유로울 권리는 사회적, 법적으로 '당연히 보장되는' 권리는 아니었고 지금도 그러하다.

강간죄의 보호법익은 이제 성적 자기결정권으로 이해되지만, 강간죄의 기본 구성요건은 여전히 폭행, 협박으로, 저항을 현저히 곤란하게 할 정도가 아닌 폭행, 협박을 사용하였다면 범죄가 아니라는 것이 법원의 해석 기준이다. 낙태죄가 헌법불합치 결정으로 효력을 상실한 지 수년이 지났지만 권리 보장 체계 부재로 인해 수많은 시민들이 낙인 속에서 원치 않는 임신의 유지를 강요당한다. 살인 범죄는 피해자의 성별에 따라 성질이 크게 달라서, 친밀한 파트너나 가족 구성원에 의한 살인이 차지하는 비율이 여성 피해 중에서는 60.2%로 가장 많은 반면 남성 피해 중에서는 11.8%에 불과하다.[35] 프랑스에서는 여성이 피해자인 살인 사건의 84%가 '여성살해' 개념[36]에 해당하는 것으로 나타났다.[37] 이러한 결과는 젠더폭력으로서의 여성살해에 대한 대응책을 살인 범죄와 구분하여 모색해야 함을 보여주지만, 한국에서는 살인 범죄의 성별 구분 통계조차 미흡하다. 『가정폭력범죄의 처벌 등에 관한 특례법(이하 '가정폭력처벌법')』의 응급조치에는 "폭력행위의 제지"와 "현행범인의 체포 등 범죄수사"가 규정되어 있다. "『형사소송법』 제212조에 따른 현행범인의 체포 등"이 경찰의 '응급조치'에 추가된 법 개정은 2020년 10월에 이루어졌다. 폭력이 발생하는 현장에서 경찰이 수행할 것으로 당연히 기대되는 행위들이 법률 조문에 표출되었다는 점은, 범죄에 대한 기본적 경찰 대응이 가정폭력에서만큼은 예외가 되는 현상을 역설적으로 보여준다. 이 법은 오랜 비판에도 불구하고 여전히 '가정의 평화와 안정 회복'을 입법목적에서 삭제하지 못하고 있다. 그로 인해 또 다른 입법목

---

35 UNODC, *FEMICIDES IN 2023: Global estimates of intimate partner/family member femicides*, 2024, 8면.

36 UNODC는 국제적 비교를 위하여 여성살해를 ① 친밀한파트너에 의한 의도적 여성 살인, ② 가족구성원에 의한 의도적 여성 살인, ③ 그 외 가해자에 의한 의도적 여성 살인으로서 과거 괴롭힘이나 폭력 이력, 불법적인 자유 박탈, 과도한 폭력 사용 또는 신체 훼손, 시신을 공공장소에 유기, 증오범죄, 살해 전 성폭력 발생, 성산업 종사자인 피해자, 불법적 착취 피해자 중 하나 이상에 해당하는 경우로 정의한다. 위의 책, 10면.

37 위의 책, 14면.

적인 '피해자 인권 보호'가 가정 회복이라는 가치와 충돌할 때, 가정폭력에 대한 개입에서 무엇을 우선하여야 하는지에 대한 지침을 주지 못할 뿐 아니라 수사실무에서 경찰 개입을 자제하는 데에 정당화 근거를 제공하게 된다. 이에 더하여 가해자의 처벌을 원하지 않는다는 피해자의 '의사'는 불처벌과 미조치의 표면적 사유로 배치된다. 가정폭력에 대한 인식 조사에서 가정폭력 허용도는 매우 낮은 수준이지만, '피해자가 왜 가해 배우자를 떠나지 않는지 이해하기 어렵다'는 태도는 여전히 나타난다.[38] 소극적 국가 개입과 탈가정폭력 실패의 책임을 피해자에게 돌리는 태도는 가정폭력에서 사회구조적인 영향을 간과한다.

헌법 해석론에서 폭력을 당하지 않을 권리는 일반적으로 신체를 훼손당하지 않을 권리에 포함되는 것으로 이해되고, 젠더폭력의 상당수가 사인에 의해 발생한다는 점에서 신체를 훼손당하지 않을 권리로부터 도출되는 보호권 또는 국가의 기본권 보호의무[39]를 통한 간접적 보호를 기대할 수 있지만, 신체를 훼손당하지 않을 권리만으로는 '젠더폭력으로부터 자유로울 권리'를 설명하기에 부족하다. 젠더폭력은 개념상 평등권과 깊은 관련성을 갖는다. 그러나 젠더폭력은 평등권의 영역에서도 거의 논의되지 않았다. 국제인권규범이 명확히 밝히고 있는 바와 같이 젠더폭력의 본질은 폭력이 '젠더에 기반을 두고' 발생한다는 점이다. 젠더폭력을 '사인 간 침해'로 축소하는 것은 헌법의 언어가 이미 성별화되어 있음을 보여준다. 젠더폭력은 대등한 기본권 주체들 사이에서 발생하는 침해가 아니라 차별의 토양 위에서 비로소 성립하는 폭력이다. 성차별은 젠더폭력을 가능하게 할 뿐 아니라 촉진하고 정당화하며, 젠더폭력을 통하여 재차 성별 권력은 유지된다. 젠더폭

38 2022년 조사에서 "왜 피해자가 폭력행동을 하는 배우자 곁을 떠나지 않는지 이해하기 어렵다"에 대하여 '그런 편이다'와 '매우 그렇다'를 합산한 비율은 41.2%였다. 김정혜 · 황정임 · 주재선 · 정수연 · 송란희 · 이강욱 · 유준오 · 김재진 · 이은주, 『가정폭력실태조사 연구』, 여성가족부, 2022, 172면.

39 헌법재판소는 국가에 대한 권리로서의 보호권보다는 국가의 기본권 보호의무로만 설명하며, 기본권 보호의무는 "타인에 의하여 개인의 신체나 생명 등 법익이 국가의 보호의무 없이는 무력화 될 정도의 상황에서만" 적용가능한 것으로 좁게 해석한다. 헌법재판소 2009. 2. 26. 2005헌마764 결정.

력을 평등권 침해의 문제로 설명할 때라야 평등 실현을 통한 젠더폭력 근절을 도모할 수 있게 된다.

## Ⅳ. '젠더폭력으로부터 자유로울 권리'의 기본권화

폭력으로부터의 자유는 인간의 존엄과 가치에 따라 모든 사람에게 당연히 보장되어야 하는 삶의 조건이다. 그러나 젠더폭력은 젠더권력관계를 지탱하는 수단으로서 개인과 사회, 국가 차원에서 지속되고 묵인되었으며, 대응은 억제되었다. 젠더폭력이 폭력으로서 인정되지 못한 역사는, 하나의 기본권으로서 '젠더폭력으로부터 자유로울 권리'를 확인할 필요성을 제기한다. '젠더폭력으로부터 자유로울 권리'와 국가의 의무를 기존의 기본권 해석을 통해 도출하는 것이 불가능하지는 않지만, 역사적으로 젠더폭력이 그 외의 폭력과 동일한 기준으로 규율되지도 않았고 종종 침묵되거나 정당화되었으며 그 이유가 젠더차별에서 비롯되었다면, '젠더폭력으로부터 자유로울 권리'를 독립적인 기본권으로 두어 그 의미를 명확히 하는 것은 실질적인 의의가 있다 할 것이다.[40] 젠더폭력이 성별 불평등의 반영이며 젠더폭력을 통하여 차별이 존속된다는 점에서, '젠더폭력으로부터 자유로울 권리'는 신체를 훼손당하지 않을 권리만이 아닌, 평등권의 문제로 개념화될 필요가 있다.

여러 나라에서는 이미 젠더폭력의 금지와 국가의 의무를 헌법적 차원에서 다루고 있다. 헌법에 '여성에 대한 폭력' 또는 '젠더에 기반한 폭력'에 대한 일반적 금지 조항을 두거나 성적 폭력, 가정폭력을 금지하면서, 폭력으로부터 보호받을 권리, 폭력으로 고통받지 않을 권리, 피해 보상을 받을 권리 등을 규정한 입법례들은[41] '젠더폭력으로부터 자유로울 권리'의 기본권화 가능성을 보여준다. 또한 젠더폭력에 대해 조치를 취할 국가의 의무를

40 Silvia Suteu, Ibrahim Draji, *ABC for Gender Sensitive Constitution: Handbook for engendering constitution-making*, Euromed Feminist Initiative IFE-EFI, 2015, 61면.

41 소말리아, 볼리비아, 네팔 등. Comparative Constitutions Project, "Constitute", https://www.constituteproject.org/constitutions(검색일: 2025.5.27.)

차별 금지, 여성의 동등한 참여, 동등한 대표권 보장 등과 나란히 규정하거나 나아가 젠더폭력을 '여성에 대한 차별'의 일종으로 포함하는 입법례들은[42] 단순히 '신체를 훼손당하지 않을 권리'로 흡수될 수 없는, 젠더폭력의 차별로서의 본질을 명확히 하는 사례로서 개헌 방향을 설정하는 데에 시사점을 제공한다.

한국에서는 2000년대 이후 시민사회와 국회, 정부에서 몇 차례 개헌 논의가 진행되었지만 젠더폭력의 근절이 기본권이나 국가의 의무로서 구체화된 예는 거의 없었다. 젠더폭력을 조문화한 드문 사례로서 2018년 '한국여성단체연합 성평등 개헌 10대 과제'에서는 평등권 조항 중 성별에 의한 차별 금지를 실질적 성평등 조항으로 개편하면서 '폭력의 제거'를 포함하는 안을 내놓았다.[43] 국가가 '현존하는 성차별과 폭력을 제거하기 위하여 모든 영역에서 적극적인 조치를 하고 실질적인 성평등을 실현 및 보장해야 한다'는 내용이다. 이 조항의 제안 이유에서는 미투운동이 '견고한 성차별로 인한 성폭력 문제를 드러내는 것'이라고 진단함으로써 성폭력이 성차별에서 비롯된 것임을 확인하고, 실질적 성평등 실현을 위해 적극적조치를 취할 국가의 책무를 신설할 것을 요청하였다. '폭력'을 '성차별'과 나란히 두고 폭력의 제거를 실질적 성평등의 실현 및 보장과 연관지은 것은, 성평등 실현을 위하여 젠더폭력 근절이 요청되며 젠더폭력 근절을 통해 성평등 실현이 가능하다는 분석을 반영한 것으로 볼 수 있다. 다만 이 개정안은 국가의 의무 형태를 취하였으나, 향후 개헌에서 '젠더폭력으로부터 자유로울 권리'의 명시적 규정을 둘 때에는 이를 '권리'로 규정함으로써 일차적으로 기본권임을 명확히 하고, 그로부터 국가의 의무를 도출하는 것이 보호의 수준을 강화하는 방안이라고 본다.[44]

---

42 네팔, 말라위, 콩고민주공화국, 튀니지, 쿠바, 부탄, 니제르 등. Comparative Constitutions Project, "Constitute", https://www.constituteproject.org/constitutions(검색일: 2025.5.27.)

43 한국여성단체연합, "[카드뉴스][헌법과젠더3] 성평등 개헌 10대 과제 ⑤ 실질적 성평등 조항 신설 편", 2018.3.1., http://women21.or.kr/index.php?_mid=policy&document_srl=10688(검색일: 2025.5.27.)

44 다음 글에서도 적극적 권리 보장을 위해 "젠더기반폭력으로부터 자유로울 권리"를 기본권 형태로 규정할 것을 제안하였다. 박선영 · 박복순 · 김난주 · 고현승 · 박보람, 『여성 · 가족 관

'젠더폭력으로부터 자유로울 권리'는 성차별 금지의 일부로 둠으로써 평등권의 내용을 구성하도록 하는 것이 타당하다. 또한 '젠더폭력으로부터 자유로울 권리'는 신체를 훼손당하지 않을 권리와 같이, 국가에 의한 침해가 발생할 경우 침해 중지를 요구할 수 있는 방어권, 사인의 폭력으로부터 보호 입법을 요구할 수 있는 보호권, 국가에 절차 보장 입법을 요구할 수 있는 절차권으로서의 성격을 가지며, 이와 같은 권리에 따라 젠더폭력으로부터의 보호를 위하여 입법 및 절차를 마련할 국가의 의무가 도출되는 것으로 이해할 수 있을 것이다. 이미 형법과 특별법의 형태로 젠더폭력을 처벌하고 피해자를 보호하는 여러 법률이 존재한다. 그럼에도 불구하고 '젠더폭력으로부터 자유로울 권리'를 헌법상 기본권으로 명시할 것을 제안하는 이유는 젠더폭력 근절을 위한 국가의 의무를 단순히 강조하고자 하는 것이 아니라, '젠더에 기반한 폭력'의 원인과 개념을 성차별의 맥락에서 이해하고, 이에 대응하는 법과 정책 또한 평등과 차별 철폐라는 방향에서 재정립하여야 한다는 원칙을 명확히 하고자 함이다.

---

련 법제의 실효성 제고를 위한 연구(X): 헌법의 성인지적 개정 방안』, 한국여성정책연구원, 2022, 270-271면.

# 16. 형법상 성폭력법체계의 개선방향 : 성적 자기결정권 의미구성을 중심으로*

장 다 혜 (한국형사 · 법무정책연구원 선임연구위원)

2018년 한국사회 변화의 중요한 흐름을 추동했던 미투운동에서 제기했던 이른바 '권력형 성폭력' 문제는 현행 형법상 성폭력법체계의 처벌상 공백을 드러내었다. 이에 이른바 '미투입법'으로 불리는 형법 및 성폭력 관련 법률의 개정안들이 국회에 상정되어 있으나, 현행 성폭력법체계에 대한 체계적인 고려 없이 형량을 강화하거나 새로운 구성요건을 추가하고 있을 뿐이다. 현행 형법상 성폭력범죄에 대한 개정방향은 성폭력 범죄의 보호법익인 성적 자기결정권 침해를 기준으로 법체계의 한계와 처벌의 흠결 문제에 대한 진단을 통해 체계적으로 검토될 필요가 있다. 이 글에서는 우선 성적 자기결정권이라는 보호법익이 성폭력관련법 제정 및 개정 과정과 비동의간음죄를 둘러싼 논쟁을 통해 어떻게 구축되어 왔는지 점검함으로써 성적 자기결정권이 단지 의사결정에 국한된 것이 아닌 성과 신체의 완전성과 연결된 개념임을 밝히고, 형법 제32장 보호법익을 정조에서 성적 자기결정권으로 전환하기 위해 동의 없이 이루어지는 성적 침해를 기본적인 성폭력 범죄유형으로 설정하는 형법상 성폭력법체계의 재구축이 필요함을 주장한다. 현행 형법 제32장 성폭력범죄의 행위수단 및 유형을 체계적으로 분석하여 유형력 요건을 중심으로 한 체계임을 확인하고 이러한 유형력 모델이 성폭력에 대한 처벌상 공백을 야기함을 밝히고, 이를 해소하기 위해 동의모델로의 페러다임 전환이 필요함을 주장한다. 이 글은 젠더법학의 관점 하에서 처벌의 공백을 드러내는 피해자들의 생생한 경험들을 법의 영역으로 포함하기 위한 입법론적 방안을 모색하기 위한 연구이다.

---

* 이 글은 장다혜, "형법상 성폭력법체계의 개선방향", 『여성학논집』 35(2), 2018, 37-86면의 일부를 발췌한 것이다.

## Ⅰ. 서론

2018년 한국사회 변화의 중요한 흐름을 추동했던 미투운동은 이른바 ‘권력형 성폭력’에 대한 사법적, 사회적 물음을 던졌다. 성적 침해의 강제력 행사수단이 폭행·협박과 같은 유형력이 아닌 소속된 집단 내부 권력관계로 인한 무형의 지배력이라는 특징을 가진 ‘권력형’ 성폭력에 현재 형법상 성폭력법체계가 대응할 수 있는지에 대해서는 2018년 11월 현재까지 부정적인 평가가 주류적이다. 공소시효가 지난 성폭력 대응의 한계를 차지하고라도, 이윤택 전 연희단거리패 예술 감독의 상습강제추행 1심 유죄 판결을 제외한 대부분의 사건들은 무혐의로 불기소 처분되거나 무죄 판결을 받았다. 특히 안희정 전 충청남도 도지사의 수행비서에 대한 피감독자간음에 대한 1심 무죄 판결은 현재 사회구성원들의 권력형 성폭력에 대한 문제인식을 현행 형법상 성폭력법체계와 사법부가 따라가지 못한다는 비판을 불러일으켰다. 현행 형법 등 성폭력 관련 법률의 한계에 대한 인식은 이른바 ‘미투입법’으로 불리는 형법 및 성폭력 관련 법률 개정안 발의로 이어졌으며, 이 중 『형법』상 업무상 위력 등에 의한 간음죄(제303조제1항)의 법정형이 기존 “5년 이하의 징역 또는 1천500만원 이하의 벌금”에서 “7년 이하 징역 또는 3천만원 이하의 벌금”으로, 『성폭력범죄 처벌 등에 관한 특례법』상 업무상 위력 등에 의한 추행죄(제10조제1항)의 법정형이 기존 “2년 이하의 징역 또는 500만원 이하의 벌금”에서 “3년 이하의 징역 또는 1천500만원 이하의 벌금”으로 2018년 9월 20일 개정되어 2018년 10월 16일부터 시행 중이다. 그러나 이렇게 처벌을 강화하는 형법 및 성폭력처벌법 등의 개정으로 미투운동을 통해 제기되었던 조직 내 또는 사실상 우월한 지위를 이용한 성폭력의 문제를 해결할 수 있는지에 대해서는 여전히 의문이 남는다. 최근 해군 장교 2명에 대해 부하 여군을 수차례 강간한 혐의로 각 징역 10년, 징역 8년을 선고한 1심 판결에 대해 폭행협박의 혐의를 입증할 증거가 부족하다며 무죄 취지로 원심을 파기한 국방부 고등군사법원의 판결은 법정형 상향이 아닌 형법상 성폭력범죄를 구성하는 요건들에 대한 근본적인 재평가가 필요하다는 점을 극명하게 보여준다.

(…)

현재 미투운동을 통해 제기된 현행 성폭력법체계의 공백을 해결하려는 입법의 방향은 '무엇을 국가가 제재해야 할 성폭력 범죄로 볼 것인가'라는 질문에 대한 응답과 연관되어 있다. 성폭력 범죄에 대한 범위는 형법상 성폭력 범죄의 보호법익인 성적 자기결정권의 침해를 기준으로 검토해야 하며, 이를 통해 현행 성폭력법체계에 대해 체계적으로 점검하고, 현재 어떠한 한계가 있는지를 분석한 뒤 이를 극복할 수 있는 방향을 모색할 필요가 있다. 본 논문에서는 현행 형법상 성폭력법체계를 성폭력범죄를 구성하는 세 가지 행위수단, 즉, 폭행·협박, 위계·위력, 심신상실 또는 항거불능의 상태 이용을 중심으로 분석적으로 검토하고, 해외의 성폭력법체계와 비교하여 어떤 특성을 가지고 있는지, 그로 인해 발생하는 처벌의 공백이 무엇인지를 분석하고자 한다. 그리고 이러한 분석을 기초로 향후 형법상 성폭력법체계를 위한 개선방안을 제언하고자 한다.

본 논문에서 현행 형법상 성폭력 범죄에 대한 분석과 개선방향의 모색에 있어 핵심적인 기준으로 삼는 것은 성적 자기결정권이다. 이때 성적 자기결정권은 형법상 성폭력 범죄의 보호법익으로 설정되어 있는 소극적 의미의 성적 자기결정권, 즉, 원하지 않은 성적 행위를 하지 않을 자기 결정과 관련된 것으로, 개인의 성과 신체에 대한 자기결정이라는 점에서 헌법상 행복추구권에서 도출된 인격권이자 성적인 인격과 신체의 완전성에 대한 침해로서의 법익성을 가진다.[1] 성적 자기결정권은 법리상 성폭력범죄의 보호법익으로 보편적으로 제시되는 것이긴 하지만, 성적 자기결정권을 보호법익으로 설정한다는 의미에 대해서는 형법에서 성폭력 범죄의 보호법익을 둘러싼 논쟁과 변화의 역사를 통해 해석될 필요가 있다. 그러므로 현행 성폭력법체계에 대한 체계적 검토 이전에 성적 자기결정권의 침해를 중심으로 형법을 개선하려는 그간의 시도와 한계에 대해 살펴볼 필요가 있다.

---

1 박혜진(2009), "형법상 성적 자기결정권 개념에 대한 성찰", 『형사법연구』 제21권 제3호, 한국형사법학회, 229-252면

## Ⅱ. 형법상 보호법익인 성적 자기결정권의 의미구성

### 1. 여성의 정조권에서 성적 자기결정권으로의 이동

형법상 성폭력범죄의 여성의 정조권을 보호법익으로 상정한 1953년 형법은 독일 등 대륙법계 형법과 일본의 형법개정안, 그리고 일제시기 조선형사령에 의해 의용된 일본형법 등을 입법의 모델로 참조하였다. 독일의 경우 1973년 법개정 전까지 형법상 성적 침해행위를 "도덕에 대한 침해"의 장에서 성적 명예에 대한 침해로 규정하고 있었는데, 성적 명예를 중혼 등 혼인의 사회적 질서와 관련된 범죄와는 구별하여 개인적 법익침해로 구성하였다. 1930년대 당시 의용형법 제22장은 '외설간음 및 중혼의 죄'로 이 장에는 강간, 간음, 음행매개, 간통, 중혼 등이 규정되어 있었는데, 당시 이 장의 보호법익인 여성의 정조권을 개인적 법익침해로 보기보다는 공공의 질서에 대한 사회적 법익침해로 이해하고 있었기 때문에 혼인 등과 관련된 질서위반의 행위와 함께 다룬 것이다.[2] 한국의 형법 제정과정에서 독일 등의 대륙법계 형법을 참조하여 제22장 외설간음 및 중혼의 죄를 성 풍속을 해하는 죄와 정조를 해하는 죄로 분리함으로써 정조는 "피해부녀의 의사에 반하는 간음행위로서" 개인적 법익으로 구성되었다.[3] 이때 다른 나라의 형법에는 규정되어 있지 않은 두 개의 조문이 형법 초안 제32장 정조에 관한 죄에 새롭게 신설되는데, 그것이 유리한 지위 등 기타 위력을 이용한 감독자의 지위이용에 의한 부녀정조유린행위(제326조)와 혼인의 위계를 이용한 간음인 사기결혼(제327조)에 대한 처벌규정이다.[4] 이 중 혼인빙자 기타 위계

---

2 한봉석(2014), "정조(貞操) 담론의 근대적 형성과 법제화-1945년 이전 조일(朝日) 양국의 비교를 중심으로", 성균관대학교 인문학연구원, 『인문과학』, 제55권, 200-201면

3 조선법제편찬위원회 형법기초요강(1948)에 따르면, "14. 외설간음 및 중혼죄의 장을 풍속을 해하는 죄와 간음죄의 이장으로 나누고 일반외설행위, 간통, 중혼편은 전자의 장하에, 강간을 위시여 피해부녀의 의사에 반하는 간음행위를 후자의 장하에 규정하여, 전자는 공익, 후자는 사익으로 각각죄질로 하는 것으로 할 것, 19. 간음죄의 장하에 유리한 지위 및 기타 위력 또는 혼인의 위계를 사용하여서 부녀의 정조를 유린하는 조문을 신설할 것(한국형사정책연구원, 1990:11)"이라 서술하고 있다.

4 "우리나라의 전통적 미풍에 비추어 부녀의 정조는 재산권은 물론이고 때로는 생명권보다

를 이용한 간음죄의 경우 "음행의 상습 없는 부녀"라는 구성요건을 두고 있는데, 이는 개인적 법익 침해인 '여성의 정조권'이 가부장적인 일부일처제도와 관련된 공공질서에 기초하여 구성된 개념임을 보여준다. 비록 형법에서 보호하고자 하는 정조가 오직 남편과의 성관계를 상정하고 있는 것은 아니나[5] 불특정 다수와 성관계를 하는, 이른바 음행의 상습이 있는 여성의 성적 실천을 배제함으로써, 가부장적 가족질서 내에 한정된 개인적 법익임을 보여준다.

여성의 정조권을 보호법익으로 하는 형법 제32장은 강간죄를 기본적인 범죄구성요건으로 설정하고 있는데, 강간죄에서 규정하는 행위태양은 성기삽입으로 인한 침해로 설정하고 피해자를 오직 부녀로 한정하고 있었다. 가부장적 일부일처제도 내에서 여성의 정조권은 남편에 의해 침해될 수 없기 때문에 남편의 아내에 대한 강간은 인정되지 않았다.[6] 정조권은 정조유린에 적극적으로 저항하는 여성에게 한정되는 것으로, 강간죄의 행위수단인 폭행·협박은 상대방의 의사를 제압할 수 있는 정도가 아니라 상대방의 저항을 불가능하게 하거나 현저히 곤란할 정도에 이른 경우에만 인정되는 '최협의설'이 확립되었다.

## 2. 비동의간음죄 신설 논의에서의 성적 자기결정권의 의미

폭행·협박에 대한 최협의설로 인한 처벌의 공백을 해결할 필요성에 대해서는 비동의간음죄 신설을 반대하는 학자들 역시 인정하고 있다. 그러나 이들은 '동의'라는 구성요건이 피해자의 의사에 근거하고 있다는 점에서

---

소중한 것임에 불구하고 강자의 지위에 있는 자가 약자의 지위에 있는 부녀의 정조를 농락하는 소행에 대하여는 그[것이] 강간이 아닌 이상 아무런 처벌규칙도 없는 것이 우리 현행 형벌법규이다. 그러므로 이러한 행위를 처벌키 위함이다(엄상섭, 1948:29)."

5 "정조란 그 고유의 의미에서는 유일의 상대편에게만 바쳐야 하는 것이다. 그러나 형법에서 보호하려는 정조는 그렇게 엄격한 것이 아니다. 개가(改嫁)한 부녀의 정조나 이삼차의 실연을 한 부녀의 정조나를 막론하고 형법상 보호의 대상이 되는 것이다. 다만 정조관념이란 인정받을 수 없을 정도로서 상대편을 가리지 않고 유상무상으로 육체를 제공하는 상습을 가진 부녀의 정조만은 보호대상에서 제외한다는 것이 제304조의 법의(法意)인 것이다(엄상섭, 1955:375)."

6 대법원 1970. 3. 10. 선고 70도29 판결 참조.

불명확성을 가지며 여성의 성적 자기결정권에 대한 국가 형벌권의 과도한 개입과 보호로 인해 오히려 여성의 성적 자기결정의 주체성을 훼손하므로 비동의간음죄 신설을 통해 처벌의 공백을 해결하려는 시도에 한계가 있다는 점을 지적한다. 다시 말해, 성적 자기결정권 개념에 근거하여 비동의간음죄를 신설하는 것이 오히려 여성의 성적 자기결정권을 제한하는 법체계를 구성하게 된다고 비판하는 것이다.

그러나 이러한 주장들이 전제하고 있는 성적 자기결정권의 의미는 다음과 같은 두 가지 측면의 전통적 자유주의의 이분법에 기초하여 구성되었다는 점에서 한계를 가진다. 우선, 전통적인 자유주의 철학에 근거한 공사 이분법에 따라 사적 영역인 성(sexuality)의 문제는 자기결정의 영역에 속하게 되어 국가가 개입할 문제가 아니라 사회적 영역에서 개인이 다루어야 한다는 전제이다. 자유주의 법체계에서 성적 자기결정권은 성별에 관계없이 모두에게 동등하게 주어진 권리이며 권리를 향유할 수 있는 개인은 권리행사의 능력을 가진 시민이므로, 사적인 성적 영역의 국가 개입에 대한 요청은 성적 자기결정권의 행사능력이 없는 자에 대한 특별한 보호를 구성할 뿐이라는 것이다. 이러한 인식은 한편으로 여성의 정조 침해를 특별히 범죄로 구성해왔던 기존의 형법 체계가 사실상 동등한 성적 자기결정권의 보호를 제공하지 않아왔다는 비판적 관점을 제공할 수 있다. 그러나 성적 자기결정권의 동등한 보호를 실현하기 위한 형사법체계의 구축에 대해서는 어떠한 추가적인 검토 없이 사적 영역에 대한 불개입 원칙을 반복하는 것은 인권 개념의 발전에 따라 국가 개입의 방식이 다양화되고 있는 형사법 체계의 변화를 고려하지 않는 것일 뿐이다. 성적 자기결정권의 동등한 보호의 실현은 자발적 동의에 기초하지 않은 성관계가 발생하는 성별 위계적인 사회구조와 여성의 성을 정조와 연관하여 구성해온 사회문화 속에서 구축된 성적 자기결정권 수행의 불평등한 조건들에 대한 고려 속에서 가능한 것이다.[7] '모두에게 이미 성적 자기결정권이 동등하게 주어져 있다'라는 성

7 장다혜(2004), 『단순강간의 형사법상 판단기준에 대한 여성주의적 연구』, 이화여자대학교 대학원 석사학위논문. 이호중(2005), "성폭력 처벌규정에 대한 비판적 성찰 및 재구성", 한

적 자유주의의 전제 하에서 성적 자기결정권의 주장은 결과적으로 성별 불평등과 이성애남성 중심의 섹슈얼리티 구조 속에서 발생하는 여성의 성적 침해 문제를 제대로 담아내지 못할 수밖에 없다.[8] 개인주의적인 자유주의 철학 하에서 완전한 자기 통치(self-gevernace)를 바탕으로 설정된 개념인 '자기결정'이 가능하기 위해서는 합리적 선택 가능성이 보장되어야 하며 선택의 방해로부터 자유로워야 하므로,[9] 오히려 선택의 방해 자체를 범죄화하는 비동의간음죄의 도입은 불평등한 권력관계와 뿌리 깊은 정조관념에 노출되어 있는 사회에서 성적 자기결정권의 의미를 바로 세우기 위해 필요한 것일 수 있다.[10]

이러한 입장들이 가진 더 큰 한계는 신체와 정신의 이분법에 근거하여 성적 자기결정권의 내용을 개인의 의사결정에 관한 것으로 한정함으로써 상대방의 동의 없는 성적 침해행위를 성행위와 관련된 의사결정의 자유를 침해하는 행위로 협소하게 이해하고 있다는 점에 있다. (…) 그러나 형법상 성적 자기결정권을 보호법익으로 하는 범죄가 형법상 의사결정의 자유를 보호법익으로 하는 협박죄, 강요죄와는 다르게 신체를 대상으로 하며, 동시에 신체의 완전성 침해만을 설정한 폭행죄나 상해죄와 달리 개인의 인격과 결부된 성의 완전성 침해를 포함한다는 점을 고려한다면 성적 자기결정권은 성행위와 관련된 의사결정의 자유가 내포한 본질인 성과 관련된 신체적, 정신적 정체성 내지 성의 완전성에 대한 침해로 이해되어야 한다.[11] 이는 헌법재판소가 성적 자기결정권을 표현의 자유가 아닌 헌법 제10조 인간의 존엄과 행복추구권에서 도출되는 자기운명결정권의 하나로 인정한 것과 연

---

국형사정책학회, 『형사정책』, 제17권 2호, 81-98면, 이유정(2007), "비동의간음죄 신설에 대한 논의", 한국성폭력상담소, 『성폭력, 법정에 서다: 여성의 시각에서 본 법담론』, 푸른사상사, 66-88면.

8 신상숙 (2001), "성폭력의 의미구성과 '성적 자기결정권'의 딜레마", 한국여성연구소, 『여성과 사회』, 제13호, 6-43면

9 Stephen J. Schulhofer, Unwanted Sex: the culture of intimidation and the failure of law, Cambridge, Mass.: Harvard University Press(1998), pp. 105-106

10 이유정, 앞의 글, 20면.

11 박혜진, 앞의 글 참조.

결된다.[12] 비동의간음죄는 성행위에 대한 서로 다른 의사결정 자체를 형사적 제재의 대상으로 하는 것이 아니라 상대방의 의사결정에도 불구하고 그 의사에 반하여 상대방의 신체에 대해 성적 행위를 한 것에 대해 처벌하는 것이며, 그러한 의사에 반한 행위가 상대방의 성적인 신체와 섹슈얼리티에 대한 폭력으로 상대방의 개인성과 상호주체성을 침해하는 결과를 초래하기 때문에 처벌하는 것이다.

## Ⅲ. 현행 형법상 성폭력법체계의 특징과 한계

### 1. 용어 및 개념에 반영된 사회적 질서로서 정조

#### (1) 성적 행위의 유형으로서 간음 및 추행

우리 형사법체계에서 성폭력범죄에 해당하는 성적행위의 유형은 크게 간음, 유사간음, 추행으로 나뉜다. 간음은 남성성기를 여성성기에 삽입하는 행위, 즉 성교행위를 의미하는 것이며, 유사강간(간음)은 구강, 항문 등 신체(성기는 제외한다)의 내부에 성기를 넣거나 성기, 항문에 손가락 등 성기 이외에 신체의 일부 또는 도구를 넣는 행위를 의미한다. 추행은 간음 또는 유사간음에 해당하지 않는 성적행위로, 판례에서는 "객관적으로 일반인에게 성적 수치심이나 혐오감을 일으키게 하고 선량한 성적 도덕관념에 반하는 행위로서 피해자의 성적 자유를 침해하는 행위"[13]를 의미한다. 형법 제297조는 강간죄를 규정하면서 강간이라는 용어를 그대로 사용하고 있어 이에 따라 강간과 간음을 별도의 행위로 구분할 수도 있으나, 강간이라는 용어가 강제로 간음행위를 하는 것을 의미하기 때문에 여기에서는 이를 별도의 행위유형으로 분류하지 않는다. (…)

#### (2) 정조와 성적 자기결정권을 연결하는 개념으로서 '성적 수치심'

추행의 개념에서 사용되는 "성적 수치심 또는 혐오감을 일으키는 행

12 헌법재판소 1990. 9. 10. 89헌마82 결정 참조.

13 대법원 2002. 4. 26. 선고 2001도2417 판결; 대법원 2018. 2. 8. 선고 2016도17733 판결.

위" 내지 "선량한 성적 도덕관념에 반하는 행위"라는 문구는 사회적 법익인 성풍속을 해하는 범죄들의 구성요건인 '음란'의 개념에서도 유사하게 확인할 수 있다. 판례에서는 '음란'을 "사회통념상 일반 보통인의 성욕을 자극하여 성적 흥분을 유발하고 정상적인 성적 수치심을 해하여 성적 도의관념에 반하는 것"[14]으로 개념화하고 있다. 또한 군형법 제92조의 추행죄에서도 '추행'이라는 개념을 동일하게 사용하고 있는데, 판례는 군형법상 추행죄의 주된 보호법익이 '개인의 성적 자유'가 아니라 '군이라는 공동사회의 건전한 생활과 군기'라는 사회적 법익으로 보고 군형법상 추행과 형법상 추행을 다르게 개념화하고 있다. 군형법 제92조의 추행은 "계간(항문 성교)에 이르지 아니한 동성애 성행위 등 객관적으로 일반인에게 혐오감을 일으키게 하고 선량한 성적 도덕관념에 반하는 성적 만족 행위로서 군이라는 공동사회의 건전한 생활과 군기를 침해하는 것"을 의미한다.[15]

성적 자기결정권을 침해하는 범죄와 성풍속을 해하는 범죄에서 동일한 판단기준을 활용하거나 동일한 용어를 사용하고 있는 것은 개인적 법익 침해와 사회적 법익 침해의 경계에 놓여 있는 정조라는 보호법익이 여전히 형법상 성폭력법체계에서 핵심적인 기준이 되고 있음을 보여준다. 앞서 살펴보았듯이 우리의 형법 제정 과정에서 의용형법상 제22장 음란, 간음, 중혼의 죄를 정조에 관한 죄와 성풍속을 해하는 죄를 별도의 장으로 분리함으로써 성범죄의 영역을 개인적 법익과 사회적 법익으로 구분하고자 했으나, 강간과 강제추행과 같은 기본적인 범죄유형의 구성요건과 관련하여 음란[16]이라는 용어를 단지 추행으로 변경하였을 뿐 그 개념은 동일하게 해석되어 왔다. 이러한 해석은 정조라는 보호법익이 그 속성상 가부장적인 일부일처

14 대법원 2017. 10. 26. 선고 2012도13352 판결.

15 대법원 2008. 5. 29. 선고 2008도2222 판결.

16 일본의 명치13년(1880년) 구형법에서는 강제추행을 강간죄의 선행규정으로 두면서, 강간을 폭행협박으로 남녀의 정욕을 완성하는 것, 즉 간음하는 것이며 강제추행은 폭행으로써 음란의 소행을 하는 것으로 규정하면서 남녀의 정욕을 완성하는 것이 아니라 예를 들어 사람의 음부 등을 보임으로써 우롱하는 것으로 구분하였다(권창국, 2016:5-6). 현재 일본 형법에도 강제추행 규정은 강제음란이라는 표제로 "폭행 또는 협박으로 음란한 행위를 하는" 것으로 규정되어 있다(일본 형법 제176조).

제라는 사회질서와 연결된 성차별적인 개념으로 개인적 법익으로서의 명확한 모습을 갖추고 있지 못했기 때문에 가능한 것이었는데, 성적 자기결정권을 보호법익으로 하고 있는 현행 법체계에서도 동일한 해석이 유지됨으로써 실질적으로는 성적 자기결정권이 아닌 정조에 기초한 법적 해석이 이루어지고 있는 것이다.

정조라는 가부장적 사회질서와 관련된 보호법익이 형법상 성폭력 체계에 여전히 존재하고 있다는 점은 간음, 추행이라는 용어 자체에서도 파악할 수 있다. 간음(姦淫)의 사전적 의미에 대해 표준국어대사전은 "부정한 성관계를 함. 주로 배우자 이외의 사람과의 성관계 따위를 이른다"라고 설명하며, 추행 역시 도덕적 가치평가가 포함된 개념으로, 표준국어대사전에서 추행(醜行)은 "1. 더럽고 지저분한 행동, 2. 강간이나 그와 비슷한 짓"이라고 정의되어 있다. 즉, 형법상 성폭력 법체계에서 성적 행위를 바람직한 성적 질서에 대한 가치와 그에 대한 도덕적 비난이 내포되어 있는 용어를 활용하여 지칭함으로써 정조라는 보호법익을 중심으로 한 체계를 구축하고 있는 것이다.

이렇게 정조 개념에 기초한 사회적 평가가 포함된 용어와 개념을 이용하여 형법상 성적 침해행위를 규정하고 있기 때문에, 성적 자기결정권의 침해로 인정되는 '성적 속성'에 대한 판단기준은 '성적 수치심'이 된다. 판례는 성적 수치심을 기준으로 성적 자유를 침해하는 행위의 부적절한 성적 속성을 판단하는데, 피해자와 같은 성별, 연령대의 일반적이고 평균적인 사람의 성적 수치심으로 평가함으로써 피해자의 관점과 성별화 된 맥락을 고려하는 것으로 설정하고 있으나, 결국 성적 수치심이라는 기준을 활용함으로써 여성의 정조권에 대한 침해결과로서 여성의 수치심과 이러한 수치심을 느낄 수 있다고 평가되는 여성 집단에 대한 차별적 관념, 즉 보호받을 만한 정조에 기초한 법적 판단을 반복할 뿐이다. 결국 현행 형사법체계가 성적 속성에 대한 판단 기준을 '성적 수치심'으로 설정함으로써 성적 자기결정권이라는 보호법익을 기준으로 한 법적 판단이라는 이름으로 정조에 기초한 법해석을 하고 있음을 확인할 수 있다.

근대 형법의 제정 당시 개인의 권리로서 성적 자기결정에 대한 침해가 아닌 사회적 공공질서로서 여성의 정조에 관한 도덕적 침해라는 것이 국가 형벌권 행사의 근거가 되었기 때문에, 영미법체계에서 역시 강간(rape)과 외설적(indecent) 행위라는 용어를 사용하여 성폭력범죄를 표현하거나, 독일이나 스위스와 같은 대륙법 체계에서도 도덕에 대한 침해 등 사회적 법익의 차원에서 성적 침해를 규정해왔다.[17] 그러나 성적 자기결정권으로 보호법익이 전환되면서 각 국가별로 이러한 사회적 가치평가를 제거하기 위해 형법상 용어 및 개념의 개선을 추진하고 있다. 구체적으로 살펴보면, 1973년 독일은 성과 관련된 형법체계에서 도덕성을 제거하고 개인의 권리보호에 초점을 두기 위해 도덕에 관한 침해를 성적 자기결정에 관한 침해로 변경하고 조문에서 성적 명예, 수치심 등의 용어를 제거하고 성적 행위 등의 용어로 대체하였다. 영국 역시 2003년 법개정을 통해 외설적 행위를 성적 행위로 변경하였다. 그동안 영국은 사회적 평가가 반영된 외설성이라는 추상적 구성요건을 통해 다양한 성적 침해를 포괄해왔으나, 외설성이라는 개념에 내포된 윤리적 평가와 결별하기 위해 '외설적'이라는 용어를 중립적인 개념인 '성적'으로 대체하고, 합리적인 사람의 관점에서 행위의 본질 또는 행위의 목적이나 상황을 통해 성적인 속성을 판단하도록 규정하고 있다.[18]

## 2. 유형력을 중심으로 한 성폭력 법체계의 특징과 한계

### (1) 현행 형법상 성폭력법체계: 유형력 모델

형법상 성폭력범죄는 간음, 유사간음, 추행이라는 성적 행위가 특정한 행위수단에 의해 이루어졌을 때에 성립한다. 이때 특정한 행위수단으로는 폭행 또는 협박, 위계 또는 위력 사용, 심신상실 또는 항거불능의 상태 이용으로 크게 나누어볼 수 있다.

---

17 윤덕경(2012), "형사법상 성적 자기결정권 본질 및 성적 자기결정권 보호증진을 위한 입법과제 검토", 이화여자대학교 젠더법학연구소, 『이화젠더법학』 제4권 1호, 13면.

18 Stevenson, Kim, Anne Davies and Micheal Gunn(2004), Blackstone's Guide to The Sexual Offences Act 2003, Oxford; New York: Oxford University Press, pp. 42-43.

[표] 형법상 성폭력범죄의 체계

| 죄명(조문) | 행위유형 | 행위수단 | 법정형 |
|---|---|---|---|
| 강간(§297) | 간음강간 | 폭행·협박 | 3년 이상 |
| 유사강간(§297의2) | 유사간음 | 폭행·협박 | 2년 이상 |
| 강제추행(§298) | 추행 | 폭행·협박 | 10년 이하 1,500만원 이하 |
| 준강간(§299) | 간음 | 심실상실 또는 항거불능 상태 이용 | 3년 이상 |
| 준유사강간(§299) | 유사간음 | 심실상실 또는 항거불능 상태 이용 | 2년 이상 |
| 준강제추행(§299) | 추행 | 심실상실 또는 항거불능 상태 이용 | 10년 이하 1,500만원 이하 |
| 미성년자심신미약자위계·위력간음(§302) | 간음 | 위계·위력 | 5년 이하 |
| 피보호감독자위력간음(§303①) | 간음 | 위계·위력 | 7년 이하 3,000만 이하 |
| 피구금자간음(§303②) | 간음 | – | 7년 이하 |
| 미성년자간음(§305) | 간음 | – | 3년 이상 |
| 미성년자유사간음(§305) | 유사간음 | – | 2년 이상 |
| 미성년자추행(§305) | 추행 | – | 10년 이하 1,500만원 이하 |

위의 [표]는 형법 제32장에서 규정된 성폭력범죄를 행위유형, 행위수단과 법정형을 나눈 것이다. 표를 살펴보면, 우선 형법 제32장의 조문 체계가 행위수단을 중심으로 구성되어 있음을 알 수 있다. 제32장의 제목인 강간과 추행의 죄에서 나타나듯이, 성적 자기결정권 침해 범죄를 규정하고 있는 제32장의 기본적인 범죄유형은 '폭행 또는 협박'을 사용한 성적행위 유형(간음, 유사간음, 추행)이다. 폭행 또는 협박의 사용은 없으나, 그러한 정도에 준한 행위수단은 '심신상실 또는 항거불능 상태 이용'이다. '위계 또는 위력'을 사용한 경우는 피해자의 연령, 장애의 특성이나 특정 관계로 인해 피해자가 가해자에 대해 특별히 취약한 지위에 있는 경우에 한하여 규정하는 형법상 성폭력범죄의 특수한 유형이다. 마지막으로는 피해자가 13세 미만인 미성년자인 경우 내지 피해자–가해자 관계가 법률상 피구금관계에 한정된 특수유형으로, 행위수단과 관계없이 성적 행위가 이루어지면 형법

상 기본 범죄유형으로 처벌한다. [표1]에 따르면 행위유형 역시 불법성이 다르게 설정되어 있는데, 우선 성기에 의한 성기 삽입인 성교행위가 가장 불법성이 높은 행위이며, 그 다음으로 성기 이외의 삽입행위, 삽입 이외의 성적 침해유형 순으로 불법성이 낮아진다.

종합해보면, 우리 형사법체계는 폭행·협박을 형법상 성폭력범죄의 기본적 행위수단으로 둠으로써 유형력 요건을 중심으로 하는 성폭력법체계이며, 간음행위를 기준으로 유사간음과 추행을 감경적인 구성요건으로 둠으로써 폭행 또는 협박으로 하는 성교행위를 성폭력범죄의 기본적인 범죄유형으로 두고 있다는 것을 알 수 있다. 이러한 점에서 우리의 성폭력법체계는 저항을 억압하는 유형력을 성폭력범죄 행위수단의 기본적 형태로 규정한 유형력 모델이라 할 수 있다.

(2) 유형력 모델의 한계

형법상 성폭력법체계가 상대방의 저항을 제압하는 폭행협박이라는 유형력을 기본적인 범죄유형으로 두는 유형력 모델이므로, 유형력을 행사할 필요가 없는 피해자의 상태를 이용하거나 무형력까지 포괄한 위력과 같은 행위수단 역시 유형력의 기준을 중심으로 해석된다.

우선 우리 형법은 유형력을 행사할 필요가 없는 피해자의 상태를 이용한 성적 침해 역시 범죄로 규정함으로써, 특정한 상황을 이용하는 행위 역시 성폭력 행위수단으로 포섭하고 있다. 피해자의 심신상실 또는 항거불능 상태를 이용하는 준강간 등의 범죄가 여기에 해당하는데, 유형력 모델의 성폭력법체계에서는 유형력을 저항을 할 수 없는 정도에 이른 것으로 한정하고 있기 때문에 특정상황의 이용 행위 역시 피해자의 저항을 중심으로 피해자가 저항을 할 수 있는 능력을 애초에 가지고 있지 않거나 행위 당시 저항을 할 수 없는 상태를 이용하는 것으로 한정된다. (…)

유형력 모델에서는 폭행협박보다 넓은 범위의 힘의 행사를 행위수단으로 규정하는 위계·위력 역시 유형력을 중심으로 해석될 수밖에 없다. 앞서 살펴본 대로 위력은 피해자의 자유의사를 제압하기 충분한 세력(유·무형의 힘 포함)을 의미하므로, 여기에는 최협의에 이르지 않는 협의에 의한 폭행·협박뿐만 아니라 사회적·경제적·정치적인 지위나 권세를 이용하는 것도 가능하다는 것[19]이 판례의 판단기준이다. 그러나 위력이 유형력이 아닌 무형력을 행위수단으로 포섭하고 있음에도 불구하고, "위력으로써 간음"이라는 규정을 통해 위력의 '행사', 그리고 그와 간음행위 간의 인과관계를 요구함으로써 무형의 위력이 존재하는 것을 넘어 무형의 위력이 간음을 위해 행사되어야 되어야 하는데, 무형의 위력 행사는 결국 성적 행위 당시 행위자의 신체적 또는 언어적인 행위를 통해 표출되어야 하므로 사실상 무형의 권세를 가진 자의 유형력 행사로 한정되어 해석되고 있다.

위계·위력에 대해 유형력 중심의 제한적 해석이 이루어지는 것은 폭행협박의 행위수단을 기본적인 구성요건으로 규정하고, 위계위력을 보충적인 요건으로 적용하고 있는 현재 법체계의 유형력 모델로 인한 것이다. 독일이나 영국 등 해외의 성폭력법체계에서 미성년자나 장애인이 피해자인 경우에 행위자의 지위 남용을 폭행협박 등의 유형력을 이용한 좁은 의미의 성폭력과 분리하여 체계화하고 있다. 미성년자나 장애인이 피해자인 경우 피해자에 대해 특정한 영향력을 행사할 수 있는 지위에 있는 자가 성적 행위를 하거나 성인인 행위자가 대가지급 내지 성적 인식의 제한된 인지 상태를 이용하여 미성년자에 대해 성적 행위를 하는 경우에 성적 남용으로 처벌함으로써 행위자의 폭력적 행위가 아닌 그 행위의 착취적 성격에 집중하고 있다. 그러나 우리의 경우 미성년자나 장애인에 대한 성적 남용의 속성을 가진 행위에 대해 위계·위력이라는 유형력의 보충적 요건을 둠으로써 보다 강력한 유형력 모델을 구축하고 있는 것이다.

유형력 모델은 행위자의 폭행협박 등 유형력이 행사되어 피해자의 저항행위가 실패하고 그로 인해 성적 침해가 일어난 전형적인 강간의 상황을 전제한 모델이다. 유형력 요건에서의 제압은 대체로 피해자의 거부의사가 아닌 저항행위에 집중되는데, 이는 전통적으로 강간죄를 여성이 사력을 다

19 대법원 2005. 7. 29. 선고 2004도5868 판결.

해 끝까지 저항해야만 그것을 강간으로 보는 이른바 '강간신화'에 기초한 해석의 방향이다. 과거 프랑스 형법에서 강간을 "저항을 제압하기에 충분한 유형력을 행사하여 피해자와 합의 없이 간음한 것"으로 규정한 것은 정조유린으로서 강간에 대한 신화, 즉 정조있는 여성이 결사적인 저항을 하면 성행위가 불가능하다는 전제에 기초한 것으로, 당시 정조를 지키려는 자유의지를 가진 정숙한 여성만이 강간죄의 객체였으며, 강간의 성립을 위해 피해자가 끝까지 일관되게 저항하고 소리를 질러야 하며 폭행의 흔적이 피해자에게 남아 있을 것이 요구되었다.[20] 현재 유형력 요건에서 피해자의 극도의 저항행위 존재나 피해자가 "음행의 상습 없는" 정숙한 여성일 것을 요구하지 않으나, 여전히 법원은 피해자의 거부의사를 제압한 폭행협박이 아니라 그 폭행협박의 존재를 입증할 수 있는 피해자의 저항행위를 요구함으로 정조를 보호법익으로 설정했던 과거의 법적 태도와 크게 다르지 않은 해석을 유지하고 있다.[21] 이러한 점에서 유형력 모델을 유지하되 피해자의 저항을 통해 비동의를 추정하는 것이 아니라 피해자의 자유의사를 제압한 행위자의 폭행·협박 자체에 대한 입증에 집중해야 한다는 주장이 제기되기도 한다.[22] 그러나 행위자의 유형력 행사에 집중하는 법해석은 피해자가 제압되는 무형력의 행사나 무방비상태를 포섭하지 못하는 한계를 가진다는 점에서 성폭력이 이루어지는 현실을 제대로 포괄할 수 없다. 종합해보면, 유형력 모델에서의 한계는 유형력의 존재를 입증하는 기준을 피해자의 항거불능 또는 현저한 곤란으로 상정한 강간죄를 성폭력법체계의 기본적인 범죄유형이자 구성요건으로 둠으로써 여전히 정조를 보호법익으로 하였던 기존의 법적 태도를 유지하고 있다는 점에 있다.

20 김희균, "성폭력범 처벌의 이론: 강간죄의 구성요건 해당성", 한국형사정책연구원, 『형사정책연구』 제64호(2005), 109-110면.

21 유주성, "강간죄 성립의 판단기준으로서 피해자의 동의와 저항-대법원 2015.8.27. 2014도8722 판결", 한국비교형사법학회, 『비교형사법연구』, 제18권 1호(2016), 38-39면.

22 김희균, 앞의글 참조.

## Ⅳ. 성적 자기결정권에 부합하는 성폭력법체계 개선방향

개인의 자유로운 의사에 따른 신체적인 성적 행위에 대한 성적 자기결정권이라는 보호법익에 대한 침해 자체를 기본적인 성폭력범죄 유형으로 설정하는 동의 모델로의 이행은 국제적인 차원에서도 요구되는 추세이다. UN CEDAW 일반권고 35호에서는 일반입법조치로 성범죄의 정의는 자유롭게 결정할 수 있는 동의의 부재를 기초로 하라고 권고하고 있고, 2011년 4월 7일 채택되고 2014년 8월 발효된 이스탄불 협약 역시 가입국의 성폭력법체계를 동의 결여를 중심으로 변경하도록 규정하고 있다. 이미 영국, 캐나다, 미국의 일부 주 등이 피해자의 동의를 중심으로 성폭력법체계를 구성하고 있고 있으며, 국제사회의 요구에 따라 독일 등과 같은 유럽 국가들도 성폭력법제를 변경하고 있다.

앞에서 살펴보았듯이 유형력 모델에서는 성적 자기결정권이 아닌 정조를 보호법익으로 하기 때문에, 유형력에 대한 입증을 위해 피해자의 저항 여부를 요구한다는 법적 판단과정에서의 한계를 가지고 있다. 저항을 중심으로 한 유형력에 대한 판단은 피해자의 저항에 대한 피고인의 주관적 인식, 즉 고의에 대한 판단을 피해자가 당시 보여준 저항행위 존재 여부에 대한 판단으로 대체하게 되는 한계를 가진다. 비록 구조요청이나 탈출 시도 등 피해자의 실질적 저항행위에 대한 입증을 요구해왔던 기존의 강간 판례가 2005년 이후 변화하였으나 여전히 유형력의 정도를 충족하기 위한 저항 여부에 대한 판단기준은 변경되지 않았기 때문에, 여전히 강간 등 성폭력범죄 재판에서는 피해자의 저항 여부나 정도를 중심으로 유무죄 판단을 하고 있으며, 이에 대해 객관적인 정황보다는 저항에 대한 피해자의 진술 신빙성 판단을 매우 핵심적인 요소로 삼음으로써 행위자의 유형력 행사나 고의에 대한 판단보다는 범행전후의 피해자 언동이나 행실, 재판과정에서의 피해자 진술 태도 등 피해자 자체에 대한 판단에 집중하는 결과를 가져온다. 이러한 문제는 항거불능을 이용한 준강간 사례에서 더욱 분명히 드러나는데, 유형력 모델에서는 피해자가 제대로 의사형성 내지 의사표시를 할 수 없는 상태에 있음을 이용하여 성적 행위를 하는 것에 대해 저항무능력 이외에 별도의 기준을 제시하지 못하기 때문에 피해자가 주취로 비틀거리긴 하지만 걸을 수 있는 상태인 경우에는 객관적 정황으로 도출되는 피해자의 의사형성무능력에 대한 고려가 배제되며 피고인의 성관계 합의에 대한 주관적 인식이 그대로 받아들여지게 된다.[23]

동의모델은 성행위에 대한 합의 여부를 요건으로 판단하게 됨으로써 현재 유형력 요건 상 유형력 판단의 중심이 되고 있는 저항에 대한 평가가 아닌 성행위에 대한 합의 여부에 대한 객관적 평가를 이행하게 된다. 동의모델에서 비동의 요건에 대한 판단은 단지 피해자의 비동의 의사에 대한 진술만으로 성립하는 것이 아니라 비동의를 입증할 수 있는 객관적 정황, 그리고 비동의에 대한 피고인의 주관적 인식에 대해 판단하게 되므로 피해자 진술의 신빙성에 대한 판단은 유형력 요건에서 유형력의 정도를 입증하는 내용으로 포섭되는 것과 달리 객관적 정황 및 피고인의 고의 판단과 분리되어 이루어질 수 있다. 피고인의 고의에 대한 입증은 검사가 피해자의 비동의 의사표시나 동의할 수 없는 상태에 있음을 입증하게 되면 합리적인 관점에서 이를 인식할 수 있는지 여부에 대한 객관적 평가를 통해 가능하다. 물론 동의모델에서도 피해자의 비동의 의사표시나 동의할 수 없는 상태에 대한 피해자 진술의 신빙성에 대한 판단이 이루어질 수밖에 없으나, 현재 유형력 모델 하에서 판례가 진술의 신빙성 판단에 대해 저항을 기준

---

23 예컨대, 법원은 피해자가 지인 1명과 소주 6병을 나누어 마시고 몸을 제대로 가누지 못하여 넘어지고 주변의 도움을 받아 화장실에 다녀올 정도로 만취하였으며, 낯선 피고인과 모텔에 가는 동안에도 지속적으로 구토한 사실은 인정하였고, 술에 취한 상태에서 처음 만난 피고인과 불과 1시간 만에 모텔에 가 합의 하에 성관계를 갖는다는 것이 합리적이지 않다는 점을 인정하였으나, 피해자가 술에 취한 상태에서 비이성적인 행동을 하였고 당시 상황이 전혀 기억나지 않는다는 사정만으로 준강간의 고의를 인정할 수 없으며, 피해자가 모텔 객실로 스스로 걸어가는 등 행위를 한 것을 근거로 일시적인 "블랙아웃 증상은 심신상실 또는 항거불능 상태에 해당하지 않는"다고 보았다. 이 사건에서 피해자의 만취 상태에 대해서는 제3자의 진술이 있으며 피고인 역시 피해자가 계속 구토를 하였기 때문에 성관계 이후 피해자를 씻기기 위해 욕조로 데리고 갔다는 사실을 인정하고 있으나, 법원은 이러한 객관적 사실에 대한 검토 없이 피해자가 블랙아웃 상태에서 본인의 의사와 관계없이 한 행위가 피고인에게 동의로 인식될 수 있다는 점을 고려하여 준강간의 고의가 없다고 판단한 것이다(서울고등법원 2015. 1. 30. 선고 2014노3517 판결 참조).

으로 하는 유형력 정도에 대한 판단으로 포섭하여 서술하고 있는 것과 달리 비동의 요건에 대한 진술 신빙성 평가가 분리되어 이루어짐으로써 보다 세밀한 신빙성 판단기준이 제시될 수 있을 것이라 기대된다.

비동의 요건을 도입하는 동의 모델로의 이행은 그동안 유형력 요건에서의 피해자에게 집중되었던 입증 부담이 피고인에게 전환되거나 보다 손쉬운 성폭력 범죄의 입증이 가능하도록 하는 방식의 전환을 의미하는 것이 아니다. 비동의 요건이 도입된다하더라도 여전히 범죄 구성요건의 입증부담은 검사에게 있으므로 객관적 증거를 제시하기 어려운 사례들에서 비동의 요건과 관련된 피해자의 진술 신빙성을 입증해야 하는 부담은 유형력 요건에서와 마찬가지로 존재한다. 그러나 피해자의 저항을 요구하는 유형력 요건만을 성폭력범죄의 구성요건으로 두는 유형력 모델에서 동의 없는 성적 침해를 기본적 범죄유형으로 두는 동의 모델로의 이행은 형사법체계에서 성적 자기결정권이라는 보호법익을 구축하는 방향이라는 점에서 그 필요성이 있으며, 행위수단과 행위유형을 성적 자기결정권의 침해를 중심으로 체계화함으로써 기존의 정조라는 보호법익의 영향 하에서 왜곡되었던 성폭력 범죄 구성요건에 대한 판단의 한계를 해소할 수 있는 방향이다.

# 17. 안희정 재판 보도와 성인지 감수성*

김 수 아 (서울대학교 언론정보학과/여성학협동과정 부교수)

성인지 감수성은 2018년 대법원 판결에서 언급된 이래, 우리 사회에서 새롭게 인식되기 시작했다. 언론 보도에서도 성인지 감수성의 중요성이 부각되었고 이에 기자협회가 주도하여 성폭력 범죄 보도에 대한 가이드라인을 구성하였으며, 전국언론노동조합 성평등위원회 역시 젠더보도가이드라인을 제작하기도 하였다. 하지만 특히 성폭력 범죄 보도, 수사와 재판 과정의 보도에서 여러 가지 문제가 나타나고 있다. 이 글은 2018년 미투 운동 당시 안희정 재판에 대한 보도들을 일별하여, 제목 중심의 받아쓰기 보도, 가해자측의 말에 대한 단순 전달과 같은 한국 저널리즘의 관행이 어떻게 2차 피해를 유발하는지를 살피고, 이에 부응하는 온라인 이용자의 댓글 문화 역시 피해생존자에 대한 온라인 폭력의 양상을 띠고 있음을 분석하였다. 여러 가이드라인에서 지적하는 바와 같이, 성폭력 범죄에 대한 언론 보도의 핵심은 해당 문제의 구조적 폭력을 드러내고 재발을 방지하는 것이며 이 과정에서 피해생존자의 존엄을 보호하는 것임을 강조하였다.

## Ⅰ. 미투 운동 보도와 성폭력 2차 피해

2018년의 미투 운동은 한국 사회의 큰 변화를 이끌어 냈다. 성폭력에 대한 기존의 사회적 통념, 특히 피해자다움의 편견에 대해 문제제기하고, 여성을 동등한 권리를 가진 인간이 아닌 성적 대상으로 여겨온 남성중심적

* 이 글은 2019년 『여/성이론』 40호에 실린 "안희정 재판 보도와 성인지 감수성"(291-299면)을 보완·수정한 것이다.

인식 구조를 변혁해야 한다는 것을 확인하는 계기였다. 하지만 한편으로 사법 기관이 제대로 된 역할을 하지 못한다는 불신에 따라 다양한 미디어를 활용하여 성폭력을 고발하게 되면서, 이를 조회수의 수단으로 삼는 언론의 구태의연하고 선정적 보도 양태가 나타났고 이와 함께 온라인 공간에서의 2차 피해 가중으로 이어지는 문제점이 드러나기도 했다.

통상 성폭력 2차 피해란, 성폭력 사건 이후 사법기관, 의료기관, 가족과 친지, 언론 등을 통해 피해생존자가 부정적인 반응을 접하게 되면서 입는 심리적 고통 및 사회적, 경제적 불이익을 말한다.[1] 최근 들어 언론이 주로 포털 서비스를 통해 뉴스를 제공하게 되면서 언론보도가 야기할 수 있는 2차 피해의 양상은 과거 신문, 방송 미디어의 시대와는 다른 방식으로 나타나고 있다. 누구나 클릭해 볼 수 있는 온라인 뉴스의 댓글에서는 물론이고, 뉴스 기사를 '펌' 형태로 공유하고 이에 대한 의견을 나누는 일이 많은 온라인 커뮤니티 문화를 통해 피해생존자를 비난하고 모욕하는 일이 벌어지기 쉬워졌다. 성폭력 범죄에 대한 언론 보도의 문제는 언론 보도 양태를 비판하는 것은 물론 이러한 보도가 디지털 미디어 환경에서 양적으로 증폭시킬 수밖에 없는 성폭력 2차 피해의 문제라는 틀로 비판적으로 바라볼 필요가 있다.

지난 2018년 3월 5일, 안희정 전 충남도지사가 성폭력 가해자임을 피해생존자 김지은씨가 직접 JTBC 뉴스룸에 출연하여 증언한 이래, 이를 보도하는 언론의 보도 양태와 미디어 환경 변화가 야기하는 온라인 상의 2차 피해 문제가 심각하게 나타났다. 3심 판결을 앞두고서는 가해자의 배우자가 소셜 네트워크 서비스(페이스북)를 통해 피해생존자를 매도하는 글을 올리면서 직접 성폭력 2차 피해를 가중시켰다. 김지은씨는 이에 대응하여 몇몇 언론사에 소송을 진행하였으며, 2023년 고등법원이 연합뉴스가 500만원을, 일요서울이 300만원을 손해배상하고 문제 보도 부분을 삭제할 것을 판결하면서 긴 시간 동안의 피해에 대한 일부 승소 판결을 받아낸 바 있다.

1 이미경, 『성폭력 2차 피해를 통해 본 피해자 권리』, 이화여자대학교 박사학위논문, 2012, 8면.

이 판결에서 법원은 안희정의 성범죄와 실질적 관련성이 없는 영상에서 피해생존자의 신원을 노출한 것이 문제라고 보았으며, "언론사는 피해자인 김씨에 대한 보도에 관하여 김씨가 2차 피해를 당하지 않도록 세심한 주의를 기울여야 함이 상당" 하고 "초상을 대외 공표하는 데에도 김씨의 명시적인 동의가 있거나 명백히 그 동의가 추단되는 경우에 한해야 하고 공표 범위도 최소한도에 그쳐야 한다"라고 보아, 연합뉴스에 패소 판결을 내렸다. 또한 검증 없이 허위 사실을 보도한 일요신문 역시 문제로 보았다.[2]

비록 일부 승소이지만, 법원이 언론이 성폭력 피해생존자에게 2차 피해를 가중하는 주체가 될 수 있음을 분명히 한 점은 의미가 있다. 그리고 이러한 판결을 통해, 여성들의 절박한 피해 고발에도 불구하고 우리 언론이 여전히 이를 성인지 감수성, 즉 성별(gender)에 따른 차이를 인지하고 피해생존자의 입장에서 사건을 이해하고자 하는 노력이 부족하다는 점 역시 여실히 드러난다.

## Ⅱ. 받아쓰기 보도와 피해자다움의 통념 강화

### 1. 받아쓰기 보도의 문제점

물론 해당 판결에서 아쉬움이 큰 부분이 있다. 일부승소인 이유는, 피해생존자가 문제제기한 내용 중 가해자의 배우자 페이스북 게시물을 인용한 데 대해 단순 인용일 뿐이라면서 문제가 되지 않는다고 보았다.[3] 하지만, 성폭력 관련 보도에서 가장 문제적일 수 있는 부분은 이와 같은 가해자의 말을 그대로 전달하는 단순 인용 보도, 즉 받아쓰기 보도이다.

성폭력 범죄는 다른 범죄와 달리 피해자를 가장 먼저 의심하는 경향이 강하게 나타나는 범죄이다. 범죄 피해자가 정말 피해자인지를 타인이 판단하는 구조를 보인다. 이는 성폭력이 대체로 가해자와 피해생존자 둘만 있는

---

2 김예리, "김지은씨 '2차가해 보도' 언론사들 손배 판결 어떻게 나왔나", 『미디어 오늘』, 2023.11.3., https://www.mediatoday.co.kr/news/articleView.html?idxno=313482

3 김예리, 앞의 글.

공간에서 이루어지고 이에 따라 '말'이 해당 폭력에 대한 증거가 된다는 점, 그리고 이때 해당 '말'에 대한 인식이 사회적 부정의 구조 속에 있다는 점 때문이라고 할 수 있다. 프리커(Fricker)의 해석학적 부정의(hermeneutical injustice) 개념은 어떤 경험을 이해하거나 설명하는 데 필요한 개념이 결여된 경우, 불평등한 권력 관계 내에서 소수자의 경험이 제대로 인식되지 못하는 것을 가리킨다.[4] 성폭력 피해야 말로 이러한 해석학적 부정의 상황에 놓여 있는 경우가 많다. 이에, 다수의 피해자들이 피해를 인정받기 보다는 무고 혹은 피해 유발의 책임을 지며 비난을 받기 쉽다. 이런 의미에서 정희진은 성폭력 범죄에서는 가만히 있었으면 문제되지 않았을 것이라면서 피해자를 의심하고 비난하는 문화가 있다는 지적을 했다.[5] 피해가 진짜가 아닐 것이라면서 자신의 기준에서 판단하려고 하는 잘못된 인식이 무고죄 논란 등에 영향을 준다. 미투 운동이 전개되던 2018년 5월 무고죄 특별법을 만들어달라는 청원이 남성들의 절대적 지지 속에 청원인원 20만 명을 넘은 적이 있다. 이 청원은 미투가 "무죄한 사람을 매장하는 수단으로 이용된다."고 주장하면서 무고죄 처벌 강화를 주장했고, 다수 남성 중심 온라인 커뮤니티에서지지 의사를 표명하였다.[6] 이 사건은 성폭력에 대한 문제제기가 피해자의 피해가 진짜 피해인지에 대한 판단으로 전환되는 것을 보여주는 상징적인 사건이라고 할 수 있다.

이러한 상황에서 언론 보도, 특히 스트레이트 보도 형태는 사회 통념상 사실의 지위를 갖는다는 점에서, 피해자다움을 판결하려는 대중에게 성폭력 범죄 관련 정보를 전달하는 것은 단순한 인용 보도나 단순한 사실 전달과 같은 '단순함'으로 이야기할 수 없는 지점이 있다. 특히 이는 최근 언론 보도의 유통과 소비가 온라인 환경에서 이루어진다는 점에서 문제가 된

4 Fricker, Miranda. *Epistemic Injustice: Power and the Ethics of Knowing*, Oxford New York: Oxford University Press, 2007, p.6-7.

5 정희진, "여성에 대한 폭력과 미투 운동", 정희진 엮음, 『미투의 정치학』, 교양인, 2019, 86면.

6 박광수, ""무고죄, 가중처벌 해야…" 靑 국민청원 20만명 넘어서", 『중앙일보』, 2018. 6.4., https://www.joongang.co.kr/article/22684460

다. 안희정 성범죄 사건과 같이 대중의 주목도가 높은 사건에 대한 스트레이트 보도는 '단독'이나 '속보'의 말머리를 통해 포털 뉴스 사이트의 중심에 배치되기에, 단시간 내에 다수 대중에게 퍼진다. 언론을 정보원으로 삼아 대중들은 뉴스 사이트의 댓글, 커뮤니티 사이트의 댓글 및 SNS로 대화를 나누고 이 과정에서 보도 내용은 '사실'로 인식된다. 1심 재판 보도의 경우, 피해자의 증언이나 피해자의 발언을 지지하는 증인의 증언은 비공개로 진행되었기 때문에 가해자 측의 증인 발언들만 공개될 수밖에 없는 상황이었다. 대중들이 정보를 얻는 주요 통로인 언론이 재판 과정에서의 가해자 측 증인의 말과 이후의 일들을 실시간으로 경마 중계하듯 보도하였고, 이는 특정한 성폭력 피해에 대한 상을 만드는데 기여하였다.

이 재판 보도의 경우 가해자 측 증인의 입을 빌어, 피해생존자가 해야 하는 업무의 일부를 연애 혹은 관계적 상황에서 일어난 일처럼 묘사하는 표현들을 자주 사용하였다. 비서로서 식당 예약 업무를 맡은 것을 평소 가해자가 좋아하는 식당을 예약했다는 식으로 보도하는 사례가 대표적이다. 사실 재판 과정에서 피해생존자는 물론, 가해자조차도 연애 혹은 감정적 관계로 틀짓히 한적이 없음에도, 언론은 지속적으로 가해자와 피해자의 관계가 감정적인 차원이 있으며, 특히 피해자가 특정한 마음이 있었을 것이라는 것을 암시하는 방식을 사용했다. 이는 가해자측 증인이 비서 업무를 수행한 것에 대해 증언하면서 마치 관계적 돌봄 양상인 것처럼 묘사하는 방식을 그대로 경마식으로 중계하여 보도하여 그렇다.

성희롱, 성폭력 피해자에게 흔히 가해지는 피해자 비난 양상 중 하나가 바로 피해자가 사실은 가해자에게 마음이 있었다는 것이고 이를 증명하기 위해 피해자가 당시에 바로 가해자를 비난하지 않았다거나, 가해자와 관계를 끊으려 하지 않았다는 점을 들곤 한다. "너 같은 피해자를 본 적이 없다"는 말을 들었다는 성폭력 피해자 사례를 분석한 허민숙은 이처럼 가해자와의 관계를 바로 끊거나 항의하지 않고, 일상적으로 밝게 행동하는 모습들을 보이는 것이 가해자와 피해자 관계에 따라 나타날 수 있는 양상임에도 이를 근거로 오히려 무고를 의심하는 대중 정서가 있으며 이것이 수사관에게도 마찬가지로 나타나고 있음을 보였다.[7] 이러한 대중 정서가 존재하기에, 가해자의 변호인은 이를 전략적으로 활용하기도 한다. 즉 재판과 무관한 피해자의 사생활 정보를 퍼트리면서 피해자를 비난하려는 가해자의 전략, 피해자가 거짓말을 한다는 가해자의 증언을 반복하는 것이다. 언론이 이를 마치 사실인것처럼 그대로 받아쓰기 보도하는 것은 대중의 성폭력 피해자에 대한 부정적 통념을 강화하고 이에 따라 피해자에 대한 2차 피해를 야기하게 된다.

2심 재판에서 유죄를 받고 가해자가 법정 구속된 이래 가해자의 가족은 페이스북을 이용해서 피해자를 공격하는 글을 게시한 바 있다. 지난 2019년 2월 14일, 22일, 그리고 3월 21일에 각각 가해자의 배우자 글을 실시간으로 중계하는 기사가 쏟아졌다. 1회차는 220여건, 2회차는 131건 정도의 기사가 검색된다.[8] 이는 전형적인 검색어 어뷰징 기사이기 때문에 더욱 더 문제적이다. 실시간 검색어에 올라오면 그것을 클릭하는 순간 관련 뉴스가 보여서 이를 클릭하도록 유도하는 기사들이다. 이 기사들에는 별다른 취재 내용이나 사안을 이해할 수 있는 틀을 제공하지 않고 전문이 그대로 실려 있거나 혹은 가해자의 가족 말을 강조해주는 형태로 제시되었다. 제목에 직접 인용하는 형식 또한 반복되었다. 이런 제목은 전혀 객관적이지 않다. 이미 편집된 내용임이 분명하며, 인용문의 중간에 자주 사용되는 중략 기호는 이것이 편집의 결과임을 분명히 보여준다. 하지만 이렇게 제시되는 제목들은 이 발언을 사실화하는 효과를 갖는다. 2심 재판 이후 페이스북의 글을 인용보도하는 언론 역시 제목에 "'안희정 부인' 민주원 "김지은 미투는 거짓말로 짜여진 가짜 미투"[9]와 같은 식으로 주장을 직접 인용으로 제시했다.

받아쓰기 보도의 문제가 이렇게 피해자다움의 통념을 강화하는 데 있었다고 하면, 피해생존자 김지은 씨가 언론사를 상대로 한 소송에서 가해자

7 허민숙, "너 같은 피해자를 본 적이 없다", 『한국여성학』 제33권 3호, 2017, 1-31면.

8 3회차 게시글에 대한 보도는 29건 정도로 나타나 점차로 기사화수가 줄어들고 있는 점은 긍정적이라고 볼 수 있다.

9 헤럴드경제, 2019년 3월 22일 기사 제목.

의 아내의 말을 그저 인용 보도한 것에 불과하여 명예훼손이나 2차 피해 유발에 대한 판단을 하지 않은 재판부의 결정에는 문제가 있다고 할 수 있다. 현행 법의 자구적 해석, 객관성을 가장한 따옴표 사용을 통해 책임을 회피하는 언론의 문제에 대한 인지 부족 등으로 인한 결과이다. 한편으로는 이 문제는 저널리즘 윤리의 문제로 법적 판결에 기댈 수 없는 부분이 분명히 있기에, 저널리즘의 사회적 책무성에 대한 인식이 무엇보다 중요하다.

## 2. '가족의 말'과 피해자다움의 통념 강화

재판 과정에서 가해자의 가족이 담론의 핵심 주체로 등장하는 것을 언론보도는 적극적으로 조장하고 클릭수를 벌기 위한 재료로 활용했다. 통상 성폭력 범죄에서 가해자의 가족이 등장하는 경우, 이 자체가 대중의 호기심을 끄는 요인이 되면서 사안의 본질을 흐리는 역할을 하기 쉽다. 가족이 등장하면서 성폭력 범죄가 가족 간의 신의성실 의무 문제로 전환되거나 가해자는 선한 가장이라는 등의 사안과 관계없는 정보들이 중요해지면서 피해자를 비난하는 담론을 형성하게 된다. 이런 요소들은 성폭력 범죄는 개인이 한 개인의 인권과 권리를 침해한 범죄라는 것을 우리 사회가 제대로 인식하지 못한 가운데, 이를 성 문제로, 권김현영이 지적한 바와 같이 '여자 문제'[10]로 바꾸게 되는 결정적 계기를 제공한다.

남승현은 성폭력 범죄에서 가해자의 아내가 발화할 경우 이것이 어떤 대중적 정동을 자극하게 되는지에 대해서 사례연구를 한 바 있다.[11] 그의 연구에 따르면, 억울한 가해자의 아내가 자신의 심정을 토로하는 것은 '진정한 피해'가 가해자 가족의 위기와 파괴이며, 실제로 피해자 여성의 성적 자기결정권 침해는 일어나지 않은 일이거나 혹은 이로 인해 한 가정을 파괴한 가해 행위로 재의미화된다.[12] 실제, 해당 사건 보도에 대한 뉴스 댓글이나 커뮤니티 댓글에서는 '진정한 피해자는 부인'이라는 담론이 상당 수준

10 권김현영, "그 남자들의 '여자 문제'", 정희진 엮음, 『미투의 정치학』, 교양인, 2019, 66면.
11 남승현, "남성 온라인 커뮤니티에서 '성폭력 가해자의 아내' 발화의 효과", 『여성학논집』 재36권 1호, 27-58면.
12 남승현, 앞의 글, 43면.

형성되고 동의를 얻었다. 성폭력 범죄를 저지른 가해자가 가정이 있을 경우, 피해자가 오히려 가정 파괴범으로 의미화되는 것은 여성의 성적 자기결정권 침해가 심각한 범죄 행위로 고려되지 않으며 특히 유명인 남성의 경우에는 있을 수 있는 문제 정도로 치부되어 온 오랜 한국 사회의 정서 구조와 관련되어 있다.

이러한 맥락을 고려한다면, 언론은 성폭력 범죄에서 가해자 측의 반론이 어떤 의미와 효과를 가질지에 대해 성찰적, 비판적으로 바라보면서 보도 방식을 고민해야 한다. 하지만 안희정 재판 관련 보도의 경우, 가해자의 부인 민주원씨가 표현하는 주관적, 감상적 설명을 그대로 인용하여 제목으로 제시하면서 이를 '사실화'했다. 특히 가해자 측의 증언만 일방적으로 보도하면서 '감추어진 사실이 드러나는 것'처럼 제목을 삼은 경우는 더욱 문제적이다. 피해자 측의 증인이 한 말, 반론 등에 비해 가해자의 가족과 지인들의 말은 연일 실시간 검색어에 오르내리면서 대중들에게 퍼졌다. 여기서 언론이 채택한 보도 전략은 경마식 실시간 중계, 그리고 양측 발언을 그대로 전달한다는 형식적 객관주의이다. 우리 언론은 피해자와 피고인 측의 말 중에 무엇이 진실인가를 대중에게 판단하라는 듯 따옴표 속에 담아 던졌다. 그런데 이러한 따옴표의 말은 재판에서 나온 발언일 뿐이다. 하지만 이를 ""격의 없었다"… 반전 증언에 안희정 재판 새 국면",[13] "민주원 "김지은, '비서 마누라'로 불려 … 애인 같았다"[14]와 같은 제목은 마치 새로운 증언을 통해 이제까지 알려지지 않은 것이 드러나고 있다는 식으로 맥락화하였으며 이는 간접적으로 과거에 피해자가 한 말들이나 증언이 거짓일 수 있거나 혹은 거짓이라는 것을 함의하는 방식으로 이해되고 활용되었다.

제목 보도의 문제는 최근의 뉴스 소비 행태와 맞물려 피해자에 대한 비난 여론을 가중시킬 수 있기 때문이다. 클릭을 유도하기 위하여 가장 자극적인 부분을 편집하여 제공하면서 이를 직접 인용처럼 표기하여 객관성을 가장한다. 재판 과정과 이후의 심경글 게시에서 가해자의 가족은 위력에

13 아시아경제신문, 2018년 7월 12일자 기사 제목.
14 뉴스1, 2018년 7월 13일자 기사 제목.

의한 성폭력 범죄의 핵심인 권력 관계의 문제를 누락하고 수평적 감정 관계의 문제인 것처럼 비추게 하는 표현을 쓴다. 즉 왜 이 범죄가 문제인가를 누락한 채로 피해자가 피해자답지 않다고 반복해 비난하는 형태이다. 이에 대한 성찰 없이 언론이 이를 진실공방 프레임으로 다루었기 때문에, 이 사건에서 피해는 무엇인지, 위력에 의한 성폭력이란 무엇인지, 그리고 무엇이 여성의 권리를 억압하고 있는지를 바라보지 못하게 만들 수 있다는 점에서 문제적이었다.

이렇게 가해자의 아내의 말을 제목을 통해 진실화하는 보도의 효과는 무엇일까? 이 사건에서는 무엇보다 성폭력 범죄에서 우리 사회가 이제까지 '위력'을 좁게만 해석해 왔다는 사실, 그리고 이에 대한 문제제기가 함의하는 바가 무엇인가에 대한 사회적 담론화가 이루어지지 못했다. 성폭력 범죄가 지위와 권력 관계를 매개로 일어난다는 점에 대해서도 사실상 우리 사회는 정교한 이해를 발달시켜 오지 못했다. 대체로 이제까지 성폭력은 가해자 개인의 통제할 수 없는 성욕으로 인해 벌어지는 우발적인 것, 가해자의 비정상성에 의한 것으로 여겨져 왔다. 이런 보도 양태에서는 가해자와 피해자의 관계가 평등할 수 없는 권력 구조 속에 있다는 사실이 누락된다. 피해자의 비서 업무 수행 과정과 방식은 분명히 존재하는 위력의 문제를 보여주는 사실임에도 이러한 맥락 정보 없이 피해자가 적극적이다, 관계를 주도했다는 발언을 직접 인용으로 보도하면서 성폭력 범죄의 책임이 피해자에게 있다는 기존 통념을 재확인시켜주는 역할을 했다. 즉 안희정 사건의 재판 보도는 피해자다움의 통념을 확인하고 유통하고 재생산하는 데 있어 가장 큰 책임을 져야 하는 문제적 보도였다.

가해자측은 성적 자기 결정권 개념을 재판 전략으로 오용하였고 이를 1심 재판부가 적극 수용하였다. 이에 대한 비판적 해석이 없는 중계보도는 '피해자다움'의 인식을 강화하였다. 정대현은 1심 재판부가 "피해자가 같은 선거 캠프의 정철호에 대해서는 성적 주체성과 자존감이 강한 모습을 보이고 가해자에 대해서는 약한 모습을 보이는 것이 … 대상과의 관계적 특성에 따라 성적 자기 결정권을 선택하여 행사하는 것으로 볼 여지마저 있다"라고 하여 위력을 이해하지 못하고 위력 관계를 부정한다고 지적하면서, 이는 특정한 방향의 피해자다움에 대한 왜곡이라고 분석한 바 있다.[15] 가해자 측이 피해자가 현명한 여성이라고 하는 것은 기존의 나약하고 순진한 성폭력 피해자가 아니라는 점을 주장하기 위한 전략이었다. 성적 자기 결정권이라는 문제가 적극적 거부의 문제로 치환되어 이해되는 경향이 있다는 점을 활용한 것이다. 성폭력 범죄에서 폭력과 협박이 이 범죄를 판단하는 기준이라고 생각하는 것, 피해자에게 성폭력 범죄의 책임이 있다는 인식은 대중적인 인식이기도 하다. 2018년 4월 5일 한국일보가 조사하여 보도한 바에 따르면 미투 운동과 관련하여 피해자에게도 책임이 있다는 인식이 응답자의 46%나 되었다.[16] 사실 범죄 피해자가 된 것에 피해자의 성격이나 행동이 상관관계를 갖는 것은 아니다. 물론 피해자는 현명한 여성이나, 이게 성폭력 피해자가 아니라는 증거는 되지 않는다. 하지만 피해자다움의 통념은 2차 피해의 가장 큰 요인이면서 현재까지도 많은 성폭력 피해자들이 피해를 고발하는 것을 두렵게 만든다. 성폭력의 피해란 피해자의 생애 서사 맥락에 따라 다르며 피해자의 대응 역시 다양하게 나타날 수밖에 없다.[17] 그럼에도 순수하고 나약하며, 적극적으로 거부하는 피해자 상만이 대중적 인식 속에 유통되고 있는바, 언론 보도는 이러한 통념을 강화하는데 기여하게 되었다.

이처럼 성폭력 범죄에 대한 언론보도가 피해자의 고통을 가중시킬 수 있다는 문제의식 하에, 언론보도로 인한 2차 피해를 막기 위한 보도 가이드라인이 만들어졌다. 2012년 성폭력 범죄 보도 세부 권고 기준이 만들어졌고, 2014년 만들어진 가이드라인은 미투 운동 국면에서 2018년 "성폭력·성희롱 사건보도 공감기준 및 실천 요강"으로 개정되었다. 동 가이드라인은 "언론은 성폭력·성희롱 사건 및 피해자에 대한 잘못된 사회통념이 언론보

---

15 정대현, "피해자다움을 왜곡한 안희정 1심 무죄 판결의 부당성", 『여성학논집』 제35권 2호, 2018, 96-97면.

16 최진주, "2030 남성 33% "성폭력, 피해자 책임" 또래 여성과 인식차 커", 『한국일보』 2018.04.05. http://hankookilbo.com/v/66081cb896a44747ade1976813a2fb53

17 이미경, "#미투(MeToo)운동을 통해 본 법과 현실의 괴리", 『경제와 사회』 120호, 2018, 26면.

도를 통해 확산되지 않도록 유의해야 한다."라고 당부하고 있으나, 안희정 전 지사의 성폭력 범죄와 관련한 1심 재판, 2심 이후의 여러 사안에 대한 보도들은 심각한 수준으로 피해자다움의 통념을 강화하면서 피해자를 비난하는 담론을 사회적으로 유통시키는 것에 일조했다.

## Ⅲ. 온라인 공간의 말들과 2차 피해 가중

이처럼 1심과 2심 재판 이후의 일련의 가해자 측이 보여주는 증언 내용과 SNS 이용 방식은 이러한 사회의 성폭력에 대한 미숙한 이해에 편승하면서 위력이라는 권력 구조의 문제를 연애 감정 문제로 바꾸어버리는 효과를 갖게 된다. 그리고 이러한 전환 속에서 대중들이 이러한 정서 구조가 익숙하다는 이유로 적극적으로 조응하면서 피해자를 비난하는 댓글을 썼다. 특히 뉴스 댓글의 경우, 소위 추천수가 많은 댓글은 절대적으로 가해자의 가족이 강조하는 피해자다움의 통념에 의거한 비난을 그대로 받아들이는 내용으로 구성된 경우가 많다. 이러한 댓글은 한편으로는 여론의 지표로 여겨진다는 점에서 심각한 2차 피해를 야기한다. 조사 결과에 따르면 기사에 대해 다른 사람들이 어떻게 생각하는지 궁금해서 댓글을 읽는 사람들의 비율이 84% 정도로 나온다.[18] 결국 이렇게 피해자다움의 틀로 피해생존자를 비난하는 댓글이 추천을 받아 상단에 오르게 될수록, 사람들이 피해자가 '진정한' 피해자가 아니라고 여기면서 이와 관련해서 자신이 자주 가는 온라인 공간에 관련된 의견을 표명할 확률이 높아지게 된다.

사실상 이 의견 표명의 구조는 자신이 가지고 있는 문화적 경험과 신념들에 근거할 수밖에 없다. 실제로 해당 재판을 직접 방청한 것도 아니고, 관련된 법적 지식을 충분히 갖고 있는 것도 아닌 대중들은 대체로 언론을 통해 제시된 단편적 정보를 자신이 갖고 있는 기존의 문화적 신념과 공명하여 해석하며 이에 대한 자신의 의견을 밝힌다. 2015년 메르스 갤러리 사

18 김선호, 오세욱, 『포털 뉴스서비스 및 댓글에 대한 인터넷 이용자 인식 조사』, 한국언론진흥재단, 2018, 9면.

건 이후 한국사회에서 여성의 권리를 주장하고 성평등을 이루고자 하는 목소리가 커짐에 따라, 이에 대한 일종의 백래시 즉 페미니즘의 목소리를 여성의 이기적인 주장으로 치부하고 페미니즘 자체를 악으로 규정하는 등의 문제가 나타나고 있다. 이에 따라 미투 운동을 판별하면서 특정한 사안을 미투가 아니라고 부인하려는 시도가 계속되는 중인데, 안희정 전 충남도지사의 성폭력 범죄와 관련하여서도 마찬가지이다. 이러한 맥락에서 대중들이 경쟁적으로 댓글을 달고 추천하는 가운데 반복되는 내용은 피해자가 성폭력 피해자답지 않다는 통념에 근거한 주장들, 피해자는 진짜 피해자가 아니라 거짓을 말하고 있다는 의견이고 이것이 피해자의 고통을 가중시킨다. 이는 그저 표현의 문제라기보다는 한국 사회에서 성폭력 피해가 어떻게 이해되고 있는가를 상징적으로 가장 명확하게 드러내 준다. 그리고 온라인 공간에 전시되는 댓글이나 게시물은 대체로 긴 시간 남아 있으면서 공개적으로 이 문제적 통념이 일반인들에게 자연스럽게 받아들여지고 있음을 목격하게 한다. 그 효과는 성폭력 범죄 신고를 어렵게 만들고 신고 후에도 관련 절차를 고통스럽게 경험하게 되어 법적 정의 실현을 포기하기 쉽도록 만드는 사회적 압력이 되는 것에 있다.

온라인 공간에서 다양한 형태로 이루어지는 폭력은 해당 공간의 특성, 즉 빠른 유포 및 영속적 성격에 의해 그 효과가 기존의 오프라인에서 이루어지는 폭력과는 다른 양상으로 나타난다. 이러한 맥락에서 '악플' 담론이 형성되었고 연예면이나 스포츠면에서는 댓글을 현재 달 수 없게 되어 있다. 이러한 조치를 확대하는 것을 고려할 수 있다. 전국언론노동조합이 2023년 발간한 '젠더보도가이드라인'에서는 성폭력 범죄 피해생존자의 안전과 2차 피해 예방을 위해 언론사 자체적으로 관련 보도에서 댓글창을 제공하지 않는 것을 권고하기도 하였다.[19] 이는 언론사 입장에서 댓글 확인을 위한 조회수를 일정 정도 잃게 되는 일이므로 다수의 언론사들이 이를 채택하지 않고 있다. 그러나 언론으로 인한 2차 피해를 예방한다는 맥락에서는 사실

19 전국언론노동조합, 『젠더보도 가이드라인』, 2023, 44면.

상 가장 중요한 조치일 수 있다.

성인지 감수성은 관련 사안의 법적 판결에만 요구되는 것이 아니다. 이와 같은 언론 보도의 문제와 온라인 댓글의 문제를 미루어 볼 때 대중들의 인식 고양 역시 중요한 과제가 되고 있다고 할 수 있다. 성인지 감수성은 우리가 가지고 있는 기존 인식 구조가 이중적 성규범에 근거하고 있다는 점, 사회적 지위에 따른 관계적 특성을 고려할 필요가 있으며 하나의 통일된 피해자 상은 없다는 점을 충분히 인식한 가운데 피해자의 관점을 헤아릴 수 있어야 한다는 요청이기도 하다. 성폭력은 피해자의 경험에서 어떻게 해석되는지, 그리고 피해자의 말과 대응에서 추론할 수 있는 구조적 요인이 무엇인지에 대한 이해가 필요하며 언론에 보도되는 내용이나 몇 가지 이야기를 듣고서는 진짜 성폭력 피해 여부를 판별할 수 있다는 잘못된 위치 선점이 어떤 문제를 일으키는가를 성찰적으로 바라보려는 노력이 중요하다.

# 18. 가정폭력 "피/가해자"의 탄생 : 가정폭력 피해자의 처절한 사적 구제*

김 현 경 (서울중앙지방검찰청 검사) · 양 현 아 (서울대학교 명예교수)

이 글은 가정폭력 피해자가 국가의 법적 구제를 받지 못하다 가정폭력 가해자를 사망하게 하는 경우인 '가정폭력 피해자에 의한 가해자 사망'을 다루고 있다. 특히 피해자였다가 도리어 가해자가 된 주체를 가정폭력의 '피/가해자'로 명명하고, 이러한 복합적 주체를 우리 법이 어떻게 바라보고 있는지에 주목하였다.

먼저, 주로 살인죄로 기소되는 피/가해자에 대한 재판 과정을 검토하면서, 정당방위와 심신장애 판단 과정을 살펴보았다. 우리 법원은 정당방위 판단에서 동등한 힘을 가진 남성을 그 주체로 상정함으로써 가정폭력 피해자가 놓인 침해의 현재성을 인정하지 않고, 가정 내 공격에 대한 사회 윤리적 제한을 이유로 방위행위의 상당성을 부정한다. 심신장애 판단에서는 미국의 피학대여성 증후군(Battered Woman Syndrome)을 수용하지만, 피/가해자의 '피해자성'에만 주목함으로써 능동적으로 행동했던 피/가해자의 주체성을 오독하고 있다고 보인다.

이 복합적 주체가 탄생된 맥락을 이해하기 위하여는, 그 주체의 가정폭력 피해와 이를 둘러싼 국가의 이해 및 대응을 살펴볼 필요가 있다. '가정폭력처벌법'은 가정 보호를 그 목적으로 삼아 보호 가치를 혼돈하고 있고, 법 집행기관은 가정폭력을 용인하고 사소화함으로써 적극적인 구제를 행하지 못한다. 가정폭력에 대한 몰이해에 바탕한 국가의 대응이 피해자가 어떠한 해결책도 찾지 못하다 가해자를 살해하는 강요된 선택으로 이어진다. 결국 피/가해자의 선

* 이 글은 김현경 · 양현아, "가정폭력 '피/가해자'의 탄생: 가정폭력 피해자의 처절한 사적 구제", 『공익과 인권』 통권 제12호, 서울대학교 공익인권법센터, 2012, 73-104면을 요약 · 일부 수정한 것이다.

택은 법적 절차가 정지한 곳에서 행한 '처절한 사적 구제'라고 이해할 수 있을 것이다. 이 글에서는 이러한 복합적 주체의 목소리에 주목하여 국가의 가정폭력에 대한 적극적 대응을 요청하고, 피/가해자를 처벌하는 것을 넘어서 치유하고 회복하는 사법의 필요성을 강조하고자 하였다.

## Ⅰ. 서론

가정폭력에 대한 문제 제기가 꾸준히 이어지면서 1998. 7. 1. 가정폭력방지및피해자보호등에관한법률(이하 '가정폭력방지법'이라 함) 및 가정폭력범죄의처벌등에관한특례법(이하 '가정폭력처벌법'이라 함)이 나란히 시행되었고, 가정폭력 근절을 위한 움직임도 지속되어 왔지만, 누적된 가정폭력 피해가 가해자의 사망이라는 결과로 드러나는 일은 드물지 않다. 이 글에서는 먼저 어떻게 불러야 할지도 모르는 이 복합적 주체를 '피/가해자'라고 명명하고자 한다. 그리고 우리 법에서 가정폭력 피해자이자 살인 사건의 가해자가 된 이 여성[1]을 어떻게 바라보고 있는지를 살펴보고자 한다.

가정폭력 피해자에 의한 가해자 사망 사건은 통상 가해자가 피해자를 구타하고 있는 전형적 대치 상태가 아닌 상황에서 발생한다는 점에서 살인죄로 기소되는 경우가 대부분이다.[2] 살인죄로 기소된 피/가해자를 방어하기 위한 논리는 주로 형법상 정당방위를 주장하거나 심신장애를 주장하는 것으로 나뉜다. 그러나 법적 사고 바깥에 있는 가정폭력의 특수성에 대한 고려와 피/가해자의 경험을 반영하기 위한 노력은 부족한 것으로 보인다.

---

1 가정폭력이 남성의 여성에 대한 폭력에만 한정되지는 않지만, 여성 배우자가 피해자의 압도적 다수를 이루는 것은 부정할 수 없는 사실이다. 이 글에서 가정폭력은 성중립적이고 몰성적인 개념이 아니라, 현실에서 성별에 기반하여 행해지는 여성에 대한 폭력에 한정된다. 양현아, "가정폭력에 대한 비판적 성찰: 젠더폭력 개념을 중심으로", 『가족법연구』 제20권 제1호, 한국가족법학회, 2006, 1-2면 참조

2 이는 가정폭력 가해자가 오랫동안 지속적으로 가정폭력을 행사하다가 피해자가 사망하는 경우에는 폭행치사나 과실치사로 다루어지는 것과 대비된다. 고미경, "「가정폭력피해자에 의한 가해자사망 사건」 지원 과정에서 현장 활동가들이 본 문제점과 제안", 『한국여성의전화 주최 여성폭력 피해자의 사법정의 실현을 위한 토론회 자료집: 인권과 정의의 관점에서 본 「가정폭력피해자에 의한 가해자 사망사건」』, 2012 참조.

웨스트(R. West)는 여성의 고통은 어떤 이유에서든지 법적 구제 범위의 바깥에 있다고 고발하면서 가정폭력은 사적인 일로 치부되어 왔다고 밝힌 바 있다.[3] 가정폭력은 오랜 기간 관계가 지속되고, 폭력이 연속적으로 행해지며, '친밀한' 공간 속에서 일어난다는 점에서 비가정폭력보다 그 정도가 더욱 심각하다.[4] 그러나 가정 내 폭력을 드러내는 일은 부끄러운 일로 여겨져 피해자를 침묵하게 하기도 하고, 이혼과 같이 관계가 재정립되는 결정을 요하기도 하여 비가정폭력보다 적극적 대응이 쉽지 않을 수 있다. 이처럼 내밀한 공간에서의 폭력을 방지하기 위하여는 이를 범죄로 인식하고 처벌하려는 사회와 국가의 노력이 필수 불가결하다 할 것이다.

그러나 오히려 가정폭력은 가정 안의 일이라는 이유로 너무 쉽게 용인되거나 사소화되어 왔다. 가정 내 폭력에 대하여도 법이 개입을 자제한다면, 가정은 인권과 정의가 작동하지 않는 공간으로 남아 피해자의 인권도 보장받지 못하게 된다. 결국 처벌되지 않는 가정폭력이 지속되다가 가해자의 사망이라는 결과로까지 이어지는 것이다.

이 글에서는 먼저 법정에 선 가정폭력 피/가해자를 우리 법원이 어떠한 시선으로 바라보고 있는지를 검토하면서, 피/가해자의 행위에 대한 정당방위와 심신장애 판단 과정을 살펴보겠다. 다음으로 가정폭력에 대한 법과 국가기관의 시각을 살펴보면서 가정폭력 피/가해자가 탄생하는 지점을 탐색하고자 한다. 마지막으로 가정폭력에 대한 깊은 고민에 바탕하여 이 복합적 주체의 목소리를 듣기 위한 노력이 필요하다는 사실을 이야기하고자 한다.

3 로빈 웨스트, "여성의 쾌락적 삶에 있어서의 차이: 페미니즘 법이론에 대한 현상학적 비판", 양현아 외 편역, 『평등, 차이, 정의를 그리다－페미니즘 법이론』, 서울대학교 출판문화원, 2019, 84-85면

4 양현아, 앞의 글, 24-32면 참조

## Ⅱ. 가정폭력 피/가해자를 바라보는 법원의 시각

### 1. 정당방위 판단－침해의 현재성과 방위 행위의 상당성(사회 윤리적 제한)

법정에 선 가정폭력 피/가해자에 대하여 법원은 먼저 위법성 조각사유인 정당방위(형법 제21조)를 고려한다. 우리 법에서는 정당방위의 요건으로 1) 자기 또는 타인의 법익에 대한 현재의 부당한 침해가 있을 때 2) 방위행위가 3) 상당한 이유를 가지고 행해질 것을 제시하고, 이 중 상당한 이유는 방위행위의 필요성과 사회 윤리적 제한이라는 두 가지 요건으로 나타난다. 우리 법원은 먼저, 침해의 현재성을 인정하지 않고 다음으로 사회 윤리적 제한을 이유로 방위행위의 상당성을 인정하지 않음으로써 정당방위를 인정하지 않고 있다.

먼저, 침해의 현재성 개념에 대하여는 침해 행위의 누적성을 종합적으로 고려할 때 가정폭력 피해자는 생명 또는 신체에 대한 심각한 침해와 위협 하에 놓여 있다는 점을 근거로 이러한 피해자가 최후 수단으로 반격을 선택했을 때 정당방위가 인정되어야 한다는 주장[5]이 지속적으로 제시되어 왔다. 그러나 법원은 가정폭력에서의 전형적 대치 상태가 아닌 상황에서 정당방위를 인정하지 않는다. 이러한 법원의 태도는 형법상 불법－책임 이원론에 의하면 위법성 판단 단계에서는 행위자의 주관적 개성이 아닌 행위의 객관적 성질만을 놓고 판단한다는 점에 기인한다. 행위의 '객관적' 성질을 놓고 판단할 때에는 정당방위 상황에서 동등한 힘을 가진 주체를 놓고 상상하여 침해가 목전에 닥칠 때(칼을 자신의 신체에까지 들이대는 상황)만을 침해가 현재적이었다고 판단하게 되는 것이다. 오랜 동안 생명과 신체에 대한 위협에 시달린 가정폭력 피해자는 정신적으로도 신체적으로도 약자의 위치에서 자신을 방어하기 위해 대치 상태 이전에 행위를 하게 되는데, 이는 우

5 한인섭, "가정폭력피해자에 의한 가해자 살해: 그 정당화와 면책의 논리", 『법학』 제37권 제2호, 서울대학교 법학연구소, 1996 참조

리 법원의 상상에서 배제되어 있다고 보인다.

사회 윤리적 제한론에서도 피/가해자는 법이 상상하는 주체에서 배제되어 있다. "가정공동체는 사랑의 공동체이며 사회의 기본적 구성단위를 이루기에 가족공동체 내에서 법과 불법을 논하고 정당방위라는 강렬한 조치를 허용하는 것은 가능한 한 자제되어야 한다"[6]는 사회 윤리적 제한의 논리는 가정폭력에 대한 정당방위를 원천적으로 차단한다. 이처럼 가정을 추상적인 사랑의 공동체로 상상한다면 실재하는 가정폭력 피해에는 둔감해질 수밖에 없다. 또한 가정을 사회의 기본적 구성단위로서 보호되어야 할 공동체라고 이해할 때, 오히려 가정폭력의 가해자가 사회 윤리적으로 준수하여야 할 배려의무를 심각하게 훼손하였다는 점 역시 지적되어야 한다. 그리하여 사회 윤리적 제한론은 가정이라는 공간의 일면에만 주목하였고, 가정폭력 피/가해자의 구체적 현실에서는 유리되어 있다고 보인다.

### 2. 심신장애 판단 – 피학대여성증후군(Battered Woman Syndrome)

우리 법원은 미국에서의 피학대여성증후군(Battered Woman Syndrome)[7] 논의를 주로 형법 제10조 상의 심신상실과 심신미약을 판단하는 과정에서 수용한다. 워커(L. Walker)는 가정폭력 피해자가 왜 적극적으로 결혼 생활을 종결짓지 않느냐는 질문에 피학대여성의 심리적 상태를 설명하면서, 그녀가 피해자화(victimized)되어 학습된 무기력(learned helpness)을 습득한다고 본다.[8] 폭력의 순환 이론에 따르면 폭력은 긴장 조성(tension building), 극심한 폭력(acute battering incident), 화해(calm loving respite)로 이루어진다.

먼저 긴장 조성 단계에서는 일상의 작은 일에 트집을 잡거나, 언어적

6 신동운, 『형법총론』, 법문사, 2010, 278면

7 Battered Woman Syndrome은 매맞는 여성 증후군, 매맞는 아내 증후군, 피학대여성증후군 등의 용어로 번역된다. 가정폭력에서의 폭력이 단순히 물리적인 것에 한하지 않고, 언어적, 심리적 폭력 등 다양한 형태로 나타난다는 점, 법률혼 관계가 아닌 사실혼 등 다양한 관계에서 폭력이 발생할 수 있다는 점에서 이 글에서는 '피학대여성증후군'이라는 용어를 사용하기로 한다.

8 Lenore Walker, 『The Battered Woman』, HarperCollins, 1979; Lenore Walker, 『The Battered Woman Syndrome』, Springer, 1984

폭력 등의 약한 폭력이 나타난다. 다음 극심한 폭력 단계에서는 첫 번째 단계에서 조성된 긴장이 본격적인 폭력으로 드러난다. 긴장 조성이 언제, 어떻게, 왜 폭력으로 이어지는지는 가해자만이 결정할 수 있고 끝나는 것 역시 가해자에 의해 결정된다. 화해 단계에서 가해자는 용서를 구하고 반성하는 태도를 보이며 피해자에게 자신이 달라질 것이라고 약속한다. 그러나 폭력은 다시 반복되고, 이러한 형태가 지속적으로 순환되며 피학대여성은 신체뿐 아니라 생명에 대한 위협도 느끼면서 가해자가 자신을 죽일 수도 있다는 생각을 하게 된다. 이런 상황 속에서 여성은 학습된 무기력 상태에 놓이는데, 이는 셀리그만(Seligman)이 실험실의 개에게 반복적으로 전기충격을 가하면 개가 고통스러운 상황에서도 탈출하려는 시도를 못 하게 된다고 설명한 것과 같이 피학대여성 역시 반복되는 폭력 속에서 이에 대응하려는 의지가 약해지고 폭력 상황에서 벗어날 수 없다는 일종의 심리학적 마비(psychological paralysis) 상태에 놓이게 된다는 것이다.

미국 법원에서는 전문가 증언을 통해 피학대여성증후군 이론을 받아들였고, 정당방위로 인한 위법성 조각이나 강요(duress)로 인한 책임 조각을 주장하거나, 심신미약(diminished capacity)이나 심신상실(insanity)을 주장할 때, 양형사유나 피학대여성의 진술의 신빙성(credibility)을 증명할 때에도 널리 쓰이고 있다.[9] 한국 법원에서는 1990년대 초반부터 외상후 스트레스 장애를 근거로 심신미약을 인정하다가[10] 이후 판결문에 피학대여성증후군이라는 개념이 명시적으로 등장하기 시작하였다.[11] 대전지방법원 2006. 10. 18. 선고 2006고합102 판결에서는 "10여 년 동안 지속적이면서도 일방적으로 피해자로부터 당해 온 가정폭력이나 학대 때문에 형성된 '중등도 우울증 에피소드' 또는 그로 인한 충동조절의 장애 등으로 말미암은 심신미약의 상태"를 인정하면서 집행유예를 선고한 바 있다.

9 강우예, "피학대여성의 행위에 대한 가벌성 검토에 있어 피학대여성증후군의 가치에 관한 연구", 『피해자학연구』 제18권 제2호, 한국피해자학회, 2010, 404-409면 참조.

10 대전지방법원 2006. 10. 18. 선고 2006고합102 판결.

11 김지영 · 강우예 · 김성규, 『남편살해 피학대여성의 사회심리적 특성에 따른 형법적 대응방안』, 한국형사정책연구원, 2010, 250면.

그러나 위법성 자체가 조각되어 적법한 상황으로 평가받는 정당방위와 달리, 심신장애가 인정되는 경우는 그 행위의 불법은 인정하지만 행위자의 특수한 사정 때문에 책임을 조각할 뿐이다. 따라서 피학대여성증후군이 인정되어 심신장애로 판단되면 양형상 이점은 있겠지만 피/가해자가 겪은 가정폭력의 불법성이나 부당함은 제대로 평가받지 못하고 피/가해자의 행위는 불법한 행위 그 자체로 남게 되는 것이다. 또한 피/가해자는 비합리적이고 정신 장애를 겪는 사람으로 여겨지고, 무력한 피해자로서의 이미지만 극대화될 가능성이 있다는 의견도 있다.[12] 사실 가정폭력 피/가해자는 단순히 무력하고 병을 앓는 사람이 아니었으며, 대부분 생활력이 강하고, 자신의 삶을 영위해 나가는데 적극적이었으며, 자녀를 위해 살아가는 억척스러운 여성들이었다고 보고된다.[13] 그러나 법원은 피/가해자의 '피해자성'에만 천착함으로써 그들의 능동적인 '행위자성'은 보지 못하게 되고, 전형적이고 박제된 피해자만이 남게 된다.

### 3. 소결: 피/가해자의 목소리 부재

여기서 법정에 선 피/가해자는 딜레마에 놓이게 된다. 위법성 조각사유를 판단하는 단계에서 법원은 피/가해자가 겪은 가정폭력에 대한 이해나 상상 없이 판단함으로써 피/가해자의 행위에 대하여 불법하다는 평가를 내린다. 책임 단계의 판단에서 전형적인 피해자성을 부정하고 피/가해자의 능동적인 행위자성에 주목하여 변호한다면 이는 피/가해자에게 확정적 범의를 인정한다는 오해를 낳을 수 있고, 피학대여성증후군을 주장하면서 피해자성에 주목한다면 가정폭력의 누적적 피해가 낳은 피/가해자의 합리적인 선택은 병리적인 선택으로만 이해되고 가정폭력의 불법성은 드러나지 못한다. 이와 같은 딜레마 속에서 현재의 법원은 지속되는 가정폭력을 벗어나기 위해 행위한 피/가해자의 목소리를 놓치고 있다고 보인다. 피/가해자가 위치한 지형을 이해하기 위하여는 피/가해자가 계속하여 폭력의 순환을 감당

12 강우예, 앞의 글, 421면

13 김지영 · 강우예 · 김성규, 앞의 책, 201면.

하는 동안, 그 폭력으로부터 국민을 보호하여야 하는 법과 국가가 어떠한 역할을 하였는지를 살펴볼 필요가 있다.

## Ⅲ. 가정폭력의 방치: 법과 국가의 부재

### 1. 가정폭력처벌법의 가치 혼선: 가정보호

1998년 가정폭력방지법과 가정폭력처벌법이 나란히 시행되었으나, 그 시행 이후에도 가정폭력 피해자들의 대응은 여전히 소극적이고 사법기관이나 민간 전문단체들의 전문적이고 체계적인 도움을 받지 못하는 것으로 평가되었다.[14] 그 원인으로 먼저 가정폭력 관련 법들이 그 지향하는 가치를 혼선하고 있다는 점을 들 수 있다. 가정폭력처벌법 제1조에서는 "가정폭력범죄로 파괴된 가정의 평화와 안정을 회복하고 건강한 가정을 가꾸며 피해자와 가족구성원의 인권을 보호함을 목적"으로 한다고 정한다. 처벌법 제정 시에는 가정의 보호만을 목적으로 하고 있었으나[15] 2002년 개정으로 '피해자와 가족구성원의 인권 보호'가 추가되었다. 가정폭력을 종식시키고 피해자를 보호하기 위하여는 폭력에 대한 적극적 대처와 재발 방지가 필요함에도 '건강한 가정 육성'이라는 목적이 여전히 자리잡고 있어 법의 작동 방향을 어지럽히고 있다고 보인다.

가정폭력처벌법 제9조 제1항에서는 "검사는 가정폭력범죄로서 사건의 성질·동기 및 결과, 가정폭력행위자의 성행 등을 고려하여 이 법에 따른 보호처분을 하는 것이 적절하다고 인정하는 경우에는 가정보호사건으로 처리할 수 있다. 이 경우 검사는 피해자의 의사를 존중하여야 한다."고 정한다. 실제 제9조가 운용되는 과정에서 피해자의 의사란 주로 피해자의 '이혼

14 이호중, "가정폭력범죄의 처벌에 관한 특례법 10년의 평가", 『형사정책연구』 제19권 제3호, 한국형사정책연구원, 2008, 130면.

15 구 가정폭력범죄의 처벌 등에 관한 특례법(법률 제5436호) 제1조(목적) 이 법은 가정폭력범죄의 형사처벌절차에 관한 특례를 정하고 가정폭력범죄를 범한 자에 대하여 환경의 조정과 성행의 교정을 위한 보호처분을 행함으로써 가정폭력범죄로 파괴된 가정의 평화와 안정을 회복하고 건강한 가정을 육성함을 목적으로 한다.

의사' 즉 가해자와 계속 혼인관계 내지 동거관계를 유지할 것인가 여부에 초점이 맞추어진다. 법집행 과정에서 피해자가 진정 원하고 필요로 하는 것이 무엇인가를 탐색하고 그것을 반영하는 것이 아니라 기계적으로 피해자의 이혼의사를 묻고 이에 따라 사건을 처리하는 경향이 나타나는 것이다.[16] 그러나 사실 피해자의 이혼의사와 처벌의사는 반드시 일치하지는 않고,[17] "같이 살 생각이 있으므로 적극적 해결을 위해 처벌을 원하는" 경우와, "이혼할 생각이기에 아예 처벌을 원치 않는" 경우 등이 다양하게 나타날 수 있다. 그러나 가정의 보호를 전면에 내세운다면 피해자의 의사는 결혼생활의 유지나 종료 외의 다른 것으로 읽히기 어렵다.

이는 우리 법과 사회가 가정을 추상적인 보호의 공간으로만 상정하고 폭력의 공간으로서의 가정에 대하여 구체적인 고민을 게을리하여 왔음을 보여 준다. 가정폭력의 피해자는 가해자에게 적절한 처벌 또는 처분이 이루어지고, 더 이상의 폭력을 종식시키며, 자신의 인권을 보호받기를 희망할 것이고, 이는 가정의 유지 결정 또는 '화해' 이전에 이루어져야 하는 조치일 것이다. 그러나 건강한 가정 육성이라는 이름 앞에 피해자의 인권 보호는 부차적이 되고야 만다.

### 2. 검 · 경찰의 가정폭력 이해: 법적 사소화

가정폭력처벌법에서는 가정폭력에 대하여 신고를 받은 사법경찰관리의 응급조치, 긴급임시조치 및 검사의 임시조치 등 구체적으로 가정폭력에 신속히 대응할 수 있는 절차를 마련하였고, 가정폭력에 대하여 국가가 실효성 있는 개입을 하여야 한다는 문제의식을 반영하고자 하였다. 그러나 이러한 법 제도가 마련되어도 실제 이를 집행하는 수사기관에서 가정폭력의 특수성과 심각성에 대하여 인식하지 못한다면 적절한 대응은 어려울 수밖에 없다.

16 이호중, 앞의 글, 157면.

17 김정혜, "가정폭력범죄의 처리에서 '피해'와 '처벌불원'의 의미–아내폭력 피해자 증언을 중심으로", 『젠더법학』 제1권 제2호, 한국젠더법학회, 2009, 170면.

2012년 4월 수원에서 발생한 20대 여성 살해 사건에 대해 경찰은 '부부싸움이라 생각해 출동이 늦어졌다'는 입장을 내놓은 적이 있으며, 같은 해 6월 17일 가정폭력 피해 여성이 112에 신고했으나 가해 남성에게 전화를 걸어 피해 사실을 묻고 그 남성이 "신고한 사실이 없다"고 하자 출동조차 하지 않아 피해자는 갈비뼈와 허리뼈가 부러지는 중상을 입었다.[18] 2012년 2월 11일에는 경찰이 가정폭력 피해 신고 이후 상황을 청취하고 나가면서 "가정사니 셋이 말로 해결해 보라."고 돌아가려 하자 피해자가 "살인사건 나요, 그냥 있어요."라고 하였음에도 경찰이 돌아간 후 결국 피해자는 흉기에 찔려 사망하였다.[19] 이처럼 수사기관에서 가정폭력을 '부부싸움'이나 '가정사'로 칭하며 사소화함으로써, 가정폭력에 대한 법적 구조 책임을 게을리한다면 가정폭력방지법상 조치들이 마련되어 있다 해도 제대로 작동되기 어렵다.

가정폭력 범죄에 대한 충분하지 못한 제3자 개입은 피해자에게 재피해 위험을 증가시킬 수 있다는 점에서[20] 가정폭력 신고를 받고 출동한 수사기관에서 피해자 보호 조치를 제대로 취하지 않는다면 그 이후에 피해자는 더 심한 폭력을 마주할 수밖에 없다. 이러한 사실을 경험한 피해자들은 가정폭력 신고 자체를 꺼리게 되어 가정폭력은 더욱 더 은폐되는 문제에 빠진다. 또한 가정폭력 피해자는 폭력적 관계로부터 분리 이후 가해자에 의해 쫓기거나 괴롭힘을 당하거나 더 심한 공격을 당하는 '분리 후 여성폭력(postseperation women abuse)'[21]의 위협에 놓여 있다. 자신이 학대 관계를 떠나려고 시도한다 해도 가해자의 폭력이 이어질 때에 국가기관이 피해자나 그 가족을 보호해 줄 수 없다는 생각은 결국 국가의 도움을 청하지 않고 학대남성을 떠나지 못하는 결정으로 이어진다.

---

18 여성폭력추방공동행동(여성폭력추방공동행동 블로그), 여성폭력 피해자 112 구조 요청 외면한 경찰 직무유기에 대한 공동고발 기자회견 보고드립니다, 2012. 7. 25. http://antiviolence.kr/24 (최종접속일: 2012. 11. 25.).

19 브레이크뉴스, "경찰 아저씨 현장 떠나면 살인사건 난다", 2012. 4. 25. http://breaknews.com/sub_read.html?uid=210043&section=sc2 (최종접속일: 2025. 5. 30.).

20 김은경, 『가정폭력범죄 대응동향과 정책제언』, 한국형사정책연구원, 2003, 44면.

21 양현아, 앞의 글, 37면.

더하여 이처럼 가정폭력을 실질적으로 방치하는 국가기관의 용인 속에서 가정폭력은 제대로 신고되거나 포착되지 못한 채 방치된다. 피해를 포착하고 남겨야 할 국가기관이 의무를 소홀히 함으로써 그 피해는 기록되는 것이 아니라 오히려 망각되는 것이다. 때문에 살인죄로 기소된 피/가해자는 그 가정폭력 피해를 증명할 수 있는 증거가 부족하여 스스로를 제대로 방어하지도 못하는 상황에 놓인다.

### 3. 소결: 가정이라는 공간에 대한 이해의 필요

위에서 살펴 본 법과 국가기관의 태도는 근본적으로 가정을 단순히 보호해야 하는 공간으로만 여기는 왜곡된 이해에 기반하고 있는데, 가정폭력에 대한 실효성 있는 대처를 위하여는 이에 대한 재고가 필요하다.

앞에서 살펴 본 것처럼 가정폭력은 가정이라는 경계 안에서 은밀하고 폐쇄적으로 행사되어 오히려 그 위험성이 크다. 일상적·지속적·반복적으로 이어지며 물리적인 폭행뿐 아니라 언어적, 경제적, 정서적, 성적 폭력 등 다양한 양상으로 나타나고 있다. 이러한 가정폭력에 대하여 가정 안에서 여성을 통제하는 수단으로 이용되어 왔다는 점에서 국가에 의한 고문과 같은 가혹행위에 해당한다고 보는 의견도 있다.[22] 사적이고 내밀한 영역에서 이루어지는 폭력이므로 이를 포착하기도 쉽지 않고, 사생활을 드러내야 하므로 법과 국가기관의 도움을 받는 것에 어려움을 느낄 수도 있다. 이러한 어려움에도 불구하고 법의 도움을 구하는 때에 수사기관이 이를 사소화하고 미온적으로 대처하여 피해자를 보호하지 못하고 재피해 위험만 높이거나, 가정의 보호를 우선시하여 피해자에게 가정 유지와 이혼 사이의 선택만을 강요하는 상황이 된다면 피해자들은 법과 국가에 도움을 구하는 일을 멈출 수밖에 없다. 실재하는 다양한 가정에 대한 인식과 고민을 멈추고 추상적인 사랑의 공간으로만 가정을 이해하고 가정 보호를 우선시한다면, 그 가정 안에서 폭력을 겪는 피해자를 방치하고 용인하는 것에 다름 아니라 할 것이다.

---

22 라드히카 쿠마라스와미, 법무부 여성정책담당관실 역, 『여성에 대한 폭력, 그 원인과 결과』, 27&28, 42, 1996, 양현아, 앞의 글, 19-20면에서 재인용.

## Ⅳ. 가정폭력 피/가해자의 탄생: 처절한 사적 구제

앞서 살펴 본 것처럼 피해자가 폭력의 순환을 감당하고 있을 때 폭력으로부터 피해자를 구조하고 보호하여야 할 법과 국가는 이를 사소화하고, 가정의 유지를 우선시하면서 피해자를 보호하지 못하고 폭력을 방치하는 상태가 된다. 이러한 맥락에서 볼 때 피해자는 단순히 학습된 무기력과 같은 심리상태에 빠졌기 때문이 아니라 국가와 사회의 도움을 받지 못하고 가정 내에서도 밖에서도 고립되었기 때문에 가정을 떠나지 못한다. 국가가 피해자를 보호하지 못하는 상황에서 가정폭력 피해자는 "남편이 죽거나 내가 죽어야 이 사태가 끝난다"고 생각하게 되며 그것은 실제 가정폭력의 피해자 또는 가해자가 사망하는 것으로 끝을 맺는 수많은 사건들을 통해 증명된다. 끊어지지 않는 폭력의 순환고리 속에서 피해자는 그녀 자신을 지키는 것은 자신 외에는 어떤 대안(alternative)도 없음을 확신하게 된다.[23]

그러므로 가정폭력 피해자가 가해자로 화한, 피/가해자라는 복합적 주체성의 탄생은 결국 우리 사회와 법의 가정폭력 대처에 대한 "총체적 부실"을 나타낸다. 피해자의 신고, 경찰의 개입과 응급조치, 검찰과 법원의 임시조치, 전문가의 조사·심리, 법원의 판결로 이어지는 과정에서 어느 하나만이라도 제대로 작동했다면 가정폭력 가해자를 사망에 이르게 하는 극단적 비방이 나타나지는 않았을 것이다. 이러한 절차가 작동했다면 폭력 가해자의 사망 훨씬 이전에 훨씬 덜 극단적인 방법으로 가정폭력 피해자를 구조하고 폭력을 종식시킬 수도 있었을 것이다. 그러나 우리 사회에서 가정폭력 피해자가 가해자를 살해하는 데까지 나아가는 그 지난한 시간 동안 폭력을 종식시키기 위한 어떠한 온건한 메커니즘도 작동하지 않았고, 가정폭력 피해자는 폭력으로부터 자신을 구조하여야 할 법과 국가의 부재 속에서 홀로 외롭게 폭력에 대처해 온 것이다. 결국 피해자는 폭력의 순환 고리를 끊기 위해 남편을 살해하는 순간에 놓이게 되고, 이렇게 볼 때 가정폭력 피해자

---

23 Cynthia K, Gillespie, 『Justifiable Homicide: Battered Women, Self-defense, and the Law』, Ohio State University Press, 1989 참조.

의 가해자 살해는 법이 정지한 곳에서 피해자가 스스로 행한 처절한 사적 구제라고 해석한다.

가정폭력의 피해자는 오랜 가정폭력을 겪으며 가해자의 말과 행동, 숨소리에까지 민감하게 반응하는 동안 폭력에 대한 나름의 경험칙을 갖추게 된다. 따라서 피/가해자가 선택한 사적 구제는 가해자의 사망이 아니고서는 폭력 상태를 빠져 나올 수 없으며, 법의 처벌이 가정폭력의 지속보다 나은 상태라는 피/가해자의 나름의 합리성으로 이해될 수도 있다. 이제까지의 모든 구조요청에 응답받지 못하고 고립되어 있는 상태에서 자신만이 이 폭력을 끝낼 수 있을 것이라는 결정은 이 상황에서 합리적이다. 이는 피/가해자의 살해 행위의 '합리성'을 옹호하고자 하는 것이 아니라, 이러한 합리성이 오랜 가정폭력의 누적적 피해의 증거이며, 이러한 피해자에게 피해는 현재적이었다는 사실에 주목하는 것이다.

그러나 우리 법원은 불법-책임 이원론 하에서 특정한 주체만을 정당방위의 행위자로 상상함으로써 피/가해자의 가정폭력 경험을 통한 합리적이자 강요된 선택을 이해하지 못한다. 가정폭력 가해자가 잠든 상황에서 침해는 현재적이지 않고, 남편을 살해하려는 고의로 살인을 저질렀다고밖에 파악하지 못하는 것이다. 피/가해자가 피학대여성증후군을 겪는 병리적이고 비합리적인 피해자로만 이해될 때 이러한 피/가해자의 능동적인 선택은 오히려 피/가해자의 고의가 있었음을 강화시키고 양형 판단에서 불리한 요소로 작동하게 될 뿐이다. 결국 피/가해자는 양형상 고려를 받기 위해 심신장애가 있음을 주장할 수밖에 없고 피/가해자가 겪은 누적적 피해와 그의 주체성은 법정에서 제대로 드러나지 못하게 된다.

더하여 가정폭력 피해자의 가해자 사망 사건은 이제껏 가정폭력 피해자의 피해에 대해 제대로 응답하지 못했던 사법부의 총체적 부실을 드러내는 것이라면, 바로 그 법원 그 스스로가 심판의 대상이 되고 있는 사건이 아닐까 한다. 따라서 오히려 이 사건을 계기로 가정폭력 피해로부터 피/가해자를 구조해 내지 못한 경찰, 검찰, 법원의 실무에 대한 대책을 수립해야 할 것이라고 본다. 훨씬 이전에 법 제도를 통해 구조받았어야 할 피해자가 법정에 가해자로 섰다는 것은 그 피/가해자가 법과 사회의 집합적 책임을 홀로 짊어지고 있는 것이라 하겠다.

## Ⅴ. 결론

가정폭력 피해자가 진정으로 피해에서 해방된다는 것은 폭력을 종식시키고 그 피해를 치유함으로써 피해자로서의 위치를 벗어나는 일을 의미할 것이다. 그러나 가정폭력 피해자에 의한 가해자 사망이라는 극단적 결말은 사망한 가정폭력 가해자는 물론, 그 자녀와 가족들, 가정폭력 피해자까지 다시 한 번 깊은 상처를 입는 결과를 낳는다. 때문에 가정폭력 피/가해자는 3차 피해자화되었다고 볼 수도,[24] 피해자가 근원적인 의미에서 해방되지 못하고 스스로 또 다른 피해를 가했다는 의미에서 '자해'를 한 것이라고 볼 수도 있다. 법과 사회는 이러한 피/가해자의 혼종된 성격을 직시하고 이러한 사태를 방지하기 위한 실무적 대책에 부심하여야 할 것으로 보인다. 또한 이제껏 법적 구제 바깥에 내몰렸으며, 피고인의 신분이 되어서야 자신의 이야기를 할 수 있게 된 피/가해자의 목소리를 제대로 들으려는 노력이 절실히 요청된다고 여겨진다.

피/가해자의 목소리를 듣기 위하여는 첫째, 정당방위를 판단하는 데에 실존하는 구체적 행위자를 법의 상상 속 주체로 불러 들여 가정폭력 피/가해자가 현재적 침해에 노출되어 있다는 사실을 이해하여야 한다. 피/가해자가 속해 있던 가정의 구체적 모습을 고려할 때 사회 윤리적 제한론을 무차별적으로 적용하는 일 또한 지양해야 한다. 둘째, 심신장애의 판단에서도 우리 법원은 적극적으로 행위한 피/가해자에게는 심신미약을 인정하지 않는 등 피학대여성증후군을 수용하는 단계에까지도 이르지 못하고 있다. 이는 피/가해자를 무력하고 수동적인 '피해자'로만 이해하려고 했기 때문으로 보이는데, 피해자이자 행위자인 피/가해자의 복합적 주체성을 해독하기 위

---

24 김은주, "배우자살인에 관한 연구: 가정폭력 피해자의 3차 피해자화를 중심으로", 『사회과학연구』 제12권 제1호, 동국대학교 사회과학연구원, 2005 참조.

한 노력이 우리 법원에 필요하다고 본다. 강요된 피/가해자의 선택은 심신장애 뿐 아니라 기대가능성 등의 판단에도 고려될 수 있을 것이다. 셋째, 법정에서 피/가해자의 가정폭력 피해 경험을 드러내고 그 가정폭력의 누적적 피해를 재구성하기 위한 노력이 요청된다. 마지막으로 가정폭력 피/가해자라는 복합적 주체는 단순히 살인죄의 피고인으로서만 여겨져서는 안 되고, 이를 처벌하는 것을 넘어서 피고인을 치유하고 회복하기 위한 노력을 기울여야 한다고 본다. 법과 사회가 이러한 당사자들의 목소리에 제대로 귀를 기울일 때에 가정폭력의 종식과 진정한 피해 회복을 위한 길로 나아갈 수 있을 것이다.

# 19. 교제폭력범죄 대응을 위한 가정폭력처벌법 체계 개편 : 친밀관계 내 폭력 대응 법률로의 전환을 중심으로*

문 지 선 (경북대학교 법학전문대학원 부교수)

교제폭력의 심각성에 대한 문제 제기가 지속적으로 이루어지고 있지만 우리 법체계는 여전히 교제폭력을 일반적인 폭력범죄로 취급하고 있어 교제폭력 피해자는 마땅한 법적 보호장치 없이 재피해의 위험에 노출되어 있다. 교제폭력 대응을 위한 입법 시도가 2016년 이후 지속적으로 이루어졌으나 가정 보호를 내세우며 제정된 가정폭력처벌법의 본질적인 한계로 인해 입법은 지체되고 있다.

교제폭력범죄는 친밀관계 내 폭력이라는 점에서 가정폭력범죄와 본질적으로 같은 유형에 속하므로 가정폭력처벌법의 적용대상을 확장하여 교제폭력범죄를 규율하는 방식이 타당하다. 다만, 현행 가정폭력처벌법은 가정 보호를 입법목적으로 삼고 보호사건절차 중심의 구조를 갖추고 있어 이를 교제폭력범죄에 적용하기 위해서는 법의 핵심가치와 체계 전반을 재구성하는 작업이 선행되어야 한다. 구체적으로는 입법목적에서 가정 보호를 삭제하고, 형사책임을 면제하는 보호사건절차를 예외적 절차로 전환하며, 피해자 보호제도인 접근금지 등의 임시조치를 형사재판을 전제로 하는 형사절차상 제도로 개편하고, 반의사불벌죄 적용을 배제하는 방향으로 법체계를 개편할 필요가 있다.

이러한 체계 개편을 통해 가정폭력처벌법을 가정폭력과 교제폭력을 아울러 친밀관계 내 폭력 전반에 효과적으로 대응할 수 있는 법률로 전환하고 오랫동안 지체되어 온 교제폭력 대응 입법을 조속히 완성함으로써 교제폭력 피해자의 안전을 실질적으로 보장하는 시스템을 확립하고 나아가 친밀관계 내 폭력을 근절할 수 있는 제도적 기반을 마련하여야 한다.

---

* 문지선, “교제폭력범죄 대응을 위한 가정폭력처벌법 체계 개편 – 친밀관계 내 폭력 대응 법률로의 전환을 중심으로”, 『이화젠더법학』 제17권 제1호, 2025. 이 글은 위 논문의 일부를 발췌하여 수정한 내용이다.

## Ⅰ. 서론

최근 교제관계에 있는 남성에 의해 여성이 살인 등 중대한 범죄의 피해를 입는 사건이 지속적으로 발생하면서, 소위 '안전이별'이 사회적 화두로 떠오르고 있다.[1] 한국여성의전화가 2009년부터 매년 언론에 보도된 사건을 분석한 결과, 2024년 한 해 동안 데이트 관계의 남성 파트너에 의해 살해된 여성은 104명, 살인미수 등의 피해를 입은 여성은 198명에 달하며 피해자의 자녀, 부모 등 주변인도 51명이나 피해를 입었다.[2] 이는 2019년 같은 조사 결과 살인 및 살인미수 등 피해자 수가 총 92명 수준이었던 것에 비하면 약 3배 이상 급증한 수치이다. 또한, 경찰청 통계에 따르면 교제폭력에 대한 신고 건수는 2017년 36,267건에서 2023년 77,150건으로 약 2배 이상 증가해 교제폭력이 사회적 문제로 고착되고 있음을 보여준다.[3]

그럼에도 불구하고, 현재 우리 법체계는 교제폭력을 별도의 범주로 다루지 않고 여전히 일반적인 폭력범죄로 취급하고 있다. 교제폭력 피해자가 경찰에 신고하더라도 별도의 보호조치 없이 통상적인 수사절차만 진행될 뿐, 가해자의 접근이나 재범을 막기 위한 법적 보호장치는 마련되어 있지 않다. 이로 인해 피해자는 자신의 안전을 스스로 지켜야 하는 현실에 놓여 있다.

이에 따라 교제폭력 가해자에 대한 접근금지 등 법적 보호조치를 마련

---

1 연합뉴스(2024. 5. 12.), "“몰래 이사해야 하나요”…연인과 '안전이별' 고민하는 사람들", https://www.yna.co.kr/view/AKR20240510137400004?input=copy (최종검색일: 2025. 6. 10.).

2 한국여성의전화는 정부의 공식 통계 구축을 촉구하면서 2009년부터 매년 언론보도를 분석하여 배우자 관계 또는 데이트 관계 등 친밀한 관계의 남성 파트너에 의한 여성 살해 사건을 분석해 발표해 왔다. 친밀한 관계 중 데이트 관계는 과거 또는 현재의 데이트 관계(동거, 소개팅이나 채팅, 조건만남 등 포함)를 의미한다. 사단법인 한국여성의전화 홈페이지, "2024년 분노의 게이지 : 언론 보도를 통해 본 친밀한 관계의 남성 파트너 및 일면식 없는 남성에 의한 여성살해 분석", https://hotline.or.kr/archive/?q=YToxOntzOjEyOiJrZXl3b3JkX3R5cGUiO3M6MzoiYWxsIjt9&bmode=view&idx=156503746&t=board&category=62A76J71CU (최종검색일: 2025. 6. 10.).

3 허민숙, "거절살인, 친밀한 관계 폭력 규율에 실패해 온 이유: 강압적 통제 입법화 중요성과 과제", 『이화젠더법학』 제16권 제3호, 2024, 230면.

하고 교제폭력에 효과적으로 대응할 수 있는 법체계를 구축해야 한다는 요구가 높아지고 있다. 그러나 교제폭력 관련 법률안이 2016년 19대 국회에서 최초로 발의된 이후 10년에 가까운 시간 동안 여전히 입법화에 성공하지 못하고 있고 국회에서는 제대로 된 논의조차 이루어지지 않았다.[4]

현재 교제폭력 대응 입법은 입법형식이라는 가장 기본적인 부분에 대한 합의조차 이루지 못한 채 기존 법률을 개정하여 교제폭력을 포섭할 것인지, 아니면 아예 별도의 법률을 제정할 것인지에 대한 논의 단계에서 정체되어 있는 상황이다. 그 배경에는 『가정폭력범죄의 처벌 등에 관한 특례법』(이하 '가정폭력처벌법'이라 한다.)이 친밀한 관계 내 폭력에 대응하는 법률로 기능하지 못하고 있다는 구조적 문제가 자리잡고 있다.

친밀관계 내 폭력(Intimate Partner Violence, IPV)은 혼인관계 여부와는 관련 없이 피해자와 애정에 기반하여 친밀한 관계를 맺고 있거나 맺었던 사람에 의한 폭력을 의미하며 현재 또는 과거의 배우자나 연인의 폭력이 이에 해당한다.[5] 친밀관계 내 폭력은 가해자와 피해자의 관계성으로 인해 피해자가 가해자에 대한 처벌의사를 갖더라도 끝까지 유지하기가 쉽지 않고 형사사법기관의 소극적인 대응 속에 사건은 형사사법절차를 벗어나거나 사소한 사건처럼 처리된다. 또한 사건을 신고하여 수사가 개시된 후에도 피해자의 안전을 지키는 절차가 진행되지 않으므로 피해자는 가해자와의 관계라는 틀 안에서 지속적인 폭력의 위험 속에 살아가게 되고 범죄를 신고하고 관계 단절을 시도했다는 이유로 오히려 더 큰 위험에 노출된다.

따라서 친밀관계 내 폭력에 효과적으로 대응하기 위해서는 범죄의 특

4 19대 국회에서 박남춘 의원이 '데이트폭력범죄의 처벌 등에 관한 특례법안'을 최초로 발의하였고 이후 관련 법안의 발의는 계속 이어지고 있지만 입법의 핵심 관문인 국회 법제사법위원회 소위원회의 법안 심사에 안건으로 상정되어 심층적인 논의를 하는 단계에까지는 이르지 못하고 있다.

5 친밀관계 내 폭력은 여성이 피해자인 경우만을 의미하는 것은 아니므로 여성폭력이나 젠더 기반 폭력과 완전히 동일한 개념은 아니지만, 젠더 위계가 작동하는 사회구조 속에서 오랫동안 지속되어 온 남편, 남자친구 등 남성파트너가 여성에게 가하는 폭력이라는 전 세계적인 문제를 해결하기 위한 고안된 개념이라는 점에서 가장 대표적인 젠더 기반 여성폭력에 해당한다. 김효정, "젠더기반폭력으로서 친밀 관계 폭력의 개념에 대한 고찰과 향후 과제", 『이화젠더법학』 제16권 제1호, 2024, 141면.

수한 위험성을 반영하여 경미한 단계부터 초기에 신속하게 개입하여 피해자의 안전을 확보하는 체계를 사각지대 없이 갖추어야 한다. 또한, 피해자의 거부나 비협조를 이유로 형사절차가 중단되지 않는 시스템을 마련함으로써 친밀관계 내 폭력 범죄자에게 끝까지 책임을 묻고 친밀관계 내 폭력이 용인되지 않는다는 사회적 메시지를 주는 것이 필요하다.

그런데, 가정폭력처벌법은 1997년 친밀관계 내 폭력의 대표적 유형인 아내폭력 문제에 대응하며 제정되었음에도 피해자 보호보다 가정의 회복을 핵심가치로 설정하고 가해자에 대한 형사처벌을 배제하는 방향으로 설계되면서 가정의 테두리 밖에 있는 친밀관계 내 폭력인 교제폭력에 확장하여 적용하기는 어려운 상황이다. 따라서, 이하에서는 먼저 교제폭력범죄에 대응하는데 있어 현행 가정폭력처벌법이 갖고 있는 한계를 살펴보고 이어서 가정폭력처벌법을 교제폭력범죄에도 적용할 수 있는 친밀관계 내 폭력 대응 법률로 재편할 수 있는 구체적인 방안을 모색하고자 한다.

## Ⅱ. 교제폭력범죄 대응 법률로서 가정폭력처벌법의 한계

### 1. 현행 가정폭력처벌법의 내용

가정폭력에 대응하는 법률은 1980년대 '매맞는 아내'라는 용어로 표상되는 심각한 아내폭력 문제에 대응하여 제정된 것으로 피해자들을 폭력의 굴레와 죽음의 위험에서 구해야 한다는 절박한 인식을 바탕으로 여성계를 중심으로 일어난 입법운동의 결실이다. 아내폭력이 단순히 집안일이 아니라 범죄임을 분명히 하고 국가가 개입하여 피해자를 보호하는 제도가 필요하다는 사회적 공감대가 형성되면서 1997년 가정폭력처벌법이 제정되었다.

가정폭력처벌법 제정시 입법목적은 가정폭력범죄의 형사처벌절차에 대한 특례를 정하고 가정폭력범죄자의 성행을 교정하는 보호처분을 하여 가정의 평화와 안정을 회복하고 건강한 가정을 가꾸는 것으로 규정되었다. 이후 피해자 보호라는 핵심적인 입법목적이 누락되었다는 점에 대한 비판이 제기되자 2002년 법 개정을 통해 입법목적에 피해자와 가족구성원의 인

권 보호가 추가되었다.[6]

가정폭력처벌법의 적용대상인 가정폭력은 가정구성원 사이의 신체적, 정신적 또는 재산상 피해를 수반하는 행위로 정의되고, 가정폭력범죄는 가정폭력으로서 정의규정에 열거된 상해죄, 폭행죄, 협박죄 등의 범죄로 정의되었으며, 가정구성원은 배우자나 배우자였던 사람, 직계존비속관계에 있거나 있었던 사람, 동거하는 친족 등 혼인이나 혈연에 의해 가족관계에 있는 사람으로 정의되었다(제2조 제1호 내지 3호).

가정폭력처벌법에는 가정폭력범죄의 신고를 받은 경찰관이 즉시 현장에 출동하여 폭력행위를 제지하고 가해자와 피해자를 분리하는 조치를 취하는 응급조치를 하도록 하여 피해자가 직면한 폭력에서 벗어날 수 있도록 하고(제5조), 가정폭력범죄가 재발할 우려가 있을 때에는 재판단계 이전의 수사단계에서도 가해자의 접근을 금지하는 등의 임시조치를 할 수 있도록 하여 수사단계에서 피해자의 안전을 보호할 수 있는 조치를 최초로 도입하였다(제8조, 제8조의2, 제8조의3).[7]

가정폭력처벌법의 가장 큰 특징 중 하나는 소년 사건에서 적용되던 보호사건절차를 가정폭력범죄 사건에 도입하였다는 점이다. 가정폭력처벌법 제정 당시 아내폭력 피해자들은 경제적 의존 상황과 자녀 양육 문제 등의 이유로 이혼이나 관계 단절을 선택할 수 없는 경우가 많았기 때문에 가해자가 형사처벌을 받는다고 하면 피해자들이 아예 범죄 신고조차 꺼리게 되고 계속 폭력의 위험에 노출되는 문제가 있었다.[8] 이에 따라 가정폭력처벌

---

6 2002. 12. 18. 가정폭력처벌법 제1조가 개정되면서 기존의 입법목적인 ‘가정폭력범죄로 파괴된 가정의 평화와 안정을 회복하고 건강한 가정을 육성함’ 뒤에 ‘피해자와 가족구성원의 인권을 보호함’이 추가되었다.

7 가정폭력처벌법에서 최초로 도입된 응급조치와 임시조치로 구성된 초기 피해자보호조치 제도는 『아동학대범죄의 처벌 등에 관한 법률』에서도 거의 동일한 내용으로 도입(제12조 내지 제15조)되어 있고 스토킹처벌법도 응급조치, 긴급응급조치, 잠정조치라는 용어만 다를 뿐 유사한 내용의 피해자 안전보호조치를 규정하고 있다(제4조 내지 제8조)는 점에서 가정폭력처벌법이 피해자 안전보호조치에 있어 기본적 법률로서의 역할을 하고 있다고 볼 수 있다.

8 박복순, “가정폭력처벌법 시행 20주년의 평가 및 향후 과제”, 『여성연구』 제99권 제4호, 2018, 186면.

법에는 가정폭력범죄를 신고하더라도 피해자가 관계유지를 원하는 경우 형사재판 대신 상담위탁, 수강명령, 보호관찰 등의 보호처분을 하는 보호사건 재판[9]에 회부할 수 있도록 하는 형사절차 특례가 마련되었다. 한편, 가정폭력이 폭행죄, 협박죄 등의 반의사불벌죄나 친고죄인 경우에는 피해자가 처벌을 원하지 않는 경우 기소를 할 수 없는 것은 물론이고 수사나 수사단계에서의 피해자 보호조치를 할 근거도 사실상 사라지는 문제를 해결하기 위해 피해자의 처벌의사가 없더라도 가정보호사건으로는 처리할 수 있도록 하여 수사와 피해자 보호조치의 공백을 방지하고자 하였다(제9조 제2항).

### 2. 가정폭력처벌법 편입안의 한계

가정폭력처벌법상 피해자 보호조치를 적용하기 위해 법의 적용대상에 교제폭력범죄를 포함하는 방안이 논의되고 있으나 가정폭력처벌법 편입안에는 크게 네 가지 문제가 있다. 첫째, 가정폭력처벌법은 가정의 보호를 입법목적으로 표명하고 있다. 2002년 법 개정을 통해 입법목적으로 피해자와 가족구성원의 인권보호가 추가되었지만 가정의 평화와 안정의 회복이라는 기존의 입법목적도 그대로 유지되고 있다. 가정 보호는 관계적 속성으로 인한 위험상황에서 피해자를 보호하려고 한 가정폭력처벌법의 제정이유와는 맞지 않고 가정을 유지하는 것이 피해자에게 위험한 상황이어서 가정 보호와 피해자 보호의 가치가 충돌할 때 가정 보호의 가치 때문에 피해자 보호 가치가 희생될 우려가 있다. 무엇보다 가정 밖에 있는 교제폭력까지 포괄하는 법률의 입법목적으로는 맞지 않다. 둘째, 가정폭력처벌법의 형사절차와 보호사건절차의 이원화체계로 인해 교제폭력범죄도 형사처벌을 면제받을 수 있는 보호사건절차의 적용대상이 되는 문제가 있다. 셋째, 형사재판절차에서는 임시조치를 할 수 없기 때문에 보호사건절차로 처리되지 않는 교제폭력범죄에 대하여 피해자 보호조치의 공백이 발생한다.[10] 넷째, 교제폭력

9 가정폭력처벌법 제40조는 판사가 보호사건 심리결과 피해자 등 접근금지, 친권행사제한, 사회봉사·수강명령, 보호관찰, 감호위탁, 치료위탁, 상담위탁의 보호처분을 할 수 있도록 규정하고 있다.

10 2024. 7. 26. 『가정보호심판규칙』(대법원규칙)이 개정되어 가해자가 불기소되는 경우에만

범죄에 보호사건절차를 적용하지 않는 한 교제폭력범죄 중 다수를 차지하는 폭행, 협박 등 반의사불벌죄는 피해자가 처벌을 원하지 않는 경우 처벌은 물론 수사나 피해자 보호조치까지 하기 어려워 범죄 대응에 있어 중대한 공백이 발생한다.[11]

가정폭력처벌법을 교제폭력범죄에 적용할 때 위와 같은 문제점이 나타나는 이유는 교제폭력범죄가 가정폭력범죄와 본질적으로 달라서가 아니라 친밀관계 내 폭력의 또 다른 유형인 교제폭력이라는 리트머스 시험지를 만나면서 가정폭력처벌법에 내재된 모순점이 선명하게 드러났기 때문이다. 아내폭력 문제를 해결하기 위해 가정폭력처벌법이 제정된 것이므로 가정폭력은 아내폭력의 본질인 친밀관계 내 폭력이라는 측면에서 정의되었어야 하지만 배우자, 부모와 자녀, 형제 나아가 친족 사이의 폭력에 적용하는 가족관계 폭력으로 한정하여 정의되고 그에 맞추어 핵심가치와 법체계가 구성되면서 법이 입법취지에 맞지 않는 형태가 되었다.

따라서, 가정폭력처벌법을 교제폭력범죄에 적합하도록 개정하기 위해서는 단순히 법의 적용대상에 교제폭력을 끼워넣는 방식이 아니라 가족관계 폭력을 전제로 한 법의 핵심가치와 법체계를 새로 정립하는 작업이 선행되어야 한다. 가정폭력처벌법 편입안은 법의 적용대상을 가족관계 폭력이라는 한정된 범위에서 친밀관계 내 폭력을 아우르는 범위로 확장할 뿐만 아니라 핵심가치를 친밀관계 내 폭력 피해자 보호로 설정하고 법의 중심절차를 형사책임을 면제하는 보호사건절차에서 형사책임을 묻는 형사절차로 전환함으로써 친밀관계 내 대응 법률로서 법의 기본체계를 재편해야 한다.

---

수사단계에서의 임시조치가 효력을 잃고 형사기소되는 경우에는 효력이 유지된다(제11조 제5항). 그러나, 형사재판절차에서 임시조치의 기간을 연장하거나 새로 임시조치를 할 수는 없으므로 기존 임시조치의 기간 만료시 피해자보호조치의 공백 문제는 여전하다.

11 반의사불벌죄나 친고죄에서 처벌의사나 고소는 소송조건일 뿐 수사나 피해자 보호조치의 조건은 아니나 실무상 소송조건이 없으면 불송치 또는 불기소 결정(공소권 없음)을 하고 수사를 종결하므로 수사나 피해자 보호조치가 지속되기 어렵다.

## Ⅲ. 가정폭력처벌법 체계 개편-친밀관계 내 폭력 대응 법률로의 전환

### 1. 보호사건절차 중심구조의 개선

가정폭력처벌법을 친밀관계 내 폭력의 핵심유형인 교제폭력에 적용하는데 있어 가장 큰 문제 중 하나는 가정유지를 전제로 한 보호사건절차 중심인 법의 구조이다. 가정폭력처벌법은 크게 보면 가정폭력 발생시 이루어지는 절차 초기의 피해자 보호조치 규정과 후기의 보호사건절차 규정으로 구성되어 있다.[12] 절차 초기에는 경찰이 출동하여 피해자 보호조치를 통해 피해자를 직면한 위험에서 보호하므로 피해자 보호가 중심이 되지만 이후에는 피해자의 위험이 해소되지 않은 상황임에도 형사처벌을 꺼려하는 피해자의 의사를 이유로 보호사건절차가 진행되면서 가정폭력사건 처리에서 보호사건절차가 중심이 되고 피해자 보호가 가정 보호라는 목적 아래 놓이게 된다.[13]

이와 같은 보호사건절차 중심구조는 가정폭력의 성격을 규정하는데도 영향을 미쳤다. 가정폭력사건의 처리에 있어 가정폭력을 가해자의 피해자에 대한 범죄로 다루느냐 아니면 가정에 발생한 문제 또는 질환으로 다루느냐는 점에서 가정폭력처벌법은 후자의 입장을 취해 가해자를 교정함으로써 가정의 문제를 해결하고 가정을 원상태로 회복하는 것을 기본절차로 설

---

12 가정폭력처벌법은 제1장 총칙, 제2장 가정보호사건, 제3장 피해자보호명령, 제4장 민사처리에 관한 특례, 제5장 벌칙으로 구성되어 있다. 제3장의 피해자보호명령은 2011년 법 개정시 임시조치와 보호처분을 통한 피해자 보호조치의 사각지대를 해소하기 위해 도입된 민사 내지 가사소송 성격의 제도이고, 제4장은 배상명령, 제5장은 보호처분 불이행죄 등 부수적인 내용에 불과하다. 가정폭력처벌법의 핵심은 제1장 총칙의 입법목적 및 정의 규정과 제2장 가정보호사건의 피해자 보호조치 및 보호사건절차에 관한 내용이다.

13 가정폭력처벌법에 보호사건절차가 원칙적인 절차로 명시된 것은 아니지만 피해자들이 대부분 가해자의 형사처벌에 소극적인 상황에서 검사가 보호사건으로 처리 여부를 결정함에 있어 피해자의 의사를 존중해야 한다는 규정(제9조 제1항 2문)을 둠으로써 보호사건절차 쪽으로 제도의 중심축이 이동하도록 유도했다고 볼 수 있다. 2017년에 검찰에서 처리된 가정폭력범죄 사건의 기소율은 약 9.6%에 불과한 반면 보호사건송치비율은 약 36.6%에 달한다. 문지선, “고위험 피해자 안전보호를 위한 가정폭력범죄 대응 형사법제도 개선방안”, 『아주법학』 제17권 제4호, 2024, 180면.

계하였기 때문에 가정폭력을 중대한 범죄로 인식시킨다는 원래의 목표를 달성하기 어려웠다. 또한, 피해자의 의사에 따라 보호사건절차 진행 여부를 결정하도록 규정하여[14] 피해자가 얼마나 위험한 상태인가, 어떻게 보호할 것인가가 아니라 피해자가 가정 유지를 원하는가가 형사사법기관의 주요 질문이 되었기 때문에 피해자의 위험상황에 집중하고 철저한 피해자 보호 시스템을 구축하는데도 실패했다.

가정폭력처벌법상 보호사건절차는 형사처벌을 택하기 어려운 피해자들에게 가해자의 성행교정의 기회를 제공하는 대안절차로서 순기능을 할 수도 있었지만 가정폭력 대응시스템이 보호사건절차 중심으로 운용되면서 보호사건절차는 가정폭력의 근절과 피해자 보호라는 입법목적 달성에 있어 저해요인으로 작용하였다. 이 문제를 해결하기 위해서는 보호사건절차 자체를 폐지하여 형사절차로 일원화해야한다는 목소리가 높았고 보호사건절차를 전면 폐지하는 내용의 법률안도 계속 발의되고 있다.[15] 반면, 관계 단절이 어려운 가정폭력 피해자들의 현실을 고려하여 중한 사건은 보호사건처리를 제한하되 재범위험성이 낮고 상대적으로 경미한 사건에 대해서는 보호사건절차를 유지할 필요가 있다는 입장도 여전히 있다.[16]

보호사건절차의 존재로 인해 발생하는 문제는 분명히 있지만 친밀관계 내 폭력에도 일회성 분쟁에 해당하는 경우가 없지 않고 재범위험성의 정도가 사건마다 다른 점, 이혼 시 발생하는 현실적 문제들도 여전히 남아 있는 점 등을 고려할 때 현 시점에서 보호사건절차를 전면적으로 폐지하기는 어렵다. 따라서, 보호사건절차 자체는 유지하되 기본절차가 아닌 재범위험성이 낮은 사건에 한해 적용되는 예외적인 절차로 변경하는 것이 현실적인 대안으로 보인다. 검사가 보호사건처리 여부 결정시 피해자 의사를 고려하는 규정을 삭제하고 사건의 죄질, 가해자의 전력, 가해자와 피해자의 관

14 가정폭력처벌법 제9조 제1항은 검사가 가정보호사건으로 처리 여부를 결정할 때 피해자의 의사를 존중하도록 규정하고 있다.

15 박복순, 앞의 글, 2018, 213면.

16 이승현, "가정폭력처벌법을 통해 본 입법쟁점과 개선방안", 『이화젠더법학』 제11권 제2호, 2019, 97면.

계 등을 정밀하게 검토하여 보호사건처리 가능 사건을 분류하는 시스템을 갖추는 방법으로 보호사건절차를 보완하여 이원화체계는 유지하는 것이 상당하다.[17] 특히, 현행 가정폭력범죄 대응체계에서 사실상 핵심을 이루는 제도를 전면 폐지하는 것은 상당한 수준의 사회적 합의가 전제되어야 한다는 점을 고려할 때 교제폭력 대응입법을 가능한 신속하게 진행하기 위해서는 교제폭력 대응입법 논의와 가정폭력처벌법 이원화체계 폐지 논의는 분리할 필요가 있다.

다만, 그렇다고 하여 교제폭력범죄에도 형사절차와 보호사건절차로 구성된 이원화체계를 그대로 적용하는 것은 적절하지 않다. 교제폭력 피해자도 가해자와의 관계를 단절하는 것이 어려운 경우가 있을 수 있으나 혼인관계에 이를 정도로 사회적 관계가 공고하지 않은 상태인 점을 감안하면 교제관계 유지를 돕기 위해 보호사건절차라는 예외적인 제도를 적용할 필요성이 있다고 보기는 어렵다.[18] 따라서, 가정폭력처벌법상 이원화체계를 유지하더라도 교제폭력범죄에는 보호사건처리가 배제되도록 제도를 설계해야 한다. 가정폭력범죄와 교제폭력범죄를 별개로 정의하는 경우 검사의 보호사건처리를 규정한 가정폭력처벌법 제9조 제1항은 현행과 같이 교제폭력범죄가 아닌 가정폭력범죄에만 적용되도록 함으로써 교제폭력범죄의 보호사건화를 막을 수 있다.[19]

### 2. 입법목적에서 '가정 보호' 삭제

가정폭력처벌법의 가정의 보호라는 입법목적은 보호사건절차 중심구조를 만들었고 입법목적에 피해자 인권보호가 추가된 이후에도 가정 보호와 피해자 보호의 가치가 부딪치는 상황에서 피해자 보호를 우선할 근거가

---

17 문지선, 앞의 글, 2024, 195면.

18 심영주, "피해자 보호를 위한 합리적인 데이트폭력 규제 방향", 『피해자학연구』 제29권 제3호, 2021, 142면; 원혜욱, ""데이트폭력처벌법" 입법의 필요성 및 입법형식에 대한 고찰", 『이화젠더법학』 제14권 제3호, 2022, 61면.

19 가정폭력범죄에 교제폭력범죄를 포함하여 정의하는 경우에는 가정폭력처벌법 제9조 제1항에 '다만, 교제폭력범죄에 대하여는 그러하지 아니하다'라는 단서를 신설하는 방법으로 교제폭력범죄는 검사가 보호사건으로 처리할 수 없도록 규정할 수 있다.

없었기 때문에 피해자 보호의 가치가 희생되는 상황이 지속되었다. 이에 따라 입법목적 중 가정 보호 규정이 가정폭력 근절과 피해자 보호라는 법의 핵심목표의 달성을 방해하는 독소규정으로 기능하고 있으므로 삭제해야 한다는 목소리가 높다.[20] 유엔 여성차별철폐위원회(CEDAW)의 대한민국 제8차 정기 국가보고서에 대한 최종 견해에서도 가정폭력처벌법의 목적에서 피해자 및 가족의 안전을 최우선으로 규정할 것을 권고하였다.[21]

그런데, 입법목적에서 가정 보호를 삭제하는 방안에 대하여 가정폭력처벌법에 보호사건절차라는 형사처벌절차 특례를 둔 것은 가정의 회복에 방점을 두었기 때문이므로 가정 보호를 삭제하는 것은 보호사건절차를 규정한 입법취지와 맞지 않고 가정 보호와 피해자 보호가 양립불가능하거나 어느 한 쪽이 더 중요하다고 보기 어렵다는 이유로 반대하는 견해가 있다.[22]

우선, 보호사건절차와 가정회복의 관계에 대하여 살펴보면 보호사건절차가 반드시 가정회복이라는 이념을 전제로 한다고 보기는 어렵다. 가정폭력처벌법 제정 당시 가족주의 이념이 반영되어 가정의 회복을 목적으로 보호사건절차가 도입된 측면이 있지만 관계단절이 어려운 피해자에게 대안을 제시하기 위한 측면이 사실상 컸다. 또한, 이혼 등으로 관계를 단절하는 경우에도 재범의 위험이 사라지는 것이 아니므로 가해자의 성행 교정을 통해 재범을 방지하고 피해자를 보호할 필요성도 있다는 점에서 가정 회복이 전제되지 않더라도 보호사건절차가 진행될 수 있다.

---

20 박상민, "데이트폭력 규제를 위한 법제도 개선방안 모색", 『젠더법학』 제14권 제2호, 2023, 87면.

21 Committee on the Elimination of Discrimination against Women, Concluding observations on the 8th periodic report of the Republic of Korea ¶23(b), U.N.Doc. CEDAW/C/KOR/CO/8 (2018). https://digitallibrary.un.org/record/1627638?ln=en&v=pdf (최종검색일: 2025. 4. 25.). 김효정, "친밀한 관계에서의 젠더폭력 대응을 위한 정책 방향 모색", 『여성연구』 제112권 제1호, 2022, 26면.

22 정춘생 의원의 가정폭력처벌법 개정안(의안번호 2201584호)에 대한 국회 법제사법위원회의 검토보고서에는 입법목적에서 '가정의 평화와 안정의 회복'을 삭제하는 부분에 대하여 위 두 가지 이유를 들어 부정적으로 의견이 제시되었고 위 보고서에 따르면 법원행정처도 입법목적을 개정하는 것은 현행 제도들의 시행방향을 전면 수정하는 것이라는 이유로 신중한 검토가 필요하다는 입장이다.

보호사건절차가 규정된 다른 법률의 입법목적을 보면 『소년법』은 교정처분의 대상인 소년의 건전한 성장을, 『아동학대범죄의 처벌 등에 관한 법률』은 아동학대를 한 보호자와 피해아동의 관계 회복이 아니라 피해아동의 보호를, 『성매매알선 등 행위의 처벌에 관한 법률』은 성매매알선 등 행위의 근절 등을 목적으로 하고 있어 다양하다. 따라서 보호사건절차 자체가 특정한 입법목적을 전제로 한다고 볼 수 없고 성행을 교정하는 보호처분을 통해 이루고자 하는 다양한 목적을 설정할 수 있는 것이다.

다음으로, 가정 보호와 피해자 인권보호라는 가치의 관계에 관하여 살펴보면, 가정폭력처벌법은 아내폭력에 대한 대응책으로서 피해자를 보호하고 폭력을 근절하기 위해 제정된 것이므로 피해자 보호의 가치가 우위에 있어야 한다. 가정 보호와 피해자 보호가 이론적으로는 반드시 양립 불가능한 것은 아니지만 두 입법목적이 병존하는 현행 가정폭력처벌법 체계 하에서 가정 보호라는 가치가 피해자 보호라는 핵심가치의 실현에 장애물로 작용해왔다는 점을 고려할 때 피해자 보호 가치를 실현하기 위해서는 가정 보호라는 이념을 폐기할 필요가 있다.

### 3. 피해자 보호조치 체계의 개편

가정폭력처벌법에 사건 초기에 시행할 수 있는 피해자 보호조치를 도입한 것은 중요한 성과였지만 수사절차에서의 피해자보호조치가 보호사건절차에 부속된 임시조치 제도로 설계되면서 형사절차 전반에 걸쳐 작동하는 일반적인 피해자 보호조치로서 기능할 수 없는 반쪽짜리 제도라는 한계를 갖게 되었다.

가정폭력처벌법은 제2장 가정보호사건의 제1절 통칙에 검사의 임시조치 청구(제8조)를 규정하였는데 이는 같은 장 제2절 조사·심리에 규정된 보호사건재판 중 판사가 직권으로 하는 임시조치 결정(제29조)을 수사단계에서도 청구하여 판사의 결정을 받을 수 있도록 한 것이기 때문에 장차 보호사건재판이 이루어질 것을 전제로 한 것이다.

보호사건절차의 원형을 제공한 『소년법』[23]에는 제2장 보호사건의 제2

절 조사와 심리에서 보호사건재판 중 판사가 직권으로 하는 임시조치 결정(제18조) 규정이 있는데 보호사건절차에서 임시조치가 이루어지는 것이지 보호사건송치 이전에 수사단계에서의 임시조치 청구 규정은 없다. 그런데, 가정폭력처벌법은 수사단계에서 피해자 보호조치를 도입하면서 그 형식을 수사단계에서의 임시조치로 하여 수사절차에서의 임시조치 제도를 최초로 신설한 것이다.

그러나, 『소년법』상 보호사건재판 중에 이루어지는 임시조치와 달리 가정폭력처벌법상 수사절차에서의 피해자 보호조치는 보호사건재판 중에 이루어지는 것이 아니고 보호사건으로 송치될 것이 예정된 상태에서 이루어지는 것도 아니다. 오히려 수사절차는 형사재판을 전제로 이루어지는 형사절차에 해당하고 보호사건재판은 검사가 형사재판 대신 선택할 수 있는 예외적인 절차에 불과하므로 수사절차에서 이루어지는 피해자 보호조치는 형사절차의 일부로 설계하는 것이 법체계에 부합한다. 그럼에도 수사절차상 피해자 보호조치가 형사절차가 아닌 보호사건절차를 전제로 설계되면서 보호사건절차가 적용되지 않는 범죄에는 임시조치를 사용할 논리적 근거를 찾기 어렵다는 문제가 발생한다.

물론, 피해자보호조치를 형사절차상 제도로 설계하면 지금까지와는 반대로 형사재판에 회부시에는 효력이 그대로 유지되나 보호사건으로 송치시에는 효력이 유지되지 않는 결과가 발생할 수 있다. 그러나 예외적 제도인 보호사건재판을 전제로 한 조치의 효력을 원칙적 제도인 형사재판에서 유지시키는 내용의 특례보다는 형사절차의 일부인 수사절차상 조치의 효력을 보호사건으로 송치되는 예외적인 경우에도 유지시키는 내용의 특례를 규정하는 것이 법체계에 부합한다. 가정폭력처벌법의 수사절차상 피해자보호조치를 형사절차상 제도로 설계하는 것은 이처럼 법체계에도 부합할 뿐만 아니라 보호사건절차를 예정하지 않는 교제폭력범죄에도 적용될 수 있도록 하기 위해서 반드시 필요하다.

23 1958. 7. 24. 『소년법』 제정시부터 보호사건절차에 대하여 규정하였다.

따라서, 가정폭력처벌법상 기존의 접근금지 등의 수사절차상 임시조치를 형사절차상 제도인 '임시보호조치'로 변경하고[24] 보호사건절차의 집행절차가 아닌 형사절차상 재판의 집행 절차를 따르도록 해야 한다.[25] 또한, 형사재판에서도 '임시보호조치' 결정을 할 수 있도록 하고 보호사건 송치시에는 임시보호조치가 보호사건절차의 임시조치로서 효력을 갖도록 하는 규정을 신설해야 한다.

### 4. 반의사불벌죄 적용 배제

친밀관계 내 폭력 대응의 중심축 중 하나는 피해자의 소극적 대응에서 오는 문제를 극복하여 형사절차의 진행을 촉진하는 조치에 있다. 특히, 친밀관계 내 폭력이 친고죄나 반의사불벌죄인 경우 형사절차의 진행이 가능하도록 제도적으로 뒷받침할 필요가 있다. 친고죄나 반의사불벌죄에서 피해자의 고소와 처벌의사는 공소제기의 조건이지만 그 공소제기의 조건이 갖추어지지 않으면 수사를 할 필요성도 없다는 이유로 수사를 개시하지 않거나 진행하지 않는 경우가 대부분이다. 따라서 친고죄와 반의사불벌죄에서 피해자의 처벌의사는 형사절차의 진행 여부를 가리는 결정적 요소이다.

친밀관계 내 폭력은 상대적으로 경미한 폭력행위로부터 시작하여 강력범죄로 악화하는 경향성을 띤다. 그런데 현재 실무상으로는 폭력 사건에서 피해자가 중한 상해를 입은 경우에는 진단서 없이도 상해죄로 의율되기도 하지만 일반적으로는 피해자의 신체에 멍이나 상처가 생기거나 피를 흘렸더라도 피해자가 병원에서 진료를 받고 진단서나 소견서를 발급받아 수

24 재판 전에 가해자에게 피해자 접근금지 등을 명할 수 있는 피해자 보호제도에는 가정폭력처벌법상 보호사건 절차에서의 임시조치 제도 및 민사 내지 가사소송의 일종인 피해자보호명령 제도와 스토킹처벌법상 잠정조치 제도가 있다. 위 제도에서 사용되는 용어와 구별이 되면서도 오랫동안 피해자 보호조치를 대표하는 용어로 사용되어 온 임시조치와 유사하여 그 기능을 짐작할 수 있도록 하는 용어를 선택할 필요가 있다. 형사재판결과 피해자보호조치가 결정되기 전까지 작동하는 제도이므로 '임시피해자보호조치'로 명명하는 것도 가능하나 사용 편의성을 위하여 '임시보호조치'라는 약칭을 사용하는 것이 적절하다.

25 임시보호조치의 집행에 관하여는 가정폭력처벌법상 보호사건절차의 임시조치 집행규정이 적용되지 않으므로 스토킹처벌법상 잠정조치 집행규정(제10조)과 같은 별도의 집행규정을 마련할 필요가 있다.

사기관에 제출하지 않으면 자연치유가 어려운 상해를 입었다고 입증할 증거가 부족하다는 이유로 상해죄가 아닌 폭행죄로 의율되는 경우가 많다.[26] 폭행죄로 의율된 사건에서 피해자가 처벌의사를 처음부터 밝히지 않거나 수사 중 철회하면 반의사불벌죄로서 공소권이 없다는 이유로 수사가 종결되게 된다.[27] 친밀관계 내 폭력은 반의사불벌죄인 폭행죄의 비중이 높고 피해자의 처벌의사가 유지되기 어려운 특성을 갖고 있기 때문에 반의사불벌죄 조항은 친밀관계 내 폭력에 대한 형사절차의 진행에 있어 중대한 장애물로 작용한다.

이러한 문제에 대응하여 가정폭력처벌법은 반의사불벌죄 조항상 형사절차상의 공소는 제기할 수 없지만 보호사건으로는 처리할 수 있도록 하였다(제9조 제2항). 반의사불벌죄라는 기존 틀은 유지하면서 보호사건절차를 이유로 수사가 진행될 수 있도록 절충적인 방법을 채택한 것이다. 그러나, 피해자의 처벌의사가 유지되지 못한 경우 형사절차로 진행할 수 없기 때문에 보호사건처리가 부적합한 중한 가정폭력 사건도 보호사건절차로 진행할 수밖에 없다는 점에서 이와 같은 해결책은 근본적인 한계가 있다. 따라서, 반의사불벌죄인 친밀관계 내 폭력은 피해자의 의사와 무관하게 형사절차가 진행될 수 있도록 친밀관계 내 폭력에 대해서는 반의사불벌죄 적용을 배제하는 규정을 신설해야 한다.[28]

이러한 반의사불벌죄 폐지 주장에 대하여 가정폭력범죄나 교제폭력범죄도 사안이 경미하고 재범의 가능성도 낮으며 피해자와 가해자가 화해한 경우에는 가해자를 처벌할 필요성이 인정된다고 보기 어렵다며 반대하는 견해가 있다.[29]

---

**26** 오승이, ""우리 가족 좀 내버려둬요"에 대처하는 판사의 자세 : 법원의 가정보호사건 처리 실무와 개선 방향", 『이화젠더법학』 제16권 제2호, 2024, 168면.

**27** 『형법』 제260조 제3항 ③ 제1항 및 제2항의 죄는 피해자의 명시한 의사에 반하여 공소를 제기할 수 없다. 이길찬, "교제폭력 관련 통계 및 경찰의 대응 현황", 「교제폭력 피해자 보호의 강화방안을 위한 간담회」, 2023. 6. 30., (사)한국여성변호사회, 14면.

**28** 22대 국회에서 발의된 다수의 가정폭력처벌법 개정안(헌병도 의원안, 정춘생 의원안, 소병훈 의원안, 서미화 의원안, 김태년 의원안)도 반의사불벌죄 적용 배제 조항을 두고 있다.

**29** 정춘생 의원의 가정폭력처벌법 개정안(의안번호 2201584호)에 대한 국회 법제사법위원회

반의사불벌죄는 범죄가 경미하고 사적 해결이 더 적합하여 피해자의 의사에 맡겨 국가형벌권 행사 여부를 결정하는 것이 오히려 구체적 타당성을 확보할 수 있다고 판단되는 예외적인 경우에 인정되는 제도이다.[30] 반의사불벌죄 중 하나인 폭행죄나 협박죄는 일반적으로는 경미한 범죄로 볼 수 있으나 가정폭력이나 교제폭력과 같이 피해자와 가해자가 밀접한 관련성을 갖거나 가해자가 우위인 환경에서 피해자에게 가해지는 폭행이나 협박은 학대(abuse)에 가까운 심각한 범죄인 경우가 많고, 피해자가 가해자의 회유나 협박, 보복 우려 등으로 인하여 처벌의사를 유지하기 어려운 취약한 상태인 점을 고려하면 피해자의 표면적인 처벌불원 의사를 이유로 형사적 개입이 불가능하도록 하는 것은 적절하지 않다. 또한 대등한 당사자 상호 간의 합의를 통해 국가형벌권 행사를 면제하는 것이 정당화된다는 반의사불벌죄의 논리는 범죄의 성질상 학대적 성격이 있는 가정폭력범죄와 교제폭력범죄에는 적용될 수 없다. 미국에서도 이런 취지에서 가정폭력범죄는 피해자의 의사와 관계 없이 의무적으로 기소하는 의무기소 제도가 도입되어 운영되고 있다.[31]

반대론이 우려하는 것과 같이 가정폭력이나 교제관계 내 폭행이나 협박이 일회적이고 가해자와 피해자 사이에 위계가 없어 분쟁이나 다툼의 성격임이 분명하며 형사 기소의 필요성이 없는 사안의 경우에는 반의사불벌죄 적용이 배제되더라도 『형사소송법』상 기소유예 제도[32]를 통해 구체적 타당성을 기할 수 있다. 가정폭력 및 교제폭력범죄의 특수성 및 심각성을 고려할 때 반의사불벌죄 적용 배제를 통해 형사적 개입을 원칙으로 하는 형사정책 기조를 수립하고 국가가 필요하다고 판단하는 경우에는 피해자의 의사에 반하더라도 형사적으로 개입할 수 있도록 법적 장애물을 제거하는

---

의 검토보고서에 따르면 반의사불벌죄 폐지 조항에 대하여 법원행정처는 이와 같은 이유로 개정을 반대하고 있다.

30 폭행죄, 협박죄, 명예훼손죄, 특허법위반죄, 교통사고처리특례법위반(치상)죄 등이 그 적용 대상이다.

31 신나래·박언주, “피해자 의사존중과 강제개입의 논쟁을 통해 살펴본 가정폭력 대응정책의 한계 및 변화의 방향”, 『여성연구』 제114권 제3호, 2022, 39면.

32 형사소송법 제247조.

것이 필요하다.

## Ⅳ. 결론

사회의 문제 현상을 법과 제도적 틀로 포섭하여 대응하는데 일정한 시간이 소요되는 것은 불가피하다. 그러나 교제폭력에 대한 법제도적 안전망의 공백이 피해자의 생명까지 위협하고 있으며 중대한 범죄의 발생이 지속적으로 증가하고 있는 현실을 고려할 때 교제폭력 대응 입법은 더 이상 미룰 수 없는 시급한 과제이다.

1997년 아내폭력 문제에 대응하여 가정폭력처벌법을 제정했던 것처럼, 이제는 교제폭력 문제를 해결하기 위해 가정폭력처벌법을 전면 개편하여 친밀관계 내 폭력 전반을 포괄하는 법률로 전환하여야 한다. 가정폭력처벌법의 개편을 바탕으로 오랫동안 지체되어 온 교제폭력 대응 입법을 조속히 이루어내어 교제폭력 피해자의 안전을 실질적으로 보장하는 시스템을 확립하고 궁극적으로는 친밀관계 내 폭력을 근절할 수 있는 제도적 틀을 마련하여야 한다.

## [서울고등법원 성폭력 사건 판결 발췌문]

### [2018노2354 강제추행, 피감독자간음, 성폭력범죄의처벌등에관한특례법위반(업무상위력등에의한추행)]*

**피고인**

A(안00 전 충남도지사)

**항소인** (생략)

**변호인** (생략)

**원심판결**

서울서부지방법원 2018. 8. 14. 선고 2018고합75 판결

**판결선고**

2019. 2. 1.

**주문**

원심판결 중 2017. 8. 중순 내지 말경 강제추행의 점을 제외한 나머지 부분을 파기한다.

피고인을 징역 3년 6월에 처한다.

피고인에 대하여 40시간의 성폭력 치료프로그램 이수를 명한다.

피고인에 대하여 아동·청소년 관련기간 등에 5년간 취업제한을 명한다.

* 이 사건 소송경과는 다음과 같다: 이 사건 1심인 서울서부지방법원 2018. 8. 14. 선고 2018고합75 판결의 항소심인 본 판결(서울고등법원 2019. 2. 1. 선고 2018노2354) 이후 피고인 및 검사가 상고하였으나, 대법원은 2심 판결의 결론을 지지하는 상고 기각 판결을 선고함으로써 피감독자 간음, 업무상 위력에 의한 추행, 강제추행 등의 혐의로 기소된 피고인에게 징역 3년 6개월을 선고한 원심을 확정했다(대법원 2019. 9. 9. 선고 2019도2562 판결).

원심판결 중 2017. 8. 중순 내지 말경 강제추행의 점에 대한 검사의 항소를 기각한다.

이유

항소이유의 요지(사실오인 및 법리오해)

가. 사실오인

이 사건 각 공소사실은 충분한 물적 · 인적 증거들로 뒷받침되는 피해자 및 참고인의 진술 등 증거에 의하여 인정되는데도 원심은 합리적 이유 없이 이를 전부 배척하였다. 피고인 주장과 달리 피고인과 피해자가 공적 관계를 형성하게 된 경위, 비서 임용 전 피고인과 피해자 간 특별한 유대관계 여부, 피해자가 비서에 지원하였거나 특별히 비서 임용을 부탁하였는지 여부, 피고인과 피해자간 일반적인 상하관계의 존재, 피고인과 피해자 간 공적 관계가 사적 관계로 변화하였다고 볼 사정이 있는지 여부, 이 사건 각 범행이 발생한 시기 및 장소를 종합하여 보면, 피고인과 피해자의 관계가 사적인 관계라고 볼 만한 근거가 없다. 그런데도 원심은 피해자 진술이 참고인들의 진술 내지 물적 증거들과 다소 불일치하거나 차이가 있는 경우만을 문제 삼아 피해자 진술의 신빙성이 없다 속단하였고, 나아가 개별 사건 이후 피해자가 평소와 다름없이 업무에 종사한 것을 두고 성폭력 피해자의 행동이라고 보기 어려운 측면이 있다면서 편견에 근거한 사실인정을 하였다. 또한 원심은 사실관계에 대한 충분한 심리 없이 추측에 근거하여 사실을 인정하면서 이를 근거로 피해자 진술의 신빙성을 배척하기도 하였고, 심지어 피해자가 이 사건을 문제 삼게 된 경위가 석연치 않다는 이유까지 들면서 피해자의 진술과 이에 부합하는 참고인들 진술의 신빙성을 배척하기도 하였다.

나. 법리오해

대법원이 피감독자간음죄, 성폭력범죄의처벌등에관한특례법위반(업무상위력등에의한추행)죄 성립에 있어 행위자와 피해자의 관계, 사건이 발생한 경위 및 그 경과 등 제반 사정에 비추어 행위자와 피해자간에 있었던 성관계 내지 신체접촉이 평등한 관계에서 피해자의 자유의사에 기하여 이루어졌는지, 아니면 위력에 의하여 피해자가 이에 응할 수밖에 없었는지를 경험칙과 논리법칙에 따라 합리적으로 판단하면 족하다는 입장과 달리, 원심은 업무상 위력 등에 의한 간음·추행죄의 성립요건에 대한 판단기준 자체를 매우 협소하게 설정하였다. 원심은, 대법원이 지위나 권세와 같은 무형적 위력을 '이용'하면 족한 것이라고 판시하고 있는 것과는 달리, 이러한 무형적 위력도 유형적 위력과 같이 유형적으로 행사되어야 하는 것처럼 판단함으로써 위력의 범위를 축소하고 있다. 또한 원심은, 대법원이 인과관계 및 침해의 결과발생, 결과의 귀속을 판단기준으로 제시하고 있지 않음에도, 인과관계 및 침해 결과의 발생, 객관적 귀속을 거론함과 동시에 위력의 범위를 명시적 해악 고지 등 행사할 수 있는 위력으로 한정하여 보면서, 피해자의 자유의사가 현실적으로 제압되어야 한다는 취지로 범죄성립요건을 축소하여 보고 있다. 또한 원심은 행위자가 피해자 등을 상대로 자신의 지위와 권세로써 전횡을 일삼는 등 그 우월적 지위와 권세를 남용한 사정이 있어야 업무상 위력 등에 의한 간음·추행죄가 성립한다거나 피해자의 저항이나 거절의 의사표시를 구성요건적 요소인 것처럼 판단하였다.

다. 심리미진

원심은 형사소송법 제279조의4, 성폭력범죄의 처벌 등에 관한 특례법 제33조 소정의 전문심리위원제도 내지 전문가의 의견조회 제도를 그 취지에 맞게 진행하지 못하였으면서, 피해자 진술의 신빙성을 판단하는 데 있어 부적절한 절차 진행을 거쳐 도출된 심리학적 의견을 정신의학 전문가들이 문제제기를 할 정도로 부적절하게 사용하였다. 또한 원심은 검사의 비공개재판의견을 불허하여 증인신문절차를 공개재판으로 진행함으로써 피해자에게 심각한 2차 피해를 입혔고, 형사소송법 제299조, 성폭력범죄의 처벌 등에 관한 특례법 제29조, 형사소송규칙 제74조, 성폭력범죄 등 사건의 심리·재판 및 피해자 보호에 관한 규칙 제2조에 위반하여 피해자가 모욕적이고 반복적인 반대신문을 감내하도록 하고 재판부 스스로 '정조' 등 부적절한 단어를 사용하는 등 성폭력 사건의 심리와 관련하여 적절한 소송지휘권을 행사하지 아니하였다.

범죄사실

1. 모두사실

피고인은 2010. 7. 1.부터 2018. 3. 6.까지 J도지사로 근무하였으며, 2017. 1. 22.경 K선거 출마선언을 하여 2017. 3.부터 2017. 4, 3.까지 치러진 L 경선에서 2위(득표수 353,631, 21.5%)를 하였고, 위 경선 이후에는 차기 유력한 K후보로 언론에 보도될 정도로 정치적·사회적인 지위가 있는 사람이다.

피해자 M(여, 가명, 33세)는 2017. 2.경부터 2017. 4. 17.경까지 피고인의 K경선캠프 홍보기획팀에서 업무를 담당하다가 2017. 7. 3. J도청의 지방별정직 6급 상당에 임용되어 그때부터 2017. 12. 30.경까지 수행비서로서 피고인의 모든 일정을 수행하고, 현재는 2018. 3. 6. 피고인의 갑작스러운 사임에 따라 지방별정직 공무원 인사규정에 의거하여 면직되었다.

지방자치단체의 장은 지방별정직 공무원 인사규정 제3조, 제12조에 의하여 지방자치단체 소속 별정직 공무원의 임명·휴직·면직과 징계를 하는 권한을 갖고, 별정직 공무원은 일반적인 직업공무원과 달리 신분보장이 되지 아니하여 자치단체장이 임면을 결정할 수 있으므로 중대한 과오가 없어도 면직이 가능하다. 특히, 수행비서는 피고인이 참석하는 각종 회의, 행사, 국내외 출장을 사전에 조율·관리하고 수행하는 공적인 업무는 물론 개인적인 모임을 위한 연락, 장소 예약, 담배·맥주와 같은 기호품 구입이나 전달과 같은 사적인 용무 관련 지시를 평일·공휴일, 주·야간을 불문하고 수시로 이행하여야 하는 상황이었다. 또한 피고인은 평소 피해자에게 수시로 '모두가 피고인에게 노라도 할 때 예스를 해야 한다'며 수행비서의 자세를 말하였으며, 피해자는 전임자인 R로부터 '피고인을 수행하는 과정에서 피고인의 기분을 거스르는 일을 해서는 안 되고 감정을 드러내서는 안 되며 그 과정에서 알게 된 내용을 아무에게도 말하지 않아야 피고인을 잘 지킬 수 있다'는 등의 인계를 받은 바 있다.

위와 같이 피해자는 수행비서로서 도지사인 피고인의 지시를 거부하거나 이의를 제기하는 것이 사실상 불가능한 수직적인 업무환경에 있었다.

2. 구체적 범죄사실

가. 2017. 7. 29.경 강제추행

피고인은 러시아의 레닌그라드주 상트페테르부르크시의 강가에서 수행비서인 피해자 등과 함께 요트를 타고 있던 중 피해자의 옆에 앉은 다음 피해자의 엉덩이와 다리에 피고인의 엉덩이와 다리를 갖다 대는 등 피해자를 강제로 추행하였다.

나. 2017. 7. 30.경 피감독자간음

피고인은 위 상트페테르부르크에 있는 U호텔의 객실에서 다른 객실에 있는 피해자에게 '맥주가 필요하니 맥주를 가져오라'는 메시지를 보내 피해자로 하여금 맥주를 가지고 피고인의 객실로 오도록 지시하였다. 피고인은 위 지시를 받고 맥주를 들고 찾아온 피해자를 보고 갑자기 손으로 피해자를 껴안고, 피해자가 이에 놀라 수회 거절의사를 표시하였음에도 손으로 피해자를 잡고 피해자를 1회 간음하였다.

다. 2017. 8. 10.경 강제추행

피고인은 신문사 독서스터디에 참석한 후 서울역에서 천안아산역으로 이동하는 KTX열차 안에서 피해자를 강제로 추행하였다.

라. 2017. 8. 12.경 강제추행

피고인은 서울 서초구 V에 있는 'W' 호프집에서 술을 마시던 중 2층 복도에 있는 화장실을 다녀오던 피해자와 마주치자 갑자기 손으로 피해자를 껴안는 등 피해자를 강제로 추행하였다.

마. 2017. 8. 13.경 피감독자간음

피고인은 서울 강남구 Z에 있는 AA 호텔 로비에서 피해자에게 '내 방으로 오라'고 지시하였다. 피고인은 위 지시를 받고 찾아온 피해자에게 "나를 안게."라고 말하며 피고인을 안도록 요구하였으나 피해자가 이에 응하지 않고 있자, 갑자기 손으로 피해자를 꽉 끌어안은 후 1회 간음하였다.

바. 2017. 8. 16.경 강제추행

피고인은 서울 중구 AC호텔 3층 'AD' 중식당에서 기자들과 만찬을 하던 중 피해자에게 '앞방으로 담배를 가져다 달라'고 지시하고 담배를 가져온 피해자를 껴안는 등 강제로 추행하였다.

사. 2017. 9. 3.경 피감독자간음

피고인은 스위스 제네바에 있는 AF호텔의 421호실에서 그 호텔의 다른 객실에 있는 피해자에게 '담배를 가져오라'고 지시하였다. 피고인은 위 지시를 받고 찾아온 피해자를 보고 '침대로 오라'고 요구하였으나 피해자가 수회 거절의사를 표시하였음에도 피해자를 침대로 데려가 1회 간음하였다.

아. 2017. 11. 26.경 성폭력범죄의처벌등에관한특례법위반(업무상위력등에의한추행)

피고인은 서울 마포구 AH오피스텔에서 출발하여 관사로 이동하는 관용차 뒷좌석에서 업무, 고용이나 그 밖의 관계로 인하여 자기의 보호, 감독을 받는 피해자를 위력으로써 추행하였다.

자. 2018. 2. 25.경 피감독자간음

피고인은 AJ AK 녹화촬영 및 만찬을 마친 다음 같은 날 밤경 서울 마포구 AH 오피스텔 B동 607호에서 있던 중 위 AJ 녹화촬영의 모니터링과 현장수행을 담당하였던 피해자에게 '어디니, 뭐하니, 마포로 오라'는 메시지를 보내고, 수회 재촉하는 메시지를 보내며 피해자에게 위 오피스텔로 오라고 지시하였다. 피고인은 오피스텔에 찾아온 피해자에게 '요즘 미투(Me Too)에 대하여 얘기가 많이 나오는데 미투를 보며 그때 내가 너한테 했던 것들이 상처가 된 걸 알았다, 미안하다, 그때 너 괜찮았니? 괜찮니? 괜찮은 것 같이?'라고 피해자의 심리상태를 확인하려는 말을 여러 차례 하였다. 이에 피해자는 피고인에게 피해를 문제 삼겠다고 할 경우 피고인으로부터 어떠한 불이익을 당하게 될지도 모른다는 것에 겁을 먹고 '내가 어떻게 미투를 할 수 있겠어요'라고 말하였다. 이후 피고인은 피해자에게 '나를 안으라'고 요구하고, 피해자가 피고인을 안지 않은 채 주저하는 것을 보고 피해자를 안고 피해자를 1회 간음하였다.

양형의 이유

피고인은 현직 J도지사이자 여당의 유력한 차기 EX 주자로서 자신의 수행비서 또는 정무비서로서 자신의 보호 또는 감독을 받는 피해자를 피해자의 의사에 반하여 업무상 위력으로써 네 차례 간음하고, 한 차례 추행하였으며, 피해자를 네 차례 강제추행하였다. 피고인은 피해자가 지방별정직 공무원이라는 신분상의 특징과 도지사와 비서라는 피고인과 피해자의 관계로 인하여 취약한 처지에 있음을 이용하여 피해자에 대한 판시 각 범행을 저지름으로써 피해자의 성적 자기결정권을 현저히 침해하였다. 피해자는 수행비서로 임명된 지 채 한 달이 지나지 않은 시점부터 약 7개월간 아홉 차례에 걸쳐 성폭력 피해를 입었다. 이와 같은 피고인과 피해자의 관계, 범행이 상당기간에 걸쳐 반복적으로 이루어졌고, 그 범행횟수도 많은 점을 고려할 때 그 죄질이 매우 불량하다. 피해자는 피고인과 피고인이 가지는 지위와 권력으로 인한 압박감에 짓눌려 성폭력 피해를 호소하기 위한 방법으로 자신의 얼굴과 실명을 드러낸 채 생방송 뉴스에 출연하는 극단적인 방법을 선택하기에 이르렀다. 피해자는 피고인의 판시 각 범행 자체로 인한 성적 모멸감과 함께 극심한 신체적·정신적 충격과 고통을 겪은 것으로 보이고, 위와 같이 피해사실을 밝히는 과정은 물론 그 이후의 수사 및 재판과정에서도 근거 없는 내용들이 유포되어 추가 피해를 입기도 하였다. 그럼에도 피고인은 당심 법정에 이르기까지 피해자와 사이에 호감과 합의에 의한 네 차례의 성관계와 한 차례의 신체접촉행위가 있었을 뿐이고, 법적 책임을 질 이유가 없다는 취지로 주장하면서 자신의 범행을 극구 부인하였고, 그로 인하여 피해자는 당심 법정에까지 출석하여 자신이 입은 피해사실을 거듭 회상하고 진술하기에 이르렀다. 피고인은 피해자로부터 용서받지 못하였고, 피해자는 피고인의 처벌을 원하고 있다. 이러한 사정들을 피고인에게 불리한 정상들이다.

다만, 피고인이 이 사건 각 범행 이전에 성폭력범죄로 형사처벌 받은 전력이 없다는 점은 피고인에게 유리한 정상이다.

위와 같은 정상들을 비롯하여 피고인의 나이, 성행, 환경, 가족관계, 피고인과 피해자의 관계, 범행수단과 결과, 범행 후의 정황 등 이 사건 변론에 나타난 제반 양형조건 및 대법원 양형위원회 제정 양형기준에 따른 형량범위를 종합하여 주문과 같이 형을 정한다.

# 제 5 부
# 실질적 평등 논리의 구성

하인선 작, "소풍" (한지 위에 연필), 1997

# 20. 사용자의 주의의무를 중심으로 본 고용차별 개념의 재구성 : 미국 판례법상 시사점을 중심으로*

김 선 화 (서울가정법원 판사)

이 글은 미국 연방대법원의 Griggs 판결을 중심으로 형성된 불평등효과(disparate impact) 법리를 통해 고용차별 개념을 재조명하고, 이를 바탕으로 고용차별 개념의 재구성 가능성을 탐색한다. 우리나라의 남녀고용평등법은 주로 사용자의 고의나 악의를 중심으로 차별을 판단해 왔으나, 실제 고용현장에서 발생하는 차별은 무의식적 편견, 과실, 제도적 관행 등 다양한 양상으로 나타난다. 따라서 의도 중심의 차별을 차별개념의 원형태로 삼는 것은 현실 속의 차별을 이해하고 규율하는 데 한계를 지닌다. 이에 반해 불평등효과 법리는 사용자의 차별의도와 무관하게 특정 고용기준이 집단적 불이익을 야기할 경우 이를 차별로 판단함으로써, 법적 차별개념을 사회학적 개념에 보다 가깝게 확장시킨다.

불평등효과 법리와 불평등대우 법리는 서로 접점을 가지고 유기적으로 발전해 왔다. 이러한 흐름은 차별을 단순한 금지의무 위반이 아니라, 차별적 결과를 예방하고 시정할 책임을 지닌 사용자의 주의의무 위반으로 이해할 수 있게 한다. 이는 차별판단의 기준을 사용자의 내심에서 객관적인 주의의무 이행 여부로 전환시키며, 규범적 판단의 필요성을 부각시킨다. 고용차별에 대한 구제방식과 관련하여, 법은 일반적으로 특정 개인이 입은 손해와 그에 대한 배상에 초점을 맞추어 개별적 부정의로서의 차별을 다룬다. 그러나 차별개념은 본질적으로 역사적 · 사회적 맥락에서 반복적으로 불이익을 받아 온 집단을 매개로 형성된 것이므로, 집합적 손해의 속성 또한 병존한다. 따라서 차별에 대한 손해

* 서울가정법원 판사. 이 글은 서울대학교 법학 제65권 제2호(2024)에 게재된 논문 "미국 판례법상 고용차별의 개념과 그 시사점" 중 일부 내용을 요약 · 정리한 것임을 밝힌다.

배상의 목적은 단순한 전보를 넘어, 차별 예방과 방지를 위한 징벌적 기능까지 포함해야 한다. 특히 현행법상 장애인차별금지법, 근로기준법, 남녀고용평등법 등에 규정된 사용자의 수용·배려 의무는 차이를 존중하는 고용환경을 조성할 책임이라는 점에서 주의의무 개념 안에 통합될 수 있다, 이는 우리 법에서도 차별개념을 재구성하는 해석론의 실질적 가능성을 보여준다.

## Ⅰ. 문제의 제기

1988년 제정된 『남녀고용평등과 일·가정 양립 지원에 관한 법률』은 우리나라의 대표적인 차별금지법이지만, 현행 차별법리와 해석론이 실제 고용차별을 규율하는 데 충분한지는 여전히 의문이다. 우리 법체계는 사용자의 악의적 차별의도를 중심으로 '차별하지 말 것'이라는 금지의무 위반으로 차별을 파악하지만, 이는 부주의나 과실, 무의식적 편견 등으로 발생하는 복합적이고 미묘한 현실의 차별을 포착하기 어렵다. 법적 차별개념은 개별적 손해와 위법행위를 중심으로 구성되는 반면, 사회학적 차별은 집단적 불이익과 무의식적 편견, 고정관념에 기반하여 보다 넓은 외연을 가진다. 이에 따라 차별을 단지 금지의무 위반이 아니라 규범적 주의의무의 해태로 새겨야 하며, 차별을 위법하게 만드는 반가치가 차별의도인지, 결과인지에 대한 재검토가 필요하다.

이러한 관점에서 사용자의 고용기준이 특정 집단에 불이익한 효과를 야기하는 경우 이를 차별로 보는 불평등효과(disparate impact) 법리는 법적 차별개념을 사회학적 개념에 한층 가깝게 만든다. Griggs 판결로 정립된 이 법리는 우리 법상 간접차별의 개념으로 수용되었으나, 위 개념이 사법적 판단에서 실제로 활용된 사례는 드물다. 이는 법전 속의 법(law in books)과 실제의 법(law in action) 사이의 괴리를 보여주며, 어떠한 행위가 차별인지에 관한 법적·사회적 합의의 부재는 사용자와 법집행기관 모두에 혼란을 야기할 수 있다. 법에서 상정하는 차별은 명시적 악의에 기초한 작위에 가깝지만, 사회학적 차별은 무의식적 편견, 부주의, 부작위까지도 포괄한다.

Sullivan은 기존의 의도 중심 차별법리가 오늘날의 차별을 설명하는 데 적절하지 않다는 점에 학문적 합의가 존재한다고 지적한 바 있다.[1] 인지적 편견과 채용실험에 관한 연구들은 사람들이 평등원칙에는 동의하면서도 실제 행동에서는 차별을 보인다는 점을 실증하였다.[2]

결국 현실의 차별은 명시적인 불이익 조치뿐만 아니라, 중립적으로 보이는 채용기준이나 사회적 관행을 통해서도 확산·고착될 수 있다. 이러한 맥락에서 차별 법리는 사용자에게 스스로의 고정관념을 검토하고 정제할 규범적 주의의무를 부과하는 방향으로 재구성되어야 한다. Oppenheimer의 과실차별 이론 등은 고용차별이 과실 또는 무모함에 기초한다는 점을 강조하며, 예견가능함에도 불구하고 차별을 방치한 사용자에게 책임이 성립할 수 있음을 전제로 한다.[3] 이는 주관적 의도보다는 객관적인 조치의 이행 여부를 중심으로 차별을 판단하고자 하는 본고의 입장과 맞닿아 있다. Griggs 판결의 불평등효과 법리는 중립적 기준이 초래하는 불이익에 주목함으로써 의도 중심의 법리를 넘어서고, 사용자에게 주의의무의 이행을 요구한다. 본고는 이에 기초하여 미국 연방대법원의 고용차별 판례를 분석하고, 차별개념을 사용자의 주의의무 위반이라는 기준 아래 재구성하며, 이것이 우리 법체계에 주는 시사점을 제시하고자 한다.

---

1 Charles A. Sullivan, "Disparate Impact: Looking Past the Desert Palace Mirage", *William & Mary Law Review*, Vol. 47, No. 3 (2005), p. 1000.

2 이러한 실험에 대한 설명은 Howard Schuman et al., *Racial Attitudes in America: Trends and Interpretations*, Harvard University Press (1998), pp. 71-138; Faye Crosby, Stephanie Bromley, Leonard Saxe, "Recent Unobtrusive Studies of Black and White Discrimination and Prejudice: A Literature Review", *Psychological Bulletin*, Vol. 87, No. 3 (1980), pp. 549-552; Margery A. Turner, Michael Fix and Raymond J. Struyk, *Opportunities Denied, Opportunities Diminished: Racial Discrimination in Hiring*, The Urban Institute (1991), pp. 39-49 등을 참조.

3 David Benjamin Oppenheimer, "Negligent Discrimination", University of Pennsylvania Law Review, vol. 141 (1993), p. 905; Stephanie Bornstein, "Reckless Discrimination", *California Law Review*, Vol. 105 (2017), p. 1059. Bornstein은 이 논문에서 의도적 차별과 과실 차별을 연결하는 개념으로 무모성에 기한 차별이론을 주장하고 있다

## Ⅱ. 불평등효과 법리에 관한 판결의 분석

### 1. 불평등효과 법리의 출현 – Griggs v, Duke Power Co.[4]

Griggs 판결은 미국 연방대법원이 민권법 제7편을 해석하여 불평등효과(disparate impact) 법리를 최초로 정립한 판결이다. 이 사건에서 Duke 사는 과거 흑인 근로자들을 저임금 부서에만 배치하였고, 민권법 시행 후에는 고등학교 졸업 요건과 필기 검정시험이라는 중립적인 기준을 부서 배치요건으로 도입하였으나, 이는 과거 흑인 근로자들을 저임금 부서에 배치했던 차별의 영향을 실질적으로 유지·고착시키는 결과를 낳았다. 연방대법원은 표면적으로 중립적인 관행이나 절차, 시험은 그것이 설사 의도의 측면에서 중립적이라고 하더라도 과거의 차별적 고용관행으로 인한 현상을 동결시키는 방식으로 작동한다면 유지될 수 없다고 판시하였다. 즉, 중립적인 기준도 특정 집단에 실질적으로 불리한 영향을 미치고, 그 기준이 직무상 정당한 필요성과 관련이 없다면 차별로 간주할 수 있다는 것이다.

Griggs 판결을 통해 확립된 불평등효과 법리는 단순히 사용자의 차별적 의도의 부재나 결과책임에 초점을 두는 것이 아니라, 과거의 차별이 현재의 고용결정에 영향을 미치지 않도록 고려할 사용자의 주의의무에 방점을 두고 있다. Duke 사는 중립적 시험요건을 도입했지만, 이는 과거 차별의 효과를 지속시키는 결과를 낳았으며, 이를 방지하려는 고려의 부재가 곧 차별로 간주되었다. 이처럼 불평등효과 법리는 명시적 차별 없이도 예견가능한 차별적 영향에 대한 무관심이나 해태에 의해 법적 책임이 발생할 수 있음을 시사하며, 차별의 본질을 사용자 내심의 악의에서 객관적 주의의무 위반으로 전환시킨다.

---

4 401 U.S. 424 (1971).

## 2. 불평등대우 법리와 차별소송의 입증구조 – McDonnell Douglas Corp. v. Green[5]

이 사안은 고용상 불평등대우 차별소송의 입증구조를 정립한 대표적 판결이다. 흑인근로자인 Green은 해고 후 재채용을 신청했으나 과거 시위 참여 전력을 이유로 거절당했고, 이를 인종 및 민권운동 참여에 대한 차별로 보고 민권법 위반을 주장하며 소송을 제기하였다. 연방대법원은 차별소송의 입증책임을 3단계로 구조화하였다: (1) 원고가 소수자 집단에 속하고 자격을 갖춘 채 고용에 응했음에도 채용이 거절되었고, 이후 사용자 측이 유사한 자격을 갖춘 지원자를 계속 모집하고 있다는 사실을 입증하면 차별의 일응 추정이 성립된다. (2) 이에 대해 사용자는 고용상 결정이 차별이 아닌 정당한 사유에 근거한 것임을 제시해야 하며, (3) 원고는 그 사유가 차별을 은폐하기 위한 구실(pretext)에 불과함을 입증함으로써 사용자 주장을 반박할 수 있다.

이러한 구조는 차별의 의도를 직접 증명하기보다는 정당한 사유의 부재를 통해 차별의 존재를 간접적으로 추론하도록 설계되어 있으며, 차별을 단순한 사실문제가 아니라 규범적 판단의 대상으로 본다는 점에서 중요한 의미를 지닌다.[6] 또한 이 판결은 불평등대우에 의한 차별 개념을 불평등효과 법리와의 연속성 속에서 사용자의 주의의무 위반이라는 포괄적 틀 아래 통합적으로 이해할 필요성을 시사한다. 다만, McDonnell 기준은 주관적 평가가 중시되는 현대의 고용 환경, 비공식적 채용절차, 그리고 복합적 동기에 따른 고용결정 등의 맥락에서는 한계를 지니며, 이후 Price Waterhouse 및 Wal-Mart 판결 등에서 그 보완의 필요성이 제기되었다.

---

5 411 U.S. 792(1973).

6 Richard Thompson Ford, "Bias in the Air: Rethinking Employment Discrimination Law", *Stanford Law Review*, Vol. 66, No. 6 (2014), pp. 1397-1399.

### 3. '**혼합된 동기**(Mixed Motive)'**에 의한 차별 판단**—Price Waterhouse v. Hopkins[7]

이 사건은 성차별적 동기와 비차별적 사유가 혼합된 고용결정에서 차별을 어떻게 입증할 것인지를 다룬 판결이다. 원고인 Hopkins는 회사의 파트너 승진에서 배제되었고, 일부 파트너들의 평가에 성별 고정관념이 반영되어 있었음을 근거로 민권법 제7편 위반을 주장하였다. 연방대법원 다수의견은 원고가 성별이 결정의 한 동기(motivating factor)였음을 입증하면, 사용자가 동일한 결정을 성별과 무관하게 내렸을 것임을 입증하지 않는 한 차별책임을 면할 수 없다고 판시하였다. 이 판결은 고용차별 사건에서 인과관계를 일반 불법행위와는 달리 규범적으로 판단하고 있으며, 실제 고용결정이 복합적인 동기에 의해 이루어지고, 이에 대해 근로자가 분석적으로 입증하는 것은 매우 어렵다는 구조적 현실을 반영하고 있다.

또한 이 판결은 성격적 결함과 같은 비차별적 평가조차 성차별적 고정관념과 명확히 분리되어 있다고 보기 어렵다는 점을 지적하며, 여성에게는 직무수행능력과 동시에 '여성다움'을 요구하는 이중 기준이 존재함을 드러낸다. 법원은 특히 회사가 승진심사 과정에서 성차별적 고정관념적 평가를 차단하려는 어떠한 조치도 취하지 않았다는 부작위에 주목하며, 차별책임의 핵심은 차별적 의도 그 자체보다도 차별적 요소가 의사결정 과정에 유입되는 것을 방지하지 못한 사용자 측의 주의의무 해태에 있다고 보았다. O'Connor 대법관의 별개의견은 이와 같은 주의의무의 범위를 "회의가 이루어지는 방"이라는 비유를 통해 설명하며, 공식적인 의사결정 절차에 차별적 고려가 개입되지 않도록 감시하고 정제할 의무가 사용자에게 있음을 강조하였다.

7 490 U.S. 228(1989).

### 4. 대안적 고용관행을 모색할 사용자의 주의의무—Albemarle Paper v. Moody[8]

이 사건은 사용자가 채용 및 승진과정에서 도입한 고등학교 졸업요건과 능력검정 시험이 인종차별적 효과를 초래하는지 여부를 다룬 판례로, Griggs 판결의 불평등효과 법리를 계승하면서 사용자의 주의의무 개념을 보다 구체화하였다. 연방대법원은 원고가 해당 시험이 인종집단 간 현저한 불균형을 초래함을 입증하면, 사용자는 그것이 직무와 관련이 있음을 입증해야 하며, 원고는 그보다 덜 차별적인 대안적 선발기준이 존재함을 제시함으로써 사용자의 책임을 물을 수 있다고 판시하였다. 이는 단지 시험의 직무관련성 유무에 따라 차별성을 판단하는 것을 넘어, 차별효과를 줄일 수 있는 대안이 있음에도 이를 모색하지 않은 사용자에게 규범적 책임이 있다는 점을 명확히 한 첫 판결이다.

Albemarle 판결은 고용관계에서 사용자가 근로자와 가지는 특수관계 및 위험통제 가능성을 고려할 때, 사용자가 차별적 효과를 예방·완화할 수 있는 대안을 검토할 적극적 주의의무를 부담한다고 보았다. 이는 차별금지의무를 소극적 금지의무가 아닌, 차별을 회피하고 완화할 수 있는 적극적 주의의무로 재구성한 것으로서, 현대 고용차별 판단에서 중요한 전환점을 이룬 판결로 평가된다.[9]

### 5. 통계적 불균형에 기반한 체계적 차별 판단—International Brotherhood of Teamsters v. United States[10]

이 사건은 통계적 불균형을 통해 구조적·체계적 차별(pattern or practice

---

8 422 U.S. 405(1975).

9 Oppenheimer는 과실(negligence)의 핵심은 타인의 보호를 위한 주의의무 위반이고, Albemarle 판결은 사용자에게 근로자를 보호하기 위한 주의의무의 일환으로 덜 차별적인 관행을 모색할 의무를 부과한 것으로서 과실 차별책임 이론의 효시를 이루는 판결로 평가한다. David Benjamin Oppenheimer, *supra* note 4, p. 933.

10 431 U.S. 324(1977).

discrimination)의 존재를 입증할 수 있음을 인정한 판결로, 차별법리에서 통계 증거의 독립적 기능을 명확히 하였다는 점에서 중요하다. 연방대법원은 선호직인 노선운전사 직군에 흑인 및 히스패닉 근로자가 극히 소수에 불과하다는 통계와, 그에 대한 직원들의 진술을 종합하여 해당 고용관행이 민권법 제7편에 위반된다고 판단하였다. Teamsters 판결은 개별 차별 사건에 초점을 맞춘 McDonnell 법리와 달리, 다수의 고용결정에서 드러나는 전반적 경향을 근거로 집단적 불균형을 드러냄으로써 구조적 차별을 추단할 수 있는 법리를 정립하였다. 이는 차별을 단순한 사실판단이 아닌, 정당한 사유의 부재를 바탕으로 한 규범적 추론의 대상으로 본다는 점을 재확인한 것이다.

또한 이 판결은 통계적 불균형이 단지 결과에 그치지 않고, 사용자가 고용상 결정에 있어 차별적 동기가 유입되지 않도록 적절한 조치를 취했는지를 판단하는 기준으로 작용할 수 있음을 보여준다. 이는 체계적 불평등대우와 불평등효과 법리를 '차별의도의 유무'라는 이분법적 틀을 넘어, 통계적 불균형에 대한 사용자의 설명책임과 주의의무 위반이라는 통합적 관점에서 이해해야 함을 시사하며, 이후 Wal-Mart 판결로 이어지는 집합적 차별 판단의 기초를 마련하였다.

### 6. **차별개념의 종합적 재구성**－Wal-Mart Stores Inc. v. Dukes[11]

#### (1) 사안의 개요

Wal-Mart v. Dukes 사건은 150만 명에 달하는 여성 근로자들이 민권법 제7편 위반을 이유로 회사를 상대로 제기한 미국 사법사상 최대 규모의 고용차별 집단소송이다. 원고들은 임금 및 승진 결정이 지역 매니저들의 주관적 재량에 따라 이루어졌으며, 이 재량이 남성에게 유리하게 행사되어 여성들에게 구조적인 차별이 발생하였다고 주장하였다. 예컨대 원고 중 Betty Dukes는 내부 고발 이후 강등되었고, 동료 남성보다 낮은 임금을 받

11 564 U.S. 338(2011).

았다. Christine Kwapnoski는 여성에게만 고함을 지르고 외모를 지적한 매니저의 언행을 문제 삼았으며, Edith Arana는 승진 교육 신청을 반복적으로 거부당한 뒤 해고되었다. 원고들은 Wal-Mart가 성차별적 효과를 인지하고도 지역 매니저들의 자의적 결정을 방치하였으며, 전사적 차원의 편견에 오염된 기업문화가 여성 직원 전체에게 차별적 영향을 미쳤다고 주장하였다. 이에 대해 회사 측은 원고들의 사례가 개별적이고 고립된 일화에 불과하며, 전국적인 차별정책은 존재하지 않는다고 반박하였다.

### (2) 법원의 판단

법원의 판단에서 핵심 쟁점은 집단소송 요건 중 하나인 '공통성'(commonality)의 충족 여부였다. 원고들은 (1) 성별에 따른 임금 및 승진 격차를 보여주는 통계, (2) 120명의 여성 근로자가 경험한 차별 사례, (3) 성차별적 기업문화를 지적한 Bielby 박사의 의견을 근거로 공통성을 주장했고, 하급심은 이를 인정하여 집단인증(class certification)을 허가하였다.

그러나 연방대법원은 다수의견[12]에 따라 이를 부정하였다. 다수의견은 Wal-Mart의 유일한 공식정책은 매니저들에게 재량을 위임한 것에 불과하며, 이를 집단소송의 공통성 요건을 충족시키는 단일한 차별정책으로 볼 수 없다고 판단하였다. 개별 사례들을 포괄할 '접착제(glue)'가 부족하며, 차별을 입증하기 위한 구체적인 고용관행이 특정되지 않았다고 본 점이 결정적이었다. 반면 반대의견[13]은 매니저들에게 부여된 무제한적 재량이 차별적 효과를 낳는 구조적 문제라고 보았고, 회사 측에서 매니저들의 편견을 방지할 조치를 취하지 않은 부작위 자체가 차별의 근거가 된다고 해석하였다. 나아가 모든 상점에서 동일한 방식으로 재량이 매니저들에게 위임되었다는 사실 자체에서 공통성이 인정된다고 주장하였다.

---

12 Scalia 대법관이 집필하였다.

13 Ginsburg 대법관이 집필하였다.

### (3) 분석 및 의의

이 사건은 고용차별이 단일한 차별정책이나 의도적 행위의 결과가 아니라, 통제받지 않는 재량과 감독의 부재에 기인한 구조적 부작위로도 발생할 수 있음을 보여준다. 이는 고용차별을 '금지의무에 대한 위반'으로만 접근할 경우, 현실 속의 차별을 효과적으로 규율하기 어렵다는 점을 선명히 드러낸다. 원고들은 탈중심화된 인사정책과 성차별적 기업문화가 결합되어 광범위한 차별이 발생했다고 주장하였으나, 다수의견은 이를 개별 사례의 집합으로 보아 집단소송 요건을 부정하였다.

Wal-Mart 판결은 고용차별의 본질이 사용자의 적극적인 차별조장보다는 차별을 방지하기 위한 감독 및 관리의무 해태에 있다는 점을 시사한다. 그런 점에서 예견가능한 차별에 대한 회사의 소극적 방치를 강조한 반대의견은, 성차별을 예방하기 위한 조치를 취하지 않은 주의의무 위반이 고용차별 책임의 핵심이라는 전제에 서 있다. 또한 Wal-Mart 사건은 차별을 집합적 부정의로 이해하며, 그로 인한 손해배상의 목적을 단순한 개별 보상을 넘어 차별의 예방과 억지로 확장한다.[14] 이를 위해 사용자의 주의의무 위반을 중심으로 차별 개념을 재구성하고, 차별금지법리를 배상에서 예방 중심의 법리로 전환할 필요가 제기된다.

아울러 본 사건은 체계적 불평등대우와 불평등효과 법리가 통계적 증거를 통해 중첩적으로 적용될 수 있음을 보여준다. 두 법리는 차별의도 유무를 중심으로 한 개념적 이분화를 통해 이해되는 경우가 많지만, 실제 판단은 차별을 회피할 사용자의 주의의무 해태 여부를 중심으로 이루어진다는 점에서 통합적으로 이해될 수 있다. 본 사안에서 통제받지 않는 재량의 위임은 불평등한 효과를 야기한 공통된 관행으로, 이는 곧 차별방지 조치를 취할 주의의무의 해태와 동일하게 해석될 수 있다.

---

14 Richard Thompson Ford, *supra* note 7, p. 1386.

### 7. 불평등효과 법리와 불평등대우 법리의 충돌–Ricci v De Stefano[15]

#### (1) 사안의 개요 및 법원의 판단

Ricci v. DeStefano 사건에서는 뉴헤이븐시가 소방관 승진시험에서 백인 응시자들이 주로 고득점을 한 결과 인종적 불균형이 발생하자, 불평등효과로 인한 소송을 우려해 시험결과를 폐기한 것이 오히려 백인 응시자에 대한 불평등대우에 해당하는지가 쟁점이었다. 연방대법원은 다수의견[16]에서 시험결과를 폐기한 시의 결정은 민권법 제7편이 금지하는 인종에 근거한 불리한 고용결정이라 판시하며, 불평등효과 책임을 회피하려는 선의의 목적만으로는 인종을 이유로 한 차별을 정당화할 수 없다고 보았다. 반면, 반대의견[17]은 시험이 실질적 직무관련성과 정당성을 결여했고 소수인종 응시자의 합격률이 현저히 낮은 만큼, 시의 자발적인 조정 노력은 차별이 아닌 민권법의 취지를 살리는 정당한 행위라고 판단하였다.

#### (2) 분석 및 검토

Ricci 판결은 불평등효과를 우려해 사용자가 고용기준을 자발적으로 폐기한 조치가 오히려 인종을 이유로 한 불평등대우에 해당하는지를 쟁점으로 삼은 사건이다. 이는 차별금지법에 내재된 두 가지 요청–'인종을 고려하지 않는 중립성'과 '인종을 고려한 적극적 조치'–이 충돌하는 상황을 보여준다. 나아가 차별 개념 속에 공존하는 개별적 부정의(개인의 권익 침해)와 집합적 부정의(구조적 불균형 시정)의 긴장과 경합을 드러낸다. 다수의견은 승진시험을 통과한 응시자들의 구체적 기대이익 침해를 중시한 반면, 반대의견은 소방 직역에 드리운 역사적 인종차별의 구조적 불평등에 초점을 맞추었다. New Haven시는 시험개발에 상당한 노력을 기울였지만, 실기평가 미실시와 필기시험의 과도한 배점(60%) 등으로 인해 직무관련성을 충분

15 557 U.S. 557(2009).

16 Kennedy 대법관이 집필하였다.

17 Ginsburg 대법관이 집필하였고, Stevens, Souter, Breyer 대법관이 반대의견에 가담하였다.

히 확보하지 못했으며, 차별 방지를 위한 주의의무를 다했다고 보기 어려운 측면이 있었다. 또한 시가 고용기준의 차별적 효과를 인식하고 승진시험 결과를 폐기한 시점이 이미 승진대상자가 확정된 이후였기 때문에, 개별 응시자들의 신뢰이익 침해가 두드러졌다. 이러한 조치는 차별 예방을 위한 주의의무 이행이라기보다는, 이미 발생한 결과를 소급적으로 무효화한 것으로 해석될 수 있다.

결국 Ricci 판결은 차별을 방지하기 위한 사용자의 조치에 있어 내용뿐 아니라 시점 또한 정당성의 핵심 요소임을 보여주며, 개별적 부정의와 집합적 부정의가 충돌하고 교착된 대표적 사례로 평가될 수 있다.

## Ⅳ. 우리 실정법상 고용차별의 해석 및 적용에 주는 시사점

미국의 고용차별 개념은 불평등효과(disparate impact) 법리를 비롯한 연방대법원 판례를 통해 발전해 왔으며, 이를 바탕으로 사용자의 주의의무 위반을 중심으로 차별 개념을 재구성할 필요성을 제기한다. 우리나라 법제는 남녀고용평등법, 장애인차별금지법, 근로기준법 등 다양한 개별법에 차별금지 규정을 두고 있지만, 차별 개념을 관통하는 통일된 해석 원리가 부재하여 법률 간 판단 기준이 상이하다는 한계가 있다. 그러나 각 개별법 내에도 사용자의 주의의무를 중심으로 차별 개념을 해석할 수 있는 여지가 존재하므로, 미국 판례에서 도출되는 법리 발전과정은 이러한 해석론을 보완하고 정립하는 데 유의미한 참고가 될 수 있다.

이에 따라, 다음 장에서는 고용차별과 관련된 사용자의 주의의무를 ① 차별적 고용결정을 회피할 일반적 주의의무, ② 차이에 대한 적극적 수용의무라는 두 층위로 나누어 살펴보고자 한다.

### 1. 차별적 고용결정을 회피할 일반적인 주의의무

우리나라 『남녀고용평등법』 제2조는 고용조건이 형식적으로 동일하더라도 특정 성별에 불리한 결과를 초래하고, 그 정당성을 사용자가 입증하지 못하는 경우 이를 차별의 한 유형으로 명시하고 있다. 이는 미국 *Griggs* 판결에서 확립된 불평등효과(disparate impact) 법리를 반영한 규정으로 볼 수 있다. 비록 법 문언상 '주의의무'라는 표현은 명시되어 있지 않지만, 이 규정은 사용자가 고용기준을 설정함에 있어 차별적 효과를 예방하기 위해 사전에 이를 검토하고 합리적 조치를 취할 의무가 있음을 전제로 한다.

우리 판례 역시 '사용자의 근로자에 대한 보호의무 또는 안전배려의무'를 인정하고 있으며, 이는 근로계약에 수반되는 신의칙상의 부수적 의무로 이해된다.[18] 이 보호의무는 전통적으로 작업장 내 안전사고 예방 등 물리적 환경과 관련하여 논의되어 왔으나, 직장 내 차별을 방지하기 위한 인적·물적 환경의 조성이라는 측면으로도 확장될 수 있다. 왜냐하면 보호의무는 단순한 소극적 의무에 그치지 않고, 예방적이고 적극적인 조치까지 포함하는 포괄적 책임으로 기능해야 하기 때문이다. 보다 구체적으로, 사용자가 이행해야 할 주의의무는 다음의 세 가지 층위로 나누어 설명할 수 있다:

- 사전적 예방의무: 차별적 고정관념이나 편견이 고용 의사결정 과정에 유입되지 않도록 내부 절차를 정비하고 개선할 의무
- 차별방지의무: 차별의 우려가 제기되는 경우, 덜 차별적인 대안을 모색하고 이를 채택할 의무
- 사후적 시정조치의무: 실제로 차별이 발생했을 경우 이를 시정하고 피해를 복구할 의무

이러한 주의의무는 사전적 예방에서 사후적 억지로, 소극적 금지에서 적극적 조치로 이동하는 흐름을 보인다. 차별금지법의 실효성을 확보하기 위해서는 수범자(사용자) 입장에서 무엇이 금지되고, 어떤 조치가 요구되는지를 명확히 인식할 수 있어야 한다는 점에서 그 내용의 구체화가 중요하다. 이와 같은 접근은 고용차별을 단순히 금지의무 위반으로 파악하는 데 그치지 않고, 적극적 조치를 취하지 않은 데 대한 책임까지 포함하게 한다.

---

18 보호의무 법리의 구체적 내용은 송오식, "사용자의 피용자에 대한 보호의무", 민사법학 제18호(2000), 416면 이하를 참조.

따라서 차별에 대한 구제조치도 금전적 배상뿐 아니라 시정명령 등 다양한 작위·부작위를 명할 수 있는 방향으로 다원화될 수 있다. 이러한 점에서 사용자의 주의의무는 법적 책임의 기준이자, 차별의 예방과 실질적 평등을 달성하기 위한 핵심 기제로 기능할 수 있다.

### 2. 차이에 대한 적극적인 수용의무(duty to accommodate)

'수용의무'란, 사용자가 근로자들의 개별적 차이와 특성을 반영하여 차별로부터 구성원을 보호할 수 있는 근로환경을 조성할 의무를 의미한다. 이러한 수용의무가 고용 관련 반차별법리로부터 직접 도출될 수 있는지는 논의가 있으나,[19] 고용차별을 단순한 금지의무 위반이 아니라 사용자의 주의의무 위반으로 바라보는 관점에 따르면, 수용의무는 주의의무의 구성요소로 통합될 수 있다. 즉, 차별적 고용결정을 회피하기 위한 주의의무는, 차이를 지닌 근로자를 마주할 때 '수용의무'의 형태로 구체화된다. 이러한 이해는 차별에 대한 법적 책임이 단지 금지 행위의 단속에 그치지 않고, 적절한 조정과 배려를 통해 실질적 평등을 실현할 사용자의 적극적 책무로 확장되어야 함을 보여준다. 이와 같은 접근은 "같은 것은 같게, 다른 것은 다르게" 취급해야 한다는 헌법상 평등원칙의 실현에도 부합하는 것이다.

우리 실정법에도 이러한 수용의무의 개념이 장애인차별금지법상의 합리적 편의제공 의무(제4조 제1항 제3호), 근로기준법상 임신한 근로자에 대한 보호조치 의무(제74조 제5항, 9항), 남녀고용평등법상 가족돌봄 근로자에 대한 사용자의 지원조치(남녀고용평등법 제19조의5 제1항) 등에 구현되어 있다. 이들 규정은 모두 근로자의 차이와 특성을 반영하여 배려할 사용자의 의무를 성문화한 법적 근거로 해석될 수 있으며, 수용의무가 반차별법리의 일부

---

19 이에 대한 상세한 논의는 Christine Jolls, "Antidiscrimination and Accommodation", *Harvard Law Review*, Vol. 115, No. 2(2001), pp. 643-650; Samuel R. Bagenstos, "Rational Discrimination, Accommodation, and the Politics of(Disability) Civil Rights", *Virginia Law Review*, Vol. 89, No. 5(2003), pp. 825-923; Michael Ashley Stein, "Same Struggle, Different Difference: ADA Accommodations as Antidiscrimination, *University of Pennsylvania Law Review*(2004), pp. 579-673 등을 참조.

로 기능할 수 있음을 보여준다. 다만 아직까지 우리나라에서는 이러한 사용자의 수용의무나 편의제공의무가 법적인 의무라기보다는 시혜적 조치의 일환으로 인식되는 경우가 많고, 수용 및 조정이 필요한 영역에 대한 규정도 장애, 임신, 돌봄 등 특수영역에 편재해 있는 상황이어서 수용의무가 고용차별을 구성하는 주의의무의 내용으로 이해되는 법리 구성은 아직 미비한 실정이다.

위와 같이 개별법률에 편재되어 있는 제도들을 차별방지를 위한 수용의무라는 통일적 법리 하에 정렬하여 제시하기 위해 입법적 측면에서는 남녀고용평등법 등에 수용의무에 관한 일반규정을 신설함으로써 반차별 원칙과 실무상의 대응을 연결할 필요가 있다. 아울러 행정적 측면에서는, 관련 부처가 사용자의 주의의무 및 수용의무의 구체적 내용을 담은 가이드라인을 지속적으로 제시함으로써 차별방지의 규범이 현실에서 살아 움직일 수 있도록 해야 한다.

이하는 사용자의 주의의무 위반을 중심으로 한 고용차별 개념의 재구성을 도표화한 것이다.

[표] 고용차별 개념의 재구성

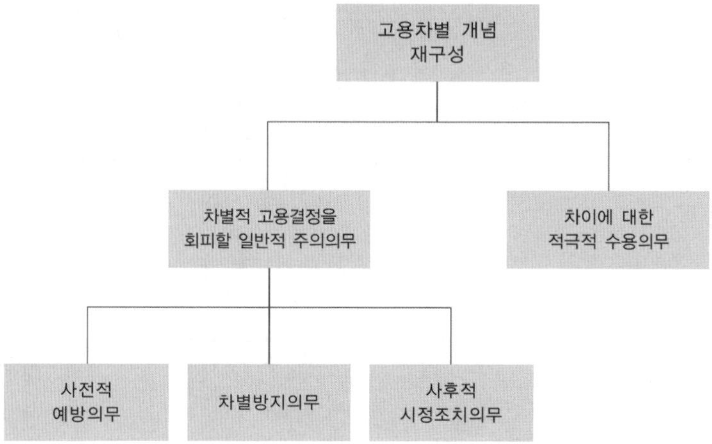

## Ⅴ. 결론

이상과 같이, 본고는 미국 연방대법원의 고용차별 관련 주요 판례들을 검토하고, 그 규범적·철학적 의의를 분석함으로써 '사용자의 주의의무 위반'을 중심으로 고용차별 개념을 재구성하는 시도를 수행하였다. 이러한 논의를 바탕으로 도출된 시사점들은 우리 실정법상 차별 관련 요건과 제도를 해석하는 데 유의미하게 접목될 수 있으며, 실제 사례에의 적용 가능성도 함께 모색되어야 한다. 본 연구가 현실 속 고용차별을 보다 실효성 있게 규율하기 위한 차별 개념 및 판단기준의 정립에 기여하길 기대한다.

# 21. 실질적 평등을 위한 고용상 성차별 개념의 재구성: 직접차별·간접차별 이분법에서 복합차별로*

박 주 영 (노동자권리연구소 연구위원)

그동안 한국 젠더노동법학에서 성차별 개념과 판단기준에 관한 중요한 과제는 직접차별을 넘어 간접차별 개념을 적용하는 공식화된(formulated) 차별판단기준을 안착시키는 것이었다. 일부 간접차별 개념이 인정되었다고 평가된 사건들은 대체로 특정 성별에 지배적인 불이익 결과로서 '본질적으로 직접적인 차별적 대우'와 다르지 않는 경우이거나 '과거 직접차별의 누적된 불이익 결과'가 해소되지 않으면서 지속적으로 차별적 효과에 영향을 미치는 경우로, 사실상 직접차별 법리를 통해 설명될 수 있는 형태들에 한정되어 있었다. 그러나 고유한 간접차별 법리를 구축하려 할수록, 직접차별과 간접차별의 개념을 더 협소하게 만드는 결과가 되었고, 차별판단기준을 실질화하려 할수록 구체적인 사건에서 직접차별과 간접차별의 구분은 모호해졌다. 오히려 차별을 판단할 때 직접차별과 간접차별 법리는 상보적으로 기능해야 차별적 결과의 실체에 다가갈 수 있다는 점이 더 분명해졌다.

간접차별 개념을 발전시켰던 차별법이론의 목적은 집단적 불평등의 결과로부터 실질적 평등을 도모하기 위한 전략이기 때문에, 궁극적으로는 직접차별 법리만으로 설명할 수 없는 다양한 차별적 효과들을 반차별원리의 측면에서 설명할 수 있어야 한다. 그러나 현실에 뿌리내린 '단일 차별사유에 기반한 차별법이론' 하에서 간접차별 법리는 하나의 차별사유에 근거한 단일한 인과관계의 입증구조로 제한되어버렸고, 다양한 차별적 효과들을 다룰 수 있는 법리적

* 이 글은 박주영, "성별에 근거한 차별 개념의 재고찰-고용상 직접차별과 간접차별을 중심으로-", 서울대학교 법학석사학위논문, 2006의 제4장('성별에 근거한 차별' 개념에 관한 한국의 법담론) 및 박주영, "고용상 복합차별에 관한 연구", 고려대학교 법학박사학위논문, 2025의 제4장(복합차별의 개념과 판단기준)에서 일부 내용을 발췌·보완하여, 재구성하였다.

가능성을 발휘할 수 없었다. 이제는 실질적 성평등을 구현하기 위한 차별 개념으로서 직접차별과 간접차별의 이분법적 구조에서 벗어나 복합차별, 즉 하나 이상의 차별사유와 그 속성들이 상호작용하는 포괄적이고 통합적인 차별 개념을 통해 실질적 평등의 관점으로 한걸음 더 나아갈 필요가 있다.

## Ⅰ. 서론

'이 지구상에 절반의 사람, 내 이름 바로 그것.
커다란 창고 가득찬 곡식 나와는 너무 머네'
(작자미상－이 세계 절반은 나)

노랫말처럼 '세상의 절반인 사람', 여성과 남성이라는 성을 이유로 차별이 만들어지는 것은 단지 생물학적 차이나 물리적 소수의 문제가 아니라 불균형한 권력관계와 사회경제적 불평등이 교차하면서 생겨난다. 그럼에도 우리는 성차별을 단지 생물학적 차이에 따른 신체적 혹은 문화적 차이의 문제로만 좁혀서 이해하는 경향이 있다. 그러나 여성주의운동은 남녀라는 성별적 대립구도에 갇히지 않고 성별적 특성을 둘러싼 종교, 지역, 피부색, 빈곤 등 사회구조적 조건들을 바꾸어내면서 성평등을 구체화해왔다. 여성주의 법이론도 초기 동등대우와 차이 논쟁을 거치면서 차별과 불평등에 대한 본질주의적 비판에 눈을 떴고 수용으로서 평등, 다원주의적 평등 개념을 담은 성평등이론을 전개해왔다. 그런 점에서 여성주의는 '성'이라는 단일한 정체성이 아니라 '성'을 중심으로 사회구조와 권력관계가 상호작용하는 차별과 불평등을 다루는 실질적 평등담론의 중심에 있어왔다.

이 글은 젠더노동법학의 측면에서 실질적 성평등을 구현할 수 있는 차별 개념을 사법적 해석에 담아내기 위한 시론적 성격의 글이다. 이를 위해 먼저 한국의 고용상 성차별 사건들에서 그간 법원이 차별 개념을 어떻게 구성해왔는지, 이러한 차별개념 하에서 차별판단기준이 갖는 법이론적 한계는 무엇인지 살펴보고, 이를 바탕으로 '성'을 둘러싼 다양한 차별특성들이 상호작용하면서 만들어내는 복합적인 차별적 효과를 포착할 수 있도록 차별판단기준의 기본원칙을 재구성해본다.

## Ⅱ. 고용상 성차별 사건에서 차별 개념의 구성과 한계

한국 법원에서 평등의 의미와 차별판단의 기준은 전화교환원 정년차별에 관한 두 차례에 걸친 일련의 사건을 통해 처음으로 구체화되었다. 전화교환원 정년차별사건은 남녀고용평등법이 제정되기 전 성차별을 문제제기한 우리나라 최초의 고용차별사건으로 1982년 소제기 후 1999년 대법원 재상고심 확정판결까지 15년 이상이 걸린 여성노동운동사적 의의를 갖는 사건이다. 이 사건은 다수의 법원들을 경유하면서 평등의 의미와 한국적 반차별 법이론의 다양한 쟁점을 형성하는 계기를 마련하였다. 그러나 대법원이 차별 개념과 판단법리를 협소하게 판결한 이후 대한제분 결혼퇴직제 사건이나 농협 사내부부사원 사직종용 사건, 전기공사협회 정년차별사건 등에서 보여줬던 한계들은 성평등 이론의 다원성과 복합성을 담아내기에 좁은 우물에 갇힌 법리가 되었다.

### 1. 상대적 평등 개념을 통한 불평등의 합리화

전화교환원 정년차별 1차사건[1]에서, 제1심 민사법원은 차별여부를 판단하기 위해 헌법상 법 앞의 평등의 의미에 대해, “모든 직종 또는 직급의 정년이 동일할 것을 요구하는 절대적 평등을 의미하는 것이 아니라 각 직종 및 직급의 특수성, 노동시장의 수급관계, 근로의 난이도 등 모든 여건을 합리적으로 판단하여 사회적 상당성이 인정되도록 처리할 것을 요구하는

1 1982년 체신부의 전기통신업무가 한국전기통신공사로 이관되면서, 공사는 인사규정을 개정하여 교환직렬직원의 정년만 43세로 단축하는 단서조항을 신설(일반직렬 정년 55세)하였다. 원고는 이러한 차등정년이 적용되어 1982. 12. 31. 정년도달을 이유로 퇴직발령을 받게 되자, 정년퇴직조치가 헌법과 근로기준법의 남녀평등 규정에 위배된다고 주장하면서 처분무효확인소송을 제기하였다(1차사건). 1차사건은 제1심과 제2심에서 원고패소하였으나 대법원에서 원심을 파기환송하였고 고등법원은 공사의 정년퇴직처분이 무효임을 확인하는 판결을 하였다.

상대적 평등을 의미"한다고 밝혔다.[2] 고등법원도 "모든 국민을 절대적으로 평등하게 대우하여야 하는 것은 아니고 인간으로서의 존엄성과 인격적 가치에 있어서 평등하고 성별 또는 사회적 신분 등의 차이로 인하여 불이익한 대우를 받아서는 안된다는 대원칙을 표시한 것으로서 불합리한 차별대우를 금지하는 취지이고, 구체적인 인간으로서의 개개의 국민은 경제적, 사회적 기타 여러 가지 조건에 따른 차이가 있으므로 그 구체적인 차이에 따른 일반사회관념상 합리적인 근거 있는 차등까지를 금지하는 것은 아니다"라고 설시하였다.[3]

법원의 이러한 '상대적 평등'의 관념은 얼핏 원칙적 정의와 구체적 타당성을 보여주는 것처럼 보이지만, 절대적–상대적 평등의 구분은 평등의 의미를 협소하게 구성할 위험이 크다. 상대적 평등을 '직급의 특수성이나 노동시장의 수급관계, 근로의 난이도 등' 차별을 정당화하는 가능성만을 확인하는 것으로 이해하게 되면, 개인의 차이만을 강조하여 불평등을 허용하게 되므로, '차별의 합리적 이유'를 지나치게 넓게 확장시키고, 사회적으로 취약한 집단적 불평등의 속성은 충분히 고려하지 못하게 된다. 한편 법원은 실질적 평등을 판단하기 위한 구체적인 기준을 언급하지 않았다. 평등의 의미가 절대적인 것이 아니라 상대적으로 제한될 수 있다는 점만을 강조할 뿐 평등의 잣대가 형식적 기준에 의해 다뤄지더라도 차별에 취약한 사회집단에 대한 실질적인 평등의 기준을 반영하는 데는 침묵한다.

## 2. 실질적 평등으로서 결과적 차별의 배척

전화교환원 정년차별 2차사건[4]에서 항소심법원은 남녀평등의 원리를

---

2 서울지법 1983. 6. 21. 선고 83가합221 판결.

3 서울고법 1985. 2. 15. 선고 83나3100 판결.

4 원고는 43세 차등정년규정의 성차별이 인정되어 1989년 원직복직하였지만, 공사는 1차사건의 제2심 계속중인 1987년에 일반직 정년을 58세로, 교환직렬 정년을 53세로 하는 정년연장조치를 하였고, 50세에 원직복직한 원고는 다시 3년만에 정년퇴직조치되었다. 1992년 정년퇴직한 원고는 차별정년에 대한 부당해고를 주장하여 서울지방노동위원회에 부당해고 구제신청을 하였으나 기각되었다가, 중앙노동위원회에서 1988년 대법원 판결을 근거로 여성전용직종을 이유로 한 차별정년임을 인용하는 구제명령을 받았다(2차사건). 이후 공사가

"여성에 대한 차등을 은폐하기 위한 탈법적 의도에서 이루어진 경우는 위법적 평가를 받게 되는 것은 물론이고, 성별 작업 구분이나 근로조건의 구분을 명확하게 하지 아니한 채 결과적으로 남녀를 차별하는" 것도 근로기준법과 남녀고용평등법에 위배되는 차별로서 무효라고 설시하였다.[5] 당시 남녀고용평등법상 간접차별 개념이 규정되기 전이지만, 항소심 법원은 차별의 의미를 단지 의도적 차별만을 의미하는 것이 아니고 의도적 차별의 위법성을 은폐하는 차별도 포함되며, 차별적 결과로 드러나는 이른바, 간접차별도 포함된다는 점을 밝히며 결과적 평등을 고려한 차별개념을 제시하였다. 그러나 대법원은 원심을 파기환송하였으나, 대법원은 교환직이 여성전용직종이라고 하더라도, 젊은 교환직렬에 대한 채용선호, 교환업무 자동화에 따른 잉여인력 발생과 전화교환업무가 아닌 창구보조업무 등의 수행실태, 인건비 상승요인, 노사협의에 따른 차등정년제도 도입, 교환직렬의 조기퇴직 실태 등을 이유로[6] '교환직렬에 대하여 다른 일반직 직원과 비교하여 5년간의 정년차등을 둔 것이 사회통념상 합리성이 없다고 단정하기는 어렵다'고 보았다. 이는 여성전용직종에 대한 차별적 결과, 즉 여성에게 명백히 불리한 조치로서 직접적인 차별을 인정하면서도, 이를 합리화하는 사정을 매우 넓게 허용하였다는 점에서, 엄격히 제한해석해야 하는 직접차별의 합리성 심사기준을 침식하는 판결로 지적될 뿐 아니라, 원심법원의 결과적 차별(간접차별) 개념을 수용하지 않음으로써 집단적 차별효과의 불법성을 간과했다. 이러한 대법원 판결은 1999년 간접차별 개념이 입법화된 이

---

제기한 행정소송에서 제1심과 제2심은 원고 기각판결을 하였으나 대법원은 이를 다시 파기환송하여 고등법원에서 정년퇴직조치가 정당하다는 부당해고구제재심판정 취소판결을 하였다.

5 서울고법 1994. 9. 29. 선고 93구25563 판결.

6 여성전용직종에 대한 차별적 조치로서 본질적으로 여성에 대한 직접차별에 해당하기 때문에, 여성에 대한 차별을 합리적으로 정당화할 수 있는 근거는 매우 제한적으로만 허용해야 한다. 특히 회사나 다른 근로자들이 젊은 여성을 선호한다는 사실, 인건비가 높다는 사정이나 노사합의에 의한 차별적 결과는 일반적으로 차별을 정당화할 수 없다. 또한 교환직렬 대다수가 정년보다 일찍 퇴사한다는 사실은 교환직렬 여성을 잉여인력으로 보아 사직종용 등 다른 부당한 원인과 관련될 수 있는바, 조기퇴직이나 잉여인력이라는 주장 역시 차별의 합리적 이유로 허용될 수 없다.

후에도 간접차별 인정에 소극적인 사법적 태도에 영향을 미쳤다.

### 3. 차별의사를 중심으로 한 간접차별 법리의 위축

전화교환원 1차사건에서 대법원은 교환직렬 대다수가 여성이고 3명의 남성은 예외적인 경우에 해당되므로, 교환직은 여성전용직종이라는 점을 근거로 차등정년규정은 곧 여성을 이유로 한 불리한 처우라고 보았다. 그러나 과연 여성'전용'직종에 해당되려면 특정 성별이 얼마나 지배적이어야 하는지, 그 기준에 대한 명시적인 설명은 없다. 통상 우리 법원은 지배적인 다수를 점하여 본질적으로 특정 성별 집단으로 간주될 정도에 이르러야 여성집중직종으로서 성차별의 일응 추정을 허용해왔다.[7] 그러나 대한제분 결혼퇴직사건에서 대법원은 여성에 대한 명시적이고 압도적인 불리한 결과에도 불구하고 '차별의 고의'가 없으면 차별을 인정하지 않았다.

항소심 법원은 여직원에게만 결혼시 퇴직하기로 하는 여직원계약서를 징구하고 결혼하게 되면 사직서를 제출하도록 한 관행이 존재하였다는 증언을 부인하면서 차별의 일응 추정을 인정하지 않았고, 여성근로자가 제출한 사직서를 회사가 수리한 것은 차별이 문제되지 않는 한 부당해고 여부를 판단할 필요가 없다고 판단하였으나,[8] 대법원도 원심을 그대로 인정, 상고기각하였다.[9] 회사 창립 이래 46년간 여성사원은 모두 미혼인 여성만 채용되고, 여성은 남성사원(5직급)과 달리 승진할 수 없는 일반직 6직급으로만 채용해왔으며, 남성과 달리 결혼 사실이 밝혀진 후 계속 근무한 여성사원이 단 한명도 없다는 사실을 통해, 오로지 여성만 결혼 사실이 알려진 직후 고용관계가 단절되는 불이익한 결과에 이르렀다는 사실을 충분히 추단할 수 있다.[10] 그러나 항소심 법원은 여성근로자가 회사의 결혼퇴직관행을 입증하

---

7 국가정보원 전산사직 정년차별사건에서도 대법원이 전산사직직렬을 여성전용직렬로 인정한 것은 과거 전산사직 채용당시 '고졸 여성'을 모집대상으로 하였다는 사실에 근거하여 모두 여성으로 구성된 전산사직전임계약직의 차등적인 근무상한연령규정을 여성을 이유로 한 차별로 보았다. 대법원 2019. 10. 31. 선고 2013두20011 판결.

8 서울고등법원 2000. 8. 30. 선고 2000누2817 판결.

9 대법원 2001. 12. 27. 선고 2000두7797 판결.

10 서울행정법원 2000. 2. 15. 선고 99구18615 판결. 여성 사원은 조합원으로 가입시키지 않

지 못했다고 보았고, 즉 의도적인 결혼퇴직을 입사조건으로 한 사실이나 결혼 후 사직종용 사실을 입증하지 못하였기 때문에 차별을 추단할 수 없다고 하였다.[11] 이는 사용자의 차별의도를 근로자가 입증하지 못하는 한 차별을 일응추단할 수 있는 불리한 대우의 성립을 부인한 것이다. 사용자의 차별의도를 전제로 한 차별 개념 하에서는 피해자에게 미치는 차별적 영향과 효과를 기초로 하는 간접차별 법리가 구축되기 어렵다.

### 4. 자발성의 외관을 앞세운 차별의도의 부인

대한제분 결혼퇴직 사건에서 보듯이, 대법원은 외관상 불리한 결과 발생에 근로자의 의사표시가 결합되면, 이러한 불리한 결과 발생이 근로자의 자발적인 의사에 의한 것으로 전제하여 이를 사용자의 차별의도를 부인하는 근거로 삼고 있다. 이는 차별의 일응 추정으로, 근로자가 불리한 결과의 발생을 적시하더라도 사용자의 차별의도가 없다면 차별의 추정이 복멸된다고 보는 것으로, 차별행위자의 의도를 전제로 차별 개념을 이해하고 차별판단기준을 구성하는 것이다. 따라서 채용이나 사직과 같이 당사자의 의사합치에 의해 성립되는 법률행위에 대해서는 근로자에게 자신의 의사표시가 자발적인 것이 아닌 강요 또는 비진의로서 무효임을 입증해야만 하는, 매우 높은 수준의 입증부담을 부과하게 된다. 이러한 법원의 태도는 2002년 사내부부인 여성에 대한 차별적 사직종용사건에서도 지속되었다. 회사가 사내부부 중 한 명은 퇴사해야 한다고 종용하면서 퇴사하지 않으면 남편은 순환명령 휴직 후 정리해고되고 아내는 지역발령이 이루어질 것이라고 고지한 결과, 사내부부 726쌍 중 688쌍에서 아내인 사원이 퇴직함으로써 현저하게 여성에게 불리한 결과가 발생하였다. 사내부부사원 중 일방이 퇴사

---

았던 노동조합의 위원장이 회사에 결혼퇴직관행이 없다고 주장한 진술은 증언의 신빙성을 인정하기 어렵다고 본 반면, 노동위원회 공익위원이 결혼하면 퇴직할 것을 조건으로 입사하였다는 여성근로자들의 진술을 직접 확인하였다는 증언 등이 인정되었다.

11 근로기준법상 부당해고의 입증책임을 사용자가 부담할 뿐 아니라 이 사건 의원면직처분이 있었던 1998년 당시 (구)남녀고용평등법 제19조에는 차별의 입증책임이 사업주에게 있음을 명시하고 있다.

하는 조건은 외관상 성중립적 기준이지만, 이 기준의 적용결과 아내인 여성이 현저하게 불이익 결과에 노출되었다는 점에서, 여성에 대한 성차별적 효과가 일응 추정되는바, 간접차별에 해당될 수 있다. 그러나 법원은 '인원감축계획에서 경제적 충격이 상대적으로 덜한 부부직원의 일방을 대상으로 어느 편이 퇴직할 것인가는 당해 부부가 자율적으로 판단할 사항'이라고 전제하였고,[12] 여성이 많이 퇴직했다고 곧바로 성차별이라고 볼 수 없으므로 차별심사의 대상이 되기에 부족하다고 보았다.[13] 즉 근로자의 퇴직의 자유/자율성이 침해되지 않았다면 근로자의 퇴직의사에 응하여 사용자가 사직원을 수리한 행위는 차별의사가 없는 행위로 차별에 해당되지 않는다고 보았다. 결국 법원은 근로자가 차별의 일응 추정을 인정받기 위해 불리한 결과 발생을 적시하는 것만으로는 부족하고, 직접적으로 여성에 대한 불리한 대우가 존재하였다거나 또는 여성에 대한 사용자의 차별의도에 의한 결과임을 근로자가 입증할 것을 요구하고 있어, 사실상 사용자의 입증책임 전환 법리가 제대로 반영되지 않았을 뿐 아니라 간접차별 법리가 전혀 고려되지 않았다.

'근로자의 의사표시가 결합된 합의해지'라는 형식적 외관을 들어 차별의 인과성을 부인하고 사용자의 차별의도에 근거하여 면죄부를 주는 것은 전화교환원 정년차별 1차사건에서, 법원이 '노동조합의 동의'(유효한 취업규칙 불이익변경의 법정 요건인 과반수노동조합의 동의)라는 형식을 차별판단기준에서 배제한 것과 상반된다.[14] 이에 따르면 단체협약이나 취업규칙 불이익

---

12 부부사원 중 1인을 퇴직시킨다는 인력감축계획은 부부사원이 아닌 직원에 비해 부부사원이라는 특수한 혼인상의 지위를 이유로 불리한 결과가 발생된다는 점에서, 이러한 인력감축계획이 차별적 처분행위에 해당될 수 있다는 점이 간과되었다. 법원은 노동조합과의 합의를 통해 결정하였다는 점을 들어, 인력감축계획의 합리성을 인정하였으나 앞서 전화교환원 정년차별 1차사건 판결에서 설시한 바와 같이, 노동조합과의 합의 사실은 차별판단의 기준과 근거로 삼을 수 없는바, 부부사원에 대해 차별적 대우로 아내인 여성에게 불리한 결과를 초래한다는 사실이 적시되었다면, 혼인상의 지위를 이유로 한 성차별의 일응 추정이 형성되었다고 평가할 수 있다.

13 서울고등법원 2002. 5. 17. 선고 2001나1661 판결; 대법원 2002. 11. 8. 선고 2002다35379 판결(상고기각 확정).

14 1989년 파기환송심에서 법원이 교환직의 정년을 다른 일반직보다 12년 더 낮게 정한 것은

변경처럼 노사의 집단적 합의로 모든 근로자에게 적용되는 근로조건이라도 차별판단의 기준이나 근거는 될 수 없다. 그런데 의사표시의 자율성이 더 취약한 개별 근로자와 사용자간 합의의 외관만으로 근로자에게 차별의 일응 추정을 인정하는데 더 높은 입증부담을 부과한다면, 행위자인 사용자에게 입증책임을 전환하고자 한 차별판단법리의 취지에 비춰볼 때 타당성을 인정하기 어렵다. 차별심사의 1단계로서 불이익 결과 발생을 적시해야 할 피해근로자의 입증부담은 불이익 결과에 대한 객관적 사실을 적시하는 것으로 족하다. 피해자가 행위자의 차별의도를 입증해야만 차별의 일응 추정이 인정되는 것도 아니고, 사용자에게 차별의 고의가 없다는 사실만으로 차별의 일응 추정이 복멸되어서도 안된다.

## 5. 단일 사유에 기반한 차별판단과 차별 개념의 축소

전화교환원 정년차별 1차사건에서 대법원은 근로기준법상 남녀 간의 차별이란 "합리적인 이유 없이 남성 또는 여성이라는 이유만으로 부당하게 차별대우하는 것"이라고 밝혔다.[15] 당해사건에서 대법원은 차등정년규정을 성차별로 인정하였으나, 성차별을 오직 성별만을 이유로 한 것으로 협소하게 해석하였다는 점에서 한계를 내포하고 있다.

근로기준법 제6조에서 '남녀의 성을 "이유로" 차별적 처우를 하지 못' 한다고 규정한 것과 달리, 대법원은 단일한 차별사유"만"을 이유로 한 차별대우로 차별 개념을 제한하고 있다. 그러나 단일 사유만으로 차별을 판단해야 한다고 좁게 해석해야 할 법문언상 실질적 근거는 없다. 남녀고용평등법 제2조 성을 이유로 한 차별의 정의에는 성별만이 아니라 혼인, 가족 안에서의 지위, 임신 또는 출산 등 차별사유를 개방적 목록으로 예시하고 있다. 이는 성차별이 성별과 관련된 사회경제적·문화적·정치적으로 다양한 요인

---

노사간의 단체협약에 의해 추인을 받았어도 성차별을 금지한 근로기준법에 위배된다고 판시하였다. 이는 취업규칙 불이익변경을 위한 과반수노조 동의요건(근로기준법 제96조)에 따른 것이지만, 성차별 판단법리는 이와는 별개로 별도의 타당성을 검토해야 한다고 설시하였다.

15 대법원 1988. 12. 27. 선고 85다카657 판결.

들과 성별이 결합하여 성차별적 효과를 발생시킬 수 있다는 점을 인정한다. 또한 혼인이나 가족관계 등 예시된 차별속성뿐 아니라 종교나 인종, 연령이나 장애, 학력, 빈곤(사회경제적 지위) 등 다양한 차별사유들과도 결합하여 차별적 영향을 함께 미칠 수도 있다. 따라서 성을 이유로 한 차별을 판단할 때, 오직 성이라는 하나의 사유만을 이유로 한 차별적 결과가 아니라 성과 결합될 수 있는 하나 이상의 차별특성들의 상호작용하는 불이익 효과를 포착할 필요가 있다. 그런데 법원의 단일 사유에 기반한 차별판단은 오직 하나의 사유만이 주로 또는 본질적으로 차별의 근거일 것을 요구하기 때문에, 다른 차별원인들이 차별적 결과에 영향을 미치더라도 차별을 인정하는 요소로 고려되지 못하고, 오히려 문제된 단일 사유에 의해 발생된 결과가 아니라는 이유로 차별을 정당화할 위험이 있다.

전기공사협회 직급정년차별사건에서, 법원은 과거 행정직 6직급에 대한 직급폐지 후 상용직군 전환으로 승진차별이 누적된 결과, 5급 직급정년에 의한 해고는 성을 이유로 한 차별이라고 판단하였다. 그러나 대졸남성을 행정직 5직급으로 고졸여성을 행정직 6직급으로 분리하여 성별·직급별 채용한 것에 대해서는 (성을 이유로 한) 채용차별에는 해당하지 않는다고 판단하였다.[16] 법원은 '행정직 6직급의 업무 내용은 고졸 여성에게 적합하고 5직급은 대졸남성에게 적합하다'는 직무에 대한 성별적 편견을 사업목적상 합리적 이유가 있다고 보았다. 이는 성과 학력을 결합하여 모집과정에서 직급을 성별화하여 분리채용한 것으로, 하나 이상의 차별사유에 근거하여 차별적 고용관행을 형성한 것이라고 평가할 수 있다. 당시 법령상 모집채용에서의 차별금지사유에 '학력'이 명시되어 있지 않기 때문에, 법원이 '학력'을 차별의 근거로 고려하지 못했을 수 있지만, 문제는 학력의 차이를 합리적 사유로 전제하였기 때문에, 오히려 학력을 성차별을 부인하는 근거로 삼았다는 점이다. 그러나 업무내용이나 성격에 따라 학력을 채용기준으로 삼는

16 서울고등법원 2006. 1. 12. 선고 2004누8851 판결(대법원 2006두3476 판결 상고기각 확정); 전기공사협회 사건에서도 법원은 고졸여성이라는 지위는 채용경로를 분리하는 근거가 되고 분리된 채용경로(상고출신 여성에 대한 지인추천채용)에 응한 근로자의 자율적 의사를 이유로 성별적 분리채용에 대한 사용자의 귀책을 부인하였다.

것이 합리적인 이유가 될 수 있는 것과는 별개로, 성별에 따라 학력을 차등하여 직급 분리 채용하는 성차별적 결과를 정당화할 수는 없다. 이처럼 단일사유에 근거한 차별판단법리는 성과 학력이 결합된 성차별적 분리채용관행에도 불구하고, 성별에 하나 이상의 차별사유가 결합하는 불이익의 양상을 인식하지 못함으로써, 결국 차별원인으로 차별을 정당화하는 불합리한 결과를 초래하였다.

## Ⅲ. 복합차별 개념을 통한 반차별법리의 재구성

### 1. 복합차별 개념을 이해하기 위한 기본원칙

차별이 피해자에게 미치는 불리한 효과와 영향에 주목하기보다 행위자의 차별의도를 차별판단의 중심에 두거나 피해자의 의사표시의 외관을 근거로 차별을 정당화하는 상대적 평등에만 몰두하게 되면, 차별의 구조적 원인이 되는 사회경제적 불평등과 집단 불이익을 초래하는 차별 특성을 간과하게 된다. 차별이 반복되는 구조적 원인을 해소하기 위한 사법적 접근방법으로 간접차별 법리가 도입되었지만, 현실의 차별사안에서 간접차별 법리도 보호집단 내의 다양한 차별 원인들이 상호작용하는 특성을 반영하지 못하면서 차별적 효과를 읽어내는데 실패해왔다. 직접차별과 간접차별 개념의 구분을 강조할수록 차별의사에 기한 직접차별의 인과성 요건은 더 강화되었고, 그에 상응하여 간접차별 개념과 판단기준은 협소해졌다. 직접차별과 간접차별을 기계적으로 구분하려는 이러한 접근은 단일한 인과관계 내로 차별 개념과 판단기준을 끼워 맞춰 온 단일사유 차별판단법리의 적용과 무관치 않다. 다양한 차별 원인이 상호작용하는 복합적 차별효과를 차별판단의 근거에서 누락시키지 않기 위해서는 포괄적이고 통합적인 차별 개념으로 반차별법리의 관점을 전환하는 것이 필요하다. 반차별법리는 차별행위자의 내심의 차별의사를 밝히기 위한 것이 아니라 차별과 불평등으로부터 피해자를 보호하기 위한 것인 만큼, 불이익한 결과에 대해 특정한 하나의 차별사유(행위자의 특정한 차별의도)와의 인과관계가 중요한 것이 아니라 불이익한 결과에 영향을 미치는 차별요소들이 무엇인지, 다양한 차별요소들의 복합적 상호작용을 어떻게 분석할 것인지 구체화하는 이론이 요청된다.

(1) 차별은 하나 이상의 차별속성들의 결합

복합차별이란 '하나 이상의 차별사유 또는 그와 관련한 특성들에 의해 발생되는 차별'이라고 광범위하게 정의할 수 있다. 단일사유에 기반한 차별판단기준이 고착화된 사법 환경에서, 차별이란 하나의 차별사유에 기초한 것으로 간주되고 복합차별은 '둘 이상의 차별사유가 결합된 것', 그래서 일반적인 차별과 다른, 예외적이고 특수한 유형의 차별로 인식하는 경향이 있다. 이는 마치 복합차별을 파악하려면 일반적인 차별판단기준과 별도의 판단기준을 구성해야 하는 것으로 이해하게 된다. 그러나 일반적으로 차별은 하나 이상의 차별사유와 관련된 여러 차별 특성들이 상호작용하여 불리한 결과를 초래하는 상태를 의미하는 것으로, 복합차별은 차별의 일반 개념의 일부를 구성한다. 따라서 복합차별에 대한 판단기준 역시 복합차별을 포괄하는 일반적인 차별판단기준의 일부로서 재구성되어야 한다.

우리가 가장 명확하게 판단할 수 있다고 하는 직접차별 개념을 생각해보자. 직접차별은 문제된 조건이나 대우가 차별사유를 구성하는 보호특성을 명시적인 기준으로 삼아 상이한 대우를 하면, 차별사유를 직접 적용한 것으로, 직접차별에 해당된다고 본다. 그런데 이때 차별사유와 관련한 정체성을 나타내는 특성들을 어느 정도까지 차별사유의 의미에 포함되는 것으로 볼 것인지에 따라 직접차별의 인정범위가 달라진다. 통상 차별이 문제되는 사안은 차별사유를 직접 명시한 기준을 적용하기보다 차별사유를 의미하는 정체성 특성들, 즉 정체성 범주에 연관된 언행이나 태도, 자신을 드러내는 스타일과 문화적 특성 등이 고정관념이나 편견에 부합하거나 부합하지 못하게 될 때, 차별이 야기된다. 따라서 직접차별도 차별사유의 보호범주에 포함되는 특성인지 여부의 규범적 판단에 따라 직접차별 성립여부가 달라질 수 있다. 복합차별은 직접차별의 개념요소인 '차별사유'의 의미를 유연하게 적용할 것을 요구하는 개념이다. 복합차별은 둘 이상의 차별사유만이 아니라 하나의 차별사유 내에서도 정체성을 드러내는 하나 이상의 특성들이 상호작용하여 차별에 영향을 미치는 과정을 분석하고 이를 통해 하나의 차별사유의 의미를 풍부하게 구성하는 것을 포함하는 개념이다. 따라서 복합차별 개념은 반드시 둘 이상의 차별사유가 결합된 것에 국한되지 않는다.

### (2) 직접차별과 간접차별의 통합적 접근

단일사유에 기반한 차별 개념에서는 차별을 야기하는 기준이나 대우의 외관상 형태가 차별 원인과 맺는 직간접적 관련성에 따라 직접차별과 간접차별을 구분한다는 점에서, 직접차별과 간접차별의 관계를 '차별행위의 형태'에 따른 구분으로 이해한다. 즉 직접차별은 '외관상 차별사유와 관련한 상이한 기준이나 처우'가 직접적으로 차별을 드러내는 형태이고, 간접차별은 '외관상 차별사유와 무관한 중립적 기준으로, 모든 사람들에게 적용되는 기준이나 조건'을 적용하였으나 해당 속성을 공유하는 집단에만 불균형하게 불리한 결과를 초래하는 형태라고 설명한다. 차별행위를 형태적으로 구분하여 직접차별과 간접차별 개념을 이해하는 관점은 여러 차별사유들이 상호작용하는 과정을 분석하기 위한 복합차별의 개념적 함의를 반영하기 어렵다. 하나의 차별행위에 대한 근거로서 직접차별 또는 간접차별 형태 중 하나를 특정하게 하므로, 하나의 차별판단기준만을 적용하여 하나의 차별사유와 인과관계가 성립되어야 차별이 인정되는 단일사유에 기반한 차별 개념만을 전제하게 된다. 따라서 차별행위의 형태에 따라 직접차별과 간접차별을 구분하는 관점에서는 하나 이상의 차별사유와 그 속성들이 결합하는 양상을 파편화시키므로 복합차별을 보이지 않게 만든다.

복합차별 개념에서 직접차별과 간접차별은 불이익한 결과를 규범적 관점에서 어떻게 차별로 평가해낼 수 있는가에 관한, 차별판단의 두 가지 입증방식에 관한 법리로 이해한다. 즉 입증구조로서 직접차별과 간접차별을 구성해보면, 직접차별은 차별행위의 측면에서 차별적 기준이나 조치가 불이익한 결과 발생을 초래하는 직접적인 인과관계를 입증하는 구조로 볼 수 있고, 간접차별은 차별의 효과 측면에서 불이익한 결과의 발생에 집단적 불균형성과 자의성에 기초하여 간접적으로 인과관계를 입증하는 구조라고 설명할 수 있다. 복합차별 개념은 하나 이상의 차별사유가 결합하면서 차별사유와 관련한 정체성 특성들이 다양하게 상호작용하는 과정들을 차별의 근거로서 입증할 수 있도록 직접차별과 간접차별의 법리를 통합적으로 적용하도록 차별의 입증구조를 유연화하는 개념이다.[17] 다양한 차별사유들 중 일부는 직접적인 차별 요소와 관련되고 일부는 간접적인 불이익 효과로 결합될 수 있기 때문에, 복합차별을 판단하기 위해서는 차별의 형태로서 직접차별과 간접차별의 존재를 이분법적으로 분리하는 관점에서 벗어날 필요가 있다.

#### (3) 복합적 상호작용을 통한 불이익의 상승효과

하나 이상의 차별사유들이 서로 상호작용하면서, 직접차별과 간접차별 법리가 통합적으로 작용한다는 것은 하나 이상의 차별사유들이 결합하는 방식에 따라 불이익 결과의 발생에 직간접적으로 영향을 미치는 다양한 유형이 존재할 수 있음을 의미한다. 대표적으로 하나 이상의 차별사유들이 결합하는 방식에 따라 불이익 결과에 영향을 미치는 유형을 분류해보면, 1) 차별사유들이 '공동으로' 불이익 결과에 미치는 유형과 2) 주된 차별사유에 다른 차별사유가 작용하여 '주된 차별사유를 통해' 불이익 결과에 영향을 미치는 유형으로 구분할 수 있고 불이익 결과에 영향을 미치는 방식도 ① 각 차별사유가 독립적으로 영향을 미치거나 ② 차별사유들이 결합하여, 그

17 캐나다는 차별적 기준이나 대우의 외형에 따라 직접차별과 간접차별을 구분하여 차별판단 기준을 달리 적용하게 되면, 차별의 입증방법을 사전적으로 제한하기 때문에 차별의 실체에 접근하는데 오히려 제약이 된다는 점을 인정하였다. 캐나다 연방대법원은 Meiorin 판결에서 '차별을 판단하는 사람에 따라 무의식적으로 자신이 생각하는 구제책에 맞추어 차별의 유형을 분류하려는 경향'이 있어서, 제시되는 증거가 차별 유형에 맞지 않으면 차별을 인정하지 않거나 구제의 내용을 축소·변경할 위험이 있다고 지적하면서, 직접차별과 간접차별에 따라 차별판단 법리를 구분하지 않고 통합적인 입증구조를 제안하였다. Public Service Employee Ralations Commission (Meiorin) v. British Columbia Government and Service Employees' Union [1999] 3 SCR 3, paras. 28-29.

리고 ③ 차별사유들이 결합하여 영향을 미칠 뿐 아니라 동시에 각 차별사유들이 독립적으로도 영향을 미치는 방식들이 있다. 여기서 주목할 점은 하나의 차별사유로는 차별적 결과에 이르지 못하는 경우에도 하나 이상의 차별사유들이 공동으로, 그리고 독자적으로 불이익 효과에 누적적인 영향을 미치면서 차별적 결과를 발생시킬 수 있다는 점이다. 복합차별 개념은 하나 이상의 차별사유들의 상호작용에 의한 불이익 결과를 상호 강화(mutual reinforcement)하는 상승효과를 차별 판단의 핵심적인 요소로 삼는다.

#### (4) 복수의 비교군 상호 간의 상관관계

하나 이상의 차별사유를 기반으로 한 복합차별을 인정하고 이를 전제로 비교분석방법을 적용할 때에는 문제된 차별속성들 전부를 공유하지 않는 유일한 비교대상자만을 선정하도록 비교대상 선정 범위를 제한하지 않는 것이 중요하다. 비교의 목적은 청구인이 가진 차별사유들이 문제되지 않았다면 받지 않았을 차별적 상황을 확인하기 위한 것이지, 차별속성들 전부를 공유하지 않는 개인이나 집단과의 차이를 밝히기 위한 것이 아니다.[18] 따라서 하나 이상의 차별사유들이 결합된 복합차별은 청구인이 경험한 불이익의 상황과 조건에서 문제된 차별속성들의 전부 또는 일부 속성을 공유하거나 공유하지 않는 비교군과 다각도의 비교를 통해 청구인이 가진 차별속성들이 불이익한 결과의 발생에 어떠한 상관관계를 갖는지 파악하고 이를 총체적으로 분석하여야 한다. 즉 하나 이상의 차별사유에 근거한 불이익 발생을 입증하기 위해, 차별특성들 전부를 공유하지 않는 개인이나 집단과의 유일한 비교만을 고집하는 것이 아니라 차별특성의 일부를 공유하는 다양한 비교군과의 동일성 또는 차이를 분석함으로써 차별사유들이 차별에

---

18 골드버그는 차별을 주장하는 개인이나 집단이 가진 특성을 제외한 모든 측면에서 유사한 개인이나 집단과 비교해야만 차별을 가장 잘 파악할 수 있다는 생각에서 벗어나야 한다고 지적한다. Suzanne B. Goldberg,"Identity-based Discrimination and the Barriers to Complexity", *European Union non-discrimination law and intersectionality : investigating the triangle of racial, gender and disability discrimination*(Dagmar Schiek, Anna Lawson eds.), Ashgate, 2011, p. 183.

미치는 직간접적인 영향을 종합적으로 파악할 수 있게 된다.

### 2. 육아휴직 사용 여성에 대한 승진차별사례에서 복합차별 법리의 의의

이 사건 근로자는 출산휴가를 신청하자 파트장 직책에서 해제되었고 육아휴직 사용 후 복귀하자 담당파트도 통폐합되어 새로운 파트업무의 시험원으로 강등되었다. 그로 인하여 낮은 인사고과평가를 받았으며 과장에서 차장으로의 승진자격을 충족하였지만 승진내신이 거부되는 불리한 결과를 받게 되자, 남녀고용평등법상 성차별 시정신청을 하였다.[19] 이 사건은 성과 육아휴직 사용이라는 차별특성들이 결합된 복합차별사안에 해당될 수 있다. 그러나 단일 사유 차별판단법리에 갇혀 성과 육아휴직 사용이라는 차별속성들 간의 상호작용을 놓치게 되면 차별적 결과를 인식하지 못할 수 있다. 첫째, 근로자의 차별 주장을 '육아휴직 사용으로 인한 승진상의 불리한 처우'로 보면 남녀고용평등법 제19조 위반의 문제이지 성을 이유로 한 차별이 아니라고 보게 된다.[20] 둘째, 육아휴직의 사용이 남녀 모두에게 동일하게 적용되나 육아휴직을 사용하는 것은 대부분 여성이고, 육아휴직 사용으로 인한 승진상 불이익은 여성에 대한 불이익한 효과를 미치는 것으로, 성을 이유로 한 간접차별을 주장할 수 있다. 그러나 육아휴직을 주로 여성이 사용한다는 사실만이 아니라 상위직급 승진에서 여성에 대한 차별적 효과에 여성과 육아휴직 사용이라는 두 가지 특성이 서로 어떻게 상호작용하는지 분석하지 않으면, 성을 이유로 한 간접차별 법리를 적용하는 것만으로는 육아휴직 사용을 하는 여성의 복합적인 차별경험이 제대로 드러날 수 없다. 단지 육아휴직자 중 여성의 비중이 높다는 사실만을 고려하면, 육아휴직 사용을 중립적 조건으로 보아 이 조건을 충족하는 남성과 여성 집단의 비교, 즉 '육아휴직을 사용한 남성'과 '육아휴직을 사용한 여성' 집단 간

19 중앙노동위원회 2022.9.4.자 중앙2023차별15 판정(서울행정법원 2023구합83097 계속중).

20 남녀고용평등법 제19조 위반 문제는 동법 제26조 1항의 차별적 처우등의 시정신청 대상이 아니며, 육아휴직을 이유로 한 불리한 처우는 해당 처분이 있었던 날로부터 3개월이 도과하였으므로 노동위원회 구제신청을 할 수 없게 된다.

의 승진소요기간을 비교하는 것에 그치게 된다. 이 사건에서 경기지방노동위원회는 남녀고용평등법상 간접차별 조항을 기계적으로 적용하여 육아휴직자 중 승진에서 탈락하는 비율이 남성보다 여성이 더 높은 경우에만 성차별을 인정할 수 있다고 보았고, 결국 육아휴직을 사용한 남녀 상호간에 승진소요기간에 유의미한 차이가 없다는 이유로 육아휴직 사용을 이유로 한 성차별을 부인하였다. 이러한 차별판단 법리의 적용은 육아휴직 사용 자체가 남녀 모두에게 승진에서 차별적 영향을 미치는 불이익 효과를 전혀 반영하지 않았다는 점에서, 단일한 성별적 인과관계만을 근거로 삼는 단일사유 차별판단법리의 한계를 그대로 보여준다.

성과 육아휴직 사용이라는 차별특성들이 상호작용하는 관계를 살펴보면, 첫째, '육아휴직 사용'이란 돌봄이 필요한 어린 자녀를 둔 '가족상 지위'를 나타내는 특성의 하나이다. 남녀고용평등법상 일·가정 양립을 위한 권리로서 육아휴직을 보장하고 불리한 조치를 금지하는 조항을 둔 것은 육아휴직 사용을 이유로 불리한 차별적 결과가 발생될 수 있음을 인정한 것이다. 또한 남녀고용평등법상 성차별 개념에 성별뿐 아니라 '혼인, 임신·출산, 가족 안에서의 지위 등' 다양한 차별 원인을 예시적으로 규정하고 있는 바, '육아휴직 사용'을 '가족 안에서의 지위' 또는 그에 준하는 차별 원인에 해당되는 것으로 볼 수 있다. 따라서 '육아휴직 사용'이 성이라는 주된 차별사유에 결합하여 성차별적 효과를 나타낸다면 성을 이유로 한 차별을 구성할 수 있다(주된 차별사유에 다른 차별특성이 결합한 복합차별). 둘째, 육아휴직은 남녀 모두 사용할 수 있고, 그로 인한 승진상 불이익을 받을 수 있다. 그러나 사회적 성역할에 대한 편견이나 고정관념으로 인하여 한국사회에서 여전히 여성에게 육아에 대한 주된 책임이 집중된다. 이러한 사회적 맥락에서는 육아휴직을 사용하는 남성에 대해서도 부정적 인식이 강화될 수 있으며, 승진에서 불리한 영향을 받을 수 있다. 특히 승진과 같이 경쟁적인 과정을 거치는 경우, '육아휴직 사용'은 성이라는 주된 차별사유에 육아휴직 사용(가족상 지위)이라는 차별특성이 결합하여 여성의 상급직 승진결정에서 강화되는 불이익 효과를 발생시키면서, 동시에 '육아휴직 사용' 그 자체로도 승진결정에 부정적인 영향을 미칠 수 있다. 이러한 양방향의 불이익 효과는 성과 육아휴직 사용이라는 차별특성들이 상호작용하면서 승진결정에 부정적인 효과를 상승·강화시킬 수 있지만 차별사유별로 차별적 효과를 구분하여 식별하기는 쉽지 않다. 따라서 육아휴직을 사용하지 않았지만 상급직 승진과정에 참여하는 여성 집단도, 육아휴직을 사용한 남성집단도 성과 육아휴직 사용이라는 차별특성으로부터 유사한 부정적인 영향을 받을 수 있기 때문에 육아휴직을 사용한 여성에 대한 승진차별을 분석할 때에는 일부 특성을 가진 집단과의 유사성만으로 차별을 부인해서는 안되고, 이러한 불이익의 유사성이 조합되면서 어떻게 불이익을 상호강화하는지를 분석하는 것이 중요하다. 셋째, 하나 이상의 차별특성이 결합된 하위집단의 불이익 효과를 다차원적으로 비교하기 위해서는 여성 집단 전체 또는 남성 집단 전체만을 유일한 비교대상으로 삼아서는 안된다. 일부 특성만을 공유하는 집단과의 차이가 혼재되어 있기 때문에 육아휴직을 사용한 여성 집단의 고유한 불이익 효과가 가시화되지 않을 수 있다. 따라서 차별특성의 일부만을 공유하는 집단들이 경험한 불이익의 유사성만이 아니라, 차별특성 전부를 공유하지 않은 특권집단(육아휴직 미사용 남성)과의 차이를 함께 분석해야 한다. 즉 '육아휴직을 사용한 여성' 집단에 대한 승진상 불이익 효과는 '육아휴직을 사용하지 않은 여성' 집단이나 '육아휴직을 사용한 남성' 집단과 승진에서 유사한 불이익 경험을 공유하는 동시에, '육아휴직을 사용하지 않은 남성' 집단과의 차이를 통해 육아휴직 사용 여성에게 승진상 불이익이 어떻게 상승·강화되는지 분석할 수 있다.

복합차별 법리는 모든 차별사안을 둘 이상의 차별사유가 결합된 형식으로 차별을 분석하고 다루고자 하는 개념이 아니다. 오히려 복합차별은 하나 이상의 차별사유와 그와 관련한 차별속성들의 상호작용이 존재할 수 있음을 인식하고, 포괄적이고 통합적으로 차별 개념을 접근하려는데 그 목적이 있다. 따라서 단일 사유에 근거한 차별사안[21]을 다룰 때에도 하나의 차

---

21 중앙노동위원회는 육아휴직을 주로 여성이 사용한다는 사실을 근거로 여성에 대한 간접차별을 언급하였으나 실질적으로 남녀고용평등법상 간접차별 정의에 따른 차별판단기준을

별사유에 영향을 미치는 다양한 차별속성들의 상호관계를 분석함으로써 차별분석을 풍부화하고 차별판단기준의 다양한 해석가능성을 보장한다는 점에 의의가 있다.

## Ⅳ. 결론

우리 사회는 점점 더 빠르게 다양성이 증가하는 사회로 나아가고 있다. 물자와 자본의 흐름에 따라 사람의 이동은 이들이 가진 다양한 문화와 가치관의 교류를 더 빠르고 복잡하게 만든다. 다양한 정체성의 증가는 한 사람이 가진 '성'조차도 사회적 지위와 관계 속에서 복잡한 차별 양상으로 증식될 수 있는 만큼, 단일 사유에 기반한 차별판단에 갇히지 않고 하나 이상의 차별사유와 속성들의 상호작용에 주목하고 이를 분석할 수 있는 통합적이고 포괄적인 차별판단기준을 수용할 필요가 있다. 이는 단일 사유에 근거한 유일한 인과관계 구조 속에 직접차별과 간접차별을 끼워 맞추는 방식으로 이원화된 차별판단기준을 실질적 성평등의 관점에 따라 복원하는 과정이 될 것이다.

---

적용한 것은 아니다. 재심판정의 근거를 살펴보면, 중앙노동위원회는 성이라는 단일 사유에 기반한 직접차별 법리에 따라 승진차별을 인정한 것으로 평가된다. 첫째, 육아휴직기간 중 승진대상에서 제외하도록 한 승진규정은 육아휴직자에 대한 명시적인 직접차별적 근거이며, 둘째, 출산휴가 신청 및 육아휴직 사용 후 복직에 이르는 과정에서 파트장 직책해제와 파트통폐합, 새로운 파트 업무에 시험원으로 강등되고 낮은 인사고과를 받는 일련의 불리한 대우를 육아휴직을 사용한 여성근로자에 대한 합리적 이유 없는 성차별이라고 인정한 점에서, 직접차별로 구성하였다.

# 22. 동일가치노동 동일임금의 판단*

구 미 영 (한국여성정책연구원 연구위원)

한국의 성별 임금격차는 OECD 국가 중 가장 높음에도 불구하고 '동일가치노동 동일임금' 원칙의 실제 적용 사례가 매우 드문 모순적인 상황이다. 대표적 소송인 효성 사건에서는 남성 기능직과 여성 생산직 간 임금 차별이 쟁점이었으나, 법원은 직무가치 평가에서 기술, 노력, 책임, 작업조건 등 4요소를 비교해 전체적으로 동일가치가 아니라고 판단했다. 그러나 이 과정에서 직무평가가 비분석적으로 이뤄지고, 실제 담당자의 인적 특성이 평가에 반영되는 등 한계가 드러났다. 또한 비교대상 선정에서 전체 기능직을 기준으로 삼아, 같은 공정에서 유사 업무를 수행하는 남녀 간 임금차별 문제를 제대로 다루지 못했다. 정책적으로는 성중립적이고 분석적인 직무평가 도구 개발, 전문가 풀 구축, 현장검증 절차의 객관성 강화 등이 필요하다. 연공급제 등 한국 특유의 임금체계와 동노동임 원칙의 조화, 국제적 기준에 부합하는 직무평가 기준 확립도 과제로 제시된다.

## Ⅰ. 들어가며

OECD에 따르면, 2022년 기준 한국의 성별간 임금 격차는 31.2%로 관련 통계가 있는 36개국 중 1위이자, OECD 회원국 평균의 2.7배에 달하는 수준이다. 한국은 OECD에 가입한 뒤 성별 임금 격차 1위 자리에서 단 한

* 이 글은 구미영, 전기택, 이혜정, 정다은(2022), 『성별 임금격차 해소를 위한 동일가치노동 동일임금 원칙 판단기준 연구』, 한국여성정책연구원 보고서 중 필자가 집필한 원고를 발췌·수정한 것이다.

번도 벗어난 적 없다는 불명예를 안고 있다.[1] 이처럼 큰 규모의 성별 임금 격차가 오랫동안 지속되었음에도 임금 성차별 관련 소송이나 진정 사례가 매우 적은 것도 한국의 특징이다. 동일가치노동 동일임금(이하 '동노동임') 조항은 '89년부터 舊「남녀고용평등법」에 도입되었으나 사실상 사문화된 조항에 가까울 정도로 적용 사례를 찾기 어렵다. 임금 성차별 소송의 건수도 적을 뿐만 아니라, 그 중 동노동임이 문제 된 것은 연세대 사건,[2] 한국TDK 사건,[3] 효성 사건[4]의 3건에 불과하였고 모두 패소하였다.[5] 나머지 사건들은 모두 동노동임이 아니라 동일노동 동일임금, 즉 같은 노동을 수행함에도 임금이 달랐던 사건들이었다. 또한 이 인권위 진정 및 소송 사례들도 2010년 전후하여 제기된 것으로 근래의 분쟁 사례는 더욱 드문 상황이다.[6]

이 글에서는 「남녀고용평등과 일·가정 양립 지원에 관한 법률」(이하 '남녀고용평등법') 상 동노동임 조항(제8조)의 적용을 다툰 사건을 검토하고, 실효성 있는 적용을 위해 해석론적 측면과 정책적 측면에서 어떤 개선이 필요한지 제시하고자 한다.

## Ⅱ. 동노동임 소송 사례를 통해 본 쟁점과 과제-효성사건을 중심으로[7]

### 1. 사실관계 및 판결 요지

#### ■ 사실관계

피고회사는 카프로락탐에서 화학섬유 직물을 만들어내는 생산업체인

1 연합뉴스TV(2024.10.14. 보도), "여성 임금근로자 '천만 명' 돌파했지만 … 성별 임금격차 1위"
2 서울지방법원 서부지원 1991. 6. 27. 선고 90가단7848 판결.
3 서울고등법원 2010. 10. 29. 선고 2009나41184 판결; 대법원 2013. 3. 14. 선고 2010다101011 판결.
4 대법원 2013. 5. 9. 선고 2010 다 23821 판결.
5 TDK사건, 효성 사건의 경우 국가인권위는 동노동임 위반 주장을 인정하는 결정을 하였다.
6 2021년 12월 서울시사회서비스원의 요양보호사 등이 사회적 신분 차별과 함께 동노동임 위반을 주장하는 진정을 제기한 것이 거의 유일한 사례로 보인다.
7 대법원 2013. 5. 9. 선고 2010 다 23821 판결. 항소심은 부산고등법원 2010. 1. 27, 2009나4947 판결이고 1심은 울산지방법원 2009. 2. 19, 2007가단22834 판결이다. 아래 사건 개요 및 판결요지 등은 이 사건 판결문에서 발췌, 요약한 것임.

데 공정은 크게 ① 카프로락탐에서 나일론 칩을 만들어내는 중합공정, ② 나일론 칩에서 실을 뽑아내는 방사공정, ③ 실을 실타래에 감는 권취공정, ④ 원사 2가닥을 1가닥으로 꼬는 연사 공정, ⑤원사에서 직물을 짜내는 제직공정으로 이루어진다.

피고회사의 울산공장 근로자는 기능직과 생산직으로 나뉘고 각기 다른 호봉표를 적용받아서 2005. 12. 21. 기준으로 생산직 근로자는 최저 35호봉 19,100원, 최고 1호봉 29,640원인데 비하여 기능직 근로자는 최저 64호봉 24,220원, 최고 1호봉 50,530원으로 생산직 근로자가 상대적으로 낮은 임금을 받고 있으며, 기능직은 전원 남성이고 생산직은 전원 여성이다. 피고회사의 울산공장의 근로자는 총 738명이고 그 중 사무관리직 176명, 기능직은 548명, 생산직은 18명인데, 기능직 근로자는 전체 공정에 순환배치하고 있으나 생산직 근로자는 제직공정, 연사 리와인딩 공정 등에 한정하여 순환배치하고 있다.

■ **판결요지**

– 비교대상 관련: 남녀가 하는 노동이 동일가치를 가지는지 여부는 대상이 되는 노동의 비교를 통해서 알 수 있는데, 남녀고용평등법은 동일가치노동의 비교범위를 동일사업장으로 한정하고 있고 이 사건에서 기능직 남성근로자는 각 공정에 전환배치되고 있으므로 중합, 방사, 권취, 연사, 제직공정에서 기능직의 노동과 원고들이 근무한 제직 또는 연사 리와인딩 공정에서 생산직의 노동을 비교하여 그 동일가치 여부를 판단할 수 있고, 원고들이 근무한 제직공정과 연사공정 내의 기능직 남성근로자의 노동에 비교대상을 한정할 수는 없다.

– 직무가치의 동일성 판단 방법 관련: 각 공정별 업무의 내용이 상이하여 각 공정별로 요구되는 노동의 가치에 관하여 엄밀하게 동일성을 비교, 판단하기는 쉽지 않으므로 각 공정별 노동의 범주를 파악하여 그 노동가치의 스펙트럼을 비교하여 판단할 수밖에 없다고 할 것이다

**기술 요소:** 기술의 면에서 중합과 방사 공정에서의 기능직 근로자의 노동은 상당기간 교육과 훈련을 필요로 하는 특별한 직무수행능력이 필요하다는 점에서 원고들이 근무한 제직공정이나 연사 리와인딩 공정과는 차이가 있음이 분명하고 이 점에 관하여 당사자들 사이에 다툼이 없는 듯하다. 다만 원고들은 기능직 근로자들의 고용 시에 특별한 자격이나 학력을 요구하지 않았고 현재 중합, 방사공정에서 일하는 기능직 근로자들의 기술도 그 공정에 배치되어 장기간 근무하면서 숙련된 것에 불과하므로 원고들과 같은 생산직 근로자들을 위 공정에 배치하지 아니하여 원고들이 위 공정의 기능직 근로자들과 같은 기술을 가질 수 없었던 것인 이상 기술의 차이는 본질적인 것이 아니라는 취지로 주장하지만, 중합, 방사공정의 근로자들의 기술수준의 습득경위가 원고들 주장과 같다 하더라도 이는 원고들 노동의 기술수준이 위 공정의 근로자들의 기술수준과 동일 가치를 가지는지 여부 판단과는 별개의 문제이다. 연사 리와인딩 공정과 연사공정에서 기능직, 생산직 근로자들의 기술수준, 제직공정에서의 기능직, 생산직 근로자들의 기술수준이 동일가치로 평가될 수 있다고 하더라도 이 점만을 들어 전체적 기술수준을 동일하다고 평가하기는 어렵다.

**노력 요소:** 노력의 측면에서 보면, 남성이 여성보다 체력이 우세하므로 여성에 비하여 더 많은 체력을 요하는 노동을 한 것만으로 남성의 노동강도가 더 높다고 할 수는 없고 남성의 노동강도가 통상의 근로자들에 비하여 특별히 높은 고도의 노동강도를 요하는 경우라야 더 높은 가치의 노동으로 평가될 수 있을 것이다. 이런 관점에서 보면, 제직공정에서 기능직 근로자들이 하취작업, 후진작업, 보전지원 작업, 위사박스 운반작업 등을 보다 주도적이고 효율적으로 수행하였다고 하더라도 그 노동강도가 특별히 높은 경우라고 할 수는 없고, 권취공정에서 권취기계를 관리하면서 실타래 운반작업을 하는 기능직 근로자가 섬세한 집중력을 요하는 불량원사 선별작업을 하는 생산직 근로자보다 노동강도가 특별히 높다고 할 수 없으며, 역시 연사공정에서 연사기계를 관리하면서 10kg 정도의 실타래들로 로딩과 도핑 작업을 하는 기능직 근로자가 연사 리와인딩 공정에서 상대적으로 가벼운 실타래들로 리와인딩 기계를 관리하는 생산직 근로자보다 노동강도가 특별히 높다고 할 수 없을 것이다. 그러나 중합공정의 필터 세정작업, 방사공정의 필터운반 및 원료 주입작업, 노즐 와이핑 작업 등은 고온에서 작동하는 기계를 관리하기 위해 고중량의 장비를 지속적으로 움직여야 하므로 고도의 집중력과 노동강도를 필

요로 하여 그 노동강도가 특별히 높다 할 것이므로 피고회사의 사업장에서 기능직, 생산직 근로자들의 전체적 노력 수준이 동일가치라고 평가하기는 어렵다.

**책임 요소**: 연사공정에서 기능직 근로자는 1인당 120개의 연사기를 관리하면서 1일 120개 정도의 실타래를 생산하지만 생산직 근로자는 연사공정의 특성상 필수적으로 발생하기 마련인 자투리 원사들을 리와인딩 기계를 이용하여 1인당 15개 정도의 실타래를 만들어내는 업무를 하므로 기능직 근로자들의 노동이 그 성격, 범위, 복잡성이나 사업주가 의존하는 정도의 점에서 생산직 근로자들의 그것보다 책임 정도가 높다고 할 것이고, 제직공정에서 기능직 근로자들이 17:10부터 그 다음날 08:40까지 반, 조장 업무를 대행하면서 제직공정 중 이상 발생시 적절한 조치를 해야 할 보고라인에 있게 되지만 생산직 근로자들은 그렇지 않다는 점에서 책임의 정도에 차이가 있으므로, 비록 권취공정에서 불량원사를 선별하는 생산직 근로자들의 업무와 권취기계를 관리하는 기능직 근로자들의 책임의 정도가 유사하다고 하더라도 피고회사의 사업장에서 전체 기능직, 생산직 근로자들의 책임 수준이 동일가치라고 평가하기는 어렵다.

**작업조건 요소**: 피고회사의 전체 작업공정의 특성상 소음이 심하고 고온인 작업장에서 근로해야 하나, 작동에 고열을 필요로 하는 기계를 관리하는 중합, 방사, 연사공정의 작업장의 온도는 40℃가 넘고, 소음도가 가장 높은 권취공정은 100dB이 넘지만, 생산직 근로자들이 근무하는 불량원사 선별장은 전체 공정 중 가장 온도가 낮은 27℃이고 연사공정 중 리와인딩 공정은 온도가 30℃ 정도로 연사공정의 작업장 온도에 비하여 10℃ 이상 낮으므로 비록 제직공정에서 일하는 기능직, 생산직 근로자의 작업조건이 동일하다고 하더라도 피고회사의 사업장에서 전체 기능직, 생산직 근로자들의 전체적 작업조건이 동일가치라고 평가하기는 어렵다.

## 2. 해석론적 문제

### 가. 직무평가 방법론의 문제-분석적 직무평가 방법과 도구의 적용

직무가치의 동일성 판단 방법과 관련하여 대상판결은 '스펙트럼'이라는 낯선 표현을 사용하였고 그 의미에 대해 명확히 설명하지 않는다. "각 공정별 업무의 내용이 상이하여 각 공정별로 요구되는 노동의 가치에 관하여 엄밀하게 동일성을 비교, 판단하기는 쉽지 않으므로" 각 공정별 노동의 범주를 파악하여 그 노동가치의 스펙트럼을 비교하여 판단할 수밖에 없다고 하는 판시 내용을 보건대, 점수법이나 요소비교법 같은 분석적 직무평가 방법이 아니라 비분석적인 방법을 취하겠다는 의미로 보인다. 업무별 노동의 가치, 직무가치를 '엄밀하게 판단하기 어렵다'는 표현에 주목하자면, 4요소별로 요구되는 세부요소와 그 정도가 일치하는지를 평가하는 방식으로 동일가치노동 여부를 판단하겠다는 것이다. 실제로 대상판결도 비분석적인 방식으로 직무가치의 동일성을 평가하고 있다. 또한 대상판결은 해당 직무를 수행하는 사람이 아니라 직무를 기준으로 4요소를 평가해야 한다는 기본적인 방법론을 지키지 않는다는 점에서 한계가 있다. 기술 요소에 대한 판단에서 기능직, 생산직에 요구되는 기술, 자격 등이 동일함을 인정하면서도 기술 요소에서 차이가 있다고 판단하였다. 기능직 남성이 중합, 방사 공정 등을 담당하면서 축적된 기술에서 생산직 여성과 다르다는 것이 그 근거이다. 그러나 직무평가는 담당 근로자의 인적 속성을 고려하는 것이 아니고 해당 직무에 '요구되는' 기술 등의 4요소를 평가하는 것이 원칙이라는 점에서 직무평가 방법을 잘못 적용한 것이다. 또한 책임 요소 관련해서도 대상판결은 기능직이 조장, 반장의 역할을 대행하기도 한다는 것을 판단근거로 제시하였는데, 조반장 역할 대행 또한 기능직 업무에 필수적으로 요구되는 역할이 아니라는 점에서 부적절하다.

동노동임 위반 관련 사건에서 서열법 등 분석적이지 않은 방식으로 직무가치를 평가, 비교하는 모습은 한국의 동노동임 판결에서 일관되게 나타나는 문제점이다. 非분석적인 방식조차 적절하게 적용했다고 보기 어려운 사례도 있었는데, 직무 사이의 서열을 매기는 기준이 명확하지 않고 사실상 직무가 동일한지, 또는 4요소별로 일치하는지를 중심으로 평가하는 모습을 보였다.[8] 효성사건을 포함한 판결들이 모두 10여 년 전의 시기라는 점을 고

---

8 정형옥, "성별에 근거한 임금차별 판단기준과 쟁점", 『한국여성학』 제26권 제1호, 2010, 181면; 심재진, "정규직 전환시 비정규직 근무기간 불인정의 정당성: 취업규칙 법리와 근

려하더라도 현재의 법원이나 노동위원회, 근로감독관이 분석적인 직무가치 평가를 수행할 역량과 인프라를 갖췄다고 보기 어렵다. 동노동임 조항 입법 당시부터 현재까지 직무평가를 제대로 할 수 있도록 해야 한다는 지적이 계속되었으나 개선된 부분이 있는지 의문이다. 그러나 2015년 이래로 고용노동부에서 직무평가도구와 관련 매뉴얼을 개발, 배포하는 등 과거에 비해 여건이 개선되고 있는 것을 고려하면, 분석적인 직무평가방법이 차별시정기구들에서 실제로 활용될 수 있도록 정책적인 지원이 필요하다.

법원 등 차별판단 주체가 직무가치를 평가함에 있어 4요소를 정확하게 평가할 수 있는 역량을 키우는 것도 중요한 과제이다. 아래 효성사건처럼 책임 요소를 생산량을 기준으로 평가하는 것은 올바른 방법이라 할 수 없다.

> "다른 공정을 하루에 몇 백 개를 생산하는데 리와인드 공정은 하루에 5개밖에 생산 못한다, 이걸 책임의 차이였나? 그런 것으로 근거를 뒀는데 그건 그 기계의 생산성과 관련된 일이지, 그 기계는 원래 하루에 몇 백 개를 생산하도록 만들어진 기계이고 리와인드 공정은 자투리 실을 이어서 하는 것이기 때문에 무한정 생산할 수 있는 게 아니거든요. 여자들에게는 더 오래되고 낡은 기계를 주고, 생산성 떨어지는 기계를 주고, 남자들에게는 새로운 기계를 주고 그랬단 말이죠. 그게 마치 남녀의 노동의 가치가 다른 것처럼 그렇게 판결문을 쓴 것도 어처구니가 없죠."(효성사건 법률대리인2)

### 나. 성중립적인 직무평가의 중요성

직무평가를 임금 성차별 시정의 만능키로 속단해선 안 되고 성차별적인 편견과 통념의 영향을 받아 여성노동의 저평가를 합리화시킬 수 있다는 비판은 오래 전부터 제기되어 왔다. 효성 사건에서도 여성의 직무가 갖는 가치가 간과되는 상황을 확인할 수 있었다. 효성 사건에서는 끊어진 자투리 실을 다시 이어주는 여성 생산직의 작업에 소요되는 노력을 과소평가했다거나 남성의 작업환경과 달리 동절기 추위에 더 노출되는 여성의 작업환경이 고려되지 않은 점 등을 확인할 수 있었다.

---

로기준법 균등대우조항의 적용", 『법과 기업 연구』 제7권 제2호, 2017, 92-93면 등.

"자투리 실, 끊어진 실을 모아서 완성된 제대로 된 A 급의 실을 새로 만드는, 재활용공정, 이런 공정이죠. 예컨대 남자들이 원재료를 좀 더 많이 나르고 그렇다고 하더라도 그러면 그때 필요한 육체적인 노력과 여자들이 엄청 섬세한 손놀림으로 직립자세에서 집중력을 가지고 하는 노력이 가치가 다른가? 이것에 대해서도 사실 법원은 제대로 판단하지 않았어요…작업조건에 대해서도 여름에 남자들이 엄청 더운데서 일한다는 게 판단 기준인데 여성노동자들이 얘기하는 것은 겨울에는 우리가 더 추워요. 그런단 말이에요.(법률대리인2)"

### 다. 비교대상

효성사건 판결의 핵심 쟁점은 직무가치의 동일성 비교대상을 어떻게 설정해야 하는가이다. 사용자측에서는 5개 공정 중 권취, 중합의 경우 상당한 육체적 힘을 요구하는 어려운 공정이므로 이를 담당하는 기능직의 직무가치를 고려하여 임금을 더 지급했다고 주장하였다. 이에 대해 근로자측에서는 기능직 중 일부만이 권취, 중합 업무를 담당한다는 사실, 연사, 제직 공정만을 담당함에도 생산직보다 더 높은 임금을 받는 기능직이 존재한다는 사실에 주목하였다. 실제로 기능직 근로자 중에는 입사 이래 15년 동안 연사, 제직 공정만을 담당했음에도 다른 기능직과 동일한 임금을 받은 사례들이 존재하였다. 이러한 사실에 근거하여 근로자측에서는 생산직 근로자의 비교대상으로 기능직 근로자의 일부(권취, 중합 업무를 담당하지 않는 기능직)를 주장하였다.[9]

그 제직공정은 정말 혼재작업이었거든요. 17명이 근무하고 있었는데 일반에 남자는 5명, 여자는 2명, 각자 자기 기계에 가서 각자 실 짜는 거여서 이건 너무 명백하다고 생각을 했고 그때 제가 이 분들을 처음에 면담했을 때 사실상 최저시급 수준이었어요. 여자분들은 효성같이 큰 회사에서 그때 울산에서 굉장히 큰 회사였는데 효성에서 정규직인데 최저시급을 받는다고 하는

---

9 이 사건 원고들은 고용노동청에도 진정을 제기하였는데 담당 근로감독관은 비교대상자를 '연사 제직 공정의 남성 기능직'으로 설정하여 동노동임 위반이라는 판단을 한 바 있다(법률대리인2와의 심층면접을 통해 확인한 내용임).

게 사실은 믿기지 않았을 정도로 이건 너무 명백하다. 그리고 분리호봉은 저도 노무사 공부할 때 책에서나 봤었지, 은행에서 옛날에 분리 호봉이 있었다더라 하는 것만 봤지, 현장에서 아직도 분리 호봉이 있다고? 할 정도로 너무 명백하다고 생각을 했습니다(법률대리인2)

법원에서 판결할 때는 저희가 일하고 있는 특수성이나 그런 걸 보지 않고 효성이라는 전체 거기 일하고 있는 남성들이 일하고 있는 곳까지 전체적으로 다 봐야겠다고 말하신 것 같아요. 여기 과에서는 같이 일을 하기도 하지만 저희가 호봉이 문제가 있거든요. … 남자들은 똑같은 일을 하는데 기능직 호봉을 하고 있고, 여성들은 생산직 호봉을 받고 있단 말이에요. 법원에서 얘기하는 것은 거기에서는 같은 일을 하나 전체적으로 남성은 여기, 여기, 여기, 다섯군데 일하는 거 봤을 때는 기능으로 본다, 저는 둘러서 얘기했다고 생각을 하거든요. 그렇지 않으면 똑같은 일을 하고 있는 같은 과에서 똑같은 기계를 나눠서 이쪽은 남성, 이쪽은 여성이 보고 있는데 어떻게 다르다고 얘기할 수 있는지(여성근로자8)

이 판결은 기능직 근로자가 모든 공정에 순환 배치될 수 있다는 사실에 근거하여 비교대상에 관한 근로자측의 주장을 배척하였다. 기능직 근로자 중의 일부(연사, 제직 공정의 기능직)를 따로 떼어내어 직무가치의 비교대상으로 삼아선 안 된다는 것이다. 판결문의 짧은 설명만으로는 남녀고용평등법상의 근거 규정이 없음에도 왜 비교대상을 기능직 전체로 해야 하는지 분명히 드러나지 않는데, 이 판결문의 밑줄 친 부분을 바탕으로 추측하자면, 같은 가치의 직무를 수행하는 기능직을 분리하여 비교대상을 설정할 수 없다는 취지로 보인다. 그러나 법원의 이러한 판단은 비교대상의 선정 문제와 직무가치 비교 문제를 뒤섞는다는 점에서 남녀고용평등법 제8조를 잘못 해석한 것이다. 제8조의 취지와 문언을 보건대, 여성이 주로 수행하는 직무와 남성이 주로 수행하는 직무가 한 사업 내에 존재한다면 직무가치의 비교대상이 될 수 있다. 근로자측에서 선택한 비교대상 직무나 직군이 동일한 가치를 갖는지는 그 다음 단계에서 판단할 문제이다.

이 사건 판결의 입장은 사용자가 운용하는 직무 분류체계에 근거하여 비교대상을 선정해야 한다는 인식에 근거한 것일 수도 있다. 그러나 사업장 내 기존 분류체계에 근거해야 비교대상을 선정해야 할 규범적 근거를 어디에서 찾을 수 있을지 의문이다.

효성사건은 비교대상을 어떻게 설정하는지에 따라 직무평가 결과에 큰 영향을 미칠 수 있음을 보여주는 사례이다. 비교대상자 선정 단계의 목적은 직무(가치)의 동일성을 비교할 필요가 없을 정도로 이질적이거나 적용대상에서 벗어나는 경우를 소거하기 위한 것이다. 따라서 효성사건에 대입하여 보면, 기능직 전체가 아니라 연사제직 공정에서 근무하는 기능직으로 정한다 하더라도 직무가치의 평가와 비교가 불가능할 정도로 이질적인 대상이라 하기 어렵다. 이 사건 재판부와 사용자측은 '중합, 방사 공정에서 요구되는 4요소를 누락하고 기능직의 직무가치를 평가하는 것은 부당하다'는 우려에 바탕한 접근법을 취한 것으로 보인다. 그러나 기능직으로 근무하기 위해서는 반드시 중합, 방사공정에서 일해야 하는 의무가 있는 것이 아니기 때문에 중합, 방사 공정 관련 요소를 기능직 전체의 직무가치에 반영해야 하는지 의문이다. 또한 동노동임 조항을 입법한 취지를 고려하였을 때, 연사제직 공정에서 입사 이래 10년 이상 함께 일하여 왔음에도 기능직/생산직 소속이 다르다는 이유만으로 임금이 현저히 차이 나는 것을 규율하지 못하는 것은 타당하지 않다. 즉, 입법 취지나 비교대상 단계의 목적 등을 고려하면 기능직 전체만을 비교대상으로 한정할 근거를 찾을 수 없다.

> "전체 직군, 생산직과 기능직을 전체를 비교해야 한다. 이게 전제가 되는 거잖아요. 저는 그게 가장 큰 잘못된 점이 아닐까 하는 생각이 좀 들어요. 인권위도 사실은 그렇게 보고 그럼에도 불구하고 이 직군과 이 직군은 동일하다고 봤던 건데요. 여성정규직은 14명, 남자들은 600명, 그러면 이 14명이 600명이 하는 모든 일과 노동가치의 4가지 요소가 다 동일해야 한다고 보니까 그게 어떻게 동일할 수 있냐 라는 거죠."(법률대리인2)

비교를 허용할 수 있는, 비교가능한 비교대상자의 범위를 정함에 있어 캐나다 사례를 참고할 필요가 있다.[10] 임금차별금지 규정의 취지를 실현하려면 임금차별 구제를 청구하는 근로자가 설정한 직무군이 최소한의 동질성을 갖고 있다면 직무가치의 비교를 허용하는 게 타당하다. 효성 사건에 대입하자면, 여성들과 함께 연사 제직 공정에서 근무하는 남성 기능직으로 한정하여 직무의 동일성을 비교할 수 있다. 효성사건의 사실관계에서라면 연사 제직 공정의 기능직/생산직은 사실상 동일한 노동을 수행하고 있다고 판단될 수 있다. 이때 사용자는 임금 성차별이 아니라고 항변하기 위해 '향후 방사·중합 공정으로 배치될 수 있는 가능성을 정당화 사유로서 인정'할 것을 주장하는 방식으로 대응할 수 있을 것이다. 그러나 기능직 중 방사·중합 공정에 배치되는 사람의 평균적인 비율, 방사 · 중합 공정에 배치되는 것이 사실상의 의무이고 이를 거부시 제재나 불이익이 예정되어 있는지 등을 입증하지 못하는 한 동일노동 동일임금 위반의 추정을 복멸시키기 어려울 것으로 예상된다.[11]

### 마. 호봉제와 동노동임 조항[12]

한국은 근속연수, 학력 등 속인적 요소를 바탕으로 한 임금체계이기 때문에 동일가치노동 동일임금 조항(이하 '동노동임')을 적용하기 어렵다는 주장은 입법 초기부터 꾸준히 규범적, 사실적 측면에서 제기되어 왔다. 직무가치를 고려하지 않는 임금체계를 채택 운영해온 사용자에게 '직무가치

---

10 구미영 외(2022), 앞의 보고서의 제4장 참고.

11 영국의 결정례 중 유사한 사례가 있는데 Electronlux 사건 Electronlux Ltd v. Hutchinson and Others [1997] ICR 252이다. 이 사건에서 원고들은 등급 1의 조립라인 근로자들이었다. 유사한 노동을 수행하는 남성들은 더 높게 등급이 매겨졌고 더 높은 시간당 임금이 지급되었다. 이 남성 근로자들은 계약상 여러 직무들 간에 전환 배치되고, 시간외 근무 및 야간 및 일요일 근무를 하도록 의무 지워졌다. 그렇지만, 고용심판소는 원고 남성 비교대상자들과 '유사노동'을 하고 있다고 판시했다. 고용심판소는 "추가적이고 다른 임무를 수행하도록 의무가 있다는 것 이외에 관련 남성근로자들이 실제로 상당한 정도로 그렇게 하는가가 증명되어야 한다"고 했다. 김진 외, 임금차별 판단기준, 2009, 국가인권위원회, 96면. 비록 이 결정례에서는 직무의 동일성 판단 단계에서 전환배치처분 등을 따라야 할 의무 및 가능성을 고려했다는 점에서 이 연구의 접근법과 다른 점이 있으나, 단지 가능성만으로는 부족하고 실제로 전환배치 등이 되었는지를 고려해야 한다는 점에서는 입장을 같이 한다.

12 효성 사건 소송에서 연공급제가 쟁점으로 다뤄진 것은 아니나 중요성을 고려하여 이 글에서 함께 다룬다.

가 같은데도 임금이 다르므로 성차별이고 위법하다'는 판단을 하는 것은 타당하지 않다는 입장, 남녀고용평등법의 동노동임 조항이 사실상 연공급제를 포기하고 직무급제나 직능급제를 도입하도록 강요하는 결과를 초래할 것이라는 우려를 바탕으로 한 것으로 보인다. 또는 기술, 노력, 책임, 작업조건이라는 (서구의) 글로벌한 공통요소 외에 근속연수 등 속인적 요소를 포함해서 '한국적인 직무평가 요소'로 포함하자는 견해도 있다.[13]

그러나 ILO, 캐나다, EU 등에서 국제적으로 통용되는 동노동임 직무평가의 방법론은 기술, 노력, 책임, 작업요건의 4요소를 기준으로 사실상 표준화되어 있다는 점에서 이를 무시하고 근속연수, 학력 등을 속인적 요소를 포함할 근거를 찾기 어렵다. 직무가치라는 개념 상 속인적 요소를 그 평가기준에 포함시키는 것은 직무평가의 근본적인 틀을 훼손하기 때문이다. 따라서 근속연수, "학력 등의 속인적 요소가 동일가치노동의 판단기준에 포함되면, 특정한 노동이 동일가치노동에 해당하는지는 사전에 예측하는 것이 거의 불가능하게 되어 동일가치노동 동일임금의 원칙이 구현되기 어려울 것이기 때문에 학력 등의 요소는 면책요건으로서의 합리적인 이유가 있는지를 판단할 때 고려되어야 한다"는 견해가 타당하다.[14]

구미영 외(2022)에서 미국, 캐나다, 영국의 법률과 판례를 검토한 결과에 따르면, 이 국가들은  성차별에 오염되지 않거나, 연공제가 특정 성별에 불리한 영향이 현저한 이유를 설명할 수 있는 경우라면 연공제적 요소를 임금 성차별의 정당화 사유(합리적 이유)로 허용하고 있다. Wilson v Health and Safety Executive[15] 판결 사건의 피고 회사는 2000년도부터 근속년수와 업무성과에 대한 보상을 혼합한 임금체계를 운용하여 왔다. 2002년에는 임금체계를 개편하여 10년까지의 근속연수를 임금에 반영하는 것으로 하였다. 이 임금체계에서는 근속연수가 짧은 여성이 남성에 비해 같은 직무를 하여도 더 낮은 임금을 받았다. 이 사건 항소법원은 근무연수가 임금을 결

13 심재진, 앞의 논문, 94면.

14 이승욱, "남녀 동일가치노동의 판단기준", 『법학논집』 제10권 제2호, 2006, 247면.

15 Wilson v Health and Safety Executive: CA 20 Oct 2009.

정하는 기준으로서의 적절성에 대해 입증해야 하는 '심각한 의문'은 무거운 부담(onerous one)이 아니라고 판단하면서, 근로자 측에서는 근속기간의 적용이 비례성에 반한다(disproportionate)는 추론을 할 수 있는 정도의 증거이면 충분하다고 하였다. 그 결과, 이 사건에서 총 10년의 근속연수를 채워야 최고 임금수준을 받을 수 있는 임금 척도(pay scale)는 정당하지 않고 성차별이라고 인정하였다. 한국의 연공급제와 동노동임 조항은 양립할 수 없다는 일부의 주장과 달리 차별에 오염되지 않은 진정한 연공급제는 동노동임 조항과 차별금지법 안에서 정당화 사유로서 고려하는 것이다.

다만, 연공제적 요소가 임금 결정의 주된 요소가 아니라 부수적 요소인 서구의 임금체계를 바탕으로 하기 때문에 정당화 사유로서 허용할 수 있는 범위에 있어 한국과 다를 수 있음에 유의할 필요가 있다. 영국에서는 10단계의 호봉 인정이 여성에 대한 불리한 영향을 정당화하기에 부족하다는 판결을 내릴 수 있음에 비해 오랫동안 주된 임금체계로 연공급제를 운영해온 한국에서 동일한 판단을 할 수 있을지에 대해서는 검토가 필요하다.

## 3. 정책적 개선과제

### 가. 동노동임 소송에서의 직무평가 절차 기준 필요

동노동임 분쟁 사례는 모두 10여 년 전의 소송 사건으로 직무평가를 위한 인적, 제도적 기반이 대단히 미약하던 시기에 제기된 경우이다. 소송을 제기한 여성이나 법률전문가들도 직무평가 전문가를 찾기 불가능했다고 진술하였다.

> (연구자) 혹시 그때 너무 옛날이어서 없었을 것 같긴한데 직무가치평가 전문가를 한번 섭외해보실 시도를 해보셨을까요?
>
> (면접 참여자) 생각도 못했어요. 그런 식의 전문가 지원이나 감정은 생각도 하지 못했고.(법률대리인2)
>
> (연구자) 그때 혹시 직무가치 해줄 사람, 전문가를 찾아보려고 하셨어요?
>
> (면접 참여자) 사건 할 때는 그거 되게 힘들어요. … 예를 들면 차별 사건들 있잖아요. 대학 강사, 시간 강사와 전임 강사의 동종유사업무를 해서 제가

차별사건 할 때도 직무 분석은 거의 다 내가 맡았어요… 단적인 예로 우리 해고사건 하면 (서류의) 기본 크기가 이만큼이면 비정규직 차별사건은 기록이 5배 정도 나와요 … 자료가 엄청 많은데 그게 직무분석을 하기 위한 방증 자료들, 어떻게 하냐 하면 그러니까 전문가의 어드바이스를 받거나 공인된 전문가의 평가를 받아보는 게 중요하겠지만 당시로서는 맡길만한 사람을 찾지도 못했고 어떻게 나올지 쉽게 예측하기 어렵기 때문에 … 대부분 회사는 직무분석서나 업무분장표가 있거든요. 그걸 갖다가 이 일을 할 때 무슨 일을 하냐, 무슨 일을 하냐 잡고 여기 투여되는 시간, 노력, 집중도를 계산하라고 해서…(법률대리인1)

두 사건의 1심 재판부는 현장검증을 실시하는 등 노력을 하였으나 직무평가라는 전문적 영역을 다루는데 한계와 어려움을 겪은 것으로 보인다. 원고측은 현장검증의 목적, 일정, 대상 등이 사전에 충분히 협의되지 않은 채 진행된 현장검증은 결과적으로 회사가 보여주고 싶은 것 위주로 업무과정을 보여주는 결과가 되었다고 비판적으로 회고하였다.

"일단은 절차상으로는 당사자나 대리인들이 현장조사에 관여하고 개입할 수 있는 것을 절차적으로 보장해야 한다는 생각이 드는데 … 그때는 법원에서 검증할 때 저희 담당 변호사가 동행하긴 했지만 이 분도 효성 울산공장을 처음 들어가는데. 사용자가 뭘 보여줄지도 모르고, 뭘 봐야 할지도 모르고 그러려면 사전에 미리 전체 공장을 스캔하면서 그럴 수 있는 절차가 사전적으로 보장되어야 하는데 그게 법원의 재판과정에 전혀 보장되지 않았고, 그걸 보장해야한다고 할만한 근거도 명확하지 않았어요. 만약에 전체 직군에 전체 공정을 비교하려면 그게 전제가 된다면 전공정을 다 보는 게 맞다. 필요에 따라 취사선택할 것이 아니라 그런 생각이 들어요… 노동부도 그렇고 법원도 그렇고 사실 그건 회사의 의도에 따라서 어디를 방문할지가 정해지고 그 현장에서 남자들이 중합공정에서 웃통을 벗고 땀을 뻘뻘 흘리면서 작업하는 장면을 보게 하고, 그러면서 반면에 여자들은 좀 더 시원한 곳에서 실타래를 하는 그런 장면을 보게 하고 굉장히 회사의 의도에 따라서 뭘 볼지, 뭘 느낄지가 계획이 되었던 것 같아요. (노동자측) 사람들이 개입할 여지가 없었는데 인권위 조사는 달랐던 것 같아요. 인권위는 효성에서 근무 경력이 있는 동료 남성 근로자들이라든지 아니면 당사자들이라든지 참고인, 이런 분들의 관여와 개입이 적극적으로 수용되는 상태에서 조사를 하니까 그것이 결과에도 영향을 주지 않았을까 하는 생각이 들어요"(법률대리인2)

"갑자기 현장검증을 가자고 얘기를 해서 현장에 가서 일을 해봐라 할 수 있으면 그래서 현장에 가서 말도 안되게 어려운 일, 말도 안되게 현장을 훼손하는 거죠. 제품을 이거 원상태로 해놔라 하면 여자 직원이 처리하는 것을 보고 '힘들어 보입니다! 그만하세요!' 하더라구요. 하지만 보통 (그 정도로)제품을 훼손한 상태에서는 그걸 짜지 않고 잘라내서 중단을 했던거든요."(여성근로자8)

이러한 경험은 직무평가를 위한 현장검증 절차가 성중립적이고 객관적으로 진행될 수 있도록 하기 위한 세부절차를 보완할 필요성을 보여준다. 예를 들어, 재판부나 근로감독관이 사업장을 방문할 경우 어떤 공정이나 부서를 언제 방문할 것인지 등에 대해 사전에 양측에 통보하고 협의하는 절차를 거칠 필요성이 있다.

### 나. 직무평가 전문가 pool 구축

직무평가의 기술적 어려움과 비용 문제 등 관련 인프라가 구축되지 않아서 개별 근로자나 노동조합이 이를 시도하기에는 어려움이 크다는 문제점도 해결해야 할 과제이다. 실제로 동노동임 위반 소송이 가장 활발하게 진행된 국가인 캐나다에서도 주로 공공부문 노조나 민간 대기업 노조 중심으로만 활용되었다는 비판적인 평가가 제기된다.[16] 따라서 자신의 임금체계가 특정 집단에 불리한 영향을 미치거나 차별적인지 사전적, 예방적으로 진단하고 개선방안을 모색하는 활동을 지원하는 차원에서 성중립적 직무평가의 비용과 전문가를 지원하는 사업을 모색할 필요성이 있다. 또한 영국의 2010년 평등법은 동일가치 임금인지 여부를 판단해야 할 사건인 경우 고용심판소는 ACAS에 의해 지정된 독립 전문가(independent expert)에게 평가를 요청할 수 있는 권한을 부여하고 있는데,[17] 이런 사례를 참고하여 노동위원

16 구미영, "해외의 성별 임금격차 시정 사례연구", 『여성연구』 제99권 제4호, 2018, 35-64면.
17 <https://www.legislation.gov.uk/ukpga/2010/15/notes/division/3>

회나 법원이 동노동임 위반 여부 판단(또는 직무평가)과 관련한 전문가위원회의 조사 결과를 참고할 수 있도록 제도를 개선하는 것도 필요하다. 업무현장에서 직접 관찰하거나 성중립적 직무평가에 대해 훈련받지 않은 사람이 직무가치를 평가하는 것은 신뢰할 수 없다는 점에서 독립전문가 제도의 의의가 있다.[18] 호주도 기존의 임금차별 구제절차에서 직무평가 및 여성집중 분야인 돌봄노동 관련 전문가 패널(expert panels)을 위원회에 신설하도록 관련 법을 개정하였는데, 동노동임 관련한 전문성 있는 판단과 구제를 위한 노력이라고 평가할 수 있다(2023년 3월부터 시행). 이에 따라 돌봄노동에 전문성이 있는 위원을 4명 배치하고 관련 연구팀의 지원을 받을 수 있게 된다.[19][20] 기존 민사소송 절차상의 (전문가) 감정 절차나 현장검증을 활용할 수도 있겠으나, 개별 판사나 노동위 조사관의 의지에 따라 활용 여부가 달라진다는 점, 성중립적인 직무평가에 전문성이 있는 전문가 그룹을 형성하여 도움을 받을 수 있는 시스템이 갖춰질 필요성 등을 고려하면 구제절차에서 활용할 수 있는 수단으로 제도화해야 할 것이다.

## Ⅲ. 마치며

동노동임 원칙은 직무가 상이하더라도 유사성이 있거나 직무가치가 같으면 동일한 임금이 지급되어야 한다는 것으로 성별 직종 분리로 인해 같은 직무, 직종 안에서는 성차별을 주장할 비교대상을 찾기 어려운 문제점을 극복하기 위해 도입된 연혁을 배경으로 한다. 동노동임 원칙이 적극적으로 적용된 외국의 사례에서는 비서와 운전직, 시설관리직과 돌봄노동자 등의 직무가치 동일성을 인정하고 성차별 시정 명령을 내린 바 있다. 1989년

---

18 McColgan, Aileen, “Equal Pay: Lessons from the UK?”, Paper for the Pay and Employment Equity for Women Conference, Wellington, New Zealand 28 June 2004, 5면.

19 호주의 임금차별 행정적 구제절차로 공정근로위원회(Fair Wo가 Commission)가 있는데, 이 위원회 관련 법률이 개정된 것이다

20 Department of Employment and Workplace Relations, “Establishing two new Expert Panels in the Fair Work Commission”, https://www.dewr.gov.au/secure-jobs-better-pay/resources/establishing-two-new-expert-panels-fair-work-commission, 2022.

한국의 남녀고용평등법을 개정하여 고용 성차별 금지 조항을 도입할 때 동일가치노동 동일임금 조항으로 규정한 것은 보다 실효성 있게 임금 성차별을 규율하려는 입법자의 의사를 바탕으로 한다. 그러나 지난 26년 간의 경험을 보았을 때 동노동임 원칙을 단지 선언하는 것만으로는 실효성 있게 적용될 수 없다는 것을 알 수 있다. 직무가치의 평가 및 비교, 동노동임 위반의 합리적 이유 판단 기준 정립을 위한 구체적인 해석론이 수립되지 않고는 선언에 그칠 위험이 있다. 또한 동노동임 위반의 합리적 이유(정당화 사유) 판단을 위한 근거 규정을 입법하여 해석상 논란을 방지할 필요도 있다. 그밖에도 성중립적 직무평가를 위한 전문가위원회 운영, 직무평가 도구 및 매뉴얼 개발 등 다방면에 걸친 입법적, 정책적 지원이 함께 되어야 입법 목적을 달성할 수 있을 것이다.

# 23. '남성중심의 병역의무' 관념의 해체 : 헌재 2010. 11. 25. 선고 2006헌마328을 중심으로*

김 현 지 (법무법인 별 파트너변호사 및 서울대학교 법학전문대학원 외래교원)

청구인이 2006년 3월 10일 남성에게만 병역의무를 부과하는 병역법 제3조 제1항이 청구인의 평등권 등을 침해하여 헌법에 위반된다고 위 조항의 위헌확인을 구하는 헌법소원심판을 청구한지 4년이 지난 2010년 11월 25일 헌법재판소의 결정이 내려졌으나, 예정된 기각 결정에도 불구하고 법여성주의 입장에서는 그 근거 법리에 아쉬움이 있을 수밖에 없었다. 헌법재판소의 다수견해는 (1) 여성은 그 생래적 특성상 현재 임신상태가 아니라 하더라도 임신·출산·수유 등 대체 불가능한 부담으로 인하여 훈련 및 전투 관련 업무수행에 장애가 있고, (2) 전투를 수행함에 있어 요구되는 신체적 능력과 관련하여 집단으로서 남성은 집단으로서 여성에 비하여 근력 등이 우수하므로 더 적합하며, (3) 남자중심으로 짜여진 군대조직 내에서 여성은 성희롱 등에 노출되어 있고, 전시에는 포로가 된 경우 성적 학대의 대상이 될 수 있는 등의 문제가 있다는 논거에 따라 여성을 병역의무에서 배제하고 남성에게만 병역의무를 부과하는 위 조항은 자의적 차별이 아니므로 헌법에 반하지 아니한다고 판시하였다. 본 판례평석에서는 (1) 1970년대 미국을 중심으로 발달한 '평등 모델' 이론의 발전 과정을 추적하여 임신을 여성의 특별힌 성징으로 구별하는 것이 아니라 업무수행을 하는데 장애가 되는 사유의 하나로 이해함으로써 임신의 '정상화'를 통하여 임신 또는 임신의 개연성으로만 여성 전체를 병역의무에서 배제하는 것은 합리적이지 못한 점 및 (2) 병사의 적합성을 판단하기 위해서는 진정직업자격을 검토하여야 하므로 설사 양성간 신체적 능력의 차이가 존재하는 자료가 있어도 집단으로서 여성을 집단으로서 남성에 대비하여 평가하는 것은 바람직하지 못한 점으로 반박하였다.

---

* 이 글은 『공익과 인권』 통권 제9호(2011)에 실렸던 필자의 논문을 요약한 것이다.

## Ⅰ. 헌법재판소가 제시한 차별의 근거

### 1. 판례의 태도[1]

헌법재판소는 병역의무자의 범위를 정하는 기준으로서 성별을 선택한 것이 합리적 이유 있는 차별취급이라고 하면서 다음과 같은 근거를 제시하고 있다.

첫째, "[여성은] 그 생래적 특성상 월경이 있는 매월 1주일 정도의 기간 동안 훈련 및 전투 관련 업무수행에 장애가 있을 수 있고, 특히 가임기 여자는 현재 임신상태가 아니라고 하더라도 언제든 임신·출산과 출산 후 수유 등 대체 불가능한 부담을 질 개연성이 있는바, 임신 중이거나 출산 후 일정한 기간은 위생 및 자녀양육의 필요성에 비추어 영내생활이나 군사훈련 자체가 거의 불가능하다."[2]

둘째, "일반적으로 집단으로서 남자는 여자에 비하여 근력, 순발력 등이 우수하고, 여자는 남자에 비하여 유연성 등이 우수한 것으로 평가되는 등 서로 다른 신체적 능력을 보유하고 있다고 보인다. 그런데 전투를 수행함에 있어 요청되는 신체적 능력과 관련하여 본다면, 무기의 소지·작동 및 전장의 이동에 요청되는 근력 등이 우수한 남자가 전투에 더욱 적합한 신체적 능력을 갖추고 있다."[3]

셋째, "여자는 전시에 포로가 되는 경우 등에 있어, 남자에 비하여 성적 학대를 비롯한 위험에 노출될 가능성이 더 크다."[4] 그리고 "현재 남자를 중심으로 짜여져 있는 군조직과 병영의 시설체계 하에서 여자에 대해 전면적인 병역의무를 부과할 경우, 군대 내부에서의 상명하복의 권력관계를 이

1 이하 헌법재판소 결정의 태도는 재판관 4인(재판관 이강국, 재판관 김희옥, 재판관 이동흡, 재판관 송두환)의 기각의견을 기준으로 한다.

2 헌법재판소 판례집 제22권 제2 下집 (참고의 용이를 위하여 이하 대상 판결의 이용에는 페이지를 명시하였다.) (2010), 446-451면.

3 헌법재판소 판례집, 앞의 글, 455면.

4 헌법재판소 판례집, 앞의 글, 456면.

용한 성희롱 등의 범죄나 남녀간의 성적 긴장관계에서 발생하는 기강 해이가 발생할 우려가 없다고 단언하기 어렵다."[5]

이상 세 가지 논거는 여성이 남성과 구별되는 요소들로 전투에 적합하지 않은 이유이고, 위 이유들에 근거하여 병역법 제3조 제1항은 자의적인 차별이 아니라고 하였다.

### 2. 차별 근거에 대한 검토

이 판례평석에서는 헌법재판소가 제시한 차별의 근거 가운데 양성의 생리적인 차이에서 기인한 임신 등과 신체적 능력의 차이를 중심으로 검토를 하도록 한다. (i) 먼저 임신·출산·수유가 결정례에서 주장하는 바와 같이 병역의무를 부담하는데 있어서 전면적으로 배제되어야 할 사유로서 적합하지 않다는 비판을 하기 위해서 미국의 '평등 모델'을 소개하여 논지를 전개하도록 한다. (ii) 다음 비교집단으로서 여성이 남성에 비하여 전투에 적합한 신체적 능력이 부족하다는 사유에 대하여 전투 및 기타 영역에서 병사가 되기 위한 진정직업자격이 무엇인지와 관련하여 검토하도록 한다.

## Ⅱ. 양성간 생리적 차이가 병역의무자를 정하는데 결정적인지 여부 검토

### 1. 헌법재판소 결정의 법여성학적 의의

#### (1) 전통적인 성역할 구분 통념으로부터의 탈피

재판관 이공현과 재판관 목영준의 위헌의견은, "남성과 여성은 전반적으로 다른 신체적 구조와 체력을 가지고 있고 이에 따라 국가나 사회에서의 역할이 상이하여야 하는 점은 아무도 부인할 수 없는 사실이므로, 국방의무의 이행에 있어서도 이로 인한 차별취급은 당연히 용인되어야 한다"[6]고 밝혔다. 그러나 남성과 여성이 전반적으로 다른 신체적 구조를 가지고

5 헌법재판소 판례집, 앞의 글, 457면.
6 헌법재판소 판례집, 앞의 글, 465면.

있는 사실은 부인할 수 없다고 하여도, 이러한 신체적 차이 때문에 국가나 사회에서의 역할이 상이하여야 한다고 볼 것은 아니다. 그렇다면 국방의무의 이행에 있어서도 남성과 여성에 대한 차별취급이 당연한 것은 아니다.

과거에는 남성은 전쟁터에 나가고 여성은 임신·출산 및 육아를 통하여 인력을 보충하는 전통적인 성역할 구분이 존재하였지만, 현대 헌법은 이러한 전통적인 성역할 구분을 해체하여 성별에 따른 차별을 철폐하고자 한다. 위헌의견은 결론만 살펴보면 남성만의 병역의무를 헌법에 반하는 평등권 침해로 인정하여 기각의견에 비해 진보적인 견해를 제시한 것처럼 보이지만, 그 논리는 전통적인 성역할 구분을 비판없이 수용하여 남성은 국방의무를 담당하고, 여성은 출산·양육 및 가사를 책임진다는 이분법을 반영하고 있다.

그에 반해, 기각의견(재판관 이강국, 재판관 김희옥, 재판관 이동흡, 재판관 송두환 및 재판관 조대현, 재판관 김종대)은 전통적 성역할 구분으로부터 탈피하여 새로운 차원의 논의를 전개하고 있다. 남성은 국방의무를 수행하고 여성은 임신과 출산으로 국방력 보충에 기여해야 한다거나, 남성이 전투에 임할 때 여성은 간호 등과 같은 보조적인 업무를 수행한다는 사고방식을 다수견해에서는 엿볼 수 없다. 남성은 생리 또는 임신·출산·수유로 인한 훈련의 중단 또는 어려움이 없고 훈련 및 전투에 임하는데 보다 적합한 우수한 신체적 능력을 가지고 있기 때문에, '효율성' 차원에서 남성에게만 병역의무를 지우는 것이 바람직하다고 본 것이다. 즉, 남성을 남성의 역할이기 때문에 병역의무에 배치한 것이 아니고 병역의무를 수행하는데 필요한 기준을 충족했기 때문에 병역의무에 배치한 것이다. 그렇게 군대/출산이라는 이분법적 사고로부터 탈피함으로써 군대의 성별 문제에 관하여 새로운 지평을 열었다고 평가할 수 있다.

### (2) 헌법재판소 결정의 비판적 검토

[그림]에서 나타내고자 한 것은 양성을 인식하는 사회의 평가 방식들 간의 차이이다.

과거에 남성은 사회에 진출하여 정치적, 경제적, 문화적 지위를 독점하고, 여성은 출산·육아 및 가사의 소극적인 역할만 담당했다. 남성은 신체적인 특성에서뿐만 아니라 지능적으로도 더 우수하다고 평가되었고, 이런 남성이 누리는 사회생활은 여성이 누리는 가족생활보다 더 높은 가치가 부여되어 남성이 여성을 지배하는 구조가 형성되었다. 이것이 [그림] 가장 왼쪽의 "전통적인 성역할에 따라 남성을 우위에 두는 방식"에 해당한다. 앞서 서술한 군대/출산이라는 이분법은 이 평가 방식에서 당연히 인정되었다.

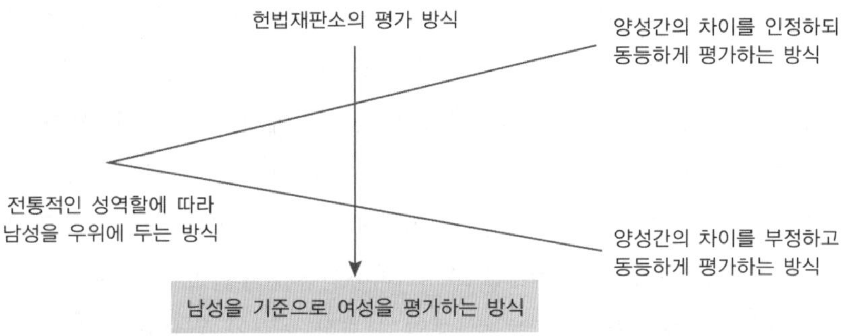


전통적인 성역할 구분을 해체하고 양성평등 사회를 지향하는 과정에서 평등사회의 이상적인 구현 형태에 관하여 여러 견해가 대두되었는데, 크게 두 가지 입장이 대립하고 있다. (i) 첫 번째 입장은 양성간의 내재적인 차이를 완전히 부정한다. 현존한다고 주장되는 양성 간의 차이들도 사회문화적인 환경의 영향에 따라 나타나는 일시적인 현상에 불과하다고 본다. 따라서 어떠한 쟁점에 있어서도 양성은 대등하게 위치하므로 평등하게 법이 적용되어야 한다고 주장한다. 이를 '대칭 모델(symmetrical approach)'이라고 하며, [그림]의 오른쪽 하단에 "양성간의 차이를 부정하고 동등하게 평가하는 방식"으로 표시되어 있다.

(iii) 두 번째 입장은 양성 간에는 차이가 존재할 수 있으므로 양성의 사회적 위치가 비대칭적으로 이루어질 수 있다고 한다. 그러나 그런 차이가

반드시 철폐되어야 할 대상은 아니고, 내재적인 차이의 우열을 가리지 않고 그대로 수용하여 동등하게 평가함으로써 평등을 달성할 수 있다고 한다. 이와 같은 '비대칭 모델(asymmetrical approach)'은 [그림]의 오른쪽 상단에 "양성간의 차이를 인정하되 동등하게 평가하는 방식"에서 드러나 있다.[7]

[그림]의 중간에 위치한 헌법재판소의 평가 방식은 전통적인 성역할 구분 통념으로부터는 진일보 했으나 양성평등을 목표로 하는 평가 방식의 기준에는 미치지 못하였다는 한계를 드러낸다. 헌법재판소와 같이 남성을 기준으로 놓고 여성을 평가하는 방식은 다음과 같은 문제점이 있다. (i) 남성이 기준이 된다는 것은 곧 남성의 입장과 경험만이 보편화된다는 것을 의미한다. 따라서 병역의무를 수행하는 병사에 적합한 객관적 기준을 마련하기 보다는 "병사의 기준 = 기존 남성의 경험" 공식을 비판없이 수용하여 기준이라고 제시한다. 이 기준에 따르면 남성들에게 보이는 여성의 차이는 경험해보지 못하고 익숙하지 않은 '부담(burden)'이다. 그러므로 여성은 생물학적으로 여성일 뿐 각자 개별적인 능력을 갖고 있는 개체로 인정받지 못하고, 임신 등의 개연성이 있으므로 의무수행의 중단이 예상되는 '쓸모없는 남성'과 같이 취급되고, 근력 등의 신체적 능력이 우수하지 못해 '체력이 부족한 남성'과 같이 취급된다. 즉, 여성과 구별되는 남성의 특성은 병역의무에서 긍정적으로 평가받아 병역의무의 적합성 그 자체를 규정하는데 반해 이와 다른 여성은 '2등 시민'이 될 뿐이다.[8]

(ii) 이와 같이 남성의 경험을 보편화하여 기준으로 삼으면 결과적으로 양성 사이의 우열관계를 제거할 수 없다. 여성은 언제나 남성과의 거리에 의하여 그 지위가 결정되어 남성에게 근접할수록 평등이 보장된다.[9] 헌법재

7 Christine A. Littleton, *Reconstructing Sexual Equality*, Feminist Legal Theory: Foundations (1993), pp. 249-250 참조.

8 Catherine A. McKinnon, *Difference and Dominance: On Sex Discrimination*, Feminist Legal Theory: Foundations (1993), pp. 278-279 참조.

9 위의 논문, 277-278면 참조. McKinnon에 의하면 여성이 남성과 동등하다는 '동질성 모델(sameness standard)'은 남성과의 근접성(proximity)에 따라 여성의 평등이 평가되고, 남성과 다르다는 '이질성 모델(difference standard)'은 남성과의 거리감(distance)에 따라 여성성이 평가된다고 한다.

판소가 명시한 "집단으로서의 남자와 여자가 아니라 개개인을 대상으로 판단하는 경우, 여자가 남자에 비하여 전투에 적합한 신체적 능력이 우월한 사례"10에 해당해야지 여성은 남성과 동등하다. 하지만 오랫동안 병역의무에서 제외되고 문화적으로 신체적 능력의 함양으로부터 배제된 여성이 남성과 유사한 위치에 놓이는 것은 불가능함에도 당장 남성의 경험을 잣대로 소수에 대해서만 동등성을 인정하는 것은 공평치 못하다. 남성과 구별되는 여성의 차이는 '비대칭 모델'과 같이 평등하게 인식될 수 있는 차이가 아니라 여성의 '2등 시민성'의 표식에 불과하다. 결국 남성의 경험을 토대로 형성된 현상 유지를 '적합성'으로 포장하여 외면상 성중립적인 표현을 쓰지만 실질적으로 남성의 우위를 고착화하고 있다.

그 결과 헌법재판소는 전통적인 성역할 구분에 따른 우열관계는 해체했지만, 전통적인 남성의 경험에 따른 우열관계를 해체하지는 못하고 옹호할 수 없는 차이를 근거로 남성만의 병역의무를 정당화하였다.

## 2. 생리와 임신, 출산, 수유의 '부담'

### (1) 서론

여성과 남성이 생물학적으로 어느 정도 차이가 나는지에 대해서는 여전히 과학적으로 논란이 있지만, 임신이라는 사건이 여성에게만 발생한다는 점에 대해서는 논란의 여지가 없다. 남성도 정자를 생산하고 사정을 통해 생식활동에 참여하지만 그것은 일시적인 반면, 여성은 다달이 생리를 하고, 수정을 통해 약 9개월 임신하고 출산을 하며, 모유 수유도 한다는 측면에서 분명히 여성의 생식활동은 구별된다.

전통적인 여성관은 바로 이 차이를 근거로 여성은 출산과 육아 및 가사에 전념하는 소극적인 역할만 담당한다는 사고방식을 확대생산했지만, 그와 같은 전통적인 성역할 구분이 공식적으로 해체되었음은 헌법재판소의 견해를 통해서도 확인할 수 있다. 그러므로 논의의 초점은 생리 및 임신·

10 헌법재판소 판례집, 앞의 글, 455-456면.

출산·수유라는 사건을 병역의무를 수행하는 맥락에서 어떻게 이해하고 취급해야 하는지에 맞추어져야 한다.

헌법재판소는 "[여성은] 그 생래적 특성상 월경이 있는 매월 1주일 정도의 기간 동안 훈련 및 전투 관련 업무수행에 장애가" 있고, "가임기 여자는 현재 임신상태가 아니라고 하더라도 언제든 임신·출산과 출산 후 수유 등 대체 불가능한 부담을 질 개연성"이 있다고 판시하였다. 따라서 "임신중이거나 출산 후 일정한 기간은 위생 및 자녀 양육의 필요성에 비추어 군사훈련 자체가 거의 불가능하다."[11]

위 판례에서 두 가지 비판점을 도출할 수 있다. (i) 첫째, '모든' 가임기 여성을 임신의 개연성이 있어 훈련이 불가능하다고 예정하였다. 즉, 여성은 집단으로서 잠재적 임산부에 해당하며 병역의무 수행불능자로 규정된다.[12][13][14] (ii) 둘째, 실제 임신하는 여성들이 업무수행을 하지 못한다는 이유를 다른 모든 여성이 병역의무를 수행할 수 없는 사유로 단정한다.

### (2) '평등 모델'의 의의

과거에는 여성의 사회 진출 빈도도 낮았고, 사회로 진출하더라도 임신을 하는 순간부터는 직장으로부터 가정으로 회귀하라는 신호를 끊임없이 받게 되었다. 전통적인 성역할 구분 통념에 따라 미혼이자 임신하지 않은 '정상적인' 노동자일 때에는 일시적으로 여성도 사회에서 노동을 하고 그 대가로 임금을 받을 수 있었지만, 임신은 곧 아이를 양육하고 가족생활에

---

11 헌법재판소 판례집, 앞의 글, 456면.

12 병역법 (법률 제10814호, 일부개정, 2011. 7. 5, 시행 2011. 7. 5.) 제20조 ① 병무청장이나 각 군 참모총장은 18세 이상으로서 군에 복무할 것을 지원한 사람에 대하여 대통령령으로 정하는 바에 따라 병무청장이나 각 군 참모총장이 실시하는 신체검사를 거쳐 육군·해군 또는 공군의 현역병으로 선발할 수 있다. 이 경우 병무청장은 각 군 참모총장과 협의하여 체력검사를 실시할 수 있다. [시행일 2011. 11. 25]

13 병역법 제71조 ① 징병검사, 현역병입영 또는 공익근무요원소집 의무는 36세부터 면제되며, 면제된 사람은 제2국민역에 편입한다. 다만, 다음 각 호의 어느 하나에 해당하는 사람은 38세부터 면제된다.

14 주 14 및 15의 병역법 규정을 여성에게도 적용한다면 18세 이상 36세 미만의 모든 여성은 가임기 여성에 해당하기 때문이다.

충실해야 하는 본래의 역할로 돌아가라는 신호로 작동했다. 출산휴가를 넉넉하게 주지 않거나, 무급휴가를 일정 기간 강제하거나, 보험을 적용하지 않아 임신과 출산의 비용을 개인의 책임으로 돌리거나, 출산 후 직장으로 돌아와도 선임권을 박탈하는 등의 불리한 처우를 받는 것은 예사였다.[15]

이런 관행을 고용주들이 답습하지 않도록 임신을 '정상적인' 노동자의 범위 안에 끌어들이는데 큰 기여를 한 논의가 '평등 모델(equal treatment)'이다. 직장생활을 하는 과정에서 노동자들은 자신의 의지와는 관계없이 (혹은 의도적인 의지에 의해) 직업수행을 할 수 없는 상태에 놓이곤 한다. 직장이나 직장외에서 사고가 발생하거나 의학적 치료를 받아야 하는 등의 상황이 그런 경우인데, 이에 대하여 직장 및 사회는 장애 기간의 종료 후 노동자가 직장에 복귀하는 것을 당연하게 여긴다. 임신도 그런 직업수행을 할 수 없는 장애상태의 여러 사례 중에 하나에 불과하다는 것이 평등 모델의 주장이다.[16] 임신의 '정상화'를 위한 이론적 토대가 마련된 것이다. 이런 법여성주의 학자들의 끊임없는 노력은 민권법 제7장을 통해 직접차별과 간접차별을 모두 금지하는 입법을 이끌어냈고, 더 나아가 임신차별금지법을 제정의 원동력이 되었다.

### (3) '평등 모델'의 병역의무에의 적용

징병 신체검사 등 검사규칙 제11조 제1항은 "신체검사대상자의 질병

---

15 Wendy W. Williams, *Equality's Riddle: Pregnancy and the Equal Treatment/ Special Treatment Debate*, Feminist Legal Theory: Foundations (1993), p. 133 참조.

16 평등 모델에 따르면 임신과 출산은 일시적으로 그 기간 동안에만 작업수행을 할 수 없는 장애상태와 동등하게 평가되기 때문에 똑같은 대우를 받아야 한다고 하는데 반해, 특별 모델(special treatment)에 따르면 임신과 출산은 특별한 배려가 요구되는 여성만의 경험으로 남성의 기준에 맞추어진 틀 속에서 다른 장애상태와 동일하게 취급하는 것은 오히려 불평등을 야기한다고 주장한다. 그러나 임신·출산·수유 등이 아무리 여성에게만 나타나는 생물학적 현상이라고 해도 결국 작업수행을 하지 못하는 수많은 병역의무 수행 불가능의 사유 중에 하나에 해당한다는 것이 핵심이고, 따라서 임신과 출산도 정상적인 범주의 맥락에서 취급되어져야 한다는 데 방점을 두어야 한다. 결국 사회생활을 하면서 소위 사회적 기본권에 해당하는 적극적인 혜택을 추구하는 것과는 달리, 소극적으로 헌법상 의무의 이행으로부터 면제되는 문제에서는 평등 모델/특별 모델의 구별에 따른 법적 실익이 큰 의미를 지니지 않는다고 생각한다.

또는 심신장애의 정도는 1급 · 2급 · 3급 · 4급 · 5급 · 6급 · 7급으로 구분하되, 그 평가기준은 별표2와 같다"고 하여 <별표2>에서 병역의무 수행에 장애가 되는 질병 411가지를 제시하였다. 위 <별표2> 평가기준에는 남성에게만 나타나는 질병 또는 장애로 여성형 유방, 전립선염, 발기부전, 고환 결손 등이 명기되어 있으므로, 여성에게만 나타나는 상태가 들어간다고 문제될 이유는 없다.[17] 더 나아가 병역법 제65조 제3항[18]은 현역복무를 하는 자가 子를 출산하는 경우 상근예비역으로 전환된다고 하는데, 자녀의 양육도 병역의무 수행에 일정 정도 장애가 되는 사유로 평가된다면 임신, 출산을 유난하게 취급할 이유는 없다.[19]

### (4) 임신가능성과 임신의 실현

평등 모델과 함께 검토해야 할 것이 임신과 출산의 성격에 대한 문제이다. 헌법재판소는 임신과 출산을 통하여 군사훈련 자체가 불가능하다는 취지를 언급했지만, 더 문제의 소지가 있는 주장은 바로 "가임기 여자는 현재 임신상태가 아니라고 하더라도 언제든 임신, 출산과 수유 등 대체 불가능한 부담을 질 개연성"[20]이 있다고 한 대목이다(하선 및 강조는 필자).

Herma Hill Kay는 임신이 '가능하다'는 그 개연성 자체에 의미를 두지 말고, 인간이 생식기능이 발현되어 실제로 임신이 되었을 때, 즉 생식기능이 가용되었을 때에만 법적 의미를 함양하도록 하여 임신을 내재적인 특성이 아닌 기능의 발현으로 취급하자고 제안하였다.[21] 판례가 임신가능성과

---

17 여기서 임신이 질병 또는 장애와 같다고 주장하는 것이 아님을 주의할 필요가 있다. 비교 대상이 되는 것은 질병 · 장애와 임신이 아니라 질병 또는 장애로 야기되는 직업수행이 불가능 상태와 임신으로 야기되는 직업수행 불가능 상태이다.

18 병역법 (법률 제10704호, 일부개정 2011. 5. 24, 시행예정 2011. 11. 25.) 제65조 ③ 현역병(제24조 및 제25조에 따라 복무 중인 사람을 포함한다)으로 복무하고 있는 사람 중 자녀 출산으로 인하여 상근예비역으로 복무하기를 원하는 경우에는 대통령령으로 정하는 바에 따라 예비역에 편입할 수 있다.

19 헌법재판소에서 여성의 임신 · 출산 · 수유라는 생물학적인 현상에만 주목하고 '육아'를 여성이 갖는 또 하나의 '부담'으로 평가하지 않았다는 점은 그나마 진일보한 태도라고 평가할 수 있다.

20 헌법재판소 판례집, 앞의 글, 456면.

21 Herma Hill Kay, *Equality and Difference: The Case of Pregnancy*, Feminist Legal

실제 임신 상태의 발현을 구별하지 않는 데에 대한 비판으로 적절하다고 생각한다. 임신의 개연성은 있지만 임신을 하지 않은 여성이 수행할 수 있는 의무가 임신기능이 발현되어 의무를 수행할 수 없는 다른 여성의 존재에 의하여 퇴색하지 않는다. 임신은 '단편적인(episodic)' 그리고 '일시적인(temporary)' 사건에 불과하다.[22]

Kay가 부연하는 임신의 단편적이고 일시적인 성격을 앞서 설명한 평등 모델과 결합하면, 결론적으로 임신 개연성이 있는지 여부는 여성의 의무수행 가능성을 판단하는데 아무런 관련성이 없다. 다만, 임신이라는 사건이 발생하였을 때 의무수행이 불가능한 다른 장애 상태와 동일하게 처리하면 충분하다. 즉, 정상적인 병역처분 범주에서 해결할 수 있는 문제를 성별의 문제로 승격시켜서 '합리적인' 차별의 근거로 내세우는 판례의 태도에 동조할 이유는 없다. 임신 개연성이 임신과 동일시된다면 병역의무는 고사하고 그 개연성만으로도 여성은 그 어떠한 사회활동에 참여할 수 없을 것이다. 하지만 임신이 실현되었을 때, 작업수행이 불가능한 단편적이고 일시적인 상태를 그 순간에 적응시킬 수 있다면 여성이 남성과 차별받을 이유는 없어진다.

### (5) 소결

과거 남성은 전쟁터에 차출되고 여성은 따뜻한 밥을 준비하는 이분법적 사고가 존재하던 시절에는 결코 평등하지는 않지만 여성은 남성과 분리되는 일정한 '존중되는' 영역을 보유하였다. 그렇기 때문에 남성은 '영웅'으로 상징되는 반면 여성은 '희생'으로 그려졌고, 남성은 '생명을 빼앗은 존재'이고 여성은 '생명을 만드는 존재'로 평가받기도 했다.[23]

하지만 이와 같은 전통적인 성역할 구분 통념을 탈피하는 것이 현대사회의 지속적인 과제임에도 불구하고 현재 병역문제를 두고 발생하는 논

Theory: Foundations (1993), p. 181 참조.

22 앞의 글, 182면 참조.

23 Jean Bethke Elshtain, Women and War (The University of Chicago Press, 1995), pp. 165-166 참조.

쟁에서 군대/출산의 이분법적 사고가 여전히 많은 부분을 차지하고 있다. "여자는 애를 낳잖아"라면서 남성에게만 병역의무를 부담시키는 현행 병역법 체제를 옹호하는 여성들은 오히려 청산해야 하는 고정관념을 답습하는 안타까움을 연출하고 있다. 그런 의미에서 헌법재판소가 대상 결정을 통해 군대/출산의 이분법적 구별에 대하여 법적·사회적 가치가 없다고 확실하게 선을 그은 부분은 긍정적으로 평가할 만하다.

적어도 이 판례를 통하여 군대/출산의 이분법 사상은 더 이상 법사회학적으로 논의할 실익이 사라졌다. 우리나라에서는 활발하게 논의되고 있지는 않지만, 미국에서는 이미 임신과 출산에 관한 자유를 기본권으로 인정하고 있는바, 그 맥락에서 볼 때 헌법적 기본권과 헌법적 의무를 같은 선상에서 놓는 오류를 범하거나, 여전히 생명을 뺏는 군대문화와 생명을 부여하는 출산문화라는 묘사로 군대문화를 비판하는 데에만 머물기만 하는 여성학 논의는 바람직하지 못하다.

하지만 헌법재판소는 군대/출산의 이분법을 해체하는 대신 그 자리에 출산을 여성이 남성에 비해서 갖는 '부담'이라고 명명함으로써 여성을 남성의 기준으로 판단하는 과도기적인 양상에 그쳤다. 생리를 하는 여성이 일시적으로 의무수행에 어려움을 겪는 것과 임신·출산·수유를 하는 여성이 의무수행이 불가능해지는 것이 병역의무를 하지 못할 근거가 된다면 여성은 모두 직업수행의 자유를 누리지 못하고, 더 나아가 직업군인으로서 여군도 선발되지 못할 것이다. 따라서 임신을 할 개연성이 있다는 이유로 여성을 병역의무에서 배제하는 것은 합리적인 차별이라 할 수 없다.

### 3. 근력 등의 '부족'

헌법재판소는 "일반적으로 집단으로서 남자는 여자에 비하여 근력, 순발력 등이 우수하고, 여자는 남자에 비하여 유연성 등이 우수한 것으로 평가되는 등 서로 다른 신체적 능력을 보유하고 있다"며, "전투를 수행함에 있어 요청되는 신체적 능력과 관련하여 본다면, 무기의 소지·작동 및 전장의 이동에 요청되는 근력 등이 우수한 남자가 전투에 더욱 적합한 신체적 능력을 갖추고"[24] 있기 때문에 남성에게만 병역의무를 부과하는 것은 '최적의 전투력'을 유지하려는 입법 목적에 합리적으로 부합한다고 밝히고 있다.

이러한 판례의 태도에 대하여 다음과 같은 검토가 필요하다. (i) 첫째, 최적의 전투력이라는 목적을 달성하기 위해서 병역의무를 수행하는데 필요한 조건이 무엇인지에 대한 논의가 먼저 이루어져야 한다. (ii) 둘째, 집단으로서의 남성이 집단으로서의 여성에 비하여 병역의무 수행에 필요한 조건을 보유하고 있는 것이 사실이라 하더라도, 남성과 여성을 집단으로 비교하여 우위를 논하는 것이 바람직한지 살펴볼 필요가 있다.

### (1) 병사의 진정직업자격

진정직업자격(Bona Fide Occupational Qualification)이란 일반적인 맥락에서는 평등권 침해의 근거가 될 수 있는 성별, 종교, 출신국과 같은 요소가 일정한 직무를 수행하는데 실질적 자격이 되는 것을 의미한다.[25] 미국 민권법 제7장에서는 사업상의 편의가 아닌 업무의 본질에 있어서 위 요소들이 실질적으로 요구된다면 그와 같은 이유로 특정인을 고용하거나 배제하더라도 평등권 침해가 발생하지 않는다고 규정하고 있다.[26] 우리나라에서도 남녀고용평등 및 일·가정 양립지원에 관한 법률 제2조 제1호 가목에서 "직무의 성격에 비추어 특정 성이 불가피하게 요구되는 경우"는 차별의 예외에 해당한다고 명시하여 진정직업자격 개념을 법적으로 도입하고 있다.

---

24 헌법재판소 판례집, 앞의 글, 455면.

25 양현아, 병역법 제3조 제1항 등에 관한 헌법소원을 통해 본 남성만의 징병제도, 군대와 성평등(2009), 107면 참조.

26 Civil Rights Act, 42 U.S.C. § 2000e-2(e)(1) (2010) [...] it shall not be an unlawful employment practice for an employer to hire and employ employees, for an employment agency to classify, or refer for employment any individual, for a labor organization to classify its membership or to classify or refer for employment any individual, or for an employer, labor organization, or joint labor-management committee controlling apprenticeship or other training or retraining programs to admit or employ any individual in any such program, on the basis of his religion, sex, or national origin in those certain instances where religion, sex, or national origin is a bona fide occupational qualification reasonably necessary to the normal operation of that particular business or enterprise [...].

징집의 대상이 되는 병사의 진정직업자격은 무엇인가? 헌법재판소에서는 "무기의 소지·작동 및 전장의 이동에 요청되는 근력"이라고 밝혀 사격능력과 행군능력이 병사훈련의 기초를 이루고 있다고 본다. 하지만 실제 병사들을 징집하는 국방부에서는 병사의 진정직업자격으로 체력 기준을 요구하지 않는다. 사관학교에서 생도를 선발할 때에도 체력 기준이 있고, 직업군인들도 체력 기준이 인사에 반영되는 등 기준이 마련되어 있지만,[27] 징병 신체검사 등 규칙 제8조 및 제9조에 따라 병사는 신체, 체중, 질병 및 심신장애 여부만을 확인한다.

설사 양보해서 여성이 전투 수행에 부적합하다고 하더라도, 병역법은 여성에 대한 '전투 제한'을 '징집 제한'으로 둔갑시키고 있다.[28] 판례에서 밝힌 사격과 행군 능력이 핵심이 되는 것은 보병인데, 보병은 병과(MOS) 중에서 중요한 위치를 차지하지만 그래도 전부는 아니다. 육군을 기준으로 봐도 전투병과뿐만 아니라 전투지원병과, 전투근무지원병과가 있고, 전투병과 내에서도 직접 전투에 참가하는 보병과 외 근접 전투가 예상되는 행정병과도 있다. 대상결정 중 재판관 조대현, 재판관 김종대의 기각의견에서도 "지상 근접 전투를 주임무로 하는 연대급 이하 부대라든가, 특수작전이나 장거리 정찰 임무를 수행하는 부대" 등 여성 군인에게 부적절한 부대 및 직위에는 여성을 배치하지 않는다는 함으로써 전투에서는 배제하지만 군대에 전투부대만 있는 것은 아님을 밝히고 있다.[29]

결국 군인의 직무에 대한 구체적 직무 분류의 선결문제로 "(i) 전투와 비전투 임무의 명확한 경계, (ii) 어떤 직무들이 여성의 특질에 진정 부적합한지, (iii) 위의 여성의 특질이란 통념이 아닌지, 그리고 (iv) 남성의 신체 특질이 군인 업무 수행의 본질적인 것인지와 같은 논의가 이루어져야" 위와

---

27 연합뉴스, "육군, 11~13일 여성 ROTC 면접·체력 검정", 2011. 5. 11, http://www.yonhapnews.co.kr/bulletin/2011/05/11/0200000000AKR20110511087200043.HTML?did=1179m (최종접속일 2011. 8. 25.). 심지어 최근에 선발하기 시작한 여성 ROTC도 1.2km 달리기 1급 5분 30초, 팔굽혀펴기 1급 2분 31회, 윗몸일으키기 1급 2회 59회 등의 기준이 발표되었다.

28 양현아, 앞의 글, 108면 참조.

29 헌법재판소 판례집, 앞의 글, 462면.

같은 병과에 따라 여성 군인의 활용 제한이 가능할 것이다.[30]

그럼에도 불구하고 대상결정 중 4인의 기각의견은 "집단으로서의 남자와 여자가 아니라 개개인을 대상으로 판단하는 경우, 여자가 남자에 비하여 전투에 적합한 신체적 능력이 우월한 사례"가 있으나 "개개인에 적용되는 신체적 능력의 구체적인 평가기준을 세우는 것은 곤란"하고, "구체적으로 신체적 능력을 수치화, 객관화하여 비교하는 검사체계를 갖추는 것은 현실적으로 매우 어렵다"고 한다.[31] 사법부로서는 국방부가 검사체계를 갖추지 않은 것을 대신 이해해주기보다는 적합한 사법적 판단을 내리기 위해 그와 같은 진정직업자격의 기준을 요구하는 것이 더 바람직할 것이다.

(2) 소결

집단으로서의 여성은 집단으로서의 남성과 달리 전투에 적합하지 않다는 개념은 우리 헌법재판소가 처음 고안해 낸 논리는 아니고 이미 미국 연방대법원에서 Rostker v. Goldberg 판결[32]에서 제시하였다. 군인 징병 등록에 여성도 등록할 수 있는지가 문제된 사안이었던바, 징집은 전투 병력을 대상으로 한 것이기 때문에 전투에서 여성이 배제되는 이상 징집에서도 여성이 배제된다는 것이 판시사항이었다. 비전투 병력이라 하더라도 인력의 순환을 고려했을 때 전투 병력으로 회전될 수 있어야 하므로 여성은 비전투 병력으로도 징집 대상이 되지 않는다고 하였다.

집단으로서의 여성 전체가 집단으로서의 남성에 비하여 신체 능력이 함량미달이어서 병역에서 제외된 것이 아니라 다만 집단으로서 평균치가 더 낮다는 사실은 여성 전체를 병역의무로부터 배제하는 논리로 부족하다. 병사의 적합성은 진정직업자격으로만 판단되어 개별적으로 적용되어야지 집단 내부의 스펙트럼을 무시하고 체격이나 근력 등을 일반화한 집단에 적용할 수 없다. 남성과 여성이 추상적인 집단으로 규정되면 남성의 경험이

30 양현아, 앞의 글, 108면 참조.

31 헌법재판소 판례집, 앞의 글, 455-456면.

32 Rostker v. Goldbert, 453 U.S. 57 (1981).

보편화된 현재 기준으로 여성은 2등 시민으로 전락하고 만다.

2등 시민으로의 추락을 잘 보여주는 것이 대상결정 중 재판관 이공현, 재판관 목영준의 위헌의견이다. 위헌의견은 신체적 구조와 체력에 따라 남성과 여성이 사회에서의 역할이 다른 것은 당연하다면서 "보충역은 일정기간 복무의무만이 있을 뿐, 군부대 내에서 거주하지 않으면서 공익근무요원으로서 사회서비스업무나 공익목적에 필요한 행정업무 등의 지원, 문화창달과 국위선양을 위한 예술·체육 분야 근무, 개발도상국가의 경제·사회·문화 발전 등을 지원 등의 업무를 담당하거나, 공중보건의, 공익법무관, 전문연구요원 등으로 복무하므로, 대부분의 경우 남성의 특성인 체력적 강인함 등과는 큰 관계가 없다"고 한다.[33] 그러므로 여성은 보충역과 제2국민역으로 복무할 수 있음에도 남성에게만 병역의무를 부과하므로 위 법률 조항은 위헌이라고 본다.

위헌의견에 따르면 여성은 남성의 체력적 강인함이 없는 집단이므로 남성과 같이 현역으로 복무할 수 없지만 적극적인 국방의무의 공평한 배분을 위해서 신체 능력이 특별히 요구되지 않는 공익근무요원이라도 해야지 위 법률 조항의 위헌성이 제거된다. 즉, 여성을 집단으로 추상화하여 남성에 비해 '부족'하고 열등하다고 평가하면서도 남성에 비해 시민권으로서의 상징이 약한 분야에서 의무를 동일하게 부담할 것을 요구하므로 의무는 같이 이행하되 차별하는 '이중 부담'의 문제를 야기한다.

이와 같은 우려를 반영하듯 대상결정 중 재판관 김희옥의 보충의견은 국방의 의무는 "기본권 보장 체계를 중심으로 하는 우리 헌법상 예외에 해당하는 국민의 의무로서 그 내용은 직·간접적으로 국토방위라는 목적과 연관성이 있어야"하므로, "현역 복무 이외의 사회적·공익적 서비스를 병역의무의 내용으로 편입시키는 것은 대체적 복무를 부과할 수밖에 없는 불가피한 사정이 있는 경우에 한하여" 이루어져야 한다고 하였다.[34] 그러므로 남성 중심의 현상유지를 해체할 의지는 없으면서도 기계적 형평성을 위하여

---

33 헌법재판소 판례집, 앞의 글, 465-466면.

34 헌법재판소 판례집, 앞의 글, 459면.

여성을 대체복무 인력으로만 흡수하자는 위헌의견의 태도는 법여성학의 취지에서 가장 벗어났고, 재판관 김희옥의 보충의견을 참고할 필요가 있다.

결론적으로 남성을 기준으로 여성이 부족하다고 하는 것은 성별을 집단으로 규정하여 차별하지 말자는 헌법 제11조 제1항 후문에 전면적으로 배치되므로 합리적인 차별의 근거가 되지 못한다.

# 제 6 부
# 젠더법학 교육과 확산

아프리카 어린이들 (Trust Fund for Victims of the International Criminal Court Annual Report 2021)

# 24. 여성 법조인의 양적 성장과 법문화의 질적 변화*

홍 인 (서울동부지방법원 판사)

본 연구(2013년)에서는 국내외 문헌을 분석하여 ① 법문화의 질적 변화란 무엇을 의미하는지, ② 여성 법조인의 양적 성장이 질적 변화를 야기할 가능성은 어떠한지, ③ 당사자들은 이에 대해 어떤 인식을 보이는지, ④ 질적 변화를 가로막는 구체적인 장애요인은 무엇인지, ⑤ 장애요인을 극복하기 위한 조건은 무엇인지를 검토하였다. 질적 변화를 가로막는 장애요인은 성차별, 성별분업, 업무의 성별분리, 여성젠더의 무력화 이데올로기 등이다. 이를 극복하기 위해서는 성인지적 통계, 여성 법조인 간의 네트워킹, 업무환경과 업무방식의 재구성 등이 필요하고, 나아가 근본적으로 법문화의 변화를 이끌기 위해서는 법조인-전문가 개념의 확장 및 변화가 요구된다.

* 위 글은 저자가 법학전문대학원에 재학 중이던 2013년에 작성되었다. 2025년 현시점에서 보더라도, 법조인 직업 경로 및 업무의 성별화는 공고하고, 위에서 살핀 장애요인은 정도의 차이는 있을지언정 여전히 유효하다. 조직 내 고위직 등 주요 직책에 진입한 여성의 수도 (법조인 중 여성의 비율에 비하여도) 여전히 부족하다. 여성 법조인이 상당히 증가함에 따라 여성으로서의 호명이 비교적 감소하고, 다양한 전문가 모델이 수립되는 등, 양적 성장은 그 자체로도 분명히 의미가 있다. 그러나 법문화의 변화, 특히 남성중심적 구조의 탈피는 여성의 증가나 여성 당사자 개인의 노력만으로 자연스럽게 성취될 수는 없다. 경향신문이 2023년에 법원의 구성과 작동에 관한 젠더적 분석을 포함한 '이토록 XY한 대법원'이라는 기획기사를 연재하였듯이, 법조계의 젠더 문제를 가시화하고 비판하는 논의가 더욱 적극적으로 이루어져야 한다.

## Ⅰ. 서론

### 1. 법조계 내 여성 증가에 대한 주목(소위 '여풍' 현상)

2013년도 서울대학교 법학전문대학원(이하 '로스쿨'이라 한다) 합격자 가운데 여성 합격자의 비율이 처음으로 절반을 넘어섰고(전체 154명 가운데 여성이 78명으로 50.6%), 이것은 초유의 '여풍' 현상이라고 주목을 받았다. 사법시험 시절에도 법조계에서 여성은 단지 그 존재와 숫자만으로도 여성의 사회진출 확대를 나타내는 지표이자 사회적인 현상으로서 주목받아왔다. 그런데 위와 같은 주목은 단지 양적 측면에 그치고, 이러한 여성의 진입 확대가 법조계 내 문화에 실질적으로 어떠한 영향을 미쳤는지는 잘 드러나지 않았다.

### 2. 기존 연구 소개

여성 법조인의 양적 성장에 관한 기존의 연구는 크게 두 가지 내용으로 진행되었다. 그중 첫 번째는 여성 법조인의 현황에 대한 분석이고,[1][2] 두 번째는 법조인 여성이 겪는 취업, 승진, 업무, 육아 등에서의 성차별에 관한 것이다.[3][4] 현재까지 여성 법조인의 증가가 가져오는 법조계 내외의 내용적인 변화에 대한 논의는 비교적 활발하지 않은 것으로 보인다. 기존 연구들이 확인하고 있는 법조계 내에서의 성별 분리와 성차별, 여성 법조인이 성장하기 어려운 환경 등의 상황적인 요인들은 여성의 양적 증가가 법조 전문직의 수행 구조를 변화시킬 원동력으로 작용하는데 장애요인을 분석하는 단서가 될 수 있다.

---

1 이유정, "로스쿨 시대의 법률시장과 여성법조인", 한국젠더법학회 · 이화여대 젠더법학연구소 공동주최 제12차 한국젠더법학회 학술대회발표문, 2009.

2 신진화, "여성 법관의 현황과 과제", 『젠더법학』 제2권 제2호, 2010, 63-73면.

3 김두식, "법학전문대학원 3년의 시점에서 바라본 여성 법조인의 어제, 오늘, 그리고 내일", 『젠더법학』 제3권 제2호, 2011, 1-32면.

4 한국여성정책연구원 · 대한변호사협회 여성변호사특별위원회, "여성 변호사의 고용환경 개선방안 연구", 2012.

### 3. 연구 목표 및 방법

본 연구에서는 여성 법조인의 양적 증가가 법문화의 질적인 변화를 이끌었는지에 관하여 국내외 문헌 분석을 통하여 살피고자 한다.

이를 위하여 아래에서는 먼저 한국에서 여성 법조인의 양적 성장을 간략히 살피고, 이것이 질적 성장으로 이어질 가능성을 모색하기 위하여 ① 법문화의 질적 변화란 무엇을 의미하는지, ② 질적 변화의 가능한 방향은 어떠한지, ③ 당사자들은 이에 대해 어떤 인식을 보이는지, ④ 질적 변화를 가로막는 장애요인은 무엇인지 등을 확인해 보고, 나아가 ⑤ 장애요인을 극복하기 위한 조건은 무엇인지 살피고자 한다.

## Ⅱ. 여성 법조인의 양적 성장

### 1. 연도별 사법시험·변호사시험 합격자 수 변화 추이

[표 1]과 같이 사법시험의 합격자 중 여성 합격자의 비중은 1990년대 이래 꾸준히 큰 폭으로 상승하고 있다. 2012년도 사법시험의 경우 합격자 506명 중 남성은 295명(58.3%), 여성은 211명(41.7%)이다.

[표 1] 연도별 사법시험 합격자 수 및 성비[5]

| | 1989 | 1990 | 1991 | 1992 | 1993 | 1994 | 1995 | 1996 | 1997 | 1998 | 1999 | 2000 |
|---|---|---|---|---|---|---|---|---|---|---|---|---|
| 전체 수 | 300 | 298 | 287 | 288 | 288 | 290 | 308 | 502 | 604 | 700 | 709 | 801 |
| 여성 수 | 12 | 12 | 18 | 16 | 18 | 31 | 27 | 36 | 49 | 93 | 122 | 151 |
| 비율 | 4.5% | 4.0% | 6.3% | 5.5% | 6.2% | 10.7% | 8.8% | 7.2% | 8.1% | 13.3% | 17.2% | 18.9% |

| | 2001 | 2002 | 2003 | 2004 | 2005 | 2006 | 2007 | 2008 | 2009 | 2010 | 2011 | 2012 |
|---|---|---|---|---|---|---|---|---|---|---|---|---|
| 전체 수 | 991 | 998 | 906 | 1009 | 1001 | 994 | 1011 | 1005 | 997 | 814 | 707 | 506 |
| 여성 수 | 173 | 239 | 190 | 246 | 323 | 375 | 354 | 382 | 355 | 338 | 264 | 211 |
| 비율 | 17.5% | 23.9% | 21.0% | 24.4% | 32.3% | 37.7% | 35.0% | 38.0% | 35.6% | 41.5% | 37.3% | 41.7% |

사법개혁 이후 사법시험을 점진적으로 대체하게 되는 로스쿨 역시 합

5 연도별 법무부 여성통계 참조.

격자 성비에 있어서 근래의 사법시험과 크게 다르지 않은 40% 내외의 여성 합격자 비율을 보이고 있다([표 2]).

[표 2] 연도별 법학전문대학원 성별 합격자 수[6]

| 연도 | 기수 | 남성 | 여성 | 계 |
|---|---|---|---|---|
| 2009 | 로스쿨 1기 | 1,204명(60.31%) | 797명(39.69%) | 2002명 |
| 2010 | 로스쿨 2기 | 1,107명(55.35%) | 893명(44.65%) | 2000명 |
| 2011 | 로스쿨 3기 | 1,237명(59.13%) | 855명(40.87%) | 2092명 |
| 2012 | 로스쿨 4기 | 1,182명(56.50%) | 910명(43.50%) | 2092명 |
| 2013 | 로스쿨 5기 | 1,218명(58.03%) | 881명(41.97%) | 2099명 |

로스쿨을 졸업한 후 법조인이 되기 위하여 치르는 변호사시험의 경우, 제1회 변호사시험 총 합격자 1,451명 중 남성은 856명(58.99%), 여성은 595명(41.01%)이며 제2회 변호사시험 총 합격자 1,538명 중 남성은 848명(55.14%), 여성은 690명(44.86%)이다.

### 2. 법조인 수 및 직역별 인원

2012년 현재 우리나라 법조인의 수는 총 17,116명이며, 여성은 3,168명으로 18.5%를 차지하여, 2010년 15%였던 것에서 소폭 증가하였다. [표 3]에서 보듯이 직업별로 보면 여성의 비중은 판사가 26.7%로 가장 높고, 검사는 23.6%이며, 변호사는 15.9%이다. 법무부에 따르면[7] 2010년 대비 여성판사는 114명, 여성검사는 75명, 여성변호사는 787명 각 증가하였다.

[표 3] 남성·여성 법조인 현황(2012)[8]

| 구분 | 남성 | 여성 | 계 | 여성 비율 |
|---|---|---|---|---|
| 판사 | 2,005명 | 733명 | 2,738명 | 26.7% |
| 검사 | 1,425명 | 440명 | 1,865명 | 23.6% |
| 변호사 | 10,518명 | 1,995명 | 12,513명 | 15.9% |
| 계 | 13,948명 | 3,168명 | 17,116명 | 18.5% |

6 법학전문대학원협의회 사무국 보도자료 참조.

7 법무부 <2012 여성통계>.

8 법무부 <2012 여성통계>.

## Ⅲ. 여성 법조인과 법문화의 질적 변화

### 1. '질적 변화'의 정의

여성 법률가의 수적 증가가 어떤 함의를 가질 수 있는가에 대한 분석의 기준으로, 본 연구에서는 법문화적인 측면에서의 '질적 변화'라는 개념을 사용하고자 한다. 법문화란 한 사회의 법 또는 법체계에 대한 태도나 가치관 내지 의견으로, 법의식이 그 대표적인 지표로 활용되고, 그 구성과 변동에 있어서는 법의 제정과 해석 및 집행의 방식이 필연적으로 관여한다.[9] 따라서 법의 작용에 직접적으로 개입하는 법조인의 역할수행은 법문화 형성의 한 요소이다.

그렇다면 여성 법조인이 주체적으로 수행하는 역할에 따른 법문화의 질적 변화는 어떤 형태로 가능한가? 이와 관련하여 Menkel-Meadow는 법조계의 성비 변화를 "법조계의 여성화(feminization of legal profession)"라고 칭하며, '여성화'의 4가지 측면을 제시한 바 있다.[10] 그것은 ① 법조계에의 여성 참여 증대, ② 그로 인한 법조인 직업 혹은 전문성(profession)에의 영향, ③ 돌봄과 같이 전통적으로 여성적으로 간주되던 특성들이 법적 업무·기능의 수행과 결합되는 양상, ④ 일·가정 양립 및 가족법 등 실정법에 있어서의 입법적 변화 등이다. 이러한 분류는 ①에 해당하는 여성 법조인 수의 양적인 변화가 나머지 ②③④에 영향을 미치는 구조에 관한 이론 구성이라는 점에서 질적인 변화를 분류한 예로 볼 수 있다. 한편 신진화는 여성 법관의 과제를 논하면서 여성의 역할모델을 만드는 것의 중요성을 논함으로써 여성 법조인이 단순히 남성 법조인과 같은 법조계의 일원으로서 존재하는 것이 아니라 '다름'의 가치를 구현할 수 있어야 한다고 보았고,[11] 김혜

---

9 한국사회 법의식조사에서 드러나는 법의 집행에 대한 불신이 권력자의 위법에 대한 불벌 혹은 경한 처벌을 경험한 데에서 기인하는 것이 대표적이다.

10 Carrie Menkel-Meadow, "The Comparative Sociology of Women Lawyers: The "Feminization" of the Legal Profession", *Osgoode Hall Law Journal* 24.4 (1986), pp. 897-918.

11 신진화, 앞의 글, 72면.

숙은 한국에서 역사적으로 여성 법조인들이 활발히 참여해온 법률 제·개정 운동에서의 성과를 조명하며 ④를 주요하게 고려하였다.[12]

본 연구에서는 독립적 측면이 큰 실정법의 변화는 일단 제외하고, 법조 직역 직업모델의 재구성 및 법수행에 있어서 여성적인 특성의 발현이라는 두 측면을 초점으로 법문화의 질적 변화를 살피고자 한다. 법무를 수행하는 주체가 여성이기 때문에 업무 내용이 달라지거나 수행의 방식을 다르게 취하는 것이 법조계에서 유효하게 받아들여진다면, 이를 법문화의 질적인 변화라고 평가할 수 있을 것이다.

## 2. 여성의 유의미한 양적 성장이 가져올 수 있는 질적 변화의 가능성

### (1) 업무 수행의 내용적 측면에서 여성성

여성이 법조계에 진출한 초기에는 다른 직종에서와 마찬가지로 남성과의 평등 혹은 '같음'을 증명하여 남성의 영역으로 편입되는 것이 필요했다. 그러나 법영역에서의 동등한 참여는 동질적인 판단을 의미한다기보다는 여성의 독자성을 적극적으로 반영시키는 데 있다. Fox는 승-패의 대결적인 구도로 진행되는 법적인 쟁송과 상대 당사자의 이익에 적대적인 법문화가 여성의 비공격적이고 극단의 대결을 회피하는 성향으로 인해 변화될 수 있다는 점을 지적했다.[13] Kohlgerg의 'Heinz 딜레마'에 대한 Carol Gilligan의 인터뷰 연구에서 드러났듯이[14] 여성의 포용적인 돌봄의 윤리는 법조 업무에 긍정적인 영향을 미친다. Menkel-Meadow는 이러한 '여성적'인 윤리모델이 법적 절차에 도입되면 소송보다 중재의 비중이 늘고, 단순한 승-패가 아닌 제3의 대안적 방식의 결론이 도출될 가능성이 있다고 보았

12 Kim Haesook, "The Avalanche Perspective: women jurists in Korea 1952-2008", *Feminist Legal Studies* 17.1 (2009), pp. 61-77.

13 Menkel-Meadow, *supra* note 11 at 914.

14 "Heinz의 아내가 위독한데 약을 살 돈이 없는 경우, Heinz는 약을 훔쳐도 되는가?"라는 물음에 대한 답을 통해 도덕발달의 정도를 측정하고자 Kohlberg가 고안한 딜레마이다. 길리건은 이를 이용하여 여성 아동과 남성 아동의 인터뷰를 진행하였고, 그 결과 서로 다른 윤리적인 사고구조를 지녔다는 논증을 펼쳤다.

다.[15] 여성-젠더로 사회화되는 다양한 맥락에 따라 획득하는 기존의 남성적인 법체계와 '다른' 방식의 분쟁 해결 메커니즘이 근대 법학 발전의 실마리가 될 수 있다는 것이다.

### (2) 법조 영역의 다양화·활성화

법조집단은 전통적으로 대부분이 남성, 고학력자, 중산층 이상이라는 동질화된 엘리트 집단이었고, 법조인의 직업윤리나 전문성 역시 그러한 동질성을 배경으로 구성되었다. 위와 같은 동질성이 여성, 저학력자, 저소득층의 유의미한 수적 증가로 인하여 파괴된다면 기존의 폐쇄적인 법조 문화도 변화될 수 있다. 기존의 구성원이 주목하지 않았거나 미처 집중하지 못하였던 영역이 보다 활성화되는 것이다.

특히 업무방식에서 여성의 차이로 인한 변화가 가능하다. 일을 위해 삶의 대부분을 희생하며 남성적인 네트워크를 통하여 업무가 이루어지는 등의 남성적인 직업모델이 여성적인 작업방식으로 인하여 상쇄되거나 근본적으로 변화될 가능성이 있다. 그동안은 사적 영역에 맡겨놓아도 되었던 가정, 즉 재생산의 영역을 더이상 무시할 수 없게 됨으로써 필연적으로 야기될 변화는 주목할 만하다. 나아가 여성적인 특징으로 분류되곤 하는 '섬세함'이나 '경청하는 자세' 등이 가져올 법정문화의 변화를 기대하는 관점도 있다.[16]

## 3. 질적 변화에 대한 여성 변호사 당사자의 인식

상술한 가능성이 현실에서 실현되고 있는지에 관하여, 여성 변호사를 상대로 한 설문조사 및 심층면접의 내용을 통해 추론하여 보면, 전문가집단 내의 여성 법조인의 위치 및 직업적 생존을 위한 업무 규범의 확고함 때문에 질적 변화는 가로막혀 있는 것으로 보인다.

---

15 Menkel-Meadow, *supra* note 11 at 914.

16 법률저널 2013.04.05. 칼럼 "여성 법률가에 거는 기대"(성낙인).

### (1) 전문가집단 내의 여성 법조인의 관계적 위치

여성 법조인이 질적인 변화를 가져오기 위해서는 법조집단 내에서 동등한 주체로서 평등한 영향력을 가질 수 있어야 하는데, 변호사 당사자들은 그렇지 못하다고 말하고 있다.

그 첫 번째 원인은 법조집단 내 성차별에 있다. 대한변호사협회 여성변호사특별위원회(이하 '여성특위'라 한다)가 여성 변호사 360명을 대상으로 실시한 설문조사에서 여성 변호사의 87.7%가 채용 과정에, 77.5%가 진급과 승진에 차별이 존재한다고 응답했다. 여성특위에서 로펌과 공공기관, 민간기업에서 근무하는 여성 변호사 16명을 대상으로 진행한 심층면접에서는 여성 변호사가 채용 과정에서 조직 특성과 무관하게 연애 관계, 결혼과 자녀 계획에 관한 질문을 거의 예외 없이 받았다는 조사 결과가 보고되고 있다. "결혼은 언제 할 거냐", "아이는 언제 낳을 거냐" 등의 질문이나 "일과 가정을 양립할 수 없는 상황이 온다면 어떻게 대처하겠느냐"는 질문을 받았다는 것이다.[17] 로펌 근무 경력이 있는 여성 변호사 21명이 응답한 설문조사[18]에서 동료들로부터 성차별을 경험한 적이 있다고 답한 사람은 13명이었고, 그 유형은 여성비하발언(5건), 외모에 대한 발언(5건), 성희롱(4건) 등이다.

여성 변호사의 동등한 지위를 가로막는 두 번째 요인은, 고객과의 관계에서 남성 변호사에 비하여 열등한 '2등 변호사'의 위치로 인한 수행 저하다. 앞선 설문 응답자 21명 중 19명은 고객과의 관계 때문에 변호사로서 업무를 수행함에 있어서 여성이기 때문에 한계를 느끼고 있었다. 21명 중 18명이 '여성 변호사는 남성 변호사에 비해 고객과의 사적인 만남을 하는 횟수가 적거나 적은 편'이라고 답변하였으며, 12명은 고객으로부터 여성비하발언(6건) 등의 성차별을 경험한 바 있다고 답했다. 고객과의 만남이나 고객으로부터의 업무 수주가 중요한데도, 고객의 불신, 성별고정관념 및 성희롱 등이 여성 변호사가 온전한 전문가로서 기능할 수 없게 하는 것이다.

---

17 한국여성정책연구원·대한변호사협회 여성변호사특별위원회, 앞의 글, 49면.

18 이유정, 앞의 글, 14-19면.

### (2) 공고한 업무 규범과 '같음'의 정치학

로펌 변호사에게 일 중심의 업무 규범은 경쟁적인 시장에서 생존을 위해서 반드시 따라야만 하는 규범으로 작동한다. 가부장제적 성별분업을 그대로 반영하고 있는 로펌 변호사의 업무방식은 가족과 같은 사적 영역에의 고려를 배제하고 업무의 효율성을 우선하는 형태이다. 그렇기에 여성 역시 기존의 남성 변호사처럼 '가정을 포기'해야, 즉 육아와 살림 등 전통적인 사적 영역을 전적으로 포기하고 공적 영역의 직업 활동에 전념해야 그들과의 경쟁에서 살아남을 수 있다. 여성특위의 심층면접에서 대형로펌에 근무하는 한 면접 대상자는 "대형로펌에서 여성이 파트너로 진급하느냐 마느냐는 결국 결혼 출산 육아에서 판가름 난다."[19]고 하였다.

직업적 성공이 전통적인 성역할과 병존할 수 없는 상황에서 여성은 최대한 차이를 드러내지 않아야 하므로, 소수의 성공한 여성은 "남성보다 더 독하게 일하는" 여성인 경우가 많다.[20] 여성임에도 불구하고 기존의 남성 역할을 충분히 수행할 수 있음을 증명하거나 전적으로 남성적 활동 방식을 체화하여야만 남성이 수립한 직업적 성공의 잣대에서 인정받고 승진할 수 있다. 변호사 직역뿐 아니라 판·검사 역시 직업적 성공으로 여겨지는 수직적 승진을 위해서는 동질적 경로만이 존재하는 것이 여성 법조인으로 하여금 '같음'의 정치학에 머무르게 하는 요인으로 작용한다.

## Ⅳ. 법문화의 질적 변화 장애요인 분석

법문화의 '여성화' 혹은 질적 변화를 가로막고 있는 장애요인으로는 크게 성차별, 성별분업, 업무의 성별분리, 여성젠더의 무력화 이데올로기 등을 들 수 있다.

---

19 한국여성정책연구원·대한변호사협회 여성변호사특별위원회, 앞의 글, 66면.

20 위의 글, 80면.

### 1. 성차별과 양적 변화의 한계성

여성 법조인에 대한 직간접적인 차별은 여성 법조인의 양적 성장을 체계적으로 저지하며 법문화의 실질적인 변화를 이끌 수 있는 조직의 주요부에 여성이 진입하지 못하게 하는 유리천장으로 작용한다. 법조계의 '여풍'은 아직 젊은 세대 그리고 하위직에 그칠 뿐이고, 고위직에 오른 여성의 수는 여전히 부족하다.

우리나라보다 앞서서 여성 법조인의 양적 성장을 경험한 미국의 여성 법조인의 경험을 통해 법정에서의 성차별 가능성 및 그 영향에 대해 추론해볼 수 있다. Martin과 Jurik의 2006년 연구에 의하면, 법정에서 여성 법조인들은 특히 호칭에 의한 성차별을 겪는 경우가 많았다. 법정에서 판사나 동료 변호사들이 남성 변호사와 달리 여성 변호사에게 부적절한 호칭을 사용하거나, 변호사들이 "Your Honor"라는 공손한 호칭을 남성 판사에게 여성 판사보다 2배 이상 더 많이 사용하는 등이 그 예이다. 또한 변호사로서 공격적인 태도를 드러내는 것에 대해서도 성별에 따라 다른 평가가 주어지며, 공격적이지 않은 태도를 보이면 '변호사답지 않다'고 평가되는 등 "여성 변호사들에게는 남성과 똑같아서도 안 되고 그렇다고 지나치게 여성스러워도 안 되는 이중기준이 적용되는 것"[21]으로 나타났다. 우리나라에서도 차별적인 관념의 발현은 유사한 방식으로 여성 법조인의 역할수행을 방해할 여지가 있다.

### 2. 일 · 가정 양립과 고전적인 성별분업

많은 수의 여성 법조인들은 출산과 육아의 문제 때문에라도 로펌, 개인법률사무소의 고용변호사보다는 판검사와 같은 공직이나 근로자성을 인정받을 수 있는 사내변호사가 되기를 희망한다. 변호사 업계의 업무방식은

21 Susan Ehrich Martin, Nancy C. Jurik, *Doing Justice, Doing Gender: Women in Legal and Criminal Justice Occupatons, Second Edition*, SAGE Publications (2007), 140-144.

고전적인 여성과 남성의 공/사 분리의 성별분업을 그대로 반영하고 있기 때문이다. 로펌의 여성 변호사는 일·가정의 양립－즉 직업적인 성공의 양보와 타협－또는 일에의 전념 중에서 양자택일을 해야만 한다. 여성 법관 역시 고전적 성별분업으로부터 자유롭지는 못하다.[22]

고전적 성별분업 이데올로기는, 여성 변호사를 직업적 성공이 절실하지 않은 부차적 생계부양자로 보는 인식으로도 나타난다. 남성은 장시간 근로와 의뢰인 접대로 건강을 해치면서도 로펌에서 살아남기 위해 애쓰는 것을 이른바 '남성－가장' 서사에 의해 스스로 정당화하고 있기 때문에, 그 서사를 공유할 수 없는 여성 변호사는 로펌에 '취미로 다니는 것'이라고 여기는 것이다.[23]

### 3. 업무의 성별분리[24]

일단 법조계 안으로 편입된 여성 법조인의 경우 업무에 있어서도 체계적으로 남성의 주류적인 역할로부터 분리된다. Menkel-Meadow가 말했듯이, 기존의 성별관념에 의해서 잘하는 것으로 인식되는 분야로 '끌어당겨지는(pulled)' 반면, 일반적으로 상위로 여겨지는 직역으로부터는 '밀쳐내지는(pushed)' 효과가 존재하는 것이다.[25]

법원에서는 긴급을 요하는 가처분 사건이 많아 업무가 폭증하는 민사수석부, 기업임원이나 파산관재인 등을 상대하여야 하는 파산부, 언론인들을 자주 상대하여야 하는 공보관 등의 업무가 여성에게 부적합하다는 이유로 여성들을 배제하여 오다가 2009년에 이르러서야 여성 법관들을 배치하였다. 검찰에서도 업무강도가 높고 여성에게 부적합하다는 이유로 특수부나 공안부, 강력부 등에 여성들을 배제하여 오다가 2006년에 이르러서야 여성 검사를 배치하였다. 업무의 성별분리는 변호사 직역에서도 존재하는

---

22 신진화, 앞의 글, 73면.

23 한국여성정책연구원·대한변호사협회 여성변호사특별위원회, 앞의 글, 52면.

24 이는 성차별의 한 종류라고 파악할 수 있지만 그 효과나 양상 면에서 독자적인 요인으로 꼽을만하다 여겨 별도의 요인으로 검토한다.

25 Menkel-Meadow, *supra* note 11 at 908.

데, 중소형 로펌에 재직하는 여성 변호사들은 자신들에게 가사사건이 주로 배정되는 등 업무상의 성별 구분 관행을 경험하였고,[26] 이러한 업무 영역의 구분은 개업변호사의 경우 더욱 심각할 것으로 예상된다.

업무의 성별분리는 업무의 특성이 여성에게 부적합하다거나 '의뢰인이 남성 변호사를 더 믿음직스러워한다'는 성별 편견에 기반하고, 이는 차별을 정당화하며 재생산한다. 성별분리는 법문화의 엘리트주의적이고 폐쇄적인 특성에서도 기인한다. 로펌에는 술자리나 골프 등 접대를 매개로 의뢰인과 긴밀한 관계를 형성하고 이를 통해 사건을 수임하는 영업 관행이 있고, 의뢰인-남성 법조인의 네트워크뿐만 아니라 조직 내외부의 법조인 간 남성적인 네트워크에서도 여성 변호사는 소외되기 쉽다.

업무의 성별분리가 고착화되면, 여성이 법을 구성하거나 수행하는 데 있어서 변화를 야기하기 어려워진다. 여성은 여전히 권력관계의 하위에 위치하며 횡적으로도 한정된 분야에서 밖에 목소리를 내지 못하기 때문이다. 여성에게 특정 분야를 전담시키는 것은 여성 법조인의 목소리를 특수한 예외로 취급하여 지배적인 법문화 형성에 있어서 영향력을 축소시킨다.

### 4. 여성으로서의 호명과 무력화

2003년 '서울 법대 최초의 여교수'라는 타이틀을 얻게 된 양현아 교수는 임용 후의 인터뷰에서 "임용된다는 언론의 기사를 접하면서 100% 여성이 된 기분이었다."라고 자신의 여성 정체성을 끊임없이 호명하는 것에 대한 소감을 밝힌 바 있다. 1989년에 사법고시 수석 여성(이선애)의 개인사를 언론에서 보다 불우하고 출세주의적인 것처럼 왜곡·각색한 사건[27]과 같이, 여성 법조인에 대한 과잉된 관심의 초점은 그들을 특별한 여성으로 호명하는 데에 있다.

여성 법조인을 특별한 존재로 주목하는 역사는 길다. 1989년부터 "법조계의 성역이 무너졌다", "여성진출이 크게 늘었다"(1989.10.20. 동아일보)는

26 한국여성정책연구원·대한변호사협회 여성변호사특별위원회, 앞의 글, 50면.
27 한겨레 1989.11.29. 사설 "'사법고시 수석 여성' 상품화한 언론".

언급이 있었으며, 1994년에는 사법시험에서 "여성돌풍"이 있었다는 보도(1994.10.28. 동아일보)를 찾을 수 있다. 그리고 2013년에도 법조계의 "여풍"(2013.3.29. 법률저널)이라는 개념은 여전히 쓰이고 있다. 30년에 걸친 여성 법조인의 양적 성장을 부정적이고 일시적인 '바람'에 비유하며 여전히 '현상'이나 '사건'으로 포착하는 것은, 여성이 아직도 법률 전문가집단 안에서는 예외적 존재로 의미화되고 있음을 드러낸다. '여풍'이라는 말은 여성을 약자로 보는 시각이나 여성의 성을 상품화하고 전통적인 성역할 이데올로기를 재생산하는 등[28] 이미 성차별적인 관념을 내재하고 있다. '여풍'이라는 명명이나 그와 같은 방식의 주목은, 여성집단이 남성집단과 평등하게 세력화되는 것을 배제하는 인식의 반영이고, 법조계 내 성차별을 비가시화된다.

이렇게 과잉-젠더화된 호명은 여성 법조인의 내적 갈등을 야기한다. 이러한 호명은 여성 주체를 개별화하고 특수화하여 그 역할과 가능성을 한정하기 때문이다. 신진화는 여성 법관이 자신의 여성성과 기존의 남성적인 양식 사이에서 어떻게 균형을 잡아야 할지 고민하게 된다며 다음과 같은 예시를 든다.

> 일부 여성 법관은 특히 성폭력 사건 같은 형사재판에서의 합의시 자신이 반드시 피해자인 여성에 대하여 옹호하지 않으면 안 된다는 강박에 휩싸이기도 하고, 또 때로는 자신이 아무리 객관적이고 균형 잡힌 의견을 이야기하여도 그 의견 자체가 남성 법관들에 의하여 경도된 것으로 늘 의심받고 있는 게 아닌가 하는 의구심을 떨칠 수 없었다고 토로하기도 한다.[29]

법조인은 상당한 전문지식을 갖춰야 하기 때문에 법조인 여성은 스스로를 여성 법조인으로 정체화하기보다는 엘리트 직업인으로 인식하고 있을 개연성이 있다. 그런데 이들을 성별 고정관념을 포함한 젠더적인 호칭으로 명명함으로써, 이들은 차별의 대상인 여성으로서의 정체성을 자각하게 되

28 김기범·차영란, "'여풍' 담론의 심리학: 언론보도내용과 사회적 표상 분석을 중심으로", 『미디어, 젠더&문화』 제12호, 2009, 47-77면.

29 신진화, 앞의 글, 72면,

고, 그로부터 자유롭지 못하게 된다. 결국 여성 법조인은 끊임없이 자신이 정상범주가 아닌 특수범주에 속한다는 점을 자각하고, 정상으로 편입되기 위해 정상성을 증명해내야 하며, 동시에 결코 정상-남성일 수 없다는 딜레마에 빠진다.

## Ⅴ. 법문화의 질적 변화를 위한 조건

### 1. 장애요인 극복을 위한 네 가지 조건

앞서 본 장애요인을 극복하기 위한 첫 번째 선결과제는 성인지적인 통계와 분석의 제공이다.[30] 여성 법률가의 직역별 현황, 각 직역별 담당업무 현황, 민간 기업이나 법무법인에의 취업현황 등에 관한 보다 자세한 성인지적 통계가 필요하다. 이러한 성인지적 통계는 성차별의 실태파악 및 해결방안 모색을 위한 전제가 되므로, 앞서 본질적 변화의 장애요인들 모두, 특히 채용 및 승진에서의 성차별과 업무의 성별분리를 극복하기 위하여 필수적이다.

두 번째 조건은 여성 법조인 간의 네트워킹이다.[31][32] 여성 법조인 네트워크의 형성은, 기존의 남성적인 네트워크에서 소외될 뿐만 아니라 여성으로서 법조계 내에서 '다르지도 똑같지도 않은' 역할을 수행해야 하는 여성 법조인 간의 정보 교환 및 연대를 가능하게 한다는 점에서 의미가 크고, 이데올로기적 무력화에 대항하도록 한다. 여성-호명과 특별대우에 직면하여 딜레마에 빠지는 것만이 아니라, 동료들과 극복의 노하우를 나누고, 상호작용을 통한 집단적인 세력화(empowerment)가 이루어진다면, 특수화와 과소화의 효과를 상쇄시킬 수 있을 것이다.

세 번째로는 법조계의 남성중심적 성별분업 이데올로기를 반영한 업

---

30 법무부는 여성통계에서 여성 법조인의 숫자와 성비, 사법시험 및 로스쿨 합격자 수와 성비를 제외한 성별 통계를 제공하고 있지 않아서 여성 법조인이 구체적으로 어떤 직장의 어떤 지위에서 일하는지에 대한 정보를 얻을 수 없다.

31 이유정, 앞의 글, 33면.

32 신진화, 앞의 글, 72면.

무환경과 업무방식의 재구성이 필요하다. 이를 위해서는 제도적으로 로펌 등에 고용된 여성변호사의 근로자성을 인정하고 모성보호 제도의 정상적인 작동을 보장함과 동시에 기존의 업무문화를 변화시킬 수 있는 장치의 마련이 촉구된다.

네 번째로, 성차별을 해소하기 위하여 성평등한 판검사 임용기준 및 변호사 직역에 대한 견제장치를 마련하거나,[33] 로스쿨에서의 법여성학 교육 강화하는 등의 장치도 필요하다.

### 2. 법조인 정체성의 재구조화 필요성

하지만 위 네 가지만으로는 법조계의 기존 업무방식이나 업무환경의 남성중심성을 근본적으로 변화시키기에 부족하다. 법률시장 개방과 로스쿨 제도로 인한 공급의 확대로 강화될 경쟁과 시장논리 속에서, 개인으로 하여금 기존의 성공경로를 이탈하도록 강제하기는 어렵다. 따라서 먼저 기존에 남성적으로 구조화된 직업적 '성공'의 개념을 변화시키는 것, 즉 전문가로서 법조인의 정체성 자체를 재구조화할 필요가 있다.

## Ⅵ. 결론

본 글에서는 여성 법조인의 증가라는 현상이 법적 수행의 방식과 내용면에서의 변화를 가져오지 못하고 있는 현실과 그 요인을 분석하였다. 여성 법조인들이 여성이라는 정체성을 끌어안고 변화의 주체로 서고, 법조 문화 전반의 변화를 이끌기 위해서는 법조인－전문가 개념의 확장 및 변화가 필수적이다. 향후에도 변화의 추이를 분석하며, 질적 변화를 뒷받침하기 위한 구체적 방안을 연구할 필요가 있다.

33 김두식, 앞의 글, 27면.

# 25. 42기 사법연수생들의 직업선호 변화와 그 원인 : 판검사 선호의 하락과 중대형로펌 선호 현상을 중심으로*

이 준 석 (서울대학교 법과대학 석박사통합과정)

필자는 42기 사법연수생들을 상대로 사법연수원 입소 직후 시점(1학기)과 원내교육과정을 모두 마친 시점(4학기) 2차례에 걸쳐 설문조사를 수행함으로써, 이들이 사법연수원 과정을 거치면서 직업선호가 어떻게 변화하며, 그 원인이 무엇인지 살펴보고자 하였다.

사법연수원 입소 직후 시점의 42기 사법연수생들은 대부분 판사, 검사를 선호하였으나, 4학기에 접어들자 판사, 검사에 대한 선호가 감소하였고, 반면 중대형로펌 소속변호사에 대한 선호가 증가하였다. 이러한 추세는 아래와 같은 변화들과 관련성이 있을 것으로 사료된다. 먼저 제도적으로는, 로클럭 시스템의 도입과 함께 사법연수원 수료 직후 판사임관이 불가능해진 점을 들 수 있다. 그리고 42기 사법연수생들 스스로의 인식 변화로서, ① 사회정의실현에 대한 의지가 4학기로 접어들면서 감소한 점, ② 판사, 검사라는 직업을 통해 '사회정의실현(공익활동)', '경험 많은 선배 법조인의 지도를 받을 수 있을 것', '만족스러운 직장위치', '창의적인 업무 경험'이란 목표를 달성할 수 있을지에 대해 부정적인 응답이 증가한 점을 들 수 있다.

* 본 요약문의 기초가 된 원 논문은 아래와 같으므로, 보다 자세한 설문조사내용 및 참고문헌 등이 궁금하신 분은 참고 부탁드린다: 이준석, "42기 사법연수생들의 직업선호 변화와 그 원인−판검사 선호의 하락과 중대형로펌 선호 현상을 중심으로−", 『서울대학교 法學』 제54권 제2호(2013. 6), 165-203면.

## Ⅰ. 문제의식

### 1. 사법연수생들에 대한 실증연구의 필요성

지금은 법학전문대학원 시스템이 자리를 잡았지만, 그 이전에는 법조인들의 경우, 모두가 2년간의 "사법연수원 과정"을 경험하였다는 점에서 공통점을 가지고 있었다. 만약 예비법조인들이 사법연수원 과정을 거치면서 특정한 방향으로의 직업선호, 가치관 등의 변화를 겪는다면, 그것은 이미 과거에 사법연수원을 수료하고 현재 법조인으로 활동하고 있는 수많은 사람들에게도 마찬가지였을 가능성이 있다. 따라서 비단 사법연수생들뿐만 아니라 현역 법조인들이 어떠한 가치관을 가지게 되었고, 법조계를 어떠한 시각으로 바라보게 되었는지를 이해하기 위한 열쇠로서, 사법연수원 과정을 연구하는 것은 의미가 있다.

### 2. 각 법조직역에 대한 인상이 결정되는 시기

필자가 과거 사법연수원 과정을 경험한 바 있는 16명의 사법연수생 또는 새내기 법조인들을 심층 인터뷰한 결과에 따르면, 예비법조인들은 사법시험을 합격한 후 사법연수원 과정에 들어서야 비로소 현직법조인들과의 본격적인 대면을 통해 여러 법조직역의 특성을 알아가게 된다. 그리고 그때부터 비로소 어떤 법조직역을 선택할 것인지에 대해 진지하게 고민하게 된다.

### 3. 양적 연구의 필요성

필자는 앞서 언급한 심층 인터뷰 결과에 기반한 논문에서, ① 공익적 관심을 갖고 있던 예비법조인들이 사법연수원 과정을 거치면서 공익적 관심의 감소 등 가치관의 변화, 여러 법조직역의 특성에 대한 인식의 변화 등을 겪게 되는 과정, ② 그리고 이로 인해 사법연수원 수료 후, 자신이 사법연수원에 입소할 당시 선호했던 직업이 아닌 다른 직업을 선택하게 되는 과정을 밝힌 바 있다.

하지만 당시 필자가 사용했던 심층인터뷰 기법은 표본숫자(sample)가 16명에 불과하다는 점에서, '위 16명의 경험이 과연 사법연수생 전체의 경험을 대표할 수 있는가'라는 의문이 제기될 수 있다. 이에 필자는 본 논문에서 무작위로 추출된 표본들에 대한 설문조사를 통해, 사법 연수생들의 직업선호가 사법연수원 과정을 거치면서 어떻게 변화하는지, 그리고 어떠한 요인이 그러한 직업선호의 변화와 관련이 있는지 살펴보고자 한다.

## Ⅱ. 선행연구: 미국 로스쿨

Robert V. Stover는 Denver University Law School 학생들을 대상으로 설문조사 및 심층 면접을 실시한 결과, 로스쿨 과정을 거치면서 중대형 로펌에 대한 학생들의 선호도는 증가하는 반면, 공익적 활동을 담당하는 법조직역(시민단체 상근변호사 등)에 대한 학생들의 선호도는 감소함을 발견하였다. 이러한 변화는 ① 직업에 대한 기대치(expectation)의 변화와 ② 가치관(value)의 변화에 의한 것이라 Robert V. Stover는 해석하였다.

직업에 대한 기대치(expectation)의 변화로는 ① 새내기 변호사가 공익적 직업을 통해 실제로 이타적인 목적을 달성하기 힘들 것이라는 점에서 공익적 직업에 대한 기대(expectation)가 감소하였고 ② 공익적 직업이 새내기 변호사에게 가치있는 경험, 지식, 사람들과의 접촉을 제공함으로써 장기적인 커리어 전망에 도움이 될 것이라는 점에 대한 기대가 감소하였으며 ③ 로스쿨 교육을 통해 학생들의 전문성 실현(craft satisfaction)에 대한 열망이 증가함에 따라, 학생들은 창조적인 일을 할 수 있는 기회, 생산적인 결과를 이끌어내는 만족감을 느낄 수 있는 기회, 자신의 능력의 한계에 도전할 기회를 제공하는 직업을 원하게 되었다. 그리고 학생들은 중대형 로펌에서의 기업법무업무가 이러한 창조적인 업무수행이라는 만족감을 줄 수 있다고 설문조사에 응답하였다. 그렇기 때문에 학생들의 중대형로펌에 대한 선호도는 증가하였다. 가치관의 변화 측면으로는 자신의 법조인으로서의 지위를 이용해 다른 사람들을 돕고 사회적·정치적 변화를 위해 일하고자 하는 욕망이 감소하였다.

## Ⅲ. 설문조사방법

필자는 42기 사법연수생들이 사법연수원에 입소한 직후인 1학기에, 전체 42기 사법연수생들 중에서 무작위로 설문조사 대상자를 추출한 후, 이들을 대상으로 1차 설문조사를 수행하였다. 그리고 42기 사법연수생들이 사법연수원 원내교육 과정을 마치는 시점인 4학기에, 마찬가지로 전체 42기 사법연수생들 중 무작위로 설문조사 대상자를 추출하여 2차 설문조사를 수행하였다. 그 후 2번의 설문조사 결과를 서로 비교하였다.

## Ⅳ. 조사결과

### 1. 직업선호의 변화: 판·검사 선호 감소, 중대형로펌 선호 증가

아래 [그래프 1]은 1학기, 4학기 시점에 42기 사법연수생들 중 몇 퍼센트가 어떤 직업을 자신의 첫 직업으로 가장 원하는지 나타낸다. 필자가 설문지에 제시한 법조 직역들은, 1차 설문지의 경우 9개(① 판사, ② 검사, ③ 스스로 변호사 사무실을 개업하여 변호사로 일하는 것, ④ 소규모 변호사 사무실(변호사 20명 이하)에 고용되어 고용변호사로서 일하는 것, ⑤ 중대형 로펌(변호사 20명 이상)에 고용되어 일하는 것, ⑥ 기업의 사내변호사, ⑦ 민주노총, 녹색법률센터, 민주사회를 위한 변호사모임, 공익변호사 그룹 공감 등 시민단체 상근변호사, ⑧ 법률구조공단, 정부법무공단, 공정거래위원회 등 행정부의 공무원, ⑨ 국선전담변호사), 2차 설문지의 경우 11개(1차 설문지 항목+⑩ 법원에서의 로클럭, ⑪ 장기 군법무관)였다.

설문조사 결과에 따르면, 판사, 검사, 중대형로펌 소속변호사가 1학기와 4학기 모두에 걸쳐, 42기 사법연수생들 사이에서 가장 선호되는 직업으로 나타났다(비록 위 세 직업 중 어떤 직업이 더 많이 선호되는지는 1학기와 4학기에 걸쳐 큰 변화가 있었지만 말이다).

[그래프 1] 42기 사법연수생들의 1학기 및 4학기 직업선호[1]

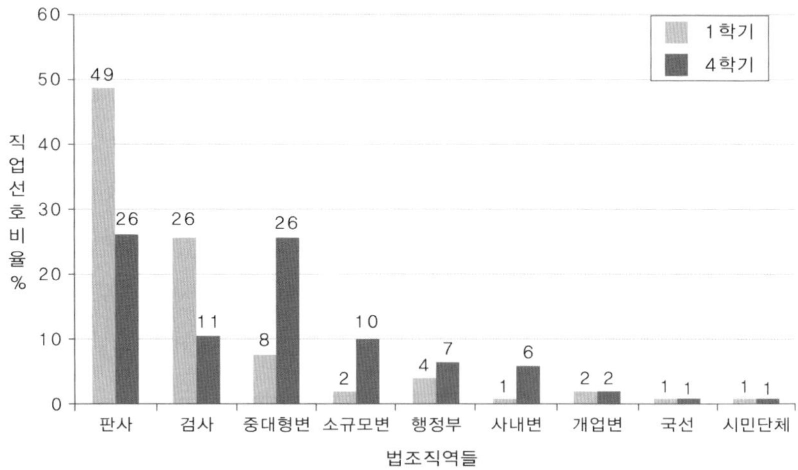


[그래프 2] 42기 사법연수생들의 직업선호 변화폭(4학기-1학기)〉[2]

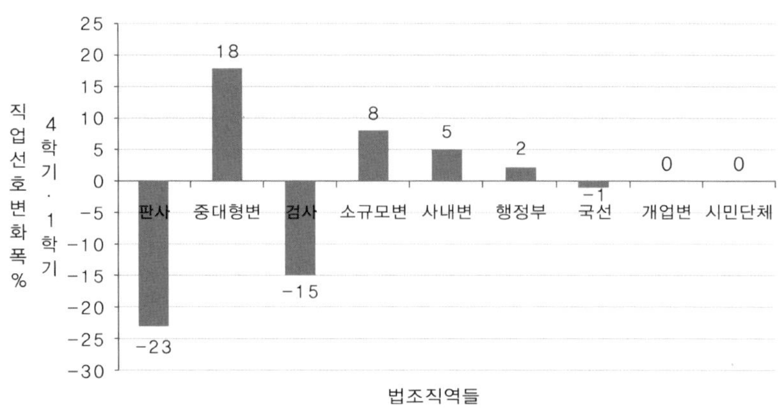


1 [그래프 1]의 X축은 응답자들이 선택한 각 법조직역을 뜻한다. 각 직업의 명칭은 화면 구성상 요약하여 표기하였다. Y축은 설문에 응한 사람들 전체 중에서 해당 직업을 선호한다고 응답한 사람의 비율(%)을 의미한다. 각 그래프 위에 적혀있는 숫자는 해당 그래프의 수치 값이다. 로클럭의 경우는 ① 1학기 시점엔 설문지에 포함시키지 않았기 때문에 4학기 시점과의 변화폭을 드러낼 수 없었고, ② 4학기에도 미미한 숫자인 1.5%만이 로클럭을 선호한다고 응답하였기에 논의의 편의상 표시하지 않았다.

2 [그래프 2]의 X축은 응답자들이 선택한 각 법조직역을 뜻한다. Y축은 위 [그래프 1]에 나타난, '특정직업의 4학기 시점 선호비율-1학기 시점 선호비율'값(단위: %)을 나타내고 있다. 왼쪽부터 절대값이 높은 순서(즉 변화폭이 큰 순서)대로 나열한 것이다. 로클럭의 경우는 [그래프 1]에서와 같은 이유로 표시하지 않았다.

## 2. 직업선호 변화의 요인

### (1) 제도적 요인: 수료 직후 판사 임관제도 폐지와 로클럭 도입

41기 사법연수생들과는 달리, 42기 사법연수생들부터는 사법연수원 수료 직후 판사로 바로 임관하는 것이 불가능해졌는데, 이러한 제도 변화는, 기존 제도를 바탕으로 미래를 설계해오던 42기 사법연수생들이 사법연수원에 막 입소하여 1차 설문조사에 응하고 난지 3개월 후(2011. 6. 22.)에 비로소 단행되었다. 제도 변화로 인해, 42기 사법연수생들은 곧장 판사를 지원할 수 없게 된 대신, 사법연수원 수료 후 법원의 로클럭(재판연구원)을 지원할 수 있게 되었다. 그런데 로클럭은 판사와 달리 2년 계약직이며, 계약기간은 더 이상 연장되지 않는다. 계약기간 종료 후엔 본인 스스로 1년 동안 다른 일자리를 알아봐야 한다. 그렇게 3년의 법조경력을 채우고 나면 그제야 정식 판사임용에 지원할 수 있게 된다. 하지만 중대형로펌 소속변호사들도 3년의 법조경력을 채우면 판사임용을 지원할 수 있다. 물론 로클럭 출신 위주로 판사를 채용하지 않겠냐는 기대가 있긴 하지만, 아무래도 로클럭의 지위는 과거의 판사에 비해 불안정하다. 이러한 로클럭의 불안정한 지위 때문에, 판사채용방식이 과거와 같았으면 곧바로 판사를 지원했을 42기 사법연수생들 중 일부는, 곧바로 판사가 될 수 없는 이상, 일찌감치 판사에 대한 꿈을 접고, 로클럭 대신 검사 혹은 중대형로펌 소속변호사를 선택하였을 가능성이 있다.

그러나 42기 사법연수생들도 법조경력을 3년 이상 쌓은 후에는 경력직 판사를 노려볼 수 있고, 앞으로는 모든 초임법관들이 경력직 판사라는 루트를 통해 채용될 예정이었기에, 이처럼 가까운 미래에 기회가 열려있는 상황에서, 42기 사법연수생들의 판사 선호 감소, 중대형로펌 선호 증가를 단순히 제도변화에 따른 결과라고만 보긴 어렵다.

그리고 필자는 2차 설문조사 시 '본인이 가장 원하는 첫 직장'의 항목에 '법원에서의 로클럭'과 '판사(로클럭이 아닌, 과거와 같은 완전한 판사임관)'를 구분하여 별도의 항목으로 제시하였다. 그 결과 [그래프 1]과 같이 약 26%의 응답자들이 자신은 '과거와 같은 완전한 판사'를 가장 선호한다고 응답하였고, 오직 1.5%의 응답자들만이 자신은 로클럭을 가장 선호한다고 응답하였다. 이는 대부분의 설문조사 대상자들이 로클럭과 '과거와 같은 완전한 판사임관'의 차이를 충분히 인지하였음을 의미한다. 그리고 설문조사 대상자들은 2차 설문조사에 제시된 질문의 의미가 단순히 "현재 당신에게 선택 가능한 옵션인 로클럭과 중대형 로펌 중, 무엇을 첫 직장으로 가장 선호하는가요?"가 아니라, "만약 당신에게 로클럭과 중대형로펌뿐만 아니라, 기존 판사임용제도 하에 존재했던 판사까지도 선택이 가능하다면, 그 중 어떤 직업을 첫 직장으로 가장 선호하는가요?"임을 이해했다고 판단된다. 따라서 42기 사법연수생들의 판사 선호 감소, 중대형로펌 선호 증가는 비단 객관적 제도변화만의 영향은 아니라고 사료된다.

### (2) 사법연수생들의 인식 변화: 삶의 목표의 우선순위 변화

#### 1) 설문조사결과 개관

필자는 42기 사법연수생들에게, 직업선택을 함에 있어 일반적으로 중요하게 생각하는 삶의 목표 9가지를 제시하였다.

① 많은 돈을 버는 것
② 고용안정성이 보장되는 직장을 갖는 것
③ 원하는 지역(가령 서울)에 위치한 직장을 갖는 것
④ 충분한 여가시간을 갖는 것
⑤ 사회적 정의실현을 위해 일하는 것(공익활동)
⑥ 경험많은 선배 법조인의 지도를 받을 수 있을 것
⑦ 미래의 직업 선택에 있어서 보다 많은 선택지를 갖게 되는 것
⑧ 자신이 흥미를 느끼는 분야에서 일하는 것
⑨ 창의적이고 혁신적인 일을 하는 것

그 후 응답자가 각 목표를 얼마나 중요하게 생각하는지 10점 척도(10점에 가까울수록 해당목표가 중요하다고 생각하는 것이고, 1점에 가까울수록 해당목

표는 중요하지 않다고 생각하는 것임)로 응답하게 하였다. 이에 따른 각 목표별 응답의 평균값을, 1차 설문조사의 경우와 2차 설문조사의 경우로 나누어 제시한 것이 [그래프 3]이다. 그리고 [그래프 4]에 제시된 각 목표별 평균값의 변화폭만을 별도로 제시한 것이 [그래프 4]이다.

[그래프 3] 삶의 목표 중요 정도의 변화 추이[3]

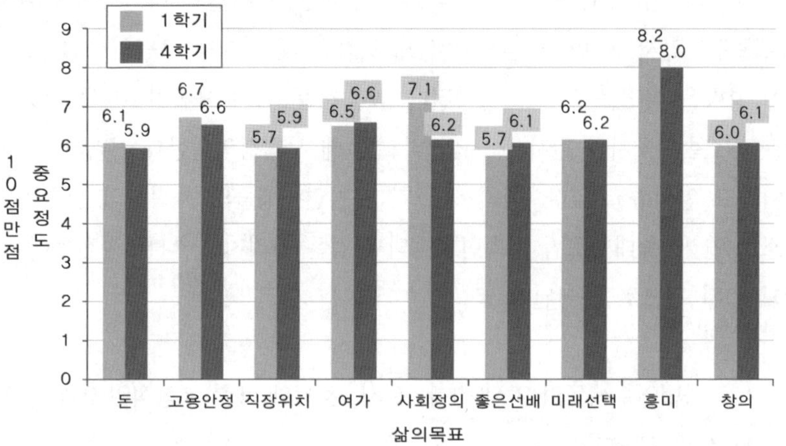


[그래프 4] "직업을 통해 달성하고자 하는 삶의 목표" 평균값의 변화폭

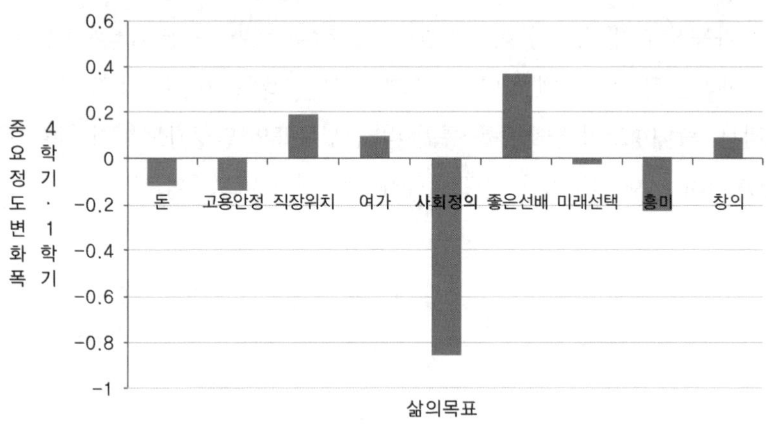


3 1차 설문조사 평균값과 2차 설문조사 평균값의 차이가 T 검정에 따라 통계적으로 유의한 항목들에 대해서만 박스 처리를 하였다.

2) 사회정의실현에 대한 의지 감소

42기 사법연수생들이 보인 의식변화 중 가장 눈에 띄는 부분은, 사회정의실현에 대한 의지 감소였다. 42기 사법연수생들의 이러한 변화는, 사법연수원 과정을 거치면서 사법연수생들의 공익적 관심이 감소하는 과정을 밝힌, 필자의 과거연구결과와도 일치하는 결론이다. 그리고 이는 앞서 언급하였던, 미국 로스쿨생들이 로스쿨 과정을 통해 겪는 변화에 대한, Robert V. Stover의 연구결과와도 일치한다. 42기 사법연수생들의 사회정의 실현의지 감소는, 앞서 본 판사, 검사의 선호도 감소 및 중대형 로펌의 선호도 증가에 영향을 미쳤을 것으로 생각된다. 후술하듯 42기 사법연수생들은 중대형로펌 소속변호사가 판사, 검사와 비교할 때 사회정의실현과 거리가 먼 직업이라고 인식하고 있다. 따라서 42기 사법연수생들의 사회정의 실현의지 감소로 인해, 중대형로펌 소속변호사의 단점은 가려지고, 다른 장점들이 부각되게 된 것으로 풀이된다.

### (3) 사법연수생들의 인식 변화: 판사, 검사에 대한 부정적인 인식 증가

1) 설문조사결과 개관

필자는 42기 사법연수생들에게, 각 직업을 선택할 경우 그 직업을 통해 앞서 본 인생의 9가지 목표를 어느 정도 달성할 수 있을 거라 생각하는지 그 가능성에 대해, 5점 척도(응답값이 높을수록 해당 목표를 달성할 가능성이 높다고 생각함)로 응답하게 하였다. [그래프 5], [그래프 6], [그래프 7]은 '판사, 검사, 중대형로펌 변호사를 통한 각 인생목표의 달성가능성'에 대한 응답들을, 1차·2차 설문조사 별로 평균해내어 서로 비교하여 본 그래프이다.

[그래프 5] 판사를 통한 인생목표 달성가능성에 대한 42기 사법연수생들의 인식 변화 추이(1학기 vs 4학기)

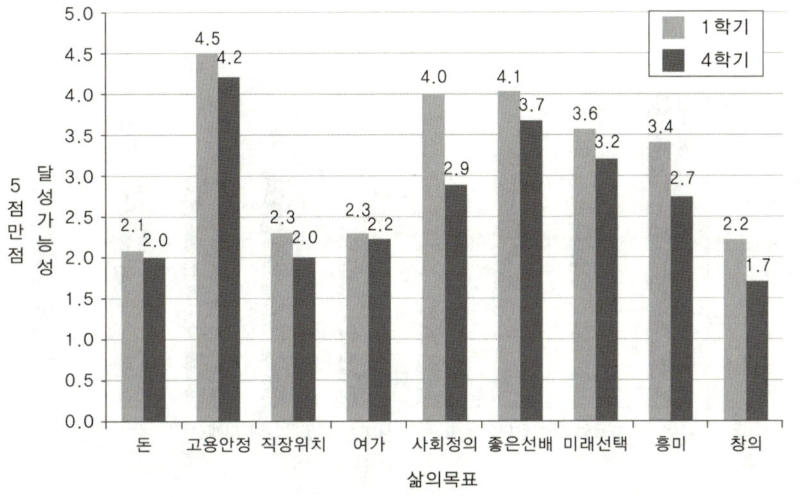


[그래프 6] 검사를 통한 인생목표 달성가능성에 대한 42기 사법연수생들의 인식 변화 추이(1학기 vs 4학기)

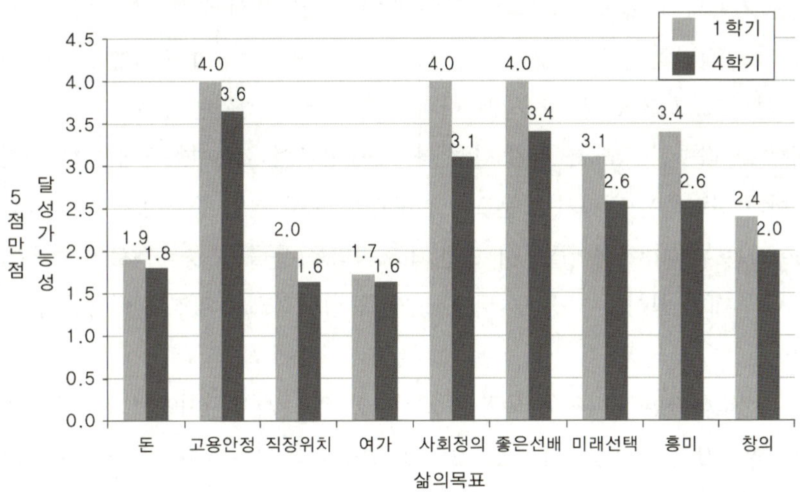

[그래프 7] 중대형로펌 소속변호사를 통한 인생목표 달성가능성에 대한 42기 사법연수생들의 인식 변화 추이(1학기 vs 4학기)

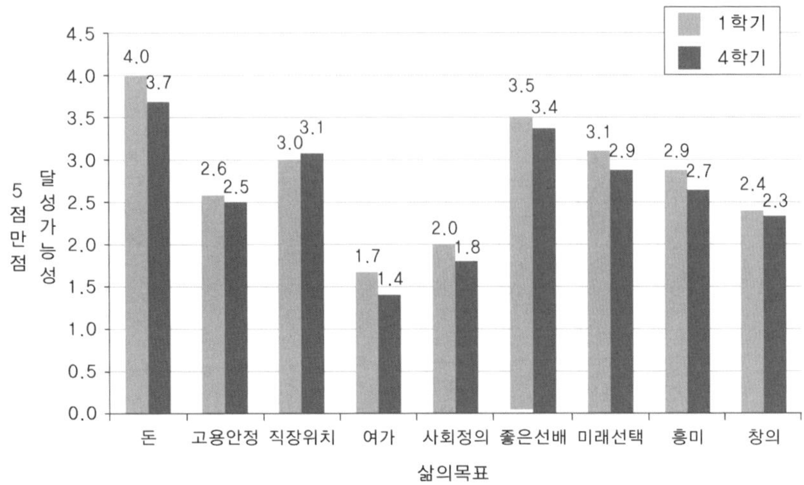


2) 판사, 검사에 대한 전반적 인식의 악화

위 그래프들을 살펴보면, 판사, 검사를 통해 각 인생목표를 달성할 수 있는 가능성에 대해, 42기 사법연수생들은 1학기에서 4학기로 접어들면서 좀 더 부정적인 응답을 많이 하고 있다. 물론 중대형로펌 소속변호사에 대한 인식도 4학기로 접어들면서 나빠지긴 하였다. 하지만 판사·검사에 비해선 그 나빠진 정도가 훨씬 덜 하다. 중대형로펌 소속변호사에 대한 인식 변화의 하락폭은 필자가 설문조사에서 다룬 모든 직업 중에서도 가장 낮았다. 이는 4학기로 접어들면서 모든 법조직역을 통틀어, 중대형로펌 소속변호사에 대한 인식이 가장 덜 나빠졌음, 즉 상대적으로 가장 좋아졌음을 의미한다.

정리하자면, 4학기로 오면서 42기 사법연수생들 사이에서 상대적으로 중대형로펌 소속변호사에 대한 인식이 좋아졌고, 판사, 그리고 특히 검사의 경우, 그에 대한 인식이 나빠졌다. 이러한 변화는 중대형로펌 소속변호사에 대한 선호는 증가하고, 판사, 검사에 대한 선호는 하락하는 데 영향을 미쳤을 가능성이 있다.

### 3) 판사, 검사를 통한 사회정의실현 가능성에 대한 의문

특히 [그래프 5], [그래프 6], [그래프 7]에서 나타나는 '각 직업을 통한 인생목표별 달성가능성'에 관한 인식변화를 살펴보면, 4학기로 접어들면서 판사, 검사라는 직업을 통해 사회정의를 실현할 수 있을지 여부에 대해 부정적인 답변을 하는 42기 사법연수생들이 크게 증가하였다. 반대로 중대형로펌을 통해 사회정의를 실현할 수 있을 것인지에 관해서는 판사, 검사에 비해 부정적인 답변의 증가폭이 훨씬 낮았다.

### 4) 선배로부터 배움 측면

앞서 [그래프 3], [그래프 4]에서 본 바와 같이, 4학기로 접어들면서 "첫 직장에서 경험이 많은 선배 법조인으로부터 지도를 받을 수 있는지 여부가 중요하다"는 42기 사법연수생들의 응답이 상당히 증가하였다. 그런데 [그래프 5], [그래프 6], [그래프 7]에 따르면, 판사, 검사라는 직업을 통해 이러한 배움의 기회를 충분히 얻을 수 있을지에 관하여, 부정적인 답변을 하는 42기 사법연수생들의 숫자가 4학기로 들어오면서 증가하였다. 판사보다 검사에 대해 이러한 부정적인 답변의 증가폭이 조금 더 컸다. 반면 중대형로펌을 통해 좋은 배움의 기회를 얻을 수 있을지 여부에 대한 인식은, 부정적인 답변의 증가폭이 판사, 검사에 비해 훨씬 낮았다.

### 5) 직장위치에 대한 만족도 측면

앞서 [그래프 3], [그래프 4]에서 본 바와 같이, 4학기로 접어들면서 "만족스러운 직장위치가 중요하다"는 42기 사법연수생들의 응답이 증가하였다. 사법연수생들의 경우, 서울에 소재한 대학교를 졸업한 경우가 많을 것이고, 그리하여 주변 친구들이 서울에 취직한 경우가 많을 것이다. 그리고 미혼인 사법연수생들의 경우 소개팅 및 선을 보기에도 서울이 유리할 것이다. 또한 주요 대학이 서울에 위치해 있기 때문에 대학원 과정에 진학하기에도 서울이 유리할 것이다. 그 외에도 대도시로서 서울이 가진 여러 장점 때문에 많은 사법연수생들은 서울에 취직하기를 원한다. 그런데 판사,

검사는 짧게는 1~2년, 길게는 4년 간격으로, 서울이 아닌 지방 여기저기로 임지를 옮겨 다니면서 근무해야 한다. 그 과정에서 가족과 떨어져 살아야만 하는 경우가 발생하기도 한다. 반면 대부분의 중대형로펌은 서울에 있고, 임지를 옮겨 다니면서 근무해야 할 필요가 거의 없다.

[그래프 5], [그래프 6], [그래프 7]에 따르면, 4학기로 들어서면서 직장위치 만족도와 관련하여, 판사, 검사에 대한 부정적인 인식이 증가하였다. 이는 42기 사법연수생들이 사법연수원 과정을 거치면서 앞서 언급한 판사, 검사의 임지이동 측면을 좀 더 심각하게 느끼게 되었기 때문으로 생각된다. 반면 직장위치 만족도에 관하여, 중대형로펌 소속변호사에 대한 인식은 좀 더 긍정적으로 바뀌었다.

6) 창의적인 업무내용에 대한 만족도 측면

[그래프 3], [그래프 4]에서 본 바와 같이, 4학기로 접어들면서 "창의적이고 혁신적인 업무를 할 수 있는지 여부가 중요하다"는 42기 사법연수생들의 응답이 증가하였다. 그런데 [그래프 5], [그래프 6], [그래프 7]에 따르면, 4학기로 들어서면서 판사, 검사라는 직업을 통해 창의적인 일을 하는 만족감을 느낄 수 있을 것인지에 대해, 부정적인 반응을 보이는 42기 사법연수생들이 증가하였다. 반면 이와 관련하여 중대형로펌 소속 변호사에 대해선 부정적인 반응의 증가폭이 미미하였다.

## V. 관련 연구

필자가 수행하였던 설문조사에는 42기 사법연수생들의 나이, 성별, 재산보유수준 등 여러 배경변수들에 대한 질문이 포함되어 있었다. 이러한 배경변수들과 42기 사법연수생들의 직업선호와의 관계 등에 대한 횡단면 분석(cross-sectional data analysis)에 대해선 필자가 김지희와 공저한 "사법연수생들의 직업선호, 가치관에 대한 실증연구", 법과사회 제46호, 2014년 6월, 469-505면을 참고하기 바란다.

# 26. ICC의 치유적·회복적 메커니즘과 법현실주의의 역할*

김 진 (경희대학교 법학전문대학원 부교수)

법과 현실의 간극을 좁히고자 하는 법현실주의의 정신은 오늘날에도 필요하고 유용하다. 현실에 기초하여 '살아 있는 법'을 발견하고, 요건과 관련된 '사실'을 확인할 때 실증적 자료와 방법을 활용하며, 사회적 구조와 맥락 속에서 이를 해석함으로써 현실을 보다 충실히 담아낼 수 있다. 국제형사재판소(ICC)의 피해 회복 메커니즘에서 우리는 법현실주의적 접근의 유용성을 발견하게 된다. ICC 관할범죄의 특성상 그 원인이나 양상, 피해의 내용과 파급효과가 관련 공동체의 사회·문화적 배경에 따라 다양하게 나타나므로, 피해의 회복 또한 이를 고려한 구조적 관점에서 조명되어야 한다. 특히 ICC의 치유적·회복적 기능은 피해자의 관점에서 피해자가 처한 현실을 복합적으로 파악할 것을 요구한다. 피해의 배상, 신탁기금을 통한 지원, 피해자의 절차 참여권 보장 등 ICC의 피해 회복 메커니즘은 모두 이러한 피해자 중심적·치유적 가치에 기초하여 운용되며, 법현실주의적 접근은 이를 실질적으로 구현하는 데 도움이 된다.

대표적으로 은타간다(Ntaganda) 사건의 배상 결정에서 법현실주의적 접근의 유용성을 발견할 수 있다. 재판부는 '피해자 중심적 접근'으로 피해자의 사회적 현실에 주목하고, 피해의 내용과 영향을 개별 피해자가 처한 사회적 상황과 맥락 속에서 파악했으며, 범죄행위의 원인과 결과를 구조적으로 분석하여 추가 피해의 예방과 공동체 재건을 도모했다. 이러한 피해 내용과 회복 방식에 관한 판단은 모두 현장의 목소리가 반영된 실증적 자료에 기초했다. 이렇게 확정한 피해를 토대로 개별적·집단적 배상 등 회복의 방식을 다양화하고, 신탁기금을 통해 현장의 상황을 실증적으로 반영하며, 피해자들의 존엄성을 존중

---

* 이 글은 김진, "국제형사재판소의 치유적·회복적 메커니즘과 법현실주의의 역할－은타간다(Ntaganda) 사건 배상 결정의 '피해자 중심적 접근(victim centered approach)'을 중심으로－", 『저스티스』 통권 제195호, 한국법학원, 2023의 일부를 수정 및 재구성한 것이다.

하는 참여의 방법을 강구하여 실질적 회복을 추구했다. 나아가, 실증적 조사방법은 앞으로 ICC의 재판과 지원 사례가 누적됨에 따라 수많은 진술과 현장의 경험들을 분석함으로써 그 실효성을 검증하는 데도 유용할 것이다. 이러한 법현실주의적 접근은, 논리가 아닌 경험을 통해 법에 숨결을 불어넣는 작업이라 할 것이다.

## Ⅰ. 서론

법현실주의(Legal Realism)는 다양한 형태로 주창되어 하나의 이념이나 성격으로 규정하기 어렵지만, 법과 현실의 간극을 좁히고자 하는 법현실주의의 정신은 오늘날에도 필요하고 유용한 접근이다. 형사사건에서도 법적 판단의 전제가 되는 사실을 확정할 때 일정한 경우 '평가'가 필요하며, '법적으로 의미 있는 사실'을 추출하는 과정에서 사회현실을 충실히 반영하는 것이 중요하다. 이 글에서 살펴볼 국제형사재판소(International Criminal Court, 이하 'ICC' 또는 재판소)의 피해 회복 메커니즘은, 법적 판단을 위한 사실을 확정하는 과정에서 사회현실을 종합적으로 이해하고 반영하려는 노력을 보여주는 좋은 사례다. 특히 피해 회복의 대표적 방법인 ICC의 배상 결정을 통해, 법적 판단 과정에서 어떻게 다층적인 현실이 고려되고 반영되었는지 간접적으로나마 엿볼 수 있으며, 국내 사법절차에도 활용 가능한 시사점을 찾을 수 있을 것이다. 따라서 이 글은 치유적·회복적 정의 실현을 위한 ICC의 메커니즘에서 법현실주의적 관점이 어떻게 활용될 수 있는지를 살펴본다. ICC의 배상 결정 중 비교적 최근에 이루어진 은타간다(Ntaganda) 사건 1심 배상 결정(이하 '이 사건 결정')[1]의 함의를 법현실주의의 관점에서 분석하여, 대규모 인권침해 범죄 피해자들의 피해와 그 회복 방법을 구체화하는 ICC의 치유적·회복적 기능에 있어 이러한 접근의 유용성을 확인하고자 한다. 먼저 이 글에서 분석의 틀이 될 법현실주의의 주요 관점과 분석 대상

1 The Prosecutor v. Bosco Ntaganda, Reparations Order, Trial Chamber Ⅵ, 08 March 2021, ICC-01/04-02/06-2659.

인 ICC의 치유적·회복적 메커니즘을 개관하면서 ICC의 피해 회복 메커니즘에 법현실주의의 관점을 적용하는 것이 적합한 이유를 살펴본 후, 구체적으로 은타간다 사건 배상 결정에 나타난 법현실주의적 관점이 어떻게 이 사건에서 치유적·회복적 정의를 구현하는 데 기여하고 있는지를 조명해 보고자 한다.

## Ⅱ. 법현실주의와 ICC의 치유적·회복적 메커니즘

### 1. 법현실주의의 의의와 특성

법현실주의(legal realism)는 1920년대와 1930년대에 미국 법조계와 법학계를 중심으로 일어난 큰 흐름으로, 그 구체적인 모습은 다양하게 나타났지만 공통적으로 '법과 현실의 괴리'에 대한 문제의식에서 출발한 실용주의적 관점으로 평가된다.[2] 비판과 회의(懷疑)의 대상은 다양하지만 '회의주의' 자체가 법현실주의자들의 공통성(common bond)으로 꼽히며, 이는 전통적 법이론, 정의라는 법의 목적, 법원의 법 해석 방식 등에 대해 회의하고 이를 개혁하고자 하는 열망에 기초한 회의주의를 의미한다.[3] 법현실주의자들은 특히 법과 규칙의 절대성을 부정하고 법원이 삼단논법의 추론과정을 통해 판결을 내린다는 형식주의적 사고를 거부하면서 법형식주의(legal formalism)를 비판했다. 또한 변화하는 사회에 법이 적합성을 지니는지를 끊임없이 재검토해야 함을 강조하면서 법은 유동적이고 사법(司法)도 법을 창조(judicial creation of law)한다고 보았다.[4] 즉, 주류적 사회 분위기에 휩쓸리

2 이상수, "법형식주의에 대한 비판과 극복: 법현실주의, 법과사회운동, 비판법학", 김명숙 외, 『법사회학, 법과 사회의 대화』, 다산출판사, 2013, 114-115면. 일반적으로 법현실주의는 위 시기에 미국에서 일어난 사조를 가리키나, 이 글에서는 특정 시대에 국한하지 않고 대표적인 법현실주의자들의 주요 이론과 법현실주의자들이 공유하는 문제의식을 중심으로 다루고자 한다.

3 양현아, "미국 법현실주의(Legal Realism)의 현재적 함의", 『법학연구』 제32권 제2호, 연세대학교 법학연구원, 2022, 61면.

4 르웰린은 그밖에도 법현실주의 흐름에 동참한 학자들의 이론적 출발점을 아홉 가지로 요약하였다. Karl N. Llewellyn, "Some Realism about Realism: Responding to Dean Pound," Harvard Law Review Vol. 44, no. 8, 1931, pp. 1236-1238.

지 않고 맹목적인 독트린의 추종을 경계하며 그 한계를 비판적·능동적으로 분석함으로써, '법현상' 그 자체와 그에 내재된 사회적 의미를 발견하고자 노력하였다. 이러한 법현실주의적 관점은, 오늘날 법을 구성하고 적용할 때도 유용하고 필요한 기제다. 법 적용의 대상인 사회현실은 빠르게 변화하고 복잡다기하여, 법이 사회현실에 부합하는지에 대한 예리한 분석과 검증의 필요성은 더욱 높아졌다. 어떠한 법과 제도라도 법현실주의적 회의와 비판의 대상이 될 수 있으며, 법과 사회현실의 간극을 좁히고자 하는 법현실주의적 노력 자체가 법의 정당성과 합목적성, 실효성을 담보하는 데 기여할 수 있다. 법현실주의는 그 내용이 다양하므로, 다음 항에서는 법현실주의의 대표적 관점 중 이 사건 결정을 분석할 때 활용할 이론적 틀을 먼저 개관한다.

## 2. 이론적 틀: 법현실주의의 주요 관점

### (1) 법과 사회의 상호작용: 사회현실에 기초한 '살아 있는 법'의 발견

법현실주의자들은 법이 현실에 기초하고 현실과 끊임없이 상호작용하면서 그 적용을 받는 사회 구성원들의 삶과 필요를 반영해야 함을 강조했다. 홈즈 대법관(Oliver Wendell Holmes, Jr.)은 "법의 생명은 논리에 있지 않고 경험에 있다. 당대의 필요, 지배적인 윤리적·정치적 이론, 공언된 혹은 무의식적인 공공정책에 대한 직관, 심지어 법관들 간에 공유하고 있는 선입견이, 사람들이 따라야 할 규칙을 결정하는 데 있어 삼단논법보다 더 영향력 있다"[5]고 하면서, 사회적 요청으로서의 법을 강조했다. 에얼리히(Eugen Ehrlich)는 법이 살아 있고 발전한다는 사실, 나아가 그것이 '인간의 삶의 일부'라는 사실을 인지해야 한다고 강조하면서,[6] 문제의 본질은 단순히 규칙의 의미를 파악하는 데 있지 않고 그것이 어떻게 살아 숨 쉬고 기능하는지, 서로 다른 삶의 관계에 적응하는지 등을 이해해야 한다고 보았다.[7]

---

5 Oliver Wendell Holmes, Jr., *The Common Law*, Harvard University Press, 2009. p. 1.

6 Eugen Ehrlich, *Fundamental Principles of the Sociology of Law*, Translated by Walter Moll, Harvard University Press, 1937, pp. 390. 492.

7 Eugen Ehrlich, "Judicial Freedom of Decision: Its Principles and Objects", *Science of Legal Method*, Translated by Ernest Bruncken, Boston Book Company, 1917, p. 78.

### (2) 범죄의 구조적 원인과 사회적 맥락 통찰

사회현상을 구조적 관점에서 관찰하고 분석하는 것은 법현실주의를 포함한 법사회학적 관점의 공통적 특징인데, 특히 법형식주의를 경계하는 법현실주의자들은 법적 판단 과정에서 다양한 사회적 요소들이 작용한다는 점에 주목하며, 규범의 형성 과정에도 사회적 구조와 맥락이 작용한다고 본다. 사회학적 법리학(sociological jurisprudence)을 주창한 블랙(Donald Black)은, 규칙(rules)을 중시한 전통적 법리학 모델(jurisprudential model)과 달리 사건의 사회적 구조(social structure)에 초점을 맞춘다.[8] 예컨대 범죄자와 피해자의 관계, 그들의 사회적 지위나 특성 등 사건 속에 있는 사회적 구조를 살펴보아야 그 재판의 결과를 예측할 수 있으며, 사건의 실체적·절차적 측면 외에 사회적인 면도 분석해야 한다고 강조한다.[9] 또한 피고인의 경제력과 같은 경제적 정보, 인종·종교와 같은 문화적 정보, 피해자와의 관계 등 관계적 정보와 같은 사회적 정보가 법적 절차에서 충분히 제공될 때 사회적 구조를 파악할 수 있고 그에 따른 차별(discrimination)도 명확해진다고 설명한다.[10] 이러한 맥락하에서 그는 적절한 피해 구제의 방법을 정할 때도 당사자의 경제력, 인종, 성별, 연령 등을 고려해야 한다고 강조했다.[11]

### (3) 사실확정 과정에서 사회과학적 증거와 방법의 활용

법현실주의가 등장하기 전 브랜다이즈(Louis Brandies) 대법관은 "법은 그것이 파생되고 적용되어야 하는 '사실'에 대한 충실한 이해 없이는 이해될 수 없다"면서, 사실을 구체화하기 위한 사회과학 연구를 강조했다.[12] 법현실주의 역시 사실을 객관적으로 확인하고 정확히 이해하기 위한 실증적 조사, 사회과학적 방법론의 중요성을 강조했는데, 앞서 본 현실에 기초한 법적 판단이 사회과학적 '관점'의 측면이라면, 사실의 강조와 이를 밝히기

---

8 Donald Black, *Sociological Justice*, Oxford University Press, 1989, pp. 21, 94.

9 *Ibid.*, p. 90-91.

10 *Ibid.*, p. 64.

11 Donald Black, op. cit. p. 102.

12 Louis D. Brandies, "The Living Law", Illinois Law Review Vol. 10, 1916, p. 467.

위한 실증적 자료의 활용은 사회과학적 '대상'과 '방법'에 관한 것이다. 파운드(Roscoe Pound)는 '책 속의 법(the law in books)'이 아닌 '실제 법(law in action)'이 되기 위한 실증연구(empirical study)를 강조했다.[13] 한편, 프랑크(Jerome Frank)는 재판상 사실확정의 과정에 판사의 주관성을 비롯한 무수한 오류의 원천들이 존재한다고 지적하며 사실확정을 위한 과학적 방법을 도입해야 한다고 주장했다.[14] 프랑크의 사실회의주의는 전적으로 규범의 영역으로 간주되었던 법적 판단 과정을, 사실을 밝히고 분석해 '발견'하는 사회과학적 연구 대상으로 포섭한 것으로서 의미가 깊다. 실제로 사회과학의 실증조사는 사실 확정에 유용한데, 객관적으로 측정 가능한 외재적 사실(external facts)이 다툼의 대상일 때는 과학적 방법을 통해 이를 입증할 수 있고, 나아가 사건의 배경이 되는 사회적 맥락(social context)을 제공할 수 있다.[15] 특히 일반적 인식과 실증연구 결과가 다를 경우, 사회적 고정관념을 깨고 실제 현실에 부합하는 가치나 규범을 재정립하는 데에도 유용하다고 평가된다.[16]

13 Roscoe Pound, "The Need of Sociological Jurisprudence", Green Bag vol. XIX, No. 10, 1907; Brian Z. Tamanaha, "Legal Realism in Context", In The New Legal Realism, Vol. 1. Cambridge University Press(2016), p. 151.

14 Jerome Frank, "What Courts Do in Fact－Part One", *Illinois Law Review* Vol. 26, No. 6, 1931-1932, pp. 649-666; 양현아, 앞의 글, 71-75면 참조.

15 법적 판단에서 사회과학의 활용은 전통적으로 당해 사건의 사실관계에 관한 사법적 사실(adjudicative facts)과 일반적 정책에 대한 결정과 관련된 입법적 사실(legislative facts)로 구분하여 평가되었다(Kenneth Culp Davis, pp. 402-403). 그런데 모나한과 워커는 이 두 가지 분류 외에 사회적 맥락을 제공하는 기능을 추가했으며, 이는 법적 판단과정에서 선례와 같이 '사회적 권위'로 다루어져야 한다고 보았다. John Monahan, Laurens Walker, *An Introduction to Social Science in Law*, Foundation Press, 2006, pp. 289, 504-506.

16 양현아, "사회과학의 실증적 조사와 법적 판단", 『현대 법사회학의 흐름』, 한국법사회학회 편, 세창출판사, 2017, 275, 311-312면. 특히 소수자의 피해가 문제되는 경우 그들의 고통은 충분히 표현되고 이해되기 어려운 경우가 많다는 점에서, 그들의 목소리를 기록하여 '의미를 부여'하는 실증적 조사방법은 큰 의미를 갖는다고 평가된다(양현아, 앞의 글, 279면).

### 3. ICC의 치유적·회복적 기능과 법현실주의

#### (1) 형사재판절차에서 법현실주의의 활용

1) 사실확정과 규범적 판단에서 사회과학적 관점 및 방법의 활용

법현실주의의 주장처럼 법과 사회의 간극을 줄이기 위해서는 법적용 과정의 사실발견과 규범해석에 있어 사회현실을 충실히 반영해야 한다. 예컨대 피해 회복을 위한 배상 여부와 범위를 결정하는 것은 법적 판단이지만, 그 기초가 되는 피해와 피해자의 특정, 인과관계 확정, 가해자의 책임 범위 확정 과정에서 사회현실을 왜곡 없이 반영하기 위해서는 법현실주의적 접근이 유용할 수 있다. 또한 사실 확정에 필요한 정보나 규범적 판단의 근거를 수집하는 데 있어 실증적인 사회과학 자료와 방법을 활용하면 법적 판단에 사회현실을 더욱 실질적으로 반영할 수 있다. 예컨대, 범죄통계나 설문조사 등 사회과학적 분석자료는 특정 범죄가 사회에서 갖는 의미를 평가하거나 사회 변화에 따라 구성요건 해석·양형 등이 달라져야 하는지를 판단하는 데 활용된다.

2) 피해사실의 확정과 법현실주의적 접근

형사절차의 단계별로 이루어지는 무수히 많은 사회적 사실에 대한 분석과 평가 과정에는 프랑크의 지적처럼 판사의 주관성을 비롯한 다양한 요소들이 작용한다. 특히 형사사건에서 사실관계의 확정은 구성요건적 사실의 확정을 중심으로 이루어지는데, 실제 있었던 행위를 밝히는 가해행위의 특정과 달리, 피해의 특정은 외관상 드러나는 것 외에 그로 인해 파생되는 정신적 피해 등 피해의 실체를 종합적으로 파악하는 '평가'가 필요하다. 즉, 범죄의 배경, 피해자가 처한 상황, 그에 따른 파급효과 등 사회적 현실을 정확히 파악하고 반영해야 하므로, 이때 사회현실에 대한 세밀한 분석을 강조하는 법현실주의적 관점과 방법이 중요한 역할을 할 수 있다.

### (2) ICC 관할 범죄의 특성과 법현실주의적 접근의 유용성

1) ICC의 치유적·회복적 기능

법현실주의적 관점이 국제형사재판절차에서 더욱 의미 있게 활용될 수 있는 이유를 이해하기 위해 먼저 ICC의 역할과 특성을 살펴본다. 최초의 상설 국제 형사재판기구인 ICC는 응보적 정의(retributive justice)를 실현하고 인권침해 범죄를 억지하는 역할을 하지만, 나아가 치유적 정의(reparative justice)·회복적 정의(restorative justice)의 실현에 기여한다. 치유적·회복적 정의는 피해자의 관점에서, 피해자들의 고통과 필요를 인정하고 피해를 회복시키는 것을 핵심으로 한다.[17] 로마규정을 기안하면서 국제공동체 구성원들은 여러 독자적 메커니즘을 통해 ICC의 치유적 기능을 강화하였다. 특히 ICC는 국제형사재판 역사상 최초로 피해자의 참여권을 인정하는 등 피해자에게 독자적 권리와 능동적 역할을 부여했고,[18] 피해 회복을 위한 배상제도(reparations)[19]는 가해자 개인에게 배상 책임을 인정한다. 또한 피해자 신탁기금(Trust Funds for Victims, TFV, 이하 신탁기금)을 통해 재판절차와 별개로 다양한 인도적 지원을 제공한다.

2) 가해행위의 구조적 배경과 피해의 다층적 양상

ICC의 관할 범죄는 특정한 정치·사회적 맥락 속에서 체계적으로 이루어지고 피해 규모가 방대하므로, 범죄의 내용과 성격을 다각적으로 파악해야 한다. 먼저, 상당수 범죄가 젠더, 인종, 국적 등에 기인한 차별적·박해

---

17 Stathis Palassis N., op. cit., p. 27; Carsten Stahn, Reparative Justice after the Lubanga Appeal Judgment, *Journal of International Criminal Justice*, Vol. 13, 2015, pp. 801-813.

18 Schabas, WA. Introduction to the International Criminal Court, 6 Edition. Cambridge Univ Press(2020), p. 359; 대법원 국제형사법연구회, 『국제형사법과 절차』, 사법발전재단, 2018, 325-326면.

19 "reparation"은 배상에 국한하지 않고 널리 피해를 회복시키는 기제를 의미하나, 통상 피해 회복에 소요되는 비용을 감안한 금전적 형태의 배상 결정이 이루어짐에 따라 다수의 선행 연구에서도 '배상'으로 사용되고 있어, 이하에서는 편의상 이를 '배상'으로 칭한다. 그러나 후술하는 바와 같이 reparation에는 금전적 형태의 배상만 포함되는 것은 아니며, 피해 회복을 위한 다양한 형태의 지원이 포함된다.

적 성격을 띠므로, 가해행위의 중대성과 피해의 본질을 정확히 평가하기 위해서는 조직적 범죄의 배경인 부정의, 차별적 구조[20]를 명백히 밝혀야 한다. 한편, 이러한 특성 때문에 피해의 내용 역시 공동체의 특성과 구조적 맥락에 따라 해석되어야 하며, 적절한 회복 방법을 결정할 때도 공동체에 대한 장기적이고 광범위한 파급효과를 고려해야 한다. 공동체의 피해를 특정하려면 그 사회·문화적 환경에 대한 사회과학적 분석이 요구되는데, ICC는 그러한 작업을 기초로 집단적 배상도 적극 인정한다. 법현실주의적 접근은 피해자의 사회적 환경에 대한 구조적 이해를 도움으로써, ICC가 치유적·회복적 기능을 수행하는 데 중요한 역할을 할 수 있다.

## Ⅲ. 법현실주의의 활용: ICC의 은타간다 사건 배상 결정에 나타난 법현실주의적 접근

### 1. 은타간다 사건의 개관 및 특징

은타간다 사건은 콩고민주공화국(이하 DRC) 사태와 관련하여 ICC에서 재판이 진행된 4개의 사건 중 하나다. DRC에서는 1990년대부터 종족 간 무력분쟁으로 수많은 피해자가 발생했다. 르완다 출신의 은타간다(Ntaganda)는 2002년부터 2005년까지 UPC(Union des Patriotes Congolais, 콩고 애국자 연합), FPLC(Force Patriotique Pour la Libération de Congo, 콩고해방을 위한 애국군)에서 총사령관인 토마스 루방가(Lubanga)의 군사작전 책임자로서 임무를 수행했다. 그에게 유죄로 인정된 혐의는, 특히 2002년 8월 6일경부터 2003년 12월 31일경 DRC의 이투리(Ituri) 지역 마을들에 대한 두 차례 공격 과정에서 작전 책임자로서 지시를 내리거나 그의 지휘하에 있던 UPC/FPLC의 군인들이 수많은 민간인에게 저지른 범죄에 지휘자로서 간접 가담한 것이다. 구체적으로는 살인, 강간, 민간인 강제이전 등 5건의 인도에 반하는 죄(crimes against humanity), 그리고 살인, 민간인에 대한 고의적 공격, 강간, 성노예

20 The Prosecutor v. Bosco Ntaganda, Reparations Order, Trial Chamber Ⅵ, op. cit., para 44.

화, 약탈, 15세 미만의 아동들에 대한 징집 등 13건의 전쟁범죄(war crime)다. 로마규정의 당사국인 DRC는 위 사태를 ICC에 회부하여 수사가 개시되었고, 약 3년간의 재판 끝에 2019년 11월 사실심 재판부는 공소제기된 18건의 범죄에 대해 모두 유죄로 인정하며 은타간다에게 징역 30년을 선고하였다.[21] 이후 2021년 3월 위 혐의와 관련된 배상 사건에서 은타간다에게 총 USD 30,000,000의 피해자에 대한 배상 책임이 인정되었다.[22] 이 배상 결정에는 루방가, 카탕가, 알 마흐디 사건으로 이어지며 축적된 배상에 관한 원칙들이 집약되어 있으며, 개별적·집단적 배상의 유형과 방식에 관한 구체적 기준들도 제시되었다.[23] 특히 은타간다 사건의 본안판단 및 배상 결정은 각각 중요한 쟁점들에 관한 기준을 제시했는데,[24]이하에서는 그중 피해의 내용을 구성하고 그 회복의 방법을 정하는 데 있어 이 결정의 함의를 법현실주의의 관점에서 밝히는 데 집중하고자 한다.

---

21 The Prosecutor v. Bosco Ntaganda, Decision, Trial Chamber Ⅵ, 08 July 2019, ICC-01/04-02/06-2359.

22 다만 2022년 10월 위 결정의 항소부는 사실심 재판부가 배상액과 피해자의 범위 등에 관한 명확한 산정기준을 제시하지 않았다며 사실심 재판부의 판단이 일부 위법하다고 판단했다. The Prosecutor v. Bosco Ntaganda, Appeals Chamber, Judgment on the appeals against the decision of Trial Chamber Ⅵ of 8 March 2021 entitled "Reparations Order", ICC-01/04-02/06-2782, 12 September 2022. 그러나 배상 결정에 관한 사실심 재판부의 논증 과정이 법현실주의적 관점에서 의미가 있으므로, 항소부의 결정과 별개로 이 글에서는 1심 결정을 연구대상으로 하였다. 사실심 재판부와 항소부의 견해 차이에 대해서는 후술한다.

23 은타간다 결정에서는 루방가나 카탕가 사건에서 확립된 기준이나 원칙을 원용하기도 하였는데, 이하에서는 논의의 편의상 은타간다 결정에서 새롭게 제시한 원칙에 대해서는 이를 특정하여 부연하고, 나머지는 종전의 결정에서도 같은 취지로 판시하였는지 여부를 일일이 밝히기보다는 은타간다 결정에서 판시한 내용 자체를 분석의 대상으로 삼기로 한다.

24 예컨대 본안판단에서는 15세 미만 소년·소녀병들에 대한 강간과 성노예화 전쟁범죄에 ICC의 관할권을 인정하고, 적이 아니라 '같은 집단'에 속한 피해자에 대한 강간 등의 범죄행위도 그것이 무력분쟁의 맥락에서 이루어졌다는 '기능적 연관관계(nexus)'를 인정하는 등, 전쟁범죄가 성립할 수 있다고 명백히 밝혔으며(The Prosecutor v. Bosco Ntaganda, Decision, Trial Chamber Ⅵ, op. cit. para 965), 배상 결정에서는 강간으로 출생한 아이를 간접 피해자가 아닌 직접 피해자로 인정하고, '개별화된 요소를 지닌 집단배상'이라는 개념을 제시하였다.

## 2. 현실에 기초한 법적 판단: 피해자 중심적 접근을 통한 치유적·회복적 정의 실현

### (1) 법현실주의적 분석의 틀: 피해자 중심적 접근(victim centered approach)

은타간다 사건 배상 결정의 사실심 재판부(이하 '재판부')는 배상에 관한 절차는 '피해자 중심적(victim centered)'에 의해야 함을 천명하고, 이를 모든 쟁점에 대한 판단에서 근본원칙으로 삼았다. 피해자가 처한 현실을 그들의 관점에서 해석하는 피해자 중심 접근은 법현실주의적 관점과 궤를 같이한다. 피해 내용 확정과 회복 방식 결정의 전제가 되는 '사회현실'은 피해자들이 경험한 고유한 현실이며, 치유적·회복적 정의는 '피해자의 관점에서' 치유와 회복이 이루어지는 것을 추구하므로, 실제 그들의 상황을 정확히 파악하는 것이 핵심이다. 이 사건 결정은 피해자 중심 접근을 구체화하는 과정에서 사실 확정에 있어 현실에 기초하고 구조적 맥락을 파악하는 법현실주의적 관점과 실증적 조사자료를 활용하는 사회과학 조사방법을 모두 활용하였다. 재판부는 피해를 구체적으로 특정하면서 현재 계속되는 피해와 미래에 미칠 영향까지 종합적으로 평가했고, 피해자와 직접 소통하는 현장의 실증적 조사결과를 피해 특정과 회복 비용 산정에 적극 반영하고 이를 결정의 근거로 제시하였다. 즉, 이 사건에서 피해자 중심적 접근은 법현실주의가 강조했던 현실에 기초한 법적 판단, 즉 구성원의 필요와 가치가 충실히 반영된 결론을 위한 출발점이 되었다. 개별 피해를 확정 및 평가하고 그에 맞는 회복의 수단을 선택하는 모든 과정에서 피해자를 그 중심에 둠으로써, 그들의 현실을 최대한 실제와 가깝게 파악하고자 하였다. 논리가 아닌 경험을 기초로 법에 생명을 불어넣는 작업이 이루어진 것이다.

### (2) 피해의 다각적 평가: 피해자의 현실에 대한 종합적 고려

은타간다 결정에 나타난 피해의 특정 방식은 겉으로 드러나는 단편적 결과의 관찰에 그치지 않았으며, 서술과 설명, 예측과 평가라는 사회과학적 분석의 틀[25]에 따른 분석이 종합적으로 수행되어 다면적인 피해의 내용이 밝혀지고 인정되었다. 피해는 피해자들이 놓여 있는 사회적 맥락과 현실 속에서 파악되고 해석되었으며, 그러한 바탕 위에 어떠한 방안이 치유와 회복에 가장 효과적일 것인가 하는 고민이 담겼다.

1) 경제적 피해를 넘어서는 심리·사회적 피해

통상 재산적 피해는 경제적 가치로 환산되나, 재판부는 재산 파괴의 1차 손해(시가나 복구 비용)뿐 아니라 그로 인해 파급된 심리·사회적 피해를 종합적으로 고려하였으며, 통시적 영향을 분석해 피해를 평가했다. 예컨대 약탈(pillage)로 인한 자산의 상실이 피해자의 일상에 중대한 영향을 끼치는 경우에는 정신적 피해도 인정했는데, 중요 재산의 상실은 장기적·구조적 피해로 이어져 피해자들의 삶 전반에 영향을 끼쳤다고 평가했다. 특히 농기구나 농작물의 파괴는 생계에 직접적 타격을 주어 식량부족과 경제활동 능력 상실로 인한 고통이 일상화되었으며, 교육 기회 등 축소를 야기해 사회·경제적 기반에 장기적으로 악영향을 끼쳤다고 분석했다. 이를 기초로 재판부는 재판 당시까지 이어진 식량부족과 수익활동 중단으로 인한 피해를 인정하였으며,[26] 이러한 분석은 신탁기금의 현장조사를 통한 피해자들의 현실에 바탕을 두었다.[27]

2) 삶의 근간 파괴를 통한 공동체의 와해

민간인 마을 무력공격과 잔존 주민에 대한 살인, 약탈, 성폭력 등 범죄를 내용으로 하는 강제이전(forcible transfer or displacement)은 피해자들이 주

---

25 한상희, "헌법재판에서의 사회과학적 변론 -Brown사건과 생계보존기준사건의 비교를 중심으로", 『서울대학교 法學』 제41권 제3호, 서울대학교 법학연구소, 2000, 101면은 재판과정에서 다루어지는 법적 쟁점에 관한 사회과학자적 질문은, 사회현실의 현 상태에 대한 서술(description)과 그 원인에 대한 설명(explanation), 그 상태가 계속될 경우 그 결과의 예측(predict)과 그에 대한 의미 부여인 평가(evaluation)의 형태를 띠게 된다고 분석한다.

26 The Prosecutor v. Bosco Ntaganda, Reparations Order, Trial Chamber Ⅵ, op. cit., para 152-153.

27 The Prosecutor v. Bosco Ntaganda, Observations relevant to reparations, Trust Fund for Victims, 28 February 2020, ICC-01/04-02/06-2476, paras 89-91.

거지로 복귀하지 못하게 함으로써 공동체를 와해시키려는 범죄로, 렌두 주민들을 축출하려는 계획의 일환으로 이루어졌다.[28] 신탁기금은 강제이전의 피해는 경제적 영향에 그치지 않고 심리·사회적 해악도 야기했다고 분석했는데, 피해자들은 주거지와 삶의 수단, 문화적 기반시설, 기념물 등 공동체와 관련된 사회적 상징물을 상실했고, 그것이 상징하는 가치들과 밀접하게 연결되어 있던 그들의 정체성 또한 침해당했으며, 장기적으로 공동체 내외의 갈등 원인도 발생했다고 분석했다.[29] 이러한 평가를 토대로 재판부는 피해자들이 소속된 '공동체의 경제적·사회적 삶에서 강제로 배제 당한 것' 자체를 피해로 파악하고, 그로 인한 경제·심리·사회적 파급효과와 장래에 미칠 영향을 아우르는 복합적인 피해의 양상을 고려했다.[30] 재산의 물리적 상실만을 피해로 보면 그로 인한 삶의 터전 및 공동체의 파괴와 같은 본질적 침해를 평가받지 못한다는 점에서, 이러한 접근은 치유적·회복적 정의를 실질적으로 구현하는 것이다.

### (3) 피해회복 방안에 관한 실질적 접근: 참여권의 보장

한편, 재판부는 피해자들의 정보 접근권과 의견 진술의 기회 보장을 강조하면서, 참여권 보장의 실효성을 담보하여 피해를 실질적으로 회복시키고자 하였다. 재판부는 배상의 결정 및 집행 과정에서 배상 방식과 우선순위 등에 관한 피해자들의 의견을 세심하게 청취하고, 특히 취약하거나 차별받는 피해자들이 모두 지원을 받을 수 있도록 참여의 실효성을 담보할 지원도 병행되어야 함을 강조하였다.[31] 또한 절차 참여 과정에서 경험할 위험을 방지할 보호조치[32]는 참여 기회를 실질적으로 보장하는 역할을 하였

28 The Prosecutor v. Bosco Ntaganda, Reparations Order, Trial Chamber Ⅵ, op. cit. para 25.

29 The Prosecutor v. Bosco Ntaganda, Observations relevant to reparations, Trust Fund for Victims, op. cit., paras 92-93.

30 The Prosecutor v. Bosco Ntaganda, Reparations Order, Trial Chamber VI, op. cit., para 154-157.

31 *Ibid.*, paras 46-48.

32 ICC의 절차와 증거에 관한 규정(Rules of Procedure and Evidence, 이하 '절차 규정')은 보

다.[33] 피해자들은 정의 실현의 과정에 참여해 입장을 진술하는 과정에서 존엄성의 존중과 회복을 경험하게 된다는 점에서, 이러한 피해자의 능동적 참여는 회복적 정의를 위한 중요한 요소다.[34]

### (4) '피해자'의 범위 확대: 간접 피해자와 잠재적 피해자

범죄행위의 결과로 피해를 입은 직접 피해자와의 관계상 고통을 받은 간접 피해자의 피해를 인정한 것 역시 피해자들의 현실을 실질적으로 파악하는 노력으로 볼 수 있다.[35] 이 사건에서는 특정 지역 대학살로 가족과 이웃이 끔찍하게 살해된 사체를 목격한 주민들의 정신적 피해가 간접 피해로 인정되었다. 특히 재판부는 간접 피해를 평가하는 과정에서 피해자들의 문화를 존중하고 그들의 감정적 유대감을 인지하기 위해서는 그 지역의 문화와 가족 구조 등을 이해해야 한다고 강조하면서, 살인을 목격하거나 부모가 살해된 아동이 공동체 내에서도 불운의 상징으로 인식되어 배척당하는 것을 간접 피해로 인정하였다.[36] 또한 직접 피해와 간접 피해의 요건을 모두 갖춘 경우 양자를 중복해서 모두 인정함으로써,[37] 엄격한 형식주의적 법 적용을 지양하고 피해의 회복이라는 실질적인 관점에서 법적용의 유연성을 견지하였다. 나아가, 방대하고 조직적인 범죄의 성격과 DRC의 특수한 상황을 고려해, 배상 결정 당시 구체적으로 특정되지 않은 잠재적 피해자의 존

---

호조치(protective measures, 제87조) 및 특별한 보호조치(special measures, 제88조)를 규정하고 있다. ICC의 보호조치에 관해서는, 김진, "전환기정의와 국제형사재판소의 역할–치유와 회복을 통한 정의, 평화, 인권의 길", 『법조』 통권 제757호, 법조협회, 2023 참조.

33 The Prosecutor v. Bosco Ntaganda, Trial Chamber Ⅵ, Public redacted version of 'Decision on request for measures pursuant to Rules 87 and 88 for Witnesses V1, V2, and V3', 07 April 2017, ICC-01/04-02/06-1853-Red 등.

34 Claire Garbett, "The International Criminal Court and restorative justice: victims, participation and the processes of justice", Restorative Justice, Vol. 5 Iss. 2, 2017, p. 200.

35 간접피해자에는 직접 피해자의 가족, 당해 범죄의 실행을 막고자 한 사람, 직접 피해자를 돕다가 피해를 입은 사람, 범죄의 결과로 개인적 피해를 입은 다른 사람 등이 포함된다. The Prosecutor v. Bosco Ntaganda, Reparations Order, Trial Chamber VI, op. cit. paras 34-36.

36 *Ibid.*, paras 180-181.

37 *Ibid.*, para 39.

재를 배상범위 산정 시 고려하고, 그들에 대한 배상 가능성을 열어 두었다.[38] 이는 사정상 절차에 참여하지 못한 피해자들이 추후에라도 배상에서 배제되지 않도록 배려한 것이며, 특히 후술하듯이 낙인에 대한 공포로 나서지 못한 성폭력 피해자나 소년·소녀병들에 대한 실질적 구제책으로서 의미가 크다.

### 3. 피해와 회복에 대한 구조적 분석

#### (1) 해석의 틀이 되는 사회적 맥락과 구조

1) 범죄의 원인과 배경이 된 구조의 파악

앞서 본 대로 ICC의 관할범죄는 역사적·사회적 맥락 속에서 발생하고 개인을 넘어 공동체에 피해를 입히므로, 공동체가 처한 사회적 맥락 속에서 피해와 회복의 의미를 평가해야 한다. 법적 판단 과정에서 사회적 구조를 강조하는 블랙의 관점은 이 사건 결정에서도 중요한 뼈대를 이루는데, 재판부는 범죄의 원인과 구조적 성격을 파악하고, 개별적 피해와 집단으로서의 피해를 구분하여 적합한 배상방식을 제시하며, 소년·소녀병과 같이 특수한 상황에 놓인 피해자에 대해서는 그 피해의 내용과 영향을 사회적 구조와 맥락 속에서 평가하였다.

재판부는 배상의 내용과 절차는 범죄의 배경이 된 부정의를 드러내고 차별적 관행이나 구조가 되풀이되지 않게 해야 하며, 피해자에 대한 낙인과 차별을 확대해서는 안 된다는 원칙하에,[39] 범죄를 촉발한 사회적 구조를 먼저 파악하고 이를 전제로 피해 회복의 형태를 결정했다. 특히 배상의 각 단계에 모든 젠더를 포함하는 젠더 인지적인 접근(gender-inclusive and sensitive approach)을 강조하면서, 배상 결정이 차별 없이 이루어져야 함은 물론, 젠더나 권력의 불균형과 차별화된 피해의 영향이 구체적·개별적으로 고려되

38 다만 피고인의 권리와의 조화를 위해 피해 집단의 규모, 배상의 집행단계에 참여할 피해자들의 예상 인원 등 충분한 증거를 근거로 최대한 구체화한 수치를 제시해야 한다고 밝혔다. *Ibid.*, paras 230-231.

39 The Prosecutor v. Bosco Ntaganda, Reparations Order, Trial Chamber Ⅵ, op. cit., para 44.

어야 한다고 강조했다.[40] 차별적 상황을 포함한 구조적 맥락 속에서 피해의 내용을 파악해야만 그 가치가 정당하게 평가될 수 있음을 인지하는 구조적 관점을 채택한 것이다.

한편, 무력분쟁에 수반된 인권침해 범죄들은 통상 그 무력분쟁의 목적과 전략에 따라 이루어지므로, 피해의 내용도 그 맥락 속에서 해석되어야만 중대성과 파급효과를 정확히 평가할 수 있다. 대표적으로 전시 성폭력(conflict-related sexual violence)은 적국 내 가족과 공동체의 규범을 와해시키고 아군 내 사회적 결집력을 강화하거나 갈등을 완화하는 수단으로 성범죄를 하나의 무기처럼 사용하는 것으로, 그 특성상 자칫 피해자들의 개별화된 피해 경험이 간과될 수 있어 섬세한 접근이 필요하다.[41] 재산범죄의 경우에도, 재판부는 적의 재산을 파괴하는 범죄(destroying the adversary's property)는 공동체의 와해와 축출이라는 거시적 전략의 일환으로 이루어지므로 피해의 내용과 범위 또한 같은 맥락 속에서 평가되어야 한다고 보았다.[42]

2) 배상의 영향에 대한 구조적 예측

나아가 재판부는 배상 절차의 부작용으로서 배상을 받은 사람과 다른 구성원 사이에 질시와 반목으로 인한 갈등이 발생할 가능성을 경계하였다. 즉, 범죄의 원인과 배경을 구조적으로 파악할 뿐 아니라, 피해 회복을 위한 절차가 피해자와 공동체에 미칠 영향 또한 그들이 처한 고유한 사회적 맥락과 환경 속에서 구조적으로 이해함으로써 배상의 효과까지 고려한 것이다. 배상의 방식을 결정할 때도, 금전적 배상을 받는 피해자들은 공동체 내에서 특혜를 받았다고 여겨져 소외될 우려가 있고 대규모 금전배상은 지역경제를 불안정하게 만들 수 있으므로,[43] 재활 등 구체화된 방식의 지원을

40 *Ibid.*, paras 60-61.

41 Annex 2 to the Registry Transmission of Confidential Lesser Redacted Version and Public LesserRedacted Version of Two Reparation Experts' Reports, ICC-01/04-02/06-2623-Anx2-Red4('Second Experts Report'), para 23.

42 The Prosecutor v. Bosco Ntaganda, Reparations Order, Trial Chamber Ⅵ, op. cit., para 160.

43 The Prosecutor v. Bosco Ntaganda, Trust Fund for Victims, Observations relevant to

적극 고려하였다. 이러한 관점은 장기적으로 공동체 내 갈등과 분쟁의 재발을 막는 환경을 조성함으로써 실질적인 치유와 회복에 기여하는 것이다.

### (2) 특수한 피해자가 처한 사회·구조적 맥락의 반영

1) 소년·소녀병의 피해에 대한 구조적 이해

특히 15세 미만의 소년·소녀병 피해자의 경우, 가해자들의 전투 수행에 동원되면서도 동시에 같은 집단의 남성 군인과 간부들에게 강간이나 성노예화와 같은 피해를 당했다는 점에서,[44] 그 피해의 실체는 구조적·집단적 역학 속에서 해석되고 법적 평가에 반영되어야 한다. 이들은 대부분 강제로 징집되어 무장군인들의 강압에 의한 훈련을 받고 전장에 배치되어 살인과 폭력 등 인권 유린 범죄에 가담해야 했으며,[45] 동시에 훈련소에서 지내는 동안 지속적으로 성폭력을 당했다.[46] 그 결과, 이들은 자기고립, 가족과 공동체의 배척, 유년기의 상실, 자살충동 등의 행동장애를 포함하는 광범위한 광범위한 심리적·사회적 피해를 경험하였고, 사회적 가치와 정체성의 상실, 교육기회 상실과 공동체 활동에서 배제됨으로 인한 경제적 피해 등 평생 지속될 수 있는 장애를 경험한다고 분석되었다.[47] 재판부는 폭력과 성적 학대, 감시 등의 가해행위 자체뿐 아니라 그로 인해 어린 나이에 가족들로부터 분리 당하고 교육을 받지 못함으로써 발생한 현재와 미래의 장기적 영향, 그리고 그들이 가담하거나 목격해야 했던 범죄로 인한 삶의 신성함에 대한 인식 결여나 성격 형성의 어려움과 같은 정신적 피해, 그들의 가족과 공동체로부터 거절당하는 고통 등을 종합적으로 고려해 이들의 피해

---

reparations, op. cit., paras 105-106.

44 The Prosecutor v. Bosco Ntaganda, Decision, Trial Chamber Ⅵ, paras 407-408.

45 *Ibid.*, paras 414, 432

46 *Ibid.*, paras 409-410.

47 자신이 소녀병이었다는 사실을 알게 되면 배우자로부터 버림을 받을 것이며, 이로 인해 자신의 미래나 삶은 이미 망가졌다고 여기는 소녀병의 증언은 이들이 겪는 피해의 단면을 보여준다. The Prosecutor v. Bosco Ntaganda, Trust Fund for Victims, Observations relevant to reparations, op. cit., paras 95-97; First Experts Report, op. cit. paras 11-12; Second Experts Report, op. cit., paras 22, 33-47.

를 복합적으로 평가했다. 나아가, 이들이 경제활동에 참여하는 데 어려움을 겪음으로써 야기되는 경제적·물질적 피해, 트라우마로 인한 공격적 성향과 같이 그들의 가족이나 공동체에 미치는 영향까지도 폭넓게 인정했다. 나아가, 소년·소녀병, 강간과 성노예화의 피해자 및 가까운 가족들에 대해서는 물질적·정신적·심리적 피해가 발생한 것으로 '추정'하여 별도로 입증을 요하지 않는다고 보았다.[48] 이러한 방식은 사회적 맥락과 구조를 충실히 반영해 소년·소녀병들의 특수한 상황과 취약성을 심층적으로 분석하고, 이를 전제로 피해를 평가함으로써 일반적인 피해 회복 메커니즘에서 소외될 수 있는 이들에게 회복의 길을 열어 주었다는 점에서 의미가 크다.

2) 배상 방식의 특수한 고려

ICC 관할범죄는 공동체나 민족의 문화가 범죄와 피해의 중요한 구조적 배경으로 작용하는데, 특히 소년·소녀병이나 성폭력 피해자들은 피해 이후 공동체에서 거절 당하는 '낙인(stigma)'을 경험한다. 이들은 가족과 공동체로부터 거절당하면서 정신적 피해를 입고, 낙인에 대한 두려움 때문에 배상 신청을 하지 못해 지원 기회도 상실하게 된다.[49] 이에 신탁기금은 낙인의 위험을 고려할 때 피해자들에게 적합한 배상의 방식은 집단적 배상이라고 제안했다. 배상 방식 결정에서 핵심인 '피해자들의 필요'는 그들의 사회적 맥락에 따라 달라지므로, 소년·소녀병이나 성폭력 피해자의 심리적 트라우마를 회복시키는 데는 그들의 그룹이나 공동체에 대한 배상 형태가 효과적이라는 것이다. 배상이 집단적 성격을 갖도록 하여 개별적으로 피해자를 특정하지 않으면서, 동시에 이들이 지원에 접근할 기회를 높이는 것이다. 이러한 제안을 반영해 재판부도 일단 집단적 배상을 명하고, 집행 과정에서 피해자들이 개별적으로 그들의 필요를 확인하고 실질적 지원을 받도록 배려했다.[50]

48 The Prosecutor v. Bosco Ntaganda, Reparations Order, Trial Chamber Ⅵ, op. cit., paras 145-146. 이러한 판단은 신탁기금 및 전문가의 의견을 반영한 것이기도 하다.

49 Second Experts Report, op. cit., paras 21-22, 66-79.

50 The Prosecutor v. Bosco Ntaganda, Trust Fund for Victims, Observations relevant to

### (3) 개인과 공동체의 피해에 대한 종합적 평가: 개별적·집단적 배상의 인정

ICC는 피해자 개인이 신청한 개별적 배상(individual reparation)과 집단적 피해에 대해 인정되는 집단적 배상(collective reparation)[51]의 두 가지 배상 유형을 인정하며, 양자를 동시에 명할 수도 있다(절차규정 제97조 제1항). 특히 집단적 배상은 피해를 구조적 관점에서 파악하는 것으로, 개별적 배상에 대하여 보완적 기능을 할 수 있다.[52] 특히 이 사건 결정에서 특기할 점은, '개별화된 요소를 지닌 집단적 배상(collective reparations with individualised components)' 유형을 제시한 것이다.[53] 신탁기금은 집단적 배상이 공동체적 피해의 성격을 선언하는 기능을 한다면서, 피해의 성격, 지역의 문화적 배경과 결부된 피해자들의 희망 등을 종합할 때 이 사건에서는 집단적 배상이 적절하다고 제안했다.[54] 재판부는 이를 발전시켜, 집단적 배상 중 공동체 자체에 대한 혜택을 목적으로 하는 경우(community reparations)와 달리 그룹의 개별 구성원에게 초점을 두는 '개별화된 요소를 지닌 집단적 배상'의 형태를 제시했다. 즉 피해의 규모와 중대성을 고려할 때 이 사건 피해가 개별적 성격을 넘어서는 '집단의 희생'에 해당한다고 평가하면서 집단적 배

---

reparations, op. cit., paras 117-120; The Prosecutor v. Bosco Ntaganda, Reparations Order, Trial Chamber VI, op. cit. para 66.

51 집단적 권리를 침해당한 피해자들, 집단에 대한 공격의 피해자들, 집단이나 사회 전체에 영향을 주는 침해의 피해자들에 대한 배상이 포함된다. ICC, Trust Fund for Victims, Filing on Reparations and Draft Implementation Plan, 03 November 2015, ICC-01/04-01/06-3177-Red.

52 The Prosecutor v. Thomas Lubanga Dyilo, Appeals Chamber, op. cit., para 155.

53 The Prosecutor v. Bosco Ntaganda, Trial Chamber Ⅵ, op. cit., paras 186, 188-196. 카탕가 사건에서도 집단적 배상을 공동체의 혜택을 위한 경우와 개별 구성원에게 초점을 두는 경우로 구분하면서도 전자만을 'community reparations'라고 칭하였는데(The Prosecutor v. Germain Katanga, Order for Reparations pursuant to Article 75 of the Statute, Trial Chamber Ⅱ, 24 March 2017, ICC-01/04-01/07-3728-teng, paras 278-280), 이 사건에서는 후자도 '개별화된 요소를 지닌 집단적 배상'으로 명명했다. 따라서 내용상 새로운 유형을 제시한 것으로 보기는 어렵지만, 본질에 있어 집단적인 성격을 인정할 필요와 함께 개별 피해자의 현실에 부합하는 지원이 필요한 경우의 독자적 중요성을 밝힌 점에서 의미가 있다. 김진, 앞의 글, 210면.

54 The Prosecutor v. Bosco Ntaganda, Trust Fund for Victims, Observations relevant to reparations, op. cit., paras 109-115, 128.

상의 필요성을 강조하고, 동시에 집단에 속한 개개인의 필요와 현재 상황에 부합하는 개별적 이익도 포함해야 한다고 보았다. 개별화된 형태의 배상은 단기적이고 일상적인 필요를 넘어 피해자들에게 지속적이고 장기적인 생계 유지 수단을 제공하기 위해서도 필요하며, 균등한 배상을 통해 피해자들 간 갈등 요소도 방지할 수 있다고 하면서, 이러한 유형의 배상은 이 사건 피해의 다면적인(multi-faceted) 성격에 대한 보다 전체적이고 종합적인 접근을 제공할 수 있다고 평가했다.[55] 이러한 접근은 피해의 본질에 맞는 상징적 의미를 부여하면서도, 동시에 개별 피해자들의 피해를 현실적으로 구제하고자 한 노력이다.

### 4. 사회과학적 자료와 방법의 활용

#### (1) 실증적 조사에 기반한 사실확정

재판부는 피해자의 인터뷰를 비롯한 현장조사 결과와 분석이 포함된 전문가 의견을 피해 특정과 배상액 산정의 주된 근거로 활용함으로써, 추정적 판단이 아닌 구체적 현실을 기반으로 하는 법적 판단을 시도했다.[56] 특히 전문가들을 선임하여, 영향을 받은 공동체에 남는 장기적 피해를 포함한 피해의 범위와 정도, 회복에 필요한 비용, 적합한 배상의 방식, 성폭력·성적 노예화가 직접·간접 피해자들에게 초래한 결과 등에 관한 조사를 요청했다.[57] 위 보고서에는 피해 공동체의 문화, 유사한 사건에서 나타난 사회적 현상과 결과, 사회·심리학적 분석 등이 종합적으로 담겼고, 피해자들의 현재 상황과 장래의 영향까지 피해 내용으로 포섭되었으며, 이는 이 사건 결정문에 상세히 반영되었다. 예컨대 피해자 및 전문가에 대한 인터뷰를 통해 성폭력 피해의 양상이 성별에 따라 달리 나타나는 것으로 확인되었는데,[58] 여성의 희생은 피해 여성에 대한 사회적 차별, 여성의 명예와 순결에 관한 문

55 The Prosecutor v. Bosco Ntaganda, Trial Chamber Ⅵ, op. cit., paras 188, 190, 194.

56 예컨대 The Prosecutor v. Bosco Ntaganda, Reparations Order, Trial Chamber Ⅵ, op. cit., paras 150-157.

57 First Experts Report, op. cit., paras 1-2.

58 Second Experts Report, op. cit., paras 19-22.

화적 관습 등 범죄 이전부터 존재한 사회적 불평등 속에 위치하며, 남성 피해자의 경우 남성성을 지나치게 강조하는 사회적 문화가 젠더 정체성의 혼란을 야기하고 낙인으로 인한 생계의 위협이 발생하는 것으로 분석되었다.[59] 이러한 실증연구결과는, 젠더나 문화적 차이에 따른 피해자들의 구체적 상황, 특히 공동체 내에서의 사회적·경제적 지위와 그로 인한 파급효과를 종합적으로 보여주었다. 한편, 실효적인 피해 회복의 방식을 정할 때도 실증적으로 확인된 다면적인 피해의 양상이 반영되었다. 예컨대 가사노동만 하는 여성은 수입이나 임금의 상실을 기준으로 적절한 배상의 기준을 책정할 수 없으므로, 이러한 환경을 감안하여 배상의 기준을 정했다.[60] 또한 구체적 배상 규모를 정할 때도 유사 사례 및 현장조사 결과를 토대로 피해 유형에 따라 배상액 기준을 정하고, 피해자의 경제적 자립을 도울 수 있는 재정적 조언과 가족이나 공동체 구성원에 의한 남용을 막는 배상방식(소액대출 등) 및 절차적 보호장치도 고려되었다.[61]

### (2) 현장의 필요를 반영하는 신탁기금의 역할

'피해를 기초로 한, 피해자 중심의, 치유적 정의의 접근방식'에 기초하는[62] 신탁기금의 활동은 ICC의 배상과 지원에서 핵심적 역할을 하며, 무엇보다 현장의 필요를 반영할 수 있다는 강점을 지닌다. 특히 재판부의 배상명령을 집행하는 배상임무(reparations mandate)와 달리, 지원임무(assistance mandate)는 수사가 진행되거나 유죄가 선고되었는지 여부와 무관하게 ICC 관할범죄의 피해자 및 가족들을 지원할 수 있어, 배상 명령을 보완하는 역할을 한다.[63] 또한 재판부가 배상에 관한 대략의 기준만을 정하고 구체적 이행을 신탁기금에 위임한 경우에 신탁기금이 배상 프로그램의 내용을 구

59 *Ibid.*, paras 20-22, 66-79.

60 *Ibid.*, para 66.

61 First Experts Report, op. cit., paras 71-79.

62 https://www.trustfundforvictims.org/en/about/strategic-goals(최종 방문 2022. 12. 23.).

63 https://www.trustfundforvictims.org/index.php/en/about/two-mandates-tfv(최종 방문 2022. 12. 23.). 자세한 내용은 김진, 앞의 글, 212면 이하 참조.

성할 수 있는데, 이때 현장에서 피해자 및 유관기관과 지속적으로 소통하면서 피해자들의 현실적 필요를 파악하고 프로그램을 구성한다.[64] 이러한 신탁기금의 활동은 실증적 조사를 토대로 피해자의 실질적 수요에 부합하는 회복을 가능하게 하며, 법률적 관점과 피해자의 현실적 필요를 조화시킨다는 점에서 법현실주의적 관점을 제도적으로 구현하고 있다고 평가할 수 있다. 아울러, 지원의 내용도 신체적 재활, 심리적 치유, 장기적 생계수단의 마련을 위한 교육 등 다양하게 구성할 수 있어, 금전적 배상으로 회복을 기대하기 어려운 개별적 피해를 실질적으로 지원할 수 있다. 이 사건에서도 재판부는 배상의 구체적 집행을 신탁기금에 위임함으로써[65] 재판부가 결정 당시 미처 파악하지 못한 현장의 현실을 충실히 파악하여 반영할 수 있도록 하여, 피해 회복의 실효성을 높이고자 했다.

## Ⅴ. 결론

법도 사회적 산물인 이상, 법과 현실의 간극을 좁히기 위한 노력은 어느 시대나 끊임없이 이루어져야 한다. 특히 법 적용 시 자칫 법형식주의에 빠지기 쉬운 사법(司法)의 영역에서는, 르웰린처럼 규칙을 회의(懷疑)하고, 프랑크처럼 사실을 회의하며, 형식주의적이고 형이상학적인 법 적용을 경계하려는 노력이 더욱 절실하다. 이 글에서는, 실증적 방법으로 법의 적용 대상인 '사실'을 최대한 실제 현실과 가깝게 확인하고, 이렇게 밝혀낸 사실을 사회과학적 분석의 틀을 통해 사회적 구조와 맥락 속에서 해석함으로써 법과 사회현실의 괴리를 최소화하려는 법현실주의적 노력이 오늘날에도 유용하게 활용될 수 있음을 ICC의 배상 결정을 비롯한 치유적·회복적 메커니

64 Miriam Cohen, "Victims of International Crimes Within Administrative Mechanisms: The Example of the ICC Trust Fund for Victims(TFV)", *Realizing Reparative Justice for International Crimes: From Theory to Practice*, Cambridge University Press (2020), pp. 136-137.

65 The Prosecutor v. Bosco Ntaganda, Reparations Order, Trial Chamber Ⅵ, op. cit., para 202.

즘에서 확인하고자 하였다.

ICC는 형식주의적 법적용을 넘어 치유적·회복적 정의를 구현함으로써 인권보호 역할을 적극 수행하는 새로운 형태의 국제형사재판기구다. 은타간다 사건의 배상 결정은 법현실주의적 관점이 어떻게 치유적·회복적 정의 실현에 기여할 수 있는지를 보여주는 좋은 예다. 특히 이 사건 결정에서는 피해자 중심적 접근방법을 배상의 근본원칙으로 전제하고, 피해자의 관점에서 그들의 사회적 현실을 파악했다. 피해의 내용과 실질적 영향을 피해자가 놓인 사회적 상황 속에서 파악하는 사회과학적 분석의 틀이 활용되었으며, 구조적 관점에서 범죄행위의 원인과 결과를 분석함으로써 사회적 맥락 속에서 피해를 평가했다. 한편, 현장의 목소리를 반영한 실증적 자료를 수집해 개별 피해자에게 '실존하는' 피해의 모습을 현실과 가깝게 그려냈다. 이를 토대로 개별적, 집단적 배상 등 피해 회복의 방식을 다양화하고, 신탁기금을 통해 파악한 현장의 상황을 반영함으로써, 실질적 피해를 회복시킬 가장 적합한 수단을 찾아내는 것이 가능했다. 나아가, 절차적으로도 피해자들에게 참여할 권리를 보장하여 회복과 치유의 길을 열었다. 각 단계별로 절차에 참여할 권리를 선언적으로 보장할 뿐 아니라 이를 실천적으로 구현할 수 있는 각종 장치를 활용하였다. 각종 보호조치는 참여권 자체뿐 아니라 진실에 대한 권리까지 보장하는 기능을 하며, 이러한 과정이 치유와 회복의 효과를 가져왔다는 사실이 피해자들의 진술을 통해 실증적으로 확인되었다.[66] 그 결과 과거에 머무르는 응보적 정의가 아닌, 현재와 미래를 아우르며 피해를 치유하고 공동체를 통합시키는 치유적·회복적 정의 실현에 한 걸음 다가섰다. 이처럼 치유적·회복적 메커니즘의 구체적 이행 과정에서 '법과 현실의 대화'를 위한 끊임없는 노력이 이어지면서, ICC의 역할은 피해자들의 삶 속에서 생명력을 얻기 시작했다. 앞으로도 사실 확정과 법률의 적용, 이에 기초한 피해 회복 메커니즘의 실행단계에 이르기까지 모든

66 Anushka Sehmi, "Now that We Have No Voice, What will Happen to Us?: Experiences of Victim Participation in the Kenyatta Case", *Journal of International Criminal Justice*, Vol. 16 Iss. 3(2018), p. 583.

과정에 걸쳐 법현실주의적 접근과 사회과학 방법론을 적극 활용한다면, ICC는 현장 속의 인권보호기구로서 치유적·회복적 정의를 성공적으로 구현할 수 있을 것이다.

# 27. 법학전문대학원에서 젠더법학의 교육*

차 선 자 (전남대학교 법학전문대학원 교수)

법학전문대학원은 장래 법조인을 배출하기 위한 교육을 담당하는 기관으로 정착되면서 부여받은 역할에 따라 법학교육도 변화가 필요하게 되었다. 특히 법전을 중심으로 하는 교과목이 아닌 기초법 분야의 교육, 그 중에서도 젠더법학에 대한 교육은 교육되어야 할 내용에서부터 그 방법에 이르기 까지 새로운 설계가 필요하다. 이러한 목적을 구현하는데 일차적인 어려움은 젠더법학은 법체계로 규정될 수 있는 범위 전체, 즉 입법에 이르는 과정, 입법으로 구체화된 법 규정, 법 규정에 대한 해석론, 법을 적용하는 과정에서 사실 확정 단계, 그리고 권리의 절차적 보장 과정에 이르기까지의 다양한 범위에서 젠더 인식이 법에 어떻게 반영되고 있는지 검토하는 것을 목적으로 하기 때문에 내용이 광범위하여 제한된 기간 동안 효율적으로 교육과정을 짜는 것이다. 이를 위하여 젠더법학의 배경이 되는 여성주의 이론과 이것이 입법에 반영되는 과정 그리고 젠더 문제가 만들어지는 법률사례에 대한 젠더 중립적 해석법에 대한 강의자의 질의와 토론을 통하여 수강생들이 스스로 법학의 객관성과 중립성이 적절하게 구현되는지 의문을 제기할 수 있게 하는 것이 필요할 것이다. 이 과정을 통하여 법질서를 더 평등하고 정의롭게 구현하는데 젠더법학이 기여할 수 있을 것이다.

* 이 글은 차선자, "법하전문대하원에서 젠더법학의 교육", 『법사학연구』 제43호(2011), 133-166면에 게재된 글을 요약한 것이다.

# Ⅰ. 서론

## 1. 문제의 제기

우리나라는 1995년부터 시험을 통한 법률가 양성이 법학대학의 교육과 연계되지 못하는 현상과 고도의 산업사회에서 전문화 · 복잡화되는 분쟁을 해결할 수 있는 법률가를 교육하는데 한계가 있음을 인식하여,[1] 다양한 전공을 경험한 학생을 교육하여 법률가로 배출하고자 법학전문대학원을 도입하고자 했다. 제도 도입의 취지에 비추어 볼 때, 법학전문대학원에서의 법학 교육은 법이론에 대한 학습 외에 법학 이외의 다양한 사회과학 및 자연과학 분야와 학제 간 연구를 더욱 필요로 한다. 그러나 법학전문대학원이 개원하고 2년이 지난 지금 변호사 시험의 대비와 다양한 학제 간의 이해를 강화하여 문제해결 능력을 강화하는 제도 도입의 본래의 목적을 구현하는 교육을 어떻게 구현할지에 대한 고민은 여전히 과제로 남아 있다. 법여성학의 교육 방법론을 논의하는 이유는 여기에 있다.

이 글은 이러한 문제의식을 전제로 시험 대비 과정이 강화되는 법학전문대학원의 현실에서 법여성학 교육의 의미는 무엇이며 그 방법론 또한 본래 법학전문대학원이 추구하려고 하였던 교육목적과 비교하여 어떻게 구현되어야 하는지 그리고 그러한 교육의 실현 과정에서 나타나는 문제점과 한계는 무엇인지 검토하고자 한다.

## 2. 여성주의 · 법여성학 그리고 젠더 법학

법여성학이 대학에서 강좌로 개설된 것은 1950년대 중반부터이다. 초기에는 교양과목으로 개설되다가 점차 법과대학에서 전공선택 과목으로 개설하고 있다. 어떠한 명칭을 사용하든지 이 분야의 가장 핵심적인 특징은 여성의 시각을 가지고 법질서를 본다는 것이다. 그러나 법학에서 여성이 강

1 최대권, 『법학교육 · 법학교육방법론, Law School을 중심으로』, 박영사, 2003, 21면 이하.

조되는 이유는 '여성' 문제를 다루고 여성의 권익을 증진하기 위한 것은 아니다. 그 본질적인 원인은 기본적으로 법이 남성의 경험과 세계관을 중심으로 형성되어 있어 성 편향적이고 객관적 중립성을 잃어버리고 있기 때문이며,[2] 이것이 법학전문대학원에서 법여성학 교육이 강조되어야 하는 이유이다. 법여성학은 사회적으로 형성된 젠더에 따라 각각의 경험과 그로부터 형성된 사고체계의 차이가 있음을 전제로 이 차이를 법체계에 반영하여 법의 진정한 중립성을 확보하는 것을 목적으로 한다. 따라서 젠더와 법의 관계를 논의하고 교육하는 것을 지향하는 것이므로 "젠더법학"으로 이해하는 것이 적절하다.

## Ⅱ. 젠더법학의 특징

젠더법학은 법체계로 규정될 수 있는 범위 전체, 즉 입법에 이르는 과정, 입법으로 구체화된 법 규정, 법 규정에 대한 해석론, 법을 적용하는 과정에서 사실 확정 단계, 그리고 권리의 절차적 보장 과정에 이르기까지의 다양한 범위에서 젠더 인식이 법에 어떻게 반영되고 있는지 검토하는 것이다.

### 1. 실천법학으로서 젠더법학

젠더법학이 법체계 전반에 중립성을 확보하기 위한 젠더 관점을 반영하는 것이므로 발전의 역사적 배경은 호주제 폐지, 동성동본 불혼 금지 운동, 및 성매매특별법의 제정 운동과 같이 여성단체를 중심으로 하는 성 평등 운동의 실천주의 법학으로서 역할을 해왔다. 따라서 이러한 실천법학의 특징은 교육과정에서도 반영되어야 할 것이다.

2 최일숙, "미국 여성주의 법학의 소개", 『젠더법학』 제1권 제1호(2009), 49면.

## 2. 기초법학으로서 젠더법학

기초법학을 무엇으로 정의하여야 하는지에 대한 명확한 기준을 제시하는 것은 학문으로서의 법학이 풀어야 할 지난한 과제일 것이다. 다만 2007년 발표된 '법학전문대학원 교육과정 및 교수법 개발 연구 결과'에 따르면, 법학전문대학원 교육과정상의 표준 과목군은 ① 기본법학과목 ② 기초법학 및 인접과목, ③ 전문법학과목 ④ 실무기초과목으로 나뉘며, 이중 '기초법학 및 인접과목'은 인간·역사·사회와의 연관 속에서 법의 다양한 측면에 대한 학습 기회를 제공하는 과목으로 정의하고 있다. 기초법학을 이와 같이 정의하면 여성주의 사상을 바탕으로 하는 젠더 관점이 입법부터 법의 해석 및 적용에 이르는 과정에 어떻게 반영되는지 살펴보는 것은 젠더법학의 기초법적 특성을 보여준다고 할 수 있다.

또한 기초법을 기존의 법적 대응을 뛰어넘어 새로운 법 형성과 법 발견의 가능성을 모색하는 기초능력을 배양하는 데 필요한 학습으로 이해하면 젠더법학이 기존의 남성 중심적 법체계를 새로운 젠더 중립적 시각을 부여하여 분석함으로써 새로운 법의 형성과 발견을 가능하게 하므로 기초법학으로 볼 수 있다. 또한 젠더법학은 법체계에 관련되는 모든 범위에서 젠더 인식이 법에 어떻게 반영되고 있는지 검토하는 것을 내용으로 하므로 어느 단계의 문제에 대해서 젠더분석을 시도하든지 궁극적으로 성평등과 존엄성 구현이라는 법의 가치에 관한 질문으로 회귀하게 될 것이라는 점에서 젠더법학은 법철학적 사유와 유사성을 가지고 있다고 할 수 있다. 그러나 젠더법학이 입법을 통하여 구현된 법 규정에 대한 젠더 분석을 시도하는 과정은 구체적 사회에서 여성의 경험과 여성이 처한 상황들이 어떻게 법의 해석에 반영되는지를 검증한다는 점에서 법사회학적인 특성도 있다.

또한 법을 적용하기 위한 사실 확정의 단계에서는 관습화되고 정치화된 개인의 사고가 사실 확정에 어떠한 영향을 끼치는지 그리고 여기에 젠더의식이 어떻게 개입되는지 분석하는 것은 특정한 환경에 대한 개인의 인지에 관한 문제로 접근할 수 있으므로 다분히 법에 대한 인지과학적 이해

가 필요한 분야로 볼 수 있다.[3]

나아가 젠더법학은 남녀의 사회적·경제적 조건이 변화함에 따라서 그와 관련한 법과 제도의 변화를 검토하고 오늘날의 젠더관계에서 무엇이 최선인지 살펴보는 연구 방법을 취한다. 즉 19세기 미국여성들이 부부재산의 별산제를 주장해온 것과 20세기에 다시 부부재산의 공유를 주장하게 되었던 배경은 모두 남성과의 관계에서 평등을 추구하고자 하는 시도였다는 점에서는 동일한 논리이지만 그 시대마다 여성에 대한 정의와 이해가 달라지면서 무엇이 정의로운 부부재산제인지 검증하는 것이다.[4] 이러한 점에서 젠더법학은 법사학적 연구의 특성도 가지고 있다.

### 3. 사회과학과의 접점으로서 젠더 법학

언급한 바와 같이 젠더법학은 다양한 기초법학의 분야의 방법론을 가지고 있지만 나아가 다양한 사회과학과의 교류 또한 필수이다. 예를 들어 장애 여성의 성폭력 관련 법률 사례를 분석하기 위해서는 장애학에서 장애의 개념이 어떻게 변화하고 있는지에 대한 논의가 전제되어야 하며, 여성에 대한 차별과 존엄성 침해가 나타나는 지점에 대한 이해, 장애와 여성이라는 이중 차별 문제에 접근하는 방식에 대한 이해, 현행법에서 성폭력을 어떻게 규정하고 있는지에 대한 검토, 보호법익으로서 성적자기결정권을 판례가 어떻게 정의하고 있는지 그리고 여성의 관점에서 성적자기결정권이 가지는 함의를 이해할 수 있을 때, 장애 여성에 대하여 가해지는 성폭력에 숨어 있는 성과 장애에 대한 편견을 분석할 수 있다. 만일 장애학에서 장애 개념에

---

3 이정모/손지영, "법인지과학 : 법영역의 인지과학적 조명, 법과 인지과학의 대화", 『서울대학교 법학연구소 학술회의 자료집』, 2010, 32면. 발표자는 성편향적 사회적 고정관념의 개입 문제를 법에서 논의하기 위한 일차적인 지점은 그동안 규범학이라는 이유에서 법의 영역에서 상대적으로 소홀하게 대접받은 사실의 단계에 대한 겸허한 태도라고 생각한다. 특히 사실인식에서 젠더의식의 문제는 인식과정에서 맞이하게 되는 관습화된 사고가 가져오는 성편향적 이중기준을 무의식적으로 적용할 가능성이 매우 크다는 점이다. 이러한 위험성을 의식하고 이를 극복하려는 노력이 없다면 사실은 매우 자주 왜곡될 위험에 처하게 될 것이다.

4 수잔 웨스터버그 프래거, "부부재산법에 대한 시각변화", 베리소운/매릴린 얄롬 역음/권오주 외, 『페미니즘의 시각에서 본 가족』, 한울, 2003, 164면 이하 참조.

대한 이해를 검증하지 않고 젠더 시각에서만 분석하는 것은 한계를 가질 것이다. 특히 지적장애에 대한 이해 부족으로 인하여 한계를 나타내고 있는 성폭력 판례는[5] 다양한 사회과학 분과와의 교류가 젠더법학에게 얼마나 중요한지를 보여준다. 따라서 젠더법학의 교육에도 이러한 점이 반영되어야 할 것이다.

### 4. 개념의 새로운 정초를 위한 시도로서 젠더법학

젠더법학이 다양한 사회과학과의 교류가 중요하게 요구되는 이유는 법질서가 사용하는 인위적인 개념에 대한 여성주의적 재해석과 새로운 개념 정립의 과제를 부담하고 있기 때문이다. 예를 들어 여성주의 법학에서는 '평등지위(equal status)'라는 개념은 법률상 그리고 사실상 평등 지위로 분열된다.[6] 법질서는 남성의 삶을 전형적인 모델로 하여 설정된 것이므로 외형상 중립적으로 표현하지만 사실상 남성적 상징질서로 이해되며,[7] 법의 '개념'도 남성의 경험을 중심으로 정의된다.

그러므로 젠더법학은 이러한 남성화된 '개념'을 중립적인 개념으로 다시 정의해야 하는 과제를 부여받는다. 예를 들어 젠더법학은 법에서 전제하는 노동의 개념이 여성의 노동을 설명하는데 한계가 있다면 새로운 유형의 노동개념을 법질서에 제안하고 이것을 통하여 진정한 성 중립적인 노동개념을 법에서 수용하고 이를 전제로 노동 관련법을 이해하도록 시도하도록 하는 과제를 부여받을 것이다. 성폭력에 대한 개념이 남성의 경험을 중심으로 정의되었다면 젠더법학은 여성의 경험을 함께 고려하여 성폭력에 대한 정의를 재정립하여야 한다.

---

5 실제로 대법원은 2004. 5. 27. 선고 2004도1449 판결에서 지적장애 1급 여성에 대한 성폭력을 피해자는 지적능력이 정상인에 미달하기는 하지만 사고능력이나 사리분별력이 전혀 없다고 할 수 없고 성적인 자기 결정 능력이 있으나 미약한 상태에 있었던 데 불과 하다는 취지에서 피해자를 성폭력특별법 제8조의 "항거불능" 상태에 있다고 인정하지 않았다. 이는 지적장애 1급에 대한 법원의 이해가 부족함을 보여주는 예이다.

6 Tove Stang Dahl, 앞의 책, 35면.

7 김태선/오정진/조은희/차선자, 『법여성학』, 세창출판사, 2011, 45면.

## Ⅲ. 법학전문대학원에서 젠더법학의 교육

### 1. 교육 대상자의 특성에 따른 교육의 목적

젠더법학의 목적은 젠더 관점에서 법체계를 분석하여 진정으로 중립적인 법질서를 구현하는 것이다. 이를 위한 교육 방법론을 위해서 먼저 교육 대상자의 특성에 대한 이해가 전제되어야 할 것이다. 법학전문대학원은 법률 실무가가 되는 것을 목적으로 교육을 받는 학생이 대다수이다. 이들에게 젠더법학이 필요한 이유는 인간의 삶의 방식이 역사적 사회적 변화에 따라 다변화하면서 실정법 중심의 과목에 대한 강의만으로는 젠더 문제의 특수성을 이해할 수 없는데 젠더문제의 특수성을 이해하지 않고는 우리 사회에서 발생하는 특정한 문제를 적절하게 해결할 수 없기 때문이다.[8] 따라서 학생들에게 젠더 문제와 관련하여 기존의 법적 대응을 뛰어넘어 새로운 법 형성과 법 발견의 가능성을 모색하여 문제해결 능력을 향상시키기 위한 것이 젠더법학이 교육되어야 하는 원인이다. 그러한 의미에서 젠더법학은 분석의 대상이 되는 사례의 결과를 답으로 보는 것이 아니라, 젠더화된 사고체계를 분석의 틀로 대상이 되는 법 규정 또는 판례를 재구성하는 사고적 훈련 과정이 요구된다. 즉 젠더법학은 정해진 결과를 배우는 것이 아니라 과정으로서 사고를 훈련하는 것을 목적으로 하는 과목이다.

### 2. 교육방법론의 다양화와 지향점

젠더법학의 방법론에 대하여 바트렛은 여성주의 방법론이 곧 여성주의 법학의 목적이라고 하였다. 여성주의 법률가 역시 귀납, 연역, 유추, 가설, 등과 같은 일반적인 방법을 사용하여 사실을 조사하고 그 사실에서 핵심적 성격을 색출하고, 다툼을 해소할 수 있는 법적 원리를 결정하며, 그

8 예를 들어 성희롱과 같은 분야는 당사자가 문제를 인식하고 법적 문제로 전환하는 과정과 대법원(대법원 1998. 2. 10. 선고 95다39533 판결)이 이를 새로운 유형의 불법행위로 판단한 과정에서도 여성주의적 분석이 매우 중요한 역할을 하였다.

사실에 이를 적용한다. 그런데 이 과정에서 여성주의 법학자는 전통적인 방법 외에 다른 방법으로 여성문제가 무엇인지를 묻고, 여성주의적 실용적 추론을 사용하거나, 의식 고양을 통한 인식 방법 등을 사용한다고 하였다.[9] 이를 위한 구체적 교육 방법은 다음과 같은 것이 있을 것이다.

### (1) 젠더 관련 실정법 교육과 젠더법학 이론의 수업

젠더법학의 목적을 법체계에서 젠더 분석을 위한 사고의 훈련 과정으로 이해한다면 기존의 실정법 관련 이론의 교육은 불필요한 것인가? 결론부터 답한다면 젠더법학의 교육에서도 실정법 이론 교육은 필요하다고 본다. 실정법은 젠더법학의 중요한 분석 대상이다. 따라서 실정법에 대한 기본적인 법 원칙에 대한 이해가 전제되지 않으면 이를 대상으로 하는 젠더 분석도 사실상 많은 것을 분석해 내기 어렵다. 이상적인 것은 헌법, 민법, 형법 등의 기본 과목을 통하여 이론적 법 지식을 습득하고 젠더법학이 추구하는 사고체계에 대한 과정을 함께 하는 것이다.

### (2) 사례 중심의 토론 · 문답식의 교육

젠더 관점에서 법을 이해하는 것이 기존의 법학 교육에 따른 법에 대한 이해와 비교하여 어떤 차별화된 관점을 만들어 내는지 검토하기 위한 학습 방식으로 사례 중심의 토론식 교육 방법론을 들 수 있다. 이것은 법학전문대학원 도입과정에서 자주 논의되었던 방식이며, 젠더법학의 교육 방법론으로 상당한 설득력이 있다.

사례를 통한 토론 방식의 수업을 위한 자료는 대법원 판례를 학습하는 것보다는 사실관계를 좀 더 많이 접할 수 있는 하급심 판례를 다루는 것이 젠더법학이 추구하는 바에 부합한다고 본다. 또한 다양한 쟁점이 포함된 문제 중심의 수업이 더 적절하다고 생각 한다.[10] 판례는 이미 결론이 내려진

9 양현아, "여성의 '목소리'와 법여성학 방법론", 양현아 편, 『가지 않은 길, 법여성학을 향하여』, 사람생각, 2004, 82-83면.

10 문제 중심 교육 방법론에 대한 소개는 이상돈, 『기초법학』, 법문사, 2010, 715면.

사안에 대한 접근이기 때문에 사실의 중요성 보다는 규범의 해석에 대한 법원의 입장을 전달하는 경향이 강하다. 특히 대법원 판례는 더더욱 그러하다. 그러므로 역동적 사실관계에서 쟁점을 추출하고 이것에 현행법을 적용할 때 발생하는 젠더 문제를 검토하는 것에 한계가 있다. 특히 대법원 판례는 사실 확정 단계에서 숨겨진 성 편견적 사고를 지적하는데 한계가 있을 수 있다. 또한 대법원 판례는 이미 적용된 법이론 중심으로 내용이 구성되기 때문에 학생들 스스로가 사실 단계에서 관련되는 법률 쟁점을 정리하고 여기에 이론을 유추·적용하고 이를 통하여 문제가 되는 이론을 학습하는 입체화된 자료로 매력이 떨어지는 것이다.

문제 중심 수업을 하기 위해서는 혼란스러운 일상적 상황의 단면을 학생들에게 전달하고 여기에 숨어 있을 법률적 쟁점을 스스로 찾아내고 그에 따라 문제해결을 하도록 과제가 부여되어야 한다. 문제 중심 수업을 통하여 관련 당사자들의 불명확한 행동에서 야기되는 일상적 혼란에 내재 된 욕구와 성 편견적 가치관에서 비롯된 행동 방식을 분석하고 이에 대하여 법률을 적용하였을 때 그 효과가 중립적으로 구성될 수 있는지를 확인하고 반복하는 것을 수업 과정으로 만들어 내기 위해서는 소설적 상상력이 필요하다.

사례 중심의 토론수업이 가지는 이러한 장점에도 불구하고 사실상 법학전문대학원 수업에서 사례 중심의 토론 수업을 하는 것은 상당한 한계를 가지고 있다. 학생들의 자발적인 참여가 항상 담보되지 않기 때문이다. 또한 법체계에서 젠더분석이라는 문제는 대다수의 학생들에게는 여전히 낯선 문제인 것으로 나타난다. 젠더분석이라는 낯선 주제에 대하여 토론을 유도하는 것은 효율성 면에서는 그다지 적절한 방법론은 될 수 없어 보인다. 그렇기 때문에 사실상 사례에 대한 토론을 통한 분석 방식을 젠더법학의 방법론으로 사용하고자 할 경우 강의자는 강의의의 양적 측면과 질적 측면에 대한 적절한 조화를 이루어 내야 할 것으로 본다. 즉 특징적이고 대표적인 소수의 사례를 집중적으로 분석하는 방법론을 채택하여야 할 것으로 본다. 이렇게 사례에 대한 집중적 연구를 시도할 경우 먼저 수강생들에게 사전적 강의 자료를 제공하는 것이 필수적으로 요구된다.

이것은 젠더법학 수업에서 사용한 것은 아니지만 필자가 지난 학기 소수자 인권법 수업에서 시도한 방법이다. 먼저 쟁점이 되는 사항을 포함하고 있는 문제와 문제를 접근할 때 필요한 관련 법규를 강의 일주일 전에 e-class를 통하여 개시하고, 양 당사자가 분쟁에서 원하는 것이 무엇인지 명확히 파악하도록 한다.

실제 강의 시간에는 제시된 문제와 기초 자료를 전제로 ① 당사자의 입장 정리 ② 쟁점이 되는 사안에 대한 정리 ③ 제시된 법규정을 적용할 때의 결과 등을 일차로 검토한다. 다음 법규정을 적용하는 과정에서 법주체들에 특수성에 비추어 현행 법체계가 불합리할 수밖에 없는 한계를 가지고 있는지 어떠한 점에서 그러한지 검토한다. 그리고 이것을 극복할 수 있는 이론적 재구성의 가능성이 있는지 또는 어떠한 방향으로 개념과 해석론을 재정립하는 것이 정의롭다고 느껴지는지 그리고 평등이 구현되었다고 볼 수 있는지 토론을 통하여 대안을 마련하도록 한다.

이러한 일련의 과정을 거치면 명확하다고 생각했던 사실관계에 불명확한 부분이 있다는 것을 발견하기도 하며, 사실의 확정 단계가 가지는 정치적 특성과 편견을 발견하기도 한다. 또한 확정된 사실에 법규를 적용하는 것이 각자의 법감정과 괴리가 있음을 이해하기도 하였다. 사례 분석과 토론 방식으로 젠더법학 수업을 진행하고자 한다면 이러한 사전적 준비가 학생들과 상호 의사소통되어서 수업에 참여하지 않는다면 토론은 사실상 공허하고 비효율적일 것이다.

사례 중심의 토론수업이 가지는 자발적 참여의 한계를 극복하기 위한 유사한 방법의 하나로 질문과 답변 방식의 수업도 대안이 될 수 있을 것이다. 이를 위해서는

① 주워진 사례에서 쟁점이 될 만한 것들을 학생들이 찾아내도록 시도하고 ② 구체적인 쟁점을 학생들이 찾아내면 그 각각의 쟁점을 질문으로 제시하고 학생들에게 답변을 유도하는 방식으로 수업을 진행하였다. 이 과정에서 가지는 장점은 첫째, 구체적인 사례 이면에 숨겨져 있는 추상적인 이론이 무엇인지 자연스럽게 익히게 될 수 있었다. 둘째, 다양한 쟁점 중에

옳고 그름에 대한 가치판단의 문제와 주체들 개인의 선택을 보장해야 하는 문제를 희미하게나마 구별하는 사고를 경험할 수 있었다. 셋째, 구체적 사실관계를 통하여 나타나는 쟁점에 대한 다양한 입장에서 각자의 입장을 확인하고 이에 대한 논리적 근거를 제시할 수 있게 되었다.

반면에 이러한 계속되는 질문과 답변 수업에서 극복해야 할 점으로 생각되는 것은 쟁점의 이면에 숨어 있는 추상적인 이론에 대하여 학생들이 전혀 생소한 경우 이에 대한 자세한 내용을 전달하는 과정에서 강의 담당자가 적절한 시간 안배를 하지 못하면 질문과 답변의 흐름이 단절될 수 있다.

### (3) 글쓰기와 세미나 중심의 방법론

젠더법학이 가지는 범위적 특성, 즉 입법과정에서부터 입법을 근거로 하는 다양한 정책의 구성 및 권리의 절차적 구현의 문제에 이르는 광범위하고 다층적인 문제를 검토하는 방법으로 글쓰기와 세미나를 병행하는 방식을 생각할 수 있다.

글쓰기와 세미나를 통한 교육 방법은 한 주제에 대하여 긴 호흡으로 실정법과 판례에서의 젠더 문제만이 아니라 입법과정에서부터 나타나는 젠더의 문제 및 법의 적용에서 발생할 수 있는 성별에 따른 효과의 차이 등을 긴 호흡으로 세밀히 살펴볼 수 있고 이를 주제로 다양한 생각을 공유할 수 있기 때문이다. 글쓰기와 세미나 중심 수업이 가지는 장점은 이러한 과정을 통하여 젠더법학이 가지는 다양한 사회과학과의 접점을 찾을 수 있고, 다양한 사회과학 분야의 개념과 이론이 법의 영역에서 어떠한 역할을 하는지 확인할 수 있다. 이러한 작업을 통하여 젠더법학의 이론적 깊이를 더할 수 있을 것으로 본다.

그러나 글쓰기와 세미나를 통한 수업 방식은 전제로서 글쓰기에 대한 검증이 함께 이루어지지 않으면 학습 효과가 사실상 크지 않은 형식적인 정도에 머무르게 될 수 있다. 특히 수강인원이 다수일 때, 글쓰기와 세미나를 통한 학습은 항상 어려움을 가지게 된다. 또한 관련되는 주제의 기본적 법 지식이 있는 학생과 없는 학생 사이에서 글쓰기를 일정한 정도까지 요구하는 것은 사실상 상당한 어려움이 있다. 또한 글쓰기 과정에서 적절한 수준의 논점이 도출되지 않았을 경우 사실상 글을 쓰고 발표하고 이를 토대로 가시화되지 못한 부분을 인식하도록 하거나 새로운 대안을 구상해 볼 수 있는 가능성을 축소되는 한계가 있다.

개인적인 경험으로 한 학기 동안 글쓰기와 세미나 진행의 방식으로 수업을 해본 결과 가장 중요한 것은 글쓰기에 대해 교수가 함께 과정을 수행하는 것이 필요하다고 생각되었다. 즉 학기 초 몇 개의 주제를 글쓰기와 세미나 진행 방식으로 수업 할 것인지 결정하고 수강인원을 파악한 후 다루어야 할 주제의 수에 맞도록 학생들에게 조를 편성하였다. 처음 3-4주 동안 이론 수업을 하는 동안 발표를 담당할 조별 학생들은 관련 주제에 대한 글쓰기를 하고 발표 전까지 담당 교수와 개별 미팅을 통하여 전체적으로 함께 수정하고 추가할 내용 등을 다듬어 가는 과정을 수행하였다. 법학전문대학원 학생의 구성이 다양하고 특히 이공계 출신 학생들은 아직 자료에의 접근 방식이나 목차를 잡고 논의를 풀어가는 방식 등에 대하여 상당히 생소하다고 느끼는 문제가 있었다. 이러한 문제점과 젠더법학의 특징 때문에 가급적이면 조 편성은 남녀 비율이 절반 정도씩, 그리고 법학과 비법학 출신이 어느 정도 고르게 편성되도록 구성하는 것이 활성화에 도움이 될 것으로 본다. 발표를 담당하는 팀과의 미팅은 학생들의 자발적인 참여를 원칙으로 하여, 희망하는 팀에 대해서만 했는데, 팀별로 차이가 있었다. 특히 팀 내부에서의 토론과 의견 대립이 심했던 팀은 좀 더 빈번하게 미팅을 희망하였다.

#### (4) Legal Clinic 교육방법론과 젠더법학 교육

젠더법학의 중요한 특징 중 실천 법학적 속성이 있다는 점을 볼 때, 교육 방법론 또한 임상 교육을 하는 것이 유용할 것으로 본다. 미국 로스쿨에서 임상교육의 방법은 로스쿨 내 in-house clinic, 외부연수(externship), 모의훈련(simulation)의 세 가지 유형으로 구별되며 대부분의 로스쿨은 이 가운데 한 가지 이상을 운영하고 있다. 이 중 특히 로스쿨 내 in-house clinic은 로스쿨 학생들이 학생 변호사로서 전적으로 책임을 지고 의뢰인에게 법률서비스를 제공하는 형태이다.[11] 임상 법학 교육이 추구하는 경험, 비판적 성찰, 책임윤리 및 간학문적 학습 방법 등은 젠더법학 방법론과도 공유되는 부분이다. 따라서 임상법학의 틀 속에서 젠더법학에 대한 이해를 증가시킬 수 있다.[12]

## Ⅳ. 젠더법학 교육의 한계

### 1. 물리적 제약

16주 수업에서 일주일 3시간 수업을 진행하는 한계는 무엇보다도 시간적 한계이다. 젠더법학은 정해진 교과 내용을 이해하고 전달하는 것이 아니라 젠더 관점의  분석 과정을 함께 하는 과목이므로 ① 관련되는 사안에 대하여 관련 법의 내용을 알고 적용을 할 수 있어야 하고 ② 적용 과정에서의 젠더 문제를 인식할 수 있어야 하고 ③ 젠더 관점을 적용할 때 어떻게 관련 내용이 재정립되어야 하는지를 다루어야 하므로 하나의 주제를 가지고 거쳐야 하는 분석 과정이 매우 다층적인 것이 특징이다. 이 과정을 토론으로 유도하는 것은 강의자에게 상당한 시간적 제약을 느끼게 한다.

강의 과정에서 나타나는 또 다른 어려움은 수강인원의 규모이다. 아직 긴 경험이 축적된 상태가 아니므로 어느 정도의 수강생의 규모가 이 수업에 적정한지에 대해서 논의하는 것은 시기상조라고 본다. 또한 학교마다 정원이 다르기 때문에 일반적으로 적절한 수강인원을 확정할 수는 없을 것이다. 그러나 토론 중심 또는 문답식 수업에서 지나친 대규모 수강인원은 한계가 있다.

또한 토론식 수업은 항상 수강자의 적극적 참여가 중요한 과제이다.

11 전해정, "미국로스쿨의 임상법학교육을 결합한 법여성학교육의 방법론 연구－가정폭력 클리닉을 중심으로－", 이화여자대학교 대학원, 박사학위 논문, 2008, 10-12면.

12 또한 가정폭력 크리닉 사례를 가지고 임상법학 교육 방법론을 통하여 여성주의 사고이론인 맥락추론이 어떻게 구현되는지를 보여주는 예로서, 전해정, "로여링을 통한 맥락추론교육", 『법철학연구』, 제11권 1호, 2008, 113-129면.

토론의 주도를 강의 담당자가 하는 것보다 발표를 담당하는 팀이 하도록 하는 것이 참여를 유도하는 방법이 될 수 있지 않을까 한다. 다만 발표팀이 토론을 유도하는 것은 논점을 명확히 하지 않으면 주제로부터 멀어지게 될 위험 또한 있다. 따라서 가능하면 발표를 담당하는 팀과 교수와 사전에 논의의 주제를 명확히 하고 진행하도록 하는 것이 적절하다. 발표팀이 토론을 진행할 때 강의를 담당하는 교수는 전체적인 흐름을 관찰하고 방향이 적절하다고 판단하면 개입할 필요는 없지만 일정한 설명을 필요로 하는 경우 간단히 논의의 전제가 되는 필수적인 설명을 하는 것이 원활한 토론을 위하여 필요하다. 토론에 있어서 여전히 다수의 학생이 소극적이라는 점을 고려할 때 가급적이면 수강인원이 소규모로 운영되는 것이 바람직할 것이다.

### 2. 심리적 공감의 문제

젠더법학은 법체계에서 비가시화 되어 있는 여성들의 경험을 가시화하여 젠더 중립적인 법질서를 구축하고 법체계에서 다양한 성별이 공존하는 공간을 마련하는 것을 목적으로 한다. 이를 위하여 법체계에 존재하는 의도된 차별의 문제만이 아니라 관습화된 자연스러운 선택이 가져오는 차별적 현상에 대해서도 문제를 제기해 왔다. 우리는 사실 누구도 차별을 좋은 것으로 생각하지 않으며, 법학전문대학원 학생 누구도 여성이 차별되는 것을 당연하게 여기지 않는다. 또한 누구도 자신이 여성에 대하여 차별적인 가치관을 가지고 있다고 생각하지 않는다. 그러므로 차별과 관련한 사안들에서 수강생들은 심리적 공감이 부족할 수 있다. 이런 문제를 극복하기 위해서 젠더법학 수업은 가능하다면 다양한 성별이 함께 수강하는 것이 바람직하다고 본다.

## Ⅴ. 결론

법학전대학원 도입은 사법개혁의 일환으로 추진되었던 사항이다. 개혁을 통하여 그동안 사법 시험을 준비하기 위하여 왜곡되었던 교육을 바로잡고 다양한 전공을 경험한 학생들을 대상으로 법학을 교육하여 법률가의 경쟁력을 강화한다는 것을 목적으로 하였다. 사실 이러한 의도에 의하여 법학교육을 구성한다면 다양한 학문적 배경을 가지고 있는 기초법학의 필요성이 그 어느 때보다 강조될 수밖에 없다. 젠더법학의 교육도 이러한 차원에서 요구되는 것이다.

그러나 법학전문대학원 교육은 원래의 추구하던 이론과 실용성이 함께하는 교육방법론을 찾아내는 어려움만이 아니라 동시에 시험을 준비하는 학생들이 받는 시간적 제약과 마주하면서 적절한 교육 방법론을 찾아야 하는 상황에 직면해 있다. 이러한 현실에서 젠더법학이 어떠한 교육 방법을 사용하여 본래의 의미를 살릴 수 있을지는 여전히 의문이지만 실질적으로 문제해결 능력을 갖춘 법률가를 배출하기 위해서 꼭 필요한 과목이다.

법학전문대학원에서 교육은 변호사 시험 대비라는 목적과 향후 법률가로서의 마주하게 될 법을 통한 문제해결 능력을 강화하는 것 두 가지를 어떻게 조화롭게 구축할 것인지가 중요한 과제일 것이다. 이것은 궁극적으로 시험과목과 비 시험과목으로 구별되는 분류를 떠나 가장 단기간에 학생들이 법률적 사고에 익숙하게 하는 것이 최선의 방법일 것이다. 이러한 관점에서 볼 때, 기초법학의 교육과 기본 과목의 교육목적이 구별될 이유는 없다고 보며 젠더법학은 법적 분석력이 우수한 법률가를 만들어 내는 교육과정으로 이에 기여할 것이다.

# 집필자 소개

## 1부

**양 현 아 (서울대학교 명예교수)**

양현아(梁鉉娥)는 서울대학교 법학전문대학원에 소속되어 젠더법학과 법사회학을 강의하였고, 사회대학의 여성학협동과정의 겸임교수로도 참여하였다. 2025년에 정년을 맞이하여 명예교수가 되었다. 사회학 박사로 서울대 법대 최초 여성 교수로, 최초 젠더법학 교수로 임용되어 젠더법학의 교육과 연구에 매진하였다. 한국의 역사 속에서 이론을 구성하려는 뜻을 품었고 사회학, 젠더연구, 법학 간의 학제적 연구를 시도해 왔다. 현재는 정년 이후 보람된 삶을 꿈꾸고 있다.

**홍 양 희 (한양대학교 비교역사문화연구소 학술연구교수)**

말로가 '행복한 연구자'로, 연구 인생을 마무리하고자 분투하고 있다. 근대의 젠더론으로 연구자의 길로 들어섰다. '전통'으로 여겨져 온 젠더관계가 현대 사회에서도 여전히 작동하는 것에 대한 의문에서 출발해 젠더 정치학에 눈을 떴다. 가족법 연구도 그 연장이었다. 가족이 구성되는 과정을 이해하기 위해 식민지시기 가족 분쟁의 판례들을 면밀히 들여다보고 있다. 나아가 식민지 대만과 조선에서 가족법이 실천되는 방식을 교차 비교하며 연구 영역을 확장하고 있는 중이다.

**채 혜 미 (헌법재판소 헌법연구관)**

대학에서 법학과 언론정보학을 공부했고, 여전히 공부 중이다. 8년간의 변호사 일을 마무리하고 지금은 헌법재판소에서 일하고 있다. 아이를 키우며 부계성본주의와 여성의 재생산권, 아동의 권리에 관심을 가지기 시작했다.

**이 유 정 (법무법인 원 변호사)**

법여성학을 전공했고, 한국 젠더법학회의 창립 멤버이다. 호주제 폐지 위헌소송의 변호인단과 가족법개정위원회에서 활동했고, 고용차별, 성폭력 등 여성인권 관련 소송을 수행했으며, 이화여자대학교 로스쿨에서 '젠더 법학'을 강의했다. 2024년 한국젠더법학 회장을 맡았고, 지금은 법무법인 원의 대표변호사를 맡고 있다.

## 2부

**최 기 자 (젠더교육연구소 이제IGE 소장, 서울대 여성연구소 객원연구원)**

2000년「일본군 성노예 전범 여성국제법정」증언팀 활동을 계기로 여성 생애 구술사에 매료되어 20대 시절을 일본군 '위안부' 생존자, 여성 빨치산들을 만나며 보냈다. 현재는 젠더교육연구소 이제IGE에서 동료들과 함께 페미니즘 교육의 이론적 지평을 확장하는 연구 및 교육 활동을 하고 있다.

**이 은 진 (UCLA, Gender Studies 박사과정)**

연구활동가. 탈식민주의, 탈제국주의 페미니스트. '성적권리와 재생산정의를 위한 센터 셰어 SHARE'의 기획운영위원이자 UCLA Gender Studies 박사과정에 있다. 인간관계는 늘 어렵고 버겁지만, 여전히 할머니들과 부대끼는 일에는 정이 간다. 그래서 계속 해보려 한다.

**김 부 자 (金富子, 도쿄외국어대학교[東京外國語大學] 명예교수)**

식민지 조선젠더사 연구자. 일본에서 태어난 재일동포 2세. 2000년 여성국제전범법정의 주최자의 하나인 VAWW-NET 재팬 운영위원이었다. 현재는 일본군 위안부 문제에 관한 다국어 학술web사이트인 Fight for Justice(https://fightforjustice.info)의 공동대표이다.

**이 은 경 (진실화해위원회, 법학박사)**

일제강점기 일본 가서 공장노동자로 일하다 손을 다쳐 치료도 받지 못한 채 돌아온 이만순의 손녀이자 애국지사 김은석의 외손녀이다. 이 땅을 지켜낸 선조의 후손이라는 사실이 자랑스럽다.

**이 상 희 (법무법인 지향 변호사 · 민주사회를 위한 변호사 모임의 일본군 위안부 문제 TF 단장)**

1999년에 변호사 일을 시작했다. 안식년으로 주어진 1년간 아시아 여러 지역을 돌아보며 현재의 부정의가 해결되지 않은 과거의 부정의와 연결되어 있음을 깨달았다. 한국으로 돌아와 과거사 청산 활동에 참여하게 되었고, 그 과정에서 일본군 '위안부' 피해자들을 만났다. 2006년부터 일본군 '위안부' 피해자들과 함께 식민지 책임과 전시 성폭력에 대한 책임을 묻는 활동을 하였다. 일본군 '위안부' 피해자들이 남긴 "전쟁은 절대 안 된다"는 메시지를 어떻게 이 사회에 전달할지 고민하고 있다.

**3부**

**오 승 이 (대구지방법원 김천지원 부장판사)**

17년차 판사. 일에 대한 자긍심과 회의감 사이를 시계추처럼 오가며, 밥벌이와 무관한 글을 쓸 때 비로소 발견할 수 있는 자기다움이 있다고 믿기에 글쓰기를 계속하고 있다.

**김 수 영 (공인노무사 · 법학박사)**

모 금융기업 부부장 재직 중. 글로벌 HR 컨설팅, 다국적 기업 복수노조 단체교섭 담당 차장을 거치며 각종 산업군, 다양한 기업들의 형형색색한 인사제도를 만들었다. 23년 12월 제8회 학봉상 논문 우수상(1등상)을, 24년 2월 제3회 율촌-온율 기초법학 논문 우수상(2등상)을 수상했다. 관심 키워드에는 항상 젠더와 노동, 돌봄이 포함된다. 서울대학교 법과대학에서 재생산권리와 여성의 평등한 노동권에 관한 논문으로 박사학위를 25년 받을 예정이다. 함께 학교와 직장에 다녔지만 결혼-출산을 겪으며 점점 보이지 않게 된 친구들을 그리워하는 마음이 이 논문을 낳았다.

**신 필 식 (입양연대회의 사무국장)**

"남성이 여성학을 연구할 수 있을까"란 물음에 성실한 반례가 되기를 꿈꾸는 연구자. 공해와 오염으로 검게 변한 뒤 잊혀진 고향 바다를 닮은 존재들인 해외입양인과 친생모들에 대한 연구로 박사학위를 받았다. 누군가, 무언가를 돌보는 삶이 여전히 가치롭다고 믿지만, 돌봄의 실천은 점점 더 어려워지는 현실을 고민하며 젠더, 돌봄윤리, 취약성, 남성성을 연구한다.

**나 영 정 (성적권리와 재생산정의를 위한 센터 셰어SHARE)**

활동명 타리. 법제도와 불화하는 위치에서 법제도와 비판적인 관계를 맺는 사회운동을 하는 퀴어활동가이다. 성적권리와 재생산정의를 위한 센터 셰어SHARE, 가족구성권연구소, 연구모임POP 멤버이고 소수자난민인권네트워크, 이주구금대응네트워크, 퀴어팔레스타인연대QK48 등에 참여하고 있으며 장애여성공감 회원이다.

**이 현 아 (서울대학교 법학전문대학원, 현 법무법인(유)지평 소속 변호사)**
탈가정 청소년, 폐지수거 어르신, 베이비박스를 찾는 여성 등 '정상가족'의 경계 밖에 놓인 이들의 목소리에 관심을 기울인다. 지금은 한창 정신없는 1년차 변호사로, 법의 언어로 세상을 보는 법을 배우고 있다. 양현아 교수님의 제자로 박사과정을 시작하고 싶었으나 교수님의 은퇴로 박사과정 진학은 잠시 미뤄두게 되었고, 그 아쉬움을 본 책에 함께 함으로써 조금이나마 달래고자 한다.

## 4부

**김 정 혜 (한국여성정책연구원 부연구위원, 법학박사)**
연구활동가. 대학원에서 젠더법학과 헌법학을 전공했다. 학위논문은 장애여성 성폭력, 가정폭력을 주제로 썼다. 젠더폭력, 임신중단권 및 성·재생산권리, 성소수자 차별 등을 주제로 한 논문과 연구보고서가 있고, 공저로 『이주민법 연구』, 『무지개는 더 많은 빛깔을 원한다』, 『재생산권리3: 성·재생산권 실현을 위한 법정책의 제안』을 냈다.

**장 다 혜 (한국형사 · 법무정책연구원 선임연구위원)**
젠더법학 연구자. 한국성폭력상담소와 한국여성민우회 이사이며, 성적권리와 재생산정의를 위한 센터 셰어SHARE 멤버이다. 여성에 대한 폭력과 피해, 해결에 늘 관심을 가져왔다. 폭력과 피해를 넘어 해결과 치유의 방향과 방법을 다루는 연구를 더 하고 싶다.

**김 수 아 (서울대학교 언론정보학과/여성학협동과정 부교수)**
현재 서울대학교 언론정보학과/여성학협동과정 겸무교수로 재직중이다. 페미니즘 관점에서의 미디어 문화연구를 수행하고 있다. 최근 연구로는 "청소년의 디지털 성폭력 피해 경험에 관한 내러티브 탐구: 디지털 세계의 폭력적 젠더 질서 속에서 살아남기(공저)", "'이대남'과 반 페미니즘 담론 : '메갈 손가락 기호' 논란을 중심으로" 등이 있으며, 『핵심 이슈로 보는 미디어와 젠더』(공저), 『게임 콘텐츠와 젠더 재현』, 『안전하게 로그아웃』 등을 썼다.

**김 현 경 (서울중앙지방검찰청 검사)**
쉽게 말하거나 행동하지 말아야 한다고 생각하지만, 그러다 보면 고여 있거나 막히게 되는 것은 아닐까 하는 것이 요즘의 고민. 조금 더 용기를 가지고 세상을 살아 나가고 싶다.

**문 지 선 (경북대학교 법학전문대학원 부교수)**
석사과정에서 젠더법학을 전공하였다. 약 20년간 검사로서 여성·아동 대상범죄를 수사·기소하고 법무부에서 성폭력·가정폭력처벌법의 개정을 담당하는 등 젠더폭력에 대응하는 일을 하면서 젠더법학의 시각을 반영하고 실천하고자 애썼다. 2024년부터는 학교에서 형사법을 가르치며 젠더폭력에 관한 연구를 하고 있다.

## 5부

**김 선 화 (서울가정법원 판사)**
2013년부터 법원에서 근무해 왔으며, 현재 서울가정법원에서 재판을 담당하고 있다. 재판 과정에서 마주하는 의문들을 학문적으로 탐구하는 데서 보람을 느끼며, '공부하는 판사'로서의 정체성을 소중히 실천하고 있다. 사회학적 시각으로 법을 연구하는 것에 관심을 가지고 경험적 연구방법을 활용한 법 연구에도 힘쓰고 있다. 또한 만 7세가 되는 딸에게 자랑스럽게 기억되기를 바라는 소망을 품고 있는 '엄마'이기도 하다.

**박 주 영 (노동자권리연구소 연구위원)**
과거 민주노총 법률원 부원장(2018~2023)을 역임하고 현재 부설 연구소 연구위원으로 근무하고 있다. 국가인권위원회 차별시정전문위원회, 국민연금공단 심사위원회, 서울북부 업무상질병판정위원회의 위원을 맡고 있으며, 민주노총 성평등위원회 위원으로 민주노총의 평등하고 차별없는 노동운동 원칙을 마련하기 위한 사업에 참여하고 있다.

**구 미 영 (한국여성정책연구원 연구위원)**
고용 성차별을 주제로 노동법 박사 과정을 공부하던 때 양현아 교수님의 젠더법 수업과 수강생들로부터 큰 힘을 받았다. 소수자가 처한 현실과 관점에서 법을 바라보는 것이 노동법의 매력이지만, 젠더법은 나의 세계를 한 번 더 확장시켜주었다. 이 시간들 덕분에 성평등 정책 연구자로서의 길을 걸을 수 있었다.

**김 현 지 (법무법인 별 파트너변호사 및 서울대학교 법학전문대학원 외래교원)**
변호사가 되어서 송무 중심으로 법원을 들락거릴 것이라는 기대와는 달리, 영어를 잘 한다는 이유로 너무나도 자연스럽고 당연하게 자문팀에 배정된 이후 크로스보더 M&A, 해외투자 등 해외법무를 중심으로 전문성을 쌓다가, 2019년 법무법인 세움으로 이직하며 커리어 '피봇'으로 스타트업 및 벤처투자에 해외법무 지식을 가미하여 활발하게 활동하며 "스타트업 및 벤처투자를 통한 회사법 실무의 이해"라는 내용의 임상법학 강의도 담당하고 있다.

**6부**

**홍 인 (서울동부지방법원 판사)**
여성 법조인. 두 아이의 엄마. 인간과 사회에 연민을 가지고 있고, 여성 의제에 관심이 많다. 소수자가 소외되지 않게 하기 위하여, 더 많은 이들과 이야기를 나누고 싶다.

**이 준 석 (서울대학교 법과대학 석박사통합과정)**
서울대학교 법과대학 재학 시절 양현아 교수의 지도 하에 법사회학을 공부하고 사법연수원에 대한 여러 법사회학적 연구를 진행하였다. 현재는 미국 디지털 결제업체인 Visa의 한국법인에서 사내변호사로 근무중이다.

**김 진 (경희대학교 법학전문대학원 부교수)**
검사 시절에는 법 너머의 사람을 바라보고 보듬을 줄 아는 '따뜻한 대나무'가 되는 것을 소명이라 여겼다. 지금은 형사법, 국제형사법, 법사회학을 탐구하며 법의 따스함을 새롭게 발견하고자 노력하는 학자이자 교육자이다.

**차 선 자 (전남대학교 법학전문대학원 교수)**
원래 사학 연구를 하고 싶어서 석사 과정에서 법제사를 공부했다. 그 이유로 어떤 주제에 대한 역사적 인식의 변화에 관심을 가지고 사회의 변화를 이해하고자 노력하고 있다. 최근에는 시간과 공간적 조건에서 개인의 행동 방식 결정에 영향을 주는 내적 동기에 관심을 가지고 그것이 법을 형성하고 해석하는데 어떻게 관련되는지 관심을 가지고 보고 있다.

# 젠더법학의 비전과 확산


초판발행 2025년 10월 25일

엮은이 양현아
펴낸이 안종만 · 안상준

편 집 김선민
기획/마케팅 조성호
표지디자인 벤스토리
제 작 고철민 · 김원표

펴낸곳 (주) 박영사
서울특별시 금천구 가산디지털2로 53, 210호
(가산동, 한라시그마밸리)
등록 1959. 3. 11. 제300-1959-1호(倫)
전 화 02)733-6771
f a x 02)736-4818
e-mail pys@pybook.co.kr
homepage www.pybook.co.kr
ISBN 979-11-303-2493-7 93360





정 가 34,000원